나의 실력 평가

실전모의문제

회차	소요시간	점수	보충할 부분
제01회 실전모의문제	분	점	
제02회 실전모의문제	분	점	
제03회 실전모의문제	분	점	
제04회 실전모의문제	분	점	
제05회 실전모의문제	분	점	
제06회 실전모의문제	분	점	
제07회 실전모의문제	분	점	
제08회 실전모의문제	분	점	
제09회 실전모의문제	분	점	
제10회 실전모의문제	분	점	
제11회 실전모의문제	분	점	
제12회 실전모의문제	분	점	
제13회 실전모의문제	분	점	
제14회 실전모의문제	분	점	
제15회 실전모의문제	분	점	
제16회 실전모의문제	분	점	
제17회 실전모의문제	분	점	
제18회 실전모의문제	분	점	
제19회 실전모의문제	분	점	
제20회 실전모의문제	분	점	

기출예상문제

회차	소요시간	점수	보충할 부분
제1회 정보기술자격시험	분	점	
제2회 정보기술자격시험	분	점	
제3회 정보기술자격시험	분	점	
제4회 정보기술자격시험	분	점	
제5회 정보기술자격시험	분	점	
제6회 정보기술자격시험	분	점	
제7회 정보기술자격시험	분	점	

이제부터 **교재 중간 표지**인 기출예상문제(정보기술자격시험)로 돌아가서 실제 시험지의 글자 크기, 글꼴, 화면 크기, 형식, 형태, 종이, 크기가 100% 똑같은 문제를 풀어 봅니다.
(지금부터 종이 스탠드를 이용해 보세요.)

기출예상문제로 GO!

이 책의 차례

- 이 책의 차례 ··· 2
- 렉스미디어 자료 다운로드 방법 ·· 4
- ITQ 시험 안내 ··· 6
- 이 책의 구성 ·· 8
- 채점 프로그램 다운로드 및 사용 방법 ································ 10
- ITQ 회원 가입 및 시험 접수 안내 ······································ 12

PART 01 출제유형 분석

Chapter 1 • 수험자 유의사항 및 답안 작성요령 ············ 17
  1. 수험자 등록하기 ·· 18
  2. 답안 작성 준비하기 ·· 19
  3. 답안 저장하고 전송하기 ·· 21

Chapter 2 • 기능평가 Ⅰ- 스타일 ···································· 24
  1. 문제 번호와 내용 입력하기 ··· 25
  2. 새 스타일 만들고 적용하기 ··· 27

Chapter 3 • 기능평가 Ⅰ- 표 ·· 36
  1. 문제 번호와 내용 입력하기 ··· 37
  2. 셀 배경색과 셀 테두리 지정하기 ································· 41
  3. 평균 구하고 캡션 넣기 ·· 46

Chapter 4 • 기능평가 Ⅰ- 차트 ·· 54
  1. 차트 작성하기 ··· 55
  2. 차트 편집하기 ··· 59

Chapter 5 • 기능평가 Ⅱ- 수식 ·· 72
  1. 문제 번호 입력하고 첫 번째 수식 작성하기 ··············· 73
  2. 두 번째 수식 작성하기 ·· 77

Chapter 6 • 기능평가 Ⅱ- 도형 그리기 ··························· 82
  1. 문제 번호 입력하고 배경 도형 작성하기 ···················· 83
  2. 제목 글상자 작성하기 ·· 88
  3. 그림과 글맵시 삽입하고 편집하기 ································ 92
  4. 목차 도형 작성하기 ·· 97
  5. 책갈피 삽입하고 하이퍼링크 지정하기 ························ 99

Chapter 7 • 문서작성 능력평가 - Ⅰ ································ 110
  1. 내용 입력하고 제목 작성하기 ······································· 111
  2. 머리말 삽입하기 ·· 115
  3. 문단 첫 글자 장식하기 ·· 116
  4. 각주 삽입하기 ··· 117
  5. 그림 삽입하기 ··· 119

영재스쿨

- ▶ 엔트리 2.X ❶
- ▶ 엔트리 2.X ❷
- 정가 : 각 12,000원
- 페이지 : 144 page

- ▶ 엔트리 2.X ❸
- ▶ 엔트리 2.X ❹
- 정가 : 각 12,000원
- 페이지 : 144 page

- ▶ 스크래치 3.0 ❶
- ▶ 스크래치 3.0 ❷
- 정가 : 각 10,000원
- 페이지 : 144 page

- ▶ 스크래치 3.0 ❸
- ▶ 스크래치 3.0 ❹
- 정가 : 각 10,000원
- 페이지 : 144 page

BiG라플 / BiG스탠드

- ▶ BiG라플 파워포인트 2016
  - 정가 : 16,000원 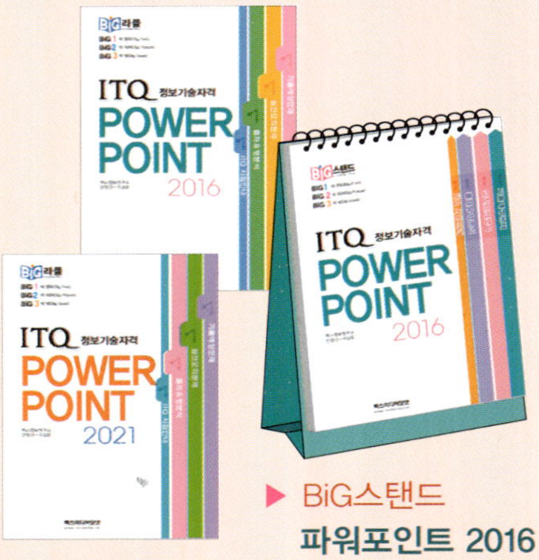
- ▶ BiG라플 엑셀 2016
  - 정가 : 16,000원
- ▶ BiG라플 한글 NEO(2016)
  - 정가 : 16,000원
- ▶ BiG라플 한글 2020
  - 정가 : 16,000원
- ▶ BiG라플 파워포인트 2021
  - 정가 : 16,000원
- ▶ BiG스탠드 파워포인트 2016
  - 정가 : 17,000원
- ▶ BiG라플 엑셀 2021
  - 정가 : 16,000원
- ▶ BiG스탠드 엑셀 2016
  - 정가 : 17,000원 
- ▶ BiG스탠드 한글 NEO(2016)
  - 정가 : 17,000원 
- ▶ BiG스탠드 한글 2020
  - 정가 : 17,000원

이 책의 차례

Chapter8 · 문서작성 능력평가 - Ⅱ ······ 128
1. 소제목 작성하기 ······ 129
2. 문단 번호 모양 지정하기 ······ 133
3. 표 제목 작성하기 ······ 136
4. 표 작성하기 ······ 139
5. 기관 이름 작성하기 ······ 145
6. 페이지 번호 매기기 ······ 146

PART 02 실전모의문제

제01회 실전모의문제 ···158
제02회 실전모의문제 ···162
제03회 실전모의문제 ···166
제04회 실전모의문제 ···170
제05회 실전모의문제 ···174
제06회 실전모의문제 ···178
제07회 실전모의문제 ···182
제08회 실전모의문제 ···186
제09회 실전모의문제 ···190
제10회 실전모의문제 ···194

제11회 실전모의문제 ···198
제12회 실전모의문제 ···202
제13회 실전모의문제 ···206
제14회 실전모의문제 ···210
제15회 실전모의문제 ···214
제16회 실전모의문제 ···218
제17회 실전모의문제 ···222
제18회 실전모의문제 ···226
제19회 실전모의문제 ···230
제20회 실전모의문제 ···234

PART 03 기출예상문제

제1회 정보기술자격(ITQ) 시험
제2회 정보기술자격(ITQ) 시험
제3회 정보기술자격(ITQ) 시험
제4회 정보기술자격(ITQ) 시험
제5회 정보기술자격(ITQ) 시험
제6회 정보기술자격(ITQ) 시험
제7회 정보기술자격(ITQ) 시험
Last Summary (마무리 핵심요약)
(시험 당일날 가져가세요!)

기출예상문제
기출예상문제는 시험지와 똑같은 크기로 제작하였습니다.

렉스미디어 도서 소개

빵터진

▶ 컴퓨터모험 ❶
- 정가 : 10,000원
- 페이지 : 128 page

▶ 컴퓨터모험 ❷
- 정가 : 10,000원
- 페이지 : 128 page

▶ 컴퓨터모험 ❸
- 정가 : 10,000원
- 페이지 : 144 page

깨비뚝딱

▶ 파워포인트 2016
▶ 한쇼 NEO(2016)
- 정가 : 12,000원
- 페이지 : 144 page

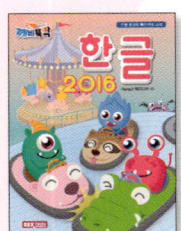
▶ 한글 NEO(2016)
- 정가 : 12,000원
- 페이지 : 144 page

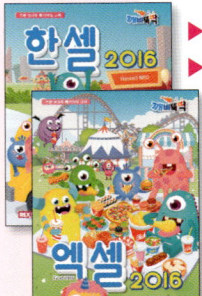
▶ 엑셀 2016
▶ 한셀 NEO(2016)
- 정가 : 12,000원
- 페이지 : 144 page

▶ 파워포인트 2021
- 정가 : 12,000원
- 페이지 : 144 page

▶ 한글 2020
- 정가 : 12,000원
- 페이지 : 144 page

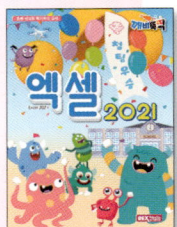
▶ 엑셀 2021
- 정가 : 12,000원
- 페이지 : 144 page

스마트스쿨

▶ 파워포인트 2021
▶ 한쇼 NEO(2016)
- 정가 : 각 10,000원
- 페이지 : 160 page

▶ 한글 NEO(2016)
▶ 한글 2020
- 정가 : 10,000원~ 12,000원
- 페이지 : 160 page

▶ 엑셀 2016
▶ 한셀 NEO(2016)
- 정가 : 각 10,000원
- 페이지 : 160 page

렉스미디어 자료 다운로드 방법

1. 렉스미디어 홈페이지(www.rexmedia.net)에 접속한 후 [자료실]-[대용량 자료실]을 클릭합니다. 그런 다음 렉스미디어 자료실 페이지가 나타나면 '수험서 관련\2024년 ITQ' 폴더를 선택합니다.

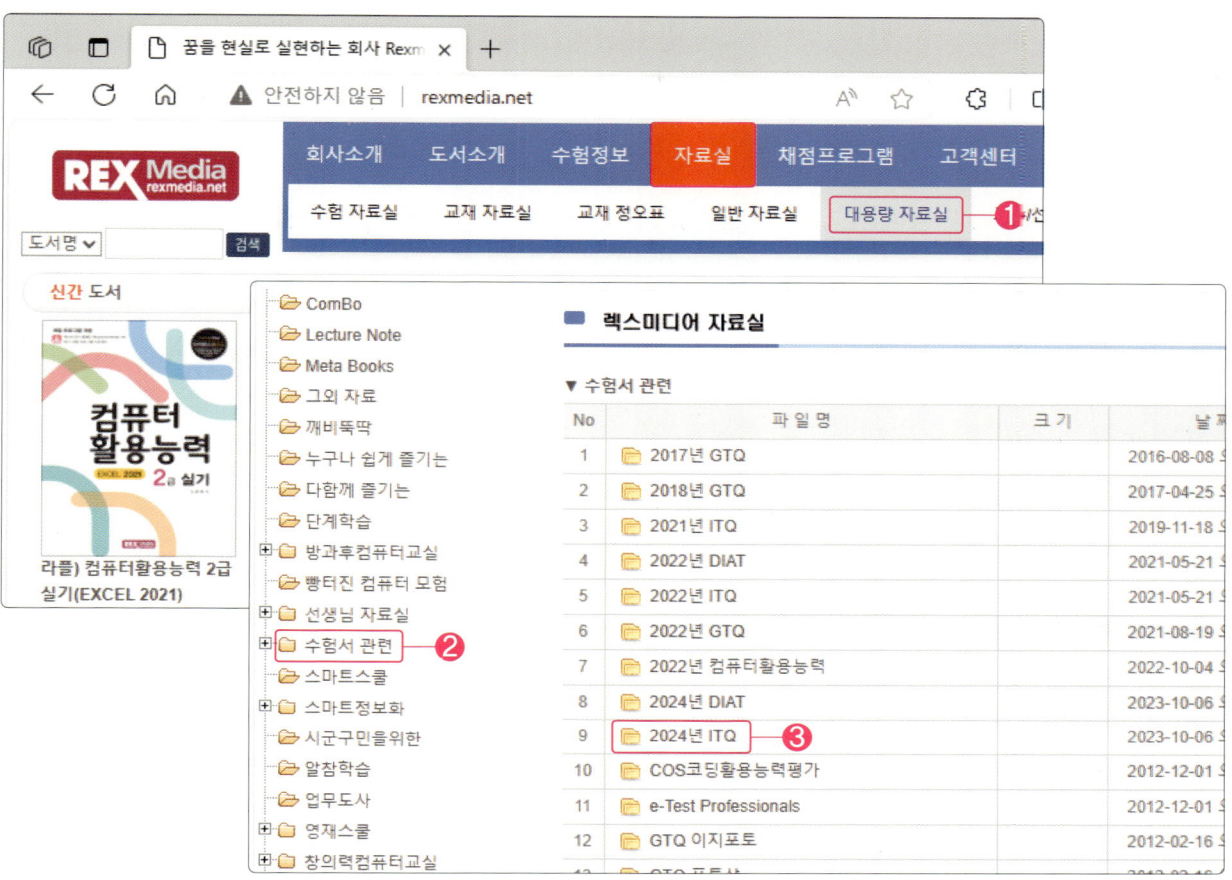

2. 2024년 ITQ화면이 나타나면 (빅라플) ITQ 한글NEO(2016).zip를 클릭합니다.

소프트웨어와 스마트시티

정보통신기술(ICT)의 결정체라 할 수 있는 스마트시티 시대가 도래하고 있다. 이기종 IoT 기기에서 발생하는 빅데이터를 분석(分析)하고 활용할 수 있는 소프트웨어(SW) 능력으로 인해 전 세계적으로 스마트시티 관련 시장에 대한 투자가 급격히 증가(增加)하고 있다.

스마트시티란 ICT를 활용하여 도시민의 삶의 질을 높이고 친환경적으로 지속 가능한 도시를 실현하는 것이다. 전 세계가 급격한 도시화로 인해 관련 인프라와 자원이 부족해질 것으로 예상되는 가운데, 세계 도시화에 관한 유엔 보고서에 의하면 2050년까지 도시 인구가 약 66%까지 증가하고, 2030년까지 메가시티(거주 시민 천만 명 이상)의 수 또한 41개 수준으로 늘어날 것으로 예측된다. 이러한 급격한 도시화의 대안으로 스마트시티가 대두되고 있다. 전 세계의 스마트시티 관련 시장 규모는 꾸준히 증가하여 2025년에는 약 1,200조 원에 이를 것으로 전망되며, 중국은 2025년까지 500여 개, 인도는 2030년까지 100여 개의 스마트시티를 건설할 예정이다. 초기에 추진된 스마트시티 프로젝트의 약 70%가 에너지와 교통 문제 해결에 집중하였으나, 근래에는 도시의 상황에 따른 맞춤 형태로 발전 중이다.

※ 해외 스마트시티 사례

A. 스페인의 바르셀로나
　Ⓐ 특징 : 가장 대표적인 스마트시티 사례
　Ⓑ 주요 서비스 : 스마트 조명, 스마트 그리드, 스마트 워터 등
B. 캐나다의 밴쿠버
　Ⓐ 특징 : 세계에서 가장 뛰어난 녹색도시 만들기 추진
　Ⓑ 주요 서비스 : 건강한 생태계를 위한 프로젝트 진행 중

※ 소프트웨어 및 인공지능 수업콘서트

구분	주제	강연자
SW/AI 교과수업 개선	교통약자를 위한 그린맨 플러스	민영규(안의초등학교)
	인공지능으로 건전한 사이버 세상 만들기	이한빈(문광초등학교)
SW/AI 융합수업 설계	여행기업 살리기 프로젝트	김효정(서울역삼초등학교)
	컴퓨터 비전을 활용한 한자 이미지 인식	홍길동(강진초등학교)
	소프트웨어 디자인씽킹으로 달 탐사 AI 설계하기	김태용(삼보초등학교)

소프트웨어 중심사회

ⓐ 사물인터넷 : 식별 가능한 사물이 만들어낸 정보를 인터넷을 통해 공유하는 환경

렉스미디어 자료 다운로드 방법

3. 다운로드가 완료되면 [폴더에 표시]를 클릭합니다.

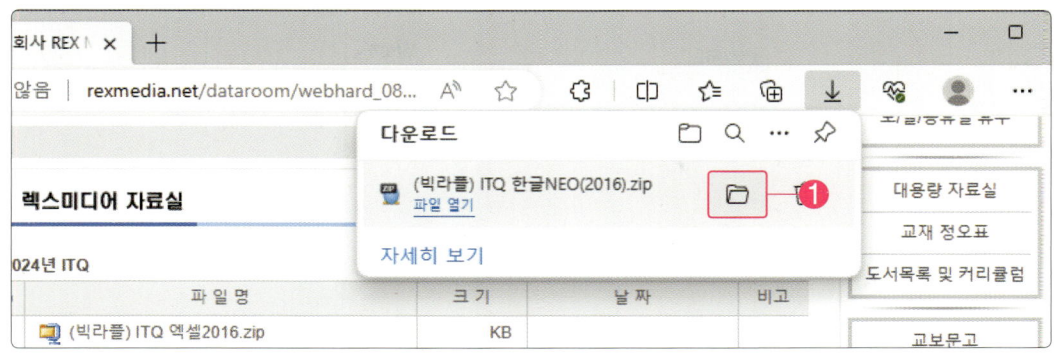

4. 파일 탐색기를 실행한 후 'C:\(빅라플) ITQ 한글NEO(2016)' 폴더를 선택하면 다음과 같이 ITQ 한글NEO(2016) 자료가 다운로드된 것을 확인할 수 있습니다.

❶ [ITQ] 시험에 사용되는 파일이 담겨져 있습니다.
❷ [1Part 출제유형분석]에서 사용하는 소스파일과 완성파일이 담겨져 있습니다.
❸ [2Part 실전모의문제]에서 다룬 문제의 완성파일이 담겨져 있습니다.
❹ [3Part 기출예상문제]에서 다룬 문제의 완성파일이 담겨져 있습니다.
❺ ITQ 수험자용 프로그램입니다.(설치 후 사용하세요)

5. ITQ 폴더를 복사한 후 내 PC\문서 폴더에 붙여넣기 합니다.

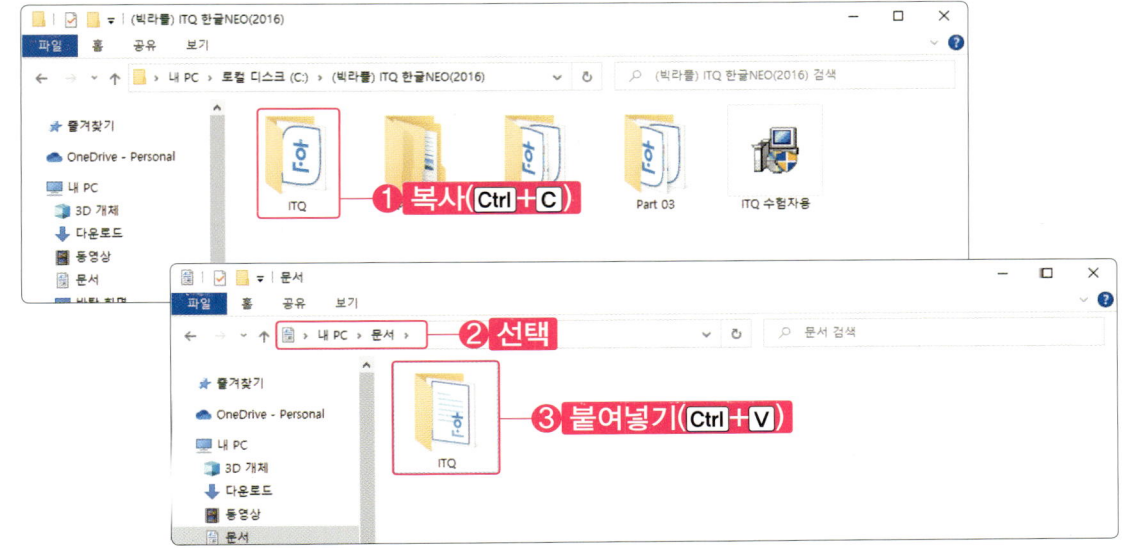

기능평가 II (150점)

3. 다음 (1), (2)의 수식을 수식 편집기로 각각 입력하시오. (40점)

≪출력형태≫

(1) $f = \sqrt{\dfrac{2 \times 1.6 \times 10^{-7}}{9.1 \times 10^{-3}}} = 5.9 \times 10^5$

(2) $\lambda = \dfrac{h}{mh} = \dfrac{h}{\sqrt{2meV}}$

4. 다음의 ≪조건≫에 따라 ≪출력형태≫와 같이 문서를 작성하시오. (110점)

≪조건≫

(1) 그리기 도구를 이용하여 작성하고, 모든 도형(글맵시, 지정된 그림 포함)을 ≪출력형태≫와 같이 작성하시오.

(2) 도형의 면색은 지시사항이 없으면 색 없음을 제외하고 서로 다르게 임의로 지정하시오.

≪출력형태≫

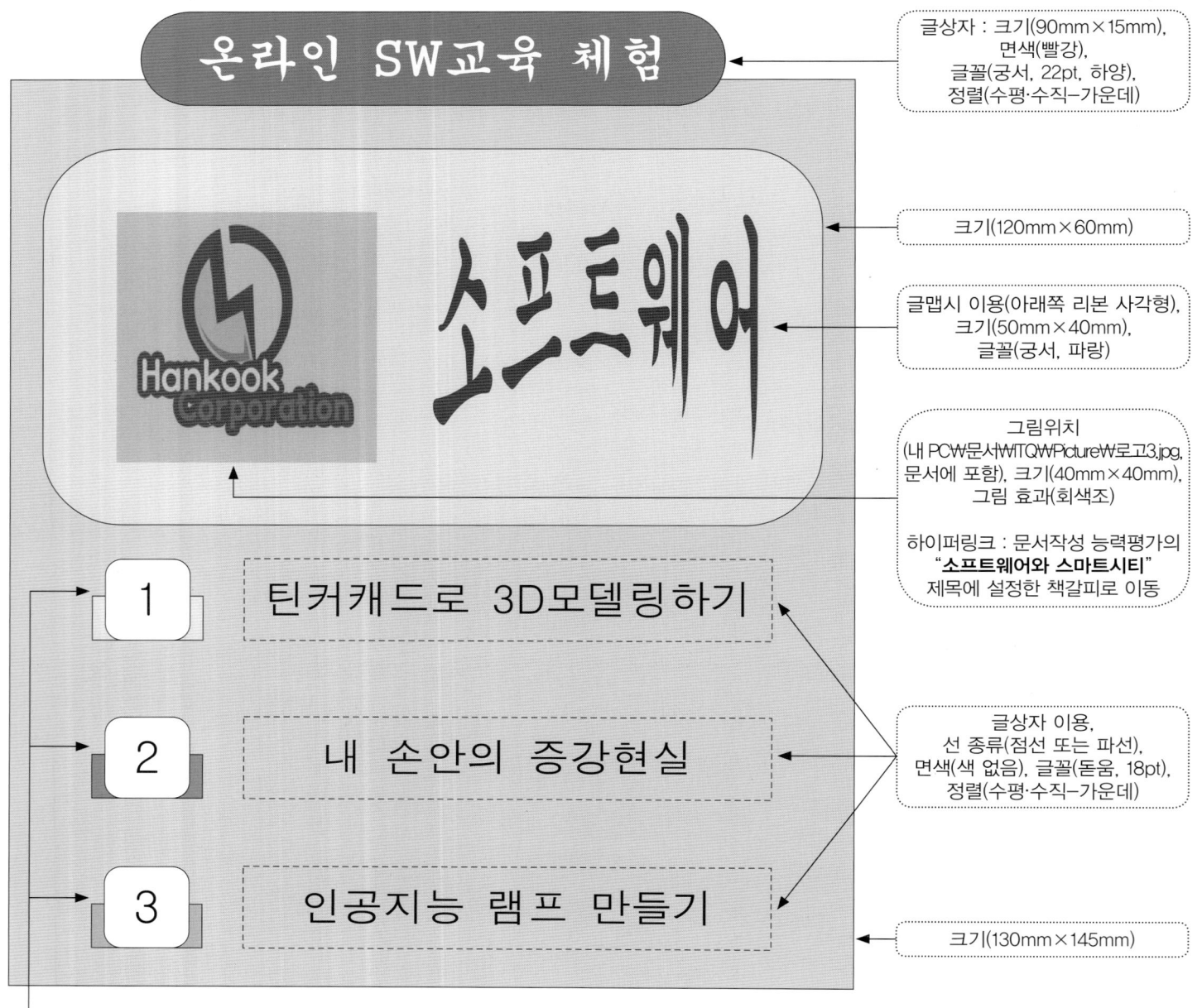

ITQ 시험 안내

ITQ 시험이란?
- 정보기술 능력 또는 정보기술 활용능력을 객관적으로 평가하는 시험입니다.
- 정보기술 관리 및 실무능력 수준을 지수화하고 등급화 시키는 국가 인증 시험입니다.
- 산업인력의 정보 경쟁력을 높이고 정보화를 촉진시키기 위한 목적의 국가공인자격을 말합니다.

공정성, 객관성, 신뢰성이 확보된 첨단 OA자격 시험
- 2002년 1월 11일 정보통신부(현 과학기술정보통신부) 공인을 획득한 국가공인자격 시험입니다.
- 1957년 산업발전법에 의거하여 설립된 한국생산성본부에서 시행합니다.

현장실무 위주의 시험
- 실무중심의 작업형문제로 출제되어 현장 활용도가 높습니다.
- 단체 구성원의 정례화된 목표 지향이 용이하며, 개인의 변별력을 확보할 수 있습니다.
- 특히 구성원의 업무 차별화에 따른 과목 선택이 가능합니다.

발전성과 활용성이 탁월
- 동일 시험과목에 응시가 가능하며, 취득한 성적별로 A·B·C등급을 부여하여 업그레이드 할 수 있습니다.
- 많은 공공기관, 대기업, 중소기업, 대학 등에서 정보기술자격 제도로 ITQ를 채택하여 활용하고 있습니다.

학습이 용이
- 8과목 중 1과목만 취득하여도 국가공인자격이 부여됩니다.
- 쉽고 자세한 학습용 교재가 다양하게 개발되어 있으며, 교육 커리큘럼이 우수합니다.

실기시험만으로 평가
- 필기시험이 없습니다.
- 실질적으로 업무에 필요한 실무 작업형의 문제로 실기시험만으로 평가하는 미래형 첨단 IT자격입니다.

시험 일정 및 검정 수수료
- 시험 일정 및 검정 수수료는 https://license.kpc.or.kr 홈페이지의 [접수/수험표 확인]에서 확인할 수 있습니다.

시험 시행처 안내
- 주관 : 한국생산성본부 ITQ센터(https://license.kpc.or.kr)
  서울 종로구 새문안로 5가길 32 생산성빌딩
- 전화 : 1577-9402(유료)

기능평가 I (150점)

1. 다음의 ≪조건≫에 따라 스타일 기능을 적용하여 ≪출력형태≫와 같이 작성하시오. (50점)

≪조건≫ (1) 스타일 이름 - software
(2) 문단 모양 - 왼쪽 여백 : 10pt, 문단 아래 간격 : 10pt
(3) 글자 모양 - 글꼴 : 한글(굴림)/영문(돋움), 크기 : 10pt, 장평 : 105%, 자간 : -5%

≪출력형태≫

Computer software also called a program or simply software is a series of instructions that directs a computer to perform specific tasks or operations.

소프트웨어는 크게 시스템 소프트웨어와 응용 소프트웨어로 나뉘며, 시스템 소프트웨어는 운영체제, 컴파일러, 입출력 제어 프로그램 등이 여기에 속한다.

2. 다음의 ≪조건≫에 따라 ≪출력형태≫와 같이 표와 차트를 작성하시오. (100점)

≪표 조건≫ (1) 표 전체(표, 캡션) - 굴림, 10pt
(2) 정렬 - 문자 : 가운데 정렬, 숫자 : 오른쪽 정렬
(3) 셀 배경(면색) : 노랑
(4) 한글의 계산 기능을 이용하여 빈칸에 평균(소수점 두 자리)을 구하고, 캡션 기능 사용할 것
(5) 선 모양은 ≪출력형태≫와 동일하게 처리할 것

≪출력형태≫

SW산업 및 주요산업 시가총액(단위 : 조 원)

구분	2021년	2022년	2023년	2024년	평균
IT SW	21.5	23.1	36.2	68.6	
IT HW	45.8	53.3	81.9	97.2	
제조업	84.2	97.2	156.7	173.2	
통신방송서비스	6.1	6.5	6.8	6.1	

≪차트 조건≫ (1) 차트 데이터는 표 내용에서 연도별 IT SW, IT HW, 제조업의 값만 이용할 것
(2) 종류 - <묶은 세로 막대형>으로 작업할 것
(3) 제목 - 궁서, 진하게, 12pt, 속성 - 채우기(하양), 테두리, 그림자(대각선 오른쪽 아래)
【궁서, 진하게, 12pt, 배경 - 선 모양(한 줄로), 그림자(2pt)】
(4) 제목 이외의 전체 글꼴 - 궁서, 보통, 10pt
(5) 축제목과 범례는 ≪출력형태≫와 동일하게 처리할 것

≪출력형태≫

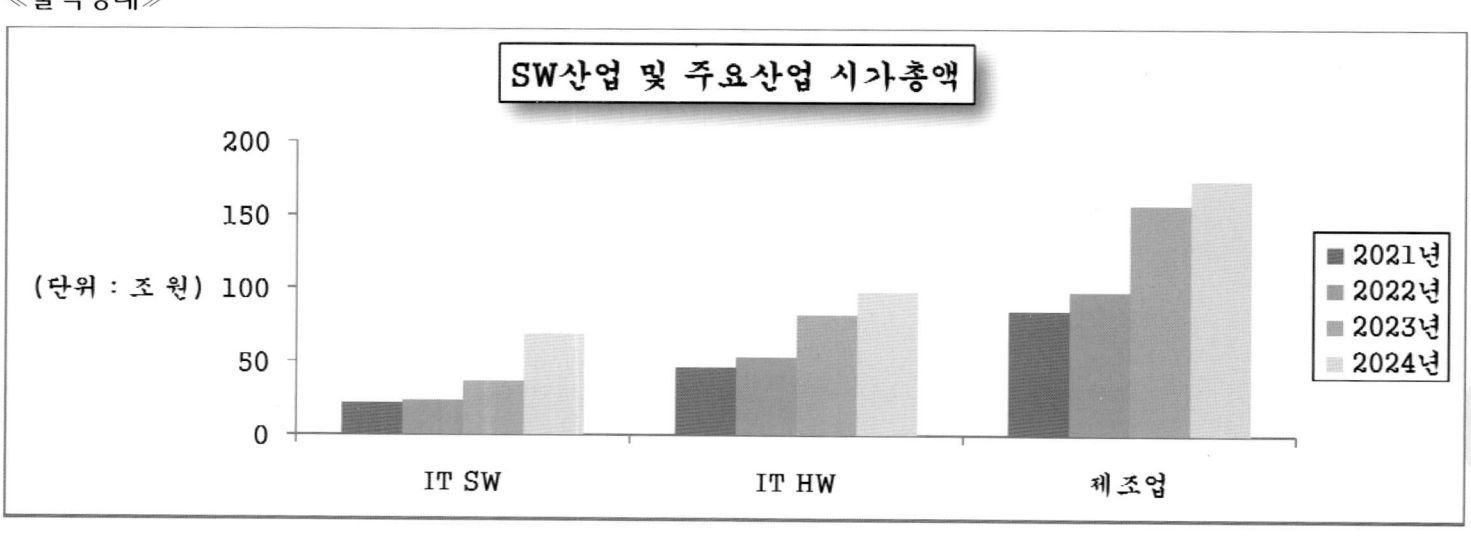

ITQ 시험 안내

ITQ 시험 과목 및 시험 프로그램

시험 과목	시험 프로그램	시험 방법	시험 시간
아래한글 한셀 한쇼	한컴오피스 2020/2016(NEO) 병행 ※한셀/한쇼 과목은 NEO버전으로만 운영	실무 작업형 실기시험 하루에 3과목까지 응시가능	과목당 60분
MS 워드 한글 엑셀 한글 파워포인트 한글 액세스	MS 오피스 2021/2016 병행		
인터넷	내장브라우저 IE8:0 이상		

ITQ 시험 등급

ITQ 시험은 과목별로 500점 만점을 기준으로 A 등급부터 C 등급까지 등급별 자격을 부여합니다. 이 중 3과목 이상 A 등급을 취득하면 OA 마스터 자격을 부여하는데, 한두 과목에서 낮은 등급을 받았을 경우 다시 응시하여 A 등급으로 업그레이드하면 됩니다.

A 등급	B 등급	C 등급
400점~500점	300점~399점	200점~299점

※ OA 마스터 신청시 아래한글과 MS 워드는 같은 종목으로 인정됩니다.

ITQ 한글 2016(NEO) 버전의 문항 및 배점

문항	배점	주요내용
1. 스타일	50점	한글/영문 텍스트 작성능력과 스타일 기능 사용 능력을 평가 ▶ 한글/영문 텍스트 작성, 스타일 이름, 글자 모양, 문단 모양
2. 표와 차트	100점	표를 작성하고 이를 이용해 간단한 차트를 작성할 수 있는 능력을 평가 ▶ 표 내용 작성, 정렬, 셀 배경색, 표 계산 기능, 캡션 기능, 차트 기능
3. 수식편집기	40점	수식편집기의 사용 능력을 평가 ▶ 수식편집기를 이용한 수식 작성
4. 그림/그리기	110점	다양한 기능을 통합한 문제로 그림/그리기, 책갈피 및 하이퍼링크[하이퍼텍스트] 등 문서작성시의 응용능력을 평가 ▶ 하이퍼링크[하이퍼텍스트], 그림 삽입 및 효과 지정, 그림 크기 설정 및 앞뒤 배치, 글맵시 작성, 도형에 문자열 입력하기
5. 문서작성능력	200점	문서작성을 위한 다양한 능력을 평가 ▶ 글꼴/머리말, 쪽 번호, 책갈피, 덧말 넣기, 문단 첫 글자 장식, 각주, 그림 삽입 및 자르기, 그림 편집, 들여 쓰기, 한자, 문자표, 문단 번호, 줄 간격, 표 작성, 그러데이션, 장평, 자간 등

제20회 ITQ 실전모의문제

과목	코드	문제유형	시험시간	수험번호	성명
아래한글	1111	B	60분		

수험자 유의사항

- 수험자는 문제지를 받는 즉시 문제지와 수험표상의 시험과목(프로그램)이 동일한지 반드시 확인하여야 합니다.
- 파일명은 본인의 "수험번호-성명"으로 입력하여 답안폴더(내 PC₩문서₩ITQ)에 하나의 파일로 저장해야 하며, 답안문서 파일명이 "수험번호-성명"과 일치하지 않거나, 답안파일을 전송하지 않아 미제출로 처리될 경우 실격 처리합니다(예:12345678-홍길동.hwp).
- 답안 작성을 마치면 파일을 저장하고, '답안 전송' 버튼을 선택하여 감독위원 PC로 답안을 전송하십시오. 수험생 정보와 저장한 파일명이 다를 경우 전송되지 않으므로 주의하시기 바랍니다.
- 답안 작성 중에도 주기적으로 저장하고, '답안 전송'하여야 문제 발생을 줄일 수 있습니다. 작업한 내용을 저장하지 않고 전송할 경우 이전에 저장된 내용이 전송되오니 이점 유의하시기 바랍니다.
- 답안문서는 지정된 경로 외의 다른 보조기억장치에 저장하는 경우, 지정된 시험 시간 외에 작성된 파일을 활용할 경우, 기타 통신수단(이메일, 메신저, 네트워크 등)을 이용하여 타인에게 전달 또는 외부 반출하는 경우는 부정 처리합니다.
- 시험 중 부주의 또는 고의로 시스템을 파손한 경우는 수험자가 변상해야 하며, 〈수험자 유의사항〉에 기재된 방법대로 이행하지 않아 생기는 불이익은 수험생 당사자의 책임임을 알려 드립니다.
- 문제의 조건은 한컴오피스 2020 버전으로 설정되어 있으며 한컴오피스 NEO는 【 】에 표기되어 있습니다. 이와 관련하여 작성한 답안의 출력형태가 문제지와 다를 수 있습니다.
- 시험을 완료한 수험자는 답안파일이 전송되었는지 확인한 후 감독위원의 지시에 따라 문제지를 제출하고 퇴실합니다.

답안 작성요령

- **온라인 답안 작성 절차**
  수험자 등록 ⇒ 시험 시작 ⇒ 답안파일 저장 ⇒ 답안 전송 ⇒ 시험 종료
- **공통 부문**
  - 글꼴에 대한 기본설정은 함초롬바탕, 10포인트, 검정, 줄간격 160%, 양쪽정렬로 합니다.
  - 색상은 조건의 색을 적용하고 색의 구분이 안 될 경우에는 RGB 값을 적용하십시오.
    (빨강 255,0,0 / 파랑 0,0,255 / 노랑 255,255,0).
  - 각 문항에 주어진 ≪조건≫에 따라 작성하고 언급하지 않은 조건은 ≪출력형태≫와 같이 작성합니다.
  - 용지여백은 왼쪽·오른쪽 11mm, 위쪽·아래쪽·머리말·꼬리말 10mm, 제본 0mm로 합니다.
  - 그림 삽입 문제의 경우 「내 PC₩문서₩ITQ₩Picture」 폴더에서 지정된 파일을 선택하여 삽입하십시오.
  - 삽입한 그림은 반드시 문서에 포함하여 저장해야 합니다(미포함 시 감점 처리).
  - 각 항목은 지정된 페이지에 출력형태와 같이 정확히 작성하시기 바라며, 그렇지 않을 경우에 해당 항목은 0점 처리됩니다.
    ※ 페이지구분 : 1페이지 - 기능평가 I (문제번호 표시 : 1. 2.),
      2페이지 - 기능평가 II (문제번호 표시 : 3. 4.),
      3페이지 - 문서작성 능력평가
- **기능평가**
  - 문제와 ≪조건≫은 입력하지 않으며 문제번호와 답(≪출력형태≫)만 작성합니다.
  - 4번 문제는 묶기를 했을 경우 0점 처리됩니다.
- **문서작성 능력평가**
  - A4 용지(210mm×297mm) 1매 크기, 세로 서식 문서로 작성합니다.
  - ☐ 표시는 문서작성에 대한 지시사항이므로 작성하지 않습니다.

kpc 한국생산성본부

이 책의 구성

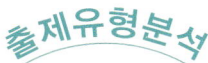

출제유형분석

ITQ 시험의 출제유형을 작업별로 분석하여 자세하게 설명하였습니다.

따라하기 제공파일

따라하기에서 사용하는 소스파일과 완성파일입니다.

문제

작업별로 풀어야 할 문제입니다.

체크! 체크!

작업별로 문제를 풀어가는 과정을 요약한 것입니다.

한가지 더!

ITQ 시험의 출제유형과 관련은 있지만 따라하기에서 다루지 못한 내용입니다. ITQ 시험의 출제유형을 이해하는 데 도움이 되는 경우 설명하였습니다.

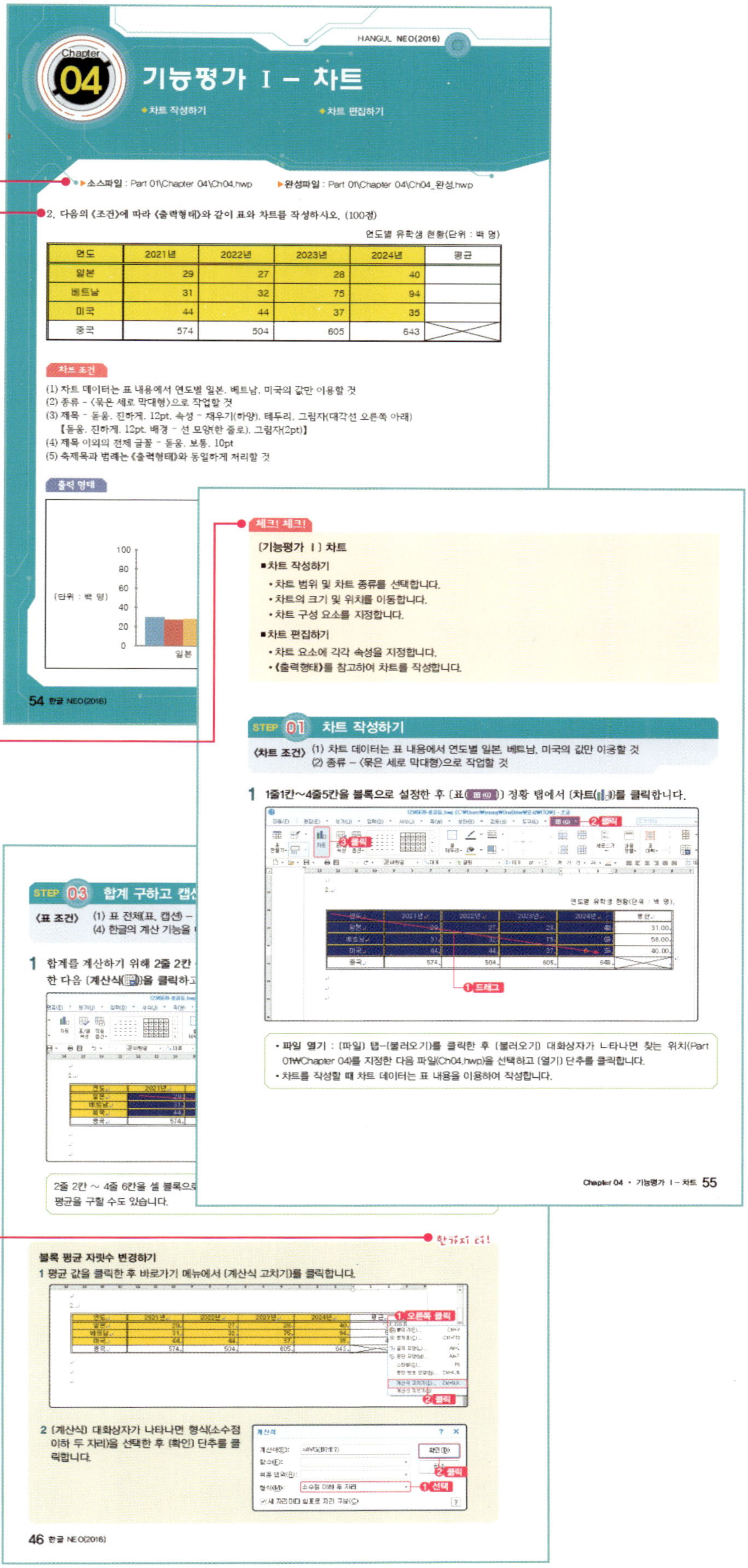
HANGUL NEO(2016)

Chapter 04 기능평가 Ⅰ – 차트

◆차트 작성하기 ◆차트 편집하기

▶소스파일 : Part 01\Chapter 04\Ch04.hwp ▶완성파일 : Part 01\Chapter 04\Ch04_완성.hwp

2. 다음의 《조건》에 따라 《출력형태》와 같이 표와 차트를 작성하시오. (100점)

연도별 유학생 현황(단위 : 백 명)

연도	2021년	2022년	2023년	2024년	평균
일본	29	27	28	40	
베트남	31	32	75	94	
미국	44	44	37	35	
중국	574	504	605	643	

차트 조건

(1) 차트 데이터는 표 내용에서 연도별 일본, 베트남, 미국의 값만 이용할 것
(2) 종류 – 〈묶은 세로 막대형〉으로 작업할 것
(3) 제목 – 돋움, 진하게, 12pt, 속성 – 채우기(하양), 테두리, 그림자(대각선 오른쪽 아래)
【돋움, 진하게, 12pt, 배경 – 선 모양(한 줄로), 그림자(2pt)】
(4) 제목 이외의 전체 글꼴 – 돋움, 보통, 10pt
(5) 축제목과 범례는 《출력형태》와 동일하게 처리할 것

출력 형태

54 한글 NEO(2016)

체크! 체크!

[기능평가 Ⅰ] 차트
■차트 작성하기
• 차트 범위 및 차트 종류를 선택합니다.
• 차트의 크기 및 위치를 이동합니다.
• 차트 구성 요소를 지정합니다.
■차트 편집하기
• 차트 요소에 각각 속성을 지정합니다.
• 《출력형태》를 참고하여 차트를 작성합니다.

STEP 01 차트 작성하기

《차트 조건》 (1) 차트 데이터는 표 내용에서 연도별 일본, 베트남, 미국의 값만 이용할 것
(2) 종류 – 〈묶은 세로 막대형〉으로 작업할 것

1 1줄1칸~4줄5칸을 블록으로 설정한 후 [표] 정황 탭에서 [차트]를 클릭합니다.

• 파일 열기 : [파일] 탭–[불러오기]를 클릭한 후 [불러오기] 대화상자가 나타나면 찾는 위치(Part 01\Chapter 04)를 지정한 다음 파일(Ch04.hwp)을 선택하고 [열기] 단추를 클릭합니다.
• 차트를 작성할 때 차트 데이터는 표 내용을 이용하여 작성합니다.

Chapter 04 • 기능평가 Ⅰ – 차트 55

STEP 03 합계 구하고 캡션

《표 조건》 (1) 표 전체(표, 캡션) –
(4) 한글의 계산 기능을

1 합계를 계산하기 위해 2줄 2칸 … 한 다음 [계산식]을 클릭하고

2줄 2칸 ~ 4줄 6칸을 셀 블록으로 … 평균을 구할 수도 있습니다.

한가지 더!

블록 평균 자릿수 변경하기
1 평균 값을 클릭한 후 바로가기 메뉴에서 [계산식 고치기]를 클릭합니다.
2 [계산식] 대화상자가 나타나면 형식(소수점 이하 두 자리)을 선택한 후 [확인] 단추를 클릭합니다.

46 한글 NEO(2016)

모두가 모인 든든한 영화축제

영화진흥위원회와 사단법인 여성영화인모임이 주관하고 한국영화성평등센터 든든ⓐ이 주최(主催)하는 '한국 영화 다양성 주간'이 1월 20일부터 1월 22일까지 3일간 홍익대학교 인디스페이스에서 열린다.

'한국 영화 다양성 주간'은 한국 영화의 다양성과 포용성의 가치를 발견하고 알리기 위한 목적으로 개최되는 영화 스크리닝과 콘퍼런스를 결합한 행사이다. 한국영화성평등센터 든든은 올해 '한국 영화의 포용성 지표 개발 및 정책 방안 연구'를 진행하였으며, 이번 행사는 든든의 정책 연구를 바탕으로 선정된 영화의 스크리닝과 연구 중간 결과를 발표하는 콘퍼런스, 문학과 영화가 만나 다양성과 창작(創作)에 관해 이야기하는 토크 프로그램이 펼쳐진다. 한편 콘퍼런스에서는 2019년부터 2023년까지 실질 개봉작 중 일반 영화, 독립 예술 영화의 흥행 상위 40%와 OTT 오리지널 영화 총 446편을 대상으로 진행한 중간 연구 결과를 발표할 예정이다. '한국 영화 다양성 주간'은 세계 영화계가 다양성과 포용성의 가치를 큰 화두로 삼고 있는 만큼, 한국 영화계 또한 흐름에 맞춰 영화계 내의 다양성과 포용성을 발견하고 논의할 수 있는 뜻깊은 자리가 될 것이다.

♣ 창작과 다양성에 관한 스페셜 토크

가. 창작에 관한 이야기
  ㉮ 일시 : 1월 20일 금요일 15:30
  ㉯ 패널 : 작가 천선란, 감독 윤단비, 평론가 조혜영
나. 창작의 다양성에 관한 이야기
  ㉮ 일시 : 1월 21일 토요일 13:30
  ㉯ 패널 : 작가 김보영, 감독 유은정, 평론가 손희정

♣ 영화상영작 및 시네마톡

영화	감독	상영일시	상영시간	시네마톡
우리집	윤가은	1월 21일 13:00	92분	패널 : 윤가은 감독
드라이브 마이 카	하마구치 류스케		179분	모더레이터 : 김범삼 감독
갈매기	김미조	1월 22일 11:00	75분	패널 : 김미조 감독
모어	이일하	1월 20일 19:00	81분	모더레이터 : 조혜영 영화평론가
나는 보리	김진유	1월 22일 19:00	110분	

영화진흥위원회

ⓐ 2018년 3월 1일 영화진흥위원회 지원을 받아 평등한 영화계 조성을 목적으로 출발한 인권단체

이 책의 구성

Information

실전문제유형
작업별로 실전문제유형 문제를 마련하여 ITQ 시험을 쉽고 빠르게 준비할 수 있도록 하였습니다.

실전문제유형 연습파일
실전문제유형 문제에서 사용하는 소스파일과 완성파일입니다.

실전모의문제
실전모의문제 20회를 마련하여 ITQ 시험에 100% 대비할 수 있도록 하였습니다.

기출예상문제
기출예상문제 7회를 마련하여 ITQ 시험에 100% 대비할 수 있도록 하였습니다.

기능평가 II (150점)

3. 다음 (1), (2)의 수식을 수식 편집기로 각각 입력하시오. (40점)

≪출력형태≫

(1) $H_n = \dfrac{a(r^n - 1)}{r - 1} = \dfrac{a(1 + r^n)}{1 - r} (r \neq 1)$

(2) $L = \dfrac{m + M}{m} V = \dfrac{m + M}{m} \sqrt{2gh}$

4. 다음의 ≪조건≫에 따라 ≪출력형태≫와 같이 문서를 작성하시오. (110점)

≪조건≫
(1) 그리기 도구를 이용하여 작성하고, 모든 도형(글맵시, 지정된 그림 포함)을 ≪출력형태≫와 같이 작성하시오.
(2) 도형의 면색은 지시사항이 없으면 색 없음을 제외하고 서로 다르게 임의로 지정하시오.

≪출력형태≫

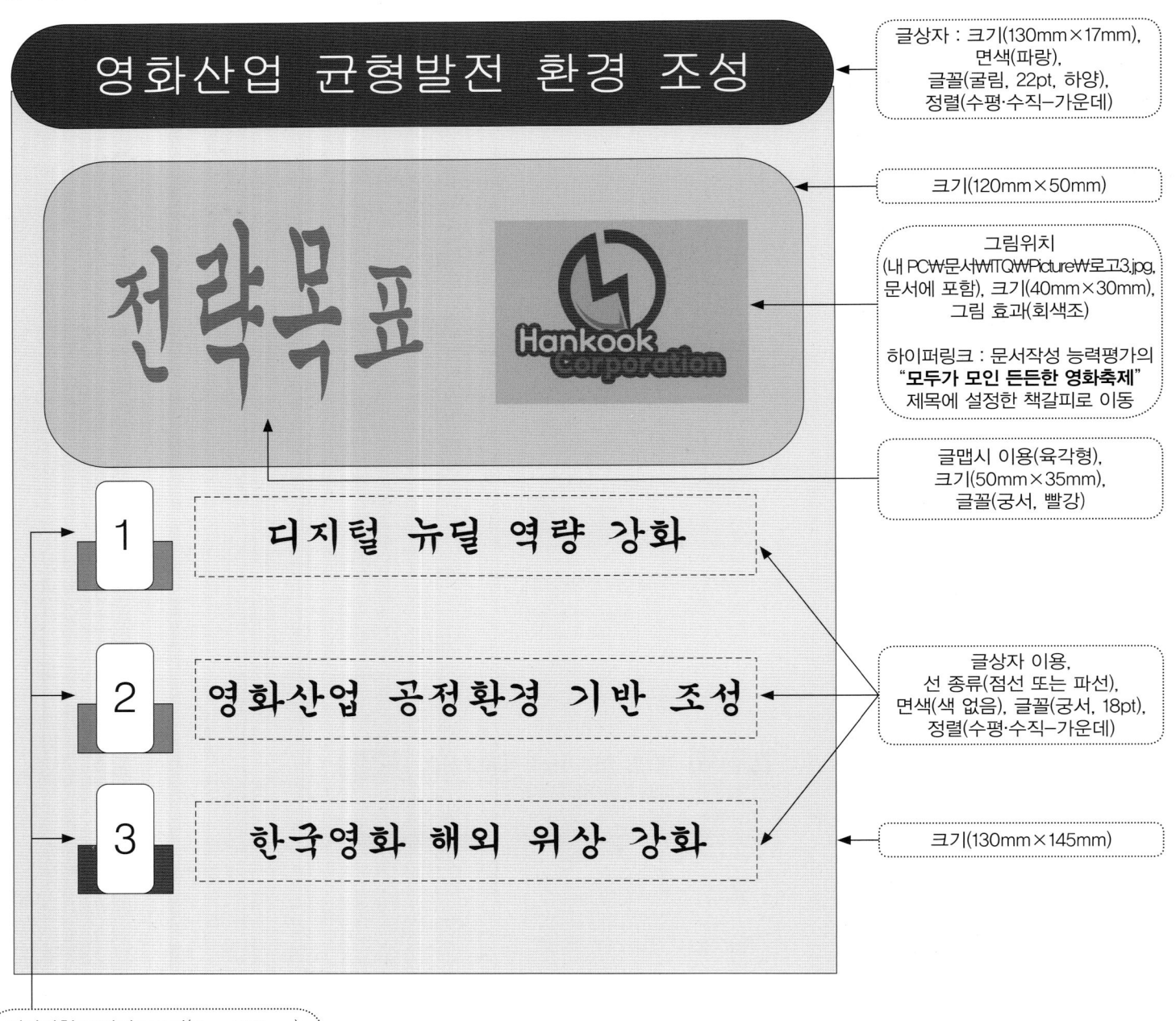

채점 프로그램 다운로드 및 사용 방법

◆ **채점 프로그램 다운로드**

1. 렉스미디어 **홈페이지(www.rexmedia.net)에 접속**한 후 [**채점프로그램**]-[**ITQ**]를 **클릭**한 다음 ITQ 채점프로그램 페이지가 나타나면 [**(빅라플) ITQ 채점프로그램**]을 **클릭**합니다.

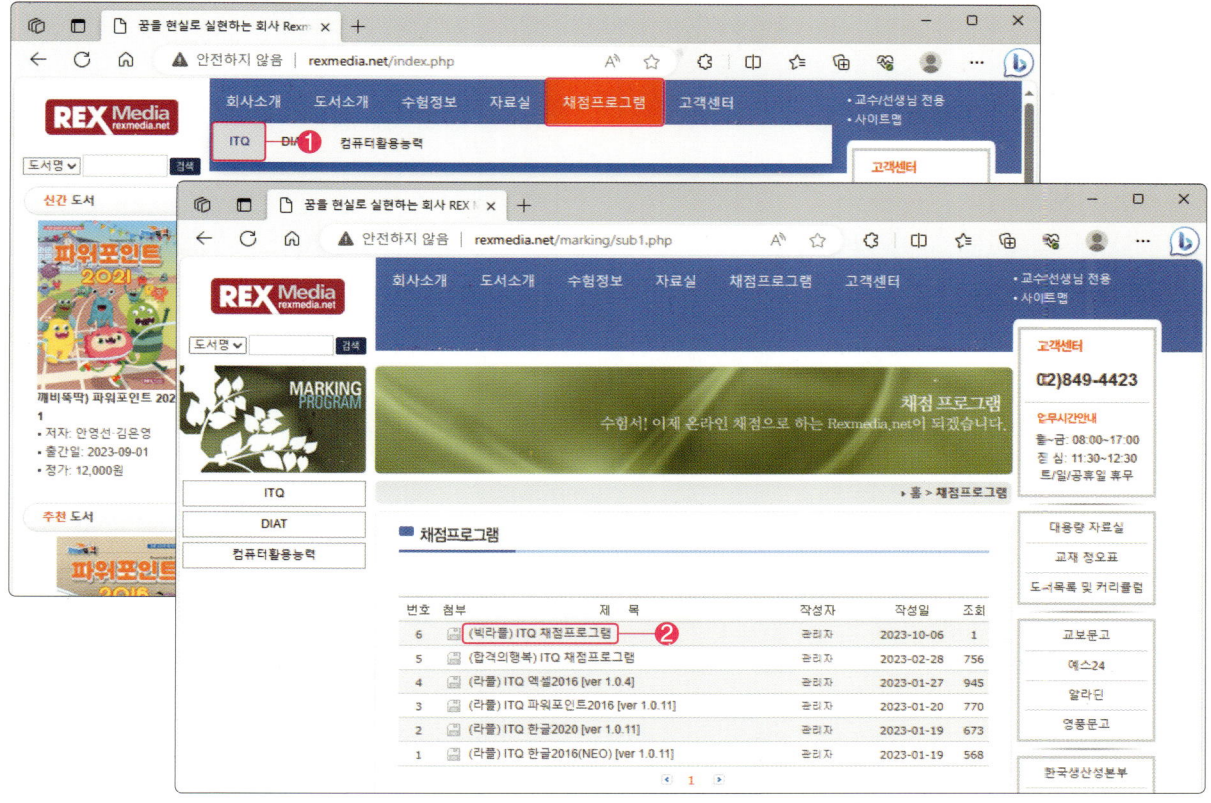

※ 채점 프로그램은 주기적으로 업데이트를 실시합니다.

◆ **채점 프로그램 사용 방법**

1. **채점 프로그램을 설치**한 후 **설치된** 프로그램을 실행시킨 다음 **원하는 과목을 선택**합니다.

기능평가 I (100점)

1. 다음의 ≪조건≫에 따라 스타일 기능을 적용하여 ≪출력형태≫와 같이 작성하시오. (50점)

≪조건≫   (1) 스타일 이름 - film
   (2) 문단 모양 - 왼쪽 여백 : 10pt, 문단 아래 간격 : 10pt
   (3) 글자 모양 - 글꼴 : 한글(굴림)/영문(돋움), 크기 : 10pt, 장평 : 105%, 자간 : -5%

≪출력형태≫

A film is a work of visual art that simulates experiences and stories, perceptions, feelings, beauty, or atmosphere through the use of moving images.

영화 예술의 특징은 카메라 앞에 놓여 있는 피사체들의 동작, 카메라 자체의 기동력, 개개의 분리되어 채록된 이미지들의 조립을 통해 생기는 영화적 동작이 주가 된다.

2. 다음의 ≪조건≫에 따라 ≪출력형태≫와 같이 표와 차트를 작성하시오. (100점)

≪표 조건≫ (1) 표 전체(표, 캡션) - 굴림, 10pt
   (2) 정렬 - 문자 : 가운데 정렬, 숫자 : 오른쪽 정렬
   (3) 셀 배경(면색) : 노랑
   (4) 한글의 계산 기능을 이용하여 빈칸에 평균(소수점 두 자리)을 구하고, 캡션 기능 사용할 것
   (5) 선 모양은 ≪출력형태≫와 동일하게 처리할 것

≪출력형태≫

연도별 영화 산업 현황(단위 : 억 원, 편, 백만 명)

구분	2019년	2020년	2021년	2022년	평균
매출액	1,914	510	585	925	
개봉 편수	1,943	1,897	1,856	1,427	
상영 편수	3,090	3,009	2,970	2,323	
관객수	227	60	61	91	

≪차트 조건≫ (1) 차트 데이터는 표 내용에서 연도별 매출액, 개봉 편수, 상영 편수의 값만 이용할 것
   (2) 종류 - <묶은 세로 막대형>으로 작업할 것
   (3) 제목 - 궁서, 진하게, 12pt, 속성 - 채우기(하양), 테두리, 그림자(대각선 오른쪽 아래)
      【궁서, 진하게, 12pt, 배경 - 선 모양(한 줄로), 그림자(2pt)】
   (4) 제목 이외의 전체 글꼴 - 궁서, 보통, 10pt
   (5) 축제목과 범례는 ≪출력형태≫와 동일하게 처리할 것

≪출력형태≫

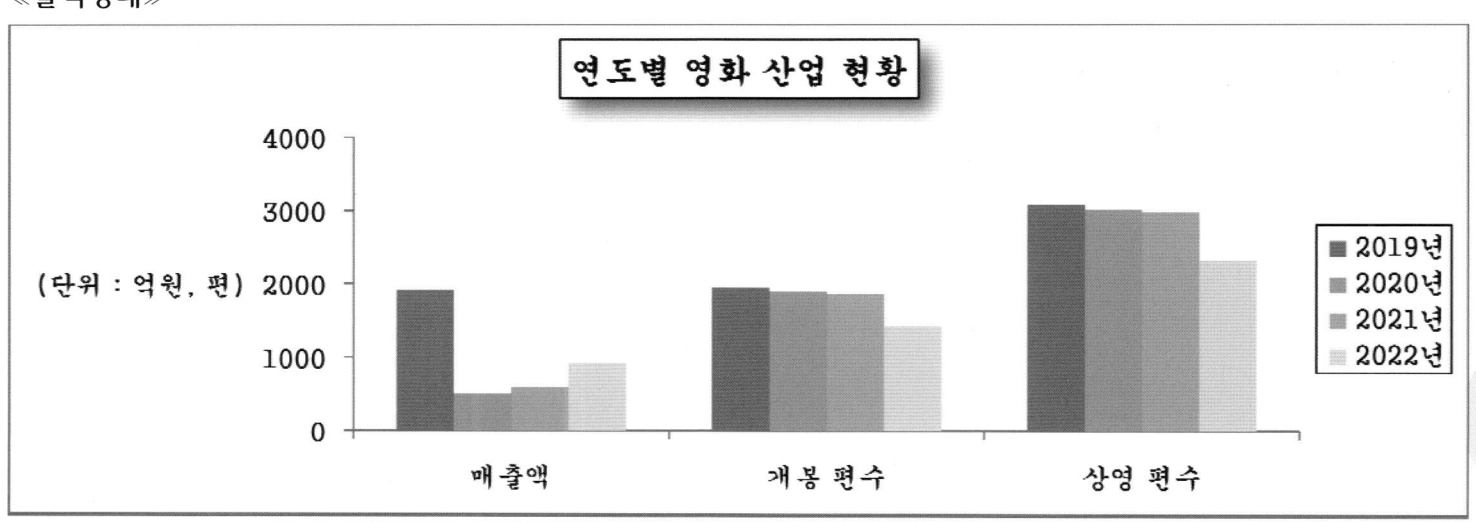

채점 프로그램 다운로드 및 사용 방법

2. 파워포인트 2016 화면이 나타나면 **원하는 회차를 선택**합니다.

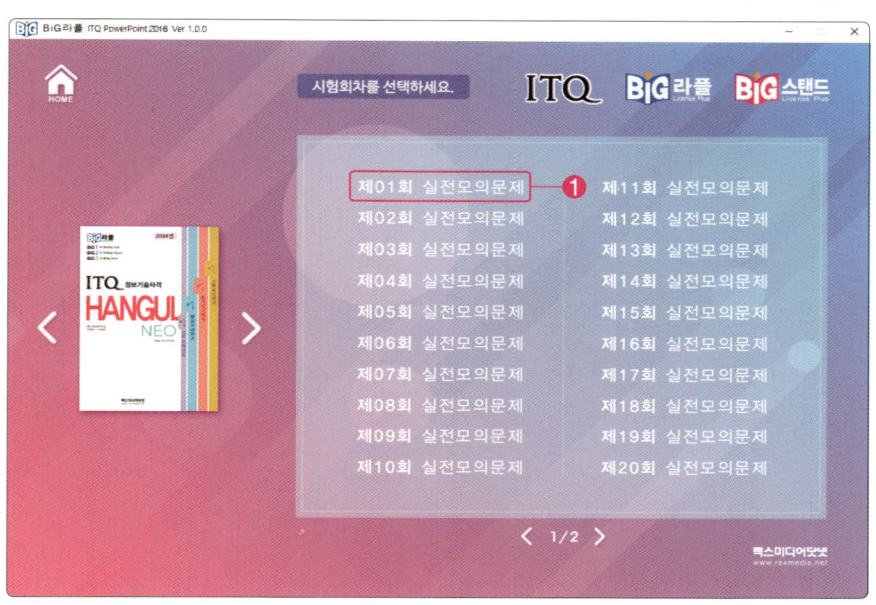

3. 채점 화면이 나타나면 **정답파일을 선택**한 후 **학생답안 파일을 불러온** 다음 **채점 단추를 클릭**합니다. 채점이 완료되면 항목별 점수 및 총점수를 확인 할 수 있습니다. 각 항목별 버튼을 클릭하면 채점 결과를 확인 할 수 있습니다.

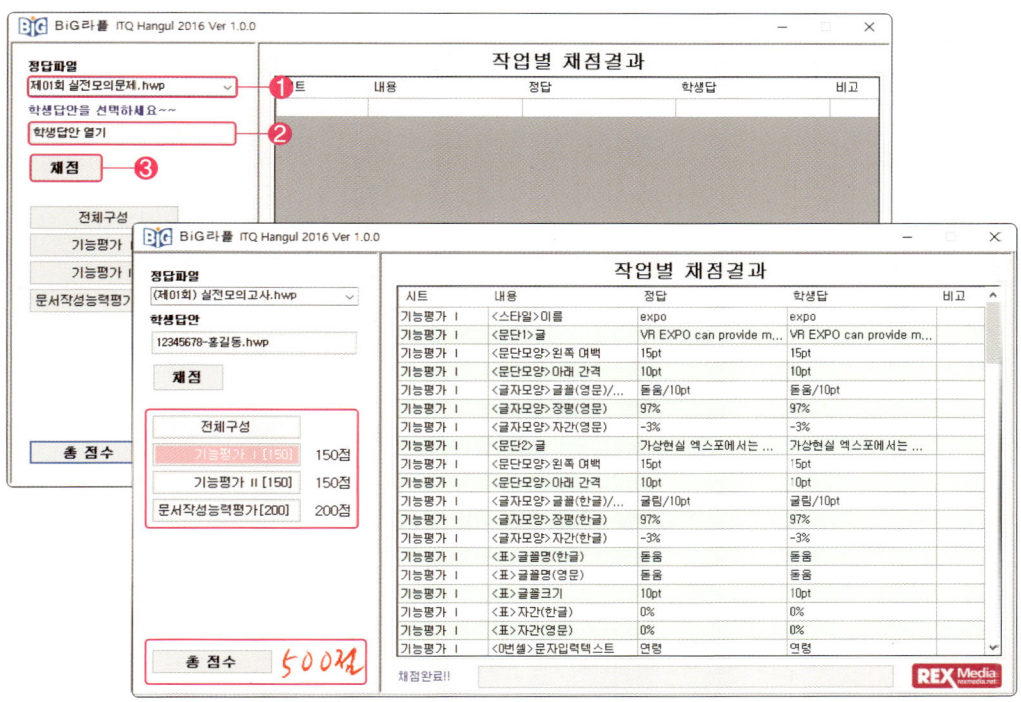

※ **채점 프로그램 사용시 주의사항**

- 한컴오피스 프로그램이 정품이 아닌 경우 채점 프로그램이 정상적으로 실행되지 않습니다.
- 렉스미디어에서 제공하지 않은 파일로 답안을 작성할 경우 오류가 발생할 수 있습니다.
- 채점 프로그램은 한컴오피스 프로그램의 한계로 100% 정확한 채점은 어렵습니다.
  학습에 도움을 드리고자 제공하오니 참고용 자료로 활용해 주시기 바랍니다.

제19회 ITQ 실전모의문제

과목	코드	문제유형	시험시간	수험번호	성명
아래한글	1111	A	60분		

수험자 유의사항

- 수험자는 문제지를 받는 즉시 문제지와 <u>수험표상의 시험과목(프로그램)이 동일한지 반드시 확인</u>하여야 합니다.
- 파일명은 본인의 "수험번호-성명"으로 입력하여 답안폴더(내 PC\문서\ITQ)에 하나의 파일로 저장해야 하며, 답안문서 파일명이 "수험번호-성명"과 일치하지 않거나, 답안파일을 전송하지 않아 미제출로 처리될 경우 실격 처리합니다(예:12345678-홍길동.hwp).
- 답안 작성을 마치면 파일을 저장하고, '답안 전송' 버튼을 선택하여 감독위원 PC로 답안을 전송하십시오. 수험생 정보와 저장한 파일명이 다를 경우 전송되지 않으므로 주의하시기 바랍니다.
- 답안 작성 중에도 <u>주기적으로 저장하고, '답안 전송'</u>하여야 문제 발생을 줄일 수 있습니다. 작업한 내용을 저장하지 않고 전송할 경우 이전에 저장된 내용이 전송되오니 이점 유의하시기 바랍니다.
- 답안문서는 지정된 경로 외의 다른 보조기억장치에 저장하는 경우, 지정된 시험 시간 외에 작성된 파일을 활용할 경우, 기타 통신수단(이메일, 메신저, 네트워크 등)을 이용하여 타인에게 전달 또는 외부 반출하는 경우는 부정 처리합니다.
- 시험 중 부주의 또는 고의로 시스템을 파손한 경우는 수험자가 변상해야 하며, 〈수험자 유의사항〉에 기재된 방법대로 이행하지 않아 생기는 불이익은 수험생 당사자의 책임임을 알려 드립니다.
- 문제의 조건은 한컴오피스 2020 버전으로 설정되어 있으며 한컴오피스 NEO는 【 】에 표기되어 있습니다. 이와 관련하여 작성한 답안의 출력형태가 문제지와 다를 수 있습니다.
- 시험을 완료한 수험자는 답안파일이 전송되었는지 확인한 후 감독위원의 지시에 따라 문제지를 제출하고 퇴실합니다.

답안 작성요령

- **온라인 답안 작성 절차**
  수험자 등록 ⇒ 시험 시작 ⇒ 답안파일 저장 ⇒ 답안 전송 ⇒ 시험 종료
- **공통 부문**
  - 글꼴에 대한 기본설정은 함초롬바탕, 10포인트, 검정, 줄간격 160%, 양쪽정렬로 합니다.
  - 색상은 조건의 색을 적용하고 색의 구분이 안 될 경우에는 RGB 값을 적용하십시오.
    (빨강 255,0,0 / 파랑 0,0,255 / 노랑 255,255,0).
  - 각 문항에 주어진 ≪조건≫에 따라 작성하고 언급하지 않은 조건은 ≪출력형태≫와 같이 작성합니다.
  - 용지여백은 왼쪽·오른쪽 11mm, 위쪽·아래쪽·머리말·꼬리말 10mm, 제본 0mm로 합니다.
  - 그림 삽입 문제의 경우 「내 PC\문서\ITQ\Picture」 폴더에서 지정된 파일을 선택하여 삽입하십시오.
  - 삽입한 그림은 반드시 문서에 포함하여 저장해야 합니다(미포함 시 감점 처리).
  - 각 항목은 지정된 페이지에 출력형태와 같이 정확히 작성하시기 바라며, 그렇지 않을 경우에 해당 항목은 0점 처리됩니다.
    ※ 페이지구분 : 1페이지 - 기능평가 I (문제번호 표시 : 1. 2.),
    　　　　　　　 2페이지 - 기능평가 II (문제번호 표시 : 3. 4.),
    　　　　　　　 3페이지 - 문서작성 능력평가
- **기능평가**
  - 문제와 ≪조건≫은 입력하지 않으며 문제번호와 답(≪출력형태≫)만 작성합니다.
  - 4번 문제는 묶기를 했을 경우 0점 처리됩니다.
- **문서작성 능력평가**
  - A4 용지(210mm×297mm) 1매 크기, 세로 서식 문서로 작성합니다.
  - ☐ 표시는 문서작성에 대한 지시사항이므로 작성하지 않습니다.

kpc 한국생산성본부

ITQ 회원 가입 및 시험 접수 안내

◆ **ITQ 회원 가입하기**

1 ITQ 자격 검정 사이트(https://license.kpc.or.kr)에 접속한 후 오른쪽 위의 [회원가입]을 클릭합니다.

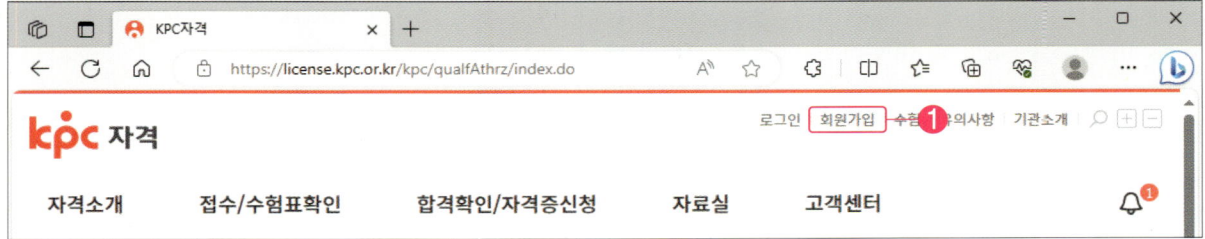

2 [회원가입] 페이지가 나타나면 [전체 약관 동의]를 체크하여 선택합니다.

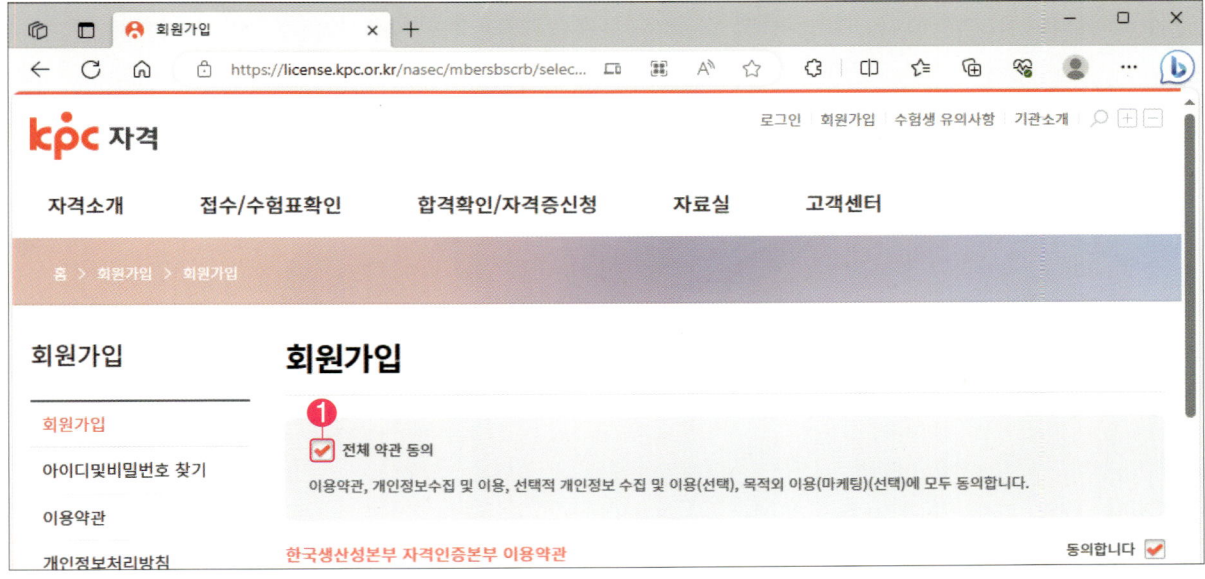

3 페이지의 아래쪽에 수험자의 기준에 맞는 단추를 클릭합니다.

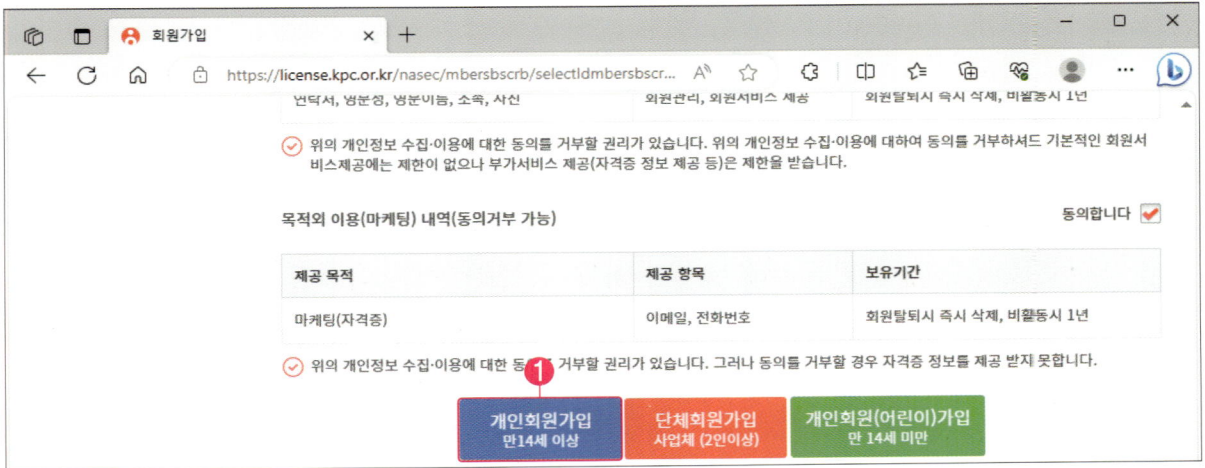

※ 회원 가입 절차는 시험 주관사에 의해 변경될 수도 있습니다.

※ 회원가입 (만14세 미만 개인회원)
　만14세 미만 학생은 [개인회원(어린이) 가입 만14세 미만]을 클릭합니다.

자연생태계와 자정작용

물의 자정능력과 수질오염

생태계는 동물, 식물 등의 생물체와 땅, 공기와 같은 미생물적 요소로 구성된다. 생물체는 미생물적 요소를 이용하고 그 조건 속에서 살아간다. 생태계는 환경에 위해나 변화가 발생할 때 그 변화에 적응(適應)하고 균형을 유지하여 영향을 줄일 수 있는 능력을 갖추고 있는데 이를 자정 능력이라 한다. 그러나 자연을 과도하게 개발하여 자연자원을 고갈시키거나, 생태계가 감당할 수 없는 많은 양의 쓰레기를 자연환경에 배출하면 환경오염이 발생한다. 이처럼 오염이 과도하여 생태계의 자정 능력을 넘어서면 생태계가 파괴되고 생물체는 성존의 위협을 받게 된다.

적은 양의 물의 오염은 오히려 정상적인 것이지만 오염물질의 유입량이 한계를 초과(超過)하여 그 수역의 자정 능력만으로 정화되지 못할 경우에는 수질의 변화와 함께 물의 이용 가치가 떨어지고 생물이나 인간에게 악영향을 미치는데, 이것을 수질오염이라고 한다. 물의 자정 능력은 물속의 박테리아㉮ 수, 영양 물량, 용존산소량 등에 의하여 결정되므로 폐수의 방류 시에는 반드시 이를 신중하게 고려해야 한다. 기업체뿐만 아니라 우리 모두가 오염의 원인이자 문제 허결의 책임자임을 명심하여 수질 개선을 위한 노력에 힘을 모아야 한다.

★ 제38회 통합물관리포럼

가. 일시 및 장소
  ㉠) 일시 : 2025년 2월 14일(금) 13:00
  ㉡) 장소 : 양재 aT센터 3층 세계로룸
나. 주제
  ㉠) 한국의 미래 물도시 : 스마트 워터그리드 기술
  ㉡) 디지털 트윈 기반 물관리 통합플랫폼 구축방안

★ *학회 발전 목표 및 추진 과제*

분야	발전목표	추진과제
학술	물 분야의 학술 발전을 위한 학회 역할 강화	수자원 관련 새로운 수요 창출
		정기 학술 발표회 운영 개선
기술	수자원의 기술 및 교육을 위한 학회 역량 강화	수자원 기술 강좌의 활성화
		수자원 기술 정보의 교류 확대
대외협력	학회 활동의 세계화 추진	국제 학술대회의 지속적 유치
		미래 세대를 위한 교육 및 홍보

한국수자원학회

㉮ 생물체 가운데 가장 미세하고 가장 하등에 속하는 단세포 생활체

ITQ 회원 가입 및 시험 접수 안내

회원가입(개인회원)의 [본인인증] 페이지가 나타나면 '본인인증' 절차를 진행합니다.
본인 명의의 휴대폰이 있는 수험자는 '휴대폰 본인인증'을 클릭, 휴대폰이 없는 수험자는 'IPIN 인증'을 클릭합니다.

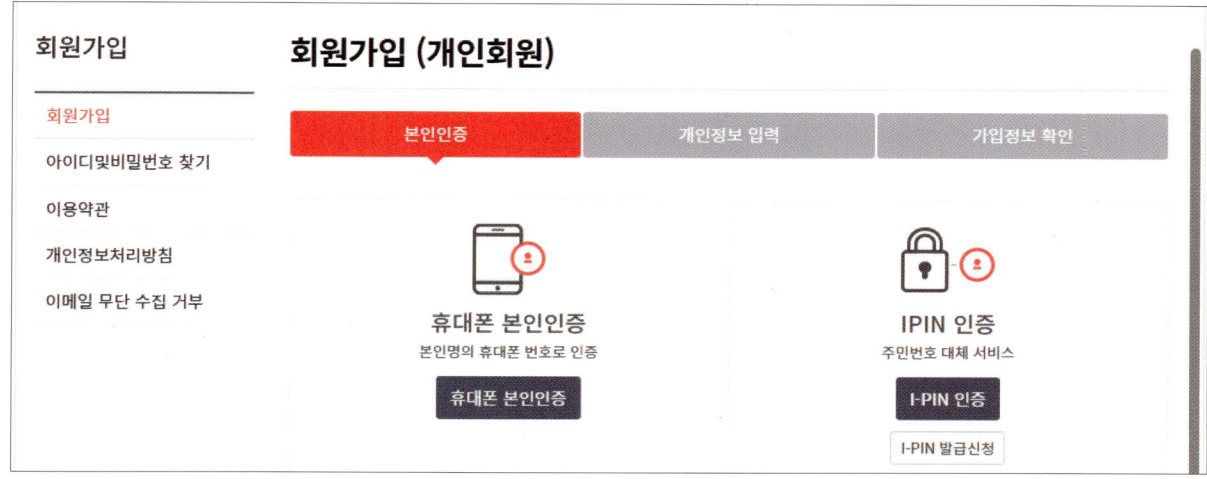

회원가입 (만14세 미만 개인회원)

회원가입(만14세 미만 개인회원) 페이지가 나타나면 '보호자(법적대리인) 본인인증'의 [동의합니다]를 체크하여 선택합니다.

1. 만14세 미만 개인회원일 경우 '보호자(법적대리인) 본인인증' 절차를 진행한 후 '14세미단 본인인증' 절차를 진행해야 합니다.

[개인정보 입력] 페이지가 나타나면 '기본 정보' 및 '추가 정보'를 입력한 후 [가입하기] 단추를 클릭합니다. 회원가입을 묻는 대화상자가 나타나면 [예] 단추를 클릭합니다.

기능평가 II (150점)

3. 다음 (1), (2)의 수식을 수식 편집기로 각각 입력하시오. (40점)

≪출력형태≫

(1) $\vec{F} = -\dfrac{4\pi r^2 m}{T^2} + \dfrac{m}{T^3}$

(2) $\overline{AB} = \sqrt{(x_2 - x_1)^2 + (y_2 - y_1)^2}$

4. 다음의 ≪조건≫에 따라 ≪출력형태≫와 같이 문서를 작성하시오. (110점)

≪조건≫
(1) 그리기 도구를 이용하여 작성하고, 모든 도형(글맵시, 지정된 그림 포함)을 ≪출력형태≫와 같이 작성하시오.
(2) 도형의 면색은 지시사항이 없으면 색 없음을 제외하고 서로 다르게 임의로 지정하시오.

≪출력형태≫

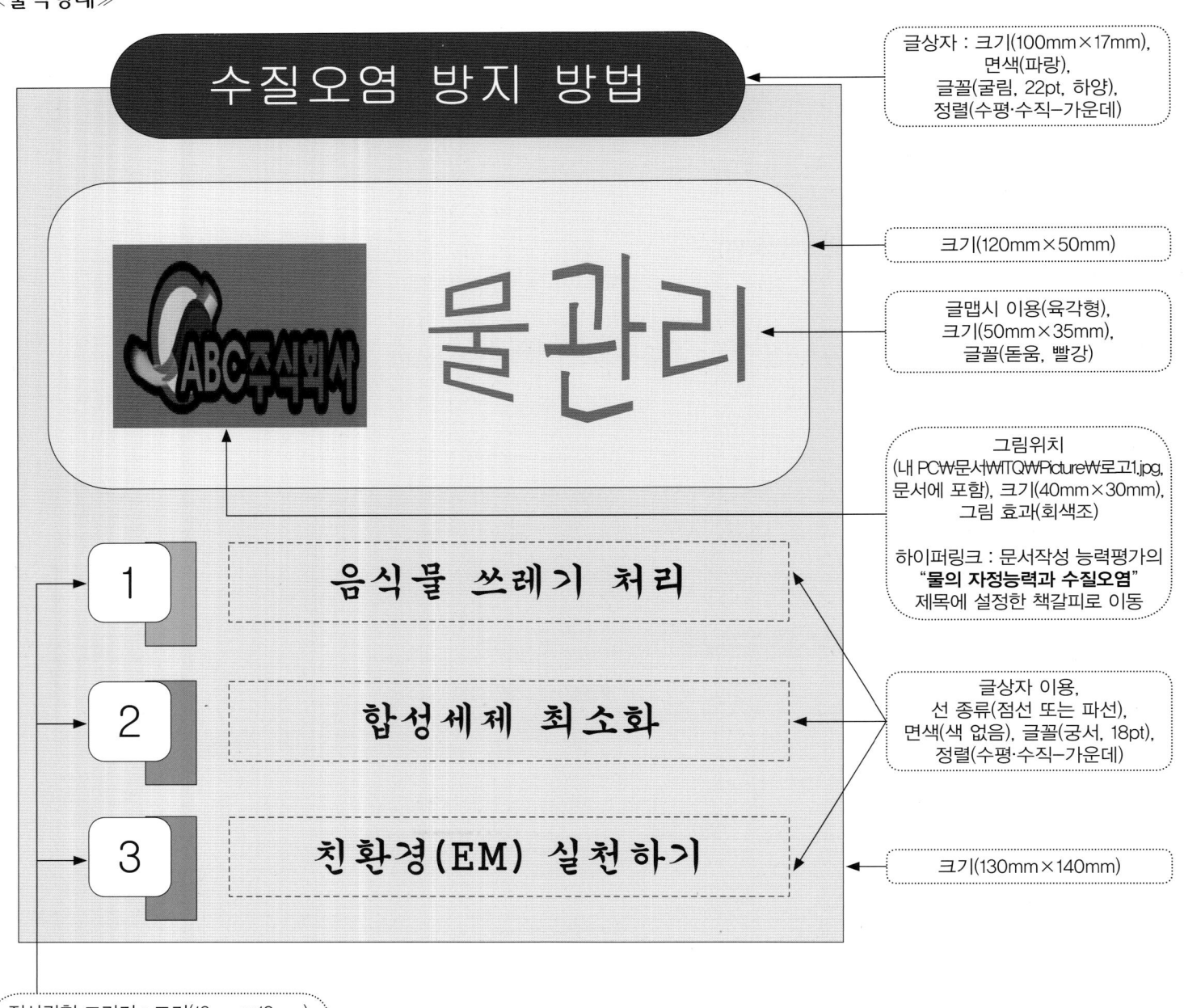

ITQ 회원 가입 및 시험 접수 안내

◆ ITQ 시험 접수 안내

- 응시 원서의 입력 항목에 따라 지역 및 고사장을 선택하고 신상명세 입력, 본인 사진을 등록합니다.
  - 사진 등록을 위한 이미지 파일은 온라인 편집이 가능합니다.
- 응시 원서 작성이 끝나면 결제 화면에서 신용카드 및 온라인 이체로 응시료를 결재합니다.
  - 결재 금액은 응시료 + 인터넷 접수 건별 소정의 수수료가 산정됩니다.
- 응시 원서 작성과 온라인 결제가 끝나면 ITQ 시험 접수 확인증이 화면에 출력되고 인쇄 기능이 지원됩니다.

인터넷 접수

인터넷 원서 접수 기간 확인
↓
| 단체 회원 로그인 | 개인 회원 가입 확인 |
↓
| 접수 방법 선택 | 개인 정보 확인 |
↓
| 지역/고사장/응시 회원 편집 | 지역/고사장/과목 선택 |
↓
| 결제 | 결제 |
↓
| 접수 완료/확인 | 접수증 확인(출력) |
↓
수험표 확인(시험일 2일전까지 사진 등록)
↓
시험 응시

방문 접수

방문 접수 기간 확인
↓
지역센터 위치 확인
↓
개인 회원 가입 확인
↓
지역별 방문 접수(원서작성)
↓
응시료 입금
↓
수험표 확인
↓
시험 응시

기능평가 Ⅰ (150점)

1. 다음의 ≪조건≫에 따라 스타일 기능을 적용하여 ≪출력형태≫와 같이 작성하시오. (50점)

≪조건≫ (1) 스타일 이름 - water
(2) 문단 모양 - 왼쪽 여백 : 15pt, 문단 아래 간격 : 10pt
(3) 글자 모양 - 글꼴 : 한글(굴림)/영문(돋움), 크기 : 10pt, 장평 : 95%, 자간 : 5%

≪출력형태≫

In order to reduce drastic climate change which has never appeared before, green growth has come to the for as a national task and water management will be more significant for green growth.

급격한 기후변화 등으로 수질오염 및 물 부족 현상을 경험하고 있다. 수자원의 확보는 인류의 안전 보장은 물론, 사회와 국가의 지속할 수 있는 성장을 위한 필수요소가 되고 있다.

2. 다음의 ≪조건≫에 따라 ≪출력형태≫와 같이 표와 차트를 작성하시오. (100점)

≪표 조건≫ (1) 표 전체(표, 캡션) - 굴림, 10pt
(2) 정렬 - 문자 : 가운데 정렬, 숫자 : 오른쪽 정렬
(3) 셀 배경(면색) : 노랑
(4) 한글의 계산 기능을 이용하여 빈칸에 평균(소수점 두 자리)을 구하고, 캡션 기능 사용할 것
(5) 선 모양은 ≪출력형태≫와 동일하게 처리할 것

≪출력형태≫

분야별 경영혁신 시행 업체 현황(단위 : %)

구분	2019년	2020년	2021년	2022년	평균
벤처 인증	35	28	40	49	
이노비즈	42	53	57	44	
그린비즈	32	35	41	34	
메인비즈	27	36	28	32	

≪차트 조건≫ (1) 차트 데이터는 표 내용에서 연도별 벤처 인증, 이노비즈, 그린비즈의 값만 이용할 것
(2) 종류 - <묶은 세로 막대형>으로 작업할 것
(3) 제목 - 궁서, 진하게, 12pt, 속성 - 채우기(하양), 테두리, 그림자(대각선 오른쪽 아래)
【궁서, 진하게, 12pt, 배경 - 선 모양(한 줄로), 그림자(2pt)】
(4) 제목 이외의 전체 글꼴 - 궁서, 보통, 10pt
(5) 축제목과 범례는 ≪출력형태≫와 동일하게 처리할 것

≪출력형태≫

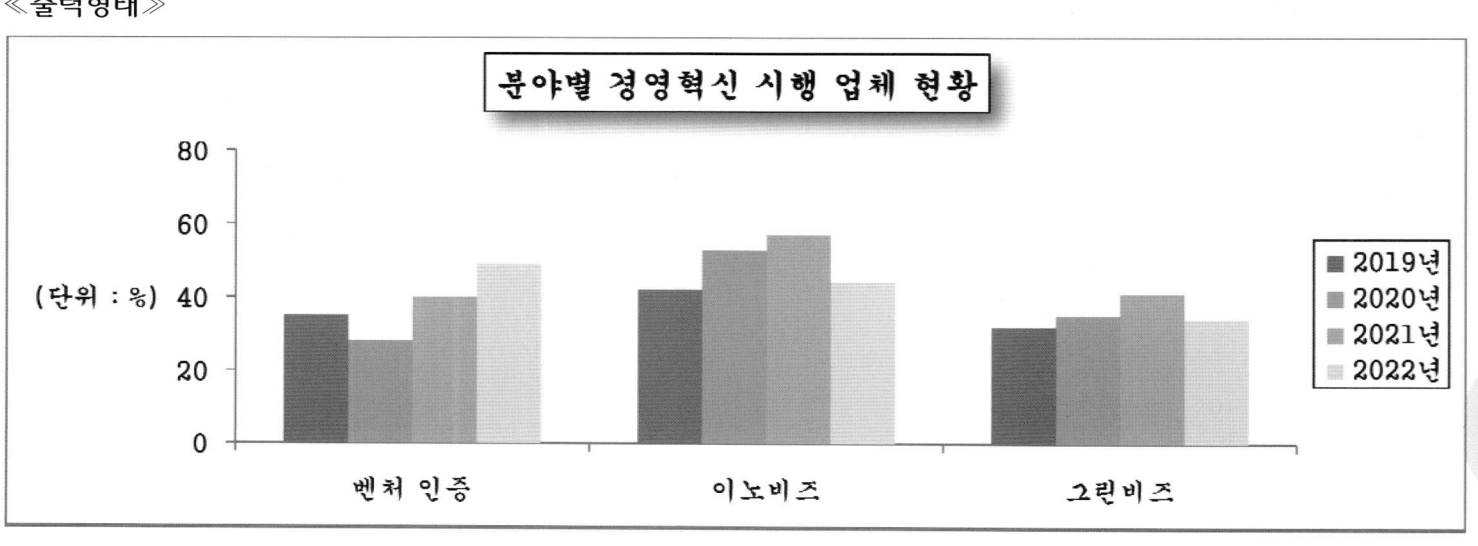

BiG 1 빅 폰트(Big Font)
BiG 2 빅 픽쳐(Big Picture)
BiG 3 빅 북(Big Book)

ITQ 정보기술자격
HANGUL NEO

PART 01
출제유형분석

제 18 회 ITQ 실전모의문제

과목	코드	문제유형	시험시간	수험번호	성명
아래한글	1111	C	60분		

수험자 유의사항

- 수험자는 문제지를 받는 즉시 문제지와 수험표상의 시험과목(프로그램)이 동일한지 반드시 확인하여야 합니다.
- 파일명은 본인의 "수험번호-성명"으로 입력하여 답안폴더(내 PC₩문서₩ITQ)에 하나의 파일로 저장해야 하며, 답안문서 파일명이 "수험번호-성명"과 일치하지 않거나, 답안파일을 전송하지 않아 미제출로 처리될 경우 실격 처리합니다(예:12345678-홍길동.hwp).
- 답안 작성을 마치면 파일을 저장하고, '답안 전송' 버튼을 선택하여 감독위원 PC로 답안을 전송하십시오. 수험생 정보와 저장한 파일명이 다를 경우 전송되지 않으므로 주의하시기 바랍니다.
- 답안 작성 중에도 주기적으로 저장하고, '답안 전송'하여야 문제 발생을 줄일 수 있습니다. 작업한 내용을 저장하지 않고 전송할 경우 이전에 저장된 내용이 전송되오니 이점 유의하시기 바랍니다.
- 답안문서는 지정된 경로 외의 다른 보조기억장치에 저장하는 경우, 지정된 시험 시간 외에 작성된 파일을 활용할 경우, 기타 통신수단(이메일, 메신저, 네트워크 등)을 이용하여 타인에게 전달 또는 외부 반출하는 경우는 부정 처리합니다.
- 시험 중 부주의 또는 고의로 시스템을 파손한 경우는 수험자가 변상해야 하며, 〈수험자 유의사항〉에 기재된 방법대로 이행하지 않아 생기는 불이익은 수험생 당사자의 책임임을 알려 드립니다.
- 문제의 조건은 한컴오피스 2020 버전으로 설정되어 있으며 한컴오피스 NEO는 【 】에 표기되어 있습니다. 이와 관련하여 작성한 답안의 출력형태가 문제지와 다를 수 있습니다.
- 시험을 완료한 수험자는 답안파일이 전송되었는지 확인한 후 감독위원의 지시에 따라 문제지를 제출하고 퇴실합니다.

답안 작성요령

- **온라인 답안 작성 절차**
  수험자 등록 ⇒ 시험 시작 ⇒ 답안파일 저장 ⇒ 답안 전송 ⇒ 시험 종료
- **공통 부문**
  - 글꼴에 대한 기본설정은 함초롬바탕, 10포인트, 검정, 줄간격 160%, 양쪽정렬로 합니다.
  - 색상은 조건의 색을 적용하고 색의 구분이 안 될 경우에는 RGB 값을 적용하십시오.
    (빨강 255,0,0 / 파랑 0,0,255 / 노랑 255,255,0).
  - 각 문항에 주어진 ≪조건≫에 따라 작성하고 언급하지 않은 조건은 ≪출력형태≫와 같이 작성합니다.
  - 용지여백은 왼쪽·오른쪽 11mm, 위쪽·아래쪽·머리말·꼬리말 10mm, 제본 0mm로 합니다.
  - 그림 삽입 문제의 경우 「내 PC₩문서₩ITQ₩Picture」 폴더에서 지정된 파일을 선택하여 삽입하십시오.
  - 삽입한 그림은 반드시 문서에 포함하여 저장해야 합니다(미포함 시 감점 처리).
  - 각 항목은 지정된 페이지에 출력형태와 같이 정확히 작성하시기 바라며, 그렇지 않을 경우에 해당 항목은 0점 처리됩니다.
    ※ 페이지구분 : 1페이지 - 기능평가 I (문제번호 표시 : 1. 2.),
    　　　　　　　 2페이지 - 기능평가 II (문제번호 표시 : 3. 4.),
    　　　　　　　 3페이지 - 문서작성 능력평가
- **기능평가**
  - 문제와 ≪조건≫은 입력하지 않으며 문제번호와 답(≪출력형태≫)만 작성합니다.
  - 4번 문제는 묶기를 했을 경우 0점 처리됩니다.
- **문서작성 능력평가**
  - A4 용지(210mm×297mm) 1매 크기, 세로 서식 문서로 작성합니다.
  - 　　　 표시는 문서작성에 대한 지시사항이므로 작성하지 않습니다.

kpc 한국생산성본부

PART 01
출제유형분석 차례

BiG 스탠드 License Plus

Chapter 1 수험자 유의사항 및 답안 작성요령 ·················· 17
  • 수험자 등록하기   • 답안 작성 준비하기
  • 답안 저장하고 전송하기

Chapter 2 기능평가 Ⅰ- 스타일 ································· 24
  • 문제 번호와 내용 입력하기   • 새 스타일 만들고 적용하기

Chapter 3 기능평가 Ⅰ- 표 ···································· 36
  • 문제 번호 입력하고 표 작성하기   • 셀 배경색과 셀 테두리 지정하기
  • 평균 구하고 캡션 넣기

Chapter 4 기능평가 Ⅰ- 차트 ·································· 54
  • 차트 작성하기   • 차트 편집하기

Chapter 5 기능평가 Ⅱ- 수식 ·································· 72
  • 문제 번호 입력하고 첫 번째 수식 작성하기   • 두 번째 수식 작성하기

Chapter 6 기능평가 Ⅱ- 도형 그리기 ··························· 82
  • 문제 번호 입력하고 배경 도형 작성하기   • 제목 글상자 작성하기
  • 그림과 글맵시 삽입하고 편집하기   • 목차 도형 작성하기
  • 책갈피 삽입하고 하이퍼링크 지정하기

Chapter 7 문서작성 능력평가 Ⅰ ······························· 110
  • 내용 입력하고 제목 작성하기   • 머리말 삽입하기
  • 문단 첫 글자 장식하기   • 각주 삽입하기
  • 그림 삽입하기

Chapter 8 문서작성 능력평가 Ⅱ ······························· 128
  • 소제목 작성하기   • 문단 번호 모양 지정하기
  • 표 제목 작성하기   • 표 작성하기
  • 기관 이름 작성하기   • 페이지 번호 매기기

BiG 스탠드 License Plus

• 각 페이지에서 문제를 해결할 수 있도록 문제조건을 상단에 추가하였습니다.
• 시험에 나오는 내용만 학습합니다.(문제유형 6가지)
• 시험문제는 흑백이지만, 교육 효과를 위해 칼라로 학습합니다.
• 실제 문제보다 글자와 화면이 조금 큽니다.

사물인터넷 시장의 활성화

현재까지의 인터넷이 인간 중심이었다면 미래에는 사물 간의 통신이 네트워크 트래픽의 대부분을 차지하고, 사물의 지능화로 인간의 삶이 더 스마트해지는 사물인터넷 시대가 도래할 것으로 전망(展望)되고 있다. 2023년에는 약 240억 원대의 단말이 인터넷에 연결되고 이를 통해 다양한 서비스가 창출되어 글로벌 시장은 1조 9,860억 달러에 이를 것으로 예상된다. 사물인터넷이 현재의 이동통신 음성시장의 포화 상태를 해결할 수 있는 중요한 융합 서비스로 자리 잡을 것이며 스마트홈, 헬스케어, 지능형 교통 서비스 등을 중심으로 서비스가 다각화될 것으로 기대된다.

전 세계적으로 이동통신 음성 서비스 시장의 포화(飽和)로 새로운 서비스, 즉 데이터 트래픽이 발생하는 분야로 사물인터넷이 부각되었으나, 시장을 강하게 촉진할 수 있는 서비스의 출현이 늦어짐에 따라 기업들의 투자 또한 소극적이었다. 그러나 사물인터넷이 새로운 시장을 창출할 수 있는 분야로 각광받으면서 미국, 유럽 등에서도 정부 주도의 다양한 정책들이 추진되고 있다. 우리 정부도 사물지능통신기반구축 기본 계획, 인터넷 신사업 로드맵 등을 통해 사물인터넷ⓐ 시장 활성화를 위한 정책을 지속적해서 추진 중이다.

♣ 사물인터넷 보안 필요 기술

1. 디바이스
   가. 경량, 저전력 암호, 운영체제 위/변조 방지
   나. 정지, 오작동 방지, 불법 복제 및 데이터 유출 방지
2. 플랫폼/서비스
   가. 기기 간 인증, 키 관리 및 접근 제어
   나. 프라이버시 침해 방지(개인식별, 추적)

♣ 사물인터넷 활용 분야별 사례

구분	개인 분야		산업분야	공공 분야	
분야	헬스케어	생활가전	농업	보안과제	에너지
사례	스마트밴드	스마트가전	스마트팜	원격 관제 전자발찌	스마트미터
서비스 내용	운동량 신체 정보	주거 환경 제어	시설물 모니터링	노약자 위치 정보	원격 검침
기대 효과	개인 건강 증진	생활 편의 제고	작업 효율 개선	사전적 사고 예방	실시간 과금 관리

과학기술정보통신부

ⓐ 사물이 인터넷에 결되어 사물 본연의 기능을 더 충실히 행하도록 하는 기술

Chapter 01 수험자 유의사항 및 답안 작성요령

◆ 수험자 등록하기   ◆ 답안 작성 준비하기
◆ 답안 저장하고 전송하기

▶ 소스파일 : 없음   ▶ 완성파일 : Part 01\Chapter 01\Ch01_완성.hwp

수험자 유의사항

- 수험자는 문제지를 받는 즉시 문제지와 <u>수험표상의 시험과목(프로그램)이 동일한지 반드시 확인</u>하여야 합니다.
- 파일명은 본인의 "수험번호-성명"으로 입력하여 답안폴더(내 PC\문서\ITQ)에 하나의 파일로 저장해야 하며, 답안문서 파일명이 "수험번호-성명"과 일치하지 않거나, 답안파일을 전송하지 않아 미제출로 처리될 경우 실격 처리합니다(예:12345678-홍길동.hwp).
- 답안 작성을 마치면 파일을 저장하고, '답안 전송' 버튼을 선택하여 감독위원 PC로 답안을 전송하십시오. 수험생 정보와 저장한 파일명이 다를 경우 전송되지 않으므로 주의하시기 바랍니다.
- 답안 작성 중에도 <u>주기적으로 저장하고, '답안 전송'</u>하여야 문제 발생을 줄일 수 있습니다. 작업한 내용을 저장하지 않고 전송할 경우 이전에 저장된 내용이 전송되오니 이점 유의하시기 바랍니다.
- 답안문서는 지정된 경로 외의 다른 보조기억장치에 저장하는 경우, 지정된 시험 시간 외에 작성된 파일을 활용할 경우, 기타 통신수단(이메일, 메신저, 네트워크 등)을 이용하여 타인에게 전달 또는 외부 반출하는 경우는 부정 처리합니다.
- 시험 중 부주의 또는 고의로 시스템을 파손한 경우는 수험자가 변상해야 하며, 〈수험자 유의사항〉에 기재된 방법대로 이행하지 않아 생기는 불이익은 수험생 당사자의 책임임을 알려 드립니다.
- <u>문제의 조건은 한컴오피스 2020 버전으로 설정되어 있으며 한컴오피스 NEO는 【 】에 표기되어 있습니다. 이와 관련하여 작성한 답안의 출력형태가 문제지와 다를 수 있습니다.</u>
- 시험을 완료한 수험자는 답안파일이 전송되었는지 확인한 후 감독위원의 지시에 따라 문제지를 제출하고 퇴실합니다.

답안 작성요령

- **온라인 답안 작성 절차**
  수험자 등록 ⇒ 시험 시작 ⇒ 답안파일 저장 ⇒ 답안 전송 ⇒ 시험 종료
- **공통 부문**
  ∘ 글꼴에 대한 기본설정은 함초롬바탕, 10포인트, 검정, 줄간격 160%, 양쪽정렬로 합니다.
  ∘ 색상은 조건의 색을 적용하고 색의 구분이 안 될 경우에는 RGB 값을 적용하십시오.
    (빨강 255,0,0 / 파랑 0,0,255 / 노랑 255,255,0).
  ∘ 각 문항에 주어진 ≪조건≫에 따라 작성하고 언급하지 않은 조건은 ≪출력형태≫와 같이 작성합니다.
  ∘ 용지여백은 왼쪽·오른쪽 11mm, 위쪽·아래쪽·머리말·꼬리말 10mm, 제본 0mm로 합니다.
  ∘ 그림 삽입 문제의 경우 「내 PC\문서\ITQ\Picture」 폴더에서 지정된 파일을 선택하여 삽입하십시오.
  ∘ 삽입한 그림은 반드시 문서에 포함하여 저장해야 합니다(미포함 시 감점 처리).
  ∘ 각 항목은 지정된 페이지에 출력형태와 같이 정확히 작성하시기 바라며, 그렇지 않을 경우에
    해당 항목은 0점 처리됩니다.
      ※ 페이지구분 : 1페이지 – 기능평가 I (문제번호 표시 : 1. 2.),
                    2페이지 – 기능평가 II (문제번호 표시 : 3. 4.),
                    3페이지 – 문서작성 능력평가
- **기능평가**
  ∘ 문제와 ≪조건≫은 입력하지 않으며 문제번호와 답(≪출력형태≫)만 작성합니다.
  ∘ 4번 문제는 묶기를 했을 경우 0점 처리됩니다.
- **문서작성 능력평가**
  ∘ A4 용지(210mm×297mm) 1매 크기, 세로 서식 문서로 작성합니다.
  ∘ ☐ 표시는 문서작성에 대한 지시사항이므로 작성하지 않습니다.

기능평가 II (150점)

3. 다음 (1), (2)의 수식을 수식 편집기로 각각 입력하시오. (40점)

≪출력형태≫

(1) $\dfrac{h_1}{h_2} = (\sqrt{a})^{M_2 - M_1} \fallingdotseq 2.5^{M_2 - M_1}$

(2) $h = \sqrt{k^2 - r^2},\ M = \dfrac{1}{3}\pi r^2 h$

4. 다음의 ≪조건≫에 따라 ≪출력형태≫와 같이 문서를 작성하시오. (110점)

≪조건≫
(1) 그리기 도구를 이용하여 작성하고, 모든 도형(글맵시, 지정된 그림 포함)을 ≪출력형태≫와 같이 작성하시오.
(2) 도형의 면색은 지시사항이 없으면 색 없음을 제외하고 서로 다르게 임의로 지정하시오.

≪출력형태≫

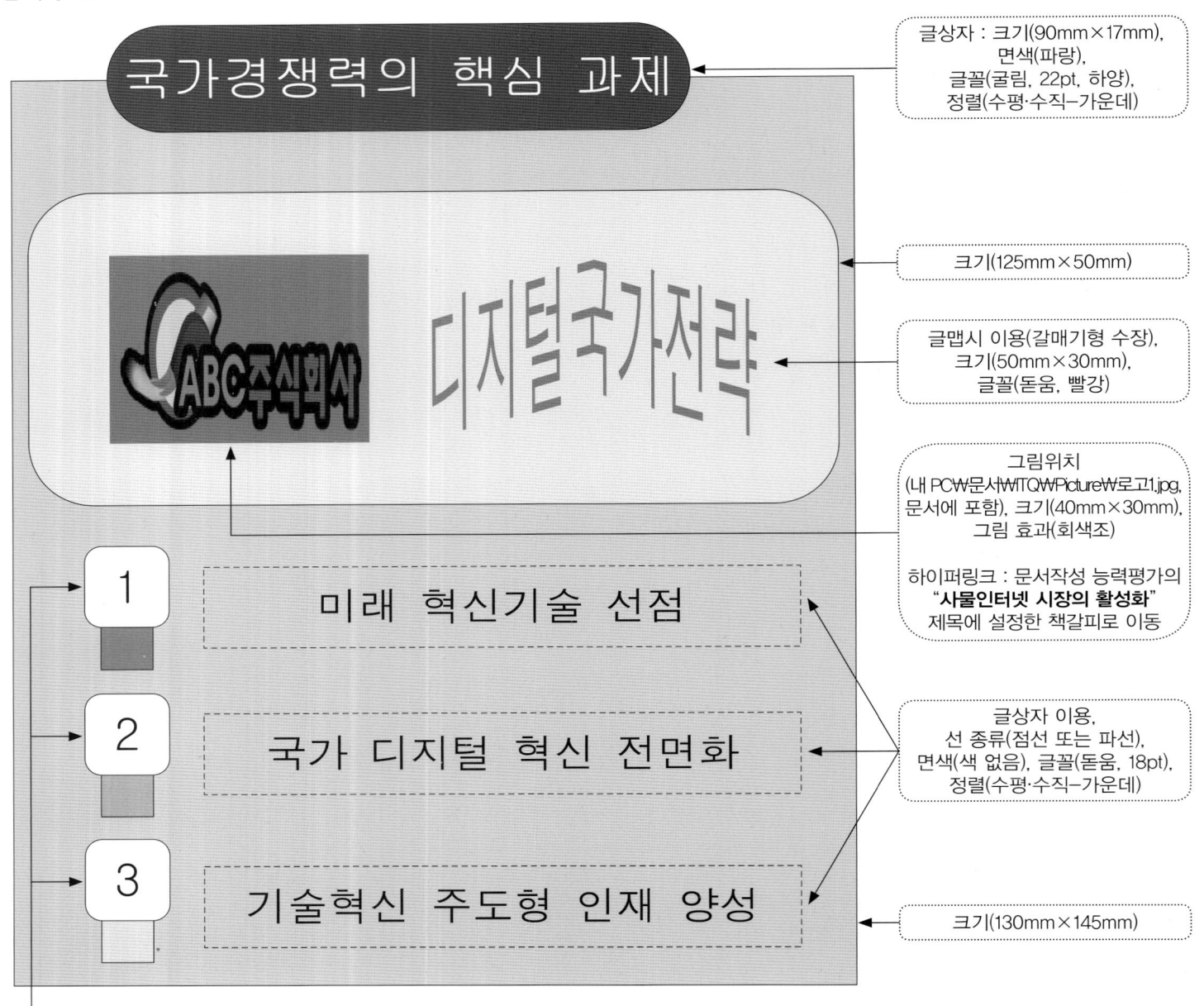

수험자 유의사항 및 답안 작성요령

- **수험자 등록** : 수험번호를 입력한 후 수험 정보를 확인한 다음 감독위원의 지시사항에 따릅니다.
- **(전체 구성) 페이지 설정** : 용지 종류(A4 용지(210×297mm)) 및 용지 여백(왼쪽.오른쪽 11mm, 위쪽.아래쪽.머리말.꼬리말 10mm, 제본 0mm)을 지정한 후 구역을 3개로 나눕니다.
- **답안 저장 및 전송**
  - 저장 위치(내 PC₩문서₩ITQ)를 선택한 후 파일명(수험번호-성명)으로 저장한 다음 감독위원 PC로 답안을 전송합니다.
  - 저장 위치 및 파일명을 잘못 지정할 경우 답안 전송이 되지 않으니 꼭! 확인해야 합니다.

STEP 01 수험자 등록하기

1 KOAS 수험자용 프로그램을 실행하기 위해 바탕화면에서 **KOAS 수험자용 아이콘을 더블클릭**합니다.

2 [수험자 등록] 대화상자가 나타나면 **수험자와 수험번호를 입력**한 후 **수험과목(아래한글)을 선택**한 다음 [확인] 단추를 클릭합니다.

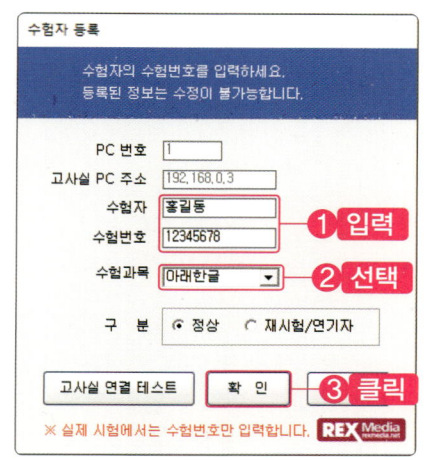

> 실제 시험에서는 수험번호(본인의 수험번호)만 입력합니다.

3 수험번호와 구분이 맞는지 묻는 대화상자가 나타나면 수험번호와 구분을 확인한 후 [예] 단추를 클릭합니다.

4 [수험자 정보] 대화상자가 나타나면 수험번호, 성명, 수험과목, 좌석번호, 답안 폴더를 확인한 후 [확인] 단추를 클릭합니다.

5 컴퓨터가 잠금 상태가 되면 감독위원이 시험을 시작할 때까지 대기합니다.

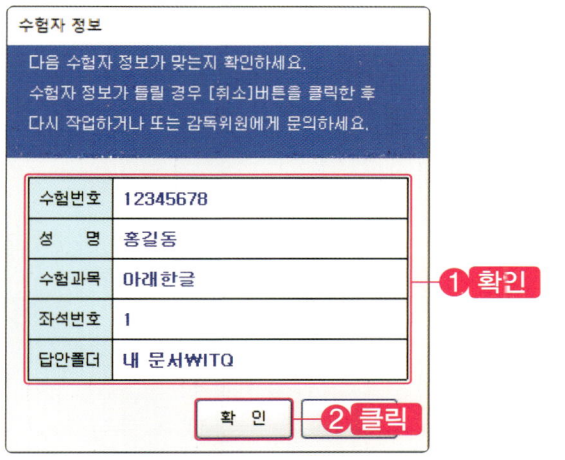

기능평가 I (150점)

1. 다음의 ≪조건≫에 따라 스타일 기능을 적용하여 ≪출력형태≫와 같이 작성하시오. (50점)

≪조건≫ (1) 스타일 이름 - bigdata
(2) 문단 모양 - 왼쪽 여백 : 15pt, 문단 아래 간격 : 10pt
(3) 글자 모양 - 글꼴 : 한글(굴림)/영문(돋움), 크기 : 10pt, 장평 : 95%, 자간 : -5%

≪출력형태≫

Big data is enabled for the need to develop the skills and means necessary to access and for the collection and management of stored digital data to vastly improve a productivity advantage of big data

빅데이터는 기존의 데이터를 넘어서는 다량의 정형, 비정형 데이터 세트를 의미하는데, 디지털 경제의 확산으로 방대한 정보와 데이터가 수집, 생산되고 있다.

2. 다음의 ≪조건≫에 따라 ≪출력형태≫와 같이 표와 차트를 작성하시오. (100점)

≪표 조건≫ (1) 표 전체(표, 캡션) - 굴림, 10pt
(2) 정렬 - 문자 : 가운데 정렬, 숫자 : 오른쪽 정렬
(3) 셀 배경(면색) : 노랑
(4) 한글의 계산 기능을 이용하여 빈칸에 평균(소수점 두 자리)을 구하고, 캡션 기능 사용할 것
(5) 선 모양은 ≪출력형태≫와 동일하게 처리할 것

≪출력형태≫

기기 유형별 통신 트래픽 추이(단위 : PB/년)

구분	2021년	2022년	2023년	2024년	평균
피처폰	68	93	119	165	
태블릿	271	580	978	1,205	
사물단말기	53	113	246	490	
스마트폰	1,680	2,882	4,670	7,210	

≪차트 조건≫ (1) 차트 데이터는 표 내용에서 연도별 피처폰, 태블릿, 사물단말기의 값만 이용할 것
(2) 종류 - <묶은 세로 막대형>으로 작업할 것
(3) 제목 - 궁서, 진하게, 12pt, 속성 - 채우기(하양), 테두리, 그림자(대각선 오른쪽 아래)
【궁서, 진하게, 12pt, 배경 - 선 모양(한 줄로), 그림자(2pt)】
(4) 제목 이외의 전체 글꼴 - 궁서, 보통, 10pt
(5) 축제목과 범례는 ≪출력형태≫와 동일하게 처리할 것

≪출력형태≫

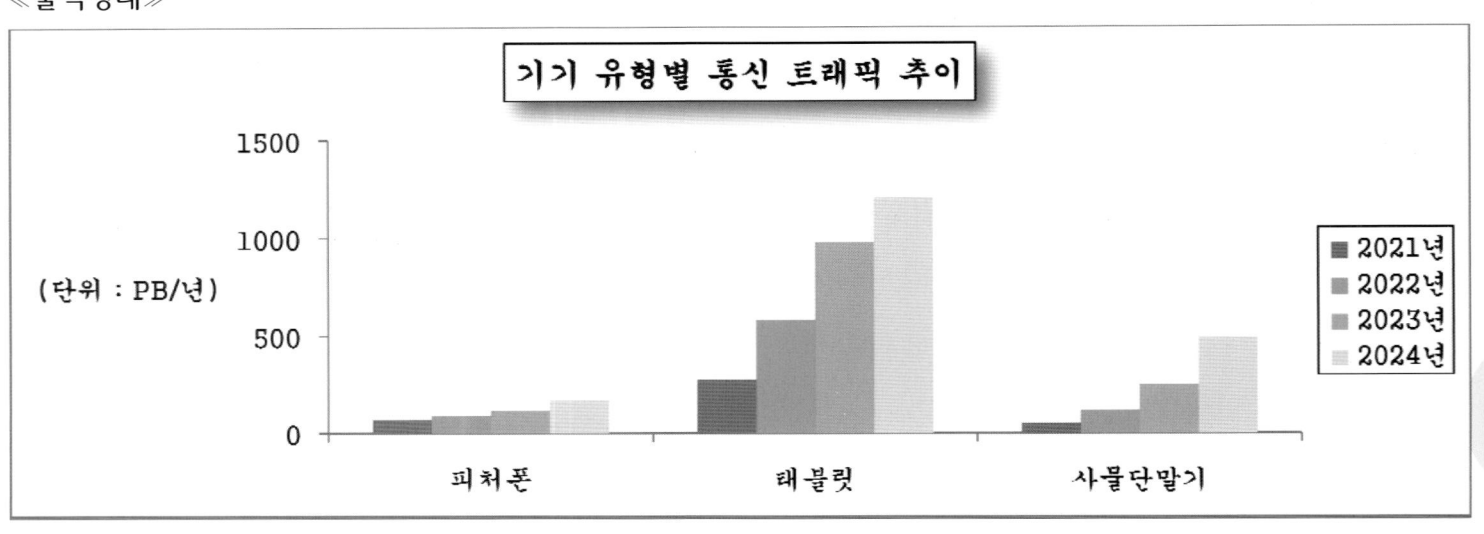

STEP 02 답안 작성 준비하기

〈전체구성〉
- 글꼴에 대한 기본설정은 함초롬바탕, 10포인트, 검정, 줄간격 160%, 양쪽정렬로 합니다.
- 용지여백은 왼쪽.오른쪽 11mm, 위쪽.아래쪽.머리말.꼬리말 10mm, 제본 0mm로 합니다.
- 각 항목은 지정된 페이지에 출력형태와 같이 정확히 작성하시기 바라며, 그렇지 않을 경우에 해당 항목은 0점 처리됩니다.
  ※ 페이지구분 : 1페이지 - 기능평가 I (문제번호 표시 : 1. 2.),
  　　　　　　　 2페이지 - 기능평가 II (문제번호 표시 : 3. 4.),
  　　　　　　　 3페이지 - 문서작성 능력평가

1 한글을 실행하기 위해 [시작(⊞)]을 클릭한 후 앱 뷰에서 [한글(📘)]을 클릭합니다.

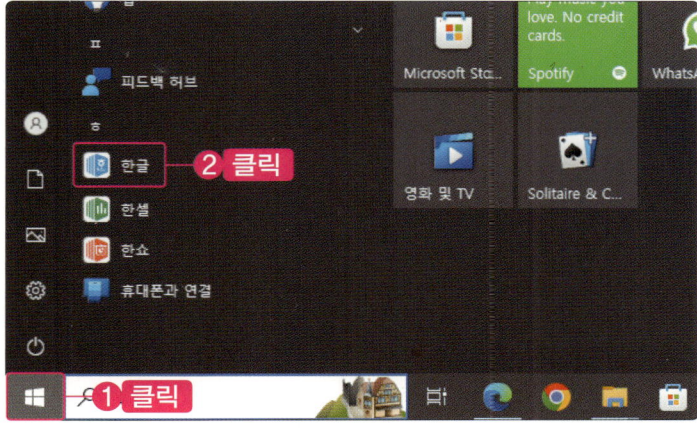

2 한글 화면이 나타나면 [서식] 도구 상자에서 **글꼴(함초롬바탕), 글자 크기(10), 글자 색(검정), 정렬 방식([양쪽 혼합(≡)]), 줄 간격(160)**을 확인합니다.

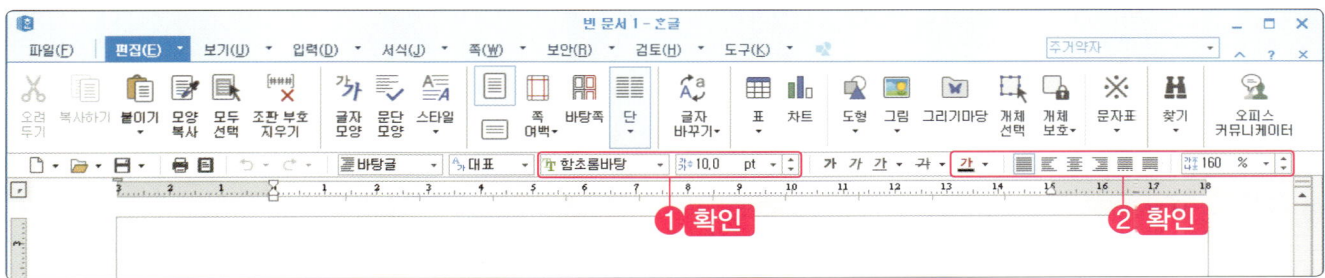

> 글자 색은 [서식] 도구 상자에서 [글자 색(가 ▾)]의 [목록(▾)] 단추를 클릭하면 확인할 수 있습니다.

3 편집 용지를 설정하기 위해 [쪽] **탭을 클릭**한 후 [편집 용지(📄)]를 클릭합니다.

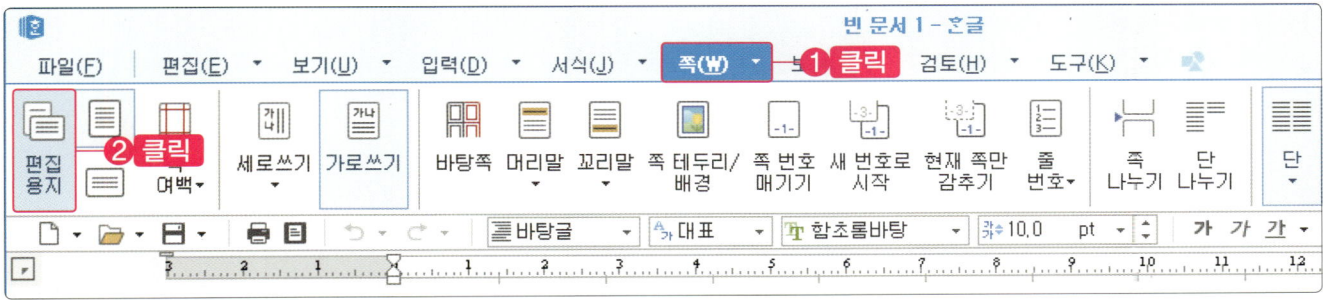

> [쪽] 탭의 [목록(▾)] 단추를 클릭한 후 [편집 용지]를 클릭하거나 **F7**을 눌러 편집 용지를 설정할 수도 있습니다.

제17회 ITQ 실전모의문제

과목	코드	문제유형	시험시간	수험번호	성명
아래한글	1111	B	60분		

수험자 유의사항

- 수험자는 문제지를 받는 즉시 문제지와 <u>수험표상의 시험과목(프로그램)이 동일한지 반드시 확인</u>하여야 합니다.
- 파일명은 본인의 "수험번호-성명"으로 입력하여 답안폴더(내 PC\문서\ITQ)에 하나의 파일로 저장해야 하며, 답안문서 파일명이 "수험번호-성명"과 일치하지 않거나, 답안파일을 전송하지 않아 미제출로 처리될 경우 실격 처리합니다(예:12345678-홍길동.hwp).
- 답안 작성을 마치면 파일을 저장하고, '답안 전송' 버튼을 선택하여 감독위원 PC로 답안을 전송하십시오. 수험생 정보와 저장한 파일명이 다를 경우 전송되지 않으므로 주의하시기 바랍니다.
- 답안 작성 중에도 <u>주기적으로 저장하고, '답안 전송'</u>하여야 문제 발생을 줄일 수 있습니다. 작업한 내용을 저장하지 않고 전송할 경우 이전에 저장된 내용이 전송되오니 이점 유의하시기 바랍니다.
- 답안문서는 지정된 경로 외의 다른 보조기억장치에 저장하는 경우, 지정된 시험 시간 외에 작성된 파일을 활용할 경우, 기타 통신수단(이메일, 메신저, 네트워크 등)을 이용하여 타인에게 전달 또는 외부 반출하는 경우는 부정 처리합니다.
- 시험 중 부주의 또는 고의로 시스템을 파손한 경우는 수험자가 변상해야 하며, 〈수험자 유의사항〉에 기재된 방법대로 이행하지 않아 생기는 불이익은 수험생 당사자의 책임임을 알려 드립니다.
- 문제의 조건은 한컴오피스 2020 버전으로 설정되어 있으며 한컴오피스 NEO는 【 】에 표기되어 있습니다. 이와 관련하여 작성한 답안의 출력형태가 문제지와 다를 수 있습니다.
- 시험을 완료한 수험자는 답안파일이 전송되었는지 확인한 후 감독위원의 지시에 따라 문제지를 제출하고 퇴실합니다.

답안 작성요령

- **온라인 답안 작성 절차**
  수험자 등록 ⇒ 시험 시작 ⇒ 답안파일 저장 ⇒ 답안 전송 ⇒ 시험 종료
- **공통 부문**
  - 글꼴에 대한 기본설정은 함초롬바탕, 10포인트, 검정, 줄간격 160%, 양쪽정렬로 합니다.
  - 색상은 조건의 색을 적용하고 색의 구분이 안 될 경우에는 RGB 값을 적용하십시오.
    (빨강 255,0,0 / 파랑 0,0,255 / 노랑 255,255,0).
  - 각 문항에 주어진 ≪조건≫에 따라 작성하고 언급하지 않은 조건은 ≪출력형태≫와 같이 작성합니다.
  - 용지여백은 왼쪽·오른쪽 11mm, 위쪽·아래쪽·머리말·꼬리말 10mm, 제본 0mm로 합니다.
  - 그림 삽입 문제의 경우「내 PC\문서\ITQ\Picture」폴더에서 지정된 파일을 선택하여 삽입하십시오.
  - 삽입한 그림은 반드시 문서에 포함하여 저장해야 합니다(미포함 시 감점 처리).
  - 각 항목은 지정된 페이지에 출력형태와 같이 정확히 작성하시기 바라며, 그렇지 않을 경우에 해당 항목은 0점 처리됩니다.
    ※ 페이지구분 : 1페이지 - 기능평가 I (문제번호 표시 : 1. 2.),
    　　　　　　　 2페이지 - 기능평가 II (문제번호 표시 : 3. 4.),
    　　　　　　　 3페이지 - 문서작성 능력평가
- **기능평가**
  - 문제와 ≪조건≫은 입력하지 않으며 문제번호와 답(≪출력형태≫)만 작성합니다.
  - 4번 문제는 묶기를 했을 경우 0점 처리됩니다.
- **문서작성 능력평가**
  - A4 용지(210mm×297mm) 1매 크기, 세로 서식 문서로 작성합니다.
  - ◯ 표시는 문서작성에 대한 지시사항이므로 작성하지 않습니다.

kpc 한국생산성본부

〈조건〉
- 용지여백은 왼쪽.오른쪽 11mm, 위쪽.아래쪽.머리말.꼬리말 10mm, 제본 0mm로 합니다.
- 각 항목은 지정된 페이지에 출력형태와 같이 정확히 작성하시기 바라며, 그렇지 않을 경우에 해당 항목은 0점 처리됩니다.
  ※ 페이지구분 : 1페이지 – 기능평가Ⅰ(문제번호 표시 : 1. 2.),
  　　　　　　　 2페이지 – 기능평가Ⅱ(문제번호 표시 : 3. 4.),
  　　　　　　　 3페이지 – 문서작성 능력평가

4 〔편집 용지〕 대화상자가 나타나면 〔기본〕 탭에서 **용지 종류(A4(국배판) 〔210×297 mm〕), 용지 방향(세로), 제본(한쪽)을 확인**한 후 **왼쪽/오른쪽 용지 여백(11), 위쪽/아래쪽/머리말/꼬리말 용지 여백(10), 제본 용지 여백(0)을 입력**한 다음 〔설정〕 단추를 클릭합니다.

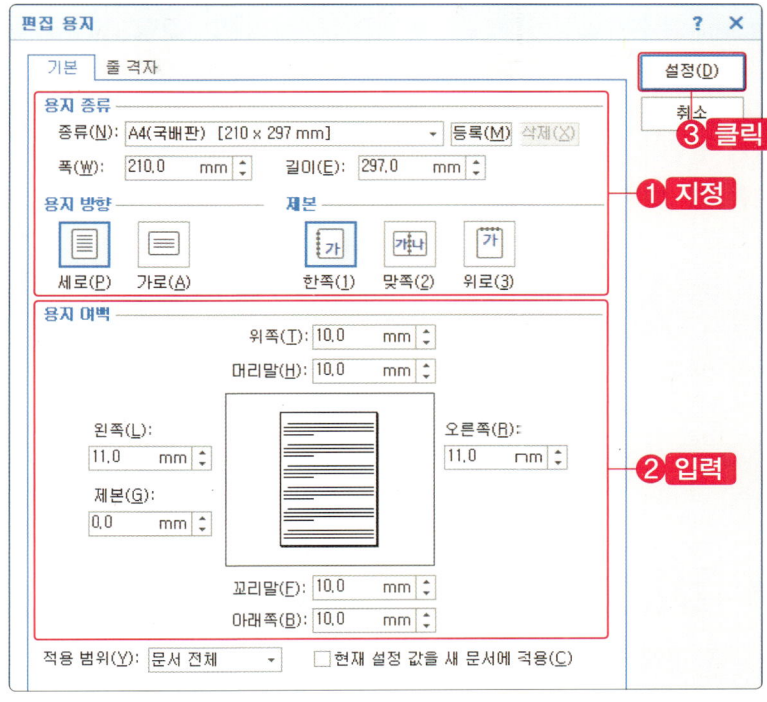

5 문서를 3페이지의 구역으로 나누기 위해 〔쪽〕 탭을 클릭한 후 〔**구역 나누기**(┗┛)〕를 **2번 클릭**합니다.

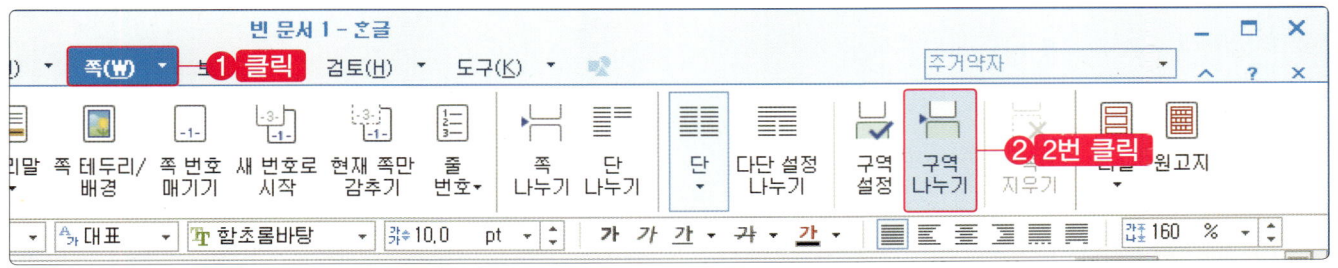

구역 나누기와 쪽 나누기

- **구역 나누기** : 〔쪽〕 탭을 클릭한 후 〔구역 나누기〕를 클릭하거나 [Alt]+[Shift]+[Enter]를 누르면 문서를 구역으로 나누어 구역마다 편집 용지나 개요 번호 모양 등을 다르게 지정할 수 있습니다. 문서를 구역으로 나누면 시험의 '문서작성 능력평가'에서 쪽 번호를 매길 경우, 이전 페이지에는 쪽 번호가 매겨지지 않습니다.
- **쪽 나누기** : 한글에서는 내용이 1페이지를 넘어가면 자동으로 페이지가 나누어지지만 〔쪽〕 탭을 클릭한 후 〔쪽 나누기〕를 클릭하거나 [Ctrl]+[Enter]를 누르면 내용이 1페이지를 넘어가지 않아도 강제로 페이지를 나눌 수 있습니다. 강제로 페이지를 나누면 시험의 '문서작성 능력평가'에서 쪽 번호를 매길 경우, 이전 페이지에도 쪽 번호가 매겨집니다.

6 문서가 3페이지의 구역으로 나누어집니다.

자유무역협정 활용정보

자유무역협정(FTA)은 체약국 간 관세 및 기타 무역장벽을 제거 또는 완화시킴으로써 우리 기업의 경쟁력(競爭力) 제고 기회를 제공한다. 그러나 자유무역협정 확대에 따른 복잡하고 다양한 규정으로 인해 우리나라 수출입기업(특히, 중소기업)이 자유무역협정 체결 효과를 향유하지 못하는 사례가 발생하고 있다. 최근 환율 하락 등으로 어려움을 겪고 있는 기업이 피부로 느낄 수 있는 관세ⓐ 서비스를 제공하기 위하여 자유무역협정을 활용한 비즈니스 모델의 개발, 서비스가 필요하다.

수출업체가 자유무역협정 기준에 맞는 원산지(原産地) 규정을 숙지하여 물품을 제조할 단계부터 수입 원재료의 구성 비율을 조정하여 수출국에 맞는 제품을 제조하는 단계까지 감안하여야만 진정한 자유무역협정 수혜를 향유할 수 있다는 점을 인식하여야 한다. 지금까지 수동적인 개념으로 제품을 생산하였다면 이제부터는 능동적인 개념의 자유무역협정 원산지 기준 개념을 도입할 필요가 있다. 수출업체가 생산 및 투자정책에 있어 원산지 기준에 맞는 생산방식을 구비할 수 있도록 생산 단계에서부터 기업컨설팅을 제공하여 우리 기업의 자유무역협정 수혜 폭을 확대하고 개방 효과를 극대화할 것이다.

◆ 자유무역협정 비즈니스 활용 모델

A. 품목분류 활용
 ⓐ 컨설팅을 통한 수출 지원형 모델
 ⓑ 수출업체 세율적용 컨설팅 시스템과의 연계모델
B. 관세행정제도 활용
 ⓐ 투자여건 개선을 이용한 해외투자 유치형 모델
 ⓑ 보세가공지역을 이용 무관세 무역가능 모델

◆ FTA 원산지 증명방식 비교

구분	칠레	아세안	EU	미국
발급방식	자율발급	기관발급	자율발급	자율발급
발급자	수출자	정부기관	수출자, 6천 유료(인증자)	수출자, 생산사, 수입자
증명서식	통일서식		송품장	자율서식/권고서식
유효기간	2년	1년	1년	4년
사용언어	영어		한글, EU당사국 언어	영어, 한글(요구시)

경제영토의 확장

ⓐ 수출입 되거나 통과되는 화물에 부과되는 세금으로, 현재 우리나라에는 수입세만 있음

STEP 03 답안 저장하고 전송하기

수험자 유의사항 파일명은 본인의 "수험번호-성명"으로 입력하여 답안폴더(내 PC₩문서₩ITQ)에 하나의 파일로 저장해야하며, 답안문서 파일명이 "수험번호-성명"과 일치하지 않거나, 답안파일을 전송하지 않아 미제출로 처리될 경우 실격 처리합니다(예:12345678-홍길동.hwp).

1 답안을 저장하기 위해 [**파일**] **탭을 클릭**한 후 [**저장하기**]를 **클릭**합니다.

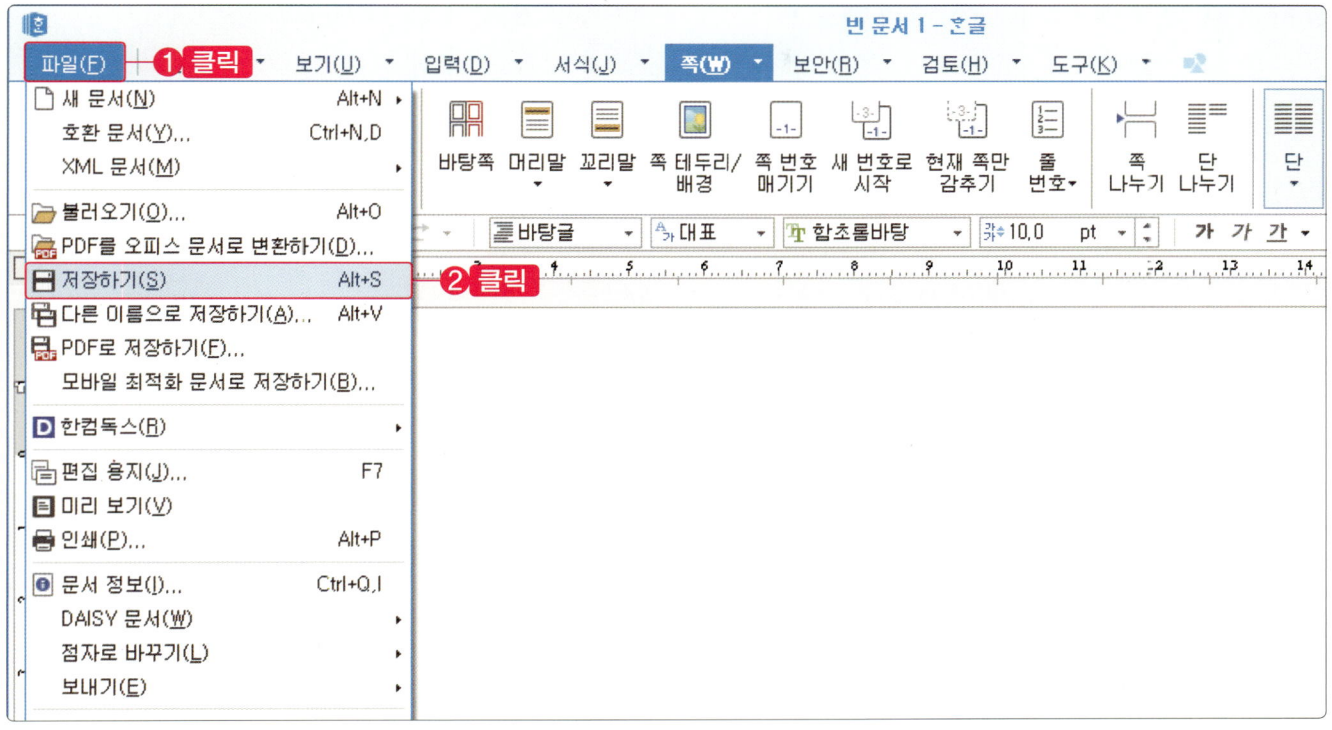

[서식] 도구 상자에서 [저장하기(💾)]를 클릭하거나 [Alt]+[S]를 눌러 답안을 저장할 수도 있습니다.

2 [다른 이름으로 저장하기] 대화상자가 나타나면 **저장위치(내 PC\문서\ITQ)를 선택**한 후 **파일 이름(12345678-홍길동)을 입력**한 다음 [**저장**] **단추를 클릭**합니다.

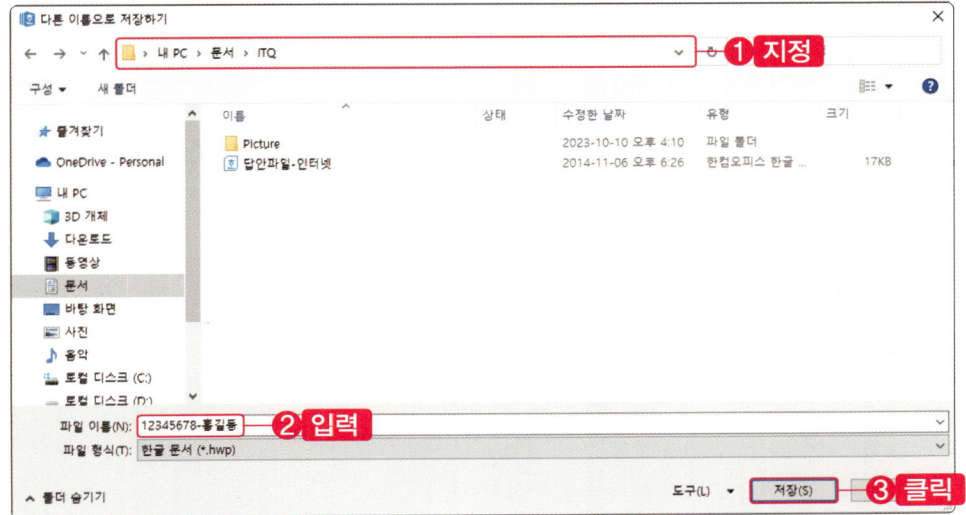

시험에서는 본인의 수험번호와 성명을 조합하여 '수험번호-성명' 형식의 파일 이름을 입력합니다.

기능평가 II (150점)

3. 다음 (1), (2)의 수식을 수식 편집기로 각각 입력하시오. (40점)

≪출력형태≫

(1) $\dfrac{V_2}{V_1} = \dfrac{0.9 \times 10^3}{1.0 \times 10^2} = 0.8$

(2) $\sqrt{a+b+2\sqrt{ab}} = \sqrt{a} + \sqrt{b}\,(a>0, b>0)$

4. 다음의 ≪조건≫에 따라 ≪출력형태≫와 같이 문서를 작성하시오. (110점)

≪조건≫
(1) 그리기 도구를 이용하여 작성하고, 모든 도형(글맵시, 지정된 그림 포함)을 ≪출력형태≫와 같이 작성하시오.
(2) 도형의 면색은 지시사항이 없으면 색 없음을 제외하고 서로 다르게 임의로 지정하시오.

≪출력형태≫

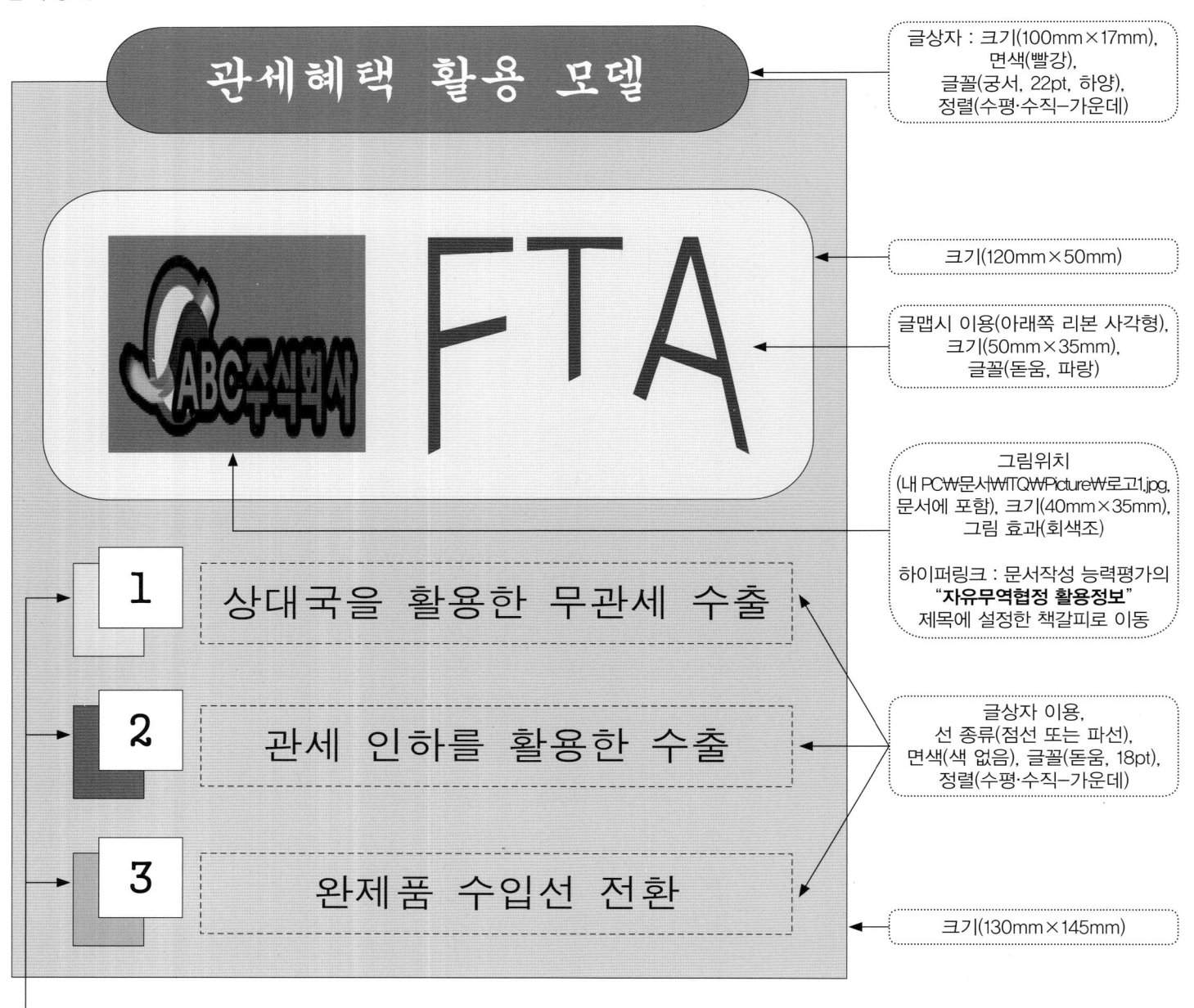

3 다음과 같이 답안이 저장됩니다.

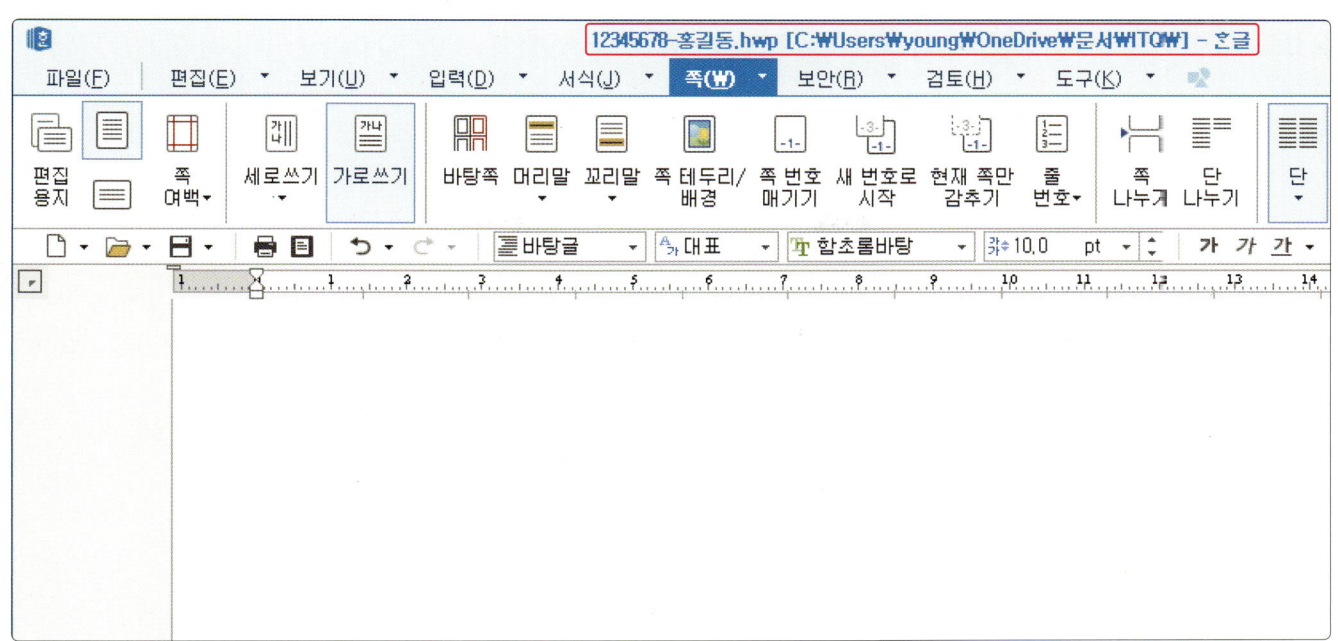

> 시험에서 위치나 파일 이름을 잘못 지정하여 답안을 저장한 경우에는 [파일] 탭에서 [다른 이름으로 저장하기]를 클릭해 답안을 다시 저장한 후 잘못 저장한 답안을 삭제합니다.

4 답안을 전송하기 위해 KOAS 수험자용 프로그램에서 [답안 전송] 단추를 클릭합니다.

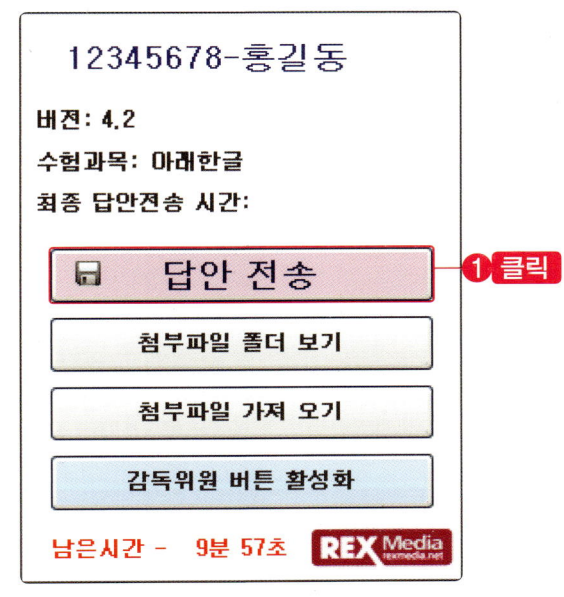

> - 답안을 작성하는 도중에 주기적으로 [파일] 탭에서 [저장하기]를 클릭하거나 Alt+S 를 눌러 답안을 저장한 후 감독위원 PC로 전송해 두면 오류가 발생한 경우, 전송된 답안을 불러와서 복구할 수 있습니다. 전송된 답안은 KOAS 수험자용 프로그램에서 [답안 가져오기] 단추를 클릭하여 불러오므로 오류가 발생한 경우, 감독위원에게 문의합니다.
> - [첨부파일 폴더 보기] 단추를 클릭하면 답안을 작성할 때 사용할 그림이 있는지 확인할 수 있습니다.

5 지금 전송할 것인지 묻는 대화상자가 나타나면 [예] 단추를 클릭합니다.

기능평가 Ⅰ (150점)

1. 다음의 ≪조건≫에 따라 스타일 기능을 적용하여 ≪출력형태≫와 같이 작성하시오. (50점)

≪조건≫ (1) 스타일 이름 - trade
(2) 문단 모양 - 왼쪽 여백 : 15pt, 문단 아래 간격 : 10pt
(3) 글자 모양 - 글꼴 : 한글(돋움)/영문(궁서), 크기 : 10pt, 장평 : 95%, 자간 : 5%

≪출력형태≫

FTA is a bilateral or multilateral trade agreement aimed at increasing income and employment by facilitating trade through lowered barriers. It's for the benefits of price and increased export.

자유무역협정은 낮은 장벽을 통해 무역을 촉진하여 소득과 고용을 늘리는 것을 목표로 하는 양자 또는 다자 무역 협정이며, 이를 통해 가격 경쟁력과 수출 증가의 이점을 얻을 것이다.

2. 다음의 ≪조건≫에 따라 ≪출력형태≫와 같이 표와 차트를 작성하시오. (100점)

≪표 조건≫ (1) 표 전체(표, 캡션) - 굴림, 10pt
(2) 정렬 - 문자 : 가운데 정렬, 숫자 : 오른쪽 정렬
(3) 셀 배경(면색) : 노랑
(4) 한글의 계산 기능을 이용하여 빈칸에 합계를 구하고, 캡션 기능 사용할 것
(5) 선 모양은 ≪출력형태≫와 동일하게 처리할 것

≪출력형태≫

주요 품목별 수출 현황(단위 : 억 달러)

품목	반도체	가전제품	석유제품	컴퓨터주변기기	합계
2020년	1,300	71	472	102	
2021년	971	92	414	83	
2022년	1,022	70	250	130	
2023년	1,302	83	391	161	

≪차트 조건≫ (1) 차트 데이터는 표 내용에서 품목별 2020년, 2021년, 2022년의 값만 이용할 것
(2) 종류 - <묶은 세로 막대형>으로 작업할 것
(3) 제목 - 돋움, 진하게, 12pt, 속성 - 채우기(하양), 테두리, 그림자(대각선 오른쪽 아래)
【돋움, 진하게, 12pt, 배경 - 선 모양(한 줄로), 그림자(2pt)】
(4) 제목 이외의 전체 글꼴 - 돋움, 보통, 10pt
(5) 축제목과 범례는 ≪출력형태≫와 동일하게 처리할 것

≪출력형태≫

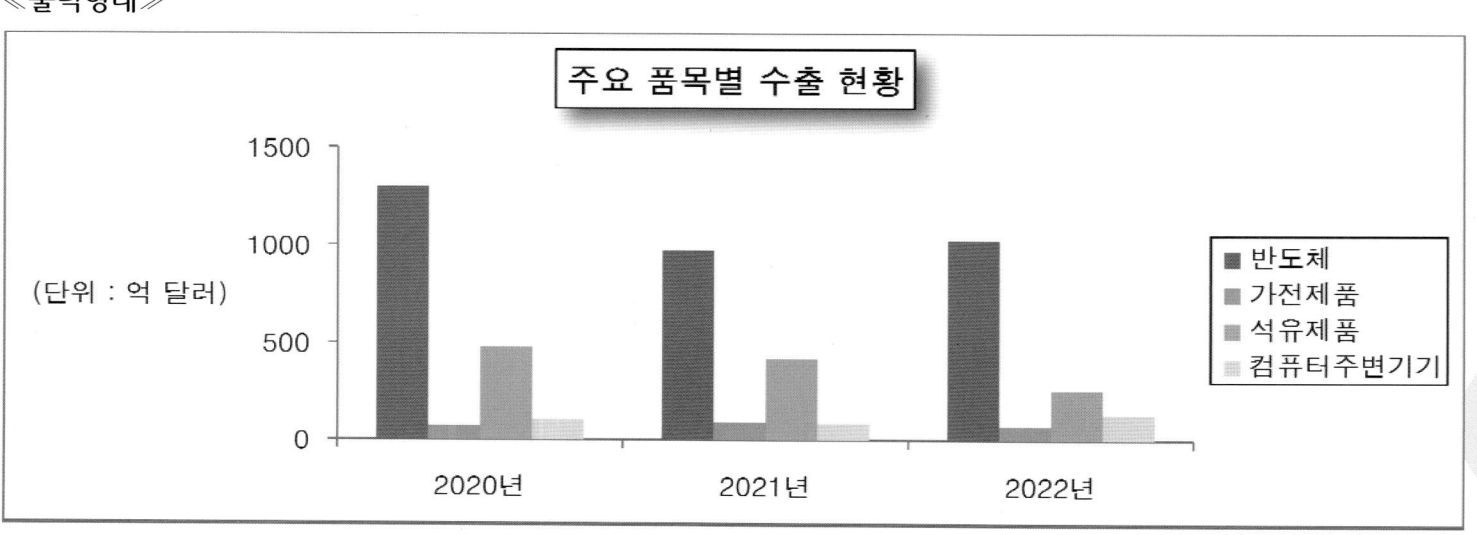

6 〔답안전송〕 대화상자가 나타나면 **파일 목록(12345678-홍길동.hwp)과 존재(있음)를 확인**한 후 〔**답안전송**〕을 **클릭**합니다.

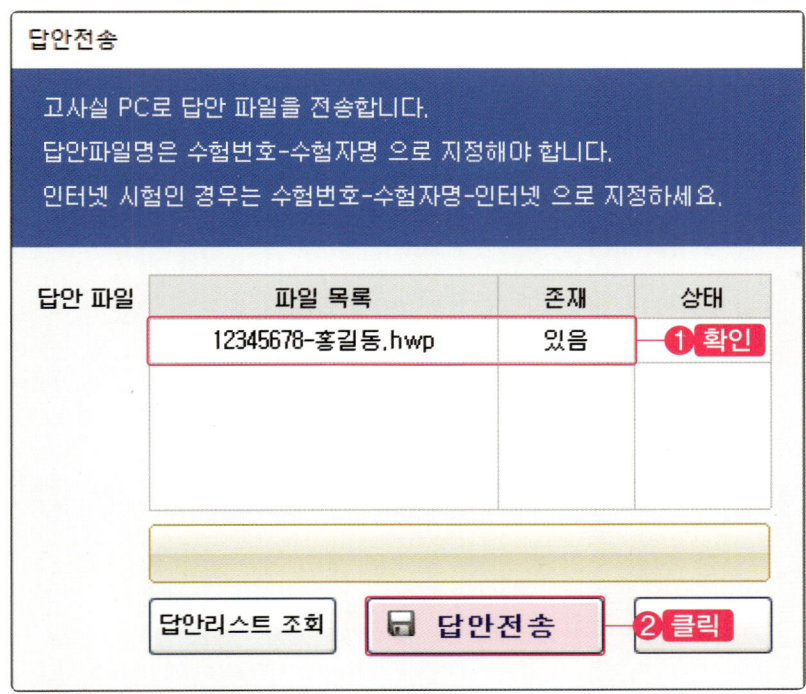

7 답안파일 전송을 성공하였다는 메시지가 나타나면 〔**확인**〕 **단추을 클릭**합니다.

8 〔답안전송〕 대화상자가 다시 나타나면 〔**상태**〕에 '**성공**'이 표시되는지 **확인**한 후 〔**닫기**〕 **단추를 클릭**합니다.

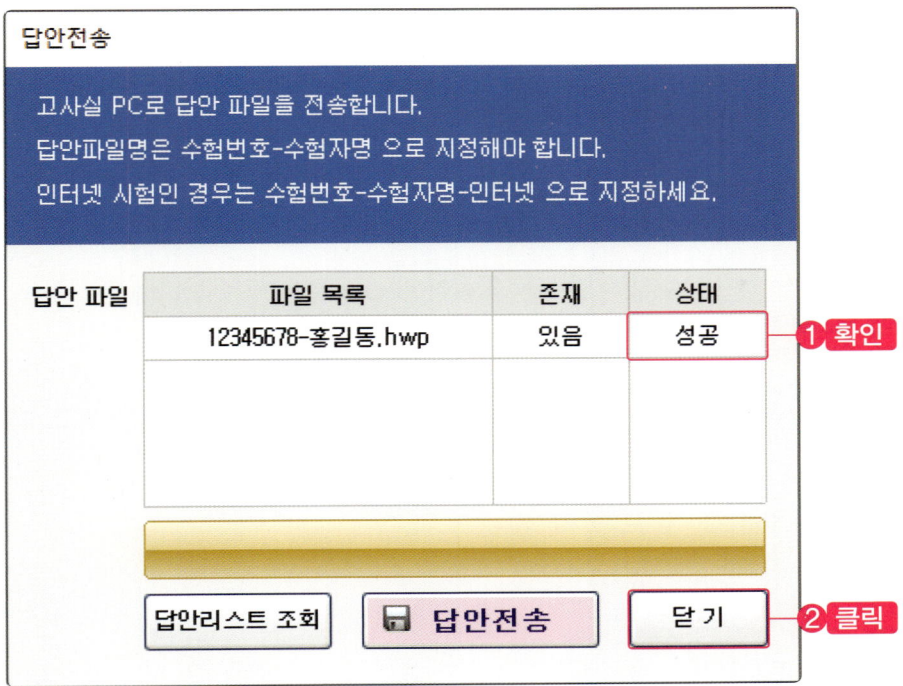

제16회 ITQ 실전모의문제

과목	코드	문제유형	시험시간	수험번호	성명
아래한글	1111	A	60분		

수험자 유의사항

- 수험자는 문제지를 받는 즉시 문제지와 <u>수험표상의 시험과목(프로그램)이 동일한지 반드시 확인</u>하여야 합니다.
- 파일명은 본인의 "수험번호-성명"으로 입력하여 답안폴더(내 PC₩문서₩ITQ)에 하나의 파일로 저장해야 하며, 답안문서 파일명이 "수험번호-성명"과 일치하지 않거나, 답안파일을 전송하지 않아 미제출로 처리될 경우 실격 처리합니다(예:12345678-홍길동.hwp).
- 답안 작성을 마치면 파일을 저장하고, '답안 전송' 버튼을 선택하여 감독위원 PC로 답안을 전송하십시오. 수험생 정보와 저장한 파일명이 다를 경우 전송되지 않으므로 주의하시기 바랍니다.
- 답안 작성 중에도 <u>주기적으로 저장하고, '답안 전송'</u>하여야 문제 발생을 줄일 수 있습니다. 작업한 내용을 저장하지 않고 전송할 경우 이전에 저장된 내용이 전송되오니 이점 유의하시기 바랍니다.
- 답안문서는 지정된 경로 외의 다른 보조기억장치에 저장하는 경우, 지정된 시험 시간 외에 작성된 파일을 활용할 경우, 기타 통신수단(이메일, 메신저, 네트워크 등)을 이용하여 타인에게 전달 또는 외부 반출하는 경우는 부정 처리합니다.
- 시험 중 부주의 또는 고의로 시스템을 파손한 경우는 수험자가 변상해야 하며, 〈수험자 유의사항〉에 기재된 방법대로 이행하지 않아 생기는 불이익은 수험생 당사자의 책임임을 알려 드립니다.
- 문제의 조건은 한컴오피스 2020 버전으로 설정되어 있으며 한컴오피스 NEO는 【 】에 표기되어 있습니다. 이와 관련하여 작성한 답안의 출력형태가 문제지와 다를 수 있습니다.
- 시험을 완료한 수험자는 답안파일이 전송되었는지 확인한 후 감독위원의 지시에 따라 문제지를 제출하고 퇴실합니다.

답안 작성요령

- **온라인 답안 작성 절차**
  수험자 등록 ⇒ 시험 시작 ⇒ 답안파일 저장 ⇒ 답안 전송 ⇒ 시험 종료
- **공통 부문**
  - 글꼴에 대한 기본설정은 함초롬바탕, 10포인트, 검정, 줄간격 160%, 양쪽정렬로 합니다.
  - 색상은 조건의 색을 적용하고 색의 구분이 안 될 경우에는 RGB 값을 적용하십시오.
    (빨강 255,0,0 / 파랑 0,0,255 / 노랑 255,255,0).
  - 각 문항에 주어진 ≪조건≫에 따라 작성하고 언급하지 않은 조건은 ≪출력형태≫와 같이 작성합니다.
  - 용지여백은 왼쪽·오른쪽 11㎜, 위쪽·아래쪽·머리말·꼬리말 10㎜, 제본 0㎜로 합니다.
  - 그림 삽입 문제의 경우「내 PC₩문서₩ITQ₩Picture」폴더에서 지정된 파일을 선택하여 삽입하십시오.
  - 삽입한 그림은 반드시 문서에 포함하여 저장해야 합니다(미포함 시 감점 처리).
  - 각 항목은 지정된 페이지에 출력형태와 같이 정확히 작성하시기 바라며, 그렇지 않을 경우에 해당 항목은 0점 처리됩니다.
    ※ 페이지구분 : 1페이지 - 기능평가 I (문제번호 표시 : 1. 2.),
    　　　　　　　　2페이지 - 기능평가 II (문제번호 표시 : 3. 4.),
    　　　　　　　　3페이지 - 문서작성 능력평가
- **기능평가**
  - 문제와 ≪조건≫은 입력하지 않으며 문제번호와 답(≪출력형태≫)만 작성합니다.
  - 4번 문제는 묶기를 했을 경우 0점 처리됩니다.
- **문서작성 능력평가**
  - A4 용지(210㎜×297㎜) 1매 크기, 세로 서식 문서로 작성합니다.
  - ▢ 표시는 문서작성에 대한 지시사항이므로 작성하지 않습니다.

kpc 한국생산성본부

Chapter 02 기능평가 Ⅰ - 스타일

◆ 문제 번호와 내용 입력하기   ◆ 새 스타일 만들고 적용하기

▶ 소스파일 : Part 01\Chapter 02\Ch02.hwp   ▶ 완성파일 : Part 01\Chapter 02\Ch02_완성.hwp

1. 다음의 《조건》에 따라 스타일 기능을 적용하여 《출력형태》와 같이 작성하시오. (50점)

조건

(1) 스타일 이름 - student
(2) 문단 모양 - 왼쪽 여백 : 15pt, 문단 아래 간격 : 10pt
(3) 글자 모양 - 글꼴 : 한글(굴림)/영문(돋움), 크기 : 10pt, 장평 : 95%, 자간 : 5%

출력 형태

International students are those students who chose to undertake all or part of their tertiary education in a country other than their own and move to that country for the purpose of studying.

유학생은 고등 교육 기관의 전부 또는 일부를 자국 이외의 국가에서 선택하여 공부 목적으로 해당 국가로 이주한 학생이다.

한국 문화

안정적인 한국 문화와 생활

한국어문화교육센터는 세계 속에서 더욱 높아지는 한국의 위상에 발맞추어 한국어와 한국 문화를 세계에 널리 알리려는 취지 아래 1986년에 설립된 한국어 및 한국 문화 전문 교육기관입니다. 본 센터는 한국어와 한국의 역사, 한국의 고유한 문화를 배우려는 외국인과 해외 동포를 대상으로 다양한 연수 프로그램을 운영하고 있으며 매년 약 5,000여 명의 학생이 연수에 참여하고 있습니다.

연수 프로그램의 하나인 청소년 여름학교ⓐ는 해외에 거주하는 동포 청소년들에게 민족적 자긍심을 고취하고 한국인으로서 정체성을 확립(確立)시키기 위하여 개설된 한국어 및 한국 문화 연수 프로그램입니다. 본 센터는 교실에서 배우는 한국어뿐만 아니라, 학생들이 한국 생활의 실제를 이해하고 느낄 수 있는 다양한 문화 체험 프로그램을 제공함으로써 언어와 문화에 대한 학습 욕구와 기대에 부응(副應)하고자 합니다. 이를 위해 한국어 연수, 한국의 역사 문화 특강, 전통예술 공연 관람, 도자기 제작 실습, 태권도, 서예, 사물놀이 등의 강습을 마련하고 있습니다. 2025년 여름방학 기간에 개설되는 이 행사에 해외 동포 청소년들의 많은 참여를 바랍니다.

♣ 청소년 여름학교 개요

가) 교육 기간 및 대상
　a) 교육 기간 : 2025년 7월 21일(월) - 7월 25일(금)
　b) 대상 : 중, 고등학교에 재학 중인 청소년
나) 신청 방법 및 기간
　a) 신청 방법 : 센터 홈페이지의 한국어 과정
　b) 기간 : 2025년 3월 10일(월) - 3월 14일(금)

♣ 청소년 여름학교 교육 일정

구분	일정	교육 내용	비고
한국어 통합 교육	09:00-12:00	문법과 표현, 듣기, 말하기, 어휘 및 발음	입학식 당일 오리엔테이션 후 한국어 시험을 거쳐 실력에 따라 분반
점심 시간	12:00-14:00	점심 및 휴식, 문화 산책	
특별활동	14:00-17:00	정보화교육, 사물놀이, 태권도, 서예, 전통예절 등	
현장 체험 학습		영릉, 이천도예지, 민속촌, 놀이시설 등	

한국어문화교육센터

ⓐ 방학과 휴가를 이용한 한국어 학습과 한국 문화 체험

〔기능평가 I〕 스타일

- **문제 번호와 내용 입력하기**
  - 문제 번호를 입력한 후 내용을 입력합니다.
    (답안을 작성하지 못한 경우에도 문제 번호는 입력합니다.)
- **새 스타일 만들고 적용하기**
  - 스타일을 추가하여 문단 모양과 글자 모양을 지정합니다.
    (장평, 자간을 먼저 지정한 후 한글 글꼴과 영문 글꼴을 지정합니다.)
  - 오른쪽 끝 글자를 확인해서 오탈자를 체크합니다.

STEP 01 문제 번호와 내용 입력하기

답안 작성요령

※ 페이지구분 : 1페이지 – 기능평가 I (문제번호 표시 : 1. 2.),
2페이지 – 기능평가 II (문제번호 표시 : 3. 4.),
3페이지 – 문서작성 능력평가

1 1페이지의 첫 번째 줄에 **문제 번호(1.)를 입력**한 후 Enter를 4번 누릅니다.

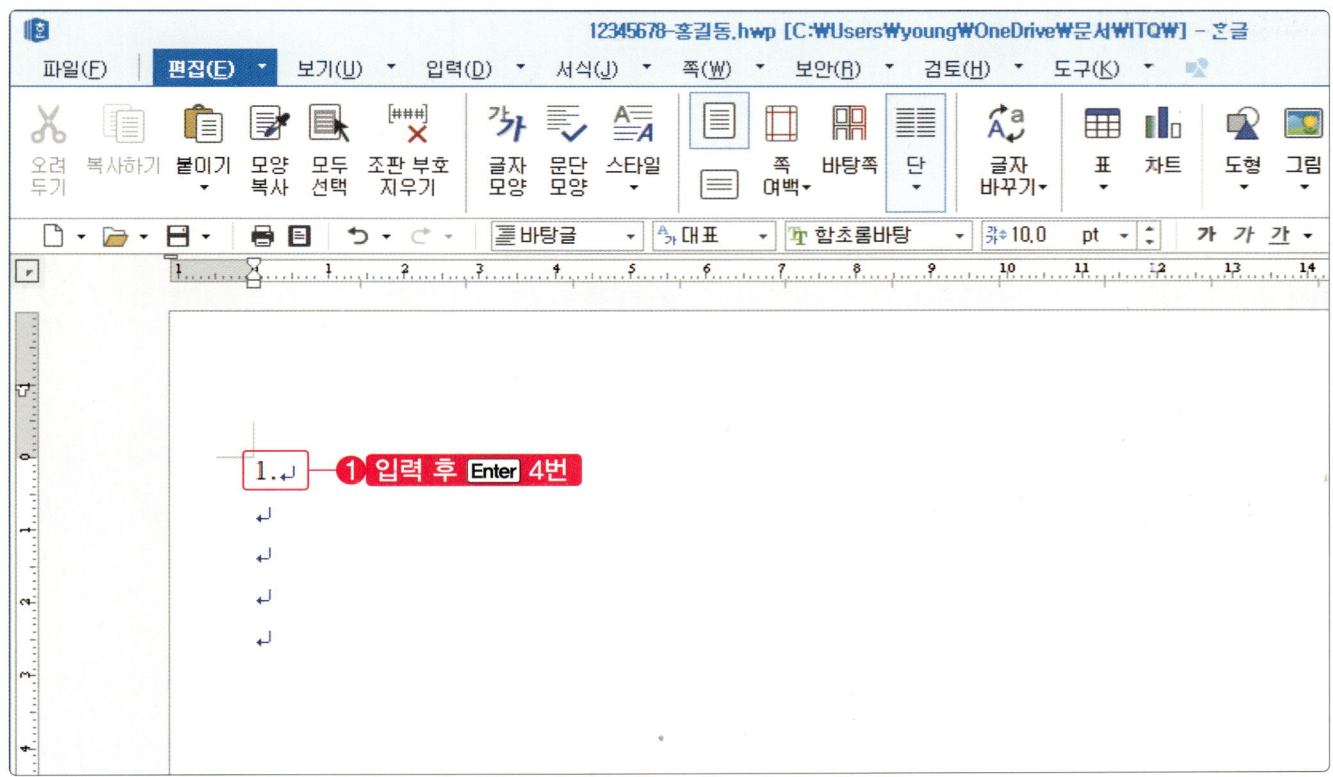

- 답안을 작성하지 못한 경우에도 문제 번호는 입력합니다.
- 〔보기〕 탭을 클릭한 후 〔조판 부호〕를 선택(〔문단 부호〕도 함께 선택됩니다)하면 Enter를 눌러 문단을 바꾼 곳(↵ 표시)과 를 눌러 한 칸을 띄운 곳(∨표시)을 확인할 수 있고, 〔문단 부호〕만 선택하면 Enter를 눌러 문단을 바꾼 곳만 확인할 수 있습니다. 문단은 Enter를 누른 곳에서부터 다음 Enter를 누른 곳까지 입니다.

기능평가 II (150점)

3. 다음 (1), (2)의 수식을 수식 편집기로 각각 입력하시오. (40점)

≪출력형태≫

(1) $\vec{F} = -\dfrac{4\pi^2 m}{T^2} + \dfrac{m}{T^3}$

(2) $\overline{AB} = \sqrt{(x_2 - x_1)^2 + (y_2 - y_1)^2}$

4. 다음의 ≪조건≫에 따라 ≪출력형태≫와 같이 문서를 작성하시오. (110점)

≪조건≫
(1) 그리기 도구를 이용하여 작성하고, 모든 도형(글맵시, 지정된 그림 포함)을 ≪출력형태≫와 같이 작성하시오.
(2) 도형의 면색은 지시사항이 없으면 색 없음을 제외하고 서로 다르게 임의로 지정하시오.

≪출력형태≫

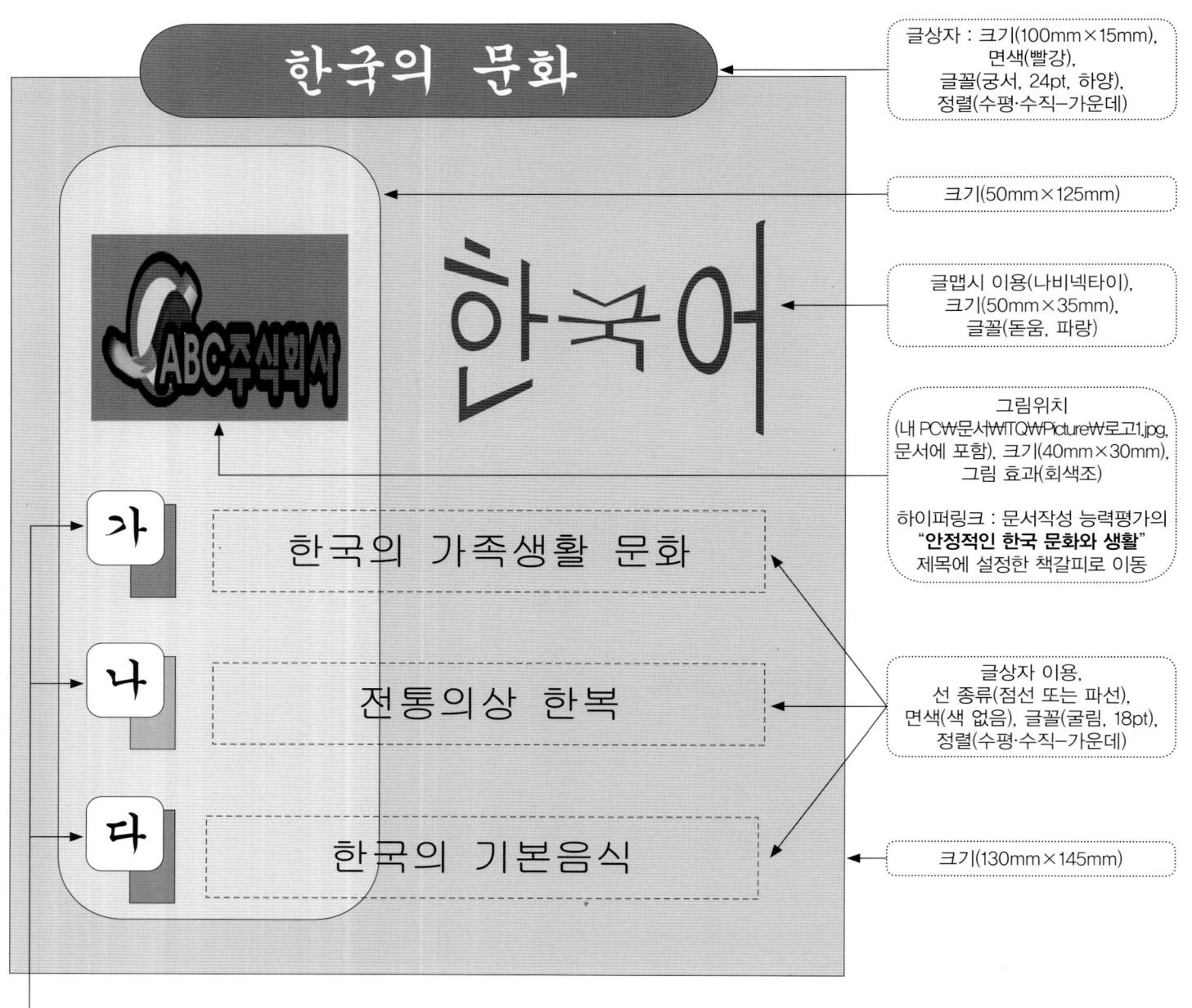

2 다음과 같이 **내용을 입력**합니다.

> International students are those students who chose to undertake all or part of their tertiary education in a country other than their own and move to that country for the purpose of studying.
>
> 유학생은 고등 교육 기관의 전부 또는 일부를 자국 이외의 국가에서 선택하여 공부 목적으로 해당 국가로 이주한 학생이다.

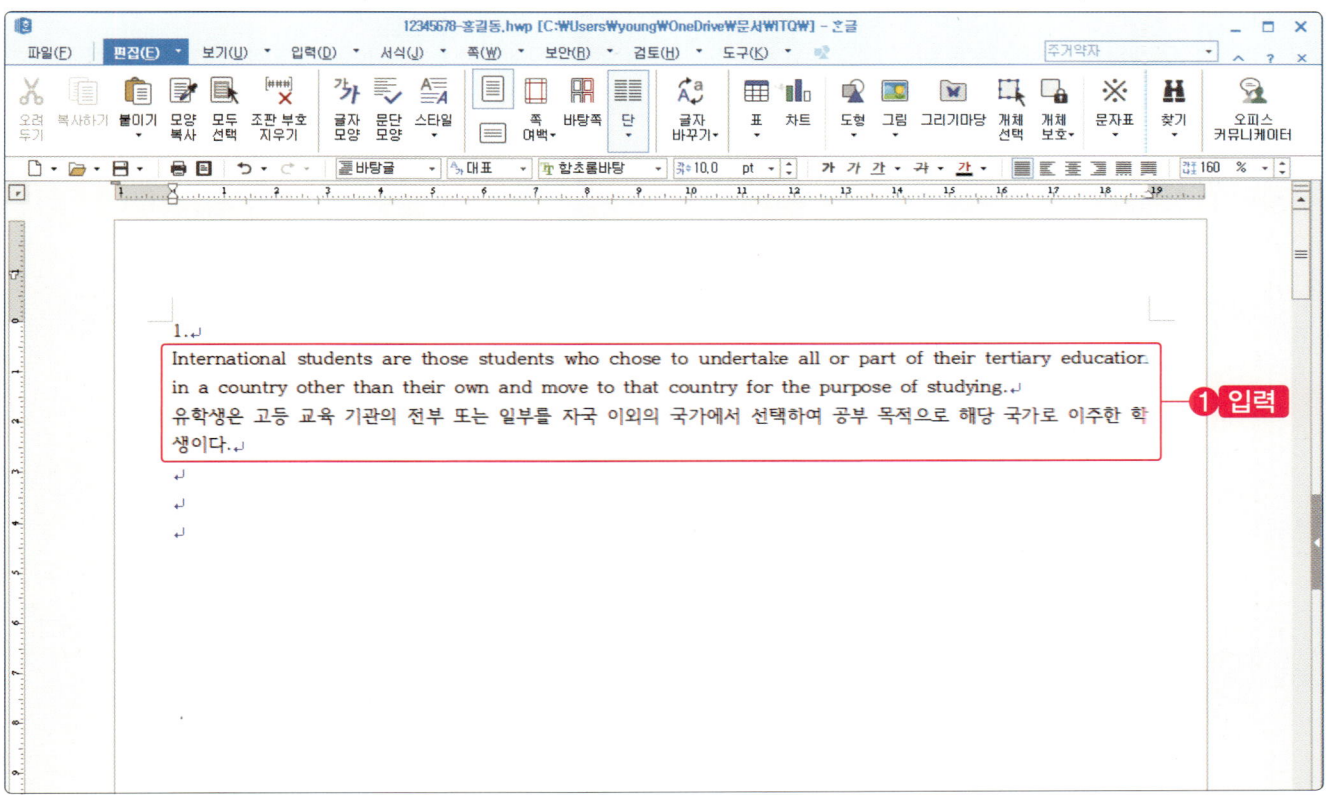

> 한글에서는 내용이 1줄을 넘어가면 자동으로 줄이 바꾸어지므로 문단을 바꾸기 전에는 Enter 를 눌러 강제로 줄을 바꾸지 않습니다. 여기서는 'International students ~ purpose of studying.'를 입력한 후 Enter 를 눌러 줄을 바꾼 다음 '유학생은 고등 교육 ~ 이주한 학생이다.'를 입력합니다.

기능평가 I (150점)

1. 다음의 ≪조건≫에 따라 스타일 기능을 적용하여 ≪출력형태≫와 같이 작성하시오. (50점)

≪조건≫ (1) 스타일 이름 - program
(2) 문단 모양 - 왼쪽 여백 : 15pt, 문단 아래 간격 : 10pt
(3) 글자 모양 - 글꼴 : 한글(돋움)/영문(굴림), 크기 : 10pt, 장평 : 95%, 자간 : 5%

≪출력형태≫

This Summer School for teenagers program is Korean language and culture training course for teenagers of Korean ethnicity living abroad to establish the identity as Korean through learning Korean language.

청소년 여름학교는 세계 여러 나라의 문화를 각국의 교사에게 직접 배우고 체험하면서 문화의 다양성을 이해하는 문화예술교육 프로그램입니다.

2. 다음의 ≪조건≫에 따라 ≪출력형태≫와 같이 표와 차트를 작성하시오. (100점)

≪표 조건≫ (1) 표 전체(표, 캡션) - 돋움, 10pt
(2) 정렬 - 문자 : 가운데 정렬, 숫자 : 오른쪽 정렬
(3) 셀 배경(면색) : 노랑
(4) 한글의 계산 기능을 이용하여 빈칸에 합계를 구하고, 캡션 기능 사용할 것
(5) 선 모양은 ≪출력형태≫와 동일하게 처리할 것

≪출력형태≫

한국어 과정 참가 현황(단위 : 백 명)

연도	정규과정	여름학교	집중과정	특별과정	합계
2024년	12	16	145	53	
2023년	13	15	217	49	
2022년	61	10	278	39	
2021년	58	10	187	38	

≪차트 조건≫ (1) 차트 데이터는 표 내용에서 과정별 2024년, 2023년, 2022년의 값만 이용할 것
(2) 종류 - <묶은 세로 막대형>으로 작업할 것
(3) 제목 - 굴림, 진하게, 12pt, 속성 - 채우기(하양), 테두리, 그림자(대각선 오른쪽 아래)
【굴림, 진하게, 12pt, 배경 - 선 모양(한 줄로), 그림자(2pt)】
(4) 제목 이외의 전체 글꼴 - 굴림, 보통, 10pt
(5) 축제목과 범례는 ≪출력형태≫와 동일하게 처리할 것

≪출력형태≫

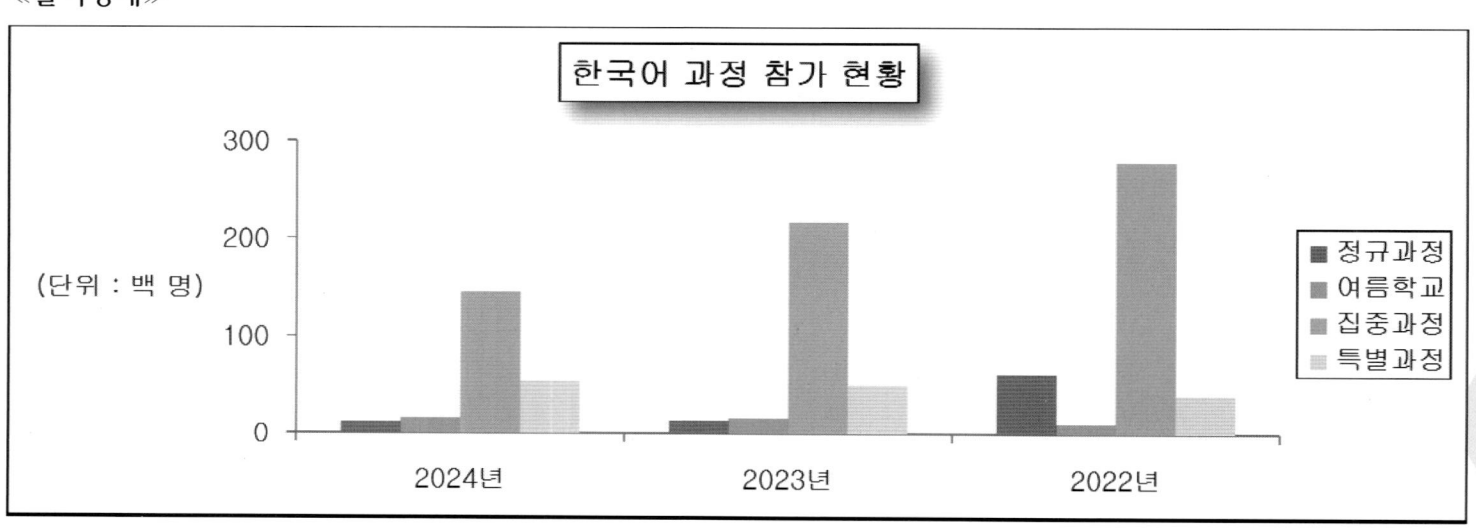

STEP 02 새 스타일 만들고 적용하기

〈조건〉
(1) 스타일 이름 – student
(2) 문단 모양 – 왼쪽 여백 : 15pt, 문단 아래 간격 : 10pt
(3) 글자 모양 – 글꼴 : 한글(굴림)/영문(돋움), 크기 : 10pt, 장평 : 95%, 자간 : 5%

1 입력한 내용을 블록으로 설정한 후 [서식] 탭을 **클릭**한 다음 [스타일 추가하기( )]를 **클릭**합니다.

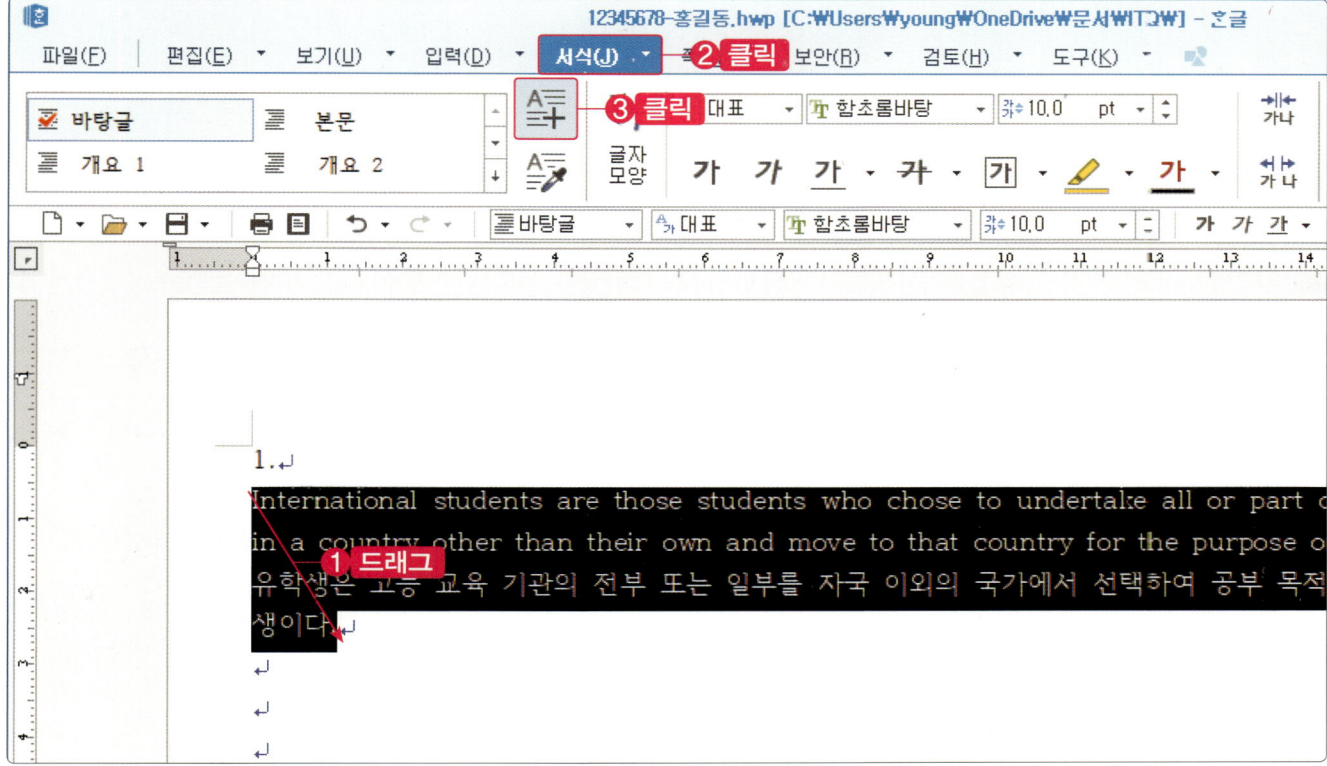

- 스타일은 [글자 모양]이나 [문단 모양] 등을 미리 지정하여 하나의 형식으로 만들어 놓은 것입니다. 스타일을 만들어 놓으면 글자 모양이나 문단 모양 등을 한 번에 지정할 수 있습니다.
- [서식] 탭의 [목록( )] 단추를 클릭한 후 [스타일]을 클릭하거나 F6을 눌러 새 스타일을 만들 수도 있습니다.
- 내용을 블록으로 설정하라는 것은 내용을 드래그하여 선택하라는 것입니다. 새 스타일을 만든 후 바로 새 스타일을 적용하기 위해 내용을 블록으로 설정한 것입니다.

2 [스타일 추가하기] 대화상자가 나타나면 **스타일 이름(student)을 입력**한 후 [문단 모양] 단추를 **클릭**합니다.

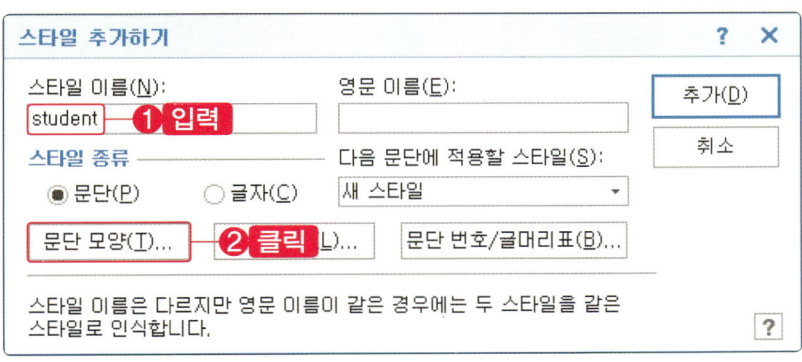

제15회 ITQ 실전모의문제

과목	코드	문제유형	시험시간	수험번호	성명
아래한글	1111	C	60분		

수험자 유의사항

- 수험자는 문제지를 받는 즉시 문제지와 수험표상의 시험과목(프로그램)이 동일한지 반드시 확인하여야 합니다.
- 파일명은 본인의 "수험번호-성명"으로 입력하여 답안폴더(내 PC\문서\ITQ)에 하나의 파일로 저장해야 하며, 답안문서 파일명이 "수험번호-성명"과 일치하지 않거나, 답안파일을 전송하지 않아 미제출로 처리될 경우 실격 처리합니다(예:12345678-홍길동.hwp).
- 답안 작성을 마치면 파일을 저장하고, '답안 전송' 버튼을 선택하여 감독위원 PC로 답안을 전송하십시오. 수험생 정보와 저장한 파일명이 다를 경우 전송되지 않으므로 주의하시기 바랍니다.
- 답안 작성 중에도 주기적으로 저장하고, '답안 전송'하여야 문제 발생을 줄일 수 있습니다. 작업한 내용을 저장하지 않고 전송할 경우 이전에 저장된 내용이 전송되오니 이점 유의하시기 바랍니다.
- 답안문서는 지정된 경로 외의 다른 보조기억장치에 저장하는 경우, 지정된 시험 시간 외에 작성된 파일을 활용할 경우, 기타 통신수단(이메일, 메신저, 네트워크 등)을 이용하여 타인에게 전달 또는 외부 반출하는 경우는 부정 처리합니다.
- 시험 중 부주의 또는 고의로 시스템을 파손한 경우는 수험자가 변상해야 하며, 〈수험자 유의사항〉에 기재된 방법대로 이행하지 않아 생기는 불이익은 수험생 당사자의 책임임을 알려 드립니다.
- 문제의 조건은 한컴오피스 2020 버전으로 설정되어 있으며 한컴오피스 NEO는 【 】에 표기되어 있습니다. 이와 관련하여 작성한 답안의 출력형태가 문제지와 다를 수 있습니다.
- 시험을 완료한 수험자는 답안파일이 전송되었는지 확인한 후 감독위원의 지시에 따라 문제지를 제출하고 퇴실합니다.

답안 작성요령

- **온라인 답안 작성 절차**
  수험자 등록 ⇒ 시험 시작 ⇒ 답안파일 저장 ⇒ 답안 전송 ⇒ 시험 종료
- **공통 부문**
  - 글꼴에 대한 기본설정은 함초롬바탕, 10포인트, 검정, 줄간격 160%, 양쪽정렬로 합니다.
  - 색상은 조건의 색을 적용하고 색의 구분이 안 될 경우에는 RGB 값을 적용하십시오.
    (빨강 255,0,0 / 파랑 0,0,255 / 노랑 255,255,0).
  - 각 문항에 주어진 ≪조건≫에 따라 작성하고 언급하지 않은 조건은 ≪출력형태≫와 같이 작성합니다.
  - 용지여백은 왼쪽·오른쪽 11mm, 위쪽·아래쪽·머리말·꼬리말 10mm, 제본 0mm로 합니다.
  - 그림 삽입 문제의 경우 「내 PC\문서\ITQ\Picture」 폴더에서 지정된 파일을 선택하여 삽입하십시오.
  - 삽입한 그림은 반드시 문서에 포함하여 저장해야 합니다(미포함 시 감점 처리).
  - 각 항목은 지정된 페이지에 출력형태와 같이 정확히 작성하시기 바라며, 그렇지 않을 경우에 해당 항목은 0점 처리됩니다.
    ※ 페이지구분 : 1페이지 - 기능평가 I (문제번호 표시 : 1. 2.),
    　　　　　　　　 2페이지 - 기능평가 II (문제번호 표시 : 3. 4.),
    　　　　　　　　 3페이지 - 문서작성 능력평가
- **기능평가**
  - 문제와 ≪조건≫은 입력하지 않으며 문제번호와 답(≪출력형태≫)만 작성합니다.
  - 4번 문제는 묶기를 했을 경우 0점 처리됩니다.
- **문서작성 능력평가**
  - A4 용지(210mm×297mm) 1매 크기, 세로 서식 문서로 작성합니다.
  - ☐ 표시는 문서작성에 대한 지시사항이므로 작성하지 않습니다.

kpc 한국생산성본부

〈조건〉 (2) 문단 모양 – 왼쪽 여백 : 15pt, 문단 아래 간격 : 10pt

3 [문단 모양] 대화상자의 [기본] 탭이 나타나면 **왼쪽 여백(15)과 문단 아래 간격(10)을 입력**한 후 **[설정] 단추를 클릭**합니다.

문단 위는 Enter를 누른 곳의 위쪽을 말하고, 문단 아래는 Enter를 누른 곳의 아래쪽을 말합니다.

4 [스타일 추가하기] 대화상자가 다시 나타나면 **[글자 모양] 단추를 클릭**합니다.

청자문화를 꽃피운 강진

고려청자는 한국의 문화 예술사에서 가장 자랑할 만한 것 중의 하나이며, 우리나라의 대표적인 도자ⓐ 예술품인 비색상감무늬는 뛰어난 기술과 아름다움의 극치로 표현되어 인공을 떠난 천공의 경지라는 찬사를 받고 있다. 우리나라의 청자는 8-9세기경에 만들기 시작하였는데, 바로 이 시기에 강진군이 청해진에서 중국과 무역을 활발히 전개(展開)한 장보고 대사의 활동에 영향을 받아 대구면에서 생산을 시작하였다. 이후 14세기에 쇠퇴하기까지 강진은 고려 500년 동안 집단적으로 청자를 생산하였다. 전국적으로 현재까지 발견된 400여 기의 옛 가마터 중 200여 기의 가마터가 현존할 만큼 청자의 집산지인 강진이 청자 문화를 꽃피울 수 있었던 것은 해상 교통이 발달하고 다른 지방에 비하여 태토, 연료, 수질, 기후 등의 여건이 적합했기 때문이다.

고려청자의 변천(變遷)은 청자의 발생에서 쇠퇴까지 각 기간을 3기, 300년으로 구분하는 것이 가장 타당하며 이러한 시대 구분과 해당 기간 중의 청자의 특색은 상호 밀접한 연관을 갖는다. 초기의 청자는 매우 소박한 모양에서 출발하였으며, 이후 고려인의 창의력이 낳은 비색청자 시대가 펼쳐지게 되었다.

◆ 제53회 강진청자축제 개요

   A. 일시 및 장소
      1. 일시 : 2025 3월 13 (목) - 3월 19(수)
      2. 장소 : 강진군 대구면 고려청자요지 일원
   B. 주제 및 주관
      1. 주제 : 흙, 사람 그리고 불
      2. 주관 : 강진군축제추진위원회

◆ 주요행사 및 내용

구분	주요 내용	비고
기획 행사	고려청자 유물 특별전, 물레성형 경진대회	다양한 공모전 포함
전시 및 공연 행사	국제 도예작가 작품 초대전 및 학술 세미나	세계도자기 특별전 포함
	외국인과 함께하는 고려왕실 행사 퍼레이드	
체험 및 부대 행사	화목가마 불지피기, 명품청자 판매전, 고려청자 빚기 체험	청자 종이접기 체험 포함
	대형 청자 등 제작 전시 및 고려청자 신비의 가마터 체험	

강진군축제추진위원회

ⓐ 도기와 자기를 통틀어 이르는 말

〈조건〉 (3) 글자 모양 – 글꼴 : 한글(굴림)/영문(돋움), 크기 : 10pt, 장평 : 95%, 자간 : 5%

5 〔글자 모양〕대화상자의 〔기본〕탭이 나타나면 **장평(95)을 입력**한 후 **자간(5)을 입력**합니다.

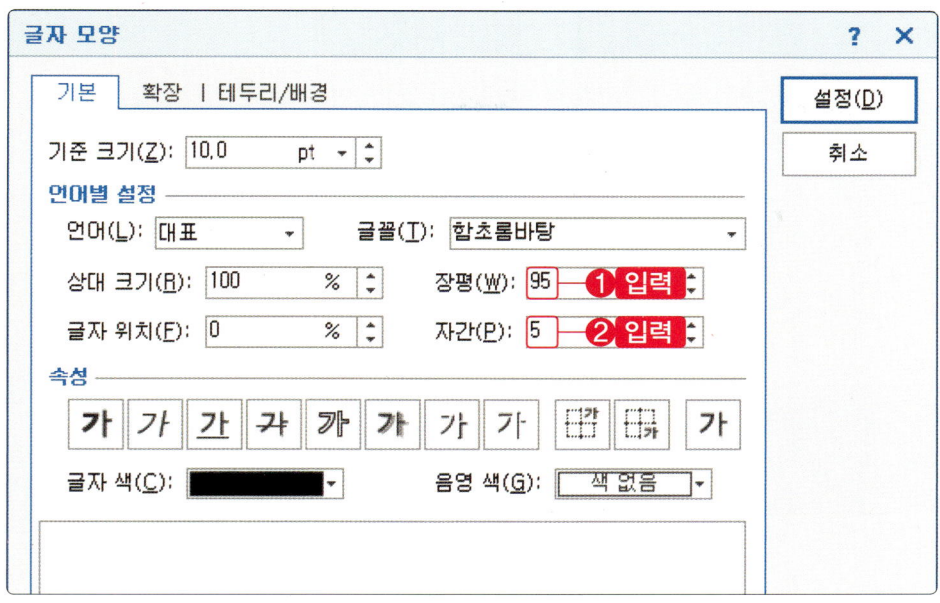

> 장평은 글자의 세로에 대한 가로의 비율이고, 자간은 글자와 글자 사이의 간격입니다. 장평이 100%보다 작으면 글자의 가로 폭이 세로 폭보다 좁아지고, 100%보다 크면 글자의 가로 폭이 세로 폭보다 넓어집니다.

6 **언어(한글)와 글꼴(굴림)을 선택**합니다. 그런다음 **언어(영문)와 글꼴(돋움)을 선택**한 후 〔설정〕 **단추를 클릭**합니다.

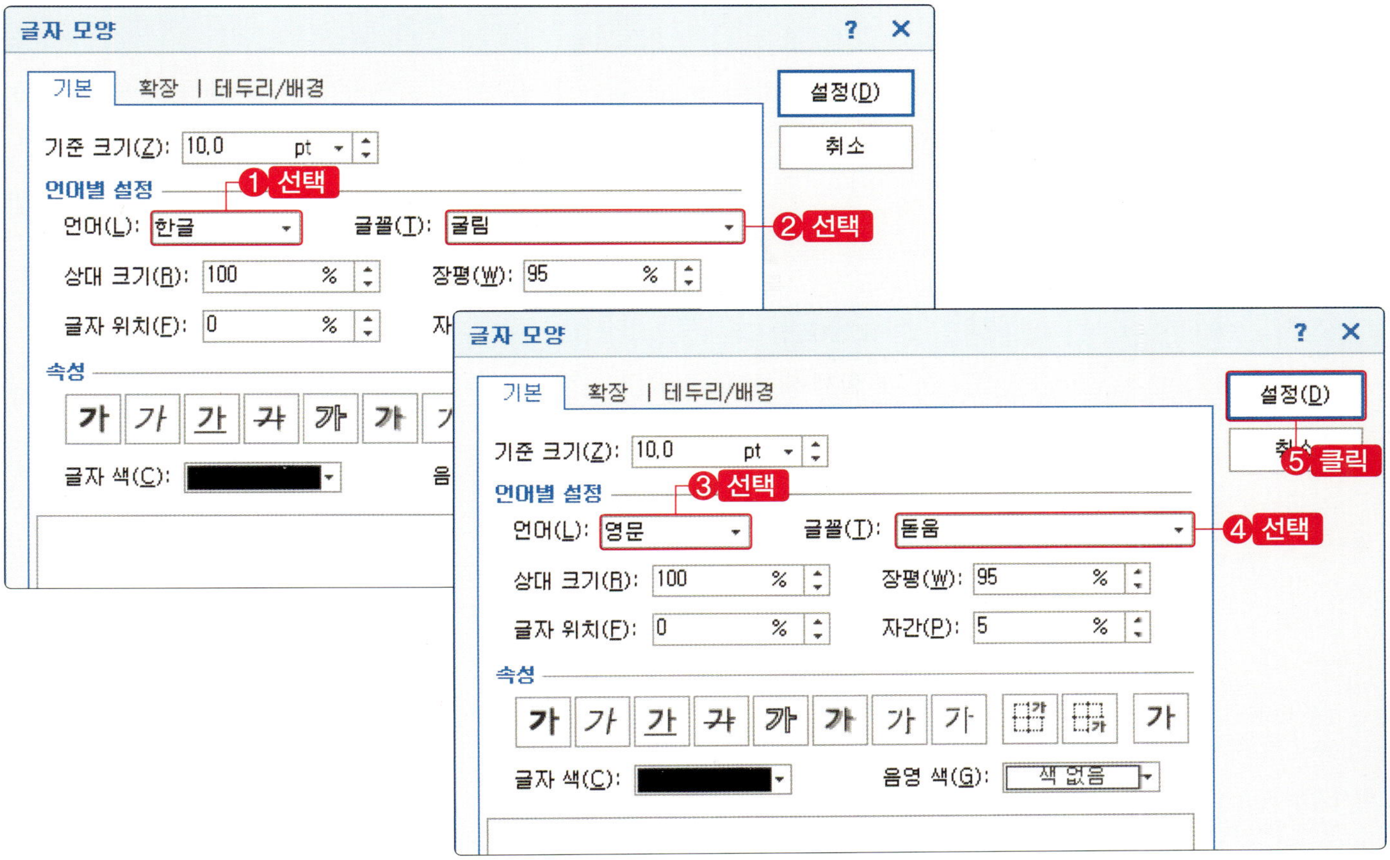

기능평가 II (150점)

3. 다음 (1), (2)의 수식을 수식 편집기로 각각 입력하시오. (40점)

≪출력형태≫

(1) $\dfrac{h_1}{h_2} = (\sqrt{a})^{M_2 - M_1} \fallingdotseq 2.5^{M_2 - M_1}$

(2) $h = \sqrt{k^2 - r^2},\ M = \dfrac{1}{3}\pi r^2 h$

4. 다음의 ≪조건≫에 따라 ≪출력형태≫와 같이 문서를 작성하시오. (110점)

≪조건≫
(1) 그리기 도구를 이용하여 작성하고, 모든 도형(글맵시, 지정된 그림 포함)을 ≪출력형태≫와 같이 작성하시오.
(2) 도형의 면색은 지시사항이 없으면 색 없음을 제외하고 서로 다르게 임의로 지정하시오.

≪출력형태≫

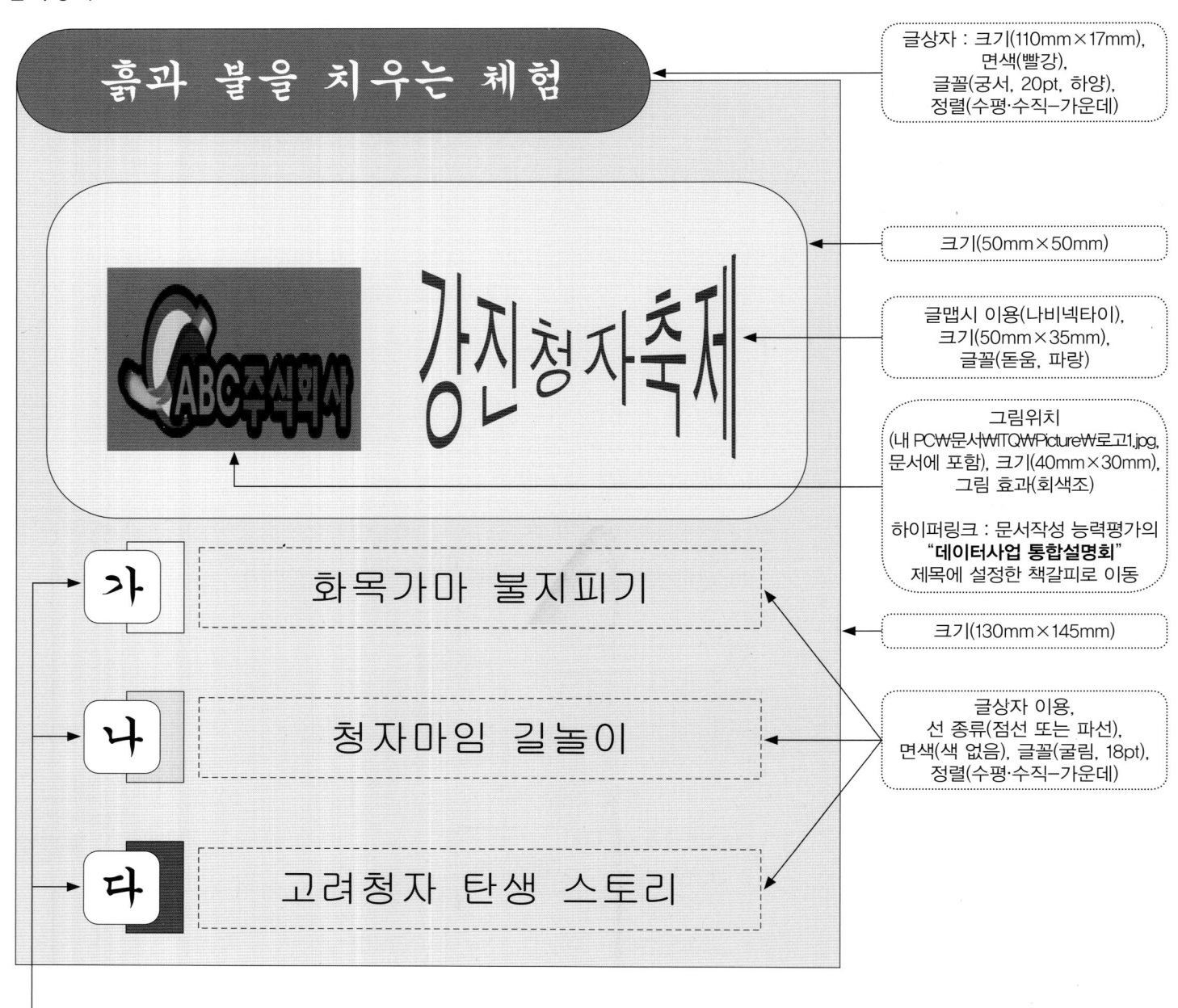

〈조건〉 (1) 스타일 이름 - student
(2) 문단 모양 - 왼쪽 여백 : 15pt, 문단 아래 간격 : 10pt
(3) 글자 모양 - 글꼴 : 한글(굴림)/영문(돋움), 크기 : 10pt, 장평 : 95%, 자간 : 5%

7 〔스타일 추가하기〕 대화상자가 다시 나타나면 〔**추가**〕 **단추를 클릭**합니다.

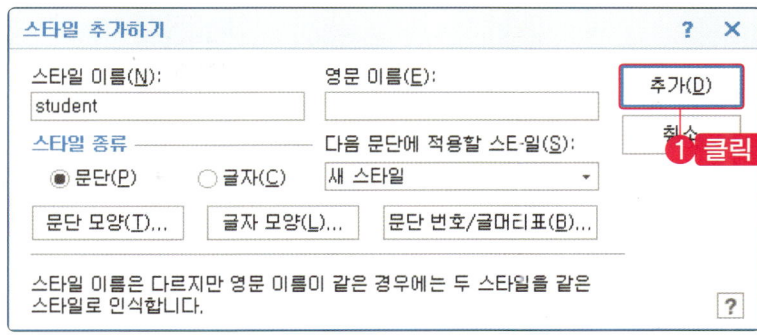

8 스타일이 추가되면 〔서식〕 탭에서 〔**student**〕를 클릭합니다.

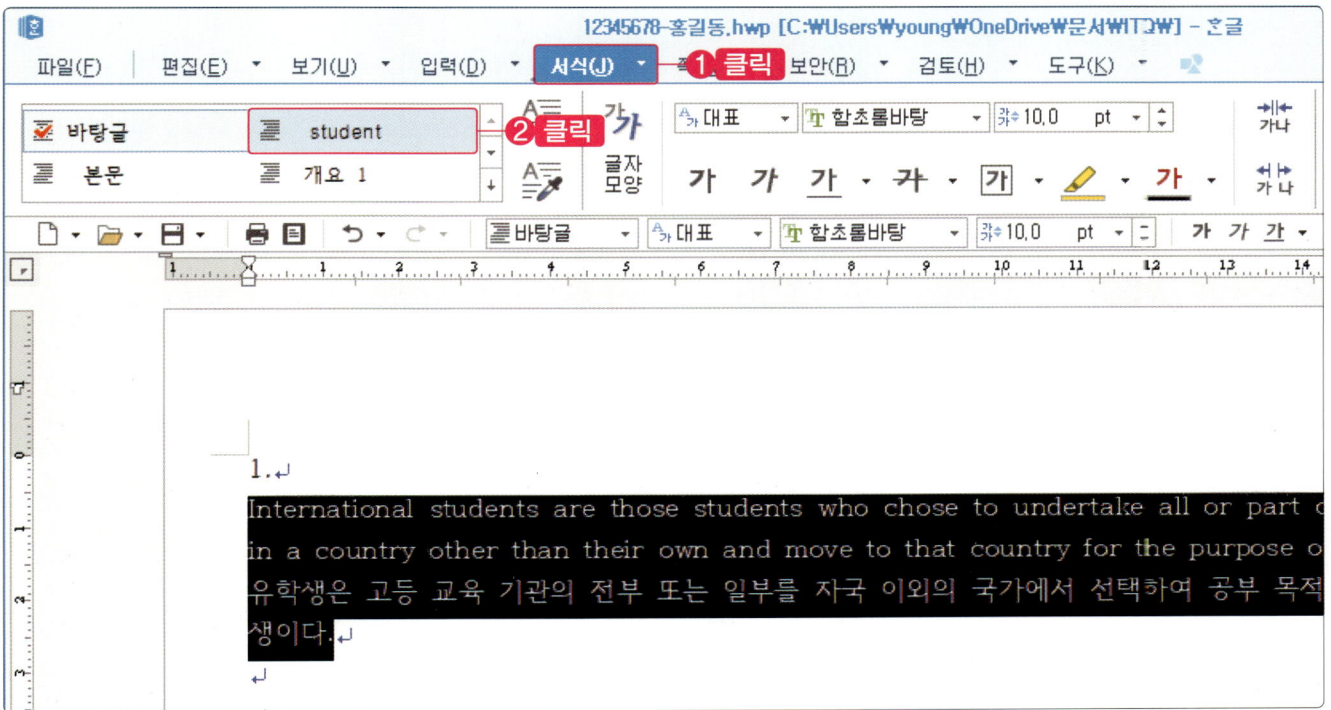

9 다음과 같이 스타일이 지정됩니다.

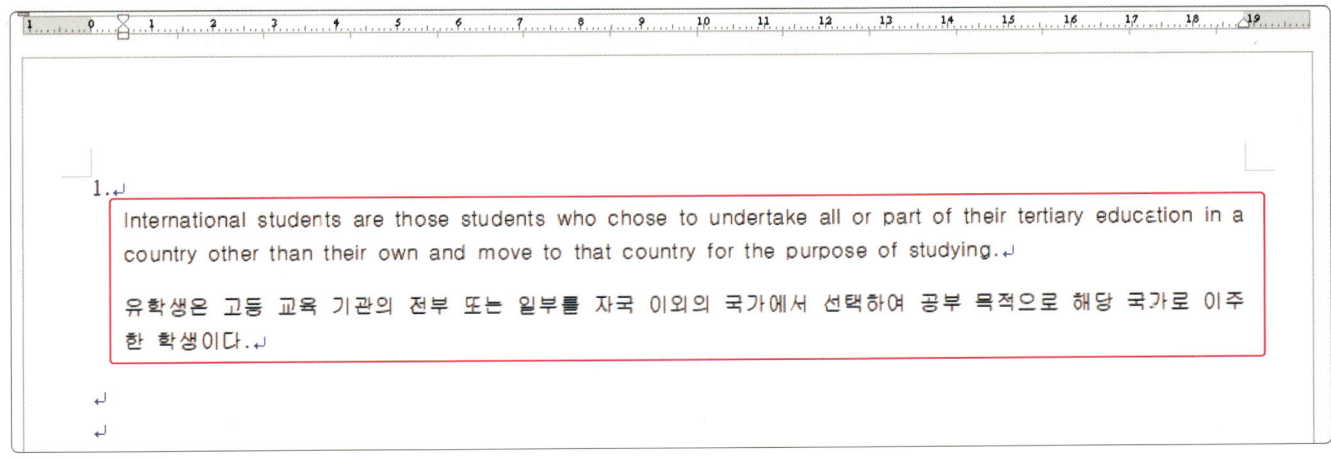

기능평가 (100점)

1. 다음의 ≪조건≫에 따라 스타일 기능을 적용하여 ≪출력형태≫와 같이 작성하시오. (50점)

≪조건≫　(1) 스타일 이름 - celadon
　　　　　(2) 문단 모양 - 왼쪽 여백 : 10pt, 문단 아래 간격 : 10pt
　　　　　(3) 글자 모양 - 글꼴 : 한글(굴림)/영문(돋움), 크기 : 10pt, 장평 : 95%, 자간 : -5%

≪출력형태≫

Gangjin celadon festival is a highly dignified festival that satisfies cultural and artistic values and popularity at the same time with programs such as firing of kiln and special exhibition of Goryeo celadon artifact.

우리나라의 국보와 보물급 청자 중 80%가 강진에서 만들어진 것이며, 세계 여러 곳에 귀중품으로 보존되어 있는 명품들 대부분이 강진의 작품들이다.

2. 다음의 ≪조건≫에 따라 ≪출력형태≫와 같이 표와 차트를 작성하시오. (100점)

≪표 조건≫　(1) 표 전체(표, 캡션) - 돋움, 10pt
　　　　　　(2) 정렬 - 문자 : 가운데 정렬, 숫자 : 오른쪽 정렬
　　　　　　(3) 셀 배경(면색) : 노랑
　　　　　　(4) 한글의 계산 기능을 이용하여 빈칸에 평균(소수점 두 자리)을 구하고, 캡션 기능 사용할 것
　　　　　　(5) 선 모양은 ≪출력형태≫와 동일하게 처리할 것

≪출력형태≫

강진청자축제 관람 현황(단위 : 만 명)

지역	2021년	2022년	2023년	2024년	평균
아시아	24	47	21	33	
유럽	21	33	58	41	
아메리카	24	38	24	27	
내국인	19	25	36	30	

≪차트 조건≫　(1) 차트 데이터는 표 내용에서 연도별 아시아, 유럽, 아메리카의 값만 이용할 것
　　　　　　　(2) 종류 - <묶은 세로 막대형>으로 작업할 것
　　　　　　　(3) 제목 - 굴림, 진하게, 12pt, 속성 - 채우기(하양), 테두리, 그림자(대각선 오른쪽 아래)
　　　　　　　　　【굴림, 진하게, 12pt, 배경 - 선 모양(한 줄로), 그림자(2pt)】
　　　　　　　(4) 제목 이외의 전체 글꼴 - 굴림, 보통, 10pt
　　　　　　　(5) 축제목과 범례는 ≪출력형태≫와 동일하게 처리할 것

≪출력형태≫

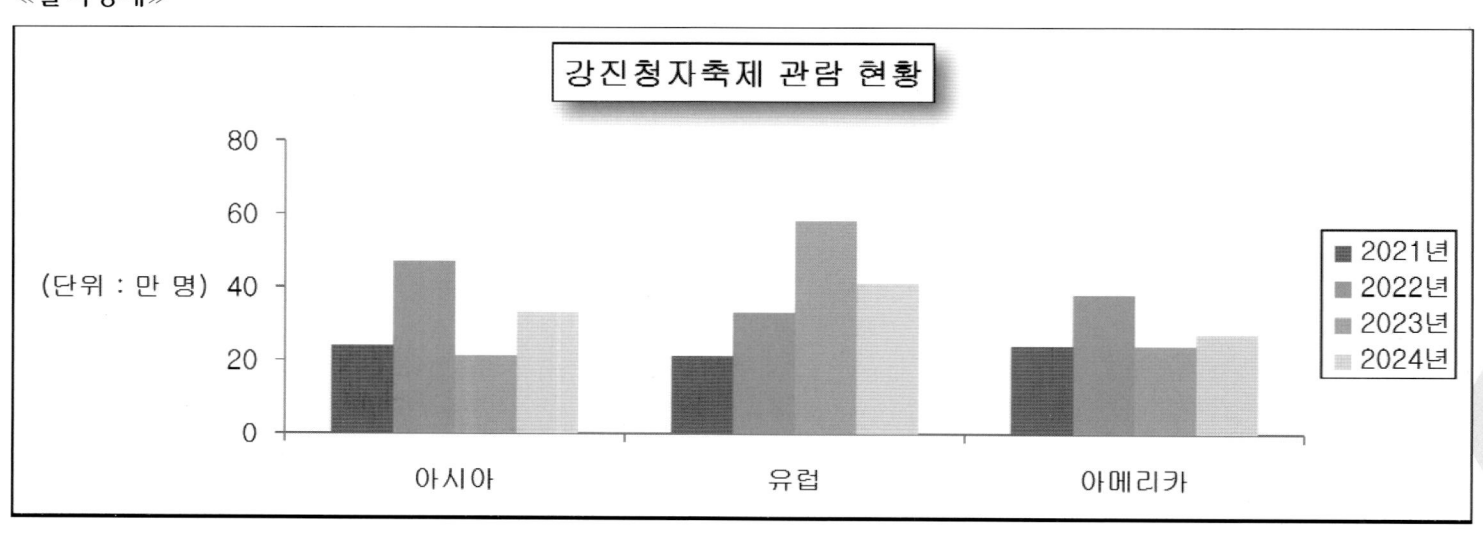

1 다음의 《조건》에 따라 스타일 기능을 적용하여 《출력형태》와 같이 작성하시오. (50점)

▶ 소스파일 : Part 01\Chapter 02\문제01.hwp   ▶ 완성파일 : Part 01\Chapter 02\문제01_완성.hwp

《조건》
(1) 스타일 이름 – divide
(2) 문단 모양 – 왼쪽 여백 : 10pt, 문단 아래 간격 : 10pt
(3) 글자 모양 – 글꼴 : 한글(굴림)/영문(돋움), 크기 : 10pt, 장평 : 105%, 자간 : -5%

《출력형태》

A digital divide is an economic and social inequality with regard to access to, use of, or impact of information and communication technologies.

정보격차는 교육, 소득 수준, 성별, 지역 등의 차이로 인해 정보에 대한 접근과 이용이 차별도고 그 결과 경제적, 사회적 불균형이 발생하는 현상이다.

2 다음의 《조건》에 따라 스타일 기능을 적용하여 《출력형태》와 같이 작성하시오. (50점)

▶ 소스파일 : Part 01\Chapter 02\문제02.hwp   ▶ 완성파일 : Part 01\Chapter 02\문제02_완성.hwp

《조건》
(1) 스타일 이름 – virtual
(2) 문단 모양 – 첫 줄 들여쓰기 : 10pt, 문단 아래 간격 : 10pt
(3) 글자 모양 – 글꼴 : 한글(굴림)/영문(돋움), 크기 : 10pt, 장평 : 105%, 자간 : -5%

《출력형태》

  Virtual Reality(VR) is a computer-generated environment with scenes and objects that appear to be real, making the user feel they are immersed in their surroundings.

  가상현실을 통해 우리는 마치 우리가 주인공이 된 것처럼 비디오 게임에 몰입하고, 심장 수술을 수행하는 방법을 배우거나, 성능을 극대화하기 위해 스포츠 훈련의 품질을 향상할 수 있다.

제14회 ITQ 실전모의문제

과목	코드	문제유형	시험시간	수험번호	성명
아래한글	1111	B	60분		

수험자 유의사항

- 수험자는 문제지를 받는 즉시 문제지와 수험표상의 시험과목(프로그램)이 동일한지 반드시 확인하여야 합니다.
- 파일명은 본인의 "수험번호-성명"으로 입력하여 답안폴더(내 PC\문서\ITQ)에 하나의 파일로 저장해야 하며, 답안문서 파일명이 "수험번호-성명"과 일치하지 않거나, 답안파일을 전송하지 않아 미제출로 처리될 경우 실격 처리합니다(예:12345678-홍길동.hwp).
- 답안 작성을 마치면 파일을 저장하고, '답안 전송' 버튼을 선택하여 감독위원 PC로 답안을 전송하십시오. 수험생 정보와 저장한 파일명이 다를 경우 전송되지 않으므로 주의하시기 바랍니다.
- 답안 작성 중에도 주기적으로 저장하고, '답안 전송'하여야 문제 발생을 줄일 수 있습니다. 작업한 내용을 저장하지 않고 전송할 경우 이전에 저장된 내용이 전송되오니 이점 유의하시기 바랍니다.
- 답안문서는 지정된 경로 외의 다른 보조기억장치에 저장하는 경우, 지정된 시험 시간 외에 작성된 파일을 활용할 경우, 기타 통신수단(이메일, 메신저, 네트워크 등)을 이용하여 타인에게 전달 또는 외부 반출하는 경우는 부정 처리합니다.
- 시험 중 부주의 또는 고의로 시스템을 파손한 경우는 수험자가 변상해야 하며, 〈수험자 유의사항〉에 기재된 방법대로 이행하지 않아 생기는 불이익은 수험생 당사자의 책임임을 알려 드립니다.
- 문제의 조건은 한컴오피스 2020 버전으로 설정되어 있으며 한컴오피스 NEO는 【 】에 표기되어 있습니다. 이와 관련하여 작성한 답안의 출력형태가 문제지와 다를 수 있습니다.
- 시험을 완료한 수험자는 답안파일이 전송되었는지 확인한 후 감독위원의 지시에 따라 문제지를 제출하고 퇴실합니다.

답안 작성요령

- **온라인 답안 작성 절차**
  수험자 등록 ⇒ 시험 시작 ⇒ 답안파일 저장 ⇒ 답안 전송 ⇒ 시험 종료
- **공통 부문**
  - 글꼴에 대한 기본설정은 함초롬바탕, 10포인트, 검정, 줄간격 160%, 양쪽정렬로 합니다.
  - 색상은 조건의 색을 적용하고 색의 구분이 안 될 경우에는 RGB 값을 적용하십시오.
    (빨강 255,0,0 / 파랑 0,0,255 / 노랑 255,255,0).
  - 각 문항에 주어진 ≪조건≫에 따라 작성하고 언급하지 않은 조건은 ≪출력형태≫와 같이 작성합니다.
  - 용지여백은 왼쪽·오른쪽 11mm, 위쪽·아래쪽·머리말·꼬리말 10mm, 제본 0mm로 합니다.
  - 그림 삽입 문제의 경우 「내 PC\문서\ITQ\Picture」 폴더에서 지정된 파일을 선택하여 삽입하십시오.
  - 삽입한 그림은 반드시 문서에 포함하여 저장해야 합니다(미포함 시 감점 처리).
  - 각 항목은 지정된 페이지에 출력형태와 같이 정확히 작성하시기 바라며, 그렇지 않을 경우에 해당 항목은 0점 처리됩니다.
    ※ 페이지구분 : 1페이지 - 기능평가 I (문제번호 표시 : 1. 2.),
    　　　　　　　　2페이지 - 기능평가 II (문제번호 표시 : 3. 4.),
    　　　　　　　　3페이지 - 문서작성 능력평가
- **기능평가**
  - 문제와 ≪조건≫은 입력하지 않으며 문제번호와 답(≪출력형태≫)만 작성합니다.
  - 4번 문제는 묶기를 했을 경우 0점 처리됩니다.
- **문서작성 능력평가**
  - A4 용지(210mm×297mm) 1매 크기, 세로 서식 문서로 작성합니다.
  - 　　표시는 문서작성에 대한 지시사항이므로 작성하지 않습니다.

kpc 한국생산성본부

3 다음의 《조건》에 따라 스타일 기능을 적용하여 《출력형태》와 같이 작성하시오. (50점)

▶ 소스파일 : Part 01\Chapter 02\문제03.hwp   ▶ 완성파일 : Part 01\Chapter 02\문제03_완성.hwp

《조건》
(1) 스타일 이름 – construction
(2) 문단 모양 – 왼쪽 여백 : 15pt, 문단 아래 간격 : 10pt
(3) 글자 모양 – 글꼴 : 한글(굴림)/영문(돋움), 크기 : 10pt, 장평 : 95%, 자간 : 5%

《출력형태》

Construction technology refers to changing the natural environment and making structures in the natural environment for a more convenient and comfortable life for humans.

건설기술은 인간이 더욱더 편리하고 안락한 생활을 위하여 자연환경을 변화시키고, 그 자연환경에 구조물을 만드는 것을 말하며 수송 시스템, 산업 및 에너지 관련 프로젝트의 설계에 사용된다.

4 다음의 《조건》에 따라 스타일 기능을 적용하여 《출력형태》와 같이 작성하시오. (50점)

▶ 소스파일 : Part 01\Chapter 02\문제04.hwp   ▶ 완성파일 : Part 01\Chapter 02\문제04_완성.hwp

《조건》
(1) 스타일 이름 – unification
(2) 문단 모양 – 왼쪽 여백 : 15pt, 문단 아래 간격 : 10pt
(3) 글자 모양 – 글꼴 : 한글(돋움)/영문(굴림), 크기 : 10pt, 장평 : 95%, 자간 : 5%

《출력형태》

In 1960s, public discussions on unification issues sprang up in various sectors in South Korean society and government felt the need set up a consistent unification policy.

1960년대 통일 문제에 대한 대중의 논의는 한국 사회의 여러 분야에서 시작되었고, 정부는 국민들의 말에 귀를 기울이고 일관된 통일 정책을 수립할 필요성을 느꼈다.

2024 경기국제보트쇼

대한민국 해양레저산업의 채널이라는 슬로건 아래 국내 해양레저업계의 저변(底邊) 확대와 경제 활성화를 위해 2024 경기국제보트쇼가 개최된다. 온라인 전시관도 상시 운영되고 있어 누구나 쉽게 참가업체 및 제품들을 만나볼 수 있다. 첫째 날에는 낚시 및 해양문화, 해양관광에 대한 강연과 보트 사용자에게 필요한 기초지식1에 대한 강연이 이어진다. 오픈콘퍼런스장에서는 해양환경과 수면 비행 선박을 주제로 다큐멘터리 감독 강연, 좌담회 등이 열린다. 둘째 날에는 콘퍼런스룸A에서 요트 초보부터 엔진 관리까지, 콘퍼런스룸B에서 보트 사용자에게 필요한 기초지식2를 주제로 강연이 진행되며 오픈콘퍼런스장에서는 낚시 프로 강연자의 해양레저 이야기를 들을 수 있다.

참가업체 대상으로 전문가의 공정한 심사를 거쳐 완제품, 부품 등 부문별로 우수한 제품을 선정하여 그중 최고의 참가업체에게는 해양수산부 장관상을 수여하고 각종 미디어에 보도자료 배포, 수상작 특별 전시 등 각종 혜택이 제공된다. 또한 해외 유수(有數) 레저산업 관련 기관과 MOUⓐ를 체결하고 해외뿐만 아니라 국내 전문 바이어를 초청하여 1:1 비즈니스 미팅을 지원한다.

♥ 2024 경기국제보트쇼 개요

가. 일시 및 장소
　① 일시 : 2024년 3월 8일(금) - 3월 10일(일)
　② 장소 : 킨텍스, 아라마리나(온라인 전시회 상시 운영)
나. 주최 및 주관
　① 주최 : 해양수산부, 경기도
　② 주관 : 킨텍스, 수자원환경산업진흥, 한국마리나협회

♥ 전문콘퍼런스 및 오픈콘퍼런스

구분	일자	시간	행사명	장소
전문 콘퍼런스	3월 8일(금)	13:50-14:20	카타마란 세일링요트의 브랜드 정착을 위한 과제	콘퍼런스룸A
		14:30-15:30	부산 바다의 요트 접안시설 현황 및 문제점	콘퍼런스룸B
오픈 콘퍼런스	3월 9일(토)	13:30-14:30	안전한 보팅생활	
		15:00-15:30	해양문화와 해안의 가치 창출	콘퍼런스룸A

경기국제보트쇼사무국

ⓐ 당사 간의 합의된 내용을 정식 계약 맺기 전에 우선 작성하는 문서

5 다음의 《조건》에 따라 스타일 기능을 적용하여 《출력형태》와 같이 작성하시오. (50점)

▶ 소스파일 : Part 01\Chapter 02\문제05.hwp   ▶ 완성파일 : Part 01\Chapter 02\문제05_완성.hwp

《조건》
(1) 스타일 이름 – data
(2) 문단 모양 – 왼쪽 여백 : 15pt, 문단 아래 간격 : 10pt
(3) 글자 모양 – 글꼴 : 한글(돋움)/영문(굴림), 크기 : 10pt, 장평 : 95%, 자간 : 5%

《출력형태》

Data analytics has become an important technological factor in medical and public health in collecting and screening data for COVID-19 treatment research and clinical trials.

데이터 분석은 코로나19 치료 연구 및 임상 시험을 위한 데이터 수집과 선별에 있어 의료 및 공중 보건의 중요한 기술적 요소가 되었다.

6 다음의 《조건》에 따라 스타일 기능을 적용하여 《출력형태》와 같이 작성하시오. (50점)

▶ 소스파일 : Part 01\Chapter 02\문제06.hwp   ▶ 완성파일 : Part 01\Chapter 02\문제06_완성.hwp

《조건》
(1) 스타일 이름 – copyright
(2) 문단 모양 – 왼쪽 여백 : 15pt, 문단 아래 간격 : 10pt
(3) 글자 모양 – 글꼴 : 한글(굴림)/영문(바탕), 크기 : 10pt, 장평 : 95%, 자간 : 5%

《출력형태》

Copyright enriches the life of people. For culture and arts of life and development of scientific journals toward intellectual life, the copyright protection is essential.

저작권자는 자신의 저작권이 침해되었을 경우 해당 저작물에 대한 복제 및 전송 중단 요청 민사상 손해배상 청구, 형사 고소를 할 수 있다.

3. 다음 (1), (2)의 수식을 수식 편집기로 각각 입력하시오. (40점)

≪출력형태≫

(1) $\dfrac{V_2}{V_1} = \dfrac{0.9 \times 10^3}{1.0 \times 10^2} = 0.8$

(2) $\sqrt{a+b+2\sqrt{ab}} = \sqrt{a} + \sqrt{b}\,(a>0, b>0)$

4. 다음의 ≪조건≫에 따라 ≪출력형태≫와 같이 문서를 작성하시오. (110점)

≪조건≫
  (1) 그리기 도구를 이용하여 작성하고, 모든 도형(글맵시, 지정된 그림 포함)을 ≪출력형태≫와 같이 작성하시오.
  (2) 도형의 면색은 지시사항이 없으면 색 없음을 제외하고 서로 다르게 임의로 지정하시오.

≪출력형태≫

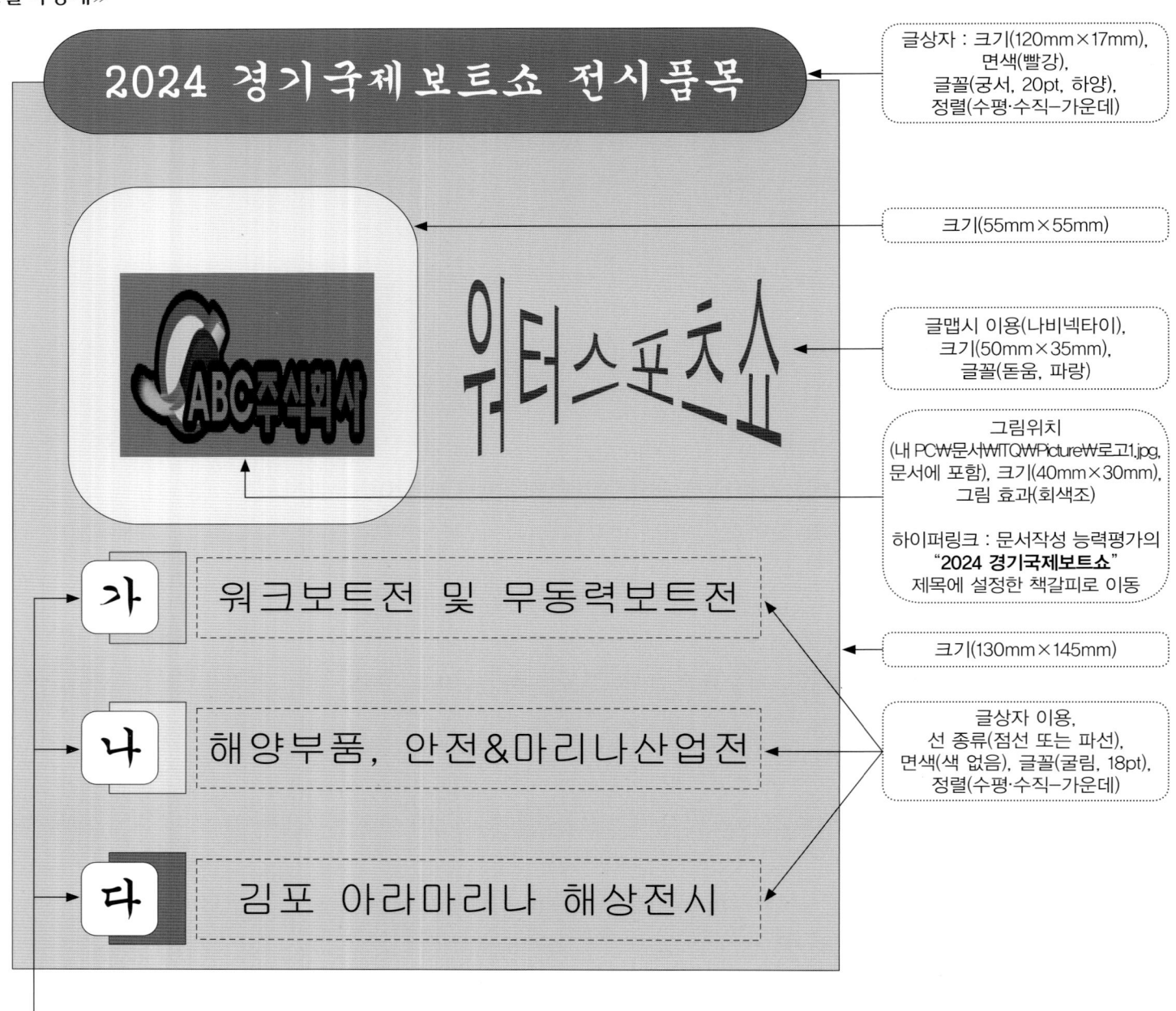

7 다음의 《조건》에 따라 스타일 기능을 적용하여 《출력형태》와 같이 작성하시오. (50점)

▶ 소스파일 : Part 01\Chapter 02\문제07.hwp   ▶ 완성파일 : Part 01\Chapter 02\문제07_완성.hwp

《조건》
(1) 스타일 이름 – goyang
(2) 문단 모양 – 왼쪽 여백 : 15pt, 문단 아래 간격 : 10pt
(3) 글자 모양 – 글꼴 : 한글(굴림)/영문(돋움), 크기 : 10pt, 장평 : 95%, 자간 : 5%

《출력형태》

Goyang international flower foundation has stepped forward to the center of world floriculture industry since 1997. Until now, we had 9 times of Goyang Autumn Flower Festival.

1997년에 처음 개최된 고양국제꽃박람회는 현재까지 총 370만 명에 이르는 관람객이 방문하여 국제박람회로 자리매김하고 있습니다.

8 다음의 《조건》에 따라 스타일 기능을 적용하여 《출력형태》와 같이 작성하시오. (50점)

▶ 소스파일 : Part 01\Chapter 02\문제08.hwp   ▶ 완성파일 : Part 01\Chapter 02\문제08_완성.hwp

《조건》
(1) 스타일 이름 – metaverse
(2) 문단 모양 – 왼쪽 여백 : 15pt, 문단 아래 간격 : 10pt
(3) 글자 모양 – 글꼴 : 한글(돋움)/영문(굴림), 크기 : 10pt, 장평 : 95%, 자간 : -5%

《출력형태》

Due to the influence of COVID-19, the demand for non-face-to-face services has increased for "social distancing" has increased. Metaverse provides a platform for people to gather and work online.

코로나 19의 영향으로 비대면 서비스의 수요가 높아지고 '사회적 거리두기'를 위해 실내에 머무는 시간이 증가했다. 메타버스는 온라인에서 사람들이 모이고, 활동할 수 있는 플랫폼을 제공해주고 있다.

기능평가 (150점)

1. 다음의 《조건》에 따라 스타일 기능을 적용하여 《출력형태》와 같이 작성하시오. (50점)

《조건》 (1) 스타일 이름 - marine
(2) 문단 모양 - 왼쪽 여백 : 10pt, 문단 아래 간격 : 10pt
(3) 글자 모양 - 글꼴 : 한글(굴림)/영문(돋움), 크기 : 10pt, 장평 : 95%, 자간 : -5%

《출력형태》

The government designated marine leisure equipment as one of 100 strategic products based on technologies, and focuses on its technology development to grow the marine leisure industry as a new growth engine in Korea.

정부에서는 해양레저 선박을 100대 전략 제품의 기술 분야로 지정하여 대한민국 신성장 동력산업으로 육성하고자 기술개발에 집중하고 있다.

2. 다음의 《조건》에 따라 《출력형태》와 같이 표와 차트를 작성하시오. (100점)

《표 조건》 (1) 표 전체(표, 캡션) - 돋움, 10pt
(2) 정렬 - 문자 : 가운데 정렬, 숫자 : 오른쪽 정렬
(3) 셀 배경(면색) : 노랑
(4) 한글의 계산 기능을 이용하여 빈칸에 합계를 구하고, 캡션 기능 사용할 것
(5) 선 모양은 《출력형태》와 동일하게 처리할 것

《출력형태》

해양레저 선박 등록 현황(단위 : 백 건)

구분	2020년	2021년	2022년	2023년	합계
고무보트	27	29	30	31	
수상오토바이	55	59	60	65	
세일링요트	7	8	9	10	
모터보트	61	180	192	210	

《차트 조건》 (1) 차트 데이터는 표 내용에서 연도별 고무보트, 수상오토바이, 세일링요트의 값만 이용할 것
(2) 종류 - <묶은 세로 막대형>으로 작업할 것
(3) 제목 - 굴림, 진하게, 12pt, 속성 - 채우기(하양), 테두리, 그림자(대각선 오른쪽 아래)
【굴림, 진하게, 12pt, 배경 - 선 모양(한 줄로), 그림자(2pt)】
(4) 제목 이외의 전체 글꼴 - 굴림, 보통, 10pt
(5) 축제목과 범례는 《출력형태》와 동일하게 처리할 것

《출력형태》

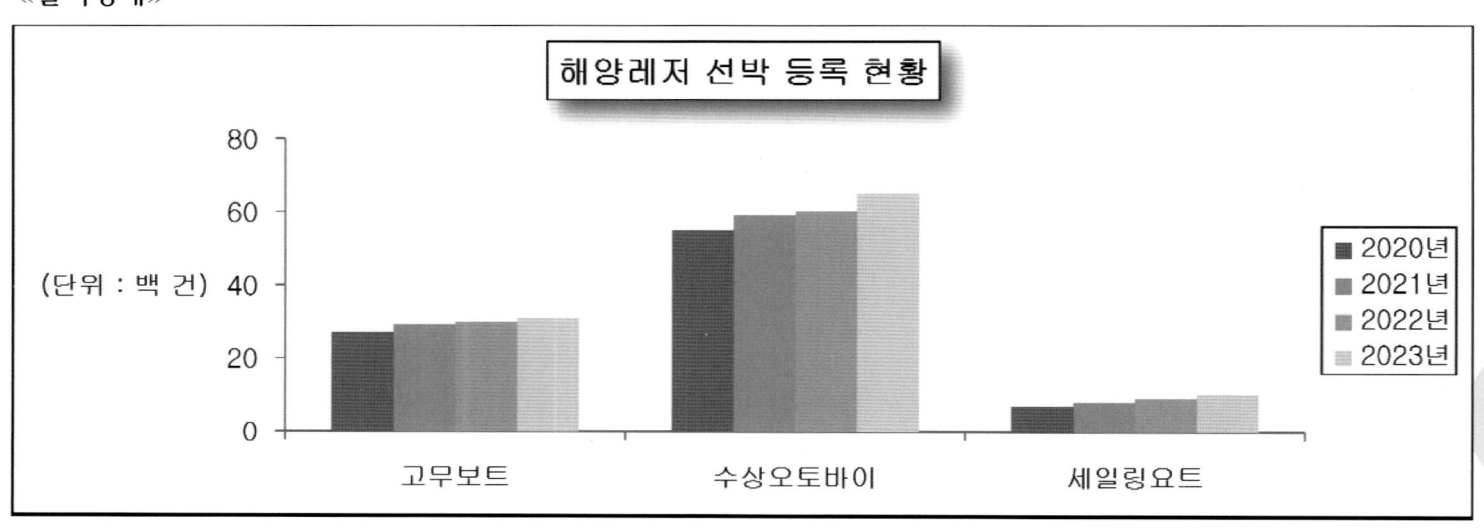

9 다음의 《조건》에 따라 스타일 기능을 적용하여 《출력형태》와 같이 작성하시오. (50점)

▶ 소스파일 : Part 01\Chapter 02\문제09.hwp   ▶ 완성파일 : Part 01\Chapter 02\문제09_완성.hwp

《조건》
(1) 스타일 이름 – agriculture
(2) 문단 모양 – 왼쪽 여백 : 15pt, 문단 아래 간격 : 10pt
(3) 글자 모양 – 글꼴 : 한글(굴림)/영문(돋움), 크기 : 10pt, 장평 : 95%, 자간 : -5%

《출력형태》

The participation of urban residents in agricultural activities is spreading. Some of those activities are exemplified by growing vegetables or flowers in kitchen gardens or working on an educational farm.

도시지역에서 다양한 형태로 전개되는 농업은 신선하고 안전한 농산물을 공급하는 역할을 비롯하여, 체험이나 학습 기회를 제공하고 생물다양성을 유지하면서 이산화탄소를 저감하는 등의 역할이 높게 평가되고 있다.

10 다음의 《조건》에 따라 스타일 기능을 적용하여 《출력형태》와 같이 작성하시오. (50점)

▶ 소스파일 : Part 01\Chapter 02\문제10.hwp   ▶ 완성파일 : Part 01\Chapter 02\문제10_완성.hwp

《조건》
(1) 스타일 이름 – climate
(2) 문단 모양 – 왼쪽 여백 : 10pt, 문단 아래 간격 : 10pt
(3) 글자 모양 – 글꼴 : 한글(굴림)/영문(돋움), 크기 : 10pt, 장평 : 105%, 자간 : -5%

《출력형태》

Climate change is one of the greatest challenges facing humanity. To address climate change, countries adopted the Paris Agreement to limit global temperature rise to well below 2 degrees Celsius.

온실효과란 태양으로부터 지구로 유입되었다가 대기 중 온실기체에 의해 다시 우주로 방출되는 열의 일부를 온실가스가 흡수하여 대기를 따뜻하게 유지시켜 지구가 마치 온실의 유리처럼 보온되는 것을 말한다.

제13회 ITQ 실전모의문제

과목	코드	문제유형	시험시간	수험번호	성명
아래한글	1111	A	60분		

수험자 유의사항

- 수험자는 문제지를 받는 즉시 문제지와 수험표상의 시험과목(프로그램)이 동일한지 반드시 확인하여야 합니다.
- 파일명은 본인의 "수험번호-성명"으로 입력하여 답안폴더(내 PC₩문서₩ITQ)에 하나의 파일로 저장해야 하며, 답안문서 파일명이 "수험번호-성명"과 일치하지 않거나, 답안파일을 전송하지 않아 미제출로 처리될 경우 실격 처리합니다(예:12345678-홍길동.hwp).
- 답안 작성을 마치면 파일을 저장하고, '답안 전송' 버튼을 선택하여 감독위원 PC로 답안을 전송하십시오. 수험생 정보와 저장한 파일명이 다를 경우 전송되지 않으므로 주의하시기 바랍니다.
- 답안 작성 중에도 주기적으로 저장하고, '답안 전송'하여야 문제 발생을 줄일 수 있습니다. 작업한 내용을 저장하지 않고 전송할 경우 이전에 저장된 내용이 전송되오니 이점 유의하시기 바랍니다.
- 답안문서는 지정된 경로 외의 다른 보조기억장치에 저장하는 경우, 지정된 시험 시간 외에 작성된 파일을 활용할 경우, 기타 통신수단(이메일, 메신저, 네트워크 등)을 이용하여 타인에게 전달 또는 외부 반출하는 경우는 부정 처리합니다.
- 시험 중 부주의 또는 고의로 시스템을 파손한 경우는 수험자가 변상해야 하며, 〈수험자 유의사항〉에 기재된 방법대로 이행하지 않아 생기는 불이익은 수험생 당사자의 책임임을 알려 드립니다.
- 문제의 조건은 한컴오피스 2020 버전으로 설정되어 있으며 한컴오피스 NEO는 【 】에 표기되어 있습니다. 이와 관련하여 작성한 답안의 출력형태가 문제지와 다를 수 있습니다.
- 시험을 완료한 수험자는 답안파일이 전송되었는지 확인한 후 감독위원의 지시에 따라 문제지를 제출하고 퇴실합니다.

답안 작성요령

- **온라인 답안 작성 절차**
  수험자 등록 ⇒ 시험 시작 ⇒ 답안파일 저장 ⇒ 답안 전송 ⇒ 시험 종료
- **공통 부문**
  - 글꼴에 대한 기본설정은 함초롬바탕, 10포인트, 검정, 줄간격 160%, 양쪽정렬로 합니다.
  - 색상은 조건의 색을 적용하고 색의 구분이 안 될 경우에는 RGB 값을 적용하십시오.
    (빨강 255,0,0 / 파랑 0,0,255 / 노랑 255,255,0).
  - 각 문항에 주어진 ≪조건≫에 따라 작성하고 언급하지 않은 조건은 ≪출력형태≫와 같이 작성합니다.
  - 용지여백은 왼쪽·오른쪽 11mm, 위쪽·아래쪽·머리말·꼬리말 10mm, 제본 0mm로 합니다.
  - 그림 삽입 문제의 경우 「내 PC₩문서₩ITQ₩Picture」 폴더에서 지정된 파일을 선택하여 삽입하십시오.
  - 삽입한 그림은 반드시 문서에 포함하여 저장해야 합니다(미포함 시 감점 처리).
  - 각 항목은 지정된 페이지에 출력형태와 같이 정확히 작성하시기 바라며, 그렇지 않을 경우에 해당 항목은 0점 처리됩니다.
    ※ 페이지구분 : 1페이지 - 기능평가 I (문제번호 표시 : 1. 2.),
    　　　　　　　　2페이지 - 기능평가 II (문제번호 표시 : 3. 4.),
    　　　　　　　　3페이지 - 문서작성 능력평가
- **기능평가**
  - 문제와 ≪조건≫은 입력하지 않으며 문제번호와 답(≪출력형태≫)만 작성합니다.
  - 4번 문제는 묶기를 했을 경우 0점 처리됩니다.
- **문서작성 능력평가**
  - A4 용지(210mm×297mm) 1매 크기, 세로 서식 문서로 작성합니다.
  - ○ 표시는 문서작성에 대한 지시사항이므로 작성하지 않습니다.

kpc 한국생산성본부

Chapter 03 기능평가 Ⅰ - 표

◆ 문제 번호 입력하고 표 작성하기 ◆ 셀 배경색과 셀 테두리 지정하기
◆ 평균 구하고 캡션 넣기

▶ 소스파일 : Part 01\Chapter 03\Ch03.hwp   ▶ 완성파일 : Part 01\Chapter 03\Ch03_완성.hwp

2. 다음의 《조건》에 따라 《출력형태》와 같이 표와 차트를 작성하시오. (100점)

표 조건

(1) 표 전체(표, 캡션) - 굴림, 10pt
(2) 정렬 - 문자 : 가운데 정렬, 숫자 : 오른쪽 정렬
(3) 셀 배경(면색) : 노랑
(4) 한글의 계산 기능을 이용하여 빈칸에 평균(소수점 두 자리)을 구하고, 캡션 기능 사용할 것
(5) 선 모양은 《출력형태》와 동일하게 처리할 것

출력 형태

연도별 유학생 현황(단위 : 백 명)

연도	2021년	2022년	2023년	2024년	평균
일본	29	27	28	40	
베트남	31	32	75	94	
미국	44	44	37	35	
중국	574	504	605	643	

생활의 녹색혁명

환경과 경제의 선순환

    세계 주요 선진국들을 중심으로 기후변화에 대응하기 위한 다양한 연구와 정책들이 발표되고 있으며 우리나라도 온실가스 등으로 초래되는 환경오염을 줄이고 녹색기술과 청정에너지로 신성장 동력과 일자리를 창출(創出)하기 위한 녹색성장을 적극적으로 실천하고 있다. 환경과 자원의 위기로 인류 최대의 난관에 봉착한 오늘날 선진국들은 이미 환경친화적인 생활을 위한 연구와 정책에 국력을 집중하고 있다. 녹색기술 육성과 환경규제를 통해 관련 산업의 성장을 유도하면서 새로운 시장을 선점하는 등 발 빠른 움직임을 보이고 있으며, 특히 자동차 분야의 경우 이미 하이브리드카㉠, 전기차, 수소차 등 저탄소 차량 제작을 위한 치열한 경쟁이 한창이다.

    녹색성장은 이와 같은 세계적 변화에 대비한 선제적 포석(布石)으로 볼 수 있는 우리의 새로운 비전이다. 이제 저탄소와 친환경은 선택적 조건이 아니라 생존을 위한 절대적 필수 요소이다. 환경과 경제의 선순환을 기조로 삶의 질을 개선하고 생활 속 녹색혁명을 실천하여 지구를 살리고 녹색 선진국으로 발돋움하기 위한 노력이 절실한 시점이라 하겠다.

♣ 저탄소녹색성장박람회 개요

    A. 기간 및 장소
        1. 기간 : 2025년 4월 15일부터 4월 18일까지(4일간)
        2. 장소 : 서울 코엑스 전시관(AB 홀)
    B. 주최 및 주관
        1. 주최 : 환경부, 녹색성장위원회
        2. 주관 : 한국환경산업기술원, 한국경제신문

♣ *환경교육 전시관 프로그램*

날짜	프로그램	기관	접수방법	체험비
4월 15일	친환경소재와 자연물을 이용한 공예품 만들기	국립공원관리공단	현장	1,000원
4월 16일	유해물질 방제복 입어보기	국립환경과학원		
4월 17일	야생동물발자국 휴대폰고리 만들기	환경보전협회	인터넷	무료
4월 18일	천연 방향제 만들기	노원에코센터		

녹색성장위원회

㉠ 일반 차량에 비해 유해가스 배출량을 줄이고 연비를 향상시킨 환경자동차

〔기능평가 Ⅰ〕 표

■ 문제 번호입력하고 표 작성하기
  • 문제 번호를 입력한 후 내용을 입력합니다.
    (답안을 작성하지 못한 경우에도 문제 번호는 입력합니다.)
  • 표를 작성한 후 정렬을 지정합니다.

■ 셀 배경색과 셀 테두리 지정하기
  • 색상 테마를 '오피스' 테마로 변경한 후 셀 배경색을 지정합니다.
  • 이중 실선 및 대각선 테두리를 지정합니다.

■ 평균 구하고 캡션 넣기
  • 블록 계산식을 이용하여 합계 또는 평균을 구합니다.
  • 캡션을 삽입한 후 위치 및 정렬을 지정합니다.

STEP 01 문제 번호와 내용 입력하기

〈표 조건〉
(1) 표 전체(표, 캡션) – 굴림, 10pt
(2) 정렬 – 문자 : 가운데 정렬, 숫자 : 오른쪽 정렬

1 문제 번호(2.)를 입력한 후 Enter를 4번 누릅니다.

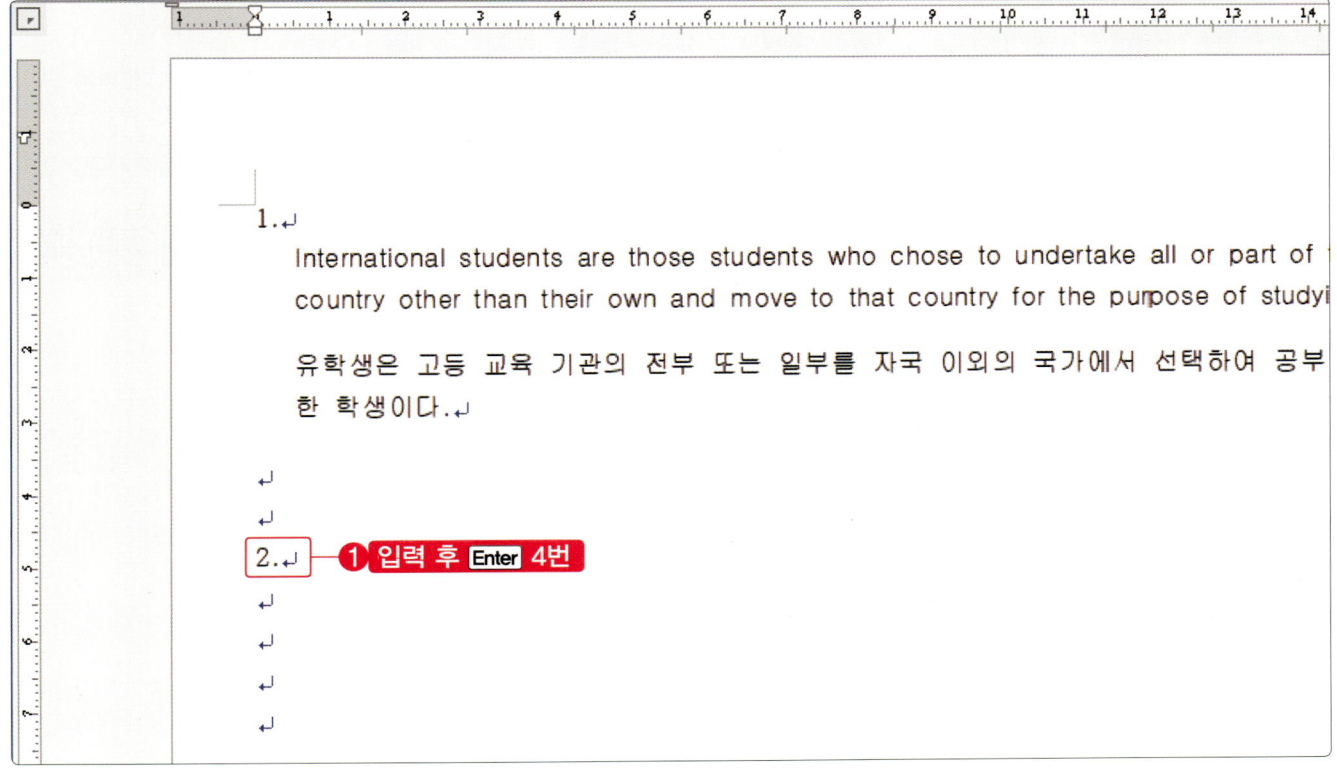

• 답안을 작성하지 못한 경우에도 문제 번호는 입력합니다.
• 파일 열기 : 〔파일〕 탭–〔불러오기〕를 클릭한 후 〔불러오기〕 대화상자가 나타나면 찾는 위치(Part 01₩Chapter 03)를 지정한 다음 파일(Ch03.hwp)을 선택하고 〔열기〕 단추를 클릭합니다.

기능평가 II (150점)

3. 다음 (1), (2)의 수식을 수식 편집기로 각각 입력하시오. (40점)

≪출력형태≫

(1) $\int_0^3 \sqrt{6t^2 - 18t + 12} dt = 11$

(2) $\dfrac{PV}{T} = \dfrac{1 \times 22.4}{273} ≒ 0.082$

4. 다음의 ≪조건≫에 따라 ≪출력형태≫와 같이 문서를 작성하시오. (110점)

≪조건≫
(1) 그리기 도구를 이용하여 작성하고, 모든 도형(글맵시, 지정된 그림 포함)을 ≪출력형태≫와 같이 작성하시오.
(2) 도형의 면색은 지시사항이 없으면 색 없음을 제외하고 서로 다르게 임의로 지정하시오.

≪출력형태≫

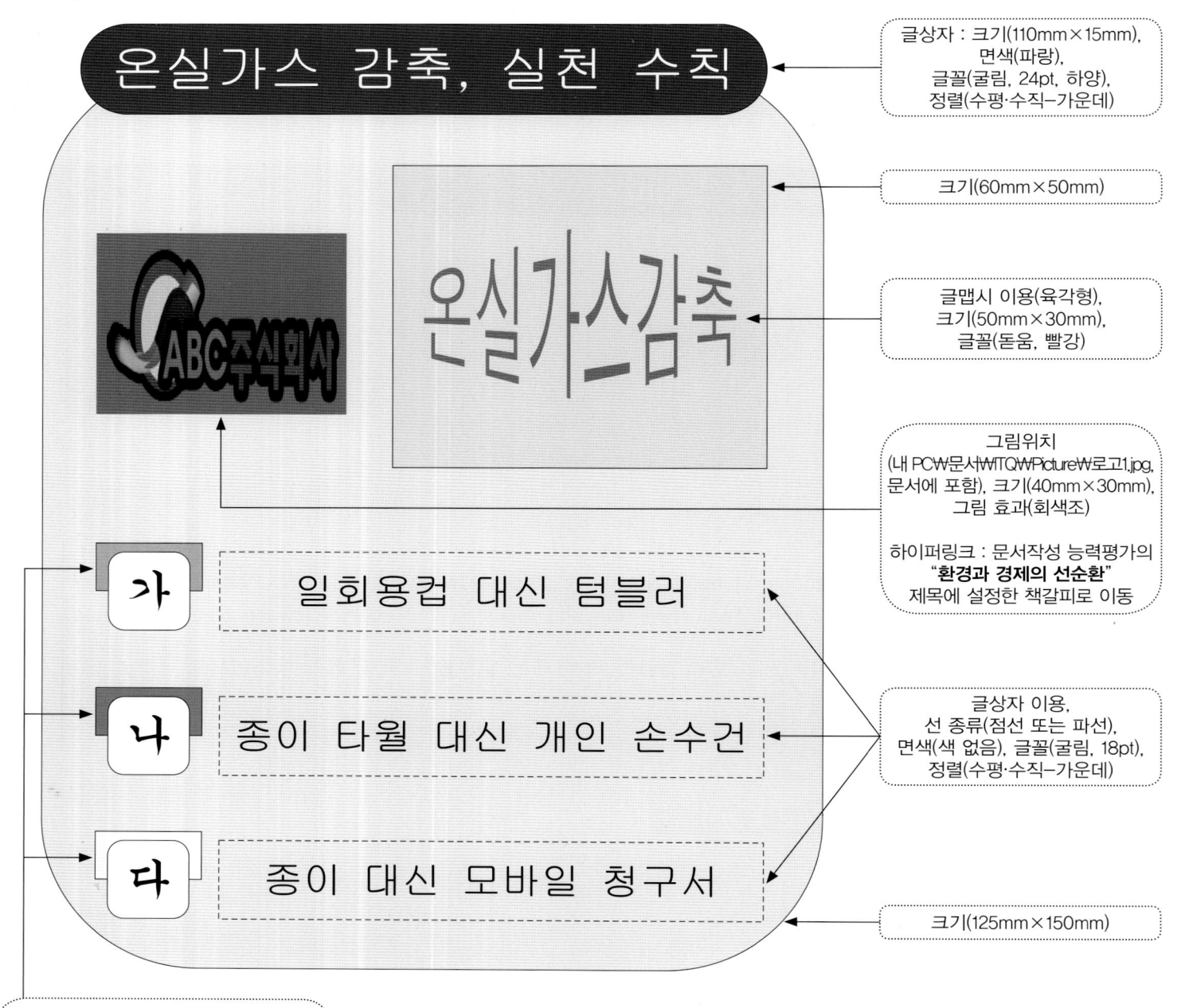

2 문제 번호 아래 문단에 커서를 위치한 후 [입력] 탭을 클릭한 다음 [표(⊞)]를 클릭합니다.

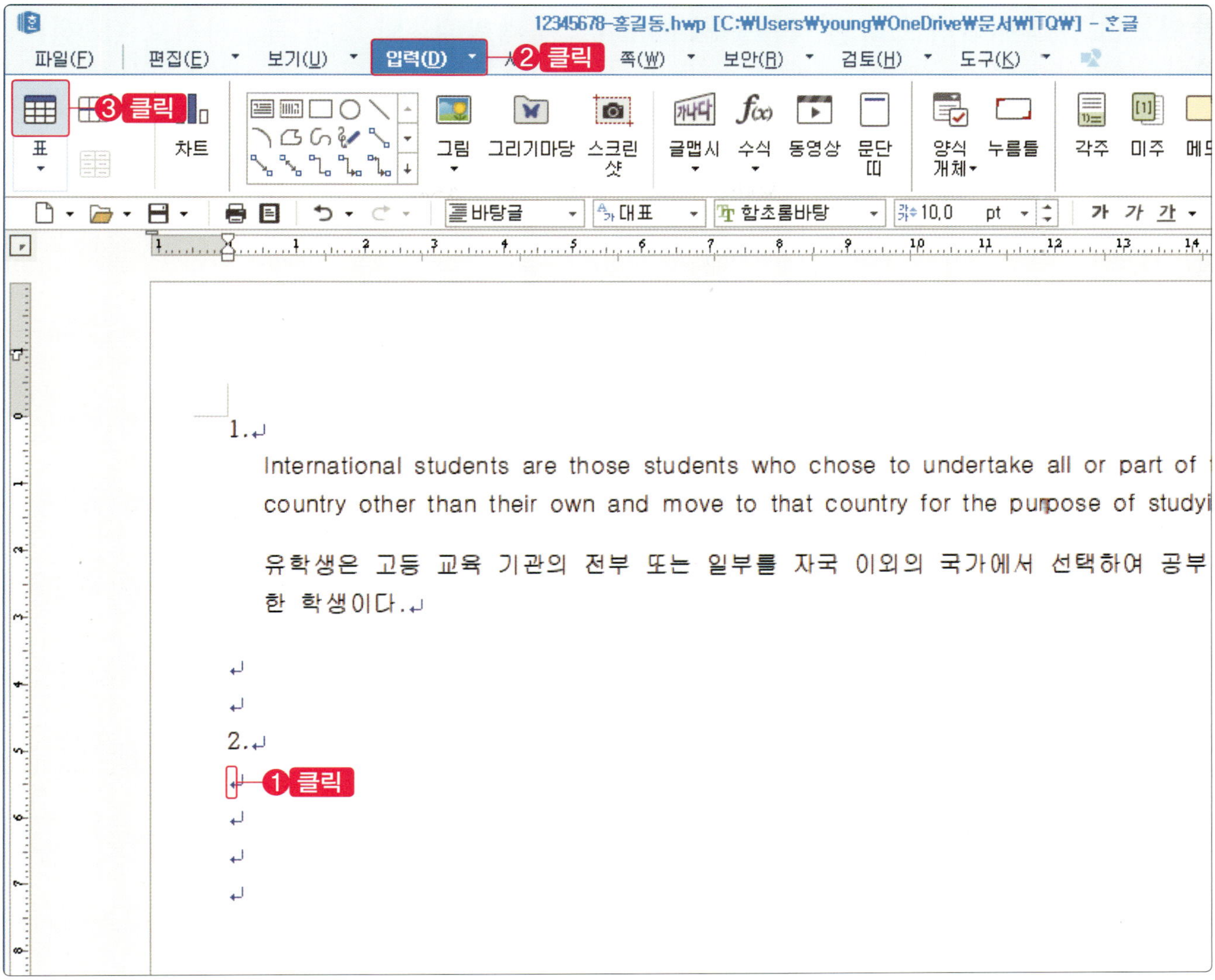

> [입력] 탭의 [목록(▼)] 단추를 클릭한 후 [표]-[표 만들기]를 클릭하거나 Ctrl+N, T를 눌러 표를 만들 수도 있습니다.

3 [표 만들기] 대화상자가 나타나면 줄 수(5)와 칸 수(6)를 입력한 후 [글자처럼 취급]을 선택한 다음 [만들기]를 클릭합니다.

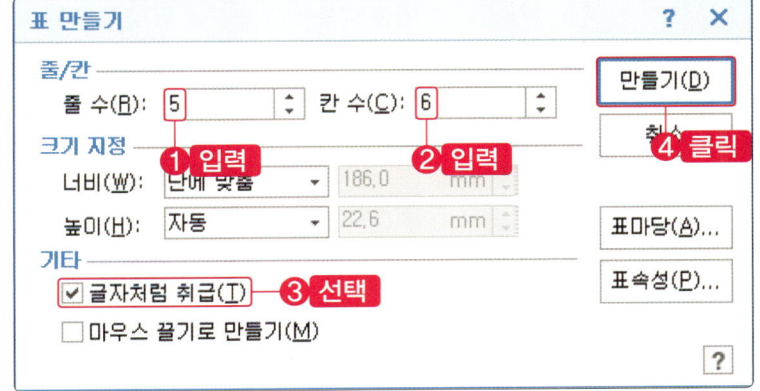

> [글자처럼 취급]을 선택하면 표를 하나의 글자처럼 취급합니다.

기능평가 I (150점)

1. 다음의 ≪조건≫에 따라 스타일 기능을 적용하여 ≪출력형태≫와 같이 작성하시오. (50점)

≪조건≫ (1) 스타일 이름 - green
(2) 문단 모양 - 왼쪽 여백 : 15pt, 문단 아래 간격 : 10pt
(3) 글자 모양 - 글꼴 : 한글(돋움)/영문(굴림), 크기 : 10pt, 장평 : 95%, 자간 : 5%

≪출력형태≫

Green Growth is a policy focus for Asia and the Pacific that emphasizes ecologically sustainable economic progress to foster low-carbon, socially inclusive development.

녹색성장은 온실가스와 환경오염을 줄이고 국제적 기후변화 논의에 적극 대응함으로써 녹색선진국으로 발돋움할 수 있는 국가발전의 새로운 패러다임이다.

2. 다음의 ≪조건≫에 따라 ≪출력형태≫와 같이 표와 차트를 작성하시오. (100점)

≪표 조건≫ (1) 표 전체(표, 캡션) - 돋움, 10pt
(2) 정렬 - 문자 : 가운데 정렬, 숫자 : 오른쪽 정렬
(3) 셀 배경(면색) : 노랑
(4) 한글의 계산 기능을 이용하여 빈칸에 합계를 구하고, 캡션 기능 사용할 것
(5) 선 모양은 ≪출력형태≫와 동일하게 처리할 것

≪출력형태≫

온실가스 총배출량 현황(단위 : 백만톤 CO_2eq)

구분	2021년	2022년	2023년	2024년	합계
산업공정	56	55	52	48	
농업	21	21	21	21	
폐기물	17	17	16	16	
에너지	615	632	611	569	

≪차트 조건≫ (1) 차트 데이터는 표 내용에서 연도별 산업공정, 농업, 폐기물의 값만 이용할 것
(2) 종류 - <묶은 세로 막대형>으로 작업할 것
(3) 제목 - 굴림, 진하게, 12pt, 속성 - 채우기(하양), 테두리, 그림자(대각선 오른쪽 아래)
 【굴림, 진하게, 12pt, 배경 - 선 모양(한 줄로), 그림자(2pt)】
(4) 제목 이외의 전체 글꼴 - 굴림, 보통, 10pt
(5) 축제목과 범례는 ≪출력형태≫와 동일하게 처리할 것

≪출력형태≫

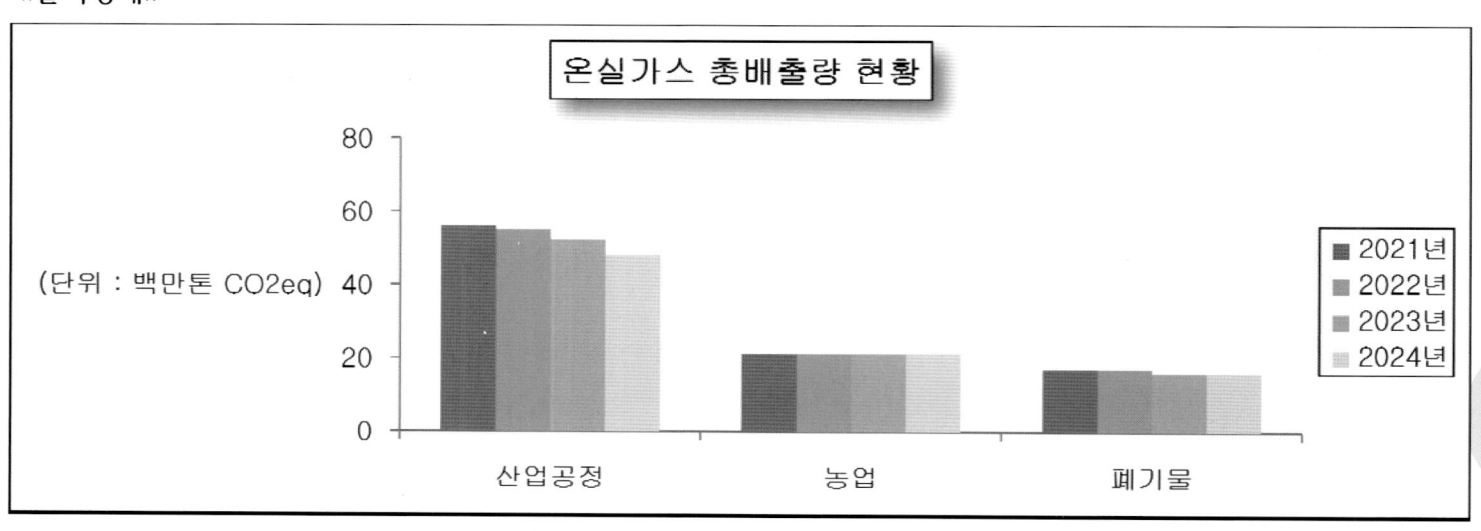

〈표 조건〉 (1) 표 전체(표, 캡션) – 굴림, 10pt
(2) 정렬 – 문자 : 가운데 정렬, 숫자 : 오른쪽 정렬

4 표가 삽입되면 다음과 같이 **셀에 내용을 입력**합니다.

연도	2021년	2022년	2023년	2024년	평균
일본	29	27	28	40	
베트남	31	32	75	94	
미국	44	44	37	35	
중국	574	504	605	643	

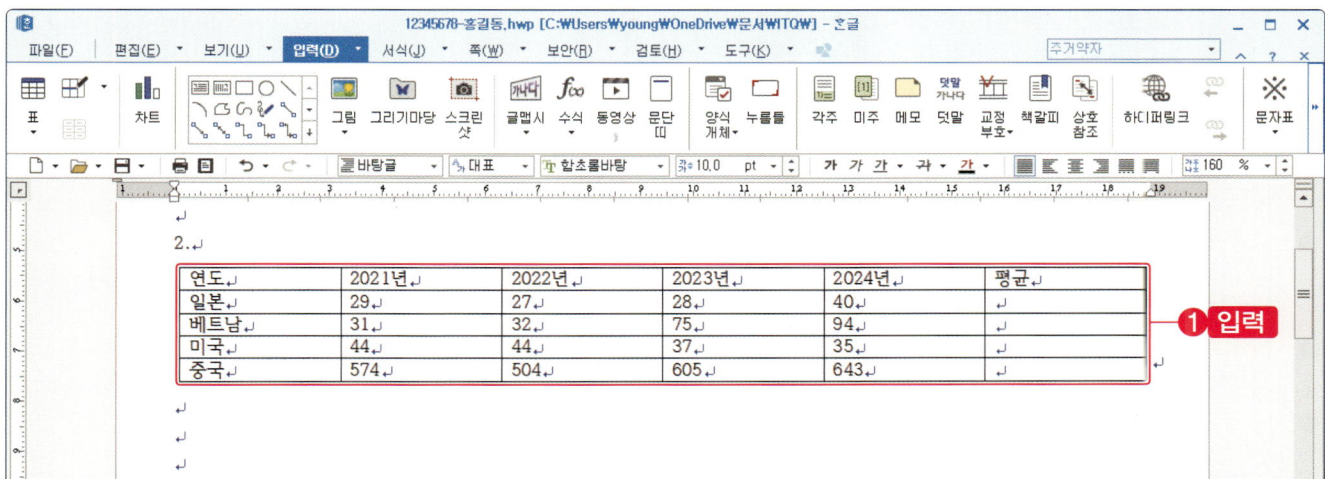

5 표 전체를 셀 블록으로 설정한 후 [서식] 도구 상자에서 **글꼴(굴림)과 글자 크기(10)를 선택**한 다음 [**가운데 정렬(≡)]을 클릭**합니다.

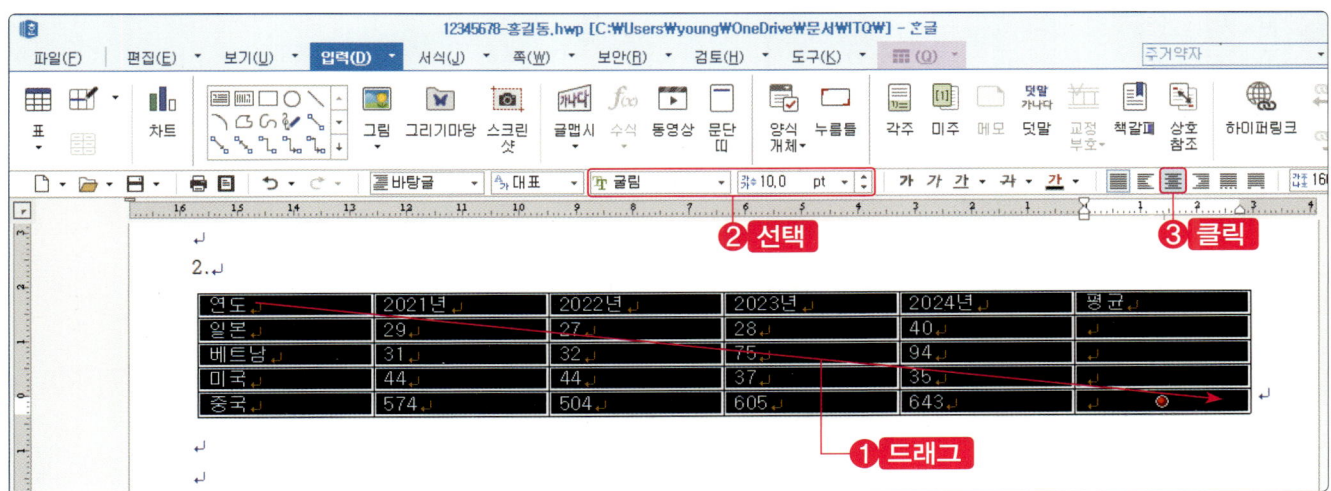

- 셀 블록으로 설정하라는 것은 셀을 드래그하여 선택하라는 것입니다. 셀 블록을 해제하려면 문서에서 빈 곳을 클릭하거나 를 누르면 됩니다.
- 시험에서 《표 조건》을 보면 '(2) 정렬 – 문자 : 가운데 정렬, 숫자 : 오른쪽 정렬' 같이 명시되어 있습니다. 여기서는 표 전체를 셀 블록으로 설정하여 가운데 정렬을 지정한 후 숫자가 입력되어 있는 셀만 따로 셀 블록으로 설정하여 오른쪽 정렬을 지정합니다.

제12회 ITQ 실전모의문제

과목	코드	문제유형	시험시간	수험번호	성명
아래한글	1111	C	60분		

수험자 유의사항

- 수험자는 문제지를 받는 즉시 문제지와 수험표상의 시험과목(프로그램)이 동일한지 반드시 확인하여야 합니다.
- 파일명은 본인의 "수험번호-성명"으로 입력하여 답안폴더(내 PC₩문서₩ITQ)에 하나의 파일로 저장해야 하며, 답안문서 파일명이 "수험번호-성명"과 일치하지 않거나, 답안파일을 전송하지 않아 미제출로 처리될 경우 실격 처리합니다(예:12345678-홍길동.hwp).
- 답안 작성을 마치면 파일을 저장하고, '답안 전송' 버튼을 선택하여 감독위원 PC로 답안을 전송하십시오. 수험생 정보와 저장한 파일명이 다를 경우 전송되지 않으므로 주의하시기 바랍니다.
- 답안 작성 중에도 주기적으로 저장하고, '답안 전송'하여야 문제 발생을 줄일 수 있습니다. 작업한 내용을 저장하지 않고 전송할 경우 이전에 저장된 내용이 전송되오니 이점 유의하시기 바랍니다.
- 답안문서는 지정된 경로 외의 다른 보조기억장치에 저장하는 경우, 지정된 시험 시간 외에 작성된 파일을 활용할 경우, 기타 통신수단(이메일, 메신저, 네트워크 등)을 이용하여 타인에게 전달 또는 외부 반출하는 경우는 부정 처리합니다.
- 시험 중 부주의 또는 고의로 시스템을 파손한 경우는 수험자가 변상해야 하며, 〈수험자 유의사항〉에 기재된 방법대로 이행하지 않아 생기는 불이익은 수험생 당사자의 책임임을 알려 드립니다.
- 문제의 조건은 한컴오피스 2020 버전으로 설정되어 있으며 한컴오피스 NEO는 【 】에 표기되어 있습니다. 이와 관련하여 작성한 답안의 출력형태가 문제지와 다를 수 있습니다.
- 시험을 완료한 수험자는 답안파일이 전송되었는지 확인한 후 감독위원의 지시에 따라 문제지를 제출하고 퇴실합니다.

답안 작성요령

- **온라인 답안 작성 절차**
  수험자 등록 ⇒ 시험 시작 ⇒ 답안파일 저장 ⇒ 답안 전송 ⇒ 시험 종료
- **공통 부문**
  - 글꼴에 대한 기본설정은 함초롬바탕, 10포인트, 검정, 줄간격 160%, 양쪽정렬로 합니다.
  - 색상은 조건의 색을 적용하고 색의 구분이 안 될 경우에는 RGB 값을 적용하십시오.
    (빨강 255,0,0 / 파랑 0,0,255 / 노랑 255,255,0).
  - 각 문항에 주어진 ≪조건≫에 따라 작성하고 언급하지 않은 조건은 ≪출력형태≫와 같이 작성합니다.
  - 용지여백은 왼쪽·오른쪽 11mm, 위쪽·아래쪽·머리말·꼬리말 10mm, 제본 0mm로 합니다.
  - 그림 삽입 문제의 경우 「내 PC₩문서₩ITQ₩Picture」 폴더에서 지정된 파일을 선택하여 삽입하십시오.
  - 삽입한 그림은 반드시 문서에 포함하여 저장해야 합니다(미포함 시 감점 처리).
  - 각 항목은 지정된 페이지에 출력형태와 같이 정확히 작성하시기 바라며, 그렇지 않을 경우에 해당 항목은 0점 처리됩니다.
    ※ 페이지구분 : 1페이지 - 기능평가 I (문제번호 표시 : 1. 2.),
       2페이지 - 기능평가 II (문제번호 표시 : 3. 4.),
       3페이지 - 문서작성 능력평가
- **기능평가**
  - 문제와 ≪조건≫은 입력하지 않으며 문제번호와 답(≪출력형태≫)만 작성합니다.
  - 4번 문제는 묶기를 했을 경우 0점 처리됩니다.
- **문서작성 능력평가**
  - A4 용지(210mm×297mm) 1매 크기, 세로 서식 문서로 작성합니다.
  - ☐ 표시는 문서작성에 대한 지시사항이므로 작성하지 않습니다.

kpc 한국생산성본부

⟨표 조건⟩ (1) 표 전체(표, 캡션) – 굴림, 10pt
(2) 정렬 – 문자 : 가운데 정렬, 숫자 : 오른쪽 정렬

키보드를 사용하여 셀 블록으로 설정하기

- F5 한 번 : 커서를 둔 셀만 셀 블록으로 설정합니다.
- F5 두 번+←/→/↑/↓ : 커서를 둔 셀부터 왼쪽/오른쪽/위쪽/아래쪽으로 연속적인 셀을 셀 블록으로 설정합니다.
- F5 세 번 : 표 전체를 셀 블록으로 설정합니다.
- Shift+클릭 : 커서를 둔 셀부터 Shift를 누른 상태에서 클릭한 셀까지 연속적인 셀을 셀 블록으로 설정합니다.
- Ctrl+클릭 : Ctrl을 누른 상태에서 클릭한 비연속적인 셀을 셀 블록으로 설정합니다.

키보드를 사용하여 셀 블록으로 설정하기

- 왼쪽 정렬 : Ctrl+Shift+L
- 가운데 정렬 : Ctrl+Shift+C
- 오른쪽 정렬 : Ctrl+Shift+R

6 2줄 2칸~5줄 6칸을 셀 블록으로 설정한 후 〔서식〕 도구 상자에서 〔오른쪽 정렬(≡)〕을 클릭합니다.

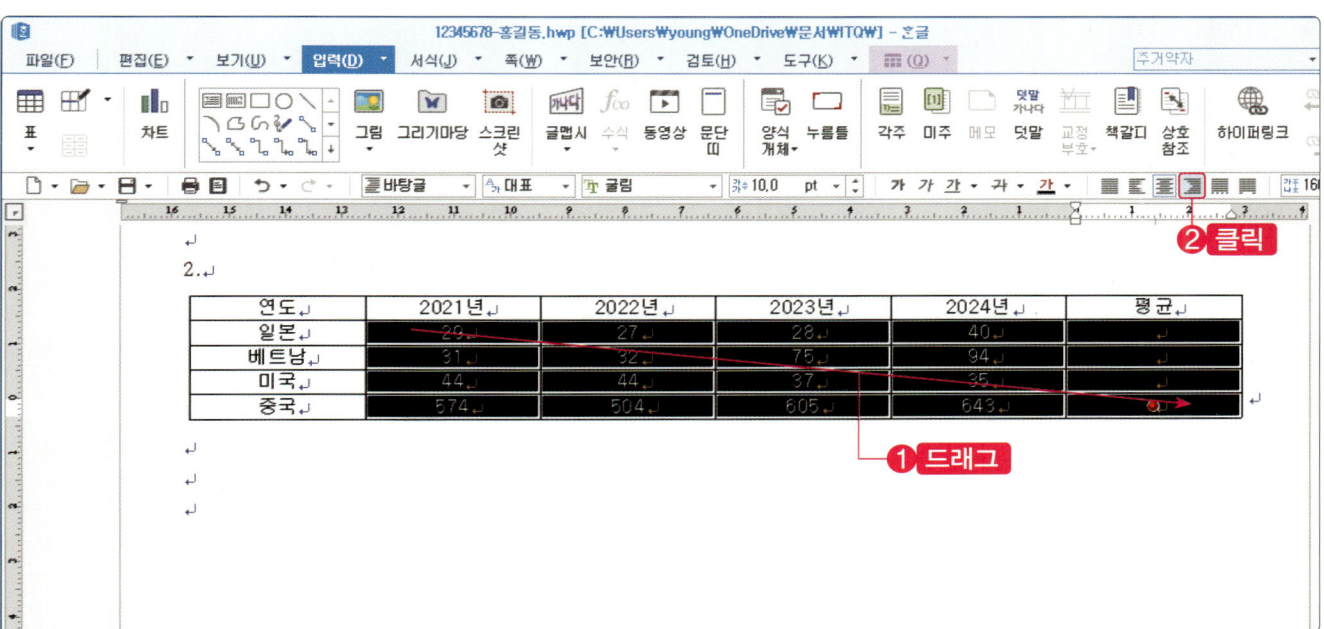

식품산업 가치창출
2024 서울국제식품산업대전

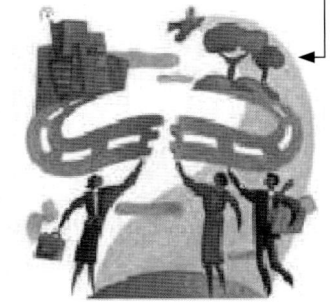

서울국제식품산업대전은 국내 최초로 ISO 9001을 획득(獲得)한 전시회로 대한무역투자진흥공사가 주최하고 있으며, 1983년에 처음 개최되어 올해로 36주년을 맞이한 긴 역사를 지니고 있다. 2003년에 식품전으로서는 국내 최초로 국제전시연합 인증을 취득하였으며, 산업통상자원부 선정 'Global Top 3' 전시회에도 포함되어 정부로부터 많은 지원을 받고 있다. 전시 분야도 식품관 뿐만 아니라 기기관, 포장관, 안전관 등으로 지속적으로 확대하며 시장 상황에 따라 새로운 전시회로 발전(發展)해 왔다. 현재 서울국제식품산업대전은 아시아 4대 식품 전문 전시회로 성장하여 식품산업 분야의 성공적인 비즈니스를 지원하고 있다.

 '2024 서울국제식품산업대전'은 식품 기계 및 식품 제조, 가공 등 현업 종사자, 식품 관련 산학연 관계자, 식품 관련 유통, 연구기관, 각종 식품 관련 자격증 종사자, 요식업 종사자, 호텔, 무역, 언론사 관계자, 식품 관련 학과 대학생, 기타 식품산업 관련 종사자들에게 쾌적한 전시 환경 속에서 실질적인 비즈니스 기회를 제공하여 식품산업 전문 전시회로 입지를 강화하였다.

♠ 서울국제식품산업대전 개요

1) 목적
   가) 우리 식품산업의 해외 진출 활성화
   나) 글로벌 식품산업의 트렌드와 혁신 정보 공유
2) 기간 및 장소
   가) 기간 : 2024. 4. 15(월) - 4. 19(금)
   나) 경기도 고양시 킨텍스

♠ *상담회 관련 주요 프로그램*

일정	시간	주최	프로그램명	대상
4.15	10:00-17:00	KOTRA	글로벌 유통기업 초청 입점 상담회	해외 글로벌 유통기업 15개사
			교포 바이어 초청 수출 상담회	각 지역 교포 바이어 30개사
4.16			국제식품산업대전 2024	각 지역 유력 바이어 150개사
4.15-4.19			국내 유통 바이어 상담회	참가업체

대한무역투자진흥공사

 국제표준화기구에서 제정하여 시행하고 있는 품질경영시스템에 관한 국제규격

STEP 02 셀 배경색과 셀 테두리 지정하기

〈표 조건〉
(3) 셀 배경(면색) : 노랑
(5) 선 모양은 《출력형태》와 동일하게 처리할 것

1 셀 배경색을 지정하기 위해 **1줄 1칸 ~ 4줄 5칸을 셀 블록으로 설정**합니다.

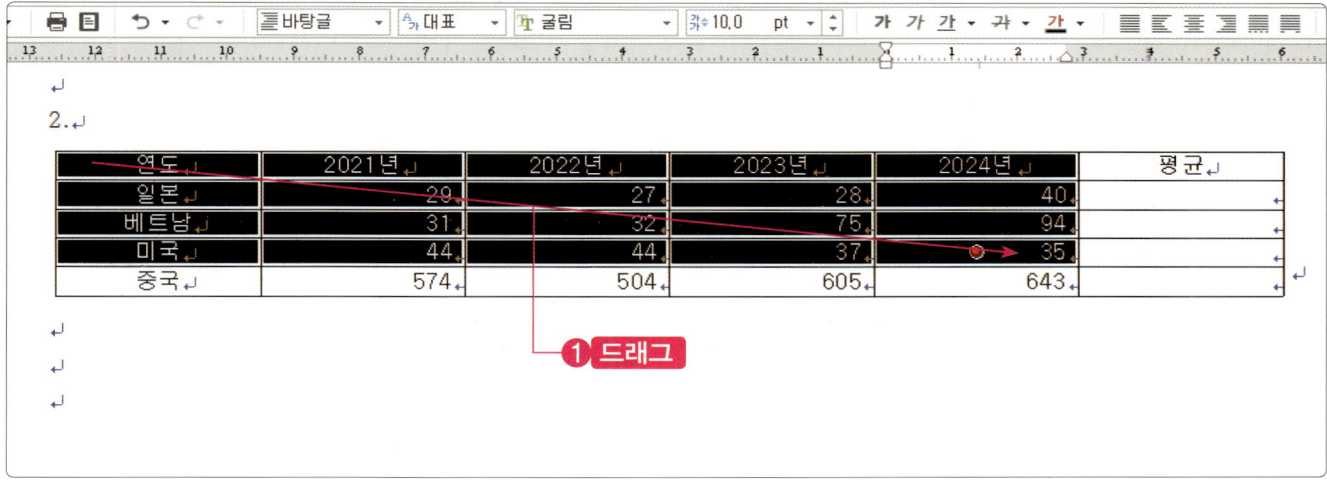

2 〔**표(Ⅲ(Q))**〕 정황 탭을 **클릭**한 후 〔**셀 배경 색**〕의 〔**목록(·)**〕 단추를 **클릭**한 다음 〔**색상 테마(▶)**〕–〔**오피스**〕를 **클릭**하고 색상 테마가 변경되면 〔**노랑(RGB: 255,255,0)**〕을 **클릭**합니다.

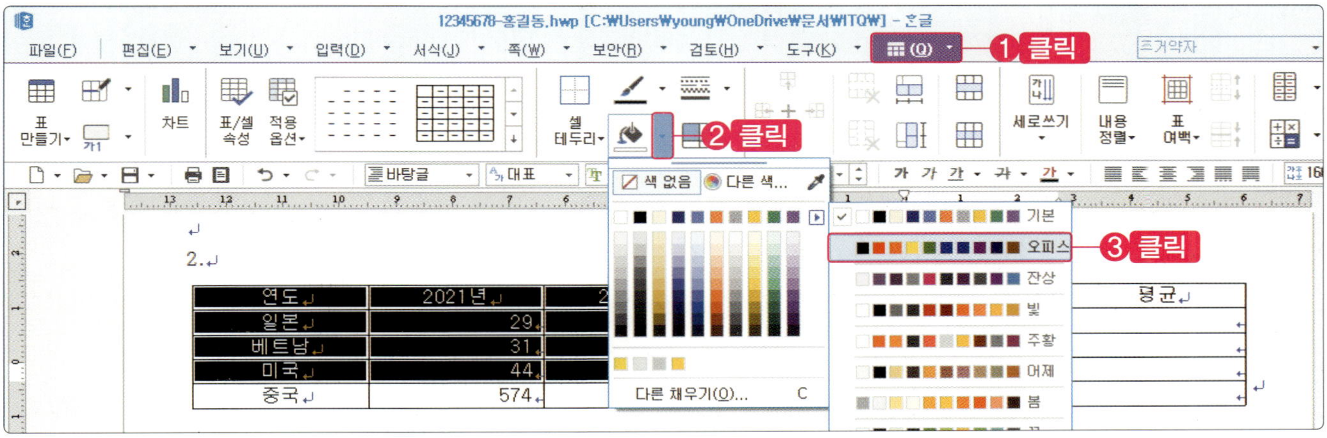

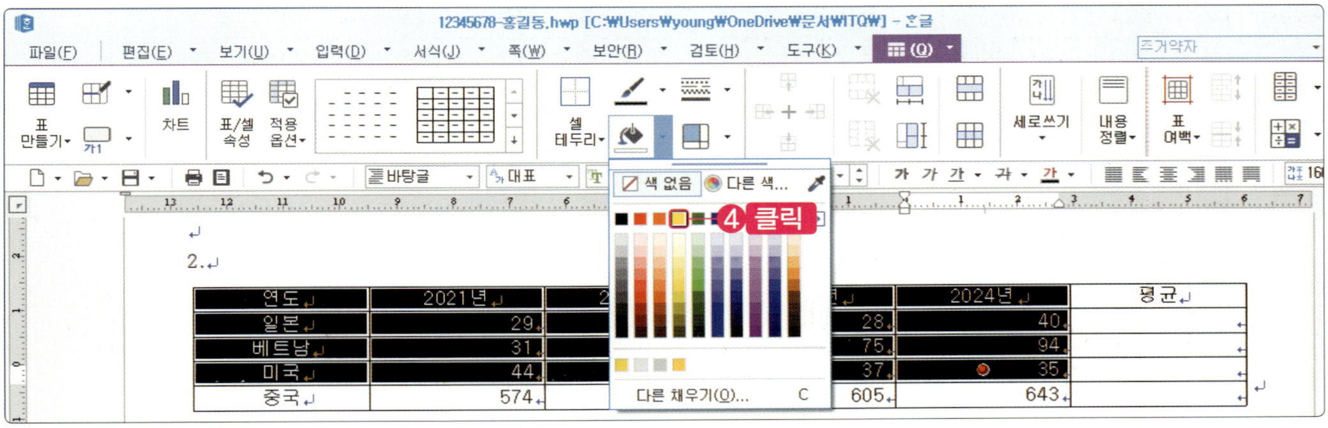

〔색상 테마〕가 '오피스'로 되어 있을 경우에는 〔색상 테마〕를 변경하지 않아도 됩니다.

3. 다음 (1), (2)의 수식을 수식 편집기로 각각 입력하시오. (40점)

≪출력형태≫

(1) $V = \dfrac{1}{C}\int_t^q qdq = \dfrac{1}{2}\dfrac{q^2}{C}$

(2) $d = \sqrt{n^2} = \sqrt{\dfrac{3kT}{m}}$

4. 다음의 ≪조건≫에 따라 ≪출력형태≫와 같이 문서를 작성하시오. (110점)

≪조건≫
(1) 그리기 도구를 이용하여 작성하고, 모든 도형(글맵시, 지정된 그림 포함)을 ≪출력형태≫와 같이 작성하시오.
(2) 도형의 면색은 지시사항이 없으면 색 없음을 제외하고 서로 다르게 임의로 지정하시오.

≪출력형태≫

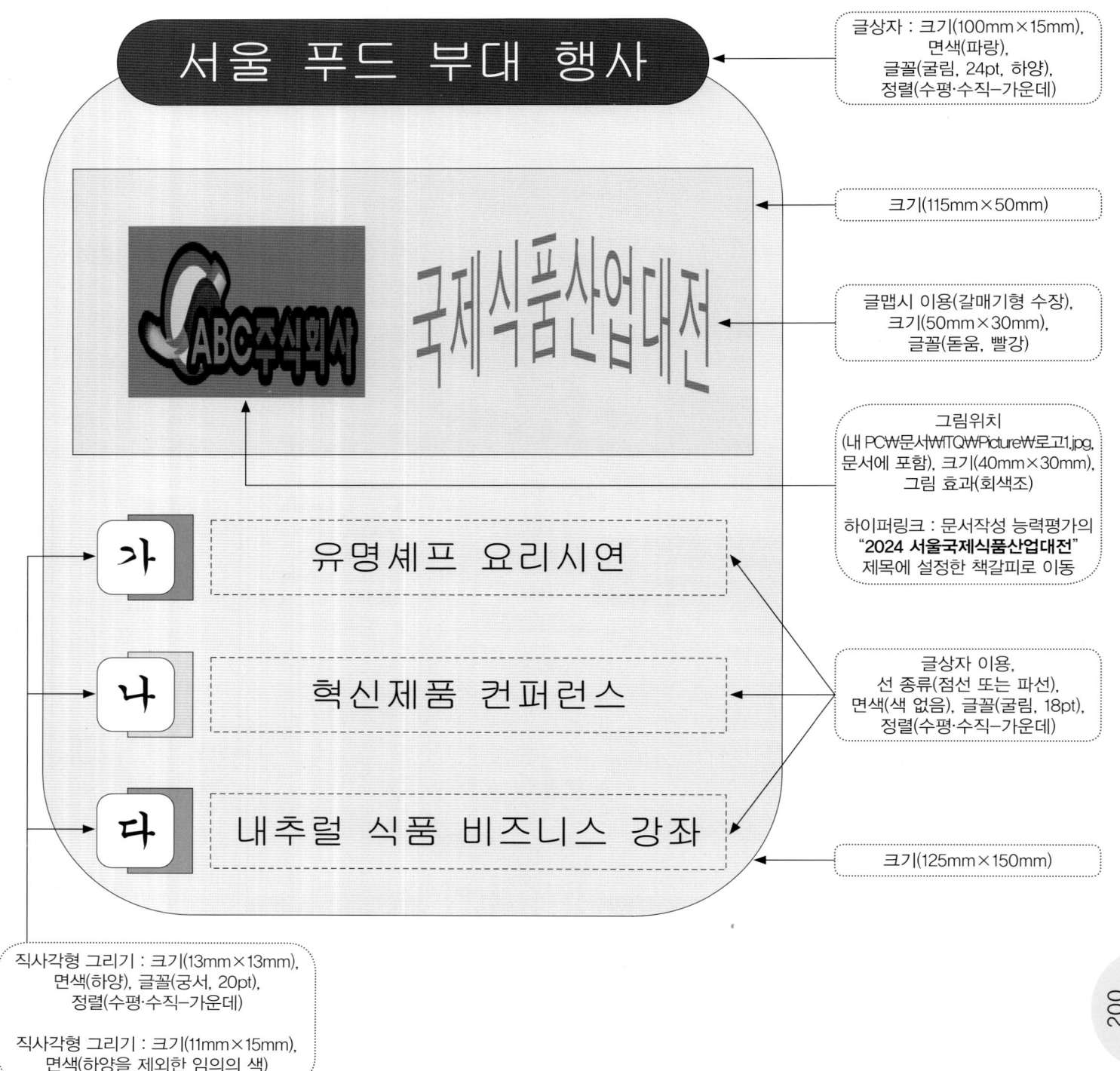

3 셀 테두리를 지정하기 위해 **1줄 1칸 ~ 5줄 6칸을 셀 블록으로 설정**합니다.

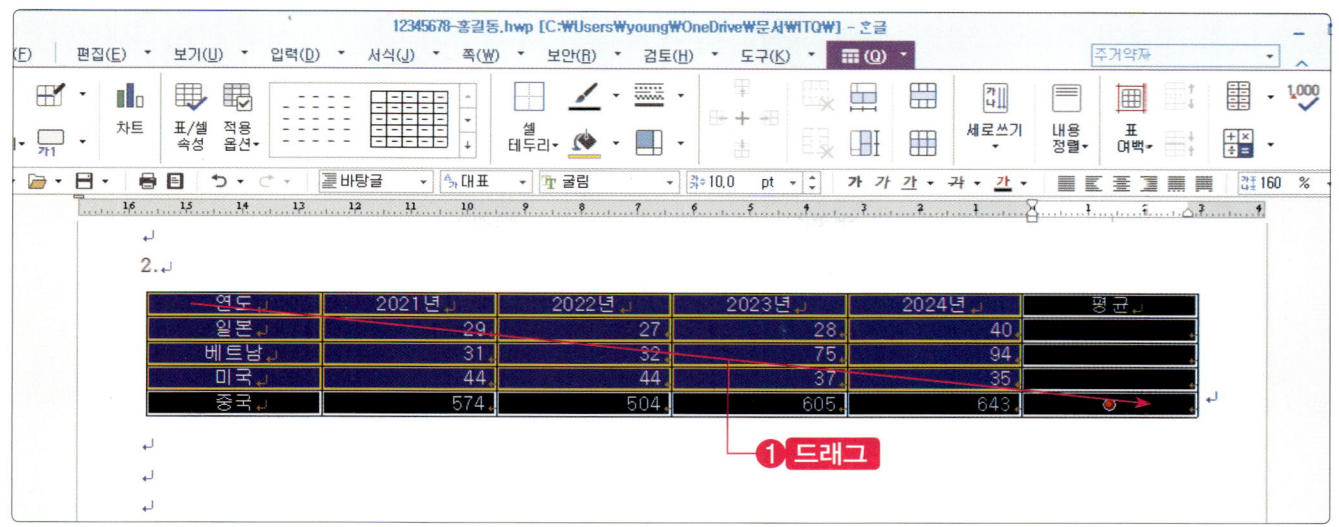

4 표 전체가 셀 블록으로 설정되면 〔표(▦⒪)〕 정황 탭의 〔**목록(▾)**〕 단추를 **클릭**한 후 〔셀 테두리/배경〕-〔**각 셀마다 적용**〕을 클릭합니다.

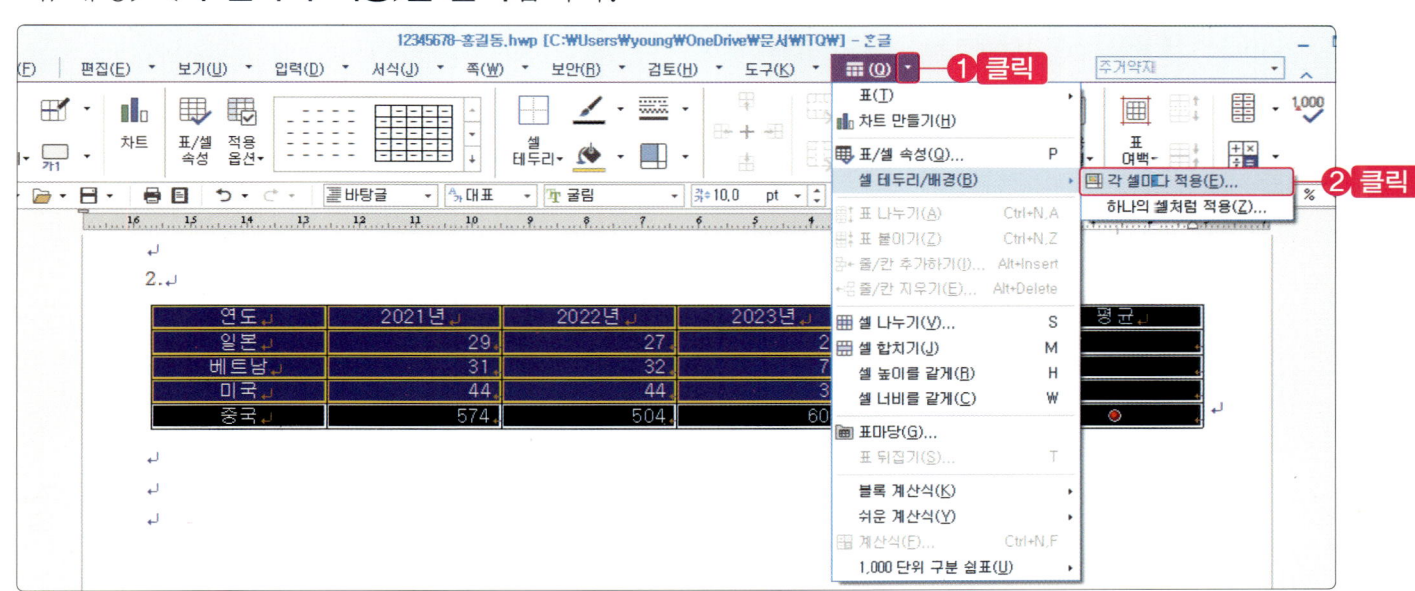

> 표 전체를 셀 블록으로 설정한 후 바로가기 메뉴에서 〔셀 테두리/배경〕-〔각 셀마다 적용〕을 클릭하여 셀 테두리를 지정할 수도 있습니다.

각 셀마다 적용과 하나의 셀처럼 적용

다음과 같이 〔각 셀마다 적용〕을 선택하면 각 셀마다 셀 테두리나 셀 배경색 등을 지정하지만 〔하나의 셀처럼 적용〕을 선택하면 셀 블록으로 설정한 셀을 하나의 셀처럼 간주하여 셀 테두리나 셀 배경색 등을 지정합니다.

▲ 〔각 셀마다 적용〕을 선택하여 대각선을 넣은 경우   ▲ 〔하나의 셀처럼 적용〕을 선택하여 대각선을 넣은 경우

기능평가 I (150점)

1. 다음의 ≪조건≫에 따라 스타일 기능을 적용하여 ≪출력형태≫와 같이 작성하시오. (50점)

≪조건≫
(1) 스타일 이름 - food
(2) 문단 모양 - 왼쪽 여백 : 15pt, 문단 아래 간격 : 10pt
(3) 글자 모양 - 글꼴 : 한글(돋움)/영문(굴림), 크기 : 10pt, 장평 : 95%, 자간 : 5%

≪출력형태≫

Seoul Food, which displays various food industry items, is able to understand the current direction of the Korean food industry and provides a comprehensive view of the trends of food.

다양한 식품산업 품목을 전시하는 서울국제식품산업대전은 한국의 식품산업이 현재 어떤 방향으로 나아가고 있는지 파악할 수 있으며, 식품의 트렌드를 종합적인 시각으로 확인할 수 있는 기회를 제공한다.

2. 다음의 ≪조건≫에 따라 ≪출력형태≫와 같이 표와 차트를 작성하시오. (100점)

≪표 조건≫
(1) 표 전체(표, 캡션) - 돋움, 10pt
(2) 정렬 - 문자 : 가운데 정렬, 숫자 : 오른쪽 정렬
(3) 셀 배경(면색) : 노랑
(4) 한글의 계산 기능을 이용하여 빈칸에 합계를 구하고, 캡션 기능 사용할 것
(5) 선 모양은 ≪출력형태≫와 동일하게 처리할 것

≪출력형태≫

서울국제식품산업대전 참관객 현황(단위 : 백 명)

구분	34회	35회	36회	37회	합계
건강식품전	132	118	121	143	
커피음료전	192	156	144	177	
베이커리전	101	113	98	104	
디저트전	73	786	83	90	

≪차트 조건≫
(1) 차트 데이터는 표 내용에서 회차별 건강식품전, 커피음료전, 베이커리전의 값만 이용할 것
(2) 종류 - <묶은 세로 막대형>으로 작업할 것
(3) 제목 - 굴림, 진하게, 12pt, 속성 - 채우기(하양), 테두리, 그림자(대각선 오른쪽 아래)
 【굴림, 진하게, 12pt, 배경 - 선 모양(한 줄로), 그림자(2pt)】
(4) 제목 이외의 전체 글꼴 - 굴림, 보통, 10pt
(5) 축제목과 범례는 ≪출력형태≫와 동일하게 처리할 것

≪출력형태≫

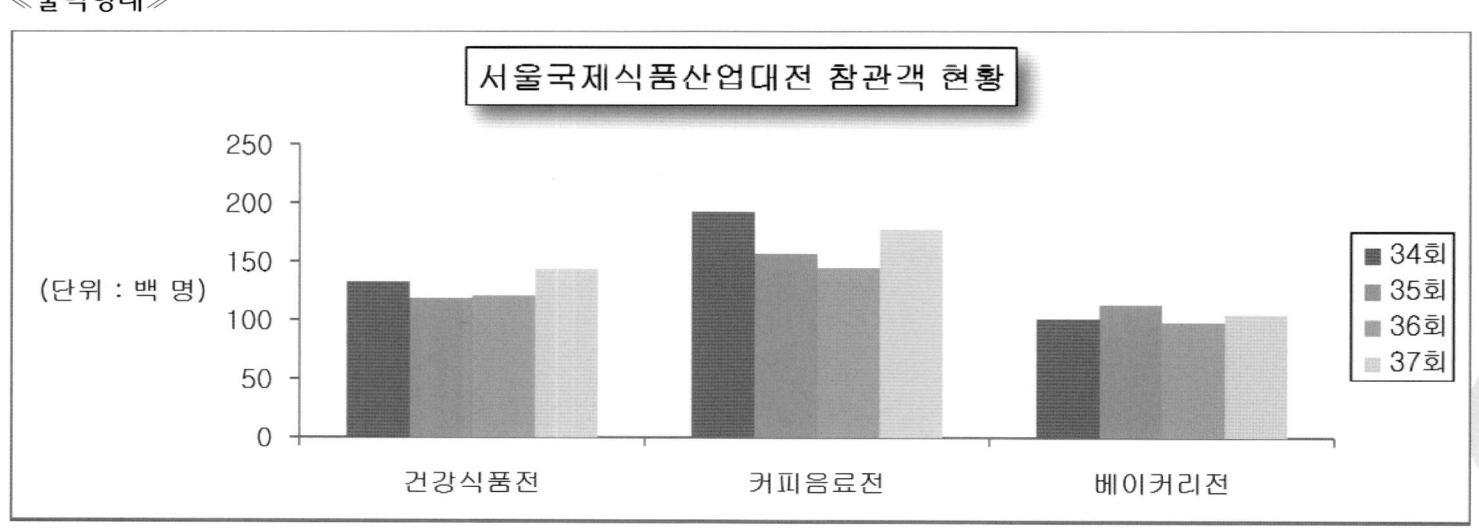

5 〔셀 테두리/배경〕 대화상자가 나타나면 〔테두리〕 탭에서 **테두리 종류(이중 실선(══))를 클릭**한 후 〔**바깥쪽(▣)**〕을 클릭한 다음 〔**설정**〕 **단추를 클릭**합니다.

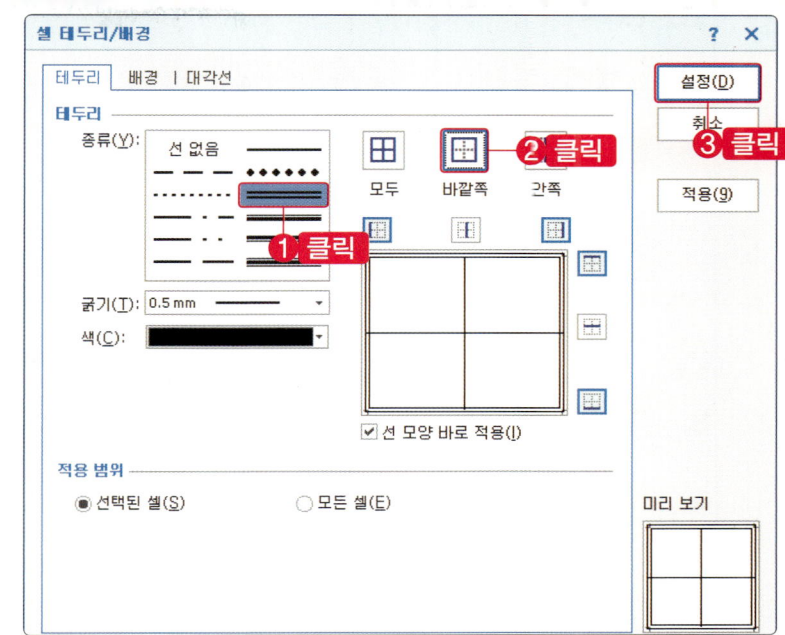

테두리 종류(이중 실선)를 선택하면 테두리 굵기가 자동으로 0.5mm가 지정됩니다.

6 1줄 1칸 ~ 1줄 6칸을 셀 블록으로 설정한 후 〔표(▦(Q))〕 정황 탭의 〔목록(▼)〕 단추를 클릭한 다음 〔셀 테두리/배경〕-〔각 셀마다 적용〕을 클릭합니다.

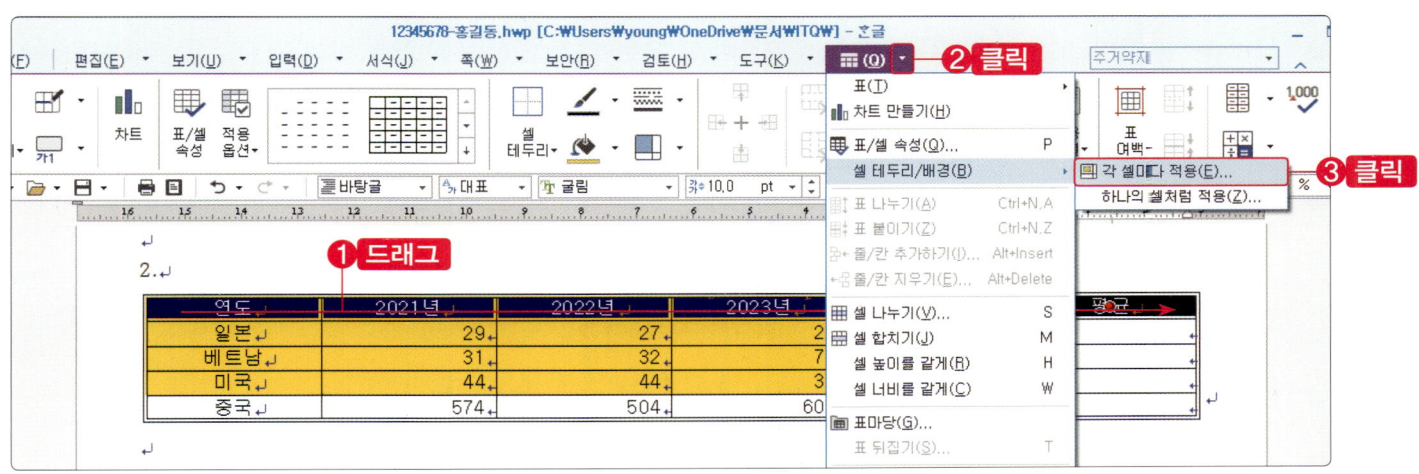

7 〔셀 테두리/배경〕 대화상자가 나타나면 〔테두리〕 탭에서 **테두리 종류(이중 실선(══))를 클릭**한 후 〔**아래(▥)**〕를 클릭한 다음 〔**설정**〕 **단추를 클릭**합니다.

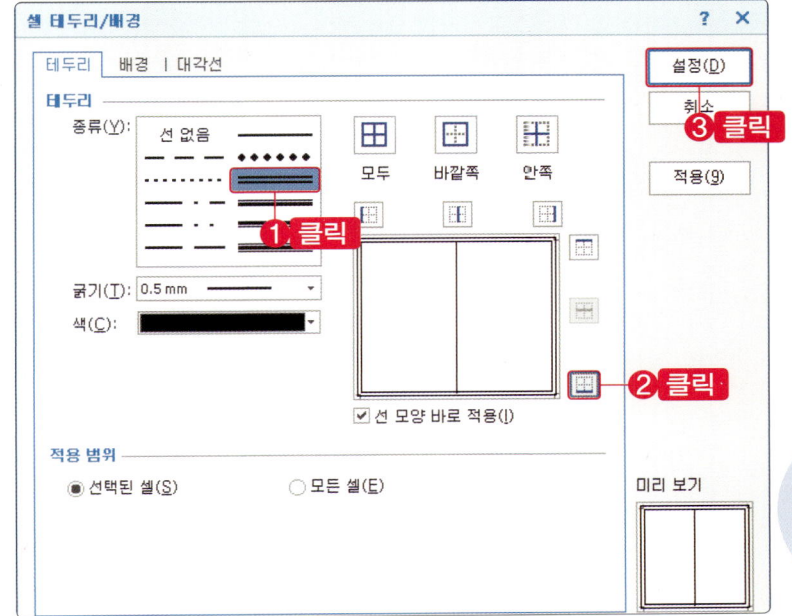

제11회 ITQ 실전모의문제

과목	코드	문제유형	시험시간	수험번호	성명
아래한글	1111	B	60분		

수험자 유의사항

- 수험자는 문제지를 받는 즉시 문제지와 수험표상의 시험과목(프로그램)이 동일한지 반드시 확인하여야 합니다.
- 파일명은 본인의 "수험번호-성명"으로 입력하여 답안폴더(내 PC\문서\ITQ)에 하나의 파일로 저장해야 하며, 답안문서 파일명이 "수험번호-성명"과 일치하지 않거나, 답안파일을 전송하지 않아 미제출로 처리될 경우 실격 처리합니다(예:12345678-홍길동.hwp).
- 답안 작성을 마치면 파일을 저장하고, '답안 전송' 버튼을 선택하여 감독위원 PC로 답안을 전송하십시오. 수험생 정보와 저장한 파일명이 다를 경우 전송되지 않으므로 주의하시기 바랍니다.
- 답안 작성 중에도 주기적으로 저장하고, '답안 전송'하여야 문제 발생을 줄일 수 있습니다. 작업한 내용을 저장하지 않고 전송할 경우 이전에 저장된 내용이 전송되오니 이점 유의하시기 바랍니다.
- 답안문서는 지정된 경로 외의 다른 보조기억장치에 저장하는 경우, 지정된 시험 시간 외에 작성된 파일을 활용할 경우, 기타 통신수단(이메일, 메신저, 네트워크 등)을 이용하여 타인에게 전달 또는 외부 반출하는 경우는 부정 처리합니다.
- 시험 중 부주의 또는 고의로 시스템을 파손한 경우는 수험자가 변상해야 하며, 〈수험자 유의사항〉에 기재된 방법대로 이행하지 않아 생기는 불이익은 수험생 당사자의 책임임을 알려 드립니다.
- 문제의 조건은 한컴오피스 2020 버전으로 설정되어 있으며 한컴오피스 NEO는【 】에 표기되어 있습니다. 이와 관련하여 작성한 답안의 출력형태가 문제지와 다를 수 있습니다.
- 시험을 완료한 수험자는 답안파일이 전송되었는지 확인한 후 감독위원의 지시에 따라 문제지를 제출하고 퇴실합니다.

답안 작성요령

- **온라인 답안 작성 절차**
  수험자 등록 ⇒ 시험 시작 ⇒ 답안파일 저장 ⇒ 답안 전송 ⇒ 시험 종료
- **공통 부문**
  - 글꼴에 대한 기본설정은 함초롬바탕, 10포인트, 검정, 줄간격 160%, 양쪽정렬로 합니다.
  - 색상은 조건의 색을 적용하고 색의 구분이 안 될 경우에는 RGB 값을 적용하십시오.
    (빨강 255,0,0 / 파랑 0,0,255 / 노랑 255,255,0).
  - 각 문항에 주어진 ≪조건≫에 따라 작성하고 언급하지 않은 조건은 ≪출력형태≫와 같이 작성합니다.
  - 용지여백은 왼쪽·오른쪽 11mm, 위쪽·아래쪽·머리말·꼬리말 10mm, 제본 0mm로 합니다.
  - 그림 삽입 문제의 경우「내 PC\문서\ITQ\Picture」폴더에서 지정된 파일을 선택하여 삽입하십시오.
  - 삽입한 그림은 반드시 문서에 포함하여 저장해야 합니다(미포함 시 감점 처리).
  - 각 항목은 지정된 페이지에 출력형태와 같이 정확히 작성하시기 바라며, 그렇지 않을 경우에 해당 항목은 0점 처리됩니다.
    ※ 페이지구분 : 1페이지 - 기능평가 I (문제번호 표시 : 1. 2.),
    　　　　　　　2페이지 - 기능평가 II (문제번호 표시 : 3. 4.),
    　　　　　　　3페이지 - 문서작성 능력평가
- **기능평가**
  - 문제와 ≪조건≫은 입력하지 않으며 문제번호와 답(≪출력형태≫)만 작성합니다.
  - 4번 문제는 묶기를 했을 경우 0점 처리됩니다.
- **문서작성 능력평가**
  - A4 용지(210mm×297mm) 1매 크기, 세로 서식 문서로 작성합니다.
  - ○ 표시는 문서작성에 대한 지시사항이므로 작성하지 않습니다.

kpc 한국생산성본부

8 1줄 1칸 ~ 5줄 1칸을 셀 블록으로 설정한 후 [표(Ⅲ (Q))] 정황 탭의 [목록(▼)] 단추를 클릭한 다음 [셀 테두리/배경]-[각 셀마다 적용]을 클릭합니다.

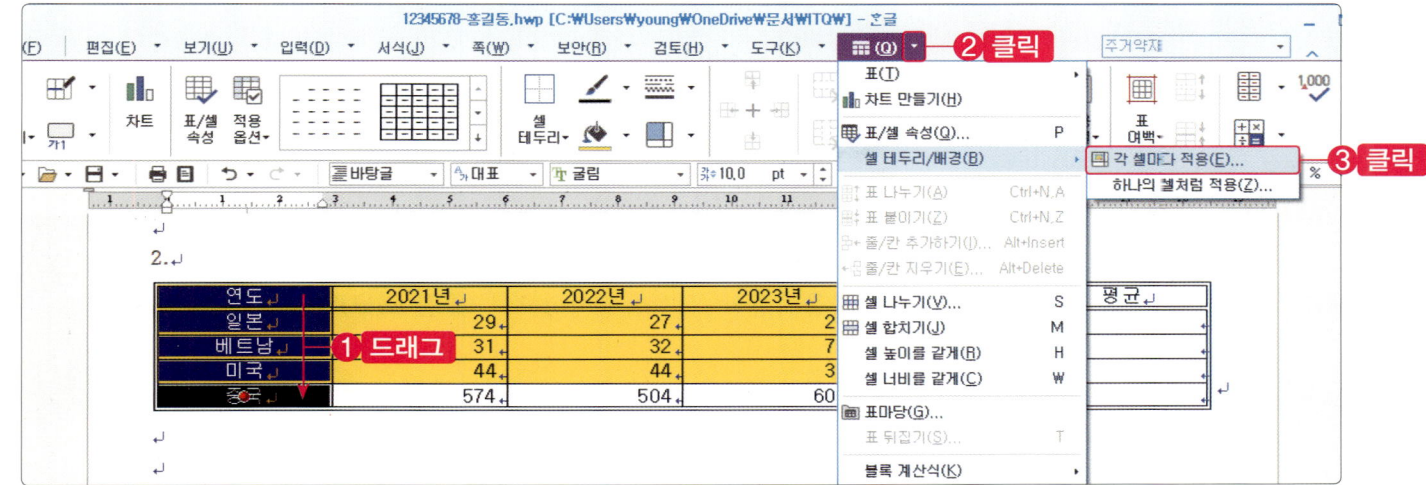

9 [셀 테두리/배경] 대화상자가 나타나면 [테두리] 탭에서 **테두리 종류(이중 실선(═))를 클릭**한 후 [오른쪽(▣)]을 클릭한 다음 [설정] 단추를 클릭합니다.

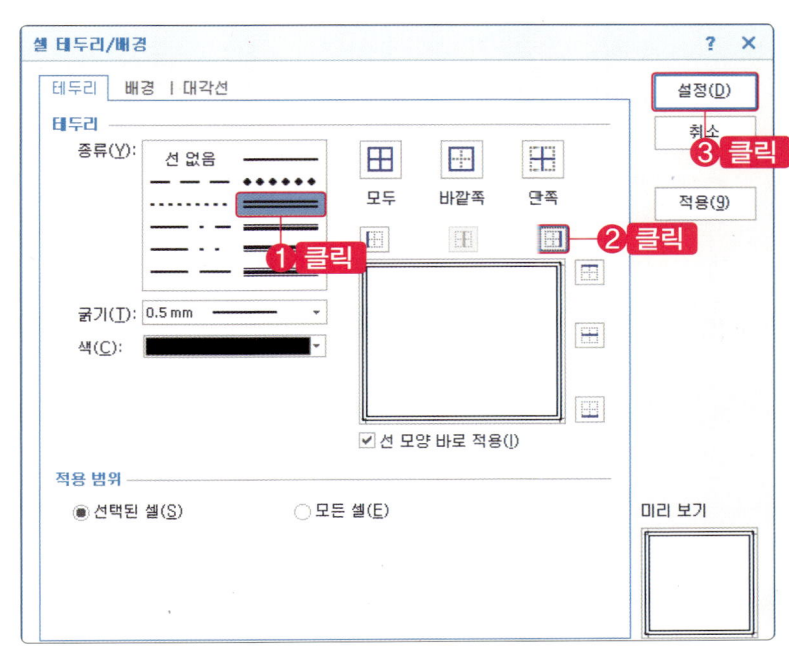

10 셀에 대각선을 넣기 위해 5줄 6칸을 선택한 후 [표(Ⅲ (Q))] 정황 탭의 [목록(▼)] 단추를 클릭한 다음 [셀 테두리/배경]-[각 셀마다 적용]을 클릭합니다.

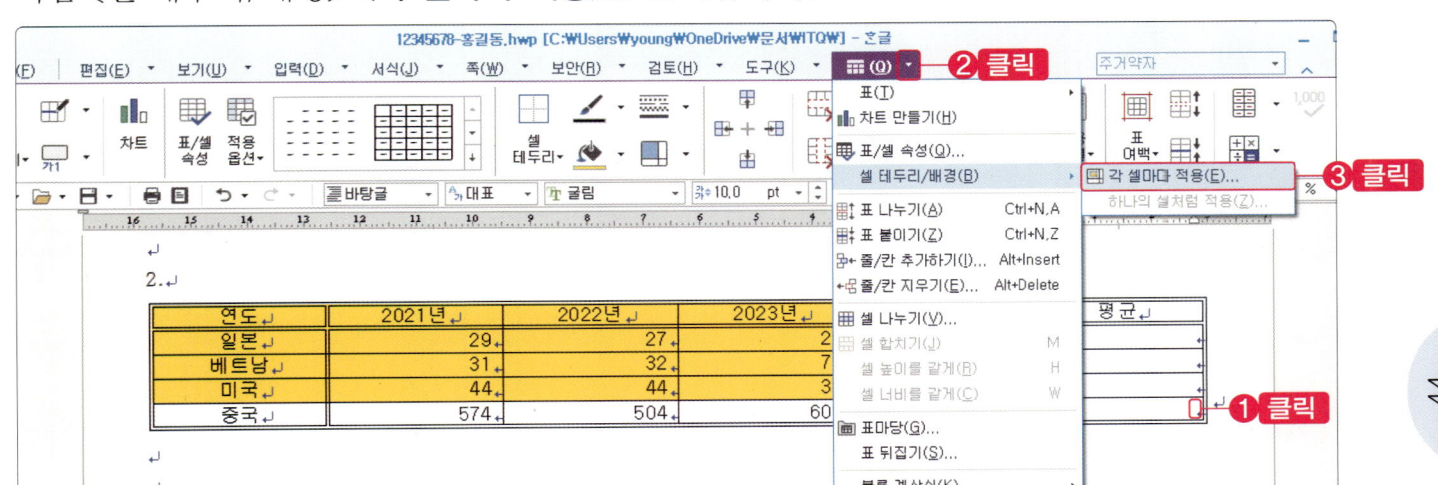

한국 금융제도의 시장 전환

^{금융소비자연구센터}

금융하부구조는 금융거래가 원활하게 이루어지도록 금융시장㉠, 금융기관 지원 및 감시하는 법률체계나 기관을 말하며, 중앙은행, 지급결제, 금융감독, 예금보험, 거래소 등을 포함(包含)한다. 금융시장은 크게 간접금융시장과 직접금융시장으로 구분(區分)된다. 간접금융시장은 예금, 대출 등을 담당하는 예대시장으로 은행, 비은행, 집합투자업자, 신탁업자를 포함한다. 직접금융시장은 채무증서, 회사채 등 자금 수요자가 직접 발행한 증권을 자금공급자가 직접 매입하는 형태로 이루어지는 시장을 의미한다.

직접금융시장은 만기를 기준으로 단기금융시장과 자본시장으로 구분되며 외환시장과 파생금융상품시장은 별도로 구분 한다. 단기금융시장으로는 콜시장, 환매조건부매매시장, 양도성예금증서시장, 기업어음시장, 전자단기사채시장 등이 있다. 자본시장은 다시 주식시장과 채권시장으로 구분되고, 통화안정증권시장과 자산유동화증권시장도 자본시장에 포함된다. 통화안정증권은 한국은행이 발행하는 채무증서이고, 자산유동화증권은 부동산, 매출채권, 주택저당채권 등 유동성이 낮은 자산을 기초로 발행되는 채권을 말한다.

♠ 우리나라 금융시장의 구조

가. 간접금융시장의 구조
　㉠ 예대시장, 집합 투자시장(펀드시장)
　㉡ 신탁업시장, 보험시장
나. 직접금융시장의 구조
　㉠ 단기금융시장, 자본시장(주식/채권)
　㉡ 외환시장, 파생금융상품시장

♠ 관계 법령과 대표 금융기능

관계 법령	금융회사	대표 금융기능
여신전문금융	신용카드사	신용카드의 발행, 관리, 이용, 대금의 결제
	신기술금융사	신기술사업자 투자, 융자, 경영 및 기술지도, 자금의 관리 및 운용
은행법/보험법	국내은행/외국은행지점	여신, 수신
	생명/손해보험사	보험(상품)계약 체결 및 이행
자본시장과 금융투자 관련 법률		투자 매매, 투자 중개, 집합 투자, 투자 일임, 투자 자문, 신탁, 수신

서울연구원

㉠ 자금의 공급자와 수요자 간에 거래가 이루어지는 장소

11 〔셀 테두리/배경〕 대화상자가 나타나면 〔대각선〕 탭에서 **대각선 종류(실선)를 선택**한 후 ◧**(1)과** ◨**(A)를 선택**한 다음 〔**설정**〕 **단추를 클릭**합니다.

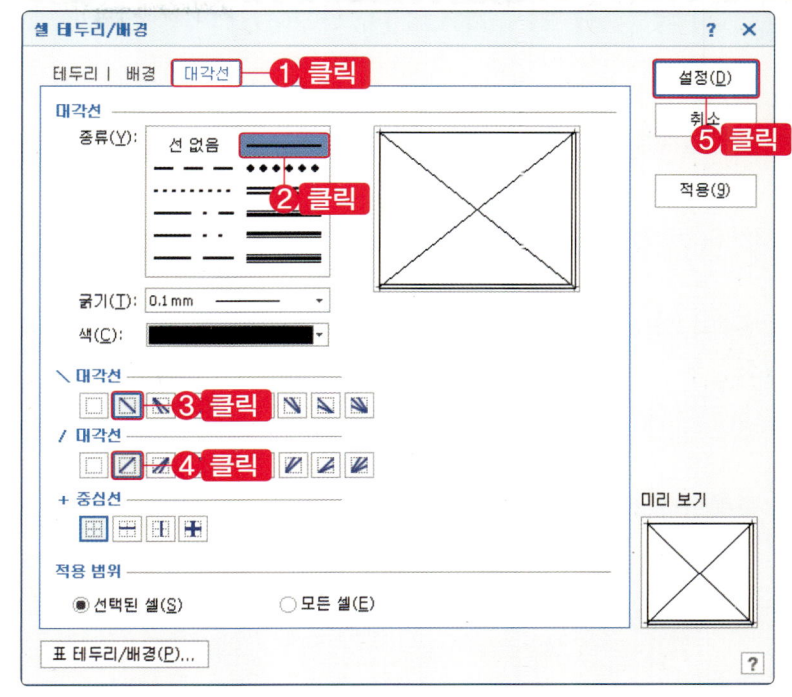

12 다음과 같이 5줄 6칸에 대각선이 지정됩니다.

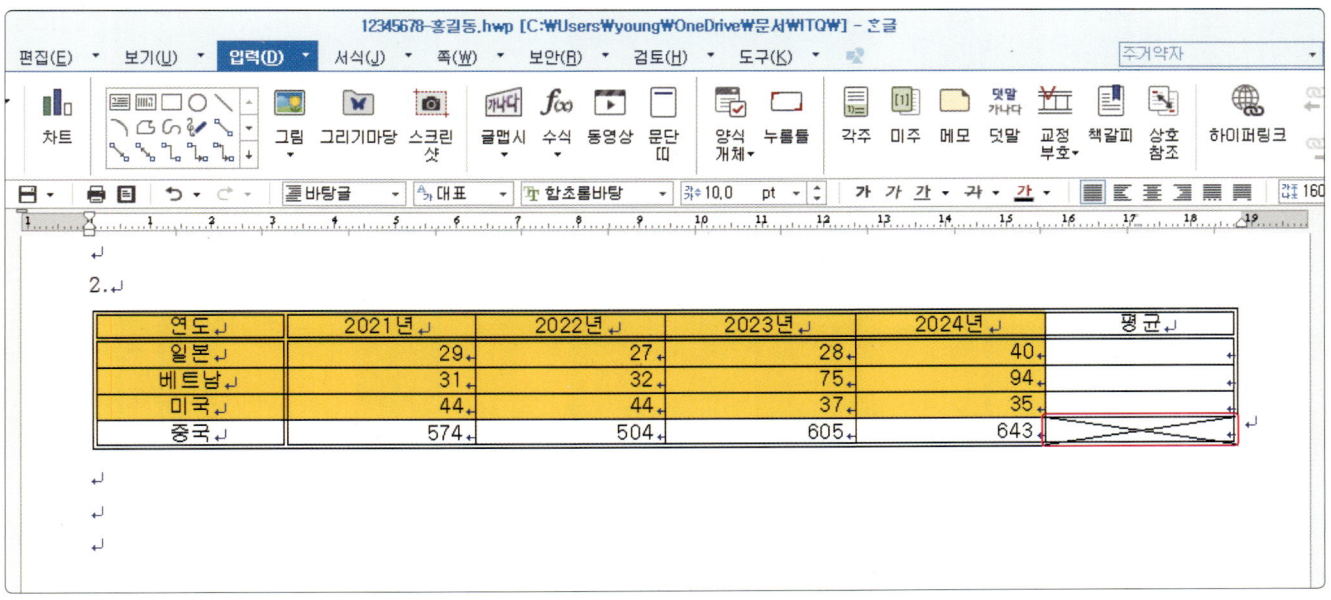

기능평가 II (150점)

3. 다음 (1), (2)의 수식을 수식 편집기로 각각 입력하시오. (40점)

≪출력형태≫

(1) $T = \dfrac{b^2}{a} + 2\pi\sqrt{\dfrac{r^3}{GM}}$

(2) $\varDelta W = \dfrac{1}{2}m(f_x)^2 + \dfrac{1}{2}m(f_y)^2$

4. 다음의 ≪조건≫에 따라 ≪출력형태≫와 같이 문서를 작성하시오. (110점)

≪조건≫
(1) 그리기 도구를 이용하여 작성하고, 모든 도형(글맵시, 지정된 그림 포함)을 ≪출력형태≫와 같이 작성하시오.
(2) 도형의 면색은 지시사항이 없으면 색 없음을 제외하고 서로 다르게 임의로 지정하시오.

≪출력형태≫

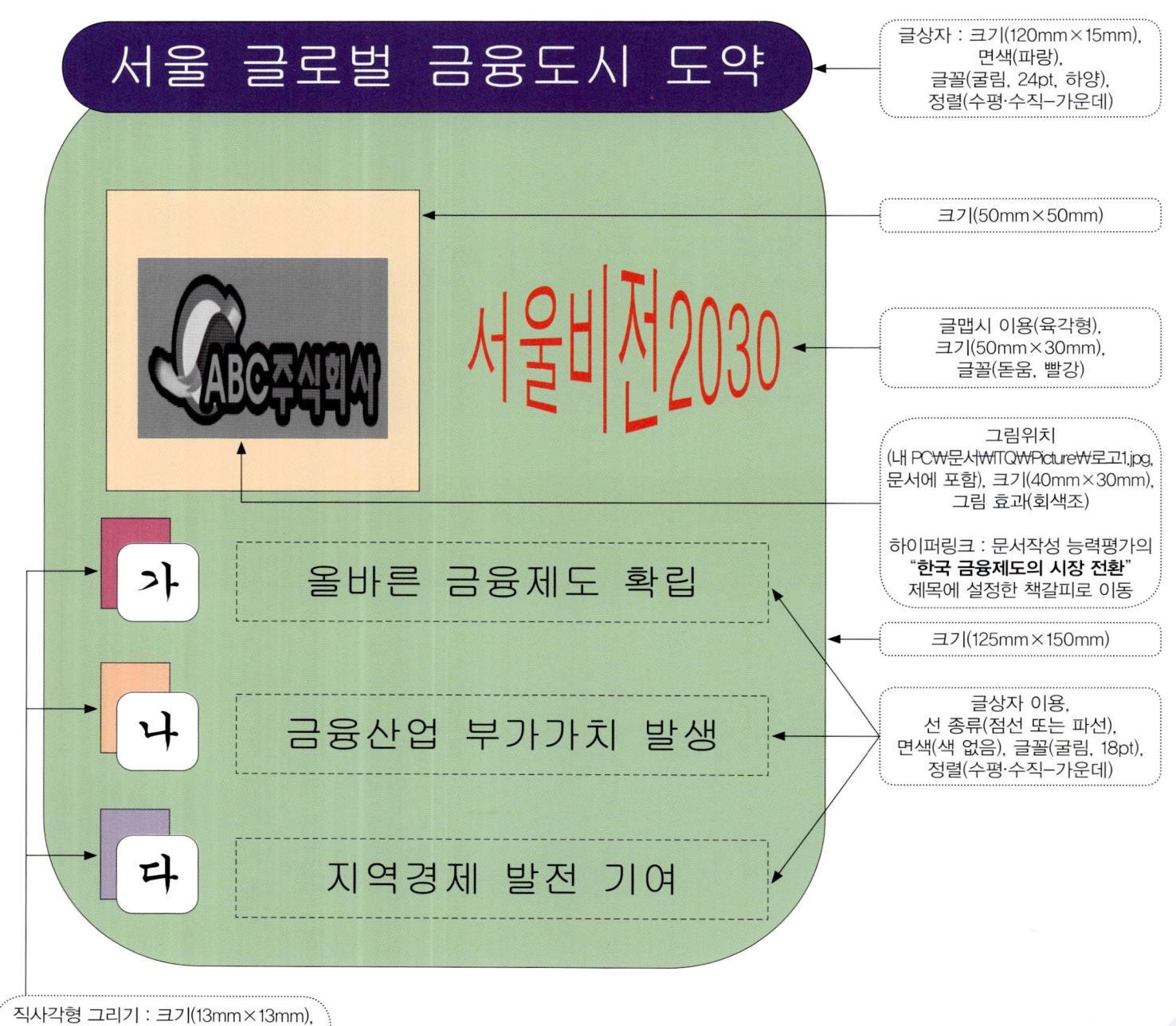

STEP 03 평균 구하고 캡션 넣기

〈표 조건〉 (1) 표 전체(표, 캡션) – 굴림, 10pt
(4) 한글의 계산 기능을 이용하여 빈칸에 평균(소수점 두 자리)을 구하고, 캡션 기능 사용할 것

1 평균을 계산하기 위해 **2줄 2칸 ~ 4줄 6칸을 셀 블록으로 설정**한 후 [표(🔲)] 정황 탭을 클릭한 다음 [**계산식(🔣)**]을 클릭하고 [블록 평균]을 클릭합니다.

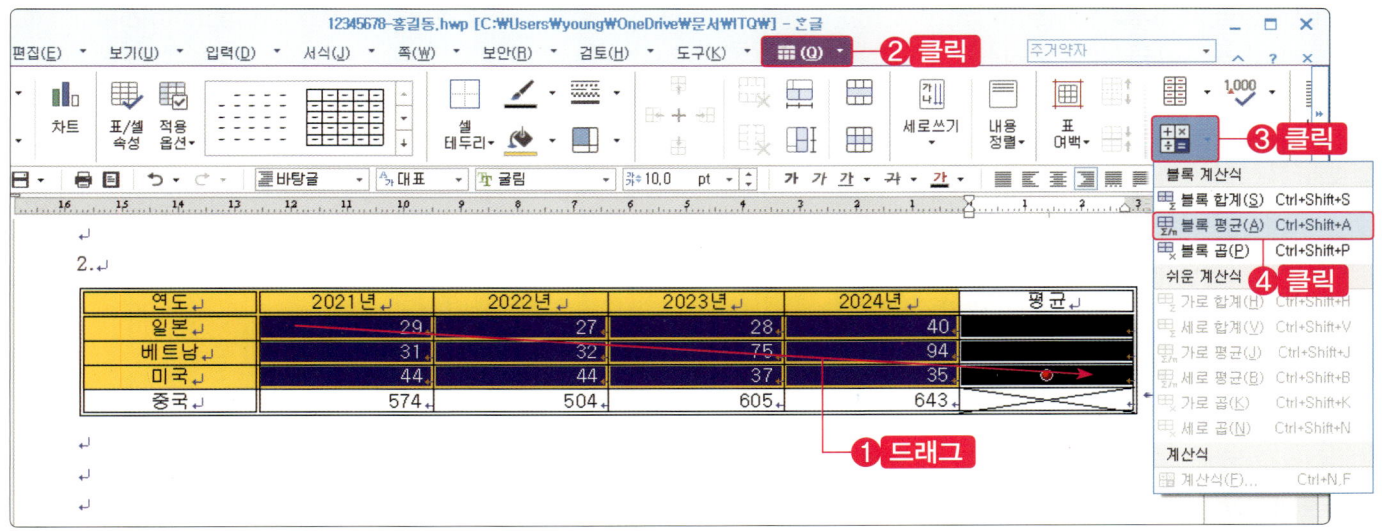

> 2줄 2칸 ~ 4줄 6칸을 셀 블록으로 설정한 후 바로가기 메뉴에서 [블록 계산식]-[블록 평균]을 클릭하여 평균을 구할 수도 있습니다.

한가지 더!

블록 평균 자릿수 변경하기

1 평균 값을 클릭한 후 바로가기 메뉴에서 [계산식 고치기]를 클릭합니다.

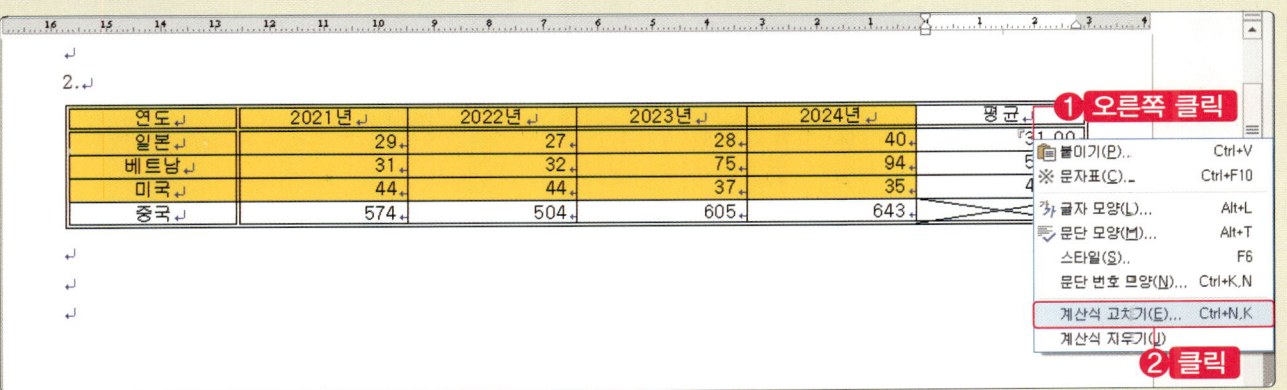

2 [계산식] 대화상자가 나타나면 형식(소수점 이하 두 자리)을 선택한 후 [확인] 단추를 클릭합니다.

기능평가 I (150점)

1. 다음의 ≪조건≫에 따라 스타일 기능을 적용하여 ≪출력형태≫와 같이 작성하시오. (50점)

≪조건≫ (1) 스타일 이름 - financial
(2) 문단 모양 - 왼쪽 여백 : 15pt, 문단 아래 간격 : 10pt
(3) 글자 모양 - 글꼴 : 한글(돋움)/영문(굴림), 크기 : 10pt, 장평 : 95%, 자간 : 5%

≪출력형태≫

Financial hubs provide financial environments that allow multinational companies and financial institutions to freely and comfortably engage in corporate financial activities.

금융허브는 세계 다국적 기업과 금융기관들이 기업 금융 활동을 자유롭고 편하게 할 수 있는 금융환경이나 투자 인센티브 등을 제공한다. 서울시는 글로벌 금융허브 도약을 위한 정책을 추진한다.

2. 다음의 ≪조건≫에 따라 ≪출력형태≫와 같이 표와 차트를 작성하시오. (100점)

≪표 조건≫ (1) 표 전체(표, 캡션) - 돋움, 10pt
(2) 정렬 - 문자 : 가운데 정렬, 숫자 : 오른쪽 정렬
(3) 셀 배경(면색) : 노랑
(4) 한글의 계산 기능을 이용하여 빈칸에 합계를 구하고, 캡션 기능 사용할 것
(5) 선 모양은 ≪출력형태≫와 동일하게 처리할 것

≪출력형태≫

2021년 이후 금융회사의 변화(단위 : 개)

유형	2021년	2022년	2023년	2024년	합계
금융투자	514	570	623	721	
여신전문금융	106	115	120	131	
은행	57	55	55	55	
보험	54	55	55	53	

≪차트 조건≫ (1) 차트 데이터는 표 내용에서 연도별 금융투자, 여신전문금융, 은행의 값만 이용할 것
(2) 종류 - <묶은 세로 막대형>으로 작업할 것
(3) 제목 - 굴림, 진하게, 12pt, 속성 - 채우기(하양), 테두리, 그림자(대각선 오른쪽 아래)
【굴림, 진하게, 12pt, 배경 - 선 모양(한 줄로), 그림자(2pt)】
(4) 제목 이외의 전체 글꼴 - 굴림, 보통, 10pt
(5) 축제목과 범례는 ≪출력형태≫와 동일하게 처리할 것

≪출력형태≫

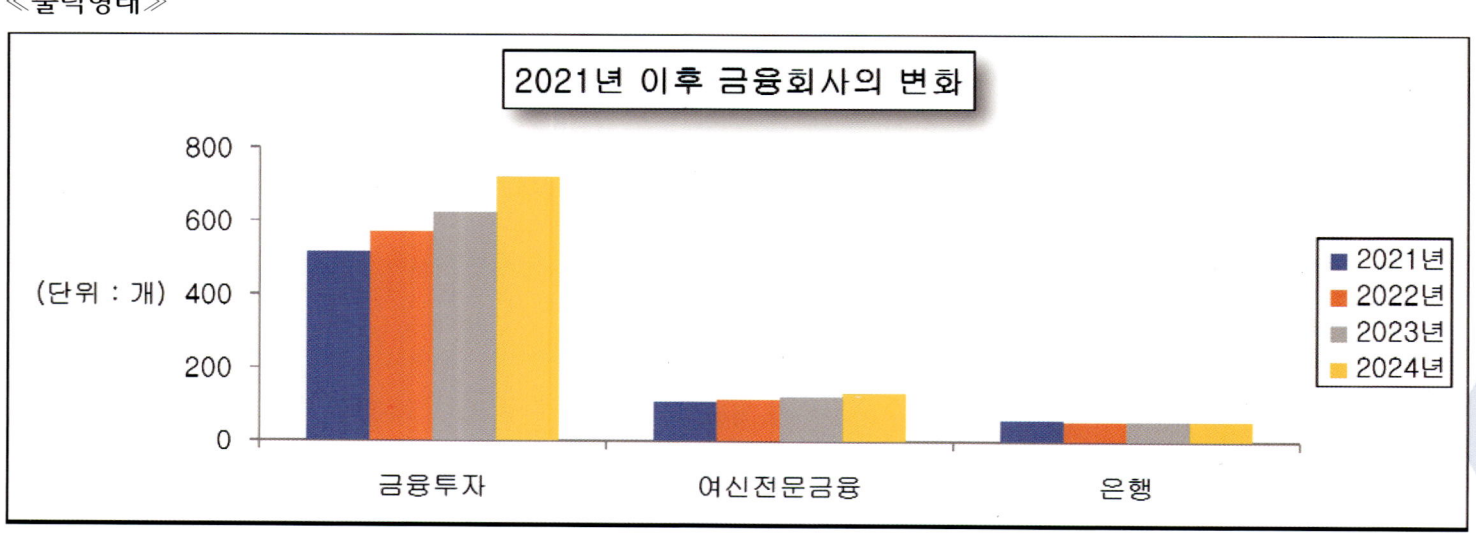

〈표 조건〉 (1) 표 전체(표, 캡션) – 굴림, 10pt
(4) 한글의 계산 기능을 이용하여 빈칸에 평균(소수점 두 자리)을 구하고, 캡션 기능 사용할 것

2 평균이 구해지면 캡션을 넣기 위해 **표를 선택**한 후 [표( )] 정황 탭을 클릭한 다음 [캡션]의 [목록(·)] 단추를 클릭하고 [위]를 클릭합니다.

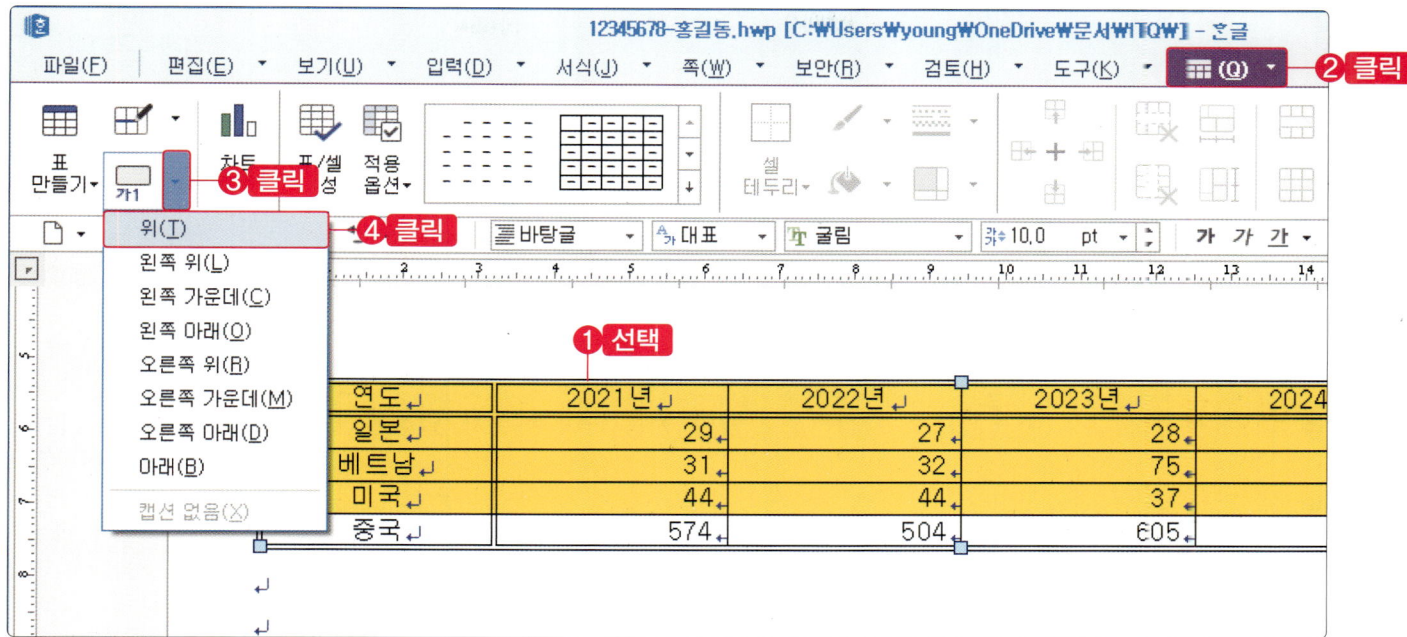

- 캡션은 표, 도형, 글상자 등에 붙이는 참조 번호나 간단한 설명 등을 말합니다.
- 표로 마우스 포인터를 가져가면 마우스 포인터가 모양으로 변경되었을 때 클릭하면 표를 선택할 수 있고, 문서에서 빈 곳을 클릭하거나 Esc를 누르면 표를 선택해제할 수 있습니다.
- 표를 선택한 후 바로가기 메뉴에서 [캡션 넣기]를 클릭하여 캡션을 넣을 수도 있습니다.
- 표를 선택한 후 [표( )] 정황 탭을 클릭한 다음 [캡션]의 [목록(·)] 단추를 클릭하고 [캡션 없음]을 클릭하거나 바로가기 메뉴에서 [캡션 없음]을 클릭하면 캡션을 지울 수 있습니다.

3 캡션이 넣어지면 다음과 같이 **캡션 내용을 수정**한 후 **캡션 내용을 블록으로 설정**한 다음 [서식] 도구 상자에서 **글꼴(굴림)과 글자 크기(10)를 선택**하고 [오른쪽 정렬( )]을 클릭합니다.

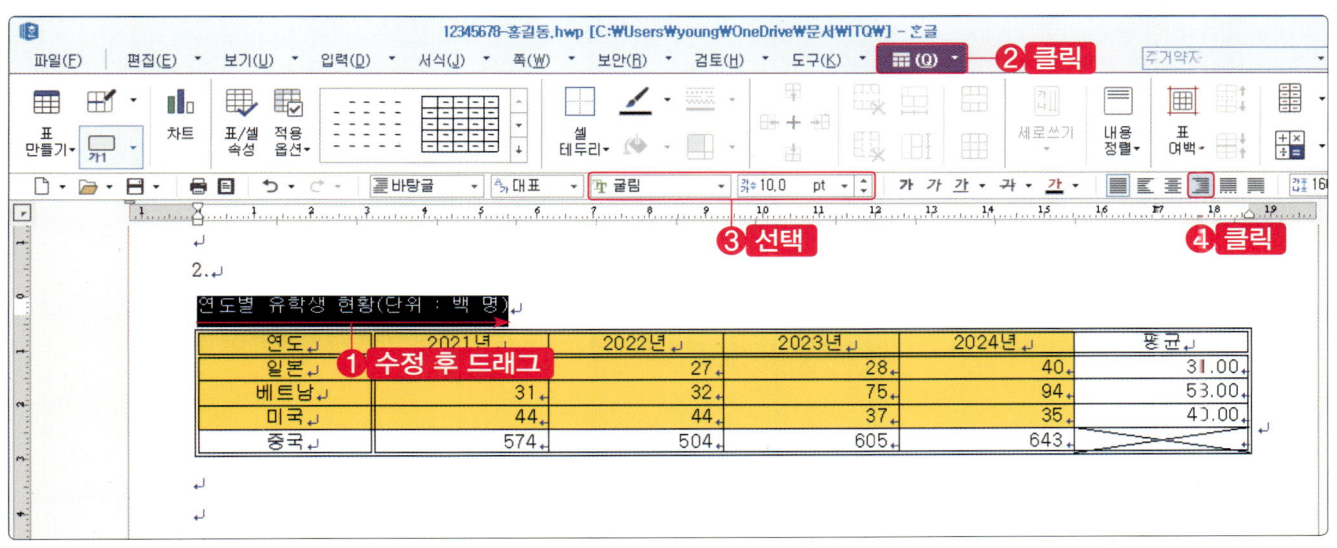

제10회 ITQ 실전모의문제

과목	코드	문제유형	시험시간	수험번호	성명
아래한글	1111	A	60분		

수험자 유의사항

- 수험자는 문제지를 받는 즉시 문제지와 <u>수험표상의 시험과목(프로그램)이 동일한지 반드시 확인</u>하여야 합니다.
- 파일명은 본인의 "수험번호-성명"으로 입력하여 답안폴더(내 PC\문서\ITQ)에 하나의 파일로 저장해야 하며, 답안문서 파일명이 "수험번호-성명"과 일치하지 않거나, 답안파일을 전송하지 않아 미제출로 처리될 경우 실격 처리합니다(예:12345678-홍길동.hwp).
- 답안 작성을 마치면 파일을 저장하고, '답안 전송' 버튼을 선택하여 감독위원 PC로 답안을 전송하십시오. 수험생 정보와 저장한 파일명이 다를 경우 전송되지 않으므로 주의하시기 바랍니다.
- 답안 작성 중에도 <u>주기적으로 저장하고, '답안 전송'</u>하여야 문제 발생을 줄일 수 있습니다. 작업한 내용을 저장하지 않고 전송할 경우 이전에 저장된 내용이 전송되오니 이점 유의하시기 바랍니다.
- 답안문서는 지정된 경로 외의 다른 보조기억장치에 저장하는 경우, 지정된 시험 시간 외에 작성된 파일을 활용할 경우, 기타 통신수단(이메일, 메신저, 네트워크 등)을 이용하여 타인에게 전달 또는 외부 반출하는 경우는 부정 처리합니다.
- 시험 중 부주의 또는 고의로 시스템을 파손한 경우는 수험자가 변상해야 하며, 〈수험자 유의사항〉에 기재된 방법대로 이행하지 않아 생기는 불이익은 수험생 당사자의 책임임을 알려 드립니다.
- 문제의 조건은 한컴오피스 2020 버전으로 설정되어 있으며 한컴오피스 NEO는 【 】에 표기되어 있습니다. 이와 관련하여 작성한 답안의 출력형태가 문제지와 다를 수 있습니다.
- 시험을 완료한 수험자는 답안파일이 전송되었는지 확인한 후 감독위원의 지시에 따라 문제지를 제출하고 퇴실합니다.

답안 작성요령

- **온라인 답안 작성 절차**
  수험자 등록 ⇒ 시험 시작 ⇒ 답안파일 저장 ⇒ 답안 전송 ⇒ 시험 종료
- **공통 부문**
  - 글꼴에 대한 기본설정은 함초롬바탕, 10포인트, 검정, 줄간격 160%, 양쪽정렬로 합니다.
  - 색상은 조건의 색을 적용하고 색의 구분이 안 될 경우에는 RGB 값을 적용하십시오.
    (빨강 255,0,0 / 파랑 0,0,255 / 노랑 255,255,0).
  - 각 문항에 주어진 ≪조건≫에 따라 작성하고 언급하지 않은 조건은 ≪출력형태≫와 같이 작성합니다.
  - 용지여백은 왼쪽·오른쪽 11mm, 위쪽·아래쪽·머리말·꼬리말 10mm, 제본 0mm로 합니다.
  - 그림 삽입 문제의 경우「내 PC\문서\ITQ\Picture」폴더에서 지정된 파일을 선택하여 삽입하십시오.
  - 삽입한 그림은 반드시 문서에 포함하여 저장해야 합니다(미포함 시 감점 처리).
  - 각 항목은 지정된 페이지에 출력형태와 같이 정확히 작성하시기 바라며, 그렇지 않을 경우에 해당 항목은 0점 처리됩니다.
    ※ 페이지구분 : 1페이지 - 기능평가 I (문제번호 표시 : 1. 2.),
    　　　　　　　 2페이지 - 기능평가 II (문제번호 표시 : 3. 4.),
    　　　　　　　 3페이지 - 문서작성 능력평가
- **기능평가**
  - 문제와 ≪조건≫은 입력하지 않으며 문제번호와 답(≪출력형태≫)만 작성합니다.
  - 4번 문제는 묶기를 했을 경우 0점 처리됩니다.
- **문서작성 능력평가**
  - A4 용지(210mm×297mm) 1매 크기, 세로 서식 문서로 작성합니다.
  - ▭ 표시는 문서작성에 대한 지시사항이므로 작성하지 않습니다.

kpc 한국생산성본부

4 표 전체를 셀 블록으로 설정한 후 Ctrl을 누른 상태에서 ↓를 눌러 표의 크기를 조절합니다.

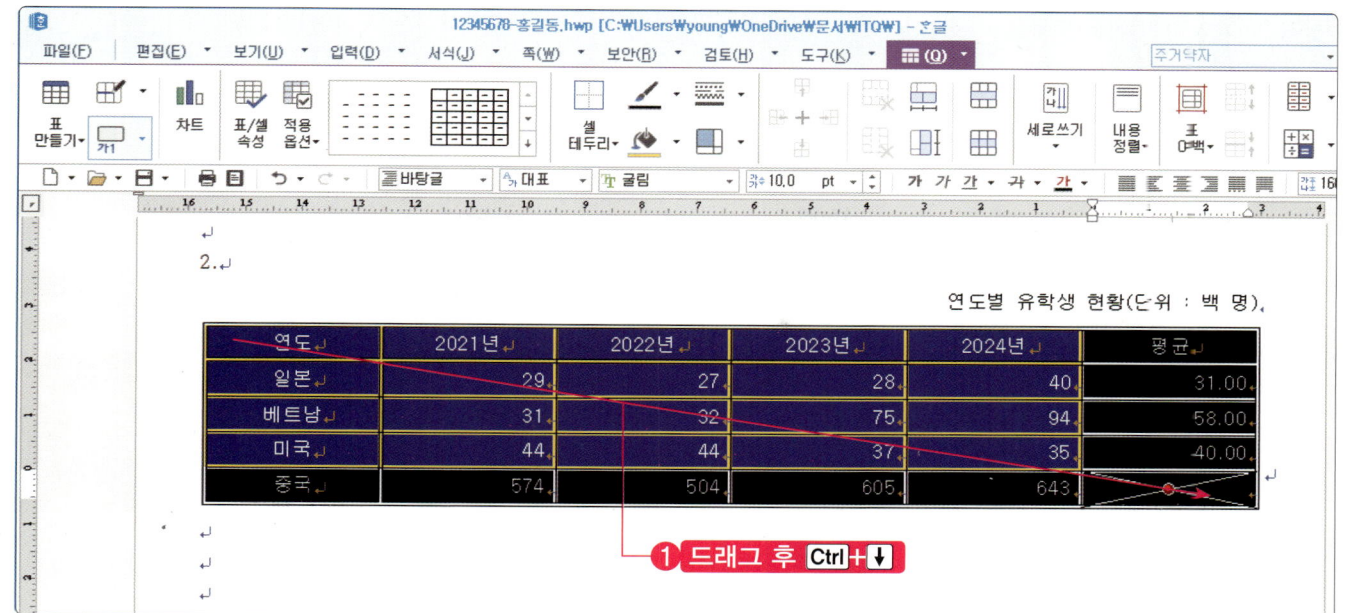

키보드를 이용하여 셀 블록 설정하기

- Ctrl+← : 셀 블록으로 설정한 모든 칸의 너비를 줄이면서 표의 너비를 줄입니다.

- Ctrl+→ : 셀 블록으로 설정한 모든 칸의 너비를 늘리면서 표의 너비를 늘립니다.
- Ctrl+↑ : 셀 블록으로 설정한 모든 줄의 높이를 줄이면서 표의 높이를 줄입니다.
- Ctrl+↓ : 셀 블록으로 설정한 모든 줄의 높이를 늘리면서 표의 높이를 늘립니다.
- Alt+← : 표의 크기는 변하지 않고 셀 블록으로 설정한 마지막 칸의 너비를 줄이면서 이웃한 오른쪽 칸의 너비를 늘립니다.
- Alt+→ : 표의 크기는 변하지 않고 셀 블록으로 설정한 마지막 칸의 너비를 늘리면서 이웃한 오른쪽 칸의 너비를 줄입니다.
- Alt+↑ : 표의 크기는 변하지 않고 셀 블록으로 설정한 마지막 줄의 높이를 줄이면서 이웃한 아래쪽 줄의 높이를 늘립니다.
- Alt+↓ : 표의 크기는 변하지 않고 셀 블록으로 설정한 마지막 줄의 높이를 늘리면서 이웃한 아래쪽 줄의 높이를 줄입니다.
- Shift+← : 표의 크기는 변하지 않고 셀 블록으로 설정한 마지막 셀의 너비를 줄이면서 이웃한 오른쪽 셀의 너비를 늘립니다.
- Shift+→ : 표의 크기는 변하지 않고 셀 블록으로 설정한 마지막 셀의 너비를 늘리면서 이웃한 오른쪽 셀의 너비를 줄입니다.
- Shift+↑ : 표의 크기는 변하지 않고 셀 블록으로 설정한 마지막 셀의 높이를 줄이면서 이웃한 아래쪽 셀의 높이를 늘립니다.
- Shift+↓ : 표의 크기는 변하지 않고 셀 블록으로 설정한 마지막 셀의 높이를 늘리면서 이웃한 아래쪽 셀의 높이를 줄입니다.

모두가 행복한 치매친화사회

현대 국가는 모두 복지국가①를 표방(標榜)하고 있으나 그 내용이나 정도에 차이가 있다. 대부분 국가에서는 경제발전과 보건의료의 발달로 인한 평균 수명의 연장, 자녀에 대한 가치관의 변화, 보육 및 교육문제 등으로 출산율이 급격히 저하되어 인구구조의 급속한 고령화 문제에 직면(直面)하고 있으며, 이러한 사회변화에 따른 새로운 복지수요를 충족하기 위한 것이 장기요양보장제도이다. 노화 등에 따라 거동이 불편한 사람에 대하여 신체활동이나 일상가사활동을 지속적으로 지원해주는 문제가 사회적으로 굉장히 필요한 지원이 되었다고 할 수 있는 것이다.

유엔은 고령인구 비율이 7%를 넘으면 고령화 사회, 14%를 넘으면 고령사회, 20% 이상이면 초고령사회로 분류한다. 고령화 속도가 가장 빠른 것으로 알려진 일본은 고령화 사회에서 고령사회로 들어서는 데 24년이 걸렸다. 한국은 2000년 고령화 사회에 진입한 지 17년 만인 2017년에 고령사회로 들어섰다. 2023년 한국의 고령인구는 949만 9,933명으로 전체 인구의 16%를 차지한다. 고령사회로 인한 치매 환자의 증가가 예상되기에 치매가 있어도 불편하지 않은 대한민국을 만들기 위한 우리 모두의 지혜가 필요할 때이다.

♣ 치매 예방 수칙

I. 즐길 것
 ① 일주일에 3번 이상 꾸준히 걷기
 ② 틈날 때마다 책이나 신문을 읽거나 글쓰기
II. 챙길 것
 ① 혈압, 혈당, 콜레스테롤 등 정기적으로 체크하기
 ② 가족, 친구와 자주 연락하고 여가생활 즐기기

♣ 치매 국가책임제로 달라지는 내용

분야	국가책임제 이전	국가책임제 이후
정보제공	치매 대처 방법 잘 모름	1:1 맞춤형상담, 서비스 연계 및 관리
서비스	경증치매 요양 서비스 받지 못함	경증치매도 장기요양 서비스 혜택 가능
시설확충	치매전문시설 부족, 공격적 환자 거부	입소시설 대폭 확충으로 어르신 돌봄 가능
의료지원	치매 전문 의료기관 부재	중증환자 치매안심요양병원 이용가능
기타	가족들의 피로감 호소	방문요양, 가족휴가제

중앙치매센터

---
① 국민의 인간다운 생활을 위해 국가가 적극적으로 복지 혜택을 부여하는 국가

1. 다음의 《조건》에 따라 《출력형태》와 같이 표와 차트를 작성하시오. (100점)

▶ 소스파일 : Part 01\Chapter 03\문제01.hwp   ▶ 완성파일 : Part 01\Chapter 03\문제01_완성.hwp

《표 조건》
(1) 표 전체(표, 캡션) - 굴림, 10pt
(2) 정렬 - 문자 : 가운데 정렬, 숫자 : 오른쪽 정렬
(3) 셀 배경(면색) : 노랑
(4) 한글의 계산 기능을 이용하여 빈칸에 평균(소수점 두 자리)을 구하고, 캡션 기능 사용할 것
(5) 선 모양은 《출력형태》와 동일하게 처리할 것

《출력형태》

계층별 디지털 정보화 수준(단위 : %)

구분	2021년	2022년	2023년	2024년	평균
저소득층	86.8	87.8	95.1	95.7	
장애인	74.6	75.2	81.3	82.6	
농어민	69.8	70.6	77.3	79.9	
고령층	63.1	64.3	68.6	72.3	

2. 다음의 《조건》에 따라 《출력형태》와 같이 표와 차트를 작성하시오. (100점)

▶ 소스파일 : Part 01\Chapter 03\문제02.hwp   ▶ 완성파일 : Part 01\Chapter 03\문제02_완성.hwp

《표 조건》
(1) 표 전체(표, 캡션) - 굴림, 10pt
(2) 정렬 - 문자 : 가운데 정렬, 숫자 : 오른쪽 정렬
(3) 셀 배경(면색) : 노랑
(4) 한글의 계산 기능을 이용하여 빈칸에 합계를 구하고, 캡션 기능 사용할 것
(5) 선 모양은 《출력형태》와 동일하게 처리할 것

《출력형태》

연평균 가상증강현실산업 매출액(단위 : 억 원)

구분	2021년	2022년	2023년	2024년	2025년
가상현실	4,416	4,747	5,327	5,923	6,385
증강현실	2,670	2,889	3,235	3,539	3,805
홀로그램	431	481	552	557	574
합계					

3. 다음 (1), (2)의 수식을 수식 편집기로 각각 입력하시오. (40점)

≪출력형태≫

(1) $\dfrac{1}{\lambda} = 1.097 \times 10^5 \left(\dfrac{1}{2^2} - \dfrac{1}{n^2} \right)$

(2) $\displaystyle\int_a^b A(x-a)(x-b)dx = -\dfrac{A}{6}(b-a)^3$

4. 다음의 ≪조건≫에 따라 ≪출력형태≫와 같이 문서를 작성하시오. (110점)

≪조건≫
(1) 그리기 도구를 이용하여 작성하고, 모든 도형(글맵시, 지정된 그림 포함)을 ≪출력형태≫와 같이 작성하시오.
(2) 도형의 면색은 지시사항이 없으면 색 없음을 제외하고 서로 다르게 임의로 지정하시오.

≪출력형태≫

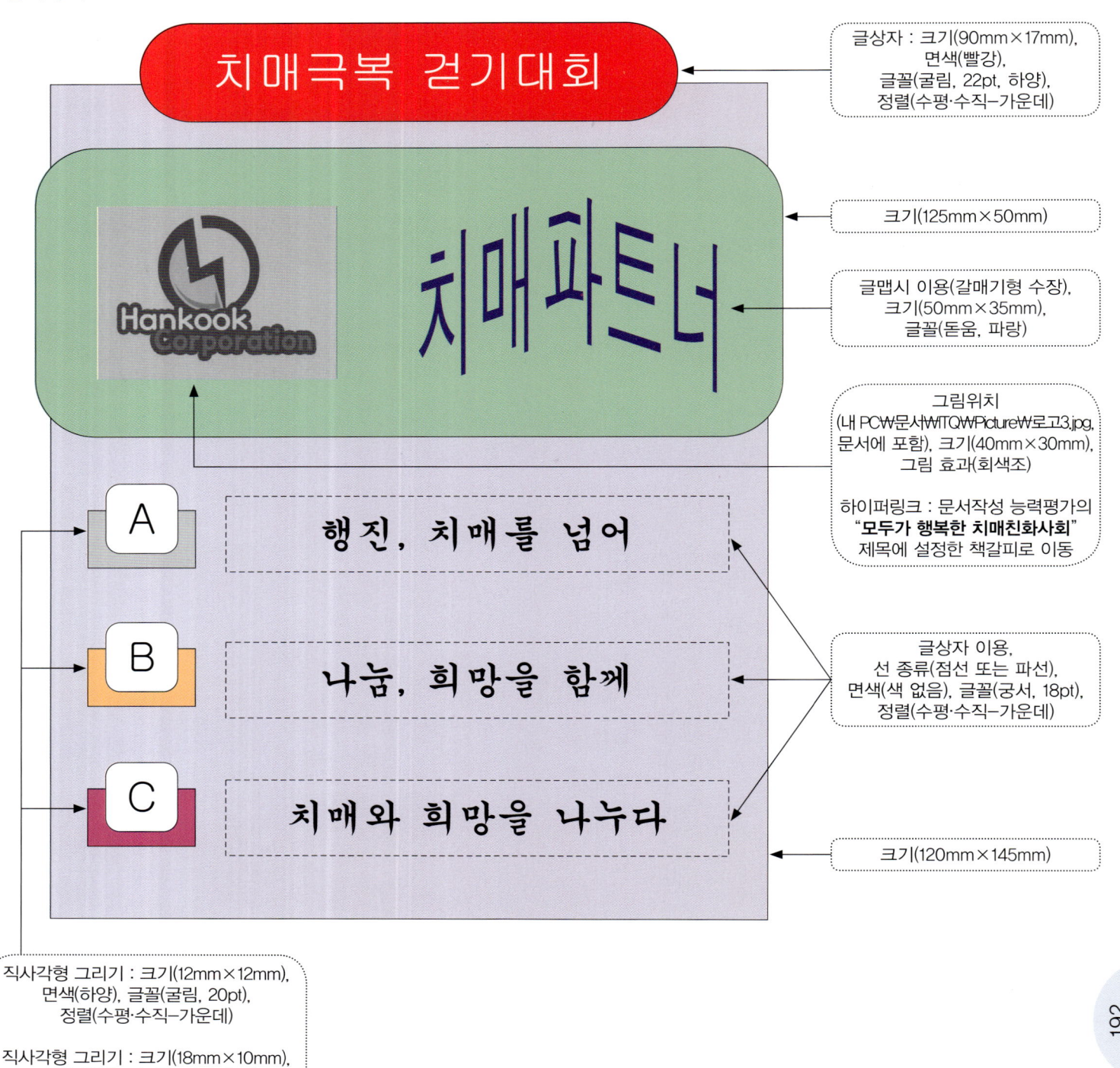

3 다음의 《조건》에 따라 《출력형태》와 같이 표와 차트를 작성하시오. (100점)

▶ 소스파일 : Part 01\Chapter 03\문제03.hwp   ▶ 완성파일 : Part 01\Chapter 03\문제03_완성.hwp

《표 조건》
(1) 표 전체(표, 캡션) - 돋움, 10pt
(2) 정렬 - 문자 : 가운데 정렬, 숫자 : 오른쪽 정렬
(3) 셀 배경(면색) : 노랑
(4) 한글의 계산 기능을 이용하여 빈칸에 합계를 구하고, 캡션 기능 사용할 것
(5) 선 모양은 《출력형태》와 동일하게 처리할 것

《출력형태》

건설기술산업대전 참관객 현황(단위 : 명)

연령	1일차	2일차	3일차	4일차	합계
20대	1,015	1,192	1,655	1,459	
30대	1,265	1,924	1,679	1,823	
40대	1,474	1,769	1,884	1,946	
50대 이상	897	1,035	1,142	1,305	

4 다음의 《조건》에 따라 《출력형태》와 같이 표와 차트를 작성하시오. (100점)

▶ 소스파일 : Part 01\Chapter 03\문제04.hwp   ▶ 완성파일 : Part 01\Chapter 03\문제04_완성.hwp

《표 조건》
(1) 표 전체(표, 캡션) - 돋움, 10pt
(2) 정렬 - 문자 : 가운데 정렬, 숫자 : 오른쪽 정렬
(3) 셀 배경(면색) : 노랑
(4) 한글의 계산 기능을 이용하여 빈칸에 합계를 구하고, 캡션 기능 사용할 것
(5) 선 모양은 《출력형태》와 동일하게 처리할 것

《출력형태》

남북 주요도시 인구 현황(단위 : 천 명)

지역	서울	부산	평양	청진	합계
1970년	5,681	2,041	981	300	
2000년	10,072	3,732	2,771	593	
2010년	9,723	3,413	2,901	642	
2020년	9,630	3,392	2,940	650	

기능평가 (150점)

1. 다음의 ≪조건≫에 따라 스타일 기능을 적용하여 ≪출력형태≫와 같이 작성하시오. (50점)

≪조건≫
(1) 스타일 이름 - insurance
(2) 문단 모양 - 왼쪽 여백 : 15pt, 문단 아래 간격 : 10pt
(3) 글자 모양 - 글꼴 : 한글(굴림)/영문(돋움), 크기 : 10pt, 장평 : 95%, 자간 : 5%

≪출력형태≫

Advanced countries currently provide care service in more various forms prior to our practice because they have experienced the aging phenomenon much earlier.

노인장기요양보험제도는 고령이나 노인성 질병 등의 사유로 일상생활을 혼자서 수행하기 어려운 노인 등에게 신체활동 또는 가사활동 지원 등의 장기요양급여를 제공하는 사회보험제도이다.

2. 다음의 ≪조건≫에 따라 ≪출력형태≫와 같이 표와 차트를 작성하시오. (100점)

≪표 조건≫
(1) 표 전체(표, 캡션) - 굴림, 10pt
(2) 정렬 - 문자 : 가운데 정렬, 숫자 : 오른쪽 정렬
(3) 셀 배경(면색) : 노랑
(4) 한글의 계산 기능을 이용하여 빈칸에 평균(소수점 두 자리)을 구하고, 캡션 기능 사용할 것
(5) 선 모양은 ≪출력형태≫와 동일하게 처리할 것

≪출력형태≫

연령별 추정치매환자 현황(단위 : 백 명)

지역	70-74세	75-79세	80-84세	85세 이상	평균
대전광역시	19	45	54	72	
부산광역시	62	144	158	183	
대구광역시	36	90	106	127	
인천광역시	38	87	104	141	

≪차트 조건≫
(1) 차트 데이터는 표 내용에서 나이별 대전광역시, 부산광역시, 대구광역시의 값만 이용할 것
(2) 종류 - <묶은 세로 막대형>으로 작업할 것
(3) 제목 - 돋움, 진하게, 12pt, 속성 - 채우기(하양), 테두리, 그림자(대각선 오른쪽 아래)
【돋움, 진하게, 12pt, 배경 - 선 모양(한 줄로), 그림자(2pt)】
(4) 제목 이외의 전체 글꼴 - 돋움, 보통, 10pt
(5) 축제목과 범례는 ≪출력형태≫와 동일하게 처리할 것

≪출력형태≫

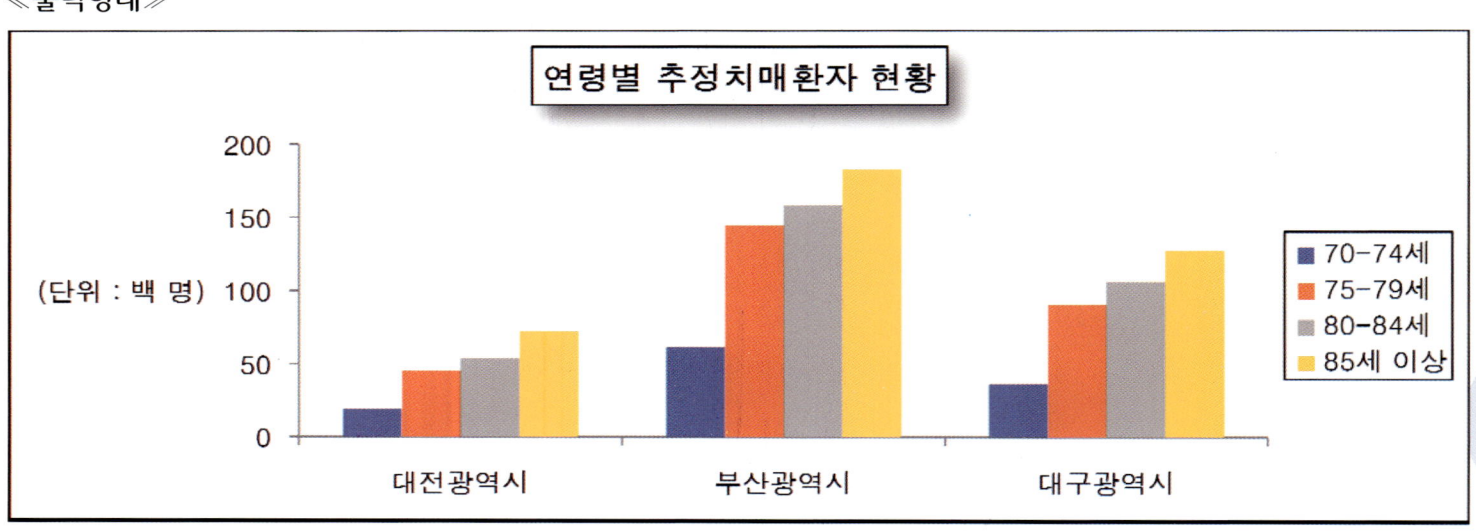

5 다음의《조건》에 따라《출력형태》와 같이 표와 차트를 작성하시오. (100점)

▶ 소스파일 : Part 01\Chapter 03\문제05.hwp   ▶ 완성파일 : Part 01\Chapter 03\문제05_완성.hwp

《표 조건》
(1) 표 전체(표, 캡션) - 굴림, 10pt
(2) 정렬 - 문자 : 가운데 정렬, 숫자 : 오른쪽 정렬
(3) 셀 배경(면색) : 노랑
(4) 한글의 계산 기능을 이용하여 빈칸에 합계를 구하고, 캡션 기능 사용할 것
(5) 선 모양은《출력형태》와 동일하게 처리할 것

《출력형태》

주요 국가의 데이터 시장규도(단위 : 10억 달러)

구분	2021년	2022년	2023년	2024년	합계
미국	16.60	21.20	24.70	30.62	
유럽	4.10	5.34	6.30	7.60	
영국	2.15	2.68	3.06	3.59	
프랑스	0.55	0.74	0.91	1.15	

6 다음의《조건》에 따라《출력형태》와 같이 표와 차트를 작성하시오. (100점)

▶ 소스파일 : Part 01\Chapter 03\문제06.hwp   ▶ 완성파일 : Part 01\Chapter 03\문제06_완성.hwp

《표 조건》
(1) 표 전체(표, 캡션) - 굴림, 10pt
(2) 정렬 - 문자 : 가운데 정렬, 숫자 : 오른쪽 정렬
(3) 셀 배경(면색) : 노랑
(4) 한글의 계산 기능을 이용하여 빈칸에 평균(소수점 두 자리)을 구하고, 캡션 기능 사용할 것
(5) 선 모양은《출력형태》와 동일하게 처리할 것

《출력형태》

유형별 저작권 상담 현황(단위 : 백 건)

유형	2021년	2022년	2023년	2024년	평균
인터넷상담	8.7	1.7	1.7	4.1	
내방상담	8.2	11.2	7.4	0.8	
서신상담	0.7	0.8	1.2	1.1	
전화상담	430.7	426.4	434.9	429.4	

제09회 ITQ 실전모의문제

과목	코드	문제유형	시험시간	수험번호	성명
아래한글	1111	C	60분		

수험자 유의사항

- 수험자는 문제지를 받는 즉시 문제지와 <u>수험표상의 시험과목(프로그램)이 동일한지 반드시 확인</u>하여야 합니다.
- 파일명은 본인의 "수험번호-성명"으로 입력하여 답안폴더(내 PC₩문서₩ITQ)에 하나의 파일로 저장해야 하며, 답안문서 파일명이 "수험번호-성명"과 일치하지 않거나, 답안파일을 전송하지 않아 미제출로 처리될 경우 실격 처리합니다(예:12345678-홍길동.hwp).
- 답안 작성을 마치면 파일을 저장하고, '답안 전송' 버튼을 선택하여 감독위원 PC로 답안을 전송하십시오. 수험생 정보와 저장한 파일명이 다를 경우 전송되지 않으므로 주의하시기 바랍니다.
- 답안 작성 중에도 <u>주기적으로 저장하고, '답안 전송'</u>하여야 문제 발생을 줄일 수 있습니다. 작업한 내용을 저장하지 않고 전송할 경우 이전에 저장된 내용이 전송되오니 이점 유의하시기 바랍니다.
- 답안문서는 지정된 경로 외의 다른 보조기억장치에 저장하는 경우, 지정된 시험 시간 외에 작성된 파일을 활용할 경우, 기타 통신수단(이메일, 메신저, 네트워크 등)을 이용하여 타인에게 전달 또는 외부 반출하는 경우는 부정 처리합니다.
- 시험 중 부주의 또는 고의로 시스템을 파손한 경우는 수험자가 변상해야 하며, 〈수험자 유의사항〉에 기재된 방법대로 이행하지 않아 생기는 불이익은 수험생 당사자의 책임임을 알려 드립니다.
- 문제의 조건은 한컴오피스 2020 버전으로 설정되어 있으며 한컴오피스 NEO는 【 】에 표기되어 있습니다. 이와 관련하여 작성한 답안의 출력형태가 문제지와 다를 수 있습니다.
- 시험을 완료한 수험자는 답안파일이 전송되었는지 확인한 후 감독위원의 지시에 따라 문제지를 제출하고 퇴실합니다.

답안 작성요령

- **온라인 답안 작성 절차**
  수험자 등록 ⇒ 시험 시작 ⇒ 답안파일 저장 ⇒ 답안 전송 ⇒ 시험 종료
- **공통 부문**
  - 글꼴에 대한 기본설정은 함초롬바탕, 10포인트, 검정, 줄간격 160%, 양쪽정렬로 합니다.
  - 색상은 조건의 색을 적용하고 색의 구분이 안 될 경우에는 RGB 값을 적용하십시오.
    (빨강 255,0,0 / 파랑 0,0,255 / 노랑 255,255,0).
  - 각 문항에 주어진 ≪조건≫에 따라 작성하고 언급하지 않은 조건은 ≪출력형태≫와 같이 작성합니다.
  - 용지여백은 왼쪽·오른쪽 11mm, 위쪽·아래쪽·머리말·꼬리말 10mm, 제본 0mm로 합니다.
  - 그림 삽입 문제의 경우 「내 PC₩문서₩ITQ₩Picture」 폴더에서 지정된 파일을 선택하여 삽입하십시오.
  - 삽입한 그림은 반드시 문서에 포함하여 저장해야 합니다(미포함 시 감점 처리).
  - 각 항목은 지정된 페이지에 출력형태와 같이 정확히 작성하시기 바라며, 그렇지 않을 경우에 해당 항목은 0점 처리됩니다.
    ※ 페이지구분 : 1페이지 - 기능평가 I (문제번호 표시 : 1. 2.),
    　　　　　　　 2페이지 - 기능평가 II (문제번호 표시 : 3. 4.),
    　　　　　　　 3페이지 - 문서작성 능력평가
- **기능평가**
  - 문제와 ≪조건≫은 입력하지 않으며 문제번호와 답(≪출력형태≫)만 작성합니다.
  - 4번 문제는 묶기를 했을 경우 0점 처리됩니다.
- **문서작성 능력평가**
  - A4 용지(210mm×297mm) 1매 크기, 세로 서식 문서로 작성합니다.
  - ▭ 표시는 문서작성에 대한 지시사항이므로 작성하지 않습니다.

kpc 한국생산성본부

7. 다음의 《조건》에 따라 《출력형태》와 같이 표와 차트를 작성하시오. (100점)

▶소스파일 : Part 01\Chapter 03\문제07.hwp   ▶완성파일 : Part 01\Chapter 03\문제07_완성.hwp

《표 조건》
(1) 표 전체(표, 캡션) - 돋움, 10pt
(2) 정렬 - 문자 : 가운데 정렬, 숫자 : 오른쪽 정렬
(3) 셀 배경(면색) : 노랑
(4) 한글의 계산 기능을 이용하여 빈칸에 평균(소수점 두 자리)을 구하고, 캡션 기능 사용할 것
(5) 선 모양은 《출력형태》와 동일하게 처리할 것

《출력형태》

박람회 개최 유발 효과(단위 : 십억 원)

구분	2021년	2022년	2023년	2024년	평균
수익사업	7.8	4.9	8.5	5.2	
집행액	7.6	6.3	7.3	5.1	
수출입상담액	23.7	33.1	40.9	40.1	
총생산유발액	44.2	69.1	114.1	211.3	

8. 다음의 《조건》에 따라 《출력형태》와 같이 표와 차트를 작성하시오. (100점)

▶소스파일 : Part 01\Chapter 03\문제08.hwp   ▶완성파일 : Part 01\Chapter 03\문제08_완성.hwp

《표 조건》
(1) 표 전체(표, 캡션) - 굴림, 10pt
(2) 정렬 - 문자 : 가운데 정렬, 숫자 : 오른쪽 정렬
(3) 셀 배경(면색) : 노랑
(4) 한글의 계산 기능을 이용하여 빈칸에 합계를 구하고, 캡션 기능 사용할 것
(5) 선 모양은 《출력형태》와 동일하게 처리할 것

《출력형태》

메타버스 관련 기술 시장 규모(단위 : 십억 달러)

구분	2020년	2025년	2030년	2040년	합계
가상현실	12	138	450	911	
증강현실	33	338	792	968	
혼합현실	14	228	498	866	
확장현실	23	78	360	870	

안전한 디지털 미래

개인정보가 악의적인 목적으로 이용되는 개인정보 유출의 각종 사고가 지속적으로 발생하였고, 각 언론보도를 통해 끊임없이 언급(言及)되었다. 또한 자율주행차 등 사물인터넷 관련 사이버 이슈들도 지속적으로 언론에 보도되었으며, 해외에서는 개인 신용정보 업체의 개인정보 유출 사고 관련 이슈 등이 보도되었다. 가상통화는 그 자체의 이슈뿐만 아니라 랜섬웨어, 채굴형 악성코드 등과 결합하여 지능화되고 있는 사이버 범죄 세계의 새로운 수익 모델이 되고 있다. 이에 따라 국회 공청회(公聽會) 등에서 법 제정을 위한 논의가 본격적으로 시작되었다.

정보 수집량이 증가하면서 사이버 위협이 확산되고 이를 효과적으로 처리하기 위해선 인공지능기술이 절대적으로 필요한 상황이다. 일반적으로 인공지능기술을 위해서는 데이터모델, 프로세싱 파워, 빅데이터 등 3가지 요소가 필요하다. 이 중에서도 빅데이터, 즉 관련 데이터가 대량으로 필요한데 하나의 기관 데이터 뿐 아니라 타 기관들의 데이터도 필요하게 된다. 따라서 인공지능①의 정확도를 높이기 위해서는 데이터 공유가 꼭 필요하고 이를 어떻게 해결하느냐가 관건이다.

♣ 사이버 위기경보

I. 관심 단계
 ① 해외 사이버공격 피해확산, 국내유입 우려
 ② 정보유출 등 사이버공격 시도 탐지
II. 주의 단계
 ① 다수기관의 정보통신망 및 정보시스템 장애 발생
 ② 다수기관의 정보유출 등 침해사고 확산 가능성 증가

♣ 정보보호 지원센터 구축현황

센터	구축시기	위치	관할지역
대구	2014년 12월	대구광역시 북구 연암로	대구
호남	2015년 08월	광주광역시 동구 금남로	광주, 전북, 전남, 제주
경기	2016년 10월	성남시 수정구 대왕판교로	경기
중부	2015년 08월	청주시 청원구 오창읍	대전, 세종, 충북
동남	2015년 08월	부산광역시 해운대구 센텀중앙로	부산, 경남

한국인터넷진흥원

---
① 인간의 학습, 추론, 지각 및 자연언어의 이해능력 등을 컴퓨터 프로그램으로 실현한 기술

9. 다음의 《조건》에 따라 《출력형태》와 같이 표와 차트를 작성하시오. (100점)

▶ 소스파일 : Part 01\Chapter 03\문제09.hwp   ▶ 완성파일 : Part 01\Chapter 03\문제09_완성.hwp

《표 조건》
(1) 표 전체(표, 캡션) - 돋움, 10pt
(2) 정렬 - 문자 : 가운데 정렬, 숫자 : 오른쪽 정렬
(3) 셀 배경(면색) : 노랑
(4) 한글의 계산 기능을 이용하여 빈칸에 합계를 구하고, 캡션 기능 사용할 것
(5) 선 모양은 《출력형태》와 동일하게 처리할 것

《출력형태》

도시농업관리사 자격증 발급 현황(단위 : 명)

구분	서울	부산	대구	인천	합계
2024년	260	180	105	85	
2023년	219	168	76	73	
2022년	262	223	109	74	
2021년	279	230	81	73	

10. 다음의 《조건》에 따라 《출력형태》와 같이 표와 차트를 작성하시오. (100점)

▶ 소스파일 : Part 01\Chapter 03\문제10.hwp   ▶ 완성파일 : Part 01\Chapter 03\문제10_완성.hwp

《표 조건》
(1) 표 전체(표, 캡션) - 굴림, 10pt
(2) 정렬 - 문자 : 가운데 정렬, 숫자 : 오른쪽 정렬
(3) 셀 배경(면색) : 노랑
(4) 한글의 계산 기능을 이용하여 빈칸에 평균(소수점 두 자리)을 구하고, 캡션 기능 사용할 것
(5) 선 모양은 《출력형태》와 동일하게 처리할 것

《출력형태》

분야별 온실가스 배출량 및 흡수량(단위 : 백만톤 CO_2eq)

구분	2020년	2021년	2022년	2023년	평균
에너지	602	616	636	612	
산업공정	54	57	56	52	
농업	21	21	21	21	
폐기물	17	18	18	17	

기능평가 II (150점)

3. 다음 (1), (2)의 수식을 수식 편집기로 각각 입력하시오. (40점)

≪출력형태≫

(1) $\int_0^3 \frac{\sqrt{6t^2-18t+12}}{5} dt = 11$

(2) $\frac{b}{\sqrt{a^2+b^2}} = \frac{2\tan\theta}{1+\tan^2\theta}$

4. 다음의 ≪조건≫에 따라 ≪출력형태≫와 같이 문서를 작성하시오. (110점)

≪조건≫
(1) 그리기 도구를 이용하여 작성하고, 모든 도형(글맵시, 지정된 그림 포함)을 ≪출력형태≫와 같이 작성하시오.
(2) 도형의 면색은 지시사항이 없으면 색 없음을 제외하고 서로 다르게 임의로 지정하시오.

≪출력형태≫

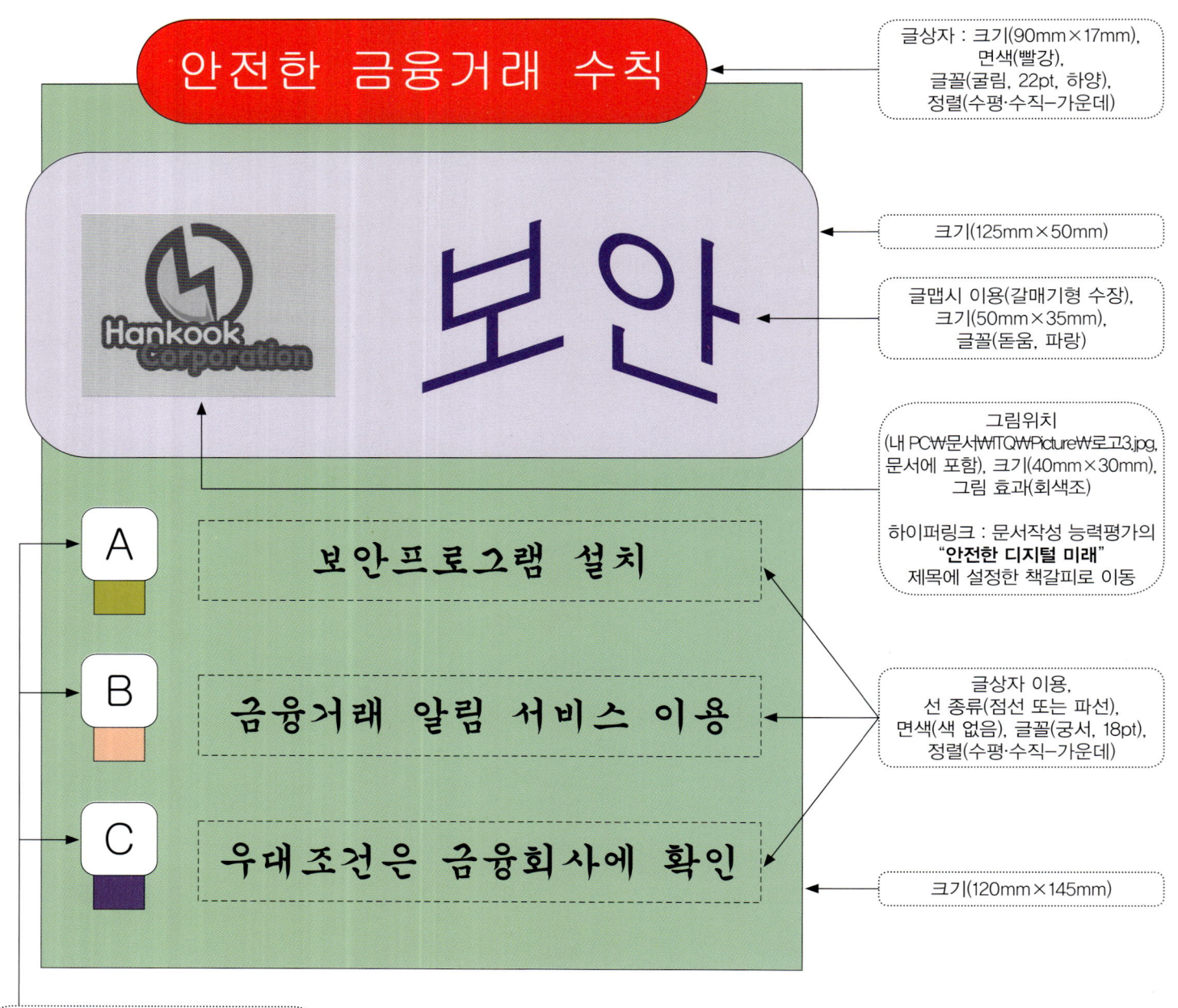

Chapter 04 기능평가 Ⅰ - 차트

◆ 차트 작성하기   ◆ 차트 편집하기

▶ 소스파일 : Part 01\Chapter 04\Ch04.hwp   ▶ 완성파일 : Part 01\Chapter 04\Ch04_완성.hwp

2. 다음의 《조건》에 따라 《출력형태》와 같이 표와 차트를 작성하시오. (100점)

연도별 유학생 현황(단위 : 백 명)

연도	2021년	2022년	2023년	2024년	평균
일본	29	27	28	40	
베트남	31	32	75	94	
미국	44	44	37	35	
중국	574	504	605	643	

차트 조건

(1) 차트 데이터는 표 내용에서 연도별 일본, 베트남, 미국의 값만 이용할 것
(2) 종류 - 〈묶은 세로 막대형〉으로 작업할 것
(3) 제목 - 돋움, 진하게, 12pt, 속성 - 채우기(하양), 테두리, 그림자(대각선 오른쪽 아래)
   【돋움, 진하게, 12pt, 배경 - 선 모양(한 줄로), 그림자(2pt)】
(4) 제목 이외의 전체 글꼴 - 돋움, 보통, 10pt
(5) 축제목과 범례는 《출력형태》와 동일하게 처리할 것

출력 형태

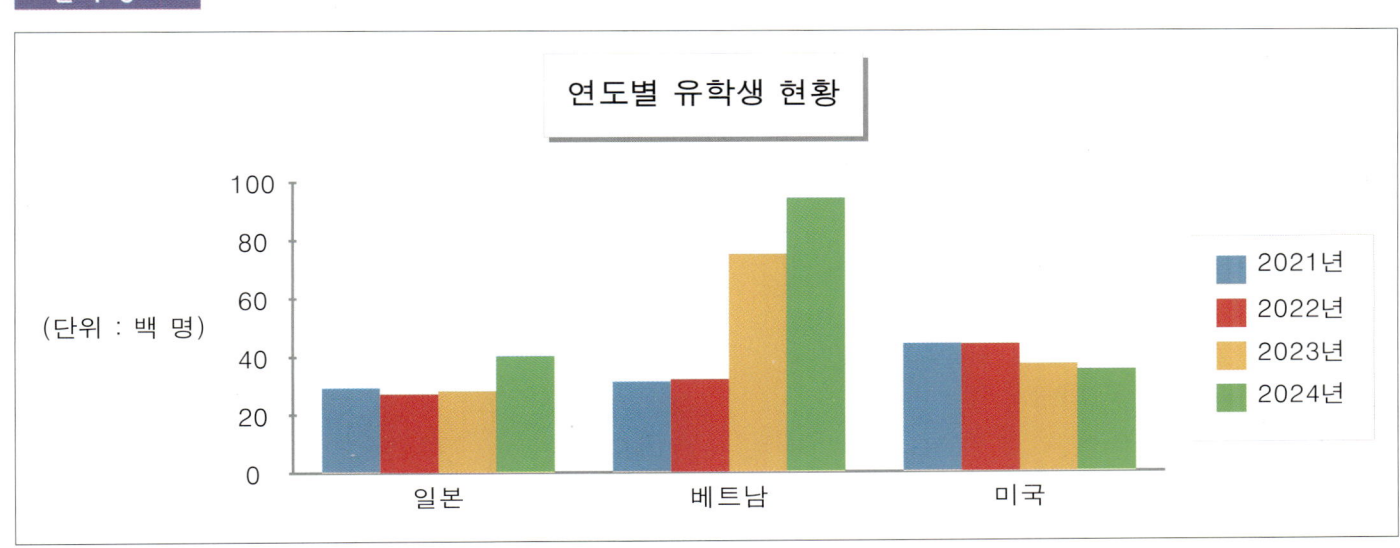

기능평가 I (150점)

1. 다음의 ≪조건≫에 따라 스타일 기능을 적용하여 ≪출력형태≫와 같이 작성하시오. (50점)

≪조건≫　(1) 스타일 이름 - ransomware
　　　　　(2) 문단 모양 - 왼쪽 여백 : 15pt, 문단 아래 간격 : 10pt
　　　　　(3) 글자 모양 - 글꼴 : 한글(굴림)/영문(돋움), 크기 : 10pt, 장평 : 95%, 자간 : 5%

≪출력형태≫

Ransomware is malicious program that locks the system or encrypts data in combination with ransom and software, and requires money to be paid hostage.

랜섬웨어는 몸값과 소프트웨어의 합성어로 시스템을 잠그거나 데이터를 암호화해 사용할 수 없도록 하고 이를 인질로 금전을 요구하는 악성 프로그램을 말한다.

2. 다음의 ≪조건≫에 따라 ≪출력형태≫와 같이 표와 차트를 작성하시오. (100점)

≪표 조건≫　(1) 표 전체(표, 캡션) - 굴림, 10pt
　　　　　　(2) 정렬 - 문자 : 가운데 정렬, 숫자 : 오른쪽 정렬
　　　　　　(3) 셀 배경(면색) : 노랑
　　　　　　(4) 한글의 계산 기능을 이용하여 빈칸에 평균(소수점 두 자리)을 구하고, 캡션 기능 사용할 것
　　　　　　(5) 선 모양은 ≪출력형태≫와 동일하게 처리할 것

≪출력형태≫

개인정보 침해 상담 건수(단위 : 백 건)

구분	2021년	2022년	2023년	2024년	평균
개인정보 수집	25	18	27	32	
개인정보 제공	31	38	64	60	
주민번호 도용	214	245	285	342	
회원탈퇴 불응	8	8	11	12	

≪차트 조건≫　(1) 차트 데이터는 표 내용에서 연도별 개인정보 수집, 개인정보 제공, 주민번호 도용의 값만 이용할 것
　　　　　　　(2) 종류 - <묶은 세로 막대형>으로 작업할 것
　　　　　　　(3) 제목 - 돋움, 진하게, 12pt, 속성 - 채우기(하양), 테두리, 그림자(대각선 오른쪽 아래)
　　　　　　　　【돋움, 진하게, 12pt, 배경 - 선 모양(한 줄로), 그림자(2pt)】
　　　　　　　(4) 제목 이외의 전체 글꼴 - 돋움, 보통, 10pt
　　　　　　　(5) 축제목과 범례는 ≪출력형태≫와 동일하게 처리할 것

≪출력형태≫

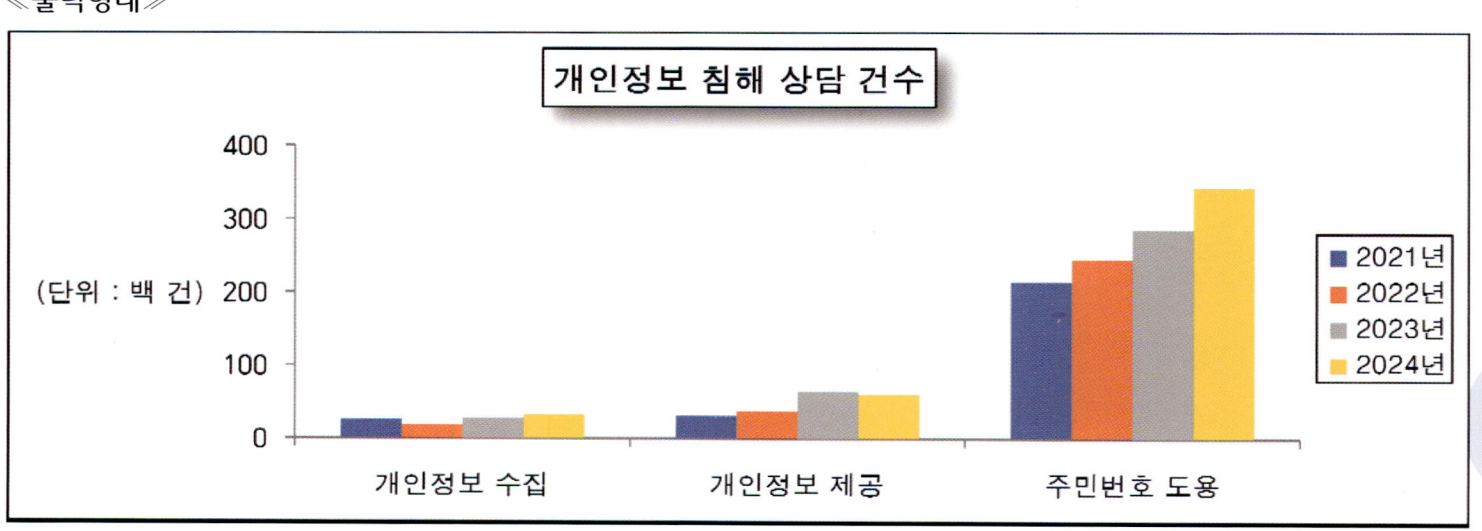

[기능평가 I] 차트

- **차트 작성하기**
  - 차트 범위 및 차트 종류를 선택합니다.
  - 차트의 크기 및 위치를 이동합니다.
  - 차트 구성 요소를 지정합니다.
- **차트 편집하기**
  - 차트 요소에 각각 속성을 지정합니다.
  - 《출력형태》를 참고하여 차트를 작성합니다.

STEP 01 차트 작성하기

〈차트 조건〉 (1) 차트 데이터는 표 내용에서 연도별 일본, 베트남, 미국의 값만 이용할 것
(2) 종류 – 〈묶은 세로 막대형〉으로 작업할 것

1 1줄1칸~4줄5칸을 블록으로 설정한 후 [표(▦ (Q))] 정황 탭에서 [차트(▊)]를 클릭합니다.

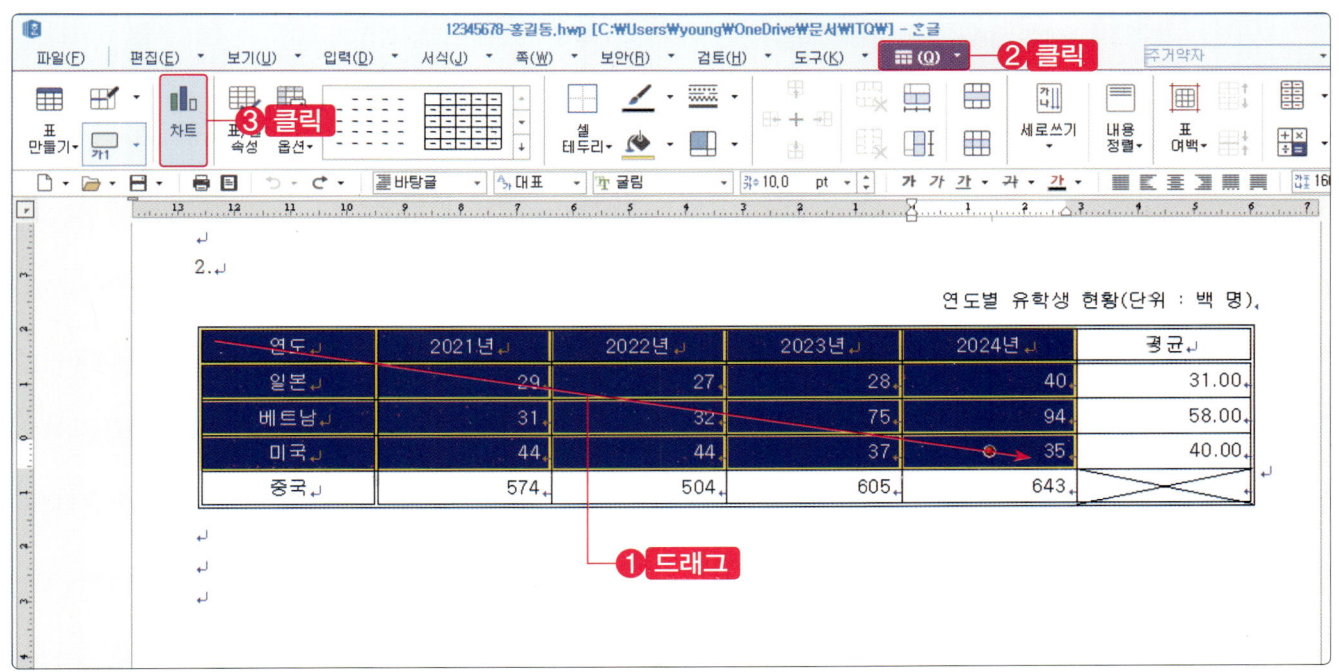

- 파일 열기 : [파일] 탭-[불러오기]를 클릭한 후 [불러오기] 대화상자가 나타나면 찾는 위치(Part 01₩Chapter 04)를 지정한 다음 파일(Ch04.hwp)을 선택하고 [열기] 단추를 클릭합니다.
- 차트를 작성할 때 차트 데이터는 표 내용을 이용하여 작성합니다.

제 08 회 ITQ 실전모의문제

과목	코드	문제유형	시험시간	수험번호	성명
아래한글	1111	B	60분		

수험자 유의사항

- 수험자는 문제지를 받는 즉시 문제지와 <u>수험표상의 시험과목(프로그램)이 동일한지 반드시 확인</u>하여야 합니다.
- 파일명은 본인의 "수험번호-성명"으로 입력하여 답안폴더(내 PC\문서\ITQ)에 하나의 파일로 저장해야 하며, 답안문서 파일명이 "수험번호-성명"과 일치하지 않거나, 답안파일을 전송하지 않아 미제출로 처리될 경우 실격 처리합니다(예:12345678-홍길동.hwp).
- 답안 작성을 마치면 파일을 저장하고, '답안 전송' 버튼을 선택하여 감독위원 PC로 답안을 전송하십시오. 수험생 정보와 저장한 파일명이 다를 경우 전송되지 않으므로 주의하시기 바랍니다.
- 답안 작성 중에도 <u>주기적으로 저장하고, '답안 전송'</u>하여야 문제 발생을 줄일 수 있습니다. 작업한 내용을 저장하지 않고 전송할 경우 이전에 저장된 내용이 전송되오니 이점 유의하시기 바랍니다.
- 답안문서는 지정된 경로 외의 다른 보조기억장치에 저장하는 경우, 지정된 시험 시간 외에 작성된 파일을 활용할 경우, 기타 통신수단(이메일, 메신저, 네트워크 등)을 이용하여 타인에게 전달 또는 외부 반출하는 경우는 부정 처리합니다.
- 시험 중 부주의 또는 고의로 시스템을 파손한 경우는 수험자가 변상해야 하며, 〈수험자 유의사항〉에 기재된 방법대로 이행하지 않아 생기는 불이익은 수험생 당사자의 책임임을 알려 드립니다.
- 문제의 조건은 한컴오피스 2020 버전으로 설정되어 있으며 한컴오피스 NEO는 【 】에 표기되어 있습니다. 이와 관련하여 작성한 답안의 출력형태가 문제지와 다를 수 있습니다.
- 시험을 완료한 수험자는 답안파일이 전송되었는지 확인한 후 감독위원의 지시에 따라 문제지를 제출하고 퇴실합니다.

답안 작성요령

- **온라인 답안 작성 절차**
  수험자 등록 ⇒ 시험 시작 ⇒ 답안파일 저장 ⇒ 답안 전송 ⇒ 시험 종료
- **공통 부문**
  - 글꼴에 대한 기본설정은 함초롬바탕, 10포인트, 검정, 줄간격 160%, 양쪽정렬로 합니다.
  - 색상은 조건의 색을 적용하고 색의 구분이 안 될 경우에는 RGB 값을 적용하십시오.
    (빨강 255,0,0 / 파랑 0,0,255 / 노랑 255,255,0).
  - 각 문항에 주어진 ≪조건≫에 따라 작성하고 언급하지 않은 조건은 ≪출력형태≫와 같이 작성합니다.
  - 용지여백은 왼쪽·오른쪽 11mm, 위쪽·아래쪽·머리말·꼬리말 10mm, 제본 0mm로 합니다.
  - 그림 삽입 문제의 경우 「내 PC\문서\ITQ\Picture」 폴더에서 지정된 파일을 선택하여 삽입하십시오.
  - 삽입한 그림은 반드시 문서에 포함하여 저장해야 합니다(미포함 시 감점 처리).
  - 각 항목은 지정된 페이지에 출력형태와 같이 정확히 작성하시기 바라며, 그렇지 않을 경우에 해당 항목은 0점 처리됩니다.
    ※ 페이지구분 : 1페이지 - 기능평가 I (문제번호 표시 : 1. 2.),
    　　　　　　　 2페이지 - 기능평가 II (문제번호 표시 : 3. 4.),
    　　　　　　　 3페이지 - 문서작성 능력평가
- **기능평가**
  - 문제와 ≪조건≫은 입력하지 않으며 문제번호와 답(≪출력형태≫)만 작성합니다.
  - 4번 문제는 묶기를 했을 경우 0점 처리됩니다.
- **문서작성 능력평가**
  - A4 용지(210mm×297mm) 1매 크기, 세로 서식 문서로 작성합니다.
  - ◯ 표시는 문서작성에 대한 지시사항이므로 작성하지 않습니다.

kpc 한국생산성본부

2 차트가 삽입되면 **크기 조절점을 드래그하여 크기를 조절**합니다.

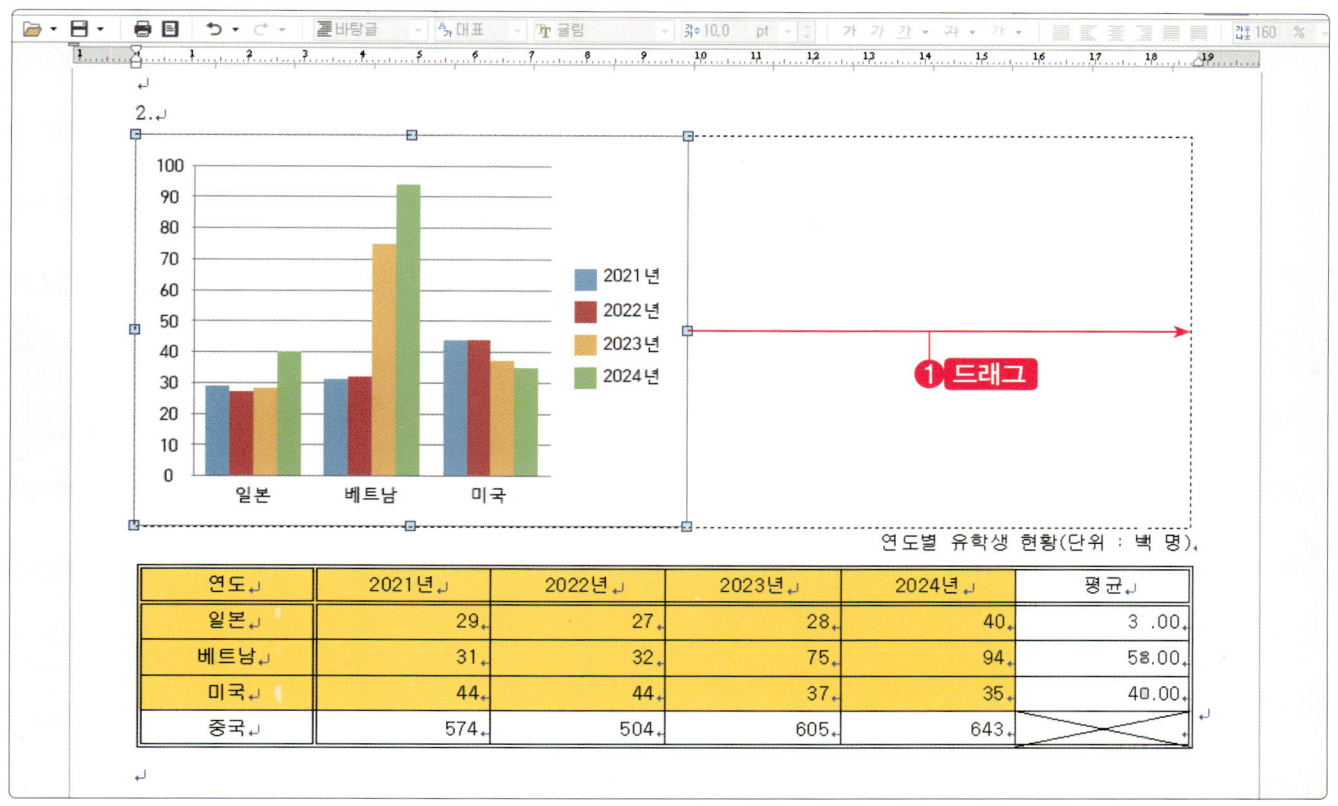

차트로 마우스 포인터를 가져가서 마우스 포인터가 모양으로 변경되었을 때 클릭하면 차트를 선택할 수 있고, 차트를 선택한 후 차트의 크기 조절점(□)을 드래그하면 차트의 크기를 조절할 수 있습니다.

3 차트의 크기가 조절되면 [차트( )] 정황 탭에서 **[글자처럼 취급]을 선택**합니다.

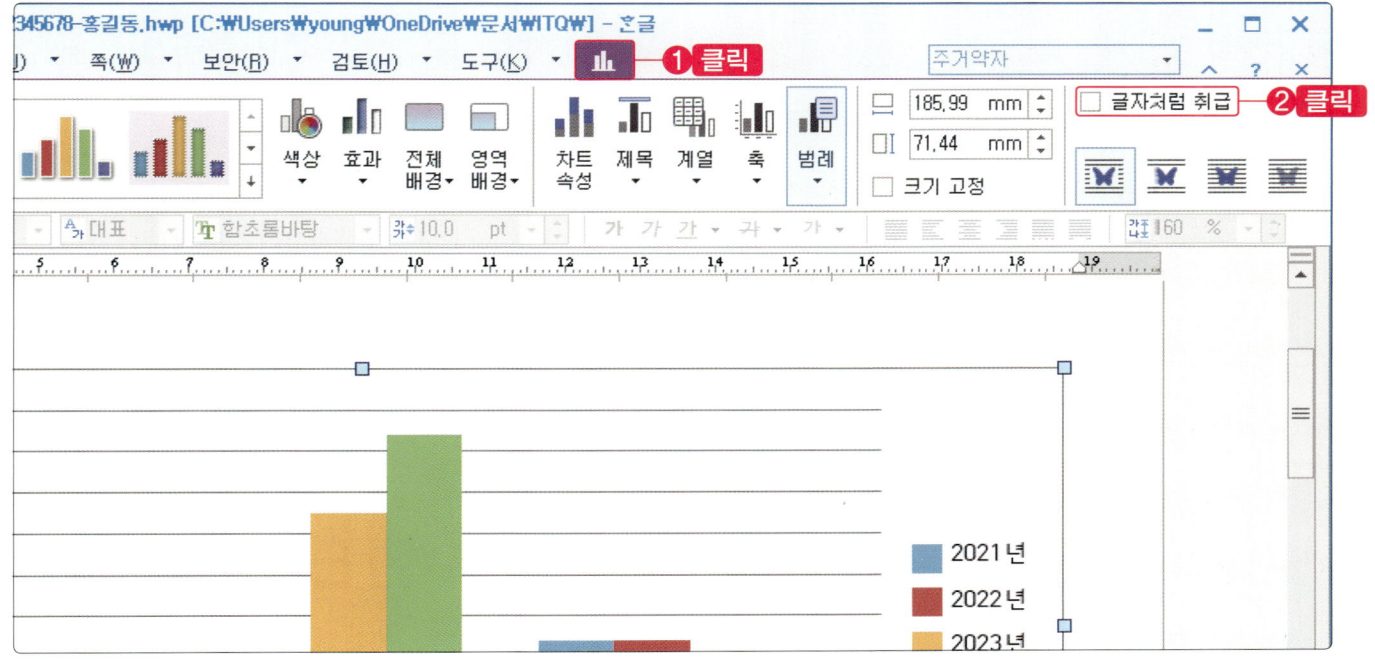

[글자처럼 취급]을 선택하면 차트를 하나의 글자처럼 취급하여 정렬(왼쪽/가운데/오른쪽)을 할 수 있습니다.

정보보안 및 개인정보보호

팬데믹① 이후 급격한 사회 변화로 인해 예측 불확실성과 불안이 증가했다. 전염병(傳染病) 확산 방지를 위해 각국은 강력한 방역 방침을 세우며, 정부 개입을 강화했다. 경제적으로도 제조업, 생산업 둔화 등의 문제가 등장했고, 이는 소득 및 지출 감소로 이어지며 글로벌 경제 침체 등의 위기가 발발했다. 우리 일상생활의 디지털 의존도는 빠른 속도로 높아져 왔으며 코로나19로 인해 화상회의, 원격교육, 원격진료 등 사회 기반 서비스 전반이 비대면화되면서 일상생활에서의 보안 접점도 확대되고 있다. 이에 전 세계적 경제 침체 국면에서도 정보보호 시장은 지속적인 성장세임을 확인할 수 있었다.

정보보안 서비스 분야는 높은 성장률을 보인다. 그러나 사이버 보안의 중요성이 날로 높아지고 관련 시장도 성장하는 것에 반해 국내 시장의 현실은 상대적으로 큰 격차를 보인다. 디지털 전환에 따른 사이버 보안 위협 증가는 필연적이다. 특히, 중소기업은 부족한 전문인력과 예산 등으로 인해 보안 위협에 취약하다. 정보보안산업 선진국 동향을 주시하며, 정보(情報) 보호에 대한 인식과 수준 제고를 위한 개선방안 마련이 필요한 시점이다.

♣ 스미싱 피해 시 대응 방법

 I. 악성 애플리케이션 삭제
   ① 문자메시지에 포함된 인터넷주소 클릭만으로는 미감염
   ② 인터넷을 통해서 특정 어플 설치 시 악성코드 감염 의심
 II. 모바일 결제 확인 및 취소하기
   ① 피해가 확인되면 피해가 의심되는 스미싱 문자 캡쳐
   ② 통신사 고객센터를 통해 스미싱 피해 신고 및 확인서 발급

♣ 랜섬웨어 피해예방 5대수칙

수칙	피해 대상1	피해 대상2	예방 대책
1	운영체제	응용프로그램	최신 보안 업데이트 실시
2	신뢰할 수 있는 백신	안티 익스플로잇 도구	백신 설치 및 최신 버전 업데이트
3	스팸메일, 첨부파일	출처 불분명 인터넷주소 링크	이메일 및 인터넷 주소 삭제
4	파일 공유사이트	신뢰할 수 없는 사이트	파일 다운로드 및 실행 주의
5	개인 중요문서	개인 중요사진	별도 매체에 정기적 백업

인터넷보호나라

---
① 세계보건기구가 선포하는 감염병 최고 경고 등급으로, 세계적으로 감염병이 대유행하는 상태

4 차트를 선택한 후 아래로 드래그하여 차트 위치를 이동시킵니다.

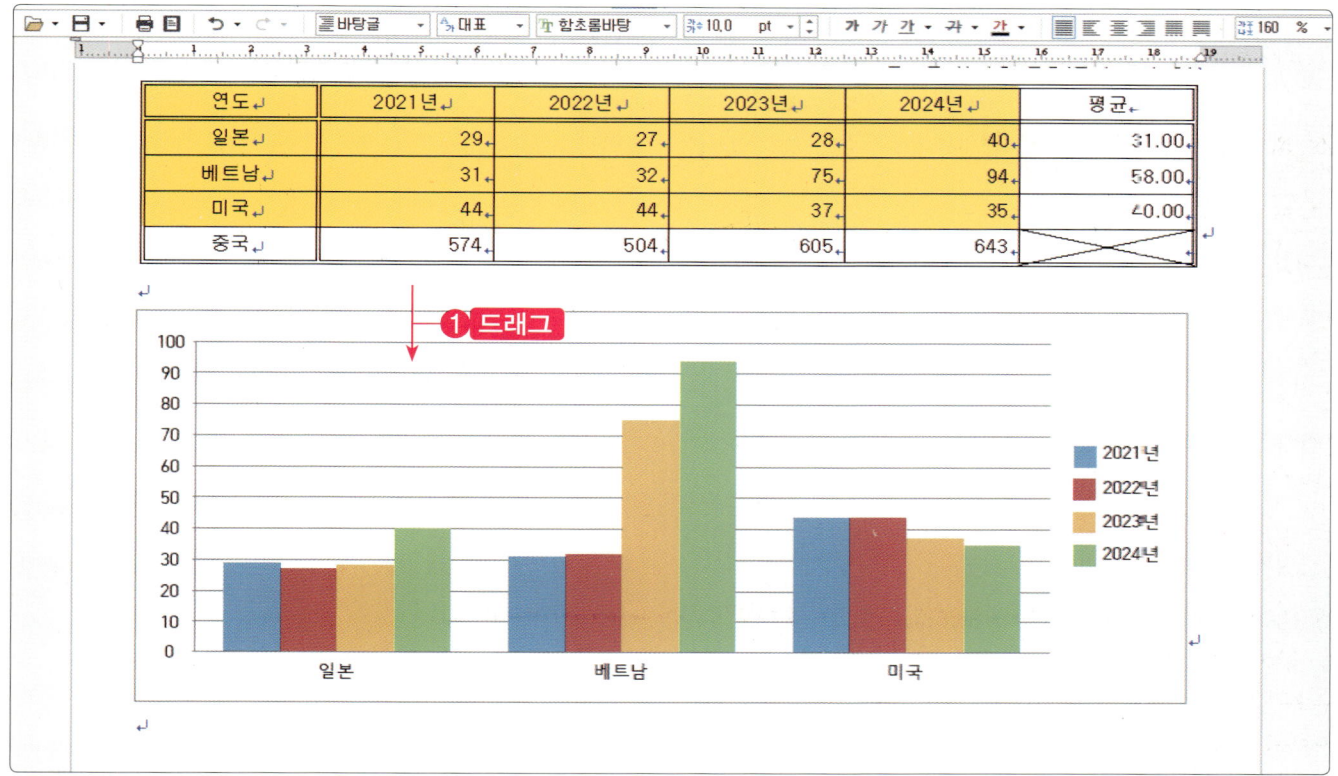

5 차트를 더블클릭하여 차트 편집 상태로 전환한 후 바로가기 메뉴에서 (**차트 마법사**)를 클릭합니다.

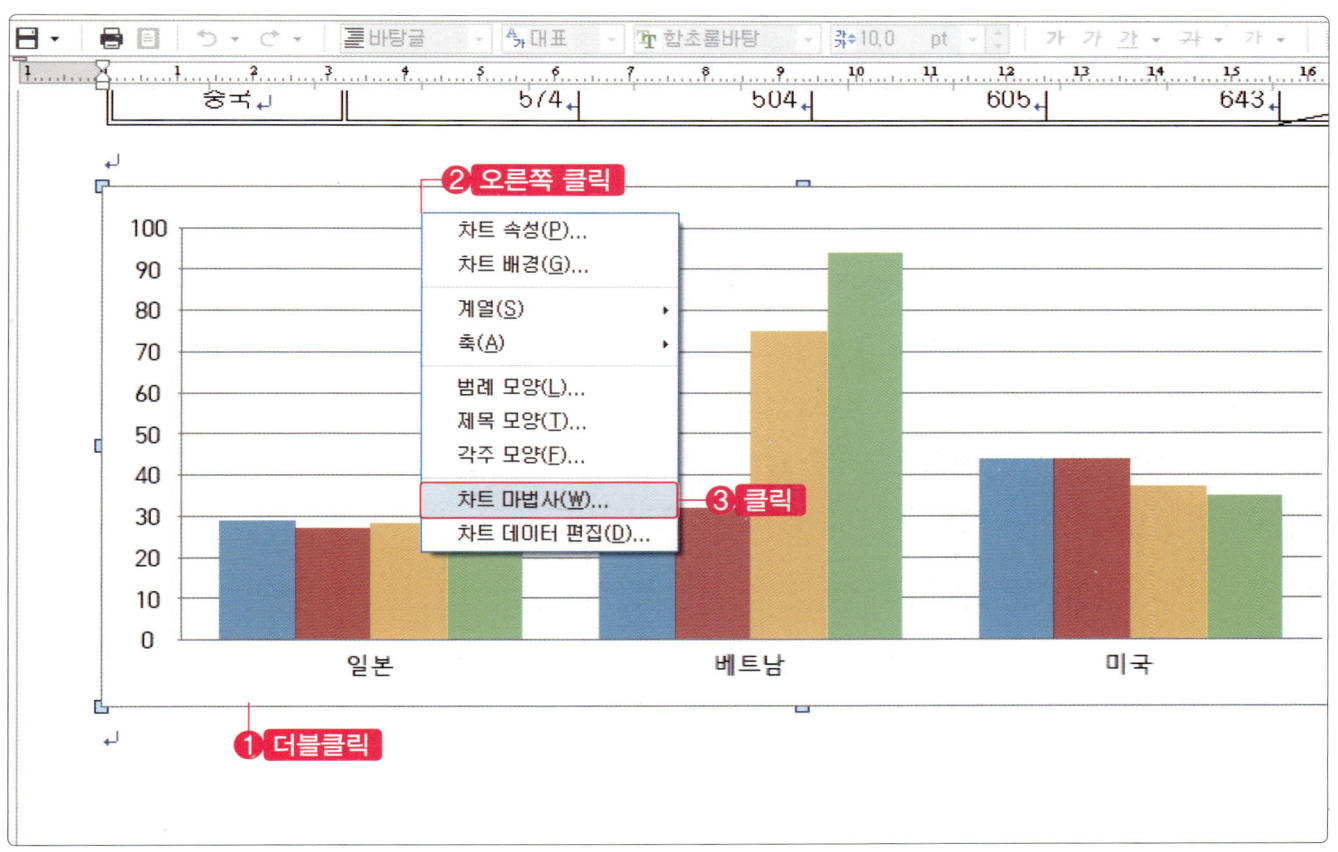

차트의 빈 공간을 더블 클릭하여 차트 편집 상태로 전환하면, 크기 조절점의 모양이 ▪, ▪ 등으로 변경됩니다.

기능평가 II (110점)

3. 다음 (1), (2)의 수식을 수식 편집기로 각각 입력하시오. (40점)

≪출력형태≫

(1) $1 + \sqrt{3} = \dfrac{x^3 - (2x+5)^2}{x^3 - (x-2)}$

(2) $\displaystyle\int_a^b xf(x)dx = \dfrac{1}{b-a}\int_a^b xdx = \dfrac{a+b}{2}$

4. 다음의 ≪조건≫에 따라 ≪출력형태≫와 같이 문서를 작성하시오. (110점)

≪조건≫
(1) 그리기 도구를 이용하여 작성하고, 모든 도형(글맵시, 지정된 그림 포함)을 ≪출력형태≫와 같이 작성하시오.
(2) 도형의 면색은 지시사항이 없으면 색 없음을 제외하고 서로 다르게 임의로 지정하시오.

≪출력형태≫

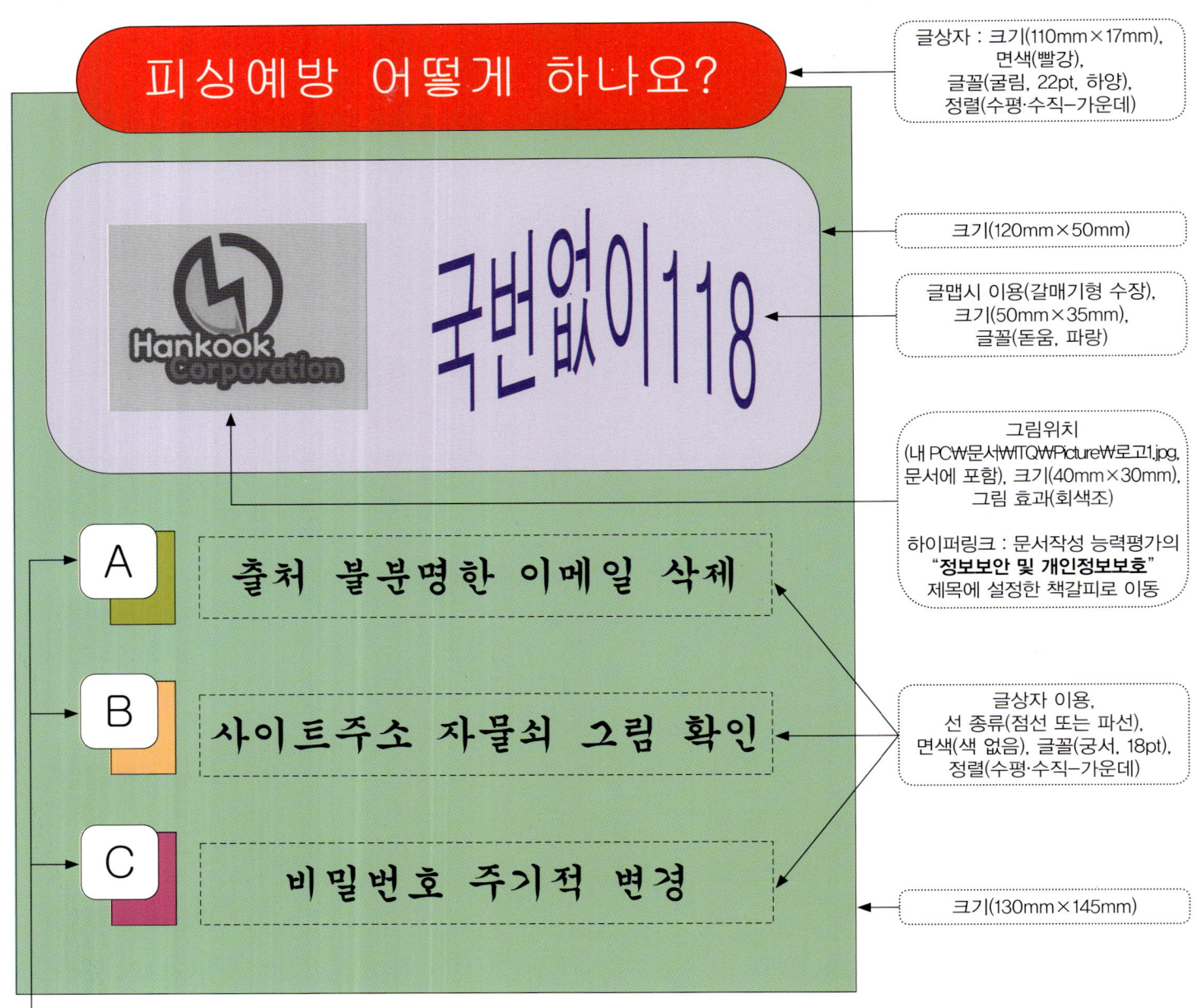

6 〔차트 마법사 - 3단계 중 1단계〕대화상자가 나타나면 〔표준 종류〕탭에서 **차트 종류(세로 막대형)**와 **차트 모양(〔묶은 세로 막대형〕)**을 **선택**한 후 〔다음〕**단추를 클릭**합니다. 그런다음 〔차트 마법사 3단계 중 2단계〕대화상자가 나타나면 **방향(열)**을 **선택**한 후 〔다음〕**단추를 클릭**합니다.

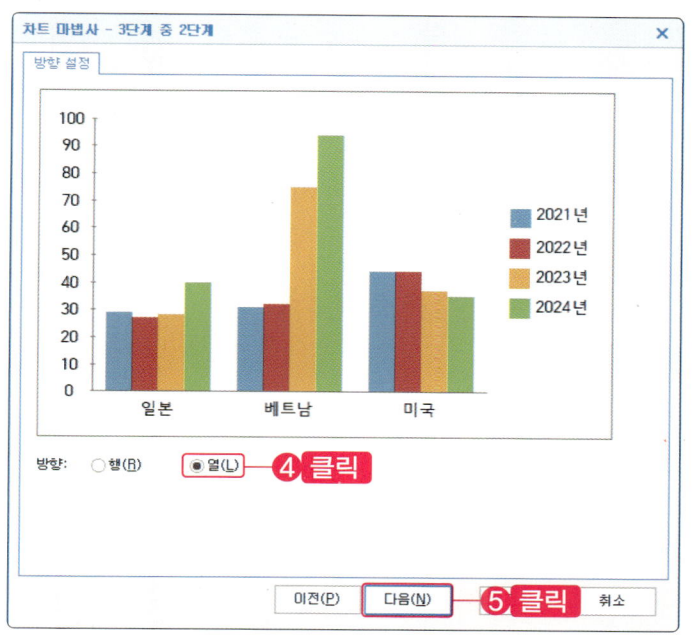

방향은 수험자가 《출력형태》를 보고 지정해야 합니다. 방향을 '행'으로 지정하면 차트를 행 자료 기준으로 표시하여 국가(일본, 베트남, 미국)이 범례로 표시되고, 방향을 '열'로 지정하면 차트를 열 자료 기준으로 표시하여 연도(2021년, 2022년, 2023년, 2024년)가 범례에 표시됩니다.

7 〔차트 마법사 - 마지막 단계〕대화상자가 나타나면 〔제목〕탭에서 **차트 제목과 Y(값) 축을 입력**한 후 〔확인〕**단추를 클릭**합니다.

- 차트 제목 : 연도별 유학생 현황
- Y(값) 축 : (단위 : 백 명)

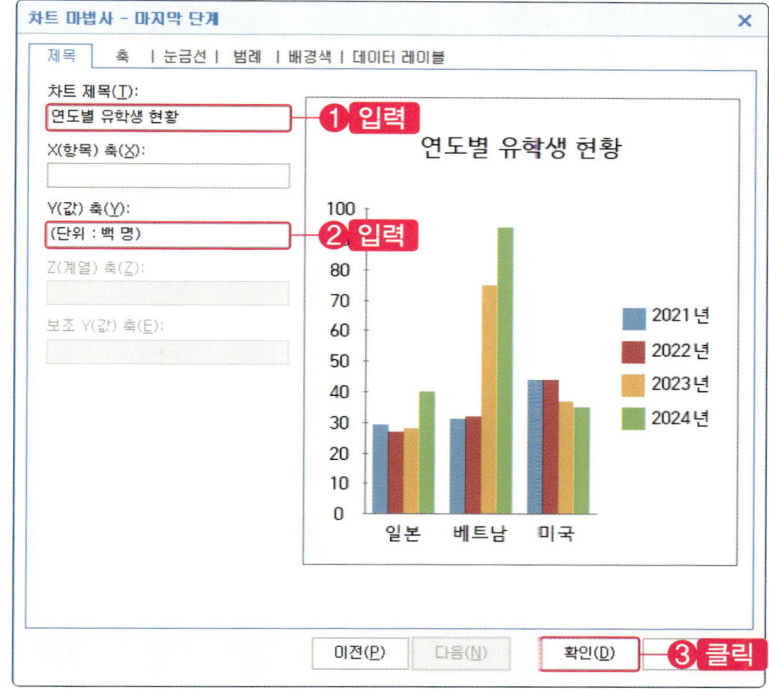

기능평가 I (150점)

1. 다음의 ≪조건≫에 따라 스타일 기능을 적용하여 ≪출력형태≫와 같이 작성하시오. (50점)

≪조건≫
(1) 스타일 이름 - information
(2) 문단 모양 - 왼쪽 여백 : 15pt, 문단 아래 간격 : 10pt
(3) 글자 모양 - 글꼴 : 한글(돋움)/영문(굴림), 크기 : 10pt, 장평 : 95%, 자간 : 5%

≪출력형태≫

In the age of based on big data personal information is becoming increasingly more important. Personal information is becoming a global problem.

4차 산업혁명 시대에 빅데이터 기반 개인정보의 중요성은 더욱 커지고 있다. 또한 개인정보는 더 이상 어느 한 국가의 문제가 아닌 전 세계적인 문제가 되었다.

2. 다음의 ≪조건≫에 따라 ≪출력형태≫와 같이 표와 차트를 작성하시오. (100점)

≪표 조건≫
(1) 표 전체(표, 캡션) - 굴림, 10pt
(2) 정렬 - 문자 : 가운데 정렬, 숫자 : 오른쪽 정렬
(3) 셀 배경(면색) : 노랑
(4) 한글의 계산 기능을 이용하여 빈칸에 평균(소수점 두 자리)을 구하고, 캡션 기능 사용할 것
(5) 선 모양은 ≪출력형태≫와 동일하게 처리할 것

≪출력형태≫

스팸 발송경로별 유통 현황(단위 : 십만 건)

구분	2021년	2022년	2023년	2024년	평균
유선전화	62	73	94	122	
인터넷전화	81	83	67	85	
휴대전화	21	26	31	30	
이메일(국내발송)	0.9	11	5	7	

≪차트 조건≫
(1) 차트 데이터는 표 내용에서 연도별 유선전화, 인터넷전화, 휴대전화의 값만 이용할 것
(2) 종류 - <묶은 세로 막대형>으로 작업할 것
(3) 제목 - 돋움, 진하게, 12pt, 속성 - 채우기(하양), 테두리, 그림자(대각선 오른쪽 아래)
【돋움, 진하게, 12pt, 배경 - 선 모양(한 줄로), 그림자(2pt)】
(4) 제목 이외의 전체 글꼴 - 굴림, 보통, 10pt
(5) 축제목과 범례는 ≪출력형태≫와 동일하게 처리할 것

≪출력형태≫

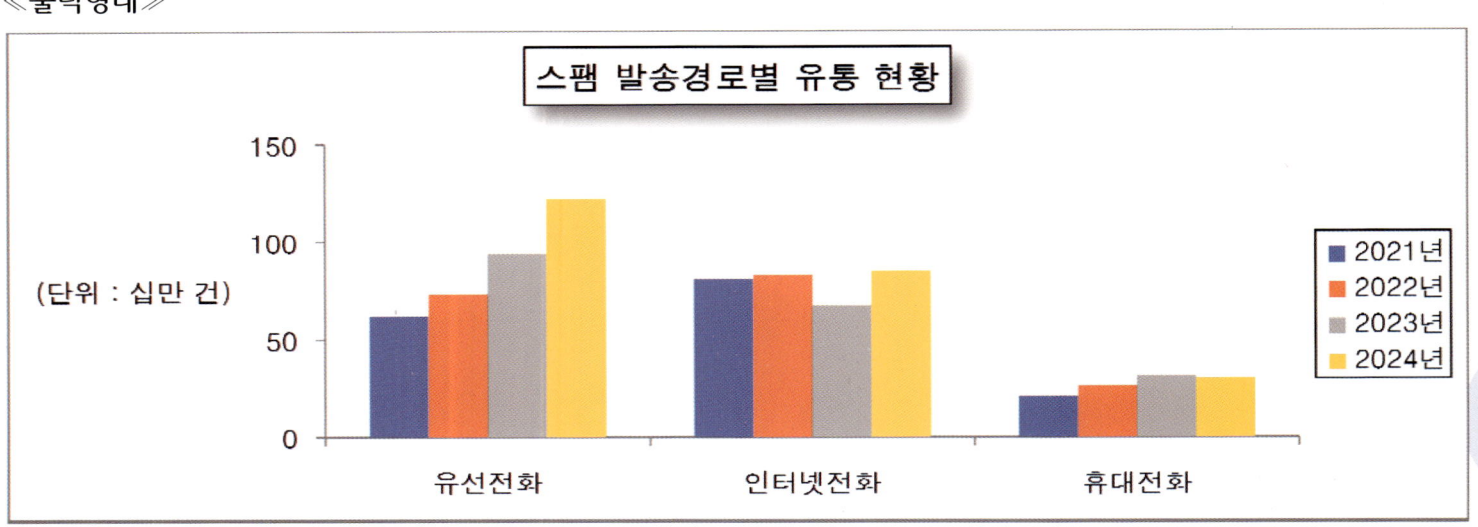

차트의 구성

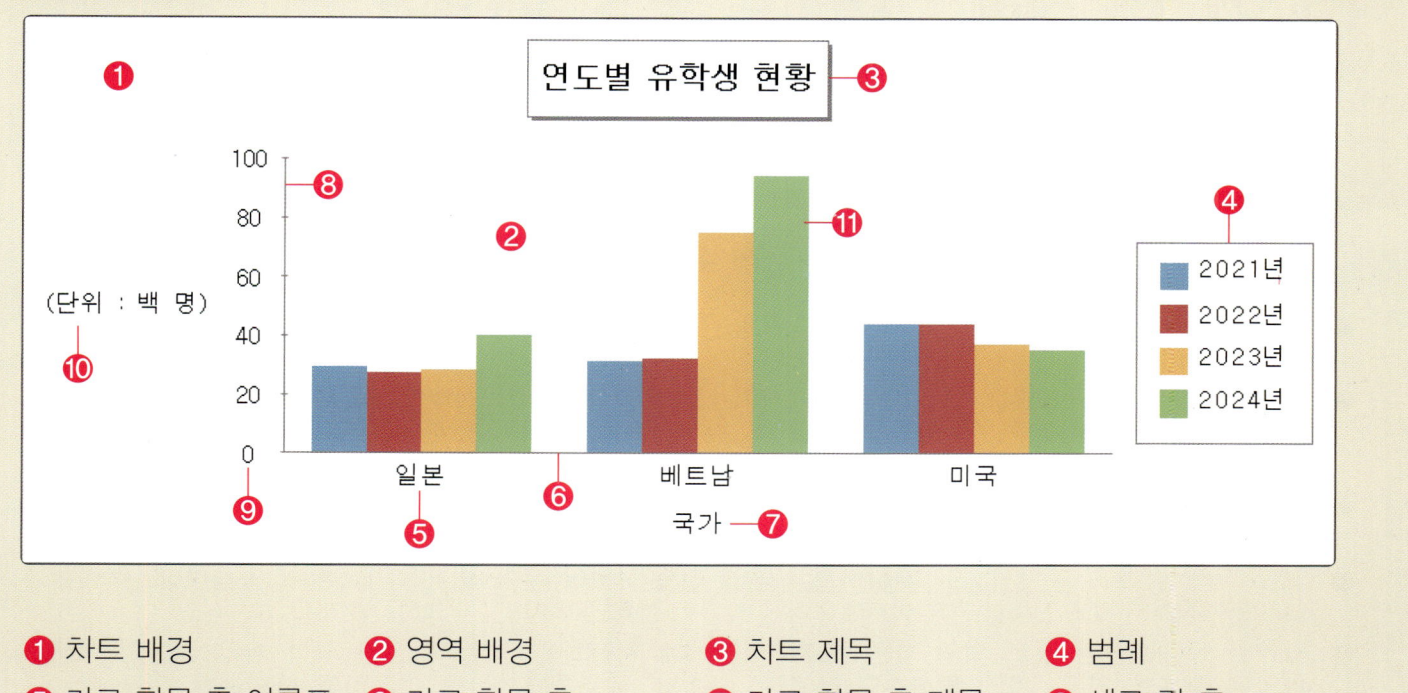

❶ 차트 배경 ❷ 영역 배경 ❸ 차트 제목 ❹ 범례
❺ 가로 항목 축 이름표 ❻ 가로 항목 축 ❼ 가로 항목 축 제목 ❽ 세로 값 축
❾ 세로 값 축 이름표 ❿ 세로 값 축 제목 ⓫ 계열

STEP 02 차트 편집하기

〈차트 조건〉
(3) 제목 - 돋움, 진하게, 12pt, 속성 - 채우기(하양), 테두리, 그림자(대각선 오른쪽 아래)
【돋움, 진하게, 12pt, 배경 - 선 모양(한 줄로), 그림자(2pt)】
(4) 제목 이외의 전체 글꼴 - 돋움, 보통, 10pt
(5) 축제목과 범례는《출력형태》와 동일하게 처리할 것

1 차트 제목을 편집하기 위해 **차트를 더블클릭하여 차트 편집 상태로 전환**한 후 **차트 제목을 더블클릭**합니다.

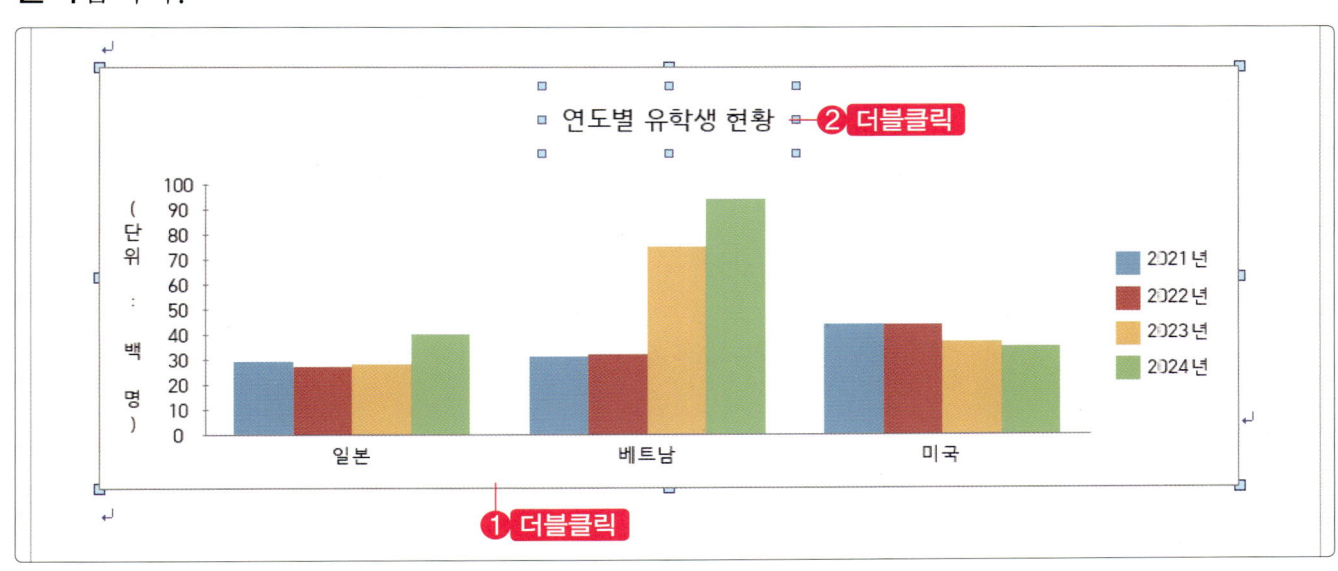

제07회 ITQ 실전모의문제

과목	코드	문제유형	시험시간	수험번호	성명
아래한글	1111	A	60분		

수험자 유의사항

- 수험자는 문제지를 받는 즉시 문제지와 수험표상의 시험과목(프로그램)이 동일한지 반드시 확인하여야 합니다.
- 파일명은 본인의 "수험번호-성명"으로 입력하여 답안폴더(내 PC₩문서₩ITQ)에 하나의 파일로 저장해야 하며, 답안문서 파일명이 "수험번호-성명"과 일치하지 않거나, 답안파일을 전송하지 않아 미제출로 처리될 경우 실격 처리합니다(예:12345678-홍길동.hwp).
- 답안 작성을 마치면 파일을 저장하고, '답안 전송' 버튼을 선택하여 감독위원 PC로 답안을 전송하십시오. 수험생 정보와 저장한 파일명이 다를 경우 전송되지 않으므로 주의하시기 바랍니다.
- 답안 작성 중에도 주기적으로 저장하고, '답안 전송'하여야 문제 발생을 줄일 수 있습니다. 작업한 내용을 저장하지 않고 전송할 경우 이전에 저장된 내용이 전송되오니 이점 유의하시기 바랍니다.
- 답안문서는 지정된 경로 외의 다른 보조기억장치에 저장하는 경우, 지정된 시험 시간 외에 작성된 파일을 활용할 경우, 기타 통신수단(이메일, 메신저, 네트워크 등)을 이용하여 타인에게 전달 또는 외부 반출하는 경우는 부정 처리합니다.
- 시험 중 부주의 또는 고의로 시스템을 파손한 경우는 수험자가 변상해야 하며, <수험자 유의사항>에 기재된 방법대로 이행하지 않아 생기는 불이익은 수험생 당사자의 책임임을 알려 드립니다.
- 문제의 조건은 한컴오피스 2020 버전으로 설정되어 있으며 한컴오피스 NEO는 【 】에 표기되어 있습니다. 이와 관련하여 작성한 답안의 출력형태가 문제지와 다를 수 있습니다.
- 시험을 완료한 수험자는 답안파일이 전송되었는지 확인한 후 감독위원의 지시에 따라 문제지를 제출하고 퇴실합니다.

답안 작성요령

- **온라인 답안 작성 절차**
  수험자 등록 ⇒ 시험 시작 ⇒ 답안파일 저장 ⇒ 답안 전송 ⇒ 시험 종료
- **공통 부문**
  - 글꼴에 대한 기본설정은 함초롬바탕, 10포인트, 검정, 줄간격 160%, 양쪽정렬로 합니다.
  - 색상은 조건의 색을 적용하고 색의 구분이 안 될 경우에는 RGB 값을 적용하십시오.
    (빨강 255,0,0 / 파랑 0,0,255 / 노랑 255,255,0).
  - 각 문항에 주어진 ≪조건≫에 따라 작성하고 언급하지 않은 조건은 ≪출력형태≫와 같이 작성합니다.
  - 용지여백은 왼쪽·오른쪽 11mm, 위쪽·아래쪽·머리말·꼬리말 10mm, 제본 0mm로 합니다.
  - 그림 삽입 문제의 경우 「내 PC₩문서₩ITQ₩Picture」 폴더에서 지정된 파일을 선택하여 삽입하십시오.
  - 삽입한 그림은 반드시 문서에 포함하여 저장해야 합니다(미포함 시 감점 처리).
  - 각 항목은 지정된 페이지에 출력형태와 같이 정확히 작성하시기 바라며, 그렇지 않을 경우에 해당 항목은 0점 처리됩니다.
    ※ 페이지구분 : 1페이지 - 기능평가 I (문제번호 표시 : 1. 2.),
    　　　　　　　 2페이지 - 기능평가 II (문제번호 표시 : 3. 4.),
    　　　　　　　 3페이지 - 문서작성 능력평가
- **기능평가**
  - 문제와 ≪조건≫은 입력하지 않으며 문제번호와 답(≪출력형태≫)만 작성합니다.
  - 4번 문제는 묶기를 했을 경우 0점 처리됩니다.
- **문서작성 능력평가**
  - A4 용지(210mm×297mm) 1매 크기, 세로 서식 문서로 작성합니다.
  - ☐ 표시는 문서작성에 대한 지시사항이므로 작성하지 않습니다.

kpc 한국생산성본부

〈차트 조건〉 (3) 제목 – 돋움, 진하게, 12pt, 속성 – 채우기(하양), 테두리, 그림자(대각선 오른쪽 아래)
【돋움, 진하게, 12pt, 배경 – 선 모양(한 줄로), 그림자(2pt)】
(4) 제목 이외의 전체 글꼴 – 돋움, 보통, 10pt
(5) 축제목과 범례는 《출력형태》와 동일하게 처리할 것

2 〔제목 모양〕 대화상자가 나타나면 〔배경〕 탭에서 **선 모양 종류(한 줄로)를 선택**한 후 〔그림자〕를 **선택**한 다음 **위치(2)를 입력**합니다.

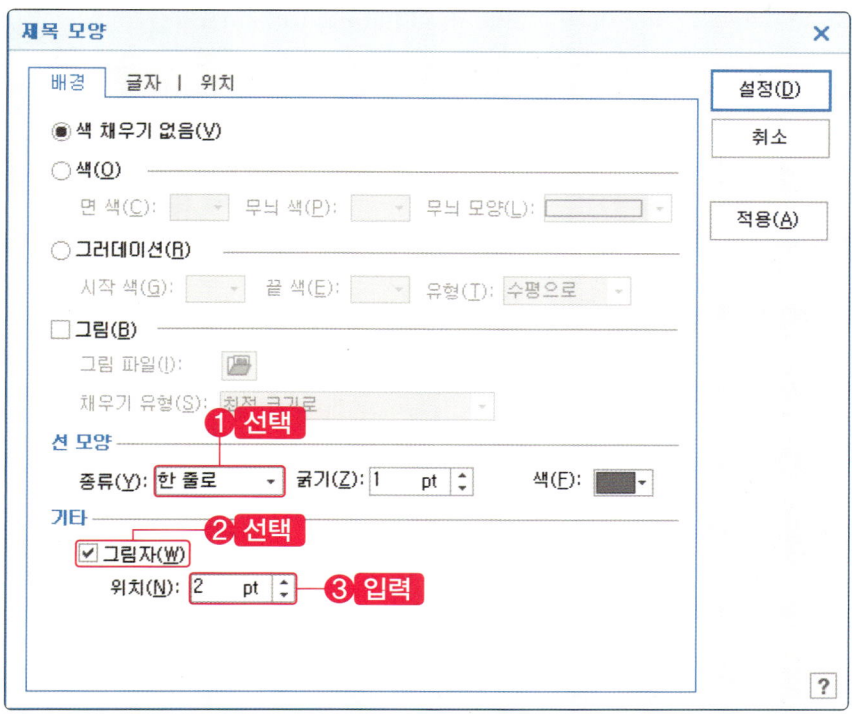

3 〔글자〕 탭을 클릭한 후 **글꼴(돋움), 크기(12)를 선택**한 다음 **속성(진하게(가))을 선택**하고 〔설정〕 **단추를 클릭**합니다.

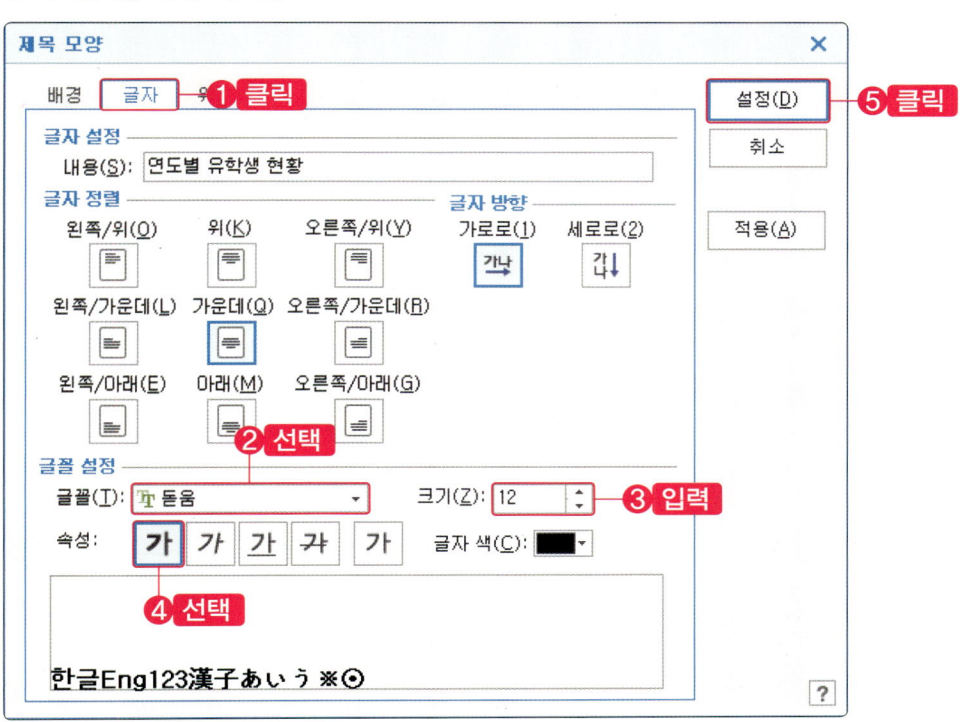

창의인재 양성을 위한 청소년 비즈쿨

학교 교육과정에서 비즈니스를 배운다는 뜻을 담고 있는 비즈쿨(BizCool)은 비즈니스(business)와 스쿨(school)의 합성어로 그 의미를 표현하고 있다. 비즈쿨은 전국의 고등학생을 대상으로 이론 교육을 비롯하여 현장 체험과 같은 체계적인 프로그램을 통해 기초 개념인 기업 및 기업가에 대한 이해, 창업과 경영 등 비즈니스에 필수적인 내용을 학습할 수 있는 기회를 제공한다. 이를 통해 미래에 대한 희망과 비전을 제시하고 다양한 진로를 모색할 수 있도록 유도(誘導)함으로써 청소년들의 기업가적 자질과 역량을 고취시켜 이들을 미래의 경제 역군으로 양성하며, 궁극적으로는 중소기업의 인력난 해소와 창업의 활성화를 도모(圖謀)하고자 한다.

이러한 목적의 일환으로 중소기업청 비즈쿨 운영팀에서 비즈쿨 페스티벌을 개최한다. 이번 페스티벌은 비즈쿨 프로그램을 운영하는 전국 100여 개 학교 간의 성공 사례를 발표하고, 지역별 비즈쿨 운영 학습 정보를 제공하기 위해 마련되었다. 본 행사는 비즈쿨 공동체의 기반을 형성하고 창업 아이템 경진대회Ⓐ를 통해 우수 학교와 학생에 대한 지원을 강화하며 비즈쿨 학생의 자립정신과 도전정신을 제고하기 위해 기획되었다.

♣ 청소년 비즈쿨 페스티벌

가. 행사일정 및 장소
  ㉠ 행사일정 : 2024. 06. 17 - 2024. 06. 23
  ㉡ 행사장소 : 세종 호수공원
나. 지원내용
  ㉠ 전시관 : 비즈쿨 주제관, 학교관, 유관기관 및 기업관
  ㉡ 부대행사 : 기업가정신 컨퍼런스, 신기술 체험 등

♣ 창업 프로그램 지원내용

유형	프로그램	지원내용
시장진입	판로개척	창업기업의 홍보, 마케팅 뿐 아니라 매출 증대에 직간접적으로 영향을 끼치는 활동
	글로벌연계	글로벌 전시회, 행사관련 창업기업수요에 따른 연계지원
초기투자	투자교육	투자유치를 위한 기본교육, 심화교육까지 전과정 교육
	IR	주관기관, 엑셀러레이터, 유관기관 연계 등을 통해 모의투자 및 실제투자 IR 진행
실증검증	기술실증	민간기관 및 공공기관과 매칭한 창업기업 기술성 검증

창업진흥원

Ⓐ 고등학교 창업 동아리 학생들의 아이디어를 발굴하여 사업화를 지원하는 대회

〈차트 조건〉 (4) 제목 이외의 전체 글꼴 – 돋움, 보통, 10pt
(5) 축제목과 범례는《출력형태》와 동일하게 처리할 것

4 범례를 편집하기 위해 [범례]를 **더블클릭**합니다.

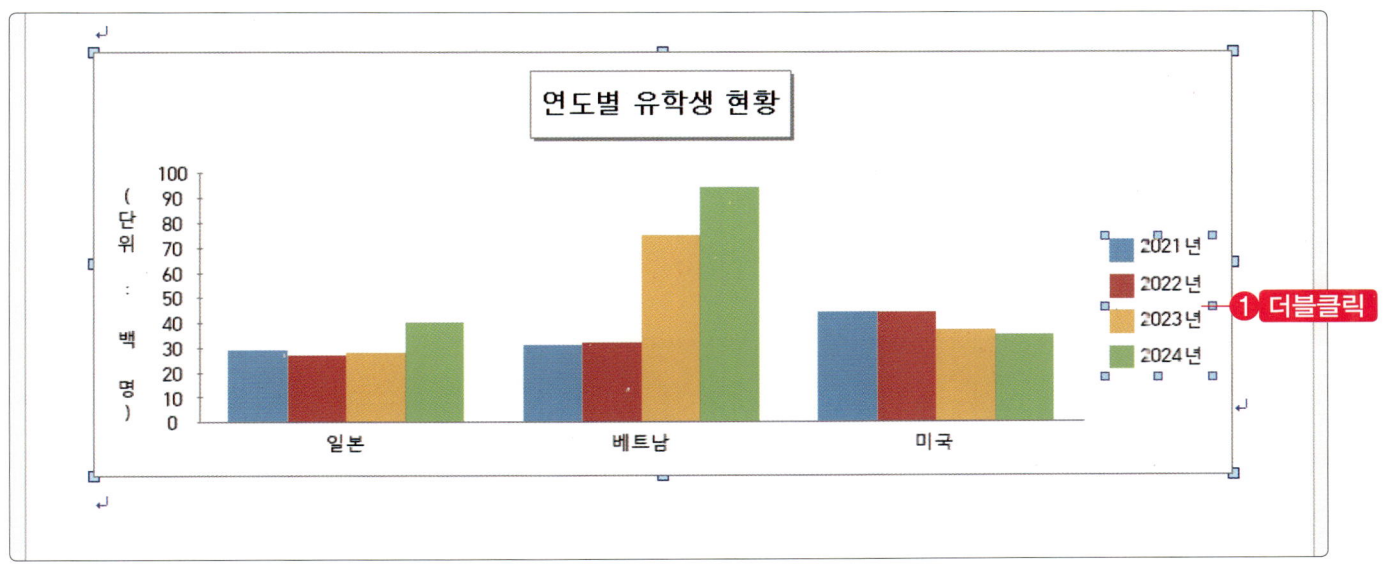

5 [범례 모양] 대화상자가 나타나면 [배경] 탭에서 **선 모양 종류(한 줄로)를 선택**합니다. 그런다음 [글자] 탭을 클릭한 후 **글꼴(돋움), 크기(10)를 선택**한 다음 [설정] 단추를 클릭합니다.

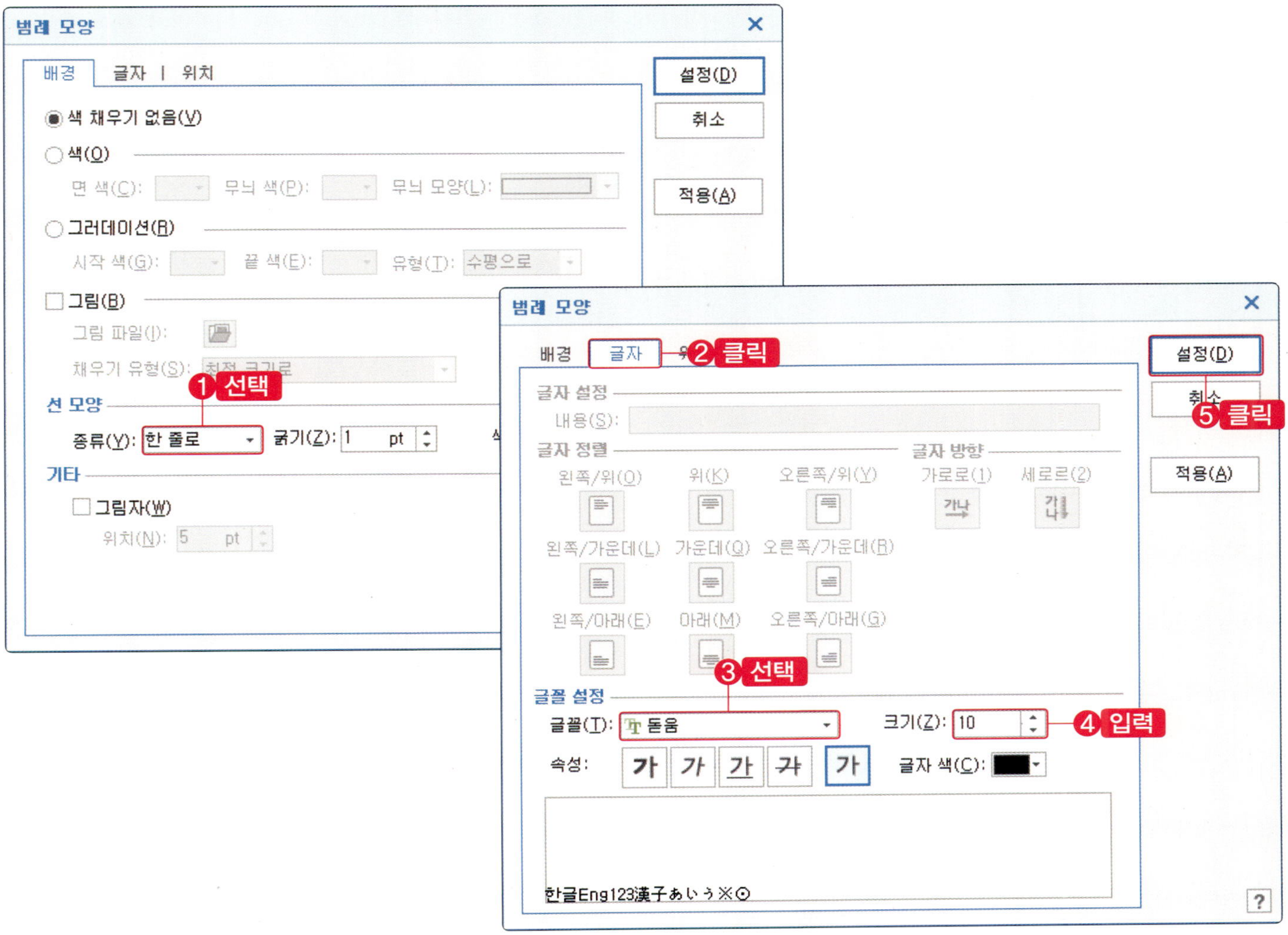

기능평가 II (150점)

3. 다음 (1), (2)의 수식을 수식 편집기로 각각 입력하시오. (40점)

≪출력형태≫

(1) $\sum_{k=1}^{n} = \frac{1}{6}n(n+a)(2n+1)$

(2) $\frac{1}{d} = \sqrt{n^2} = \sqrt{\frac{3kT}{m}}$

4. 다음의 ≪조건≫에 따라 ≪출력형태≫와 같이 문서를 작성하시오. (110점)

≪조건≫
(1) 그리기 도구를 이용하여 작성하고, 모든 도형(글맵시, 지정된 그림 포함)을 ≪출력형태≫와 같이 작성하시오.
(2) 도형의 면색은 지시사항이 없으면 색 없음을 제외하고 서로 다르게 임의로 지정하시오.

≪출력형태≫

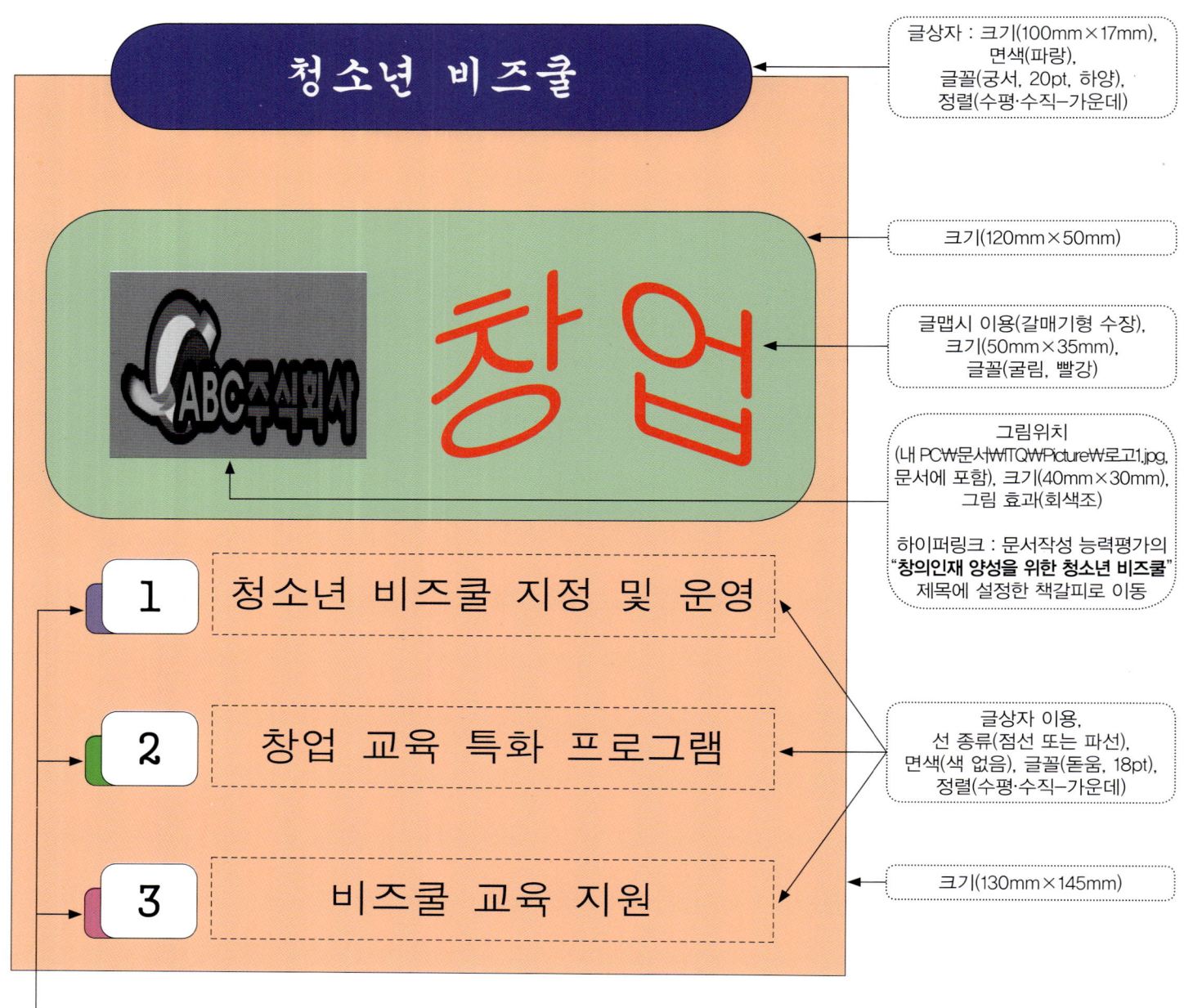

〈차트 조건〉 (4) 제목 이외의 전체 글꼴 – 돋움, 보통, 10pt
(5) 축제목과 범례는 《출력형태》와 동일하게 처리할 것

6 세로 값 축 제목을 편집하기 위해 **세로 값 축 제목을 더블클릭**합니다.

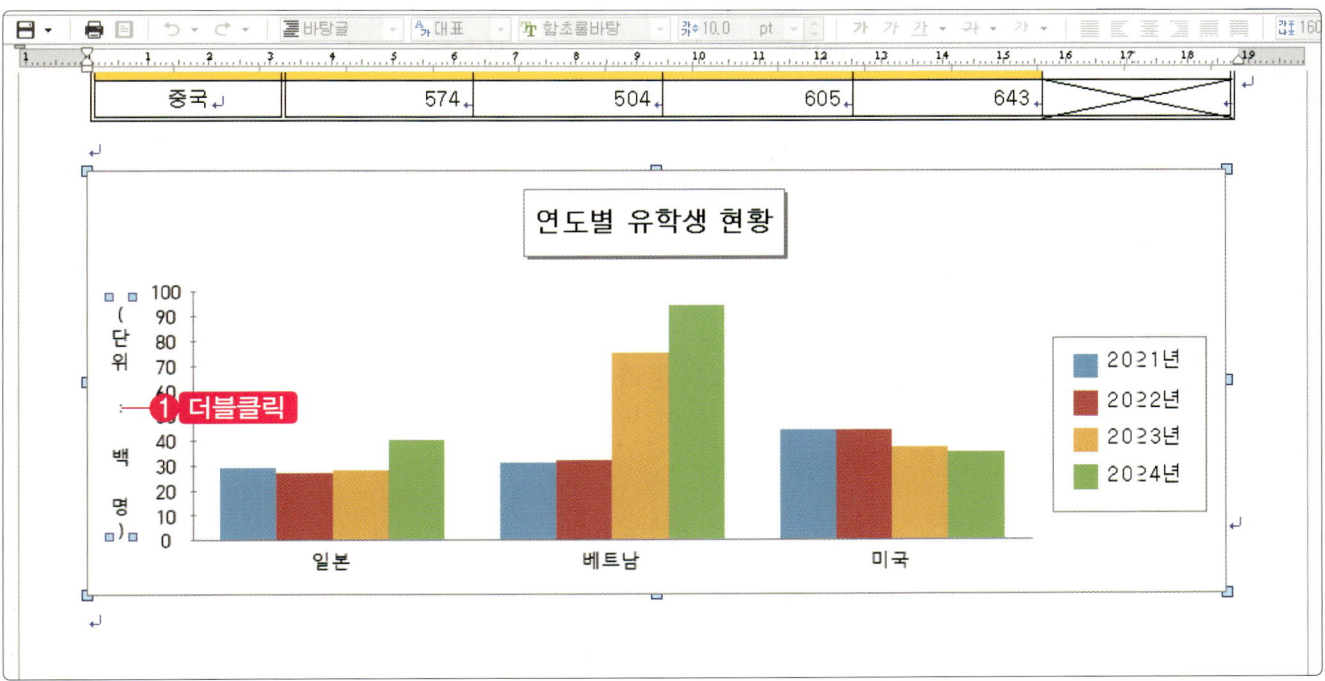

7 〔축 제목 모양〕 대화상자가 나타나면 〔글자〕 탭에서 **글자 방향을 〔가로로(갃)〕를 선택**한 후 **글꼴 (돋움), 크기(10)를 선택**한 다음 〔설정〕 단추를 클릭합니다.

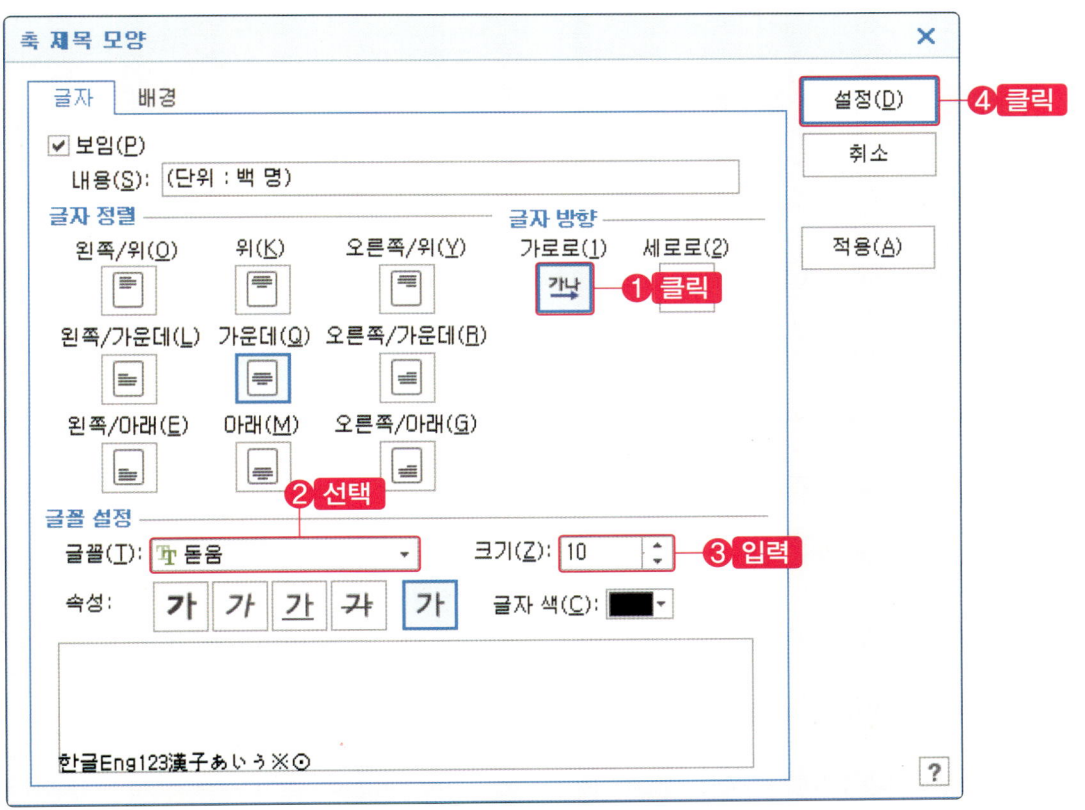

기능평가 Ⅰ (150점)

1. 다음의 ≪조건≫에 따라 스타일 기능을 적용하여 ≪출력형태≫와 같이 작성하시오. (50점)

≪조건≫ (1) 스타일 이름 - create
(2) 문단 모양 - 왼쪽 여백 : 10pt, 문단 아래 간격 : 10pt
(3) 글자 모양 - 글꼴 : 한글(돋움)/영문(굴림), 크기 : 10pt, 장평 : 95%, 자간 : -5%

≪출력형태≫

An entrepreneur is someone who has an idea and who works to create a product or service that people will buy, by building an organization to support those sales.

청소년 비즈쿨은 초중고 학생을 대상으로 모의 창업교육을 통해 꿈과 끼, 도전정신, 진취성 등 미래역량의 기업가정신을 갖춘 융합형 창의인재를 키워내고자 하는 사업이다.

2. 다음의 ≪조건≫에 따라 ≪출력형태≫와 같이 표와 차트를 작성하시오. (100점)

≪표 조건≫ (1) 표 전체(표, 캡션) - 돋움, 10pt
(2) 정렬 - 문자 : 가운데 정렬, 숫자 : 오른쪽 정렬
(3) 셀 배경(면색) : 노랑
(4) 한글의 계산 기능을 이용하여 빈칸에 평균(소수점 두 자리)을 구하고, 캡션 기능 사용할 것
(5) 선 모양은 ≪출력형태≫와 동일하게 처리할 것

≪출력형태≫

연도별 대학 창업강좌 수(단위 : 백 개)

구분	2020년	2021년	2022년	2023년	평균
오프라인	131	134	79	94	
온라인	7	72	75	60	
교양	71	74	81	79	
전공	67	67	73	75	

≪차트 조건≫ (1) 차트 데이터는 표 내용에서 연도별 오프라인, 온라인, 교양의 값만 이용할 것
(2) 종류 - <묶은 세로 막대형>으로 작업할 것
(3) 제목 - 굴림, 진하게, 12pt, 속성 - 채우기(하양), 테두리, 그림자(대각선 오른쪽 아래)
【굴림, 진하게, 12pt, 배경 - 선 모양(한 줄로), 그림자(2pt)】
(4) 제목 이외의 전체 글꼴 - 굴림, 보통, 10pt
(5) 축제목과 범례는 ≪출력형태≫와 동일하게 처리할 것

≪출력형태≫

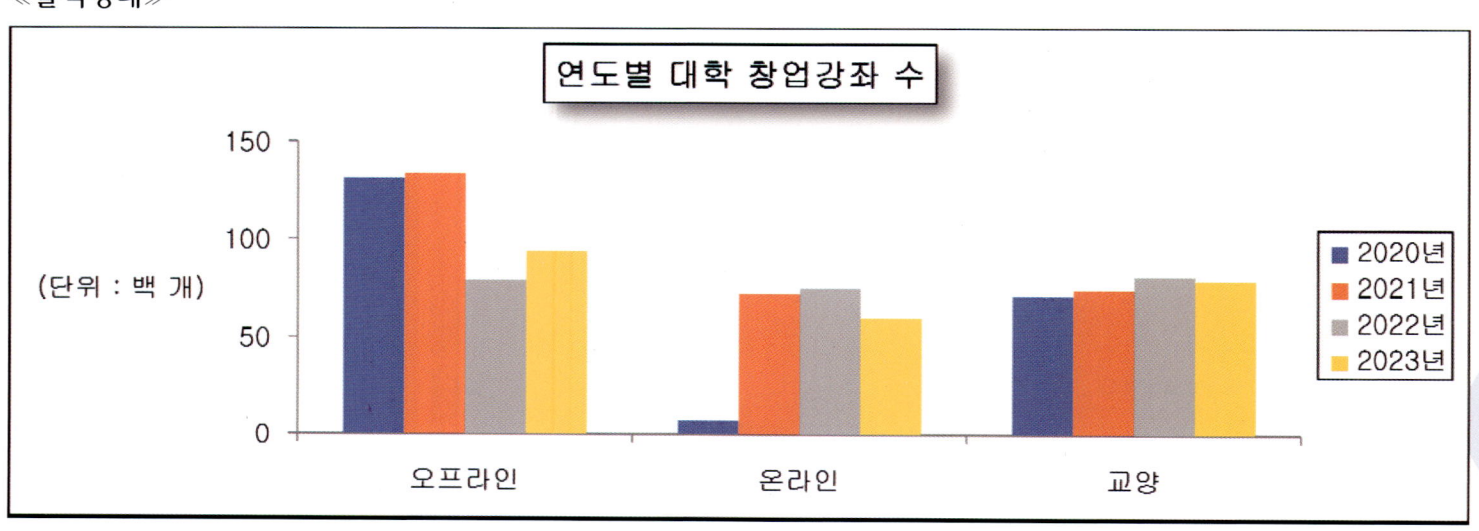

〈차트 조건〉 (4) 제목 이외의 전체 글꼴 - 돋움, 보통, 10pt
(5) 축제목과 범례는 《출력형태》와 동일하게 처리할 것

8 같은 방법으로 **세로 값 축 이름표와 가로 항목 축 이름표를 지정**합니다.

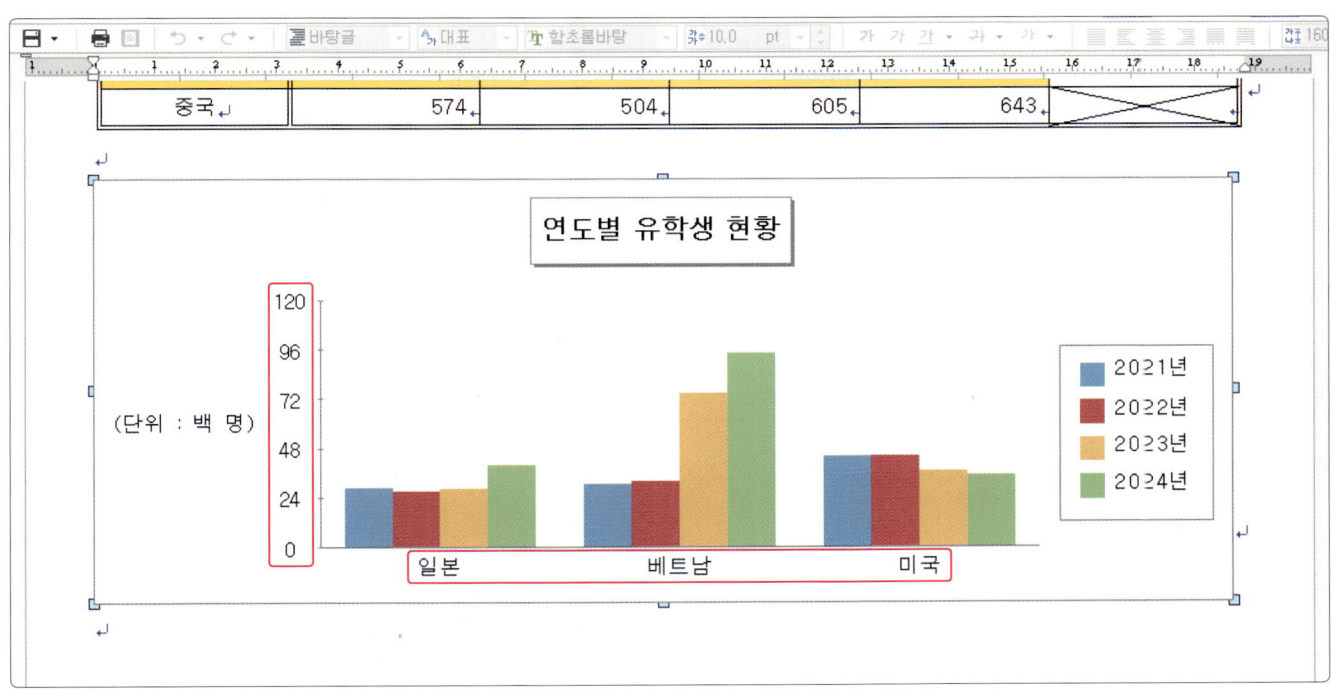

9 세로 값 축을 지정하기 위해 **세로 값 축을 더블클릭**합니다.

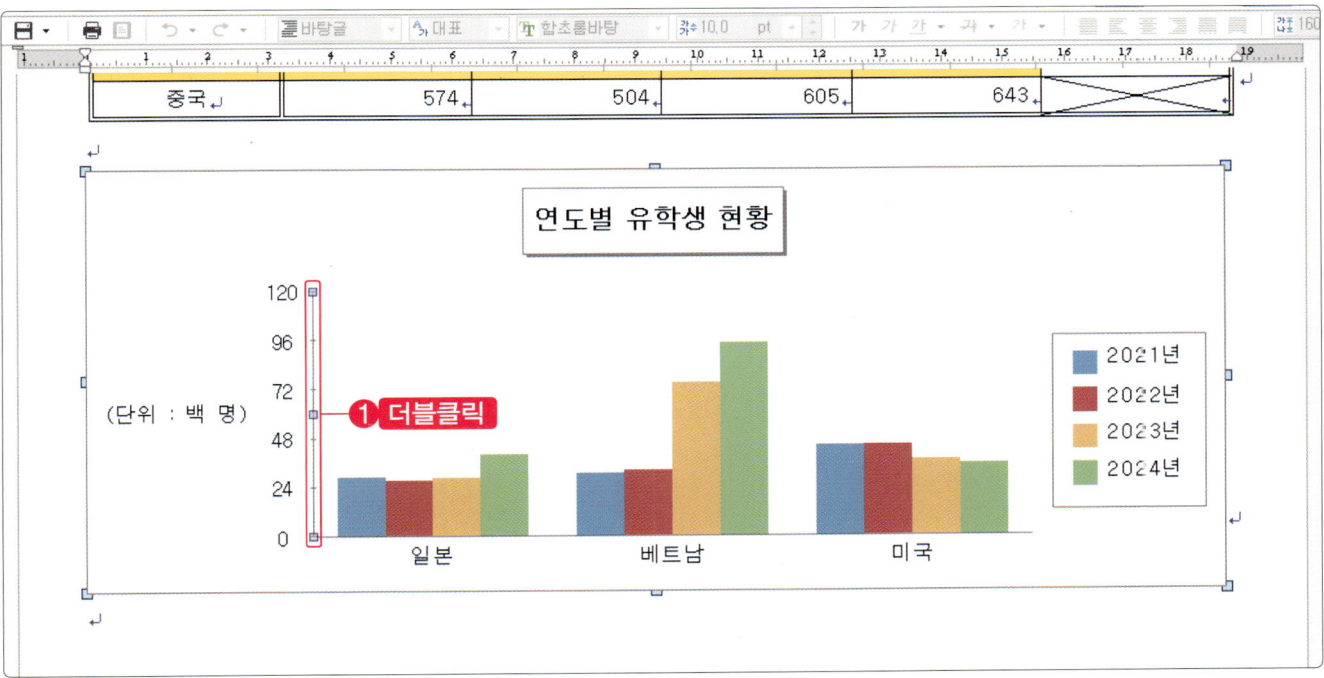

제06회 ITQ 실전모의문제

과목	코드	문제유형	시험시간	수험번호	성명
아래한글	1111	C	60분		

수험자 유의사항

- 수험자는 문제지를 받는 즉시 문제지와 <u>수험표상의 시험과목(프로그램)이 동일한지 반드시 확인</u>하여야 합니다.
- 파일명은 본인의 "수험번호-성명"으로 입력하여 답안폴더(내 PC₩문서₩ITQ)에 하나의 파일로 저장해야 하며, 답안문서 파일명이 "수험번호-성명"과 일치하지 않거나, 답안파일을 전송하지 않아 미제출로 처리될 경우 실격 처리합니다(예:12345678-홍길동.hwp).
- 답안 작성을 마치면 파일을 저장하고, '답안 전송' 버튼을 선택하여 감독위원 PC로 답안을 전송하십시오. 수험생 정보와 저장한 파일명이 다를 경우 전송되지 않으므로 주의하시기 바랍니다.
- 답안 작성 중에도 <u>주기적으로 저장하고, '답안 전송'</u>하여야 문제 발생을 줄일 수 있습니다. 작업한 내용을 저장하지 않고 전송할 경우 이전에 저장된 내용이 전송되오니 이점 유의하시기 바랍니다.
- 답안문서는 지정된 경로 외의 다른 보조기억장치에 저장하는 경우, 지정된 시험 시간 외에 작성된 파일을 활용할 경우, 기타 통신수단(이메일, 메신저, 네트워크 등)을 이용하여 타인에게 전달 또는 외부 반출하는 경우는 부정 처리합니다.
- 시험 중 부주의 또는 고의로 시스템을 파손한 경우는 수험자가 변상해야 하며, 〈수험자 유의사항〉에 기재된 방법대로 이행하지 않아 생기는 불이익은 수험생 당사자의 책임임을 알려 드립니다.
- 문제의 조건은 한컴오피스 2020 버전으로 설정되어 있으며 한컴오피스 NEO는 【 】에 표기되어 있습니다. 이와 관련하여 작성한 답안의 출력형태가 문제지와 다를 수 있습니다.
- 시험을 완료한 수험자는 답안파일이 전송되었는지 확인한 후 감독위원의 지시에 따라 문제지를 제출하고 퇴실합니다.

답안 작성요령

- **온라인 답안 작성 절차**
  수험자 등록 ⇒ 시험 시작 ⇒ 답안파일 저장 ⇒ 답안 전송 ⇒ 시험 종료
- **공통 부문**
  - 글꼴에 대한 기본설정은 함초롬바탕, 10포인트, 검정, 줄간격 160%, 양쪽정렬로 합니다.
  - 색상은 조건의 색을 적용하고 색의 구분이 안 될 경우에는 RGB 값을 적용하십시오.
    (빨강 255,0,0 / 파랑 0,0,255 / 노랑 255,255,0).
  - 각 문항에 주어진 ≪조건≫에 따라 작성하고 언급하지 않은 조건은 ≪출력형태≫와 같이 작성합니다.
  - 용지여백은 왼쪽·오른쪽 11mm, 위쪽·아래쪽·머리말·꼬리말 10mm, 제본 0mm로 합니다.
  - 그림 삽입 문제의 경우「내 PC₩문서₩ITQ₩Picture」폴더에서 지정된 파일을 선택하여 삽입하십시오.
  - 삽입한 그림은 반드시 문서에 포함하여 저장해야 합니다(미포함 시 감점 처리).
  - 각 항목은 지정된 페이지에 출력형태와 같이 정확히 작성하시기 바라며, 그렇지 않을 경우에 해당 항목은 0점 처리됩니다.
    ※ 페이지구분 : 1페이지 - 기능평가 I (문제번호 표시 : 1. 2.),
    　　　　　　　 2페이지 - 기능평가 II (문제번호 표시 : 3. 4.),
    　　　　　　　 3페이지 - 문서작성 능력평가
- **기능평가**
  - 문제와 ≪조건≫은 입력하지 않으며 문제번호와 답(≪출력형태≫)만 작성합니다.
  - 4번 문제는 묶기를 했을 경우 0점 처리됩니다.
- **문서작성 능력평가**
  - A4 용지(210mm×297mm) 1매 크기, 세로 서식 문서로 작성합니다.
  - ☐ 표시는 문서작성에 대한 지시사항이므로 작성하지 않습니다.

kpc 한국생산성본부

〈표 조건〉 (4) 제목 이외의 전체 글꼴 - 돋움, 보통, 10pt
(5) 축제목과 범례는 《출력형태》와 동일하게 처리할 것

10 〔축 모양〕 대화상자가 나타나면 〔비례〕 탭에서 〔자동으로 꾸밈〕을 선택 해제한 후 **최댓값(100), 큰 눈금선(5)를 입력**한 다음 〔설정〕 단추를 클릭합니다.

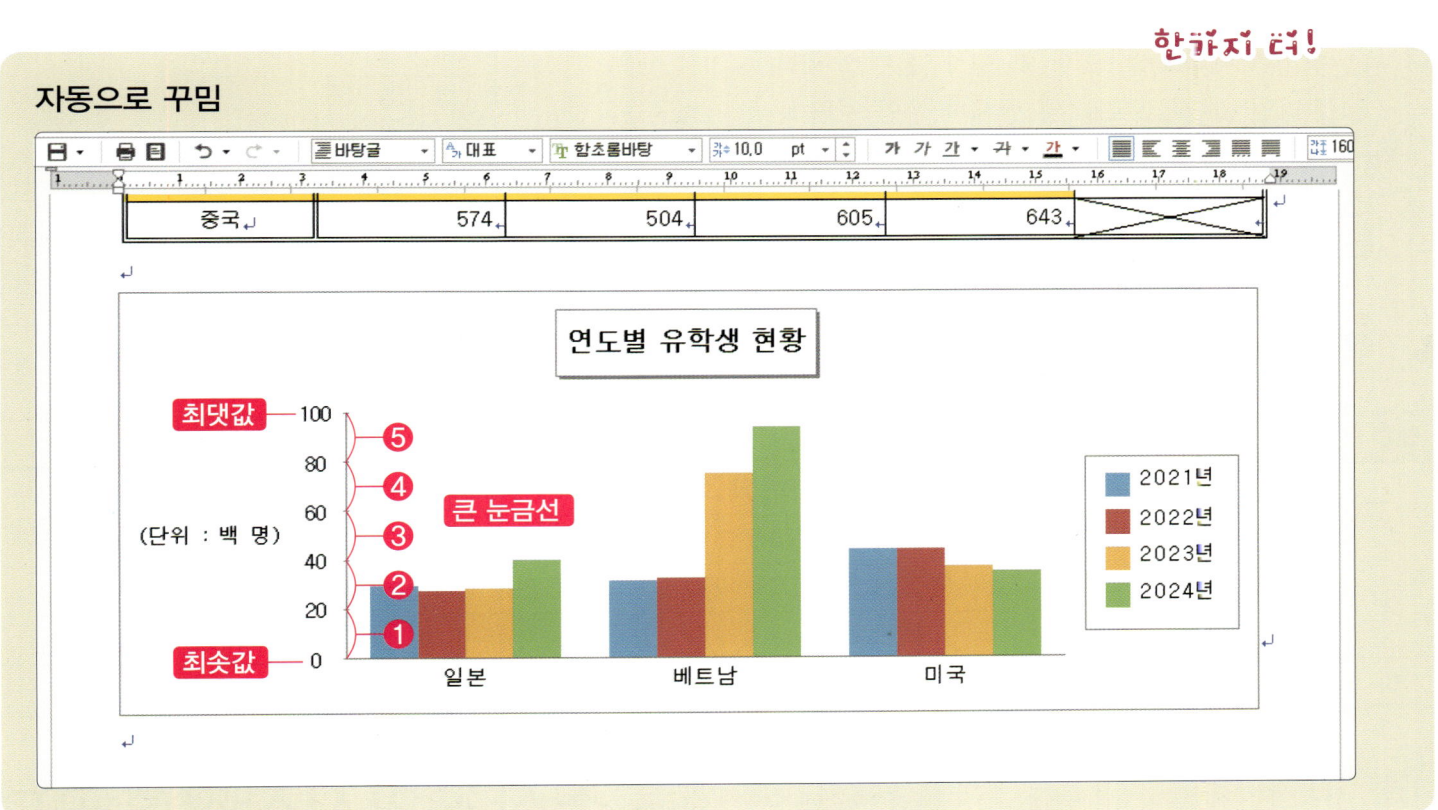

자동으로 꾸밈

랜선타고 동네시장 장보러 오세요!

문화관광형시장이라는 이름으로 기존 낡은 재래시장을 개선한 전통시장들이 많이 생겨나고 있다. 전문 조사기관인 엠브레인에 의뢰하여 실시한 전통시장 인식 조사 결과에 따르면, 잠재 소비 계층인 20-30대 10명 중 8명이 전통시장을 문화 및 관광자원으로서 가치가 있다고 생각하는 것으로 나타났다. 전통시장이 문화 및 관광자원으로서 가치(價値)가 있는지를 묻는 질문에 대해 50대를 제외한 20-40대의 모든 연령층에서 인식률이 증가하였으며, 긍정적으로 인식하고 있는 것으로 조사되었다.

시장경영진흥원은 전통시장에 대한 관심도가 고연령층에 비해 상대적으로 낮은 20-30대 젊은 층에게 전통시장의 가치와 소중함을 일깨워 이들을 미래 고객으로 확보한다는 방침 아래 이들 청년층과 주부를 대상으로 온라인 중심의 홍보 활동을 전개해 왔다. 이에 따라 방문율이 부진했던 공식 블로그를 북적북적 시장 이야기로 개편한 것을 시작으로 대학생과 30-40대 주부 20명으로 구성된 전통시장 블로그ⓐ 기자단을 출범(出帆)시켜 전통시장의 다양한 문화와 관광 요소, 재미와 가치를 콘텐츠로 개발하고, 다채로운 온라인 및 오프라인 이벤트로 전통시장에 대해 긍정적인 이미지를 구축하는 데 주력해 왔다.

♣ 시장경영패키지 지원

　가. 사업지원 패키지
　　㉠ 청소년 체험교실, 축제 및 행사, 콘텐츠 제작
　　㉡ 온라인 쇼핑몰, 배달 앱 판매의 운영 지원
　나. 인력지원 패키지
　　㉠ 시장매니저 : 상인회 일반 행정사무 및 관리 업무
　　㉡ 배송서비스 : 공동 택배, 배달 등의 주문 및 배송 관리

♣ 팔도시장의 즐거운 시장투어

테마별 구분	시장명	특산물	먹거리	주변 명소
볼거리	정선시장	정선황기, 곤드레나물	콧등치기국수	아라리촌, 화암관광지
	함평전통시장	함평한우, 함평갯벌낙지	육회비빔밥	함평나비대축제
역사문화	양평시장	양평산나물, 지평막걸리	양평해장국	용문사, 봉황정
	보은전통시장	황토대추, 황토사과	대추찐빵	속리산 법주사
바다어촌	송현시장	아귀, 꽃게	순대, 족발	월미도, 차이나타운

소상공인시장진흥공단

ⓐ web과 log의 줄임말로, 자신의 관심사에 따라 자유롭게 글을 올릴 수 있는 웹 사이트

1 다음의 《조건》에 따라 《출력형태》와 같이 표와 차트를 작성하시오. (100점)

▶ 소스파일 : Part 01\Chapter 04\문제01.hwp   ▶ 완성파일 : Part 01\Chapter 04\문제01_완성.hwp

《표 조건》
(1) 표 전체(표, 캡션) – 굴림, 10pt
(2) 정렬 – 문자 : 가운데 정렬, 숫자 : 오른쪽 정렬
(3) 셀 배경(면색) : 노랑
(4) 한글의 계산 기능을 이용하여 빈칸에 평균(소수점 두 자리)을 구하고, 캡션 기능 사용할 것
(5) 선 모양은 《출력형태》와 동일하게 처리할 것

《출력형태》

계층별 디지털 정보화 수준(단위 : %)

구분	2021년	2022년	2023년	2024년	평균
저소득층	86.8	87.8	95.1	95.7	
장애인	74.6	75.2	81.3	82.6	
농어민	69.8	70.6	77.3	79.9	
고령층	63.1	64.3	68.6	72.3	

《차트 조건》
(1) 차트 데이터는 표 내용에서 연도별 저소득층, 장애인, 농어민의 값만 이용할 것
(2) 종류 – 〈묶은 세로 막대형〉으로 작업할 것
(3) 제목 – 궁서, 진하게, 12pt, 속성 – 채우기(하양), 테두리, 그림자(대각선 오른쪽 아래)
   【궁서, 진하게, 12pt, 배경 – 선 모양(한 줄로), 그림자(2pt)】
(4) 제목 이외의 전체 글꼴 – 궁서, 보통, 10pt
(5) 축제목과 범례는 《출력형태》와 동일하게 처리할 것

《출력형태》

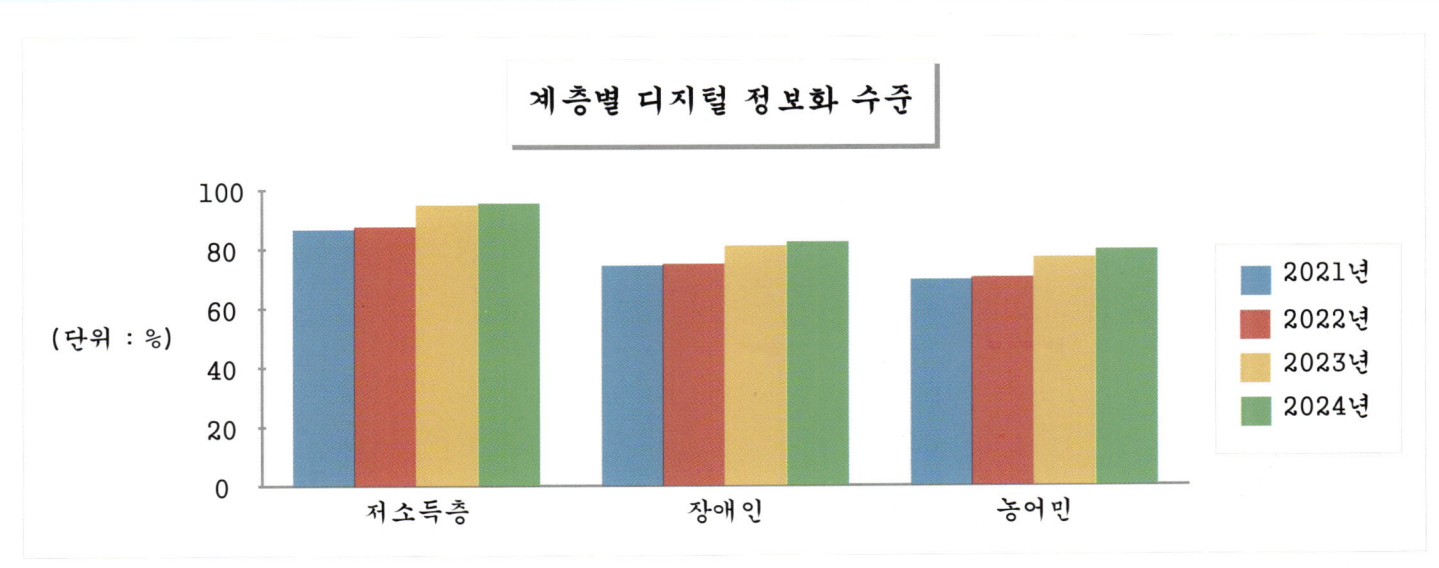

3. 다음 (1), (2)의 수식을 수식 편집기로 각각 입력하시오. (40점)

≪출력형태≫

(1) $G = 2\int_{\frac{a}{2}}^{a} \frac{b\sqrt{a^2-x^2}}{a}dx$

(2) $Y = \sqrt{\frac{gL}{2\pi}} = \frac{gT}{2\pi}$

4. 다음의 ≪조건≫에 따라 ≪출력형태≫와 같이 문서를 작성하시오. (110점)

≪조건≫
(1) 그리기 도구를 이용하여 작성하고, 모든 도형(글맵시, 지정된 그림 포함)을 ≪출력형태≫와 같이 작성하시오.
(2) 도형의 면색은 지시사항이 없으면 색 없음을 제외하고 서로 다르게 임의로 지정하시오.

≪출력형태≫

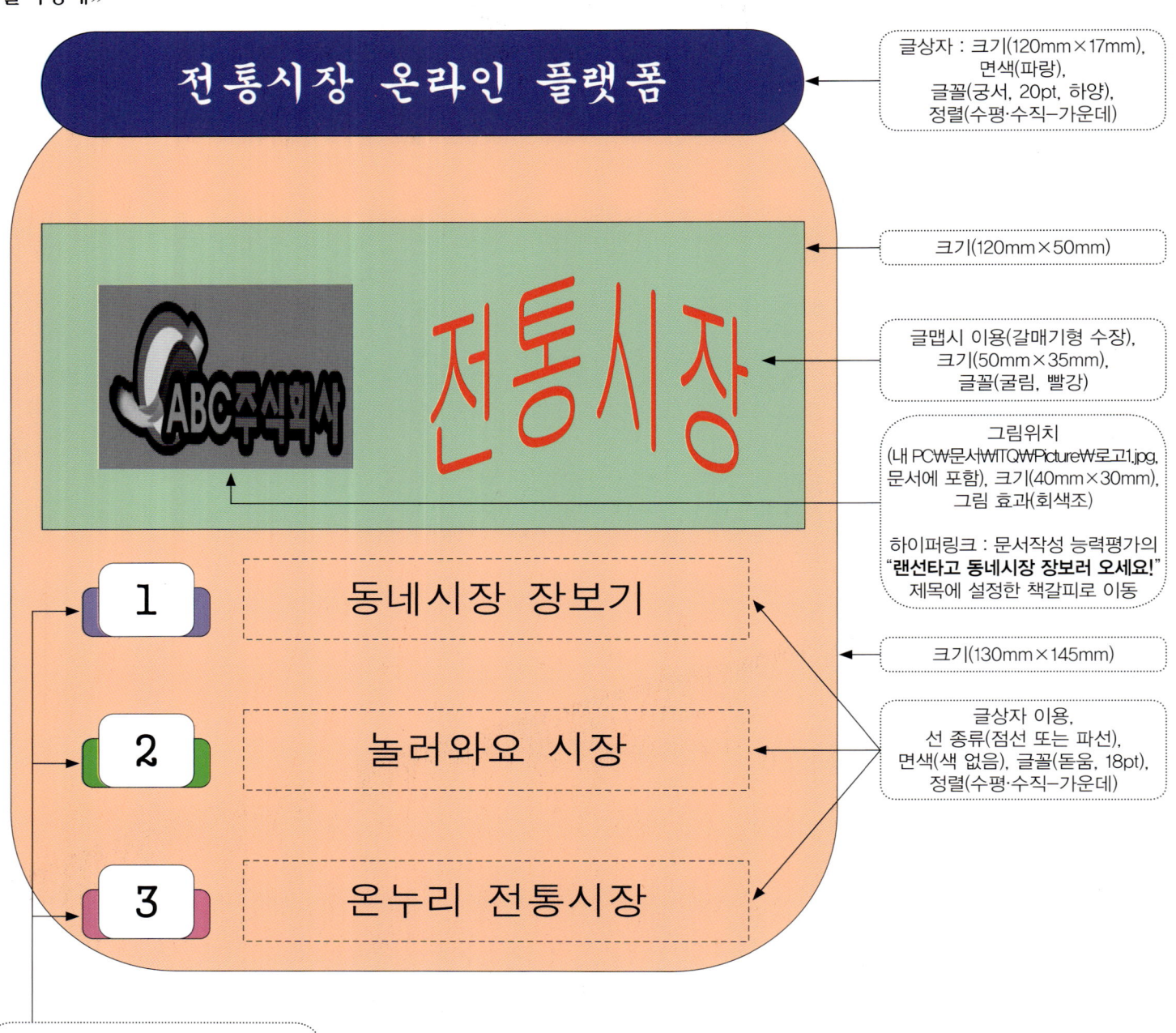

2 다음의 《조건》에 따라 《출력형태》와 같이 표와 차트를 작성하시오. (100점)

▶ 소스파일 : Part 01\Chapter 04\문제02.hwp   ▶ 완성파일 : Part 01\Chapter 04\문제02_완성.hwp

《표 조건》
(1) 표 전체(표, 캡션) - 굴림, 10pt
(2) 정렬 - 문자 : 가운데 정렬, 숫자 : 오른쪽 정렬
(3) 셀 배경(면색) : 노랑
(4) 한글의 계산 기능을 이용하여 빈칸에 합계를 구하고, 캡션 기능 사용할 것
(5) 선 모양은 《출력형태》와 동일하게 처리할 것

《출력형태》

연평균 가상증강현실산업 매출액(단위 : 억 원)

구분	2021년	2022년	2023년	2024년	2025년
가상현실	4,416	4,747	5,327	5,923	6,385
증강현실	2,670	2,889	3,235	3,539	3,805
홀로그램	431	481	552	557	574
합계					

《차트 조건》
(1) 차트 데이터는 표 내용에서 구분별 2021년, 2022년, 2023년의 값만 이용할 것
(2) 종류 - 〈묶은 세로 막대형〉으로 작업할 것
(3) 제목 - 궁서, 진하게, 12pt, 속성 - 채우기(하양), 테두리, 그림자(대각선 오른쪽 아래)
【궁서, 진하게, 12pt, 배경 - 선 모양(한 줄로), 그림자(2pt)】
(4) 제목 이외의 전체 글꼴 - 궁서, 보통, 10pt
(5) 축제목과 범례는 《출력형태》와 동일하게 처리할 것

《출력형태》

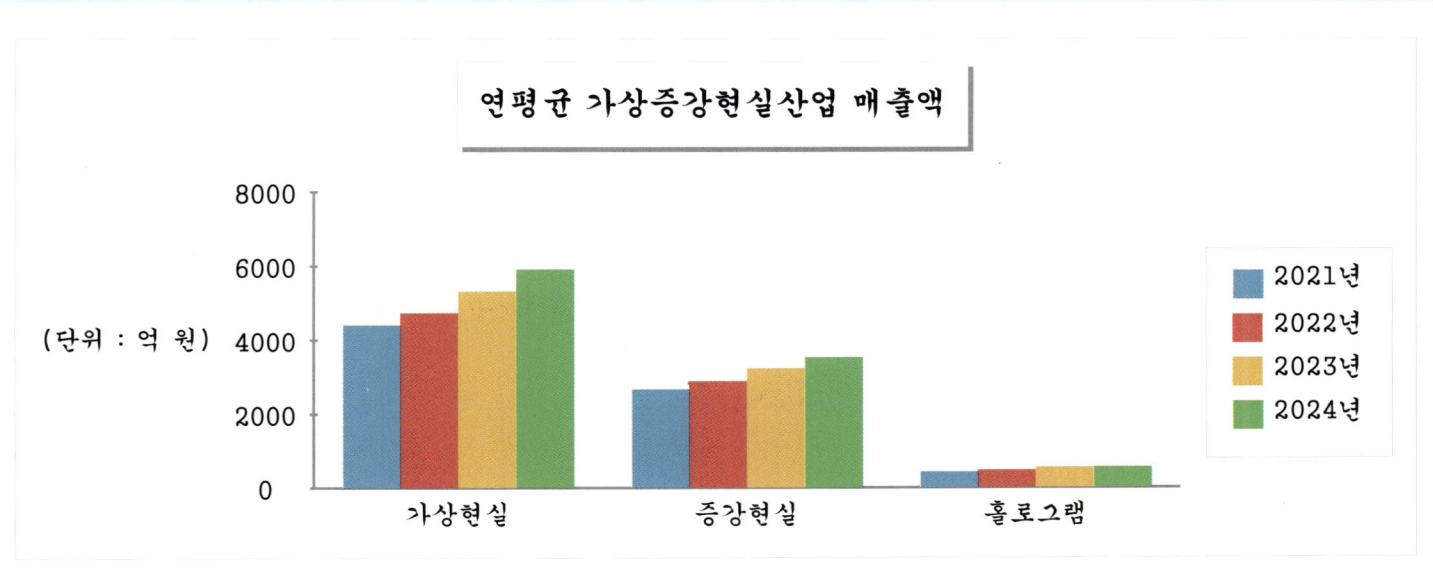

1. 다음의 ≪조건≫에 따라 스타일 기능을 적용하여 ≪출력형태≫와 같이 작성하시오. (50점)

≪조건≫ (1) 스타일 이름 - market
(2) 문단 모양 - 왼쪽 여백 : 10pt, 문단 아래 간격 : 10pt
(3) 글자 모양 - 글꼴 : 한글(돋움)/영문(굴림), 크기 : 10pt, 장평 : 95%, 자간 : -5%

≪출력형태≫

In The Goryeo Dynasty(AD 918-1392), markets promoted exchange of goods a periodically, and information on national ceremonial rites periodically.

재래시장이란 다수의 수요자와 공급자가 상시 또는 계절적으로 집합하여 찬거리를 비롯한 일상 잡화 등의 물건을 구매하는 일정 규모 이상의 건물 매장 또는 장터를 말한다.

2. 다음의 ≪조건≫에 따라 ≪출력형태≫와 같이 표와 차트를 작성하시오. (100점)

≪표 조건≫ (1) 표 전체(표, 캡션) - 돋움, 10pt
(2) 정렬 - 문자 : 가운데 정렬, 숫자 : 오른쪽 정렬
(3) 셀 배경(면색) : 노랑
(4) 한글의 계산 기능을 이용하여 빈칸에 합계를 구하고, 캡션 기능 사용할 것
(5) 선 모양은 ≪출력형태≫와 동일하게 처리할 것

≪출력형태≫

지역별 시장소유 현황(단위 : 개)

구분	법인시장	개인시장	공설시장	공동시장	합계
서울	94	4	2	106	
경기	19	9	12	108	
경북	30	8	64	35	
충남	10	2	28	18	

≪차트 조건≫ (1) 차트 데이터는 표 내용에서 구분별 서울, 경기, 경북의 값만 이용할 것
(2) 종류 - <묶은 세로 막대형>으로 작업할 것
(3) 제목 - 굴림, 진하게, 12pt, 속성 - 채우기(하양), 테두리, 그림자(대각선 오른쪽 아래)
【굴림, 진하게, 12pt, 배경 - 선 모양(한 줄로), 그림자(2pt)】
(4) 제목 이외의 전체 글꼴 - 굴림, 보통, 10pt
(5) 축제목과 범례는 ≪출력형태≫와 동일하게 처리할 것

≪출력형태≫

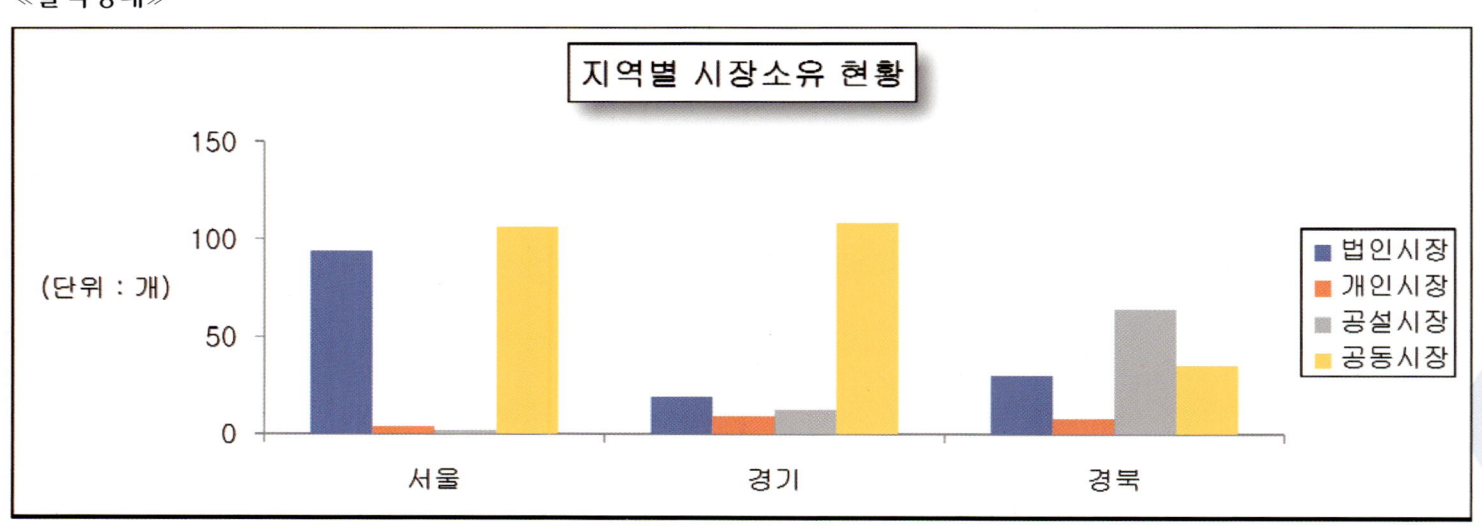

3. 다음의 《조건》에 따라 《출력형태》와 같이 표와 차트를 작성하시오. (100점)

▶ 소스파일 : Part 01\Chapter 04\문제03.hwp   ▶ 완성파일 : Part 01\Chapter 04\문제03_완성.hwp

《표 조건》
(1) 표 전체(표, 캡션) - 돋움, 10pt
(2) 정렬 - 문자 : 가운데 정렬, 숫자 : 오른쪽 정렬
(3) 셀 배경(면색) : 노랑
(4) 한글의 계산 기능을 이용하여 빈칸에 합계를 구하고, 캡션 기능 사용할 것
(5) 선 모양은 《출력형태》와 동일하게 처리할 것

《출력형태》

건설기술산업대전 참관객 현황(단위 : 명)

연령	1일차	2일차	3일차	4일차	합계
20대	1,015	1,192	1,655	1,459	
30대	1,265	1,924	1,679	1,823	
40대	1,474	1,769	1,884	1,946	
50대 이상	897	1,035	1,142	1,305	

《차트 조건》
(1) 차트 데이터는 표 내용에서 일자별 20대, 30대, 40대의 값만 이용할 것
(2) 종류 - 〈묶은 세로 막대형〉으로 작업할 것
(3) 제목 - 굴림, 진하게, 12pt, 속성 - 채우기(하양), 테두리, 그림자(대각선 오른쪽 아래)
  【굴림, 진하게, 12pt, 배경 - 선 모양(한 줄로), 그림자(2pt)】
(4) 제목 이외의 전체 글꼴 - 굴림, 보통, 10pt
(5) 축제목과 범례는 《출력형태》와 동일하게 처리할 것

《출력형태》

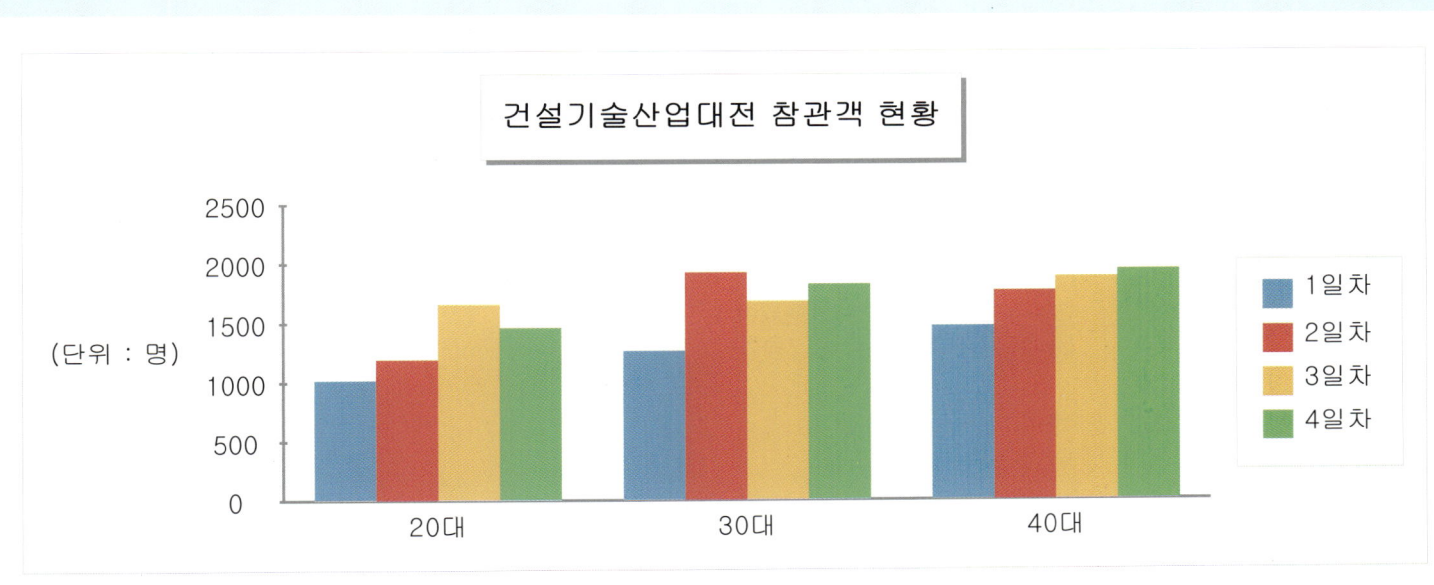

제05회 ITQ 실전모의문제

과목	코드	문제유형	시험시간	수험번호	성명
아래한글	1111	B	60분		

수험자 유의사항

- 수험자는 문제지를 받는 즉시 문제지와 <u>수험표상의 시험과목(프로그램)이 동일한지 반드시 확인</u>하여야 합니다.
- 파일명은 본인의 "수험번호-성명"으로 입력하여 답안폴더(내 PC\문서\ITQ)에 하나의 파일로 저장해야 하며, 답안문서 파일명이 "수험번호-성명"과 일치하지 않거나, 답안파일을 전송하지 않아 미제출로 처리될 경우 실격 처리합니다(예:12345678-홍길동.hwp).
- 답안 작성을 마치면 파일을 저장하고, '답안 전송' 버튼을 선택하여 감독위원 PC로 답안을 전송하십시오. 수험생 정보와 저장한 파일명이 다를 경우 전송되지 않으므로 주의하시기 바랍니다.
- 답안 작성 중에도 <u>주기적으로 저장하고, '답안 전송'</u>하여야 문제 발생을 줄일 수 있습니다. 작업한 내용을 저장하지 않고 전송할 경우 이전에 저장된 내용이 전송되오니 이점 유의하시기 바랍니다.
- 답안문서는 지정된 경로 외의 다른 보조기억장치에 저장하는 경우, 지정된 시험 시간 외에 작성된 파일을 활용할 경우, 기타 통신수단(이메일, 메신저, 네트워크 등)을 이용하여 타인에게 전달 또는 외부 반출하는 경우는 부정 처리합니다.
- 시험 중 부주의 또는 고의로 시스템을 파손한 경우는 수험자가 변상해야 하며, 〈수험자 유의사항〉에 기재된 방법대로 이행하지 않아 생기는 불이익은 수험생 당사자의 책임임을 알려 드립니다.
- 문제의 조건은 한컴오피스 2020 버전으로 설정되어 있으며 한컴오피스 NEO는 【 】에 표기되어 있습니다. 이와 관련하여 작성한 답안의 출력형태가 문제지와 다를 수 있습니다.
- 시험을 완료한 수험자는 답안파일이 전송되었는지 확인한 후 감독위원의 지시에 따라 문제지를 제출하고 퇴실합니다.

답안 작성요령

- **온라인 답안 작성 절차**
  수험자 등록 ⇒ 시험 시작 ⇒ 답안파일 저장 ⇒ 답안 전송 ⇒ 시험 종료
- **공통 부문**
  - 글꼴에 대한 기본설정은 함초롬바탕, 10포인트, 검정, 줄간격 160%, 양쪽정렬로 합니다.
  - 색상은 조건의 색을 적용하고 색의 구분이 안 될 경우에는 RGB 값을 적용하십시오.
    (빨강 255,0,0 / 파랑 0,0,255 / 노랑 255,255,0).
  - 각 문항에 주어진 ≪조건≫에 따라 작성하고 언급하지 않은 조건은 ≪출력형태≫와 같이 작성합니다.
  - 용지여백은 왼쪽·오른쪽 11mm, 위쪽·아래쪽·머리말·꼬리말 10mm, 제본 0mm로 합니다.
  - 그림 삽입 문제의 경우 「내 PC\문서\ITQ\Picture」 폴더에서 지정된 파일을 선택하여 삽입하십시오.
  - 삽입한 그림은 반드시 문서에 포함하여 저장해야 합니다(미포함 시 감점 처리).
  - 각 항목은 지정된 페이지에 출력형태와 같이 정확히 작성하시기 바라며, 그렇지 않을 경우에 해당 항목은 0점 처리됩니다.
    ※ 페이지구분 : 1페이지 - 기능평가 I (문제번호 표시 : 1. 2.),
    　　　　　　　　2페이지 - 기능평가 II (문제번호 표시 : 3. 4.),
    　　　　　　　　3페이지 - 문서작성 능력평가
- **기능평가**
  - 문제와 ≪조건≫은 입력하지 않으며 문제번호와 답(≪출력형태≫)만 작성합니다.
  - 4번 문제는 묶기를 했을 경우 0점 처리됩니다.
- **문서작성 능력평가**
  - A4 용지(210mm×297mm) 1매 크기, 세로 서식 문서로 작성합니다.
  - ▢ 표시는 문서작성에 대한 지시사항이므로 작성하지 않습니다.

kpc 한국생산성본부

4. 다음의 《조건》에 따라 《출력형태》와 같이 표와 차트를 작성하시오. (100점)

▶ 소스파일 : Part 01\Chapter 04\문제04.hwp   ▶ 완성파일 : Part 01\Chapter 04\문제04_완성.hwp

《표 조건》
(1) 표 전체(표, 캡션) - 돋움, 10pt
(2) 정렬 - 문자 : 가운데 정렬, 숫자 : 오른쪽 정렬
(3) 셀 배경(면색) : 노랑
(4) 한글의 계산 기능을 이용하여 빈칸에 합계를 구하고, 캡션 기능 사용할 것
(5) 선 모양은 《출력형태》와 동일하게 처리할 것

《출력형태》

남북 주요도시 인구 현황(단위 : 천 명)

지역	서울	부산	평양	청진	합계
1970년	5,681	2,041	981	300	
2000년	10,072	3,732	2,771	593	
2010년	9,723	3,413	2,901	642	
2020년	9,630	3,392	2,940	650	

《차트 조건》
(1) 차트 데이터는 표 내용에서 지역별 1970년, 2000년, 2010년의 값만 이용할 것
(2) 종류 - 〈묶은 세로 막대형〉으로 작업할 것
(3) 제목 - 굴림, 진하게, 12pt, 속성 - 채우기(하양), 테두리, 그림자(대각선 오른쪽 아래)
【굴림, 진하게, 12pt, 배경 - 선 모양(한 줄로), 그림자(2pt)】
(4) 제목 이외의 전체 글꼴 - 굴림, 보통, 10pt
(5) 축제목과 범례는 《출력형태》와 동일하게 처리할 것

《출력형태》

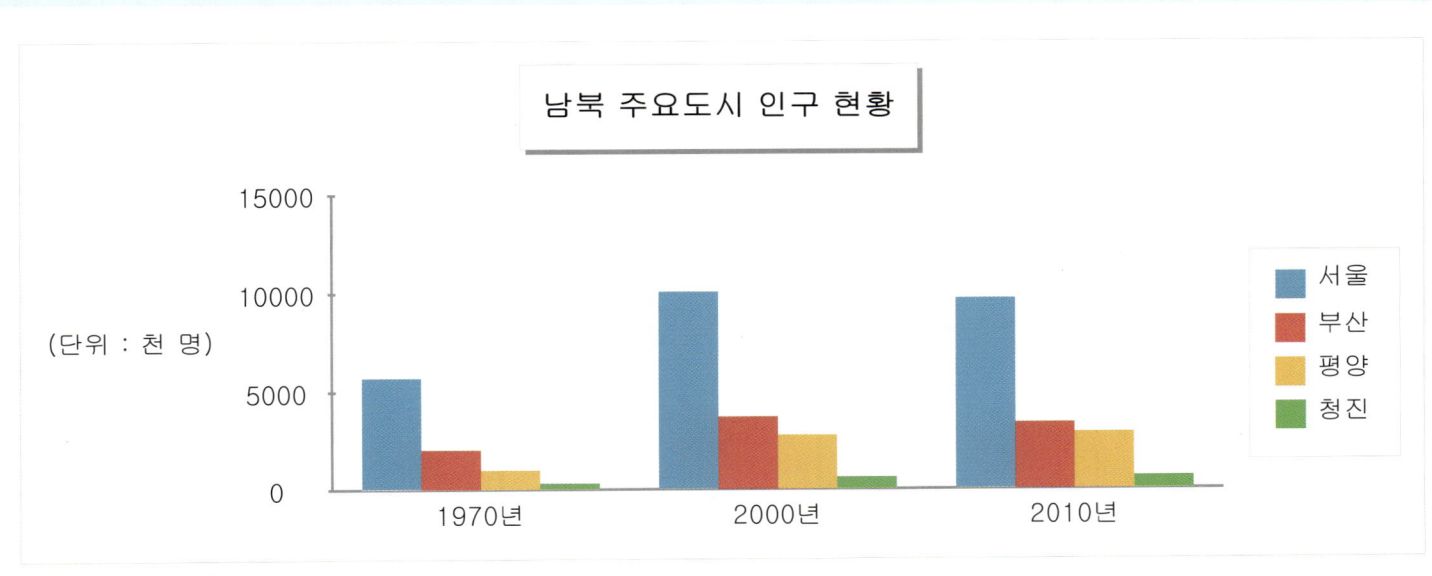

2025 하동세계차엑스포

하동은 통일신라 시대, 우리나라에서 처음 차를 재배한 곳으로 1,200년 전 당나라 사신으로 갔던 대렴공이 차 씨앗을 들여왔고, 왕명을 받은 대렴공은 겨울에도 꽃이 핀다는 이름이 붙은 화개동천에 차 씨앗을 심었다. 하동은 차 시배지일 뿐만 아니라 다도(茶道)의 중흥지이기도 하다. 우리 조상들이 일찍이 알아보았듯이 하동의 기후와 토질은 차를 재배하기에 최적으로 일제 강점기에 개량종이 퍼져 나갈 때에도 토종 야생차를 보존해 아직까지 자연 그대로의 차밭에서 재배하고 있기도 하다. 그 가치를 인정받아 하동 전통차 농업은 2017년 11월에 세계중요농업유산㉠으로 등재(登載)되었다.

차 분야에서는 국내 최초의 정부 공식 승인 국제행사로 하동차의 우수성을 알리고 생활 속에서 차를 즐기는 문화를 만들며, 차 산업을 새로운 성장동력으로 키워가는 계기를 만들기 위해 2025 하동세계차엑스포가 개최된다. 이번 하동세계차엑스포는 하나뿐인 지구와 미래 세대를 위해 환경친화적인 행사로 천 년을 이어온 차의 역사를 경험하고 전 세계의 차 애호가들에게는 다양하고 훌륭한 차를 즐기는 기회를, 차 생산국 및 관련 업계에는 시장의 성장과 발전의 계기를 만들어 주리라 기대된다.

♣ 2025 하동세계차엑스포 개요

가. 비전 및 기간
  ㉠ 비전 : 인류의 지속가능한 삶을 위한 차
  ㉡ 기간 : 2025년 6월 12일 - 2025년 7월 11일
나. 주최 및 참가 규모
  ㉠ 주최 : 경상남도, 하동군
  ㉡ 참가 규모 : 10개국, 관람객 135만 명(외국인 7만 명)

♣ 엑스포 핵심과제별 주요 프로그램

연번	핵심과제명	주요 프로그램	연번	핵심과제명	주요 프로그램
1	스마트 엑스포	스마트 플랫폼 구축	4	라이브 엑스포	엑스포 방송팀 신설
		스마트-모빌리티 구축			실시간 소통 채널 구축
2	공존 엑스포	국제 차 학술대회	5	웰니스 엑스포	항노화관 및 항암관 운영
		국제 티 마스터스컵대회	6	탄소제로 엑스포	친환경 차 특별관 전시
3	비즈니스 엑스포	국내외 차 산업관 설치	7	콘텐츠 엑스포	다원10경 체험

하동세계차엑스포조직위원회

㉠ FAO가 전 세계의 전통적 농업 시스템, 생물 다양성, 토지이용체계를 보전하기 위해 도입한 제도

5. 다음의 《조건》에 따라 《출력형태》와 같이 표와 차트를 작성하시오. (100점)

▶소스파일 : Part 01\Chapter 04\문제05.hwp   ▶완성파일 : Part 01\Chapter 04\문제05_완성.hwp

《차트 조건》
(1) 차트 데이터는 표 내용에서 연도별 미국, 유럽, 영국의 값만 이용할 것
(2) 종류 - 〈묶은 세로 막대형〉으로 작업할 것
(3) 제목 - 돋움, 진하게, 12pt, 속성 - 채우기(하양), 테두리, 그림자(대각선 오른쪽 아래)
【돋움, 진하게, 12pt, 배경 - 선 모양(한 줄로), 그림자(2pt)】
(4) 제목 이외의 전체 글꼴 - 돋움, 보통, 10pt
(5) 축제목과 범례는 ≪출력형태≫와 동일하게 처리할 것

《출력형태》

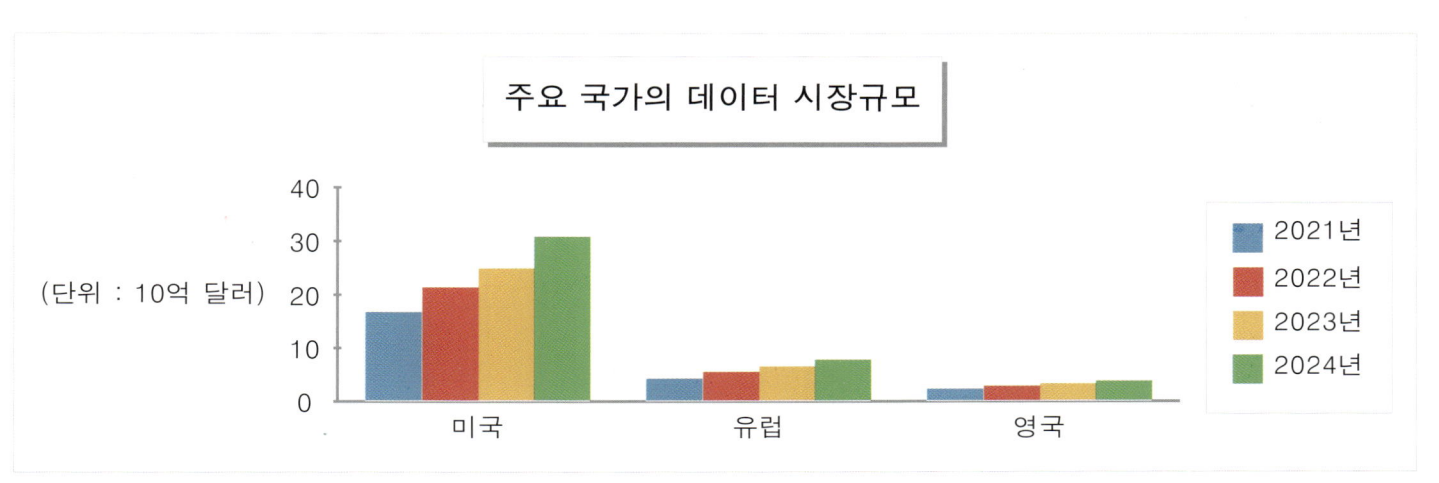

6. 다음의 《조건》에 따라 《출력형태》와 같이 표와 차트를 작성하시오. (100점)

▶소스파일 : Part 01\Chapter 03\문제06.hwp   ▶완성파일 : Part 01\Chapter 03\문제06_완성.hwp

《차트 조건》
(1) 차트 데이터는 표 내용에서 연도별 인터넷상담, 내방상담, 서신상담의 값만 이용할 것
(2) 종류 - 〈묶은 세로 막대형〉으로 작업할 것
(3) 제목 - 굴림, 진하게, 12pt, 속성 - 채우기(하양), 테두리, 그림자(대각선 오른쪽 아래)
【굴림, 진하게, 12pt, 배경 - 선 모양(한 줄로), 그림자(2pt)】
(4) 제목 이외의 전체 글꼴 - 굴림, 보통, 10pt
(5) 축제목과 범례는 ≪출력형태≫와 동일하게 처리할 것

《출력형태》

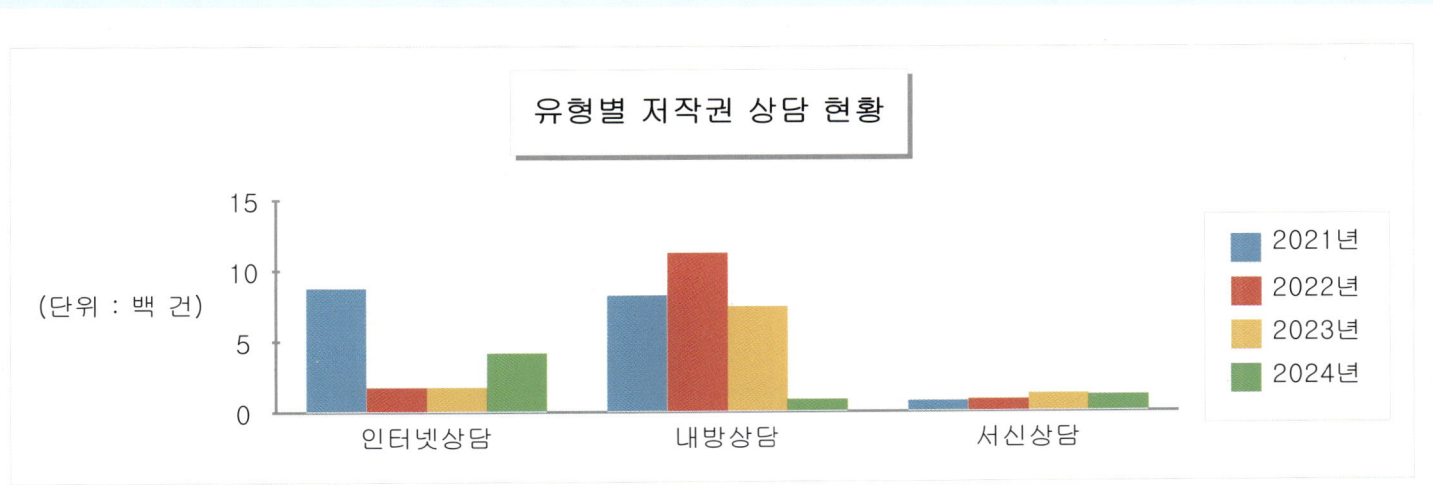

기능평가 II (150점)

3. 다음 (1), (2)의 수식을 수식 편집기로 각각 입력하시오. (40점)

《출력형태》

(1) $\int_a^b xf(x)dx = \dfrac{1}{b-a}\int_a^b xdx = \dfrac{a+b}{2}$

(2) $T = \dfrac{b^2}{a} + 2\pi\sqrt{\dfrac{r^3}{GM}}$

4. 다음의 《조건》에 따라 《출력형태》와 같이 문서를 작성하시오. (110점)

《조건》
(1) 그리기 도구를 이용하여 작성하고, 모든 도형(글맵시, 지정된 그림 포함)을 《출력형태》와 같이 작성하시오.
(2) 도형의 면색은 지시사항이 없으면 색 없음을 제외하고 서로 다르게 임의로 지정하시오.

《출력형태》

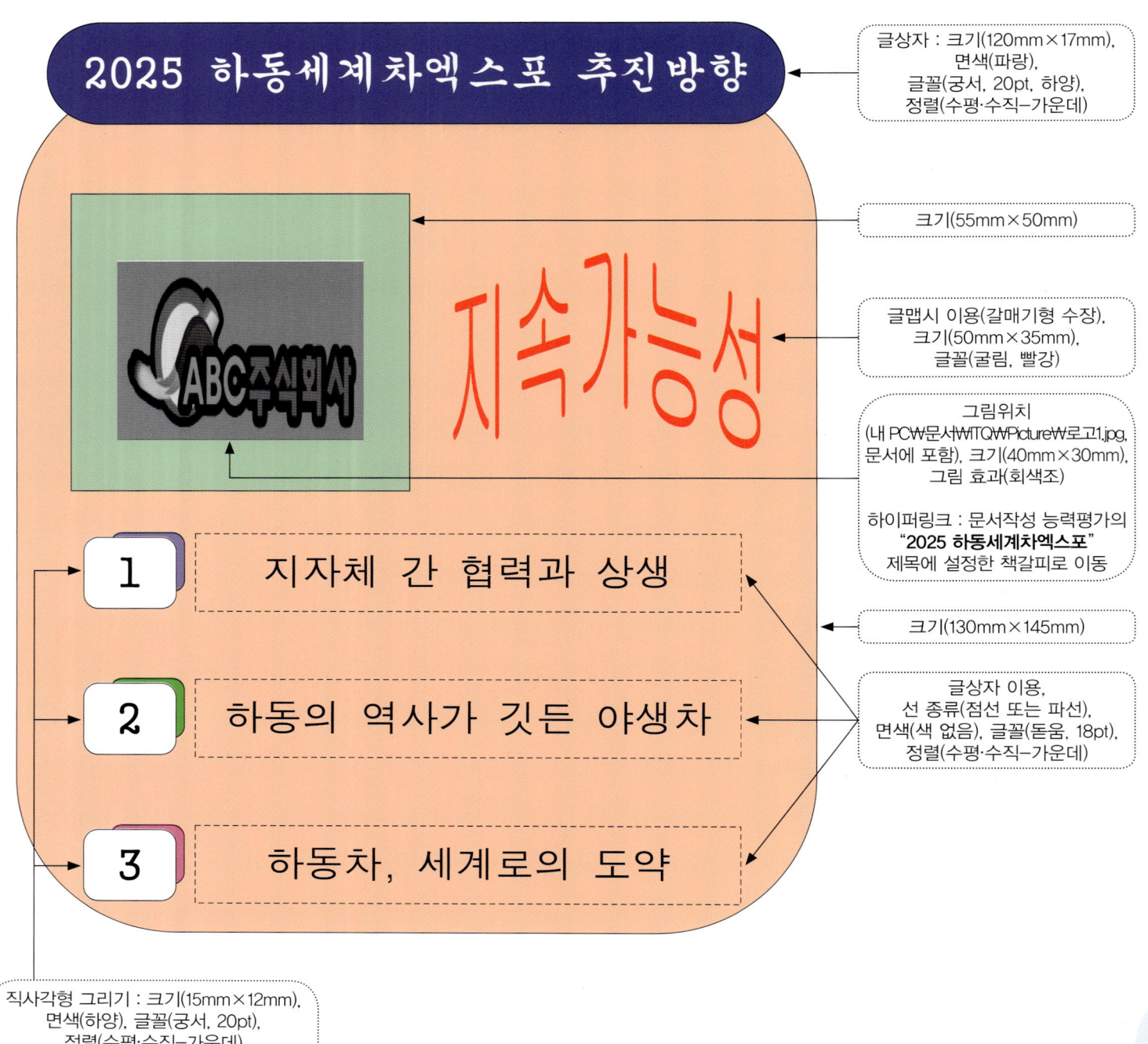

7 다음의 《조건》에 따라 《출력형태》와 같이 표와 차트를 작성하시오. (100점)

▶ 소스파일 : Part 01\Chapter 04\문제07.hwp   ▶ 완성파일 : Part 01\Chapter 04\문제07_완성.hwp

《차트 조건》
(1) 차트 데이터는 표 내용에서 연도별 수익사업, 집행액, 수출입상담액의 값만 이용할 것
(2) 종류 - 〈묶은 세로 막대형〉으로 작업할 것
(3) 제목 - 굴림, 진하게, 12pt, 속성 - 채우기(하양), 테두리, 그림자(대각선 오른쪽 아래)
【굴림, 진하게, 12pt, 배경 - 선 모양(한 줄로), 그림자(2pt)】
(4) 제목 이외의 전체 글꼴 - 굴림, 보통, 10pt
(5) 축제목과 범례는 《출력형태》와 동일하게 처리할 것

《출력형태》

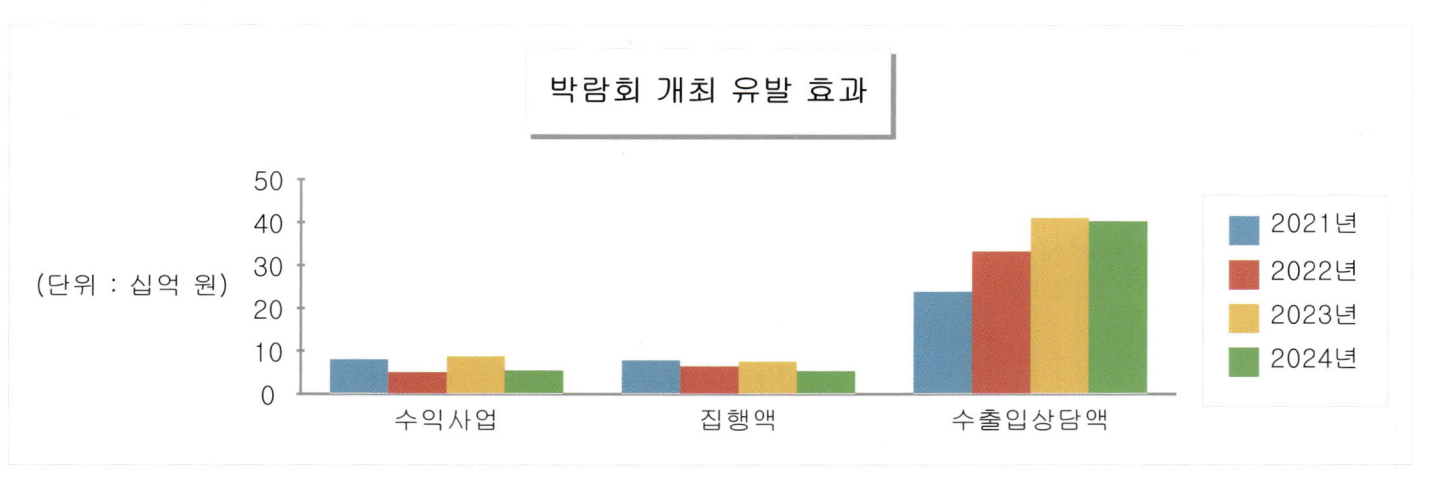

8 다음의 《조건》에 따라 《출력형태》와 같이 표와 차트를 작성하시오. (100점)

▶ 소스파일 : Part 01\Chapter 03\문제08.hwp   ▶ 완성파일 : Part 01\Chapter 03\문제08_완성.hwp

《차트 조건》
(1) 차트 데이터는 표 내용에서 연도별 가상현실, 증강현실, 혼합현실의 값만 이용할 것
(2) 종류 - 〈묶은 세로 막대형〉으로 작업할 것
(3) 제목 - 굴림, 진하게, 12pt, 속성 - 채우기(하양), 테두리, 그림자(대각선 오른쪽 아래)
【굴림, 진하게, 12pt, 배경 - 선 모양(한 줄로), 그림자(2pt)】
(4) 제목 이외의 전체 글꼴 - 굴림, 보통, 10pt
(5) 축제목과 범례는 《출력형태》와 동일하게 처리할 것

《출력형태》

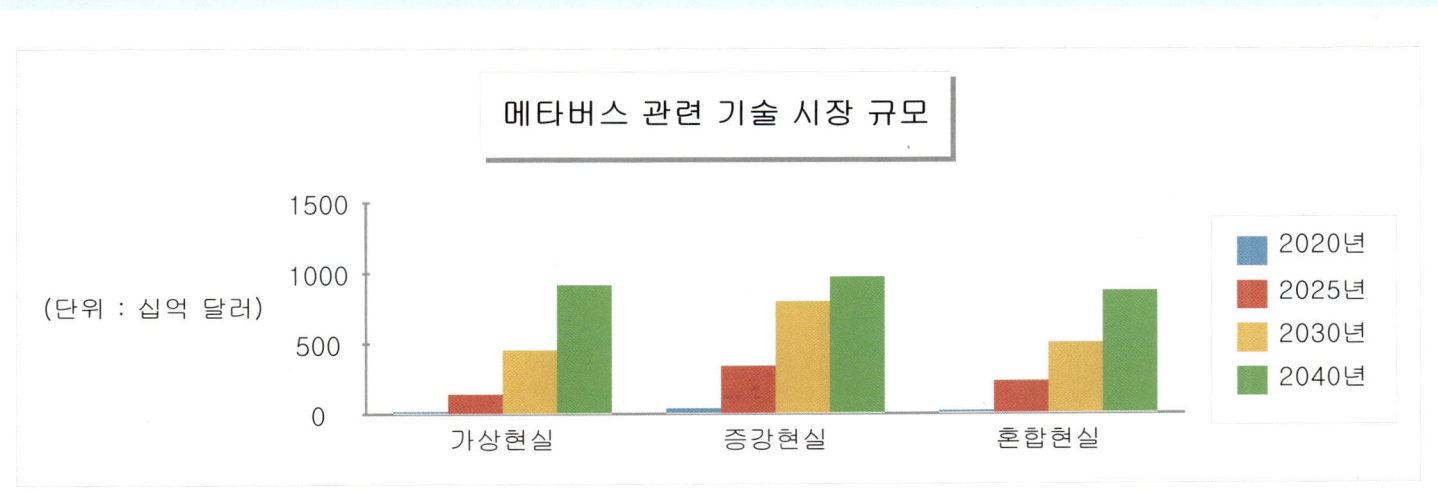

기능평가 I (150점)

1. 다음의 ≪조건≫에 따라 스타일 기능을 적용하여 ≪출력형태≫와 같이 작성하시오. (50점)

≪조건≫ (1) 스타일 이름 - expo
(2) 문단 모양 - 왼쪽 여백 : 10pt, 문단 아래 간격 : 10pt
(3) 글자 모양 - 글꼴 : 한글(돋움)/영문(굴림), 크기 : 10pt, 장평 : 95%, 자간 : -5%

≪출력형태≫

World Tea EXPO 2025 Hadong, Korea is held with the slogan 'The Scent of Nature, Healthy Future, Tea!' with the main venue Hadong Wild Tea Culture Festival Area of Hwagae-myeon.

하동세계차엑스포는 차 산업을 새로운 성장동력으로 키워가는 계기를 만들기 위해 '자연의 향기, 건강한 미래, 차!'를 주제로 하동스포츠파크와 화개면에 있는 하동야생차문화축제장을 중심으로 개최된다.

2. 다음의 ≪조건≫에 따라 ≪출력형태≫와 같이 표와 차트를 작성하시오. (100점)

≪표 조건≫ (1) 표 전체(표, 캡션) - 돋움, 10pt
(2) 정렬 - 문자 : 가운데 정렬, 숫자 : 오른쪽 정렬
(3) 셀 배경(면색) : 노랑
(4) 한글의 계산 기능을 이용하여 빈칸에 합계를 구하고, 캡션 기능 사용할 것
(5) 선 모양은 ≪출력형태≫와 동일하게 처리할 것

≪출력형태≫

주요 지역별 차 생산량의 변화(단위 : 백 톤)

구분	2021년	2022년	2023년	2024년	합계
전라남도	14	15	18	19	
경상남도	22	19	12	14	
제주특별자치도	3	7	8	16	
전라북도	1	3	2	2	

≪차트 조건≫ (1) 차트 데이터는 표 내용에서 연도별 전라남도, 경상남도, 제주특별자치도의 값만 이용할 것
(2) 종류 - <묶은 세로 막대형>으로 작업할 것
(3) 제목 - 굴림, 진하게, 12pt, 속성 - 채우기(하양), 테두리, 그림자(대각선 오른쪽 아래)
【굴림, 진하게, 12pt, 배경 - 선 모양(한 줄로), 그림자(2pt)】
(4) 제목 이외의 전체 글꼴 - 굴림, 보통, 10pt
(5) 축제목과 범례는 ≪출력형태≫와 동일하게 처리할 것

≪출력형태≫

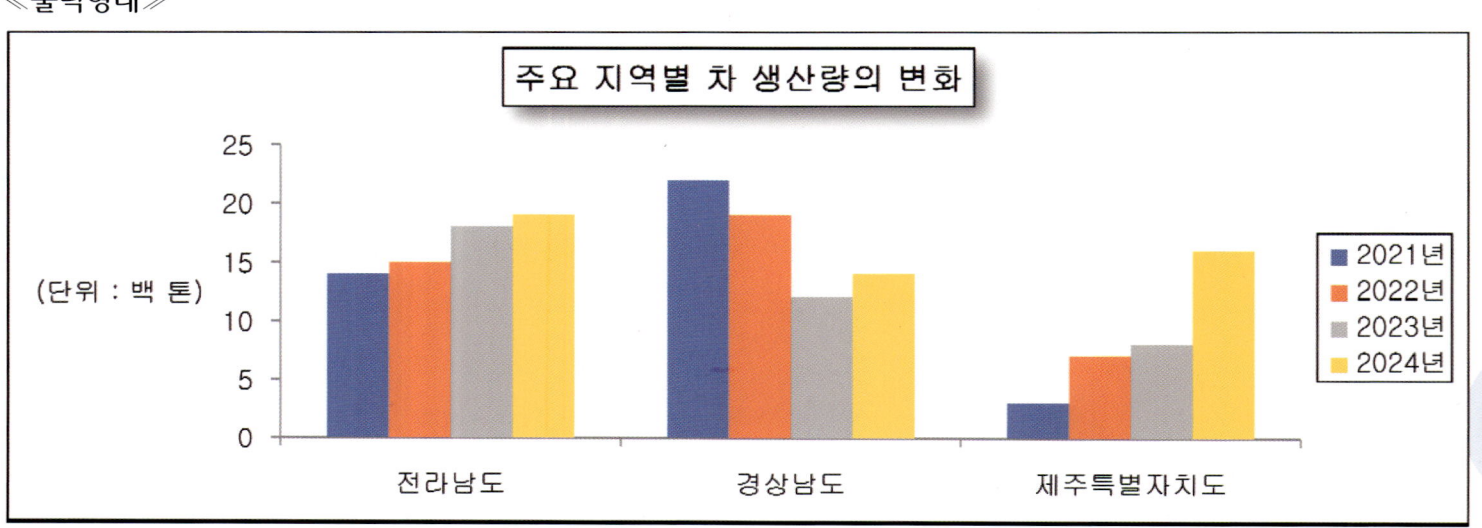

9 다음의 《조건》에 따라 《출력형태》와 같이 표와 차트를 작성하시오. (100점)

▶ 소스파일 : Part 01\Chapter 04\문제09.hwp   ▶ 완성파일 : Part 01\Chapter 04\문제09_완성.hwp

《차트 조건》
(1) 차트 데이터는 표 내용에서 지역별 2022년, 2023년, 2024년의 값만 이용할 것
(2) 종류 - 〈묶은 세로 막대형〉으로 작업할 것
(3) 제목 - 궁서, 진하게, 12pt, 속성 - 채우기(하양), 테두리, 그림자(대각선 오른쪽 아래)
【궁서, 진하게, 12pt, 배경 - 선 모양(한 줄로), 그림자(2pt)】
(4) 제목 이외의 전체 글꼴 - 궁서, 보통, 10pt
(5) 축제목과 범례는 ≪출력형태≫와 동일하게 처리할 것

《출력형태》

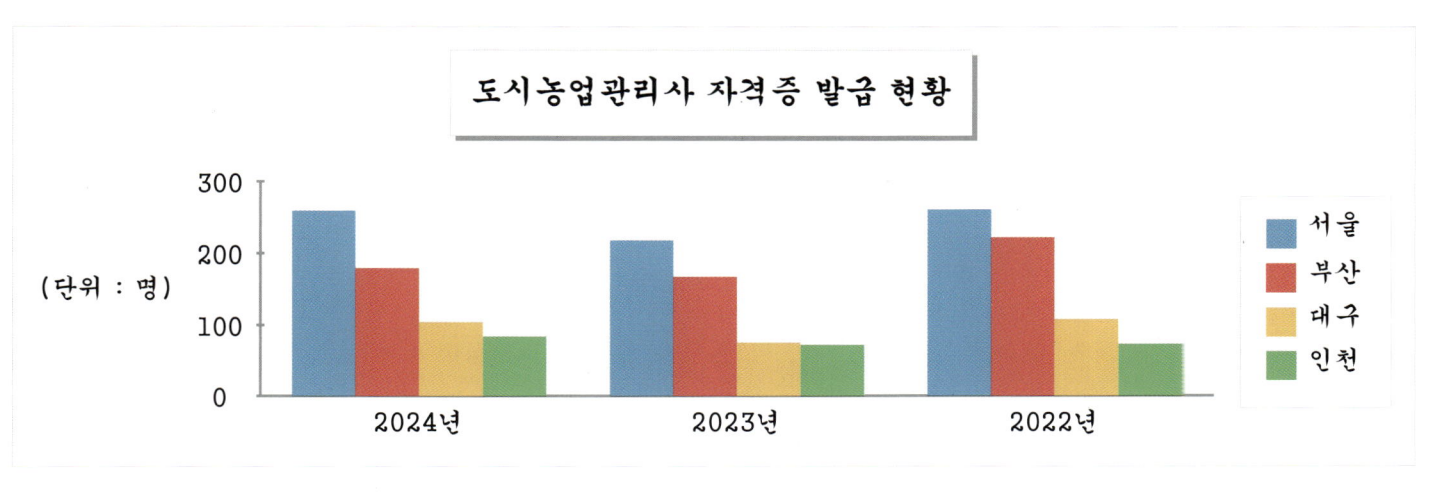

10 다음의 《조건》에 따라 《출력형태》와 같이 표와 차트를 작성하시오. (100점)

▶ 소스파일 : Part 01\Chapter 03\문제10.hwp   ▶ 완성파일 : Part 01\Chapter 03\문제10_완성.hwp

《차트 조건》
(1) 차트 데이터는 표 내용에서 연도별 에너지, 산업공정, 농업의 값만 이용할 것
(2) 종류 - 〈묶은 세로 막대형〉으로 작업할 것
(3) 제목 - 궁서, 진하게, 12pt, 속성 - 채우기(하양), 테두리, 그림자(대각선 오른쪽 아래)
【궁서, 진하게, 12pt, 배경 - 선 모양(한 줄로), 그림자(2pt)】
(4) 제목 이외의 전체 글꼴 - 궁서, 보통, 10pt
(5) 축제목과 범례는 ≪출력형태≫와 동일하게 처리할 것

《출력형태》

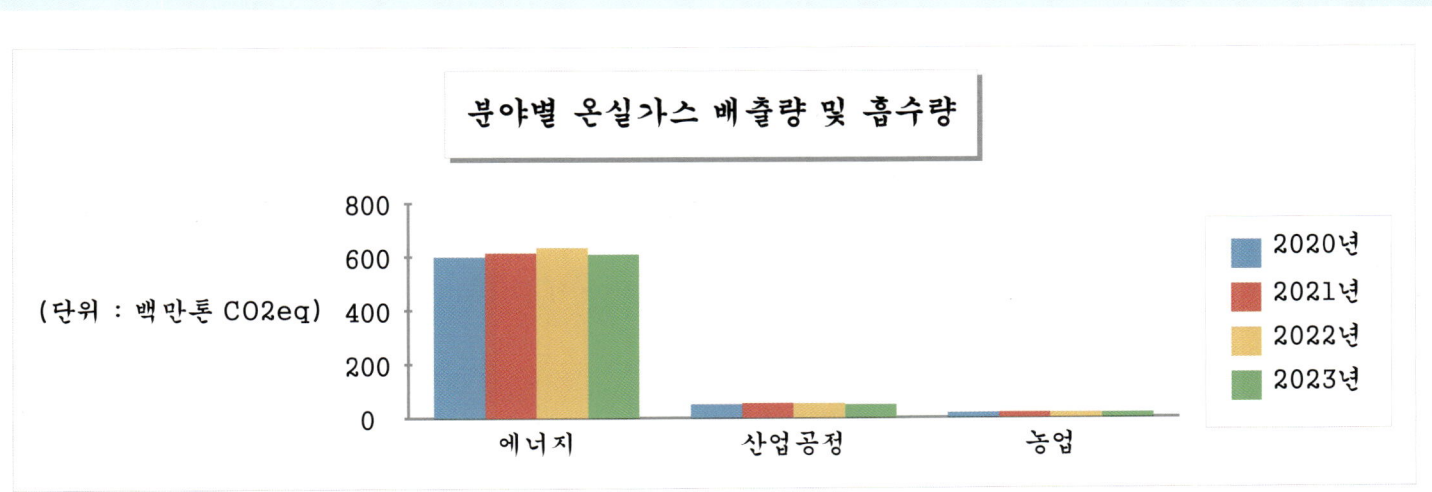

제04회 ITQ 실전모의문제

과목	코드	문제유형	시험시간	수험번호	성명
아래한글	1111	A	60분		

수험자 유의사항

- 수험자는 문제지를 받는 즉시 문제지와 <u>수험표상의 시험과목(프로그램)이 동일한지 반드시 확인</u>하여야 합니다.
- 파일명은 본인의 "수험번호-성명"으로 입력하여 답안폴더(내 PC\문서\ITQ)에 하나의 파일로 저장해야 하며, 답안문서 파일명이 "수험번호-성명"과 일치하지 않거나, 답안파일을 전송하지 않아 미제출로 처리될 경우 실격 처리합니다(예:12345678-홍길동.hwp).
- 답안 작성을 마치면 파일을 저장하고, '답안 전송' 버튼을 선택하여 감독위원 PC로 답안을 전송하십시오. 수험생 정보와 저장한 파일명이 다를 경우 전송되지 않으므로 주의하시기 바랍니다.
- 답안 작성 중에도 <u>주기적으로 저장하고, '답안 전송'</u>하여야 문제 발생을 줄일 수 있습니다. 작업한 내용을 저장하지 않고 전송할 경우 이전에 저장된 내용이 전송되오니 이점 유의하시기 바랍니다.
- 답안문서는 지정된 경로 외의 다른 보조기억장치에 저장하는 경우, 지정된 시험 시간 외에 작성된 파일을 활용할 경우, 기타 통신수단(이메일, 메신저, 네트워크 등)을 이용하여 타인에게 전달 또는 외부 반출하는 경우는 부정 처리합니다.
- 시험 중 부주의 또는 고의로 시스템을 파손한 경우는 수험자가 변상해야 하며, 〈수험자 유의사항〉에 기재된 방법대로 이행하지 않아 생기는 불이익은 수험생 당사자의 책임임을 알려 드립니다.
- 문제의 조건은 한컴오피스 2020 버전으로 설정되어 있으며 한컴오피스 NEO는 【 】에 표기되어 있습니다. 이와 관련하여 작성한 답안의 출력형태가 문제지와 다를 수 있습니다.
- 시험을 완료한 수험자는 답안파일이 전송되었는지 확인한 후 감독위원의 지시에 따라 문제지를 제출하고 퇴실합니다.

답안 작성요령

- **온라인 답안 작성 절차**
  수험자 등록 ⇒ 시험 시작 ⇒ 답안파일 저장 ⇒ 답안 전송 ⇒ 시험 종료
- **공통 부문**
  - 글꼴에 대한 기본설정은 함초롬바탕, 10포인트, 검정, 줄간격 160%, 양쪽정렬로 합니다.
  - 색상은 조건의 색을 적용하고 색의 구분이 안 될 경우에는 RGB 값을 적용하십시오.
    (빨강 255,0,0 / 파랑 0,0,255 / 노랑 255,255,0).
  - 각 문항에 주어진 ≪조건≫에 따라 작성하고 언급하지 않은 조건은 ≪출력형태≫와 같이 작성합니다.
  - 용지여백은 왼쪽·오른쪽 11mm, 위쪽·아래쪽·머리말·꼬리말 10mm, 제본 0mm로 합니다.
  - 그림 삽입 문제의 경우「내 PC\문서\ITQ\Picture」폴더에서 지정된 파일을 선택하여 삽입하십시오.
  - 삽입한 그림은 반드시 문서에 포함하여 저장해야 합니다(미포함 시 감점 처리).
  - 각 항목은 지정된 페이지에 출력형태와 같이 정확히 작성하시기 바라며, 그렇지 않을 경우에 해당 항목은 0점 처리됩니다.
    ※ 페이지구분 : 1페이지 - 기능평가 I (문제번호 표시 : 1. 2.),
    2페이지 - 기능평가 II (문제번호 표시 : 3. 4.),
    3페이지 - 문서작성 능력평가
- **기능평가**
  - 문제와 ≪조건≫은 입력하지 않으며 문제번호와 답(≪출력형태≫)만 작성합니다.
  - 4번 문제는 묶기를 했을 경우 0점 처리됩니다.
- **문서작성 능력평가**
  - A4 용지(210mm×297mm) 1매 크기, 세로 서식 문서로 작성합니다.
  - ○ 표시는 문서작성에 대한 지시사항이므로 작성하지 않습니다.

kpc 한국생산성본부

Chapter 05 기능평가 Ⅱ - 수식

◆문제 번호 입력하고 첫 번째 수식 작성하기   ◆두 번째 수식 작성하기

▶소스파일 : Part 01\Chapter 05\Ch05.hwp   ▶완성파일 : Part 01\Chapter 05\Ch05_완성.hwp

3. 다음의 (1), (2)의 수식을 수식 편집기로 각각 입력하시오.

출력 형태

(1) $\dfrac{PV}{T} = \dfrac{1 \times 22.4}{273} ≒ 0.082$ (2) $\displaystyle\int_a^b A(x-a)(x-b)dx = -\dfrac{A}{6}(b-a)^3$

체크! 체크!

〔기능평가 Ⅱ〕 수식

■ 문제 번호 입력하고 첫 번째, 두 번째 수식 작성하기
　• 모든 수식은 〔수식 편집기〕 대화상자에서 작성해야 합니다.
　• 수식 문제는 부분 점수가 없기 때문에 정확히 입력해야 합니다.
　• 《출력형태》를 참고하여 수식을 작성합니다.

태극기를 통해 본 태극의 이해

근대 국가가 발전하면서 세계 각국은 국기를 제정(制定)하여 사용하기 시작하였다. 우리나라의 국기 제정은 1882년(고종 19년) 5월 22일 조미수호통상조약 조인식이 직접적인 계기(契機)가 되었다. 이후 1882년 9월 수신사⊙로 일본으로 가던 박영효가 배 안에서 태극 문양과 그 둘레에 건곤감리 4괘를 그려 넣은 '태극4괘 도안'의 기를 만들어 그 달 25일부터 사용하였고, 이듬해인 1883년 3월 6일에 왕명으로 이것이 국기로 제정 및 공포되었다. 그러나 공포할 당시 구체적인 국기제작 방법을 명시하지 않은 탓에 이후 다양한 형태의 국기가 사용되었다.

태극기는 흰 바탕의 한가운데에 적색은 양, 청색은 음의 태극을 두고, 괘는 사방의 대각선상에 검은빛으로 기면을 향하여 건을 왼편 위, 곤을 오른편 아래, 감을 오른편 위, 이를 왼편 아래에 둔다. 기봉은 무궁화 봉오리로 하되 하반부에 꽃받침을 뚜렷이 표시하고 전체를 금색으로 한다. 태극기의 색은 태극기 표준색도에 근접하도록 표현하며 견본은 자연광 아래에서 확인한다. 처음 제작된 태극기는 도형의 통일성이 없어 사괘와 태극양의의 위치가 혼용되다가 1948년 대한민국 정부 수립을 계기로 도안과 규격이 통일되었다.

◆ **국기의 게양방법**

가) 국기 다는 위치
   a) 단독(공동) 주택 : 집 밖에서 보아 대문의 중앙이나 왼쪽
   b) 건물 주변 : 전면 지상의 중앙 또는 왼쪽, 출입구 위 벽면의 중앙
나) 국기를 다는 시간
   a) 다는 시각 : 오전 7시
   b) 내리는 시각 : 오후 6시(3월-10월), 오후 5시(11월-2월)

◆ *태극기에 담긴 의미*

구분	내용
흰색 바탕	밝음과 순수, 전통적으로 평화를 사랑하는 민족성 상징
태극 문양	음과 양의 조화 상징
	우주 만물이 상호작용에 의해 생성 및 발전하는 자연의 진리 형상화
4괘(건곤감리)	음과 양이 서로 변화 및 발전하는 모습을 효(획)의 조합으로 구체화
	건은 우주 만물 중에서 하늘을, 곤은 땅을, 감은 물을, 리는 불을 상징

행정안전부

⊙ 강화도 조약 이후 조선정부가 일본에 파견한 외교사절

STEP 01 문제 번호 입력하고 첫 번째 수식 작성하기

〈수식〉 3. 다음의 (1), (2)의 수식을 수식 편집기로 각각 입력하시오.

(1) $\dfrac{PV}{T} = \dfrac{1 \times 22.4}{273} ≒ 0.082$

1 2페이지의 첫 번째 줄에 **문제 번호(3.)를 입력**한 후 Enter 를 눌러 줄을 바꾼 다음 '**(1) '을 입력**합니다. 그런다음 Enter 를 3번 누릅니다.

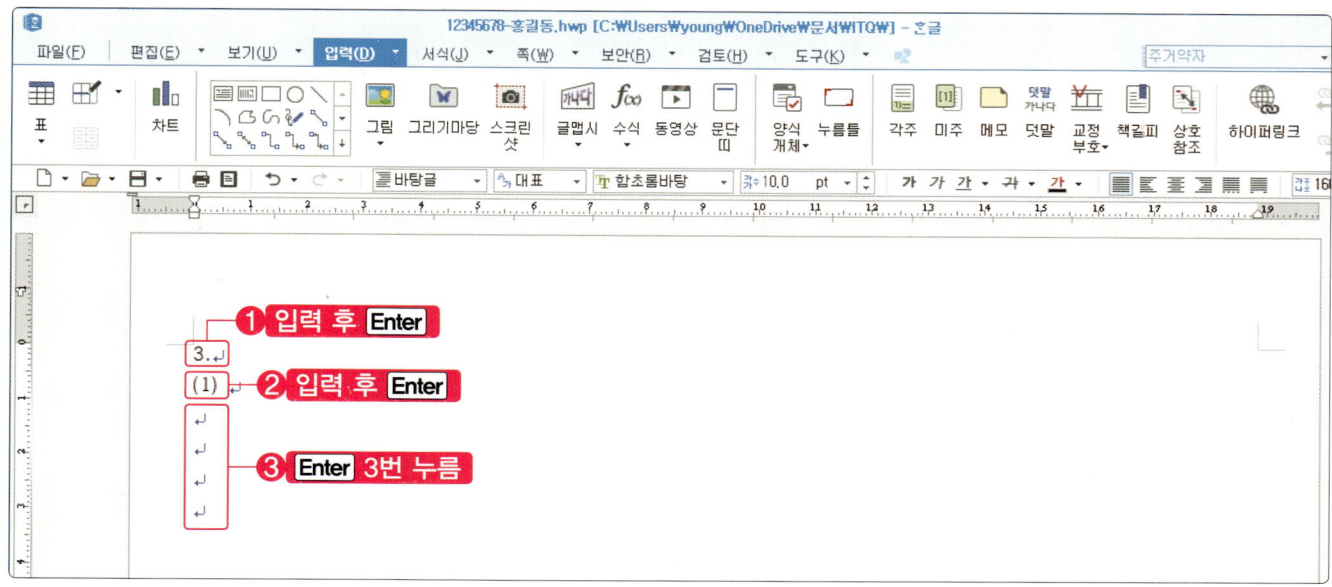

> 답안을 작성하지 못한 경우에도 문제 번호는 입력합니다.

2 두 번째 문단을 클릭한 후 [입력] 탭을 클릭한 다음 [수식(f_∞)]을 클릭합니다.

> [입력] 탭의 [목록(▼)] 단추를 클릭한 후 [개체]-[수식]을 클릭하거나 Ctrl + N , M 을 눌러 수식을 입력할 수도 있습니다.

기능평가 II (150점)

3. 다음 (1), (2)의 수식을 수식 편집기로 각각 입력하시오. (40점)

≪출력형태≫

(1) $E = \sqrt{\dfrac{GM}{R}}, \dfrac{R^3}{T^2} = \dfrac{GM}{4\pi^2}$

(2) $\int_0^1 (\sin x + \dfrac{x}{2}) dx = \int_0^1 \dfrac{1 + \sin x}{2} dx$

4. 다음의 ≪조건≫에 따라 ≪출력형태≫와 같이 문서를 작성하시오. (110점)

≪조건≫
(1) 그리기 도구를 이용하여 작성하고, 모든 도형(글맵시, 지정된 그림 포함)을 ≪출력형태≫와 같이 작성하시오.
(2) 도형의 면색은 지시사항이 없으면 색 없음을 제외하고 서로 다르게 임의로 지정하시오.

≪출력형태≫

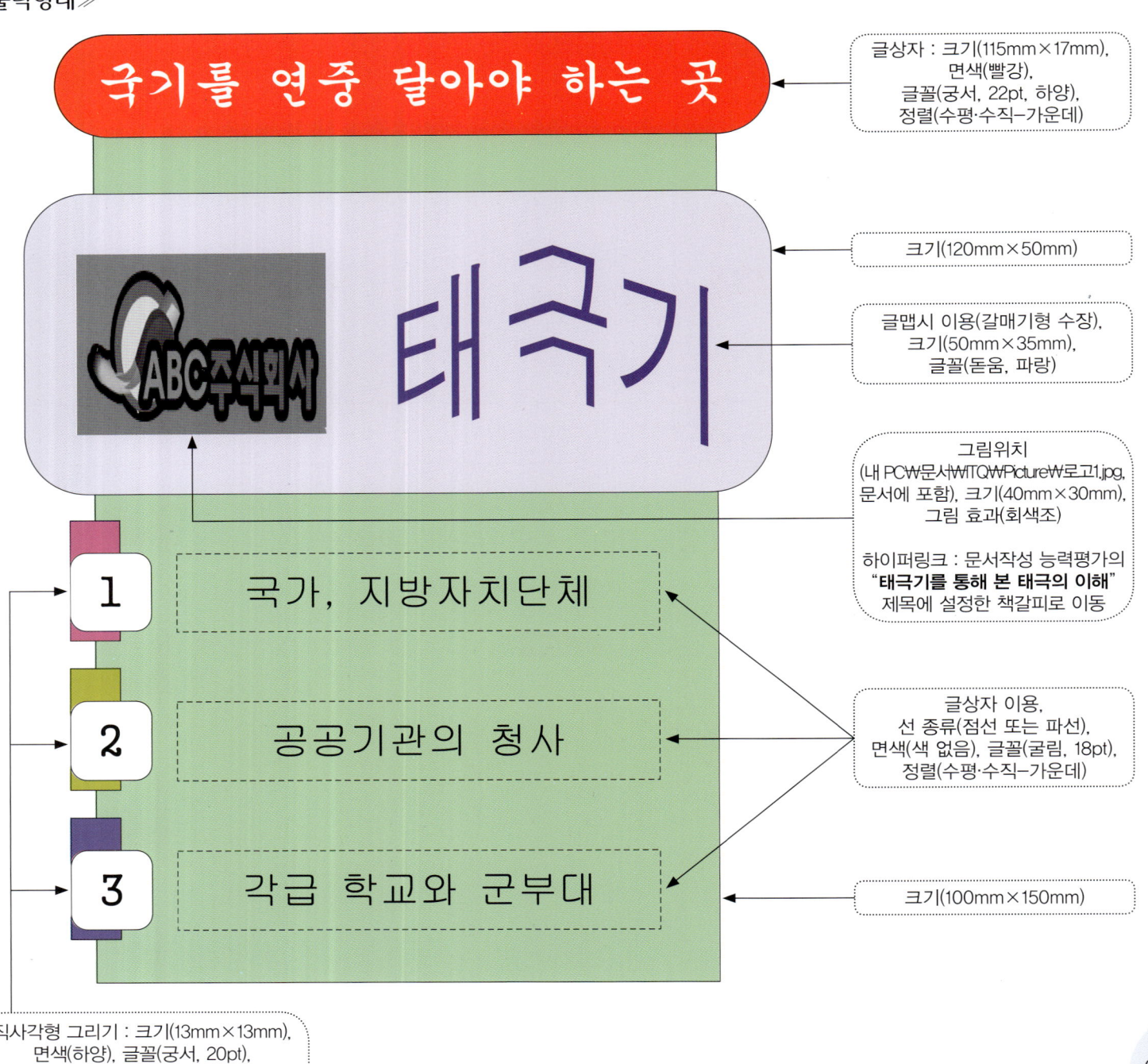

〈수식〉 (1) $\dfrac{PV}{T} = \dfrac{1 \times 22.4}{273} \fallingdotseq 0.082$

수식 도구 상자

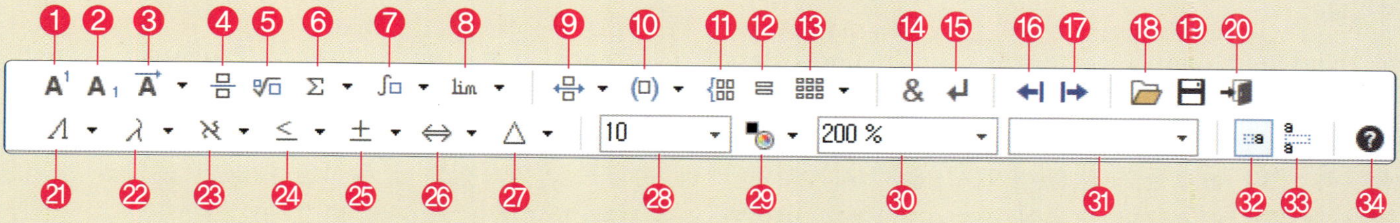

❶ 위첨자　❷ 아래첨자　❸ 장식 기호　❹ 분수
❺ 근호　❻ 합　❼ 적분　❽ 극한
❾ 상호 관계　❿ 괄호　⓫ 경우　⓬ 세로 쌓기
⓭ 행렬　⓮ 줄 맞춤　⓯ 줄 바꿈　⓰ 이전 항목
⓱ 다음 항목　⓲ MathML 파일 불러오기　⓳ MathML 파일로 저장하기　⓴ 넣기
㉑ 그리스 대문자　㉒ 그리스 소문자　㉓ 그리스 기호　㉔ 합, 집합 기호
㉕ 연산, 논리 기호　㉖ 화살표　㉗ 기타 기호　㉘ 글자 크기
㉙ 글자 색　㉚ 화면 확대　㉛ 명령어 입력　㉜ 글자 단위 영역
㉝ 줄 단위 영역　㉞ 도움말

3 〔수식 편집기〕 도구 상자에서 〔**분수(믐)**〕를 **클릭**합니다.

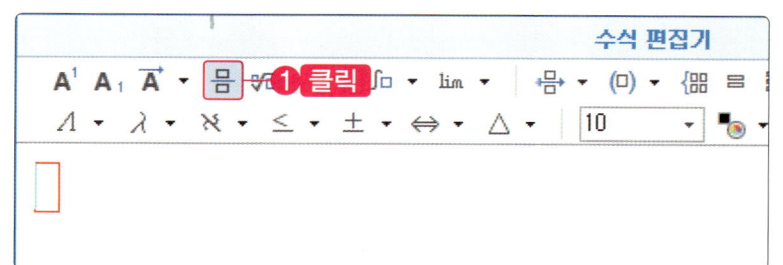

4 'PV'를 **입력**한 후 〔다음 항목(▶)〕을 **클릭**한 다음 'T'를 **입력**합니다. 그런다음 〔다음 항목(▶)〕을 **클릭**한 후 '='를 **입력**합니다.

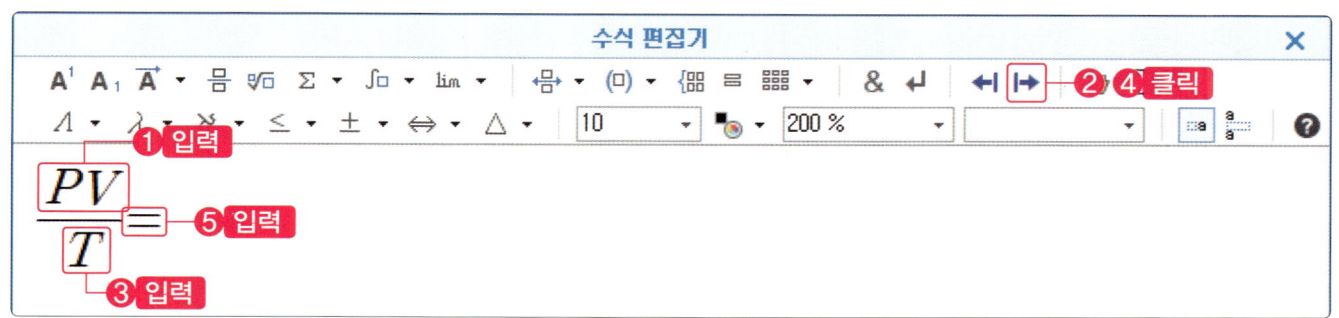

〔다음 항목(▶)〕을 클릭하거나 Tab 을 눌러서 이동할 수 있습니다.

기능평가 I (150점)

1. 다음의 ≪조건≫에 따라 스타일 기능을 적용하여 ≪출력형태≫와 같이 작성하시오. (50점)

≪조건≫　(1) 스타일 이름 - flag
　　　　　(2) 문단 모양 - 왼쪽 여백 : 15pt, 문단 아래 간격 : 10pt
　　　　　(3) 글자 모양 - 글꼴 : 한글(돋움)/영문(굴림), 크기 : 10pt, 장평 : 95%, 자간 : 5%

≪출력형태≫

One thing that cannot be overlooked in understanding Koreans is the national flag, Taegeukgi, which has always been flown at the most turbulent times in the country's history.

예로부터 우리 선조들이 생활 속에서 즐겨 사용하던 태극 문양은 동양사상의 근본적인 내용인 음양의 조화를 상징하며 태극기는 우주와 더불어 끝없이 창조와 번영을 희구하는 한민족의 이상을 담고 있다.

2. 다음의 ≪조건≫에 따라 ≪출력형태≫와 같이 표와 차트를 작성하시오. (100점)

≪표 조건≫　(1) 표 전체(표, 캡션) - 돋움, 10pt
　　　　　　(2) 정렬 - 문자 : 가운데 정렬, 숫자 : 오른쪽 정렬
　　　　　　(3) 셀 배경(면색) : 노랑
　　　　　　(4) 한글의 계산 기능을 이용하여 빈칸에 합계를 구하고, 캡션 기능 사용할 것
　　　　　　(5) 선 모양은 ≪출력형태≫와 동일하게 처리할 것

≪출력형태≫

국경일 태극기 게양 현황(단위 : %)

구분	2021년	2022년	2023년	2024년	합계
전라도	87.9	84.5	86.6	74.1	
충청도	81.3	74.2	80.3	72.1	
경상도	82.7	85.7	72.9	73.8	
경기도	81.7	84.6	64.2	67.8	

≪차트 조건≫　(1) 차트 데이터는 표 내용에서 연도별 전라도, 충청도, 경상도의 값만 이용할 것
　　　　　　　(2) 종류 - <묶은 세로 막대형>으로 작업할 것
　　　　　　　(3) 제목 - 굴림, 진하게, 12pt, 속성 - 채우기(하양), 테두리, 그림자(대각선 오른쪽 아래)
　　　　　　　　　【굴림, 진하게, 12pt, 배경 - 선 모양(한 줄로), 그림자(2pt)】
　　　　　　　(4) 제목 이외의 전체 글꼴 - 굴림, 보통, 10pt
　　　　　　　(5) 축제목과 범례는 ≪출력형태≫와 동일하게 처리할 것

≪출력형태≫

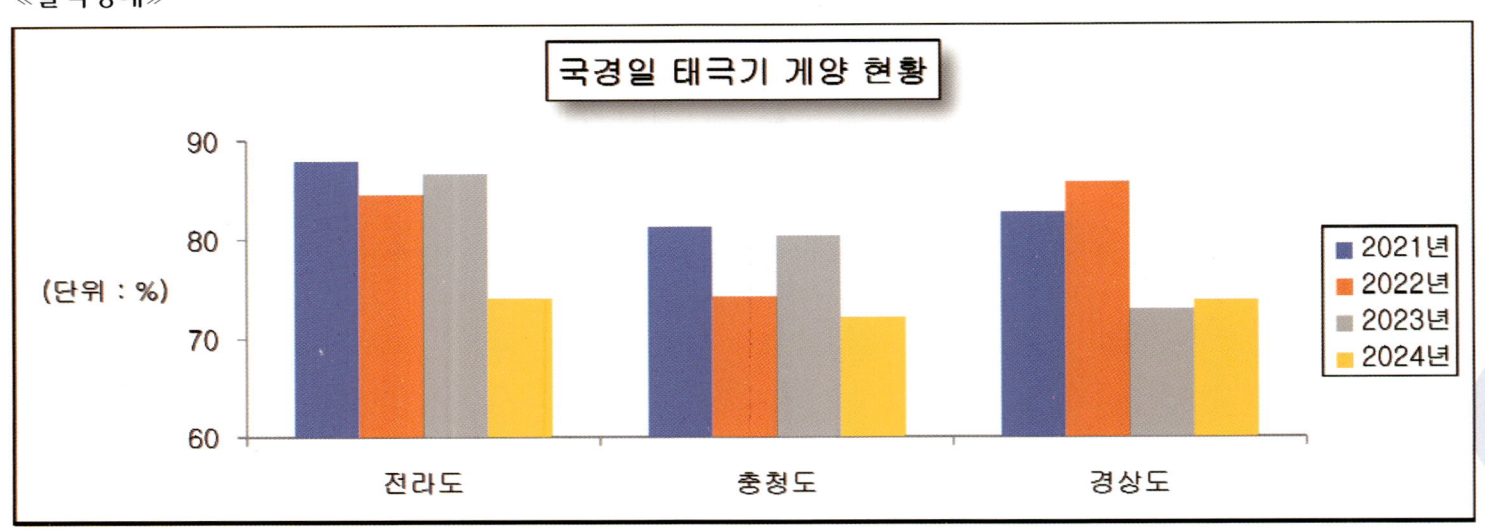

⟨수식⟩ (1) $\frac{PV}{T} = \frac{1 \times 22.4}{273} ≒ 0.082$

5 〔분수(믐)〕를 **클릭**한 후 '**1**'을 **입력**합니다.

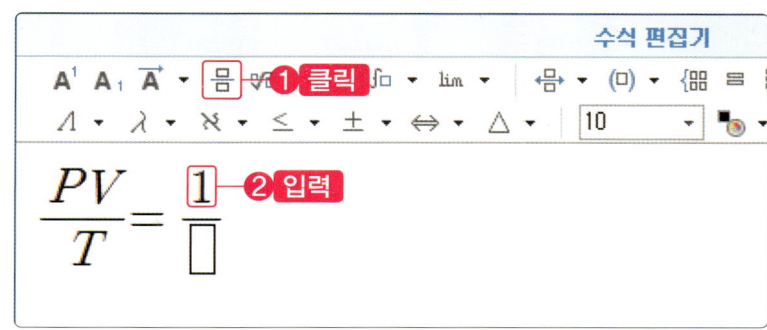

6 〔연산, 논리 기호(±)〕를 **클릭**한 후 〔TIMES(✕)〕을 **클릭**합니다.

7 '**22.4**'를 **입력**한 후 〔다음 항목(▶)〕을 **클릭**한 다음 '**273**'을 **입력**합니다.

8 〔다음 항목(▶)〕을 **클릭**한 후 〔연산, 논리 기호(±)〕를 **클릭**한 다음 〔image(≒)〕을 **클릭**합니다.

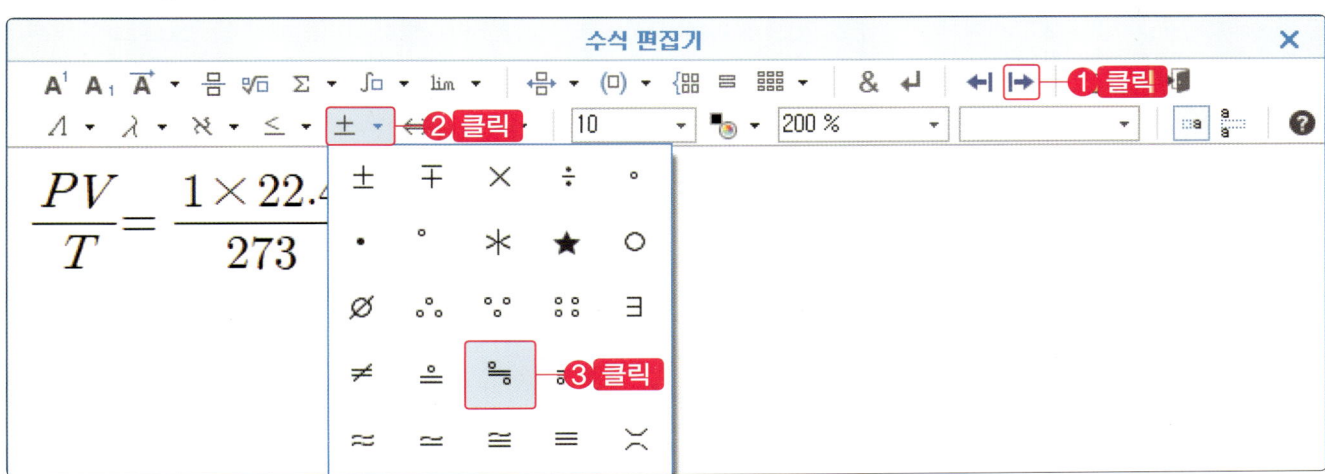

제 03 회 ITQ 실전모의문제

과목	코드	문제유형	시험시간	수험번호	성명
아래한글	1111	C	60분		

수험자 유의사항

- 수험자는 문제지를 받는 즉시 문제지와 <u>수험표상의 시험과목(프로그램)이 동일한지 반드시 확인</u>하여야 합니다.
- 파일명은 본인의 "수험번호-성명"으로 입력하여 답안폴더(내 PC₩문서₩ITQ)에 하나의 파일로 저장해야 하며, 답안문서 파일명이 "수험번호-성명"과 일치하지 않거나, 답안파일을 전송하지 않아 미제출로 처리될 경우 실격 처리합니다(예:12345678-홍길동.hwp).
- 답안 작성을 마치면 파일을 저장하고, '답안 전송' 버튼을 선택하여 감독위원 PC로 답안을 전송하십시오. 수험생 정보와 저장한 파일명이 다를 경우 전송되지 않으므로 주의하시기 바랍니다.
- 답안 작성 중에도 <u>주기적으로 저장하고, '답안 전송'</u>하여야 문제 발생을 줄일 수 있습니다. 작업한 내용을 저장하지 않고 전송할 경우 이전에 저장된 내용이 전송되오니 이점 유의하시기 바랍니다.
- 답안문서는 지정된 경로 외의 다른 보조기억장치에 저장하는 경우, 지정된 시험 시간 외에 작성된 파일을 활용할 경우, 기타 통신수단(이메일, 메신저, 네트워크 등)을 이용하여 타인에게 전달 또는 외부 반출하는 경우는 부정 처리합니다.
- 시험 중 부주의 또는 고의로 시스템을 파손한 경우는 수험자가 변상해야 하며, 〈수험자 유의사항〉에 기재된 방법대로 이행하지 않아 생기는 불이익은 수험생 당사자의 책임임을 알려 드립니다.
- 문제의 조건은 한컴오피스 2020 버전으로 설정되어 있으며 한컴오피스 NEO는 【 】에 표기되어 있습니다. 이와 관련하여 작성한 답안의 출력형태가 문제지와 다를 수 있습니다.
- 시험을 완료한 수험자는 답안파일이 전송되었는지 확인한 후 감독위원의 지시에 따라 문제지를 제출하고 퇴실합니다.

답안 작성요령

- **온라인 답안 작성 절차**
  수험자 등록 ⇒ 시험 시작 ⇒ 답안파일 저장 ⇒ 답안 전송 ⇒ 시험 종료
- **공통 부문**
  - 글꼴에 대한 기본설정은 함초롬바탕, 10포인트, 검정, 줄간격 160%, 양쪽정렬로 합니다.
  - 색상은 조건의 색을 적용하고 색의 구분이 안 될 경우에는 RGB 값을 적용하십시오.
    (빨강 255,0,0 / 파랑 0,0,255 / 노랑 255,255,0).
  - 각 문항에 주어진 ≪조건≫에 따라 작성하고 언급하지 않은 조건은 ≪출력형태≫와 같이 작성합니다.
  - 용지여백은 왼쪽·오른쪽 11mm, 위쪽·아래쪽·머리말·꼬리말 10mm, 제본 0mm로 합니다.
  - 그림 삽입 문제의 경우 「내 PC₩문서₩ITQ₩Picture」 폴더에서 지정된 파일을 선택하여 삽입하십시오.
  - 삽입한 그림은 반드시 문서에 포함하여 저장해야 합니다(미포함 시 감점 처리).
  - 각 항목은 지정된 페이지에 출력형태와 같이 정확히 작성하시기 바라며, 그렇지 않을 경우에 해당 항목은 0점 처리됩니다.
    ※ 페이지구분 : 1페이지 - 기능평가 I (문제번호 표시 : 1. 2.),
    2페이지 - 기능평가 II (문제번호 표시 : 3. 4.),
    3페이지 - 문서작성 능력평가
- **기능평가**
  - 문제와 ≪조건≫은 입력하지 않으며 문제번호와 답(≪출력형태≫)만 작성합니다.
  - 4번 문제는 묶기를 했을 경우 0점 처리됩니다.
- **문서작성 능력평가**
  - A4 용지(210mm×297mm) 1매 크기, 세로 서식 문서로 작성합니다.
  - ◯ 표시는 문서작성에 대한 지시사항이므로 작성하지 않습니다.

kpc 한국생산성본부

⟨수식⟩ (1) $\frac{PV}{T} = \frac{1 \times 22.4}{273} \fallingdotseq 0.082$

9 '0.082'를 **입력**한 후 [**넣기**(⤴)]를 **클릭**합니다.

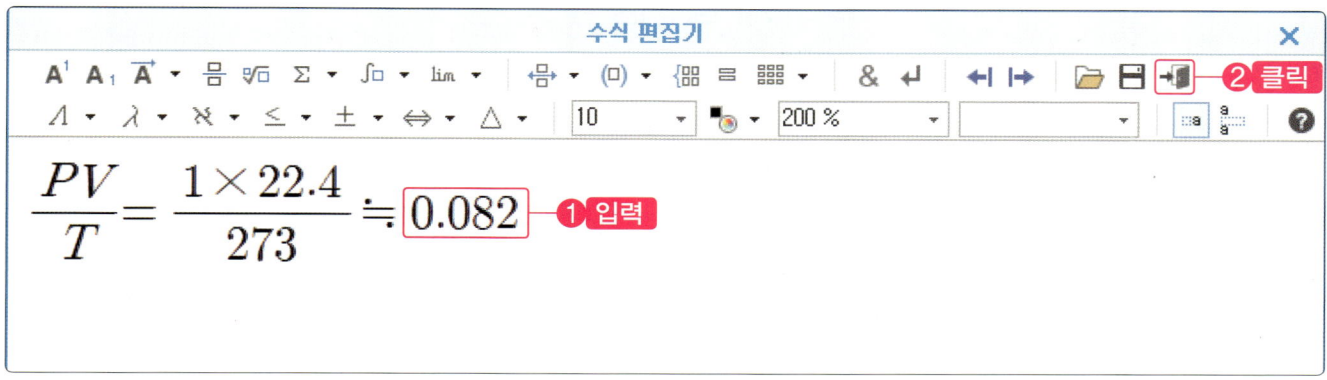

> Shift + Esc 를 눌러 문서에 수식을 넣을 수도 있습니다.

10 다음과 같이 문서에 첫 번째 수식이 넣어집니다.

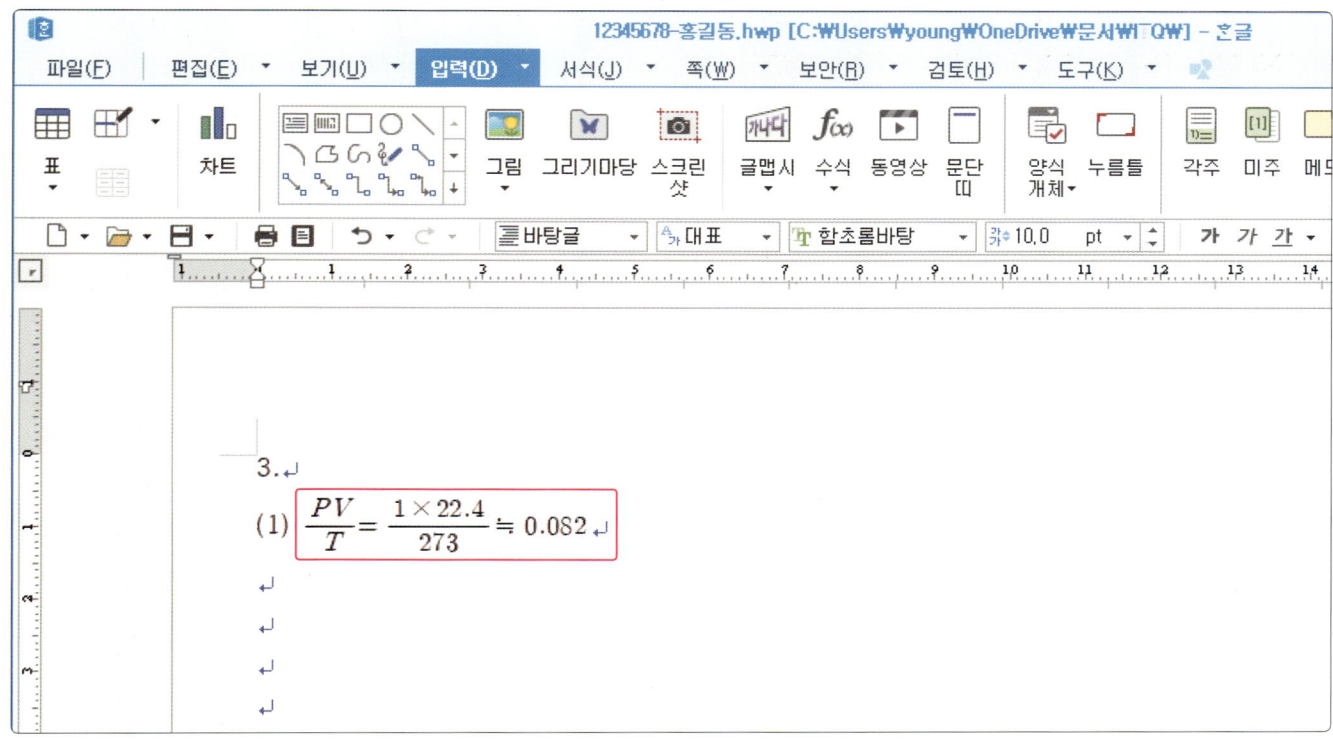

> 수식을 더블클릭하면 수식을 수정할 수 있습니다.

데이터 플랫폼의 성장
데이터사업 통합설명회

4차 산업혁명의 핵심 자원인 데이터가 양과 질적인 측면(側面)에서 선진국보다 뒤처진 상황㉠에서 이를 타개하기 위해 데이터 가치 사슬에 대한 전체 주기의 혁신이 필요하다. 이를 위해 공공기관과 민간이 협업(協業)하여 데이터의 생산, 수집, 분석, 유통을 지원하는 '빅데이터 플랫폼 및 네트워크 구축 사업'을 추진한다. '플랫폼'은 주요 분야별로 각종 데이터의 수집, 분석, 유통의 지원을 의미하며 '센터'는 중소기업, 대학 등 주요 기관별로 데이터를 체계적으로 생산하고 관리하는 것을 의미한다.

세부 추진과제로는 첫째, 수요 기반의 활용 가치가 높은 양질의 데이터를 기관별로 생산 및 구축하고 플랫폼을 통해 개방과 공유를 할 수 있는 체계를 마련할 수 있는 빅데이터 센터를 육성하고 둘째, 데이터 생태계를 조성하고 추진할 수 있는 빅데이터 플랫폼을 구축 및 운영하며 셋째, 민관 협력을 통해 데이터 유통 활용 기반을 조성하고 플랫폼 간 연계와 이용활성화를 지원하는 빅데이터 네트워크 조성이다. 데이터의 공유와 활용을 촉진하는 민간 협력 거버넌스인 빅데이터 얼라이언스를 구성 운영하고 이종 플랫폼 간에도 효과적으로 유통, 활용할 수 있도록 플랫폼간 상호 연계 기준을 마련하고 데이터 상황판을 구축 운영한다.

◆ 데이터사업 통합설명회 개요

　가. 일시 및 장소
　　㉠ 일시 : 2025. 7. 18(금), 15:00 - 18:00
　　㉡ 장소 : 코엑스 컨퍼런스룸 E5, 5홀
　나. 주요 설명 사업
　　㉠ 빅데이터 플랫폼 및 네트워크 구축 사업
　　㉡ 본인정보 활용지원(마이데이터) 사업

◆ *사업 추진 절차 및 향후 일정*

구분	내용	일정	비고
과제 공모	홈페이지 등을 통한 과제 공모 공고	2월	한국지능정보사회진흥원
수행기관 선정평가	평가위원회(2단계)를 통해 수행기관 선정	4월	
과제 심의조정	과제 수행 내용 및 예산 조정 확정, 결과 통보	5월	한국지능정보사회진흥원 및 수행기관
결과 보고	사업 최종 결과보고서 제출	12월	
최종 평가	2차년도 과제수행 여부 판단을 위한 결과 평가		

한국데이터산업진흥원

㉠ 2023년 기준 국내 기업의 빅데이터 도입률 : 15.9%

STEP 02 두 번째 수식 작성하기

〈수식〉 3. 다음의 (1), (2)의 수식을 수식 편집기로 각각 입력하시오.

(2) $\int_a^b A(x-a)(x-b)dx = -\frac{A}{6}(b-a)^3$

1 첫 번째 수식 뒤에 커서를 둔 후 Tab을 3번 눌러 칸을 띄운 다음 '(2) '를 입력합니다. 그런다음 두 번째 수식을 입력하기 위해 [입력] 탭을 클릭한 후 [수식($f\infty$)]을 클릭합니다.

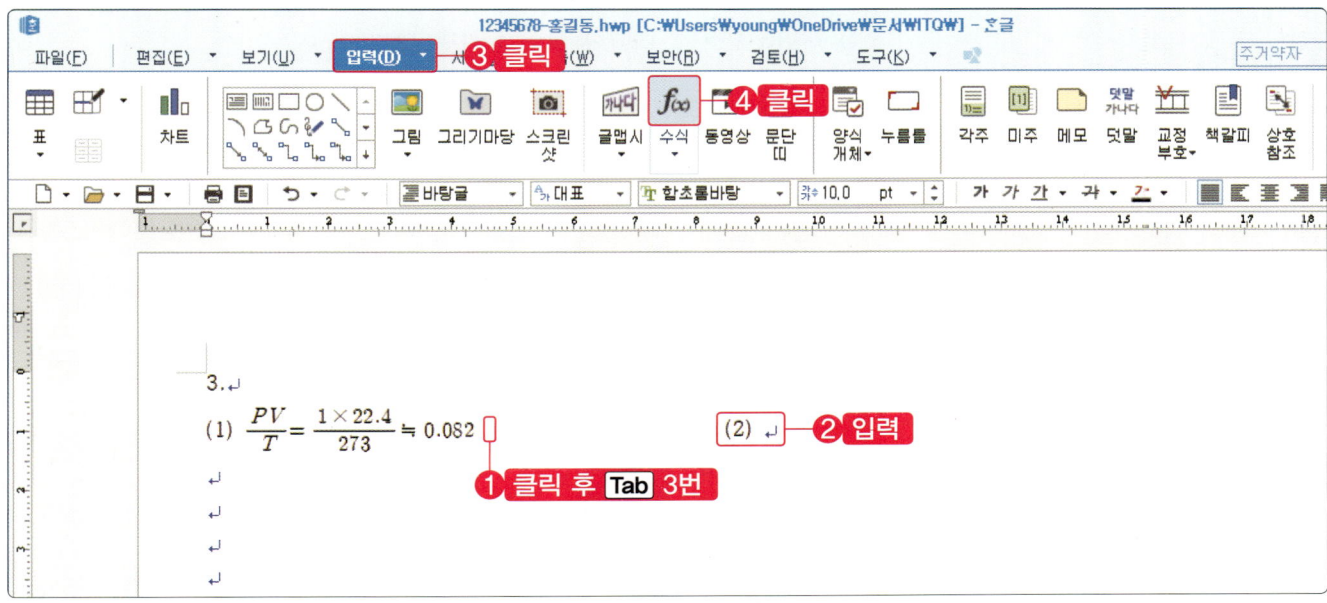

2 [수식 편집기] 도구 상자에서 [적분(∫▫)]를 클릭합니다. 그런다음 [int(∫)]를 클릭합니다.

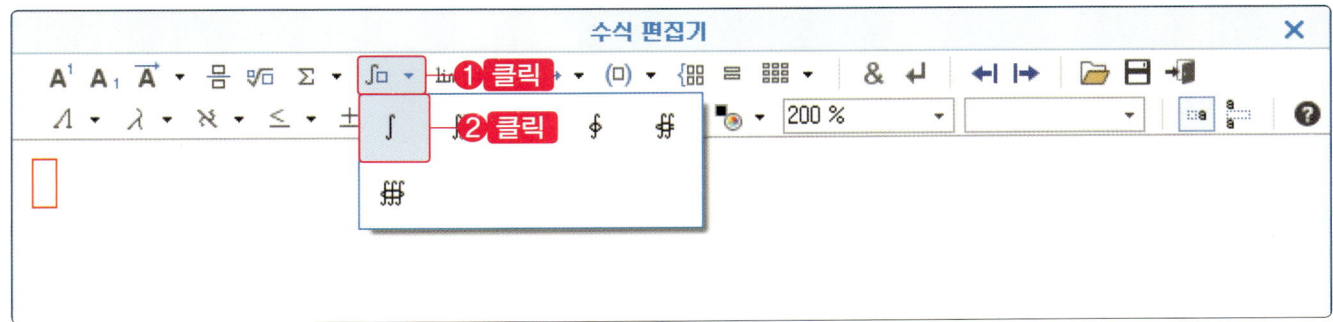

3 'a'를 입력한 후 [다음 항목(▶)]을 클릭한 다음 'b'를 입력합니다. 그런다음 [다음 항목(▶)]을 클릭한 후 'A(x-a)(x-b)dx=-'를 입력한 다음 [분수(🔲)]를 클릭합니다.

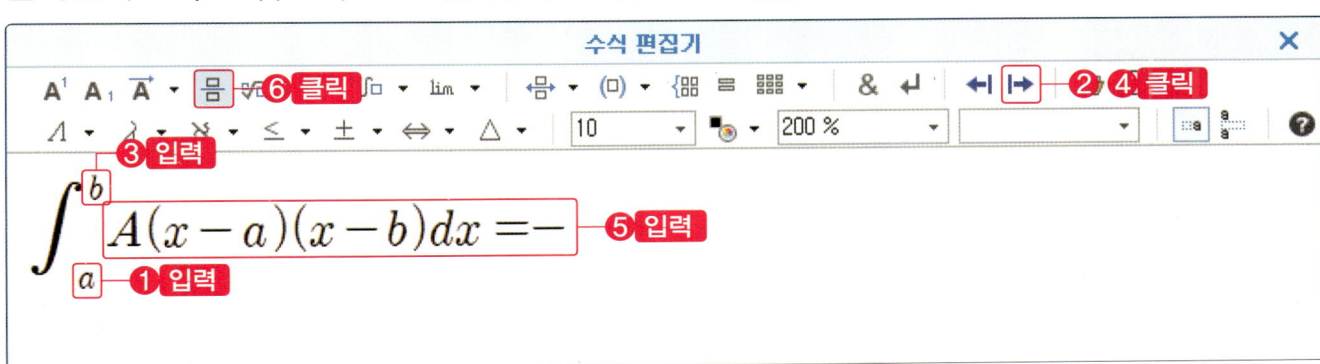

3. 다음 (1), (2)의 수식을 수식 편집기로 각각 입력하시오. (40점)
≪출력형태≫

(1) $\dfrac{F}{h_2} = t_2 k_1 \dfrac{t_1}{d} = 2 \times 10^{-7} \dfrac{t_1 t_2}{d}$

(2) $\int_a^b A(x-a)(x-b)dx = -\dfrac{A}{6}(b-a)^3$

4. 다음의 ≪조건≫에 따라 ≪출력형태≫와 같이 문서를 작성하시오. (110점)
≪조건≫
(1) 그리기 도구를 이용하여 작성하고, 모든 도형(글맵시, 지정된 그림 포함)을 ≪출력형태≫와 같이 작성하시오.
(2) 도형의 면색은 지시사항이 없으면 색 없음을 제외하고 서로 다르게 임의로 지정하시오.

≪출력형태≫

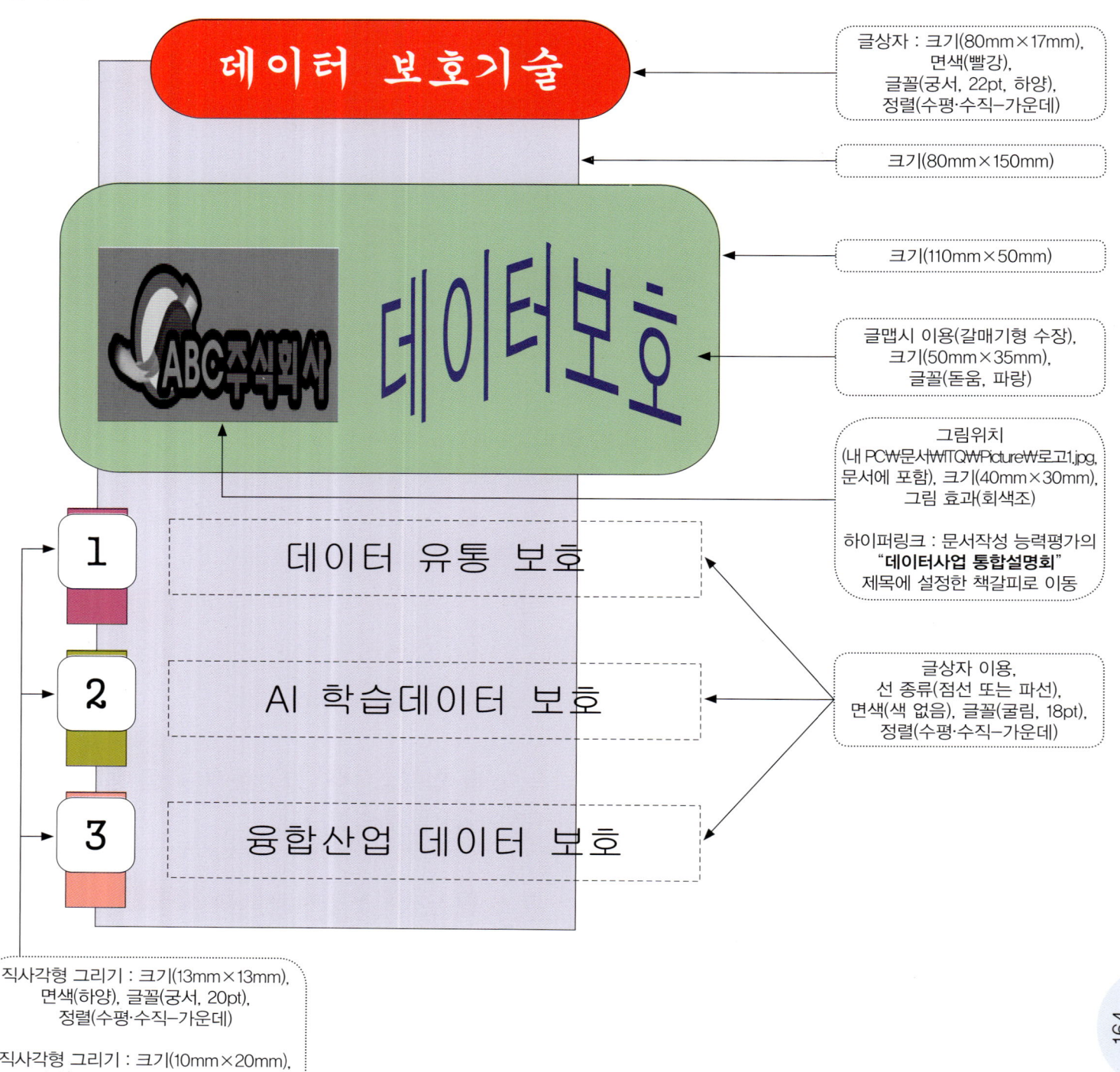

〈수식〉　　(2) $\int_a^b A(x-a)(x-b)dx = -\frac{A}{6}(b-a)^3$

4 'A'를 입력한 후 (다음 항목(→))을 클릭한 다음 '6'을 입력합니다. 그런다음 (다음 항목(→))을 클릭한 후 '(b−a)'를 입력한 다음 (위첨자(A¹))를 클릭합니다.

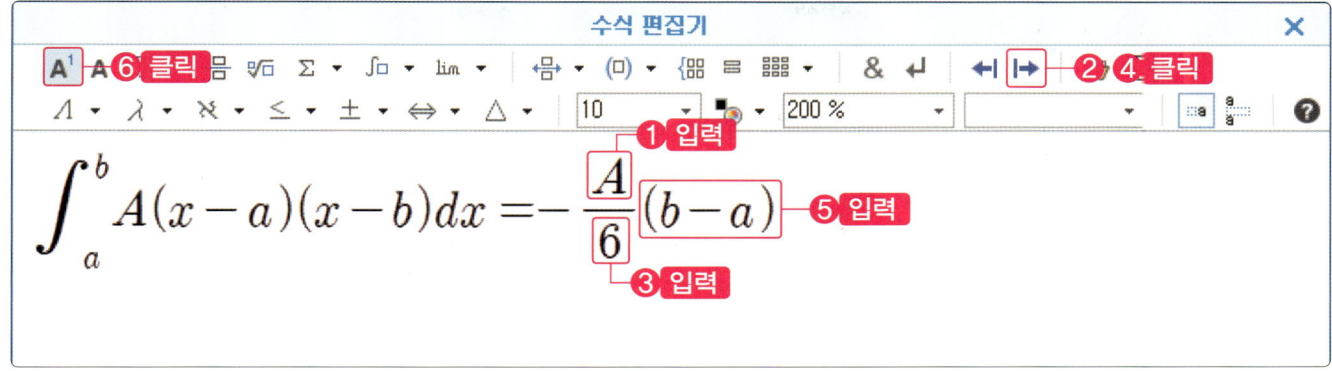

5 '3'을 입력한 후 (넣기(→))를 클릭합니다.

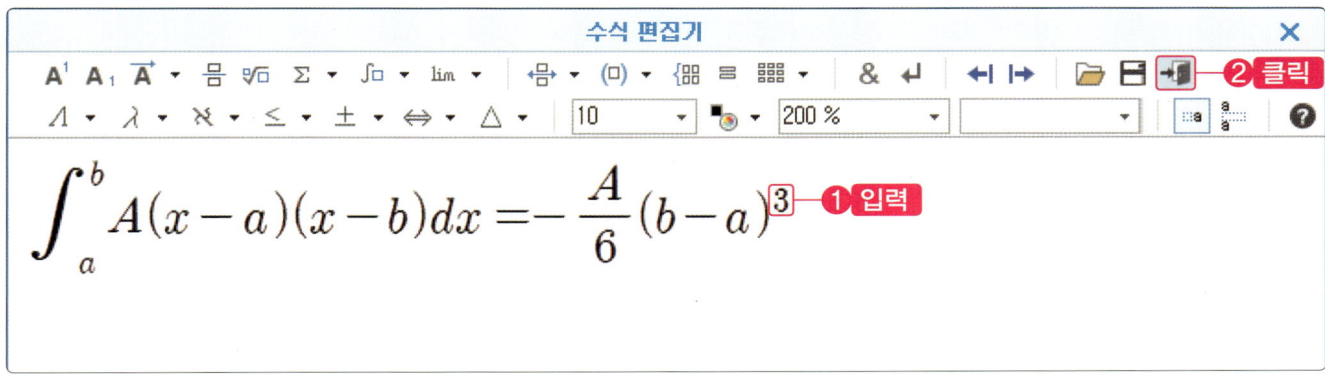

6 다음과 같이 문서에 두 번째 수식이 넣어집니다.

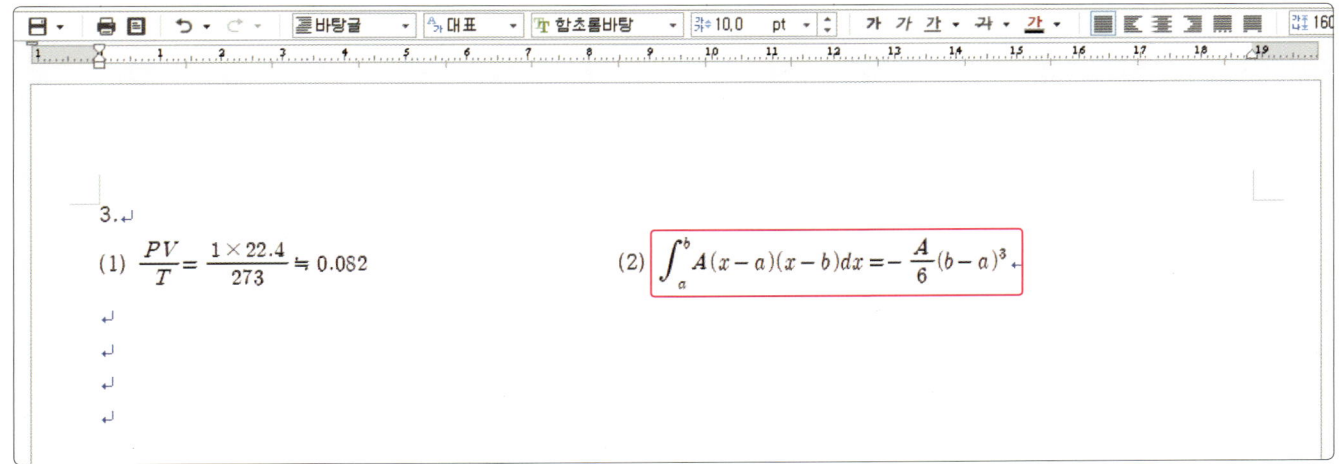

> 수식을 더블클릭하면 수식을 수정할 수 있습니다.

기능평가 I (150점)

1. 다음의 ≪조건≫에 따라 스타일 기능을 적용하여 ≪출력형태≫와 같이 작성하시오. (50점)

≪조건≫　(1) 스타일 이름 - bigdata
　　　　　(2) 문단 모양 - 왼쪽 여백 : 15pt, 문단 아래 간격 : 10pt
　　　　　(3) 글자 모양 - 글꼴 : 한글(돋움)/영문(굴림), 크기 : 10pt, 장평 : 95%, 자간 : 5%

≪출력형태≫

Big data is a field that treats of ways to analyze, or otherwise deal with data sets that are too large or complex to be dealt with by traditional data-processing application software.

빅데이터란 기존 데이터베이스 관리도구의 능력을 넘어서는 수십 테라바이트의 정형 또는 비정형의 데이터 집합 조차 포함한 데이터로부터 가치를 추출하고 결과를 분석하는 기술이다.

2. 다음의 ≪조건≫에 따라 ≪출력형태≫와 같이 표와 차트를 작성하시오. (100점)

≪표 조건≫　(1) 표 전체(표, 캡션) - 돋움, 10pt
　　　　　　(2) 정렬 - 문자 : 가운데 정렬, 숫자 : 오른쪽 정렬
　　　　　　(3) 셀 배경(면색) : 노랑
　　　　　　(4) 한글의 계산 기능을 이용하여 빈칸에 합계를 구하고, 캡션 기능 사용할 것
　　　　　　(5) 선 모양은 ≪출력형태≫와 동일하게 처리할 것

≪출력형태≫

데이터산업 시장규모(단위 : 억 원)

구분	2021년	2022년	2023년	2024년	합계
데이터 수집	1,871	2,122	2,499	3,715	
데이터 분석	2,014	2,586	2,932	3,247	
데이터 관리	5,203	6,022	7,137	7,963	
데이터 보안	1,975	2,558	2,894	3,015	

≪차트 조건≫　(1) 차트 데이터는 표 내용에서 연도별 데이터 수집, 데이터 분석, 데이터 관리의 값만 이용할 것
　　　　　　　(2) 종류 - <묶은 세로 막대형>으로 작업할 것
　　　　　　　(3) 제목 - 굴림, 진하게, 12pt, 속성 - 채우기(하양), 테두리, 그림자(대각선 오른쪽 아래)
　　　　　　　　　【굴림, 진하게, 12pt, 배경 - 선 모양(한 줄로), 그림자(2pt)】
　　　　　　　(4) 제목 이외의 전체 글꼴 - 굴림, 보통, 10pt
　　　　　　　(5) 축제목과 범례는 ≪출력형태≫와 동일하게 처리할 것

≪출력형태≫

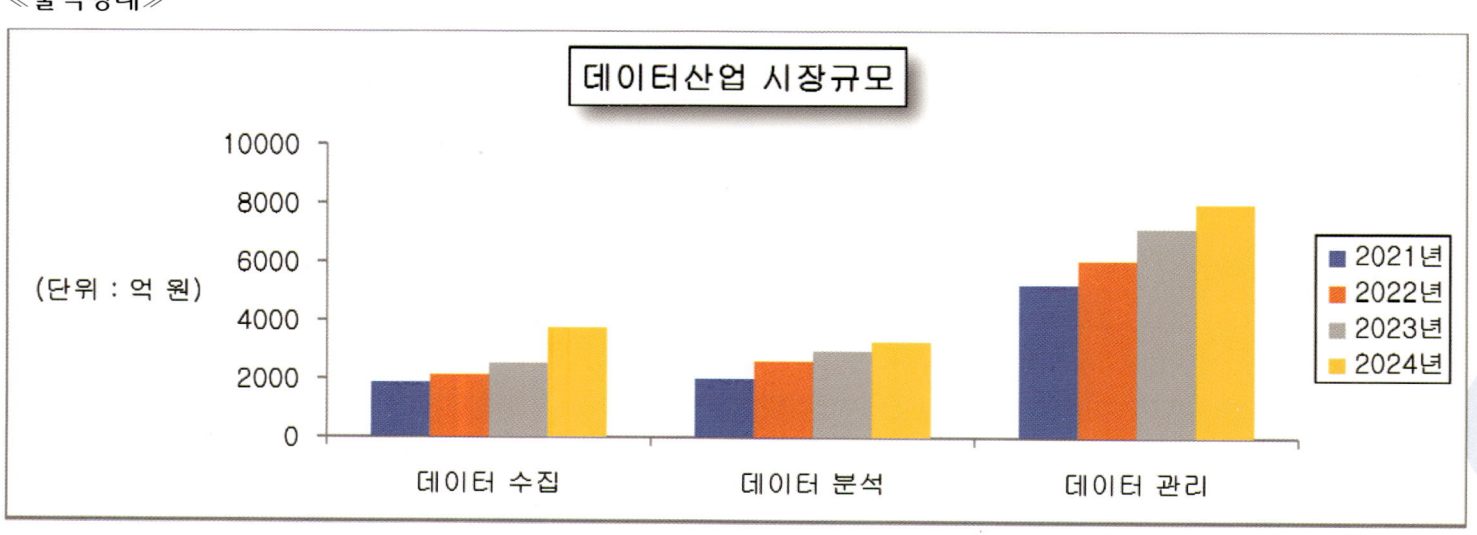

실전문제유형

1 다음의 (1), (2)의 수식을 수식 편집기로 각각 입력하시오. (40점)

▶소스파일 : Part 01\Chapter 05\문제01.hwp   ▶완성파일 : Part 01\Chapter 05\문제01_완성.hwp

《출력형태》

(1) $U_a - U_b = \dfrac{GmM}{a} - \dfrac{GmM}{b} = \dfrac{GmM}{2R}$

(2) $V = \dfrac{1}{R}\displaystyle\int_0^q qdq = \dfrac{1}{2}\dfrac{q^2}{R}$

2 다음의 (1), (2)의 수식을 수식 편집기로 각각 입력하시오. (40점)

▶소스파일 : Part 01\Chapter 05\문제02.hwp   ▶완성파일 : Part 01\Chapter 05\문제02_완성.hwp

《출력형태》

(1) $\dfrac{F}{h_2} = t_2 k_1 \dfrac{t_1}{d} = 2 \times 10^{-7} \dfrac{t_1 t_2}{d}$

(2) $\displaystyle\int_a^b A(x-a)(x-b)dx = \dfrac{A}{6}(b-a)^3$

3 다음의 (1), (2)의 수식을 수식 편집기로 각각 입력하시오. (40점)

▶소스파일 : Part 01\Chapter 05\문제03.hwp   ▶완성파일 : Part 01\Chapter 05\문제03_완성.hwp

《출력형태》

(1) $\dfrac{k_x}{2h} \times (-2mk_x) = -\dfrac{mk^2}{h}$

(2) $\displaystyle\int_a^b xf(x)dx = \dfrac{1}{b-a}\int_a^b xdx = \dfrac{a+b}{2}$

제 02 회 ITQ 실전모의문제

과목	코드	문제유형	시험시간	수험번호	성명
아래한글	1111	B	60분		

수험자 유의사항

- 수험자는 문제지를 받는 즉시 문제지와 수험표상의 시험과목(프로그램)이 동일한지 반드시 확인하여야 합니다.
- 파일명은 본인의 "수험번호-성명"으로 입력하여 답안폴더(내 PC\문서\ITQ)에 하나의 파일로 저장해야 하며, 답안문서 파일명이 "수험번호-성명"과 일치하지 않거나, 답안파일을 전송하지 않아 미제출로 처리될 경우 실격 처리합니다(예:12345678-홍길동.hwp).
- 답안 작성을 마치면 파일을 저장하고, '답안 전송' 버튼을 선택하여 감독위원 PC로 답안을 전송하십시오. 수험생 정보와 저장한 파일명이 다를 경우 전송되지 않으므로 주의하시기 바랍니다.
- 답안 작성 중에도 주기적으로 저장하고, '답안 전송'하여야 문제 발생을 줄일 수 있습니다. 작업한 내용을 저장하지 않고 전송할 경우 이전에 저장된 내용이 전송되오니 이점 유의하시기 바랍니다.
- 답안문서는 지정된 경로 외의 다른 보조기억장치에 저장하는 경우, 지정된 시험 시간 외에 작성된 파일을 활용할 경우, 기타 통신수단(이메일, 메신저, 네트워크 등)을 이용하여 타인에게 전달 또는 외부 반출하는 경우는 부정 처리합니다.
- 시험 중 부주의 또는 고의로 시스템을 파손한 경우는 수험자가 변상해야 하며, 〈수험자 유의사항〉에 기재된 방법대로 이행하지 않아 생기는 불이익은 수험생 당사자의 책임임을 알려 드립니다.
- 문제의 조건은 한컴오피스 2020 버전으로 설정되어 있으며 한컴오피스 NEO는 【 】에 표기되어 있습니다. 이와 관련하여 작성한 답안의 출력형태가 문제지와 다를 수 있습니다.
- 시험을 완료한 수험자는 답안파일이 전송되었는지 확인한 후 감독위원의 지시에 따라 문제지를 제출하고 퇴실합니다.

답안 작성요령

- **온라인 답안 작성 절차**
  수험자 등록 ⇒ 시험 시작 ⇒ 답안파일 저장 ⇒ 답안 전송 ⇒ 시험 종료
- **공통 부문**
  - 글꼴에 대한 기본설정은 함초롬바탕, 10포인트, 검정, 줄간격 160%, 양쪽정렬로 합니다.
  - 색상은 조건의 색을 적용하고 색의 구분이 안 될 경우에는 RGB 값을 적용하십시오.
    (빨강 255,0,0 / 파랑 0,0,255 / 노랑 255,255,0).
  - 각 문항에 주어진 ≪조건≫에 따라 작성하고 언급하지 않은 조건은 ≪출력형태≫와 같이 작성합니다.
  - 용지여백은 왼쪽·오른쪽 11mm, 위쪽·아래쪽·머리말·꼬리말 10mm, 제본 0mm로 합니다.
  - 그림 삽입 문제의 경우 「내 PC\문서\ITQ\Picture」 폴더에서 지정된 파일을 선택하여 삽입하십시오.
  - 삽입한 그림은 반드시 문서에 포함하여 저장해야 합니다(미포함 시 감점 처리).
  - 각 항목은 지정된 페이지에 출력형태와 같이 정확히 작성하시기 바라며, 그렇지 않을 경우에 해당 항목은 0점 처리됩니다.
    ※ 페이지구분 : 1페이지 - 기능평가 I (문제번호 표시 : 1. 2.),
    　　　　　　　 2페이지 - 기능평가 II (문제번호 표시 : 3. 4.),
    　　　　　　　 3페이지 - 문서작성 능력평가
- **기능평가**
  - 문제와 ≪조건≫은 입력하지 않으며 문제번호와 답(≪출력형태≫)만 작성합니다.
  - 4번 문제는 묶기를 했을 경우 0점 처리됩니다.
- **문서작성 능력평가**
  - A4 용지(210mm×297mm) 1매 크기, 세로 서식 문서로 작성합니다.
  - ☐ 표시는 문서작성에 대한 지시사항이므로 작성하지 않습니다.

kpc 한국생산성본부

4 다음의 (1), (2)의 수식을 수식 편집기로 각각 입력하시오. (40점)

▶ 소스파일 : Part 01\Chapter 05\문제04.hwp   ▶ 완성파일 : Part 01\Chapter 05\문제04_완성.hwp

《출력형태》

(1) $E = \sqrt{\dfrac{GM}{R}}, \dfrac{R^3}{T^2} = \dfrac{GM}{4\pi^2}$

(2) $\int_0^1 (\sin x + \dfrac{x}{2}) dx = \int_0^1 \dfrac{1+\sin x}{2} dx$

5 다음의 (1), (2)의 수식을 수식 편집기로 각각 입력하시오. (40점)

▶ 소스파일 : Part 01\Chapter 05\문제05.hwp   ▶ 완성파일 : Part 01\Chapter 05\문제05_완성.hwp

《출력형태》

(1) $\vec{F} = -\dfrac{4\pi^2 m}{T^2} + \dfrac{m}{T^3}$

(2) $\overline{AB} = \sqrt{(x_2 - x_x)^2 + (y_2 - y_1)^2}$

6 다음의 (1), (2)의 수식을 수식 편집기로 각각 입력하시오. (40점)

▶ 소스파일 : Part 01\Chapter 05\문제06.hwp   ▶ 완성파일 : Part 01\Chapter 05\문제06_완성.hwp

《출력형태》

(1) $\dfrac{h_1}{h_2} = (\sqrt{a})^{M_2 - M_1} \fallingdotseq 2.5^{M_2 - M_1}$

(2) $h = \sqrt{k^2 - r^2}, M = \dfrac{1}{3}\pi r^2 h$

인공지능 활용한 교통데이터

<small>서울연구원</small>

가구통행실태조사로 구축되는 여객 기종점통행량(O/D)㉠은 교통계획 및 사회간접자본의 타당성 평가에 활용되는 각종 교통통계지표를 산출하기 위한 핵심 기초자료이다. 표본율 감소에 따른 문제 해결을 위해 현장에서 수집(蒐集)되는 교통 빅데이터 활용이 논의되고 있다. 전수에 가까운 교통카드데이터와 택시데이터가 있음에도 불구하고, O/D 구축과정에서 이 데이터들의 구체적 활용방안은 여전히 미비한 실정이다. 교통데이터에 AI 방법론을 적용해 통행목적과 이용자특성 등 필요한 속성을 추정(推定)한다.

가구통행실태조사는 개인에 관한 풍부한 정보를 제공하지만, 극히 적은 표본이라는 단점이 있다. 반면, 교통카드데이터와 택시운행정보관리시스템 데이터는 전수 통행데이터라는 엄청난 장점이 있지만 통행목적과 이용자특성에 대한 정보가 없다. 통신데이터인 생활이동데이터는 표본율이 가구통행실태조사 대비 높고 통행목적과 이용자특성에 대한 정보가 있지만, 교통수단이 구분되어 있지 않다. 이처럼 필요한 속성이 있는 표본 데이터와 전수 데이터이지만 해당 속성이 없는 데이터가 존재하여, 각 데이터의 장점을 적절히 활용할 필요가 있다.

◆ 교통데이터 통행목적과 이용자특성 추정

- 가. AI모형 중 분류모형과 생성모형 적용
  - ㉠ 가구통행실태조사의 통행정보와 이용자특성 학습
  - ㉡ 교통카드데이터의 통행목적과 이용자특성 추정
- 나. 대중교통과 택시 각각의 AI모형 구축
  - ㉠ 대중교통 AI모형 입력 변수와 모형에 따라 구축
  - ㉡ 택시 AI모형 표본 매우 부족, 신뢰성 부족

◆ 교통데이터 특성 비교

데이터 구분	표본율	이용자특성	데이터특성
가구통행실태조사	0.25%	성별, 연령, 소득 등	통행목적, 수단
교통카드데이터	100%	아동/청소년/고령자 구분	수단
택시운행정보관리시스템	100%	알수없음	수단
통신데이터	23.97%	성별, 연령대	통행목적
교통카드 및 택시 데이터	표본율은 100%에 가까우므로 100%라고 표기함		

도시인프라계획센터

㉠ 시종점간의 통행수 추정, 차량대수 또는 승객수

7 다음의 (1), (2)의 수식을 수식 편집기로 각각 입력하시오. (40점)

▶소스파일 : Part 01\Chapter 05\문제07.hwp   ▶완성파일 : Part 01\Chapter 05\문제07_완성.hwp

《출력형태》

(1) $\dfrac{V_2}{V_1} = \dfrac{0.9 \times 10^3}{1.0 \times 10^2} = 0.8$

(2) $\sqrt{a+b+2\sqrt{ab}} = \sqrt{a} + \sqrt{b}\,(a>0, b>0)$

8 다음의 (1), (2)의 수식을 수식 편집기로 각각 입력하시오. (40점)

▶소스파일 : Part 01\Chapter 05\문제08.hwp   ▶완성파일 : Part 01\Chapter 05\문제08_완성.hwp

《출력형태》

(1) $T = \dfrac{b^2}{a} + 2\pi\sqrt{\dfrac{r^3}{GM}}$

(2) $a_n - b_n = n^2 \dfrac{h^2}{4\pi^2 Kme^2}$

9 다음의 (1), (2)의 수식을 수식 편집기로 각각 입력하시오. (40점)

▶소스파일 : Part 01\Chapter 05\문제09.hwp   ▶완성파일 : Part 01\Chapter 05\문제09_완성.hwp

《출력형태》

(1) $\dfrac{1}{d} = \sqrt{n^2} = \sqrt{\dfrac{3kT}{m}}$

(2) $m_2 - m_1 = \dfrac{5}{2}\log\dfrac{h_1}{h_2}$

기능평가 II (150점)

3. 다음 (1), (2)의 수식을 수식 편집기로 각각 입력하시오. (40점)

≪출력형태≫

(1) $\dfrac{PV}{T} = \dfrac{1 \times 22.4}{273} \fallingdotseq 0.082$

(2) $\displaystyle\int_0^3 \dfrac{\sqrt{6t^2 - 18t + 12}}{5} dt = 11$

4. 다음의 ≪조건≫에 따라 ≪출력형태≫와 같이 문서를 작성하시오. (110점)

≪조건≫
(1) 그리기 도구를 이용하여 작성하고, 모든 도형(글맵시, 지정된 그림 포함)을 ≪출력형태≫와 같이 작성하시오.
(2) 도형의 면색은 지시사항이 없으면 색 없음을 제외하고 서로 다르게 임의로 지정하시오.

≪출력형태≫

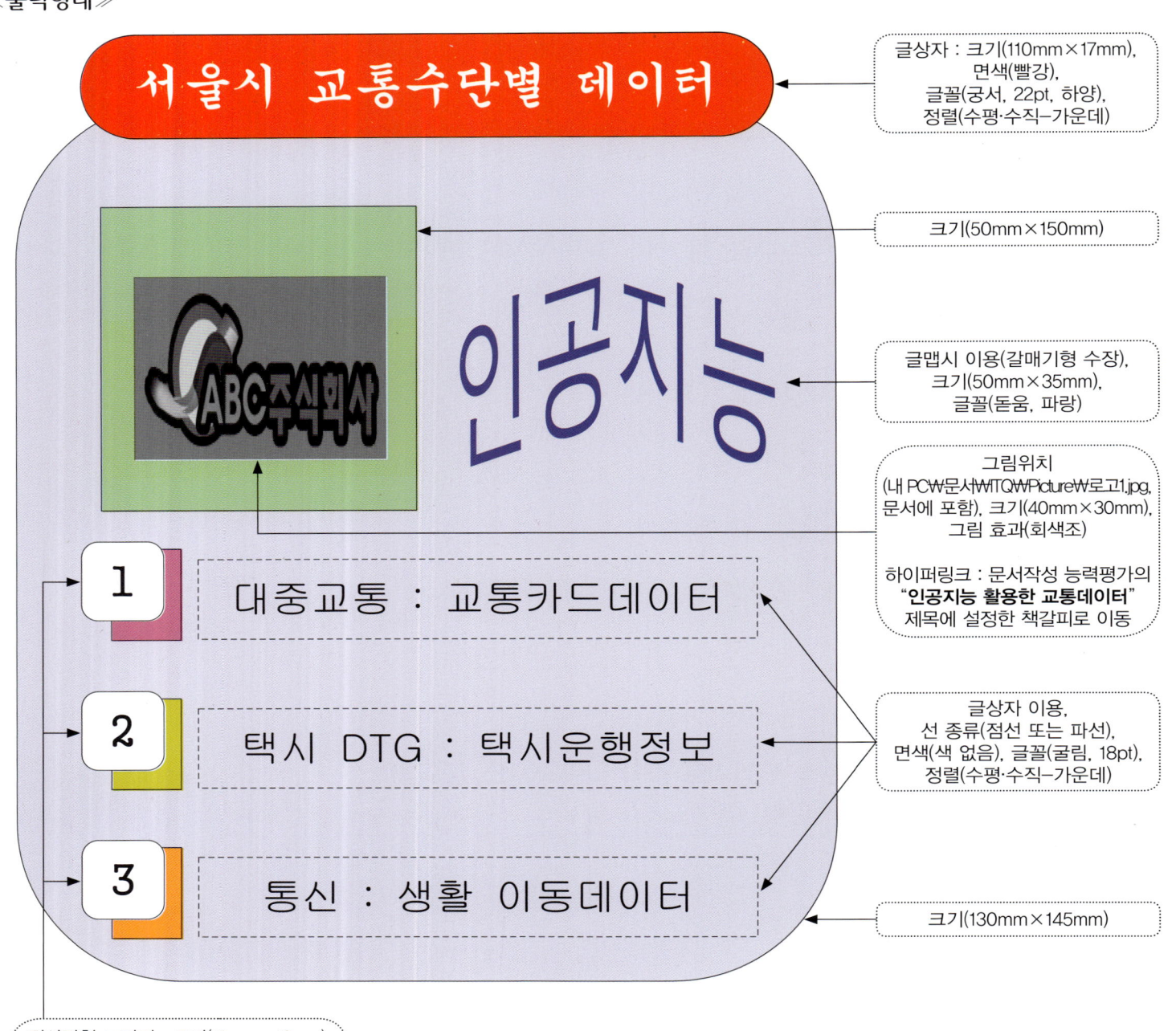

Chapter 06 기능평가 Ⅱ - 도형 그리기

- ◆ 문제 번호 입력하고 배경 도형 작성하기
- ◆ 그림과 글맵시 삽입하고 편집하기
- ◆ 책갈피 삽입하고 하이퍼링크 지정하기
- ◆ 제목 글상자 작성하기
- ◆ 목차 도형 작성하기

▶ 소스파일 : Part 01\Chapter 06\Ch06.hwp   ▶ 완성파일 : Part 01\Chapter 06\Ch06_완성.hwp

4. 다음의 《조건》에 따라 《출력형태》와 같이 문서를 작성하시오. (110점)

조건

(1) 그리기 도구를 이용하여 작성하고, 모든 도형(글맵시, 지정된 그림 포함)을 《출력형태》와 같이 작성하시오.
(2) 도형의 면색은 지시사항이 없으면 색 없음을 제외하고 서로 다르게 임의로 지정하시오.

출력 형태

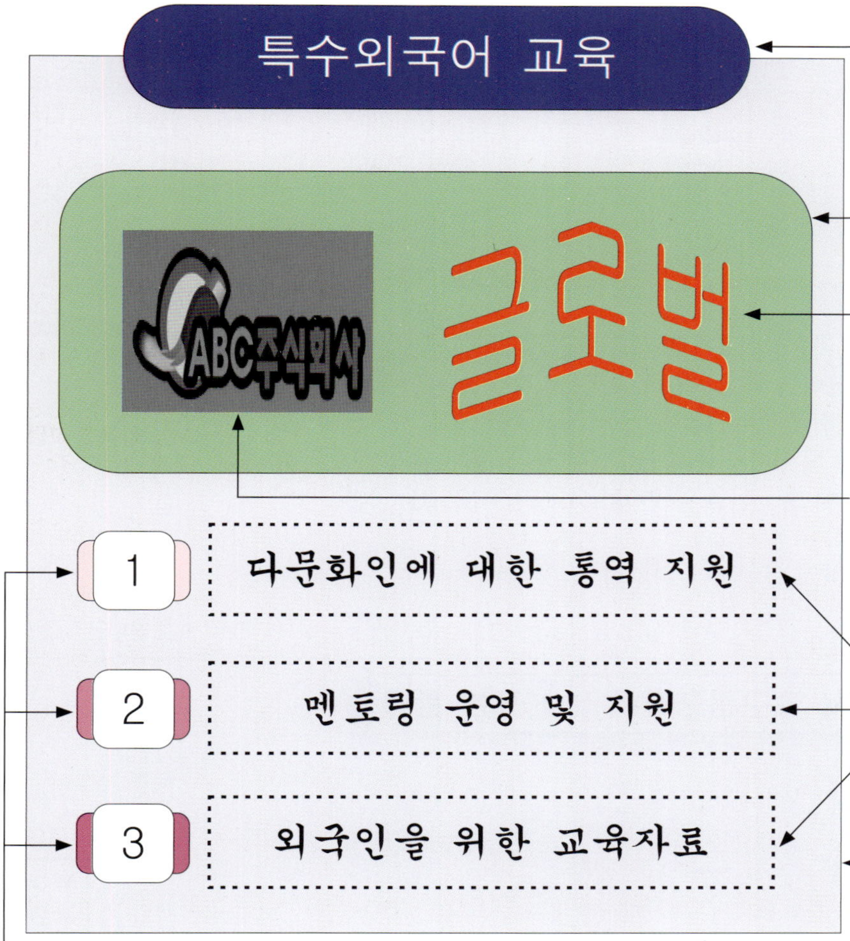

- 글상자 : 크기(100mm×17mm), 면색(파랑), 글꼴(돋움, 22pt, 하양), 정렬(수평·수직-가운데)
- 크기(120mm×50mm)
- 글맵시 이용(갈매기형 수장), 크기(50mm×35mm), 글꼴(굴림, 빨강)
- 그림위치(내 PC\문서\ITQ\Picture\로고1.jpg, 문서에 포함), 크기(40mm×30mm), 그림 효과(회색조)
- 하이퍼링크 : 문서작성 능력평가의 "2025 외국인 유학생 지원 워크숍" 제목에 설정한 책갈피로 이동
- 글상자 이용, 선 종류(점선 또는 파선), 면색(색 없음), 글꼴(궁서, 18pt), 정렬(수평·수직-가운데)
- 크기(130mm×145mm)
- 직사각형 그리기 : 크기(13mm×13mm), 면색(하양), 글꼴(굴림, 20pt), 정렬(수평·수직-가운데)
- 직사각형 그리기 : 크기(18mm×10mm), 면색(하양을 제외한 임의의 색)

특수외국어 교육

ABC주식회사 글로벌

1 다문화인에 대한 통역 지원
2 멘토링 운영 및 지원
3 외국인을 위한 교육자료

기능평가 Ⅰ (150점)

1. 다음의 《조건》에 따라 스타일 기능을 적용하여 《출력형태》와 같이 작성하시오. (50점)

《조건》 (1) 스타일 이름 - methodology
(2) 문단 모양 - 왼쪽 여백 : 15pt, 문단 아래 간격 : 10pt
(3) 글자 모양 - 글꼴 : 한글(돋움)/영문(굴림), 크기 : 10pt, 장평 : 95%, 자간 : 5%

《출력형태》

We will review traffic data that can be used to develop an AI model, build an AI model through a methodology, and review ways to utilize and improve the construction model.

AI 모형을 개발하기 위해 활용 가능한 교통 데이터를 검토하고, 방법론을 통해 AI 모형을 구축하고, 구축 모형의 활용방안과 개선방안에 대해서도 검토하고자 한다.

2. 다음의 《조건》에 따라 《출력형태》와 같이 표와 차트를 작성하시오. (100점)

《표 조건》 (1) 표 전체(표, 캡션) - 돋움, 10pt
(2) 정렬 - 문자 : 가운데 정렬, 숫자 : 오른쪽 정렬
(3) 셀 배경(면색) : 노랑
(4) 한글의 계산 기능을 이용하여 빈칸에 합계를 구하고, 캡션 기능 사용할 것
(5) 선 모양은 《출력형태》와 동일하게 처리할 것

《출력형태》

서울시 가구통행실태조사 표본 할당(단위 : 천 명)

구분	5-19세	20-24세	35-49세	50-64세	합계
남성	555	952	1,095	1,017	
여성	534	1,051	1,111	1,106	
표본1	140	240	270	250	
표본2	110	160	180	120	

《차트 조건》 (1) 차트 데이터는 표 내용에서 연령별 남성, 여성, 표본1의 값만 이용할 것
(2) 종류 - <묶은 세로 막대형>으로 작업할 것
(3) 제목 - 굴림, 진하게, 12pt, 속성 - 채우기(하양), 테두리, 그림자(대각선 오른쪽 아래)
【굴림, 진하게, 12pt, 배경 - 선 모양(한 줄로), 그림자(2pt)】
(4) 제목 이외의 전체 글꼴 - 굴림, 보통, 10pt
(5) 축제목과 범례는 《출력형태》와 동일하게 처리할 것

《출력형태》

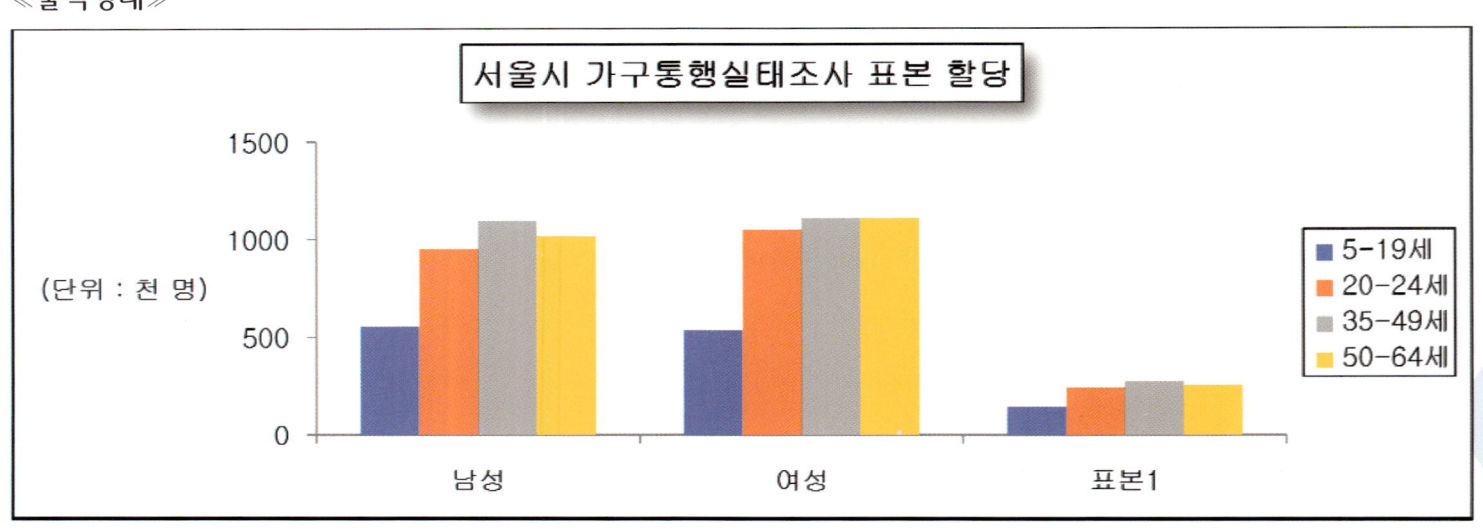

〔기능평가 II〕 도형 그리기

- **문제 번호 입력하고 배경 도형 작성하기**
  - 도형 모양은 직사각형의 테두리 선을 변경하여 반원 또는 둥근 모양으로 작성합니다.
- **제목 글상자 작성하기**
  - 제목 글상자에 지시되어 있는 색상은 반드시 해당 색상으로 변경해서 작성합니다.
- **그림과 글맵시 삽입하고 편집하기**
  - 그림과 글맵시는 지시되어 있는 크기 및 속성을 지정합니다.
  - 그림 또는 글맵시에 하이퍼링크를 지정합니다.
- **목차 도형 작성하기**
  - 《출력형태》를 참고하여 도형을 작성합니다.
- **책갈피 삽입하고 하이퍼링크 지정하기**
  - 3페이지에 책갈피를 삽입하고 그림 또는 글맵시에 하이퍼링크를 지정합니다.

STEP 01 문제 번호 입력하고 배경 도형 작성하기

〈조건〉 크기(130mm×145mm), 크기(120mm×50mm)

1 문제 번호(4.)를 입력한 후 〔입력〕 탭을 클릭한 다음 〔직사각형(□)〕을 클릭합니다.

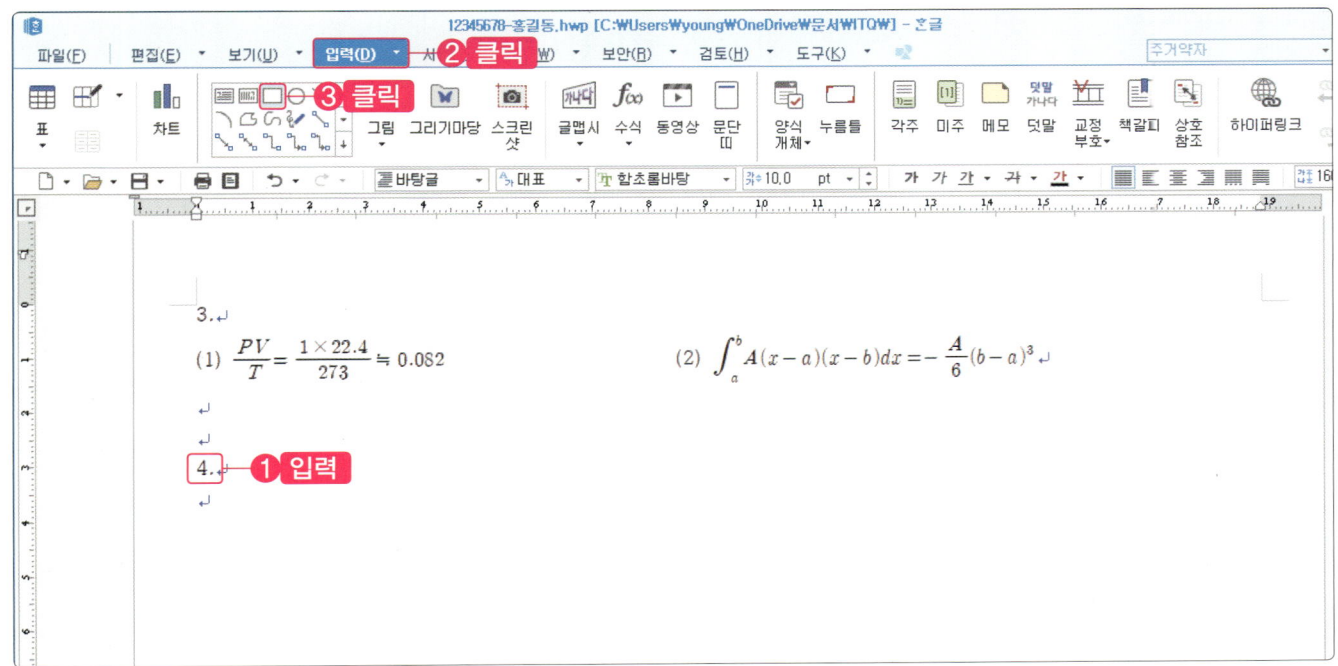

- 답안을 작성하지 못한 경우에도 문제 번호는 입력합니다.
- 도형, 글상자, 그림, 글맵시 등을 '개체'라고 합니다.

제01회 ITQ 실전모의문제

과목	코드	문제유형	시험시간	수험번호	성명
아래한글	1111	A	60분		

수험자 유의사항

- 수험자는 문제지를 받는 즉시 문제지와 <u>수험표상의 시험과목(프로그램)이 동일한지 반드시 확인</u>하여야 합니다.
- 파일명은 본인의 "수험번호-성명"으로 입력하여 답안폴더(내 PC₩문서₩ITQ)에 하나의 파일로 저장해야 하며, 답안문서 파일명이 "수험번호-성명"과 일치하지 않거나, 답안파일을 전송하지 않아 미제출로 처리될 경우 실격 처리합니다(예:12345678-홍길동.hwp).
- 답안 작성을 마치면 파일을 저장하고, '답안 전송' 버튼을 선택하여 감독위원 PC로 답안을 전송하십시오. 수험생 정보와 저장한 파일명이 다를 경우 전송되지 않으므로 주의하시기 바랍니다.
- 답안 작성 중에도 <u>주기적으로 저장하고, '답안 전송'</u>하여야 문제 발생을 줄일 수 있습니다. 작업한 내용을 저장하지 않고 전송할 경우 이전에 저장된 내용이 전송되오니 이점 유의하시기 바랍니다.
- 답안문서는 지정된 경로 외의 다른 보조기억장치에 저장하는 경우, 지정된 시험 시간 외에 작성된 파일을 활용할 경우, 기타 통신수단(이메일, 메신저, 네트워크 등)을 이용하여 타인에게 전달 또는 외부 반출하는 경우는 부정 처리합니다.
- 시험 중 부주의 또는 고의로 시스템을 파손한 경우는 수험자가 변상해야 하며, 〈수험자 유의사항〉에 기재된 방법대로 이행하지 않아 생기는 불이익은 수험생 당사자의 책임임을 알려 드립니다.
- 문제의 조건은 한컴오피스 2020 버전으로 설정되어 있으며 한컴오피스 NEO는 【 】에 표기되어 있습니다. 이와 관련하여 작성한 답안의 출력형태가 문제지와 다를 수 있습니다.
- 시험을 완료한 수험자는 답안파일이 전송되었는지 확인한 후 감독위원의 지시에 따라 문제지를 제출하고 퇴실합니다.

답안 작성요령

- **온라인 답안 작성 절차**
  수험자 등록 ⇒ 시험 시작 ⇒ 답안파일 저장 ⇒ 답안 전송 ⇒ 시험 종료
- **공통 부문**
  - 글꼴에 대한 기본설정은 함초롬바탕, 10포인트, 검정, 줄간격 160%, 양쪽정렬로 합니다.
  - 색상은 조건의 색을 적용하고 색의 구분이 안 될 경우에는 RGB 값을 적용하십시오.
    (빨강 255,0,0 / 파랑 0,0,255 / 노랑 255,255,0).
  - 각 문항에 주어진 ≪조건≫에 따라 작성하고 언급하지 않은 조건은 ≪출력형태≫와 같이 작성합니다.
  - 용지여백은 왼쪽·오른쪽 11mm, 위쪽·아래쪽·머리말·꼬리말 10mm, 제본 0mm로 합니다.
  - 그림 삽입 문제의 경우 「내 PC₩문서₩ITQ₩Picture」 폴더에서 지정된 파일을 선택하여 삽입하십시오.
  - 삽입한 그림은 반드시 문서에 포함하여 저장해야 합니다(미포함 시 감점 처리).
  - 각 항목은 지정된 페이지에 출력형태와 같이 정확히 작성하시기 바라며, 그렇지 않을 경우에 해당 항목은 0점 처리됩니다.
    ※ 페이지구분 : 1페이지 - 기능평가Ⅰ(문제번호 표시 : 1. 2.),
    　　　　　　　 2페이지 - 기능평가Ⅱ(문제번호 표시 : 3. 4.),
    　　　　　　　 3페이지 - 문서작성 능력평가
- **기능평가**
  - 문제와 ≪조건≫은 입력하지 않으며 문제번호와 답(≪출력형태≫)만 작성합니다.
  - 4번 문제는 묶기를 했을 경우 0점 처리됩니다.
- **문서작성 능력평가**
  - A4 용지(210mm×297mm) 1매 크기, 세로 서식 문서로 작성합니다.
  - ▢ 표시는 문서작성에 대한 지시사항이므로 작성하지 않습니다.

〈조건〉 크기(130mm×145mm), 크기(120mm×50mm)

2 마우스 포인터가 + 모양으로 변경되면 **드래그하여 첫 번째 배경 도형을 삽입**합니다.

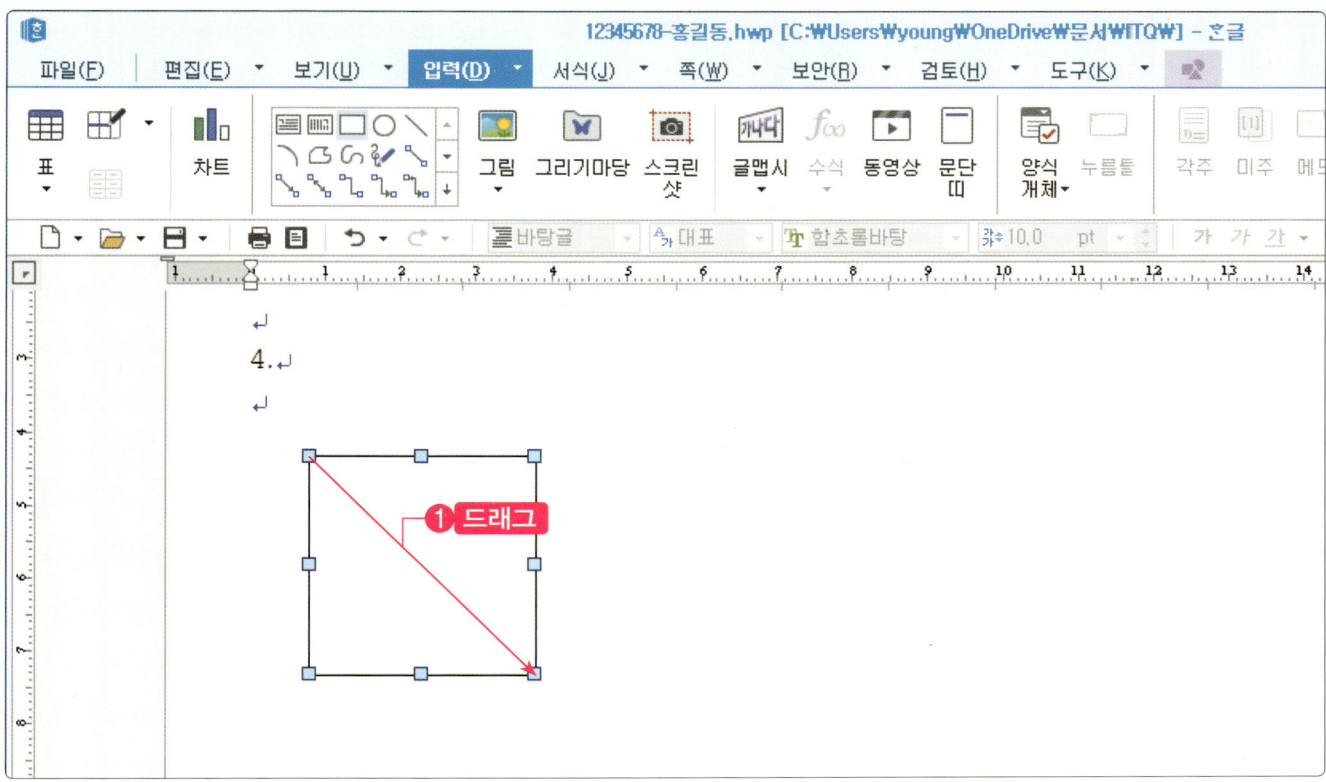

3 **도형을 선택**한 후 **바로가기 메뉴**의 [개체 속성]을 클릭합니다.

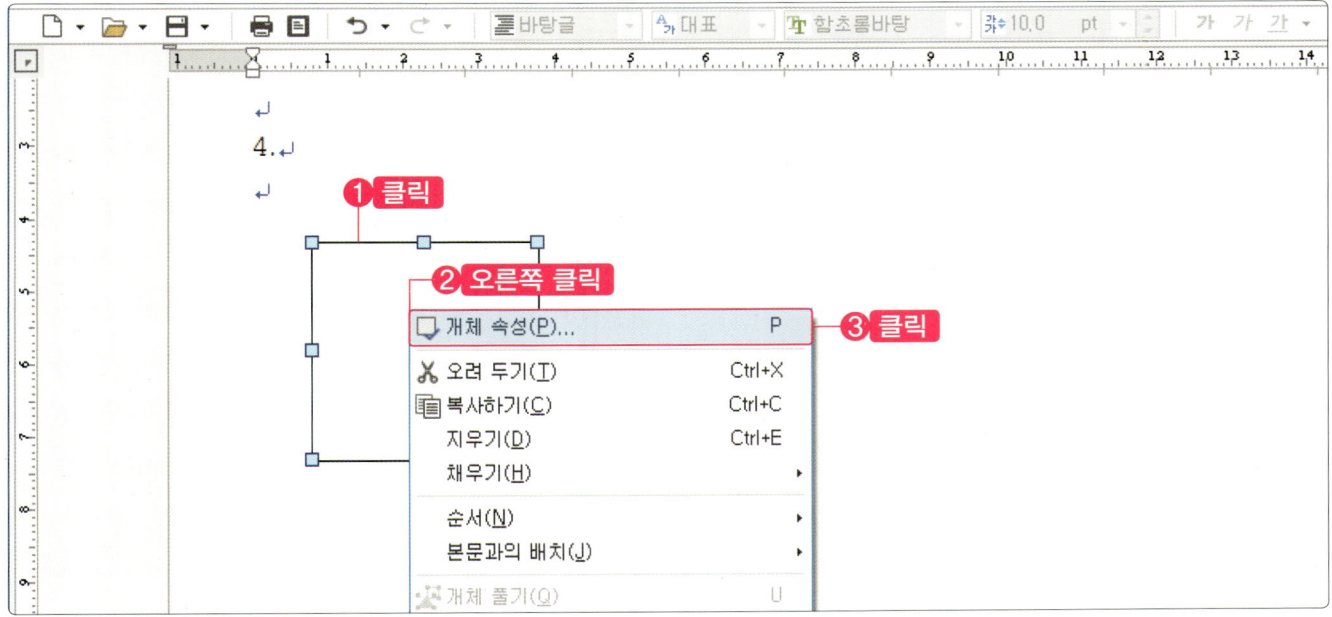

- 도형을 서로 겹치면 나중에 삽입한 도형이 먼저 삽입한 도형 위에 겹쳐집니다. 따라서 《출력형태》에서 아래에 있는 도형(첫 번째 배경 도형)을 먼저 삽입해야 《출력형태》와 같이 배경을 작성할 수 있습니다.
- 도형, 글상자의 크기는 도형, 글상자를 삽입한 후 지시사항에 명시되어 있는 크기로 조정할 것입니다. 따라서 도형, 글상자를 삽입할 때는 임의의 크기로 드래그하여 도형, 글상자를 삽입합니다.

ITQ 한글 단축키 모음

공통 부문

- 편집 용지 : F7
- 구역 나누기 : Alt+Shift+Enter
- 저장하기 : Alt+S 또는 Ctrl+S

기능평가 I (150점)

1. 다음의 ≪조건≫에 따라 스타일 기능을 적용하여 ≪출력형태≫와 같이 작성하시오. (50점)
- 스타일 : F6

2. 다음의 ≪조건≫에 따라 ≪출력형태≫와 같이 표와 차트를 작성하시오. (100점)
- 표 : Ctrl+N, T
- 셀 블록 : F5
- 블록 합계 : Ctrl+Shift+S
- 블록 평균 : Ctrl+Shift+A
- 셀 합치기 : 셀 블록 후 M
- 셀 나누기 : 셀 블록 후 S
- 셀 테두리 : 셀 블록 후 L
- 셀 배경 : 셀 블록 후 C

기능평가 II (150점)

3. 다음 (1), (2)의 수식을 수식 편집기로 각각 입력하시오. (40점)
- 수식 : Ctrl+N, M
- 다음 항목 : Tab

4. 다음의 ≪조건≫에 따라 ≪출력형태≫와 같이 문서를 작성하시오. (110점)
- 그림 : Ctrl+N, I
- 개체 속성 : 개체 선택 후 P
- 다중 개체 선택 : Shift+클릭
- 책갈피 : Ctrl+K, B
- 하이퍼링크 : Ctrl+K, H

문서작성 능력평가 (200점)

- 머리말 : Ctrl+N, H
- 문자표 : Ctrl+F10
- 글자 모양 : Alt+L
- 쪽 번호 매기기 : Ctrl+N, P
- 각주 : Ctrl+N, N
- 문단 번호 모양 : Ctrl+K, N
- 한 수준 감소 : Ctrl++

〈조건〉 크기(130mm×145mm), 크기(120mm×50mm)

개체 선택하기
- 하나의 개체 선택 : 개체로 마우스 포인터를 가져가서 마우스 포인터가 모양으로 변경되었을 때 클릭합니다.
- 여러 개체 선택 : 개체를 선택한 후 Shift 를 누른 상태에서 다른 개체를 선택합니다.

개체 선택 해제하기
문서에서 빈 곳을 클릭하거나 Esc 를 누르면 개체를 선택 해제할 수 있습니다.

4 〔개체 속성〕 대화상자가 나타나면 〔기본〕 탭에서 **너비(130)와 높이(145)를 입력**한 후 〔**크기 고정**〕**을 선택**합니다. 그런다음 〔**채우기**〕 **탭을 클릭**한 후 **면 색(임의의 색)을 선택**한 다음 〔**설정**〕 **단추를 클릭**합니다.

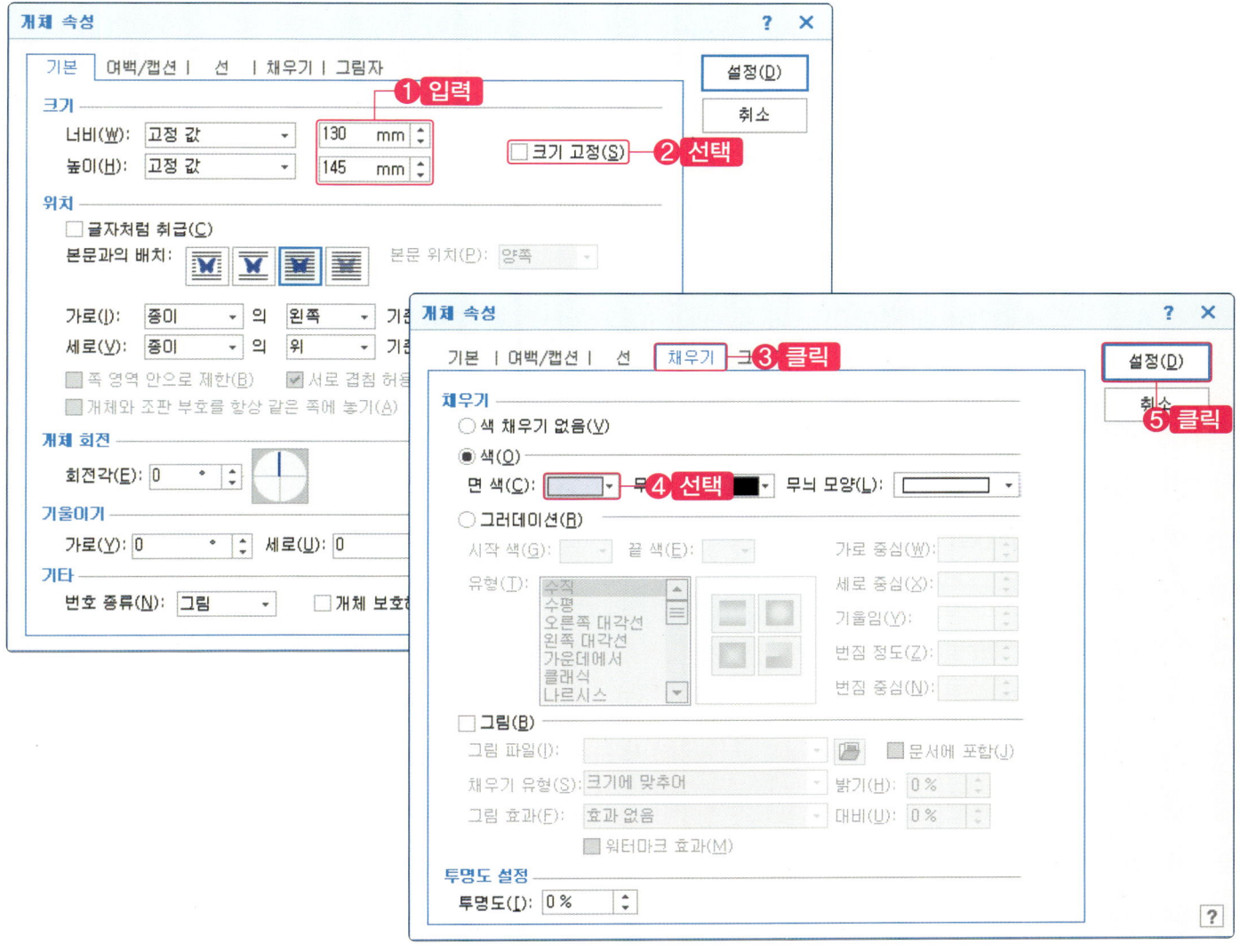

- 〔크기 고정〕을 선택하면 개체의 크기가 변경되는 것을 미연에 방지할 수 있습니다.
- 시험에서 지시사항에 면 색이 명시되어 있지 않으면 임의의 면 색으로 지정합니다.

PART 02

실전모의문제 차례

BIG 스탠드 License Plus

제01회 실전모의문제 ········ 158	**제11회** 실전모의문제 ········ 198
제02회 실전모의문제 ········ 162	**제12회** 실전모의문제 ········ 202
제03회 실전모의문제 ········ 166	**제13회** 실전모의문제 ········ 206
제04회 실전모의문제 ········ 170	**제14회** 실전모의문제 ········ 210
제05회 실전모의문제 ········ 174	**제15회** 실전모의문제 ········ 214
제06회 실전모의문제 ········ 178	**제16회** 실전모의문제 ········ 218
제07회 실전모의문제 ········ 182	**제17회** 실전모의문제 ········ 222
제08회 실전모의문제 ········ 186	**제18회** 실전모의문제 ········ 226
제09회 실전모의문제 ········ 190	**제19회** 실전모의문제 ········ 230
제10회 실전모의문제 ········ 194	**제20회** 실전모의문제 ········ 234

BIG 스탠드 License Plus

- 2024년 부터 적용되는 문제 조건으로 만들었습니다.
- 큰 글자, 큰 화면으로 20회를 구성하였습니다.
- 채점프로그램을 활용하여 점수를 바로 확인할 수 있습니다.

〈조건〉 크기(130mm×145mm), 크기(120mm×50mm)

5 두 번째 배경 도형을 삽입하기 위해 [입력] 탭을 클릭한 후 [직사각형(□)]을 클릭합니다. 그런 다음 마우스 포인터가 + 모양으로 변경되면 **드래그하여 두 번째 배경 도형을 삽입**합니다.

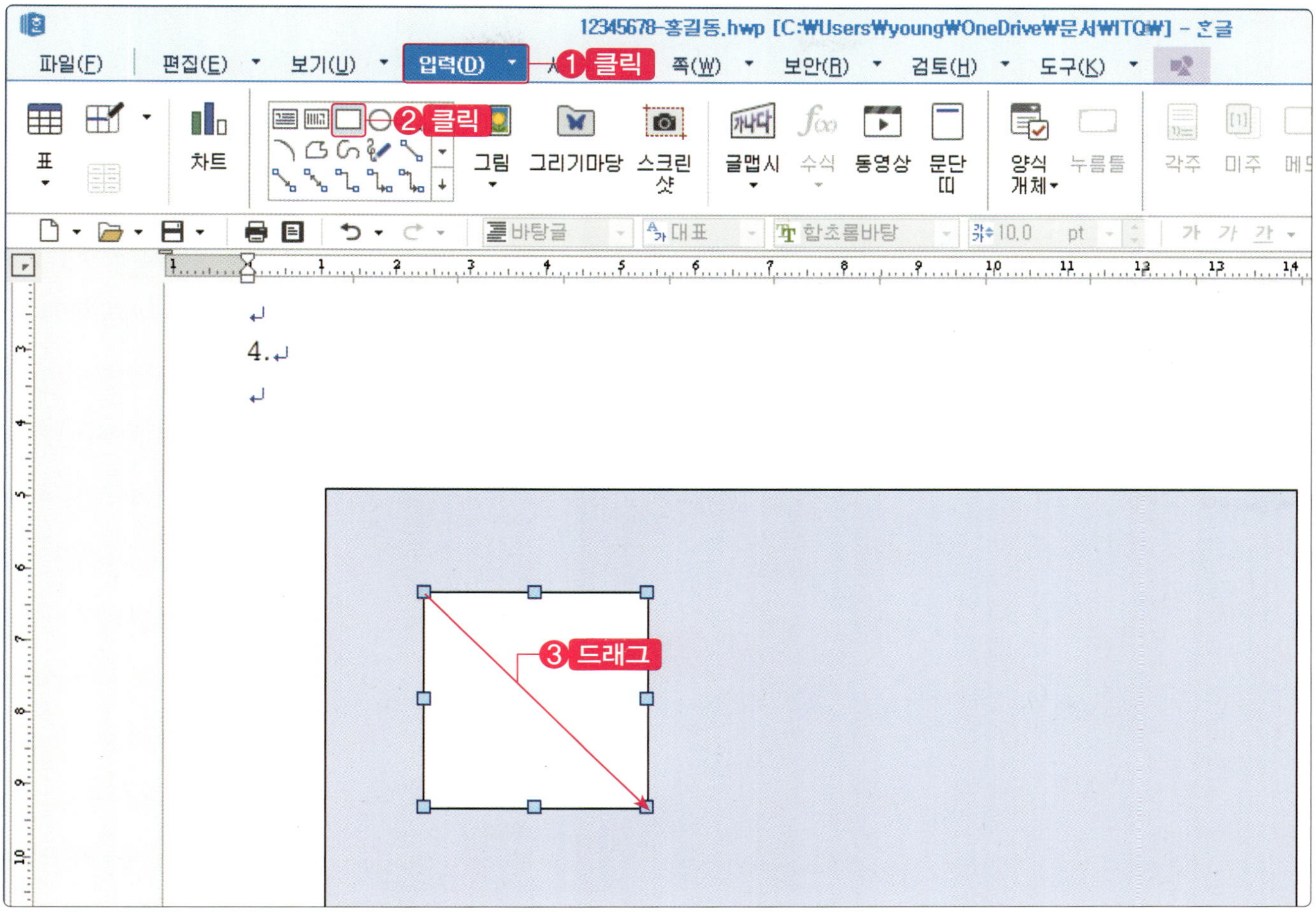

6 도형을 선택한 후 바로가기 메뉴의 [개체 속성]을 클릭합니다.

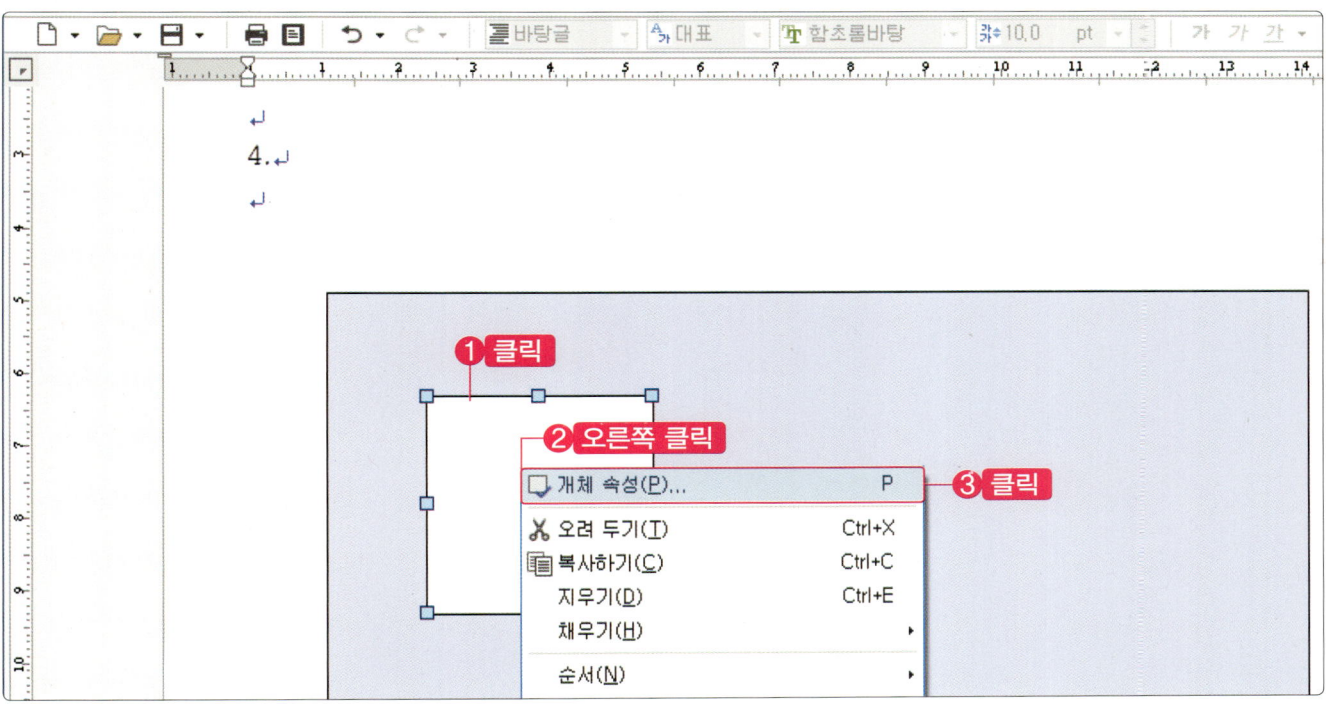

BiG 스탠드 License Plus

- **BiG 1** 빅 폰트(Big Font)
- **BiG 2** 빅 픽쳐(Big Picture)
- **BiG 3** 빅 북(Big Book)

ITQ 정보기술자격
HANGUL NEO

PART 02

실전모의문제

⟨조건⟩ 크기(130mm×145mm), 크기(120mm×50mm)

7 〔개체 속성〕 대화상자가 나타나면 〔기본〕 탭에서 **너비(120)와 높이(50)를 입력**한 후 〔**크기 고정**〕**을 선택**합니다. 그런다음 〔**선**〕 **탭을 클릭**한 후 **사각형 모서리 곡률(둥근 모양(▢))을 선택**합니다.

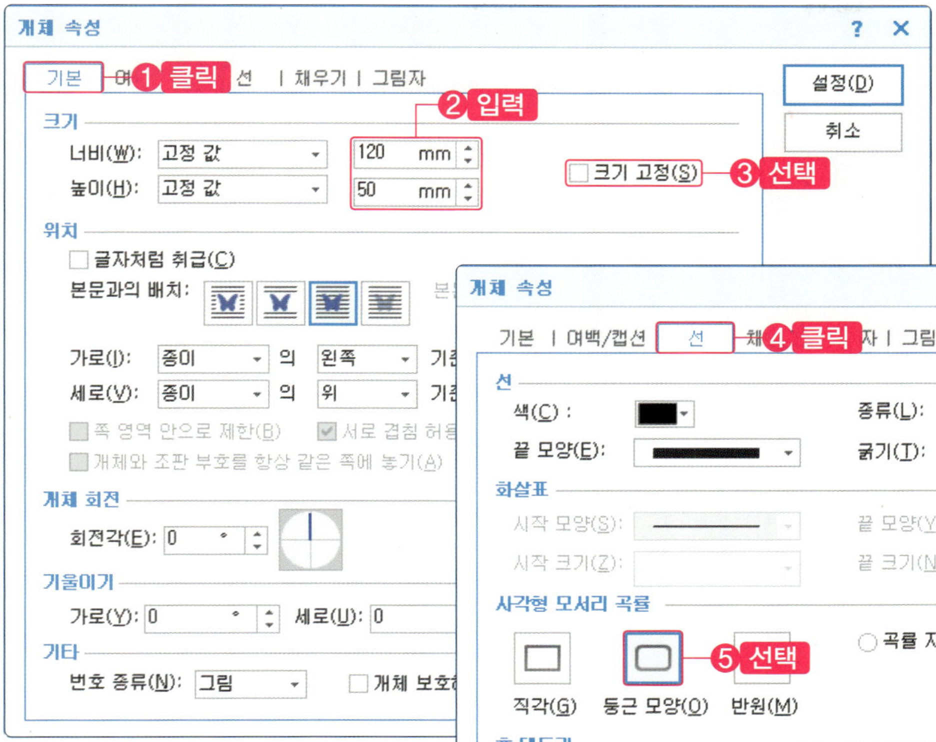

8 〔**채우기**〕 **탭을 클릭**한 후 **면 색(임의의 색)을 선택**한 다음 〔설정〕 단추를 클릭합니다.

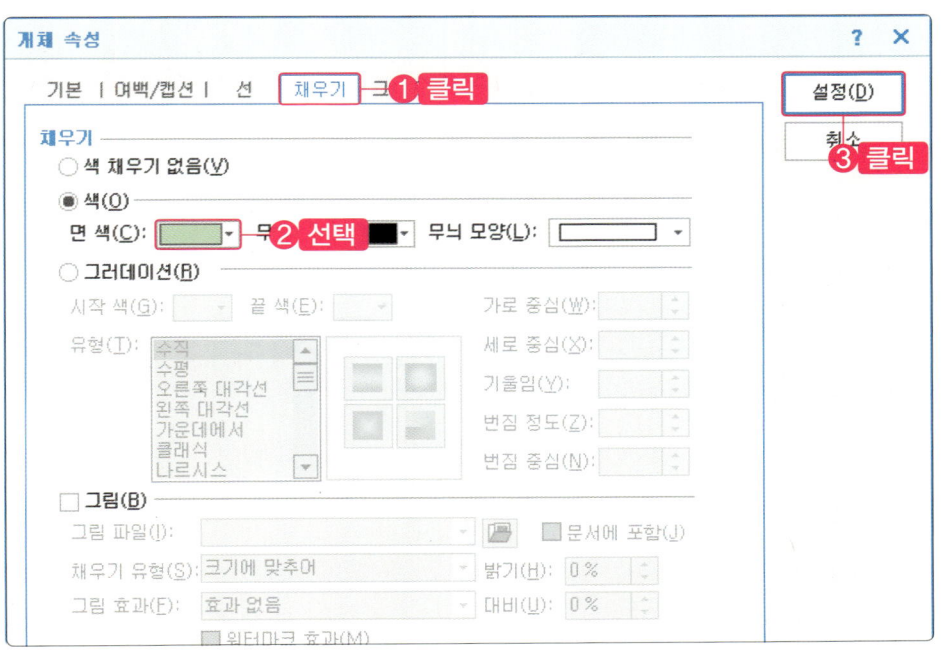

저작권이란 저작물을 창작한 사람 및 기타 권리자에게 저작권법이 인정하고 있는 배타적 권리를 말한다. 단, 저작권법ⓐ은 저작물의 이용을 도모(圖謀)하기 위해 창작자 및 기타 권리자에게 일정기간에 한하여 독점 배타적 권리를 인정하고 있으며, 공정한 이용을 위하여 일정한 저작권 제한 사유를 규정하고 있다. 저작권과 관련된 역할자는 저작물을 창작하고 이에 대해 권리를 가지는 저작자와 이러한 저작물을 해석하고 전달하는 데 대하여 권리를 가지는 저작인접권자, 그리고 이러한 저작물이나 저작인접물을 소비하는 이용자가 있다. 이 이용자에는 이를 사용하거나 향유(享有)하는 소비적 이용자와 이를 활용하여 또 다른 창작을 꾀하는 생산적 이용자가 있는가 하면, 이를 매개하거나 다른 목적을 위하여 활용하는 도서관이나 학교와 같은 기관들도 있다.

저작물의 창작과 전달 그리고 그의 이용을 둘러싼 이들 각 역할자 사이의 관계는 기본적으로 저작권법 등의 법규와 이에 기초한 계약, 그리고 각종 사법제도에 의하여 규율된다. 저작물의 창작과 이용에 활용되는 기술과 각 역할자의 법의식 등 행동 윤리 역시 이들 간의 관계에 중대한 영향을 미친다.

♠ 저작권 교육

   I. 오프라인
      A. 저작권 강사가 현장을 방문하여 저작권 교육
      B. 저작권 및 문화콘텐츠 산업종사자의 직능 수준별 교육과정 운영
   II. 온라인
      A. 전국 어디서나 언제든지 학습할 수 있도록 학습관리시스템 운영
      B. 기관별 자체 LMS 또는 온라인 학습방 등에 탑재하여 원격교육

♠ 지식재산권과 저작재산권의 구성

지식재산권		저작재산권		
저작권	저작, 저작인접, 데이터베이스	복제	유형적	복제권, 2차적저작물작성권
			무형적	공연권
산업재산권	특허, 실용신안, 산업디자인, 상표	전달	유형적	배포권, 전시권
기타	반도체 설계, 초상, 영업비밀보호 등		무형적	공중송신권(방송, 전송 등)

한국저작권위원회

─────────────────
ⓐ 저작자의 권리와 이에 인접한 권리를 보호하기 위하여 만든 법률

STEP 02 제목 글상자 작성하기

〈조건〉 글상자 : 크기(100mm×17mm), 면색(파랑), 글꼴(돋움, 22pt, 하양), 정렬(수평·수직-가운데)

1 제목 글상자를 작성하기 위해 [입력] 탭을 클릭한 후 [가로 글상자(☰)]를 클릭합니다. 그런다음 마우스 포인터가 + 모양으로 변경되면 다음과 같이 **드래그하여 가로 글상자를 삽입**합니다.

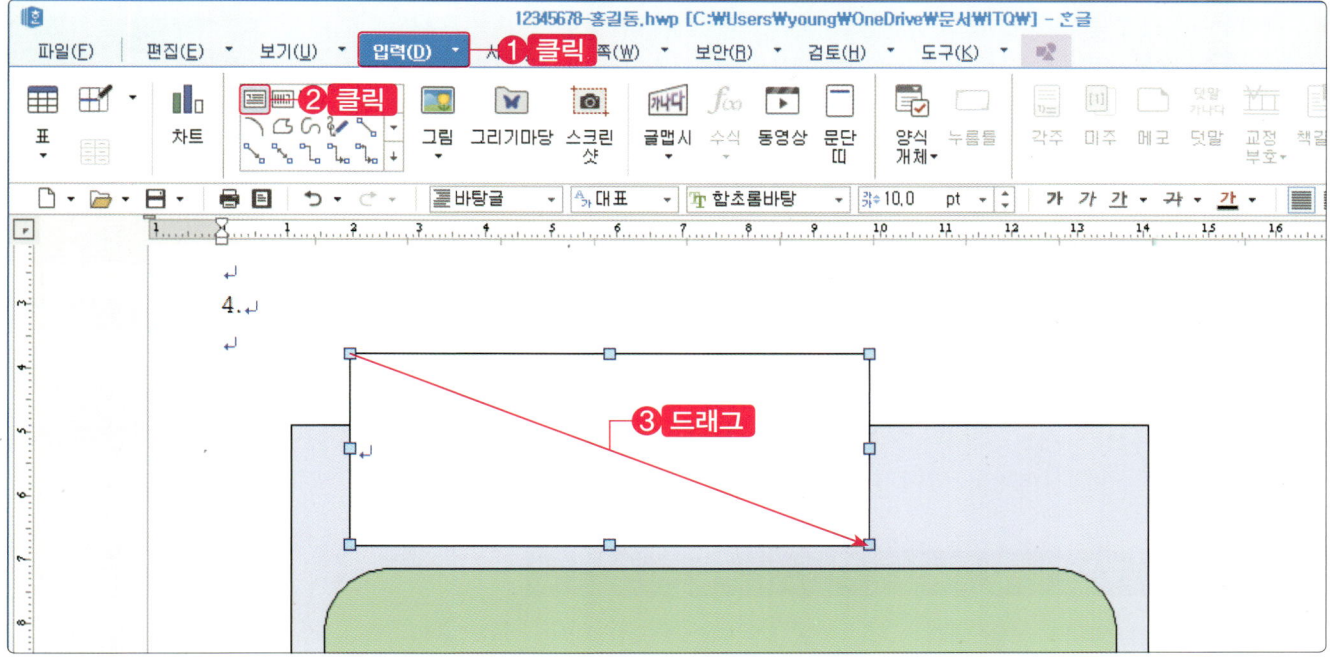

> [입력] 탭의 [목록(▼)]단추를 클릭한 후 [개체]-[글상자]를 클릭하거나 Ctrl+N,B를 눌러 글상자를 삽입할 수도 있습니다.

2 **글상자를 선택**한 후 **바로가기 메뉴의 [개체 속성]**을 클릭합니다.

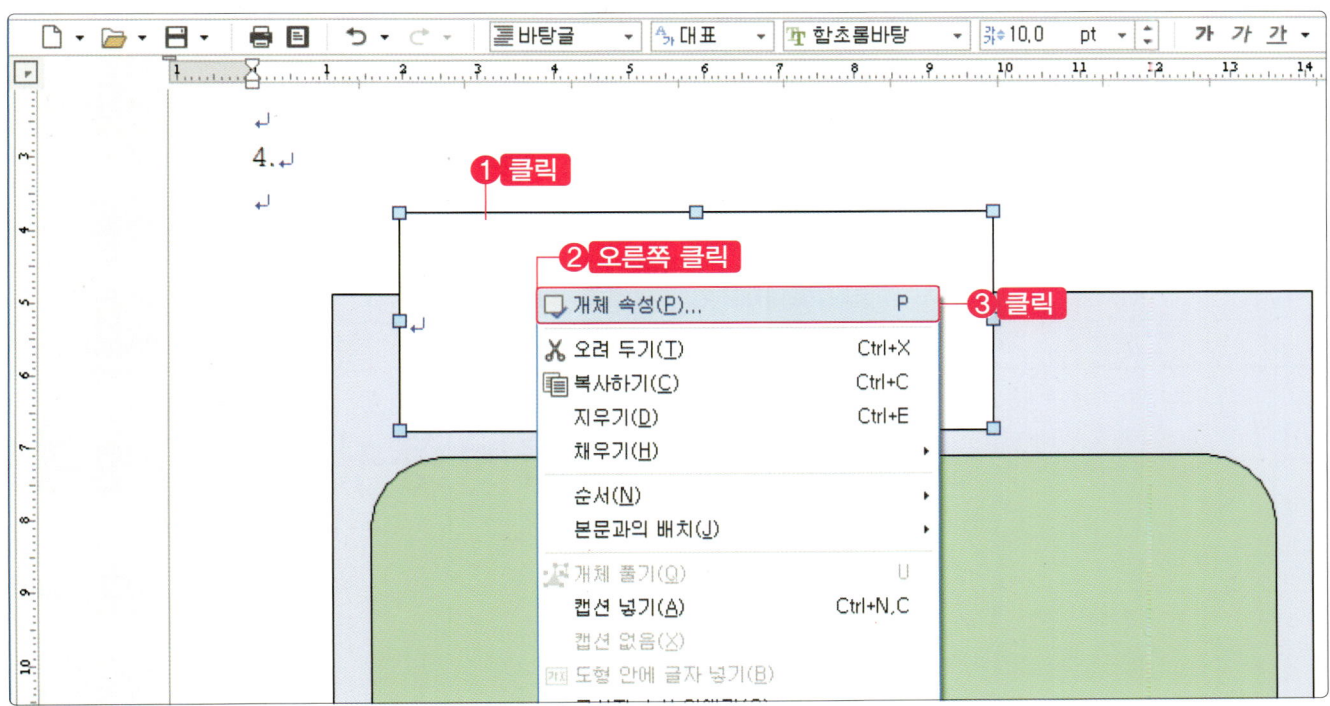

코로나19의 세계적 유행을 극복하는 과정에서 공공데이터 활용이 위기 대응에 기여하는 사례가 늘어남에 따라 데이터 경제 가속화를 가져오는데 공공데이터가 핵심으로 부상하게 되었다. 이에 코로나19로 인한 경제 위기를 극복하고 디지털 전환 시대에 세계 경제를 선도(先導)하기 위해 정부는 '한국판 뉴딜'의 한 축으로 '디지털 뉴딜' 정책을 발표했다. 과학기술정보통신부는 디지털 뉴딜 정책의 일환으로 데이터 수집, 가공, 활용 기반을 강화하여 데이터 경제와 인공지능 경제로 전환하기 위해 데이터 댐 프로젝트를 핵심 과제로 추진하고 있다.

인공지능 개발에 필수적인 인공지능 학습용 데이터를 누구나 편리한 시간과 장소에서 수집하고 가공하며 검증할 수 있도록 크라우드 소싱 방식㉮을 적용하여 170종 4억 8천만 건의 데이터를 개방(開放)했다. 데이터를 국민 누구나 손쉽게 찾아 활용할 수 있도록 분야별 빅데이터 플랫폼 및 센터를 구축하여 6개 플랫폼과 50개 센터를 운영하고 있다. 또한 여러 기관에 분산된 개인 데이터를 가치 있게 활용할 수 있도록 마이데이터 실증사업을 추진하고 정보 주체 중심의 데이터 활용 확산에 기여하고 있다.

♣ 디지털 뉴딜 및 빅데이터 관련 정책

    I. 그린산업 분야 에너지효율 과제
        A. 전력수요관리를 위한 아파트 스마트 전력량계 보급
        B. 노후건물 에너지 빅데이터 시스템 구축
    II. 일반행정 분야 스마트정부 과제
        A. 공공데이터 개방 및 이용 활성화 지원
        B. 행정기관 정보통신 이용환경 고도화

♣ *디지털 정보기술 분야 경쟁력 지수*

순위	ICT 수용 능력	유연한 근무방식	디지털 기술	디지털 법적 프레임워크
1	대한민국	네덜란드	핀란드	미국
2	아랍에미리트	뉴질랜드	스웨덴	룩셈부르크
3	홍콩	스위스	에스토니아	싱가포르
4	스웨덴	에스토니아	아이슬란드	아랍에미리트
5	일본	미국		말레이시아

한국지능정보사회진흥원

㉮ 대중들의 참여로 해결책을 얻는 방법

〈조건〉 글상자 : 크기(100mm×17mm), 면색(파랑), 글꼴(돋움, 22pt, 하양), 정렬(수평·수직-가운데)

3 〔개체 속성〕 대화상자가 나타나면 〔기본〕 탭에서 **너비(100)와 높이(17)를 입력**한 후 〔**크기 고정**〕 **을 선택**합니다.

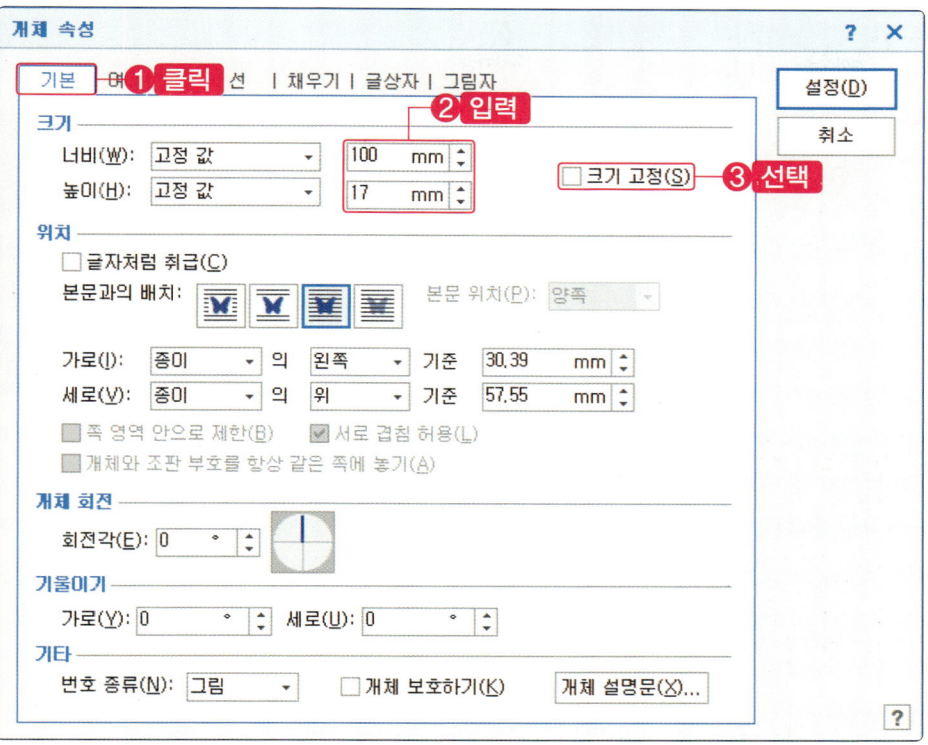

4 〔선〕 탭을 클릭한 후 **사각형 모서리 곡률(반원(○))을 선택**합니다.

통일은 남북한 국민이 한 민족ⓐ 하나의 국민이라고 느끼고 남북한 단일체제 수립(樹立)을 넘어 한마음이 된 상태를 의미한다. 통일은 분단된 국토가 하나 되는 것은 물론 정치적으로 대립되었던 체제를 하나로 만드는 것이고, 경제적으로 서로 다른 제도를 하나로 거듭나게 하는 것이며, 남북 주민 사이에 내면화된 이질적인 문화를 하나로 다시 탄생시키는 것이다. 우리가 추구하는 통일은 인류 보편적 가치로 자리 잡은 자유민주주의와 시장경제를 바탕으로 구성원 모두의 자유와 인권이 보장되는 민족공동체의 건설이다.

통일은 분단으로 인해 굴절된 역사를 바로잡고, 민족공동체 건설을 통해 우리 민족의 총체적 역량을 극대화하기 위해 필요하다. 또한 통일은 분단에 따른 유형, 무형적인 비용을 소멸시키고 새로운 이득을 창출(創出)함으로 인해 국가와 사회뿐 아니라 개인에게도 삶의 질을 향상시킬 것이다. 개인적 차원에서 통일은 이산가족의 고통을 해소하고 남북 간에 자유롭게 오고 가며 살 수 있는 등의 다양한 선택의 기회를 부여하며 인간적인 삶을 보장할 것이다. 통일은 21세기 한민족의 새로운 비상과 선진일류국가로 도약하기 위한 수단으로써 필요하다.

♠ 통일교육의 내용

I. 통일 문제
   A. 통일의 의의와 필요성, 남북관계의 전개
   B. 국제질서와 한반도 통일, 통일의 비전과 과제
II. 북한 이해
   A. 북한을 보는 시각, 북한 변화 전망 등
   B. 북한 분야별 실상(정치, 외교, 군사, 경제, 교육, 문화, 예술)

♠ 지역별 통일관 현황

지역	위치	운영주체	휴관
서울	서울 구로구 궁동 35번지	서서울생활과학고등학교	매주 일요일, 공휴일
오두산	경기 파주시 통일전망대 내	민간위탁	매주 월요일
광주	광주 서구 화정2동	통일교육위원광주협의회	매주 월요일, 토요일
부산	부산 부산진구 자유회관 내	한국자유총연맹	연중무휴
기타 지역 현황		경남, 고성, 대전, 양구, 인천, 제주	

국립통일교육원

ⓐ 언어와 문화상의 공통성에 기초하여 오랜 세월 역사적으로 형성된 사회 집단

⑥

〈조건〉 글상자 : 크기(100mm×17mm), 면색(파랑), 글꼴(돋움, 22pt, 하양), 정렬(수평·수직-가운데)

5 〔채우기〕 탭을 클릭한 후 〔면 색〕을 클릭한 다음 〔색상 테마(▶)〕-〔오피스〕를 클릭합니다. 그런다음 색상 테마가 변경되면 **파랑(RGB: 0,0,255)**을 클릭한 후 〔설정〕 단추를 클릭합니다.

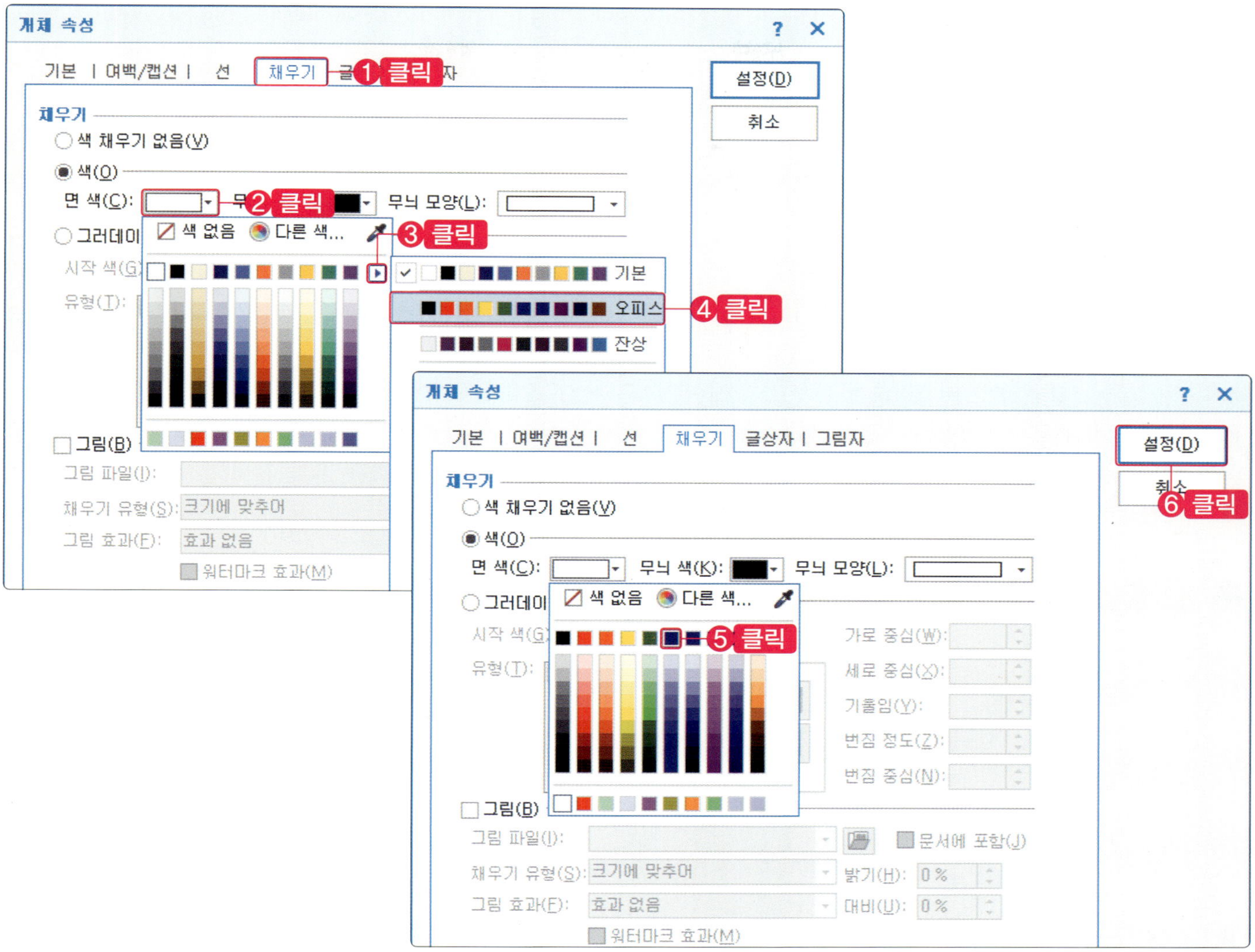

6 제목 글상자에 **내용(특수외국어 교육)**을 입력합니다.

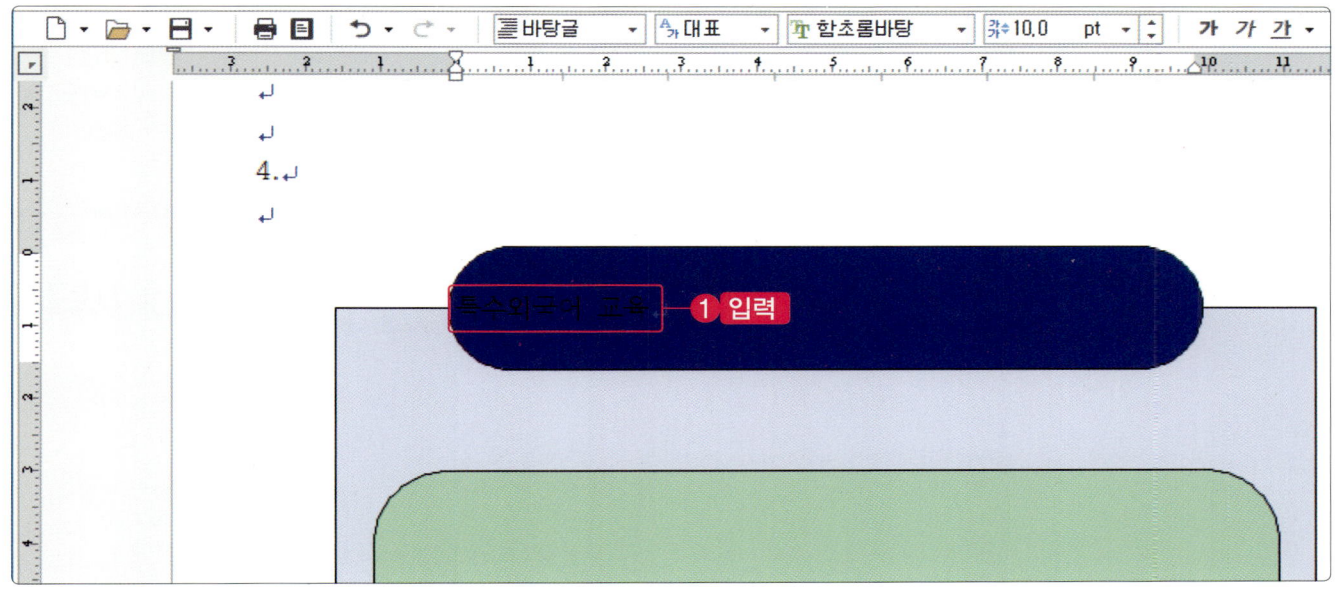

3 다음의 지시사항을 참고하여 《출력형태》와 같이 문서를 작성하시오. (200점)

▶ 소스파일 : Part 01\Chapter 08\문제03.hwp   ▶ 완성파일 : Part 01\Chapter 08\문제03_완성.hwp

《출력형태》

대한민국 건설기술산업대전은 국내 최초 건설기술산업 전문 전시회(展示會)로 국내 건설기술의 최신 트렌드와 정보를 제공한다. 다양한 전문 세션으로 구성된 세미나가 개최됨과 동시에 도로, 철도, 항만 및 해안, 교량, 터널 등의 기술 품목, 토공, 도로, 콘크리트, 플랜트, 특수장비 등의 장비 품목, 구조재료, 철강재료, 도료, 방수 단열재 등의 자재 품목, 각종 해석 및 설계 프로그램, BIM, 3D 모델링, 통신, 제어솔루션 등의 시스템 품목을 아우르는 건설기술 산업 전 분야가 전시된다.

한국건설기술연구원 구조융합연구소, 성균관대학교 자기치유친환경콘크리트센터, 한국BIM학회, 한국비계기술원, 한국크레인협회 등의 기관에서 세미나에 참여하고 신기술&신공법 소개, 건설 산업에서 4차 산업혁명과 BIM, 가설구조물 안정성 확보 방안 등의 다양한 프로그램을 준비하여 국제표준지표, 기술연구결과, 최신 건설기술 동향(動向)에 대한 수준 높은 강의가 진행된다. 건설기술에 관심 많은 종사자 및 실수요자가 건설 산업 현황을 한 눈에 파악할 수 있으며, 비즈니스 네트워크 구축을 통해 B2BⒶ 상호간 긴밀한 협조체계가 이뤄질 예정이다.

♣ **대한민국 건설기술산업대전 개요**

가. 기간 및 장소
　① 기간 : 2022년 12월 12일(월) - 15일(목)
　② 장소 : 일산 킨텍스 제2전시장
나. 부대행사
　① 컨퍼런스 : 최신 산업 트렌드, 글로벌 건설시장 사례 등
　② 기술설명회 : 참가 기업 신기술공법, 제품 설명회

♣ *주요 세미나 프로그램 일정*

구분	장소	프로그램	비고
1일차	3층 그랜드볼룸	에너지 절약기술을 적용한 제로 에너지 하우스	잔여 좌석은 선착순 현장접수 마감
	302호 세미나실	4차 산업혁명과 디지털 건설 산업의 미래	
2일차	3층 그랜드볼룸	친환경 콘크리트, 스마트 건설재료 포럼	
	302호 세미나실	스마트 건설기술 사례	
	304호 세미나실	모듈러 공동주택의 실증사례 보고	

　　　　　　　　　　　　　　　　　　→ **건설기술산업대전사무국**

―――――――――――――――
Ⓐ 기업과 기업 사이에 이루어지는 전자상거래를 일컫는 경제 용어

〈조건〉 글상자 : 크기(100mm×17mm), 면색(파랑), 글꼴(돋움, 22pt, 하양), 정렬(수평·수직-가운데)

7 제목 글상자에 글자 모양과 문단 모양을 지정하기 위해 **제목 글상자를 선택**한 후 〔서식〕 도구 상자에서 **글꼴(돋움)과 글자 크기(22)를 선택**한 다음 **글자 색(하양(RGB: 255,255,255))을 선택**하고 〔**가운데 정렬**(≡)〕을 **클릭**합니다.

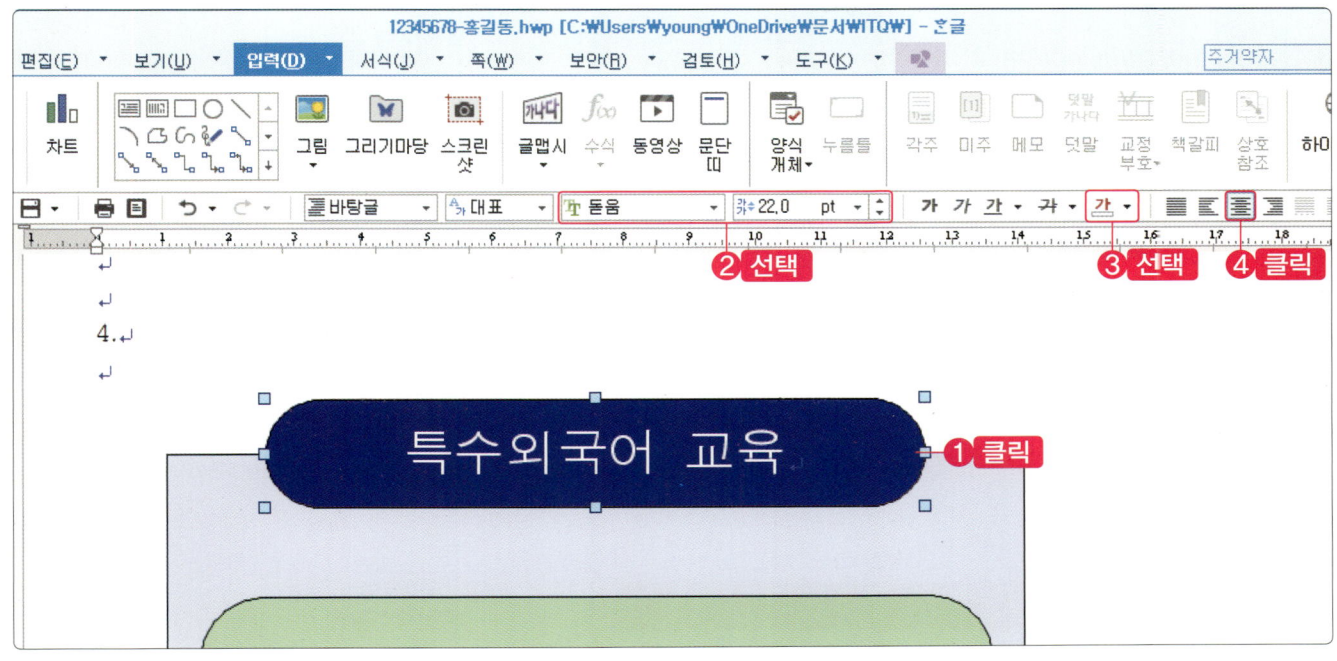

- 시험에서 지시사항에 '흰색'은 '하양(RGB: 255,255,255)'을 선택하면 됩니다. '하양(RGB: 255,255,255)' 은 '기본' 색상 테마에 있습니다.
- 도형을 선택한 후 Delete 를 누르면 도형을 지울 수 있습니다.

8 제목 글상자가 가운데 위치하도록 **드래그하여 위치를 조절**합니다.

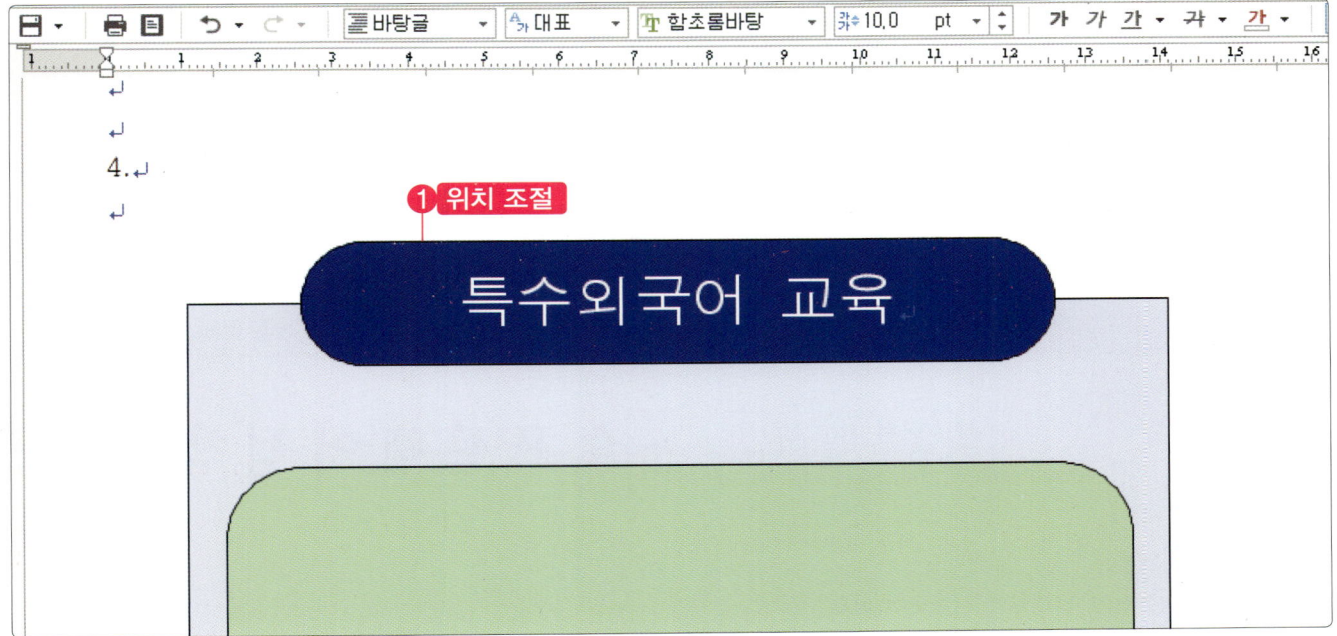

2. 다음의 지시사항을 참고하여 《출력형태》와 같이 문서를 작성하시오. (200점)

《출력형태》

5G 상용화와 함께 비대면 시대에 접어들면서 VR, MR, AR을 포괄하는 XR(확장현실)에 대한 요구가 크게 증가(增加)하고 있다. 한국을 시작으로 38개국이 5G 상용화를 진행하면서 XR 시장이 성장할 것으로 전망된다. 특히 코로나 19로 인해 기업 경영과 개인 생활 영역에 제약이 생기면서 확장현실을 통해 활로를 찾고자 전 산업에 걸친 확장현실 도입이 이루어지고 있다. 이에 주요국들은 확장현실로 성장동력을 얻고자 정부가 주도해 프로젝트를 추진함으로써 실감산업 육성 지원에 들어갔으며, 애플, 구글, 페이스북을 비롯한 주요 기업은 확장현실에 대한 공격적인 투자를 통해 시장 선점에 노력을 기울이고 있다. 우리나라도 글로벌 확장현실ⓐ 선도를 위해 실감콘텐츠 활성화 전략을 수립(樹立)하고 실감산업 육성을 지원하였다.

한편, 협업 능력이 기업의 미래를 결정하는 중요 척도로 꼽히는 만큼 비대면 시대에서 기업들은 협업 효과를 잃지 않기 위해 많은 노력을 기울이고 있으며 그 중 하나가 확장현실에 기반한 협업인 실감협업이다. 이는 확장현실을 통해 풍부한 정보공유, 몰입감 높은 현장감, 자연스러운 상호작용으로 원격에서도 높은 협업 효과를 가져올 수 있다.

♣ XR을 활용한 회복 및 치유 효과

① 육체적 활용 사례
 (ㄱ) 효과 : 목표 의식을 함양함으로써 치료 동기를 부여
 (ㄴ) 활용 사례 : 헬스케어, 홈트레이닝, 재활훈련
② 사회적 활용 사례
 (ㄱ) 효과 : 자연스러운 상호작용과 사용자 간의 깊은 연결성 제공
 (ㄴ) 활용 사례 : 소셜 VR, 그룹 치료

♣ 실감콘텐츠산업 활성화 전략

비전	세계 최초 5G 상용화를 기반으로 2023년 실감콘텐츠 선도국가 도약		
전략 목표	콘텐츠 생산액	전문기업 수	수출액
	20조 원	100개	5조 원
중점 추진과제	신수요 창출	기술, 인프라 고도화	산업성장 지원
	공공서비스에 XR 적용	글로벌 선도기술 확보	전문기업 육성
	산업분야에 XR 적용	제작인프라 고도화	글로벌 진출 지원

→ 소프트웨어정책연구소

―――――――――
ⓐ VR, MR, AR에 이르기까지 가상현실 기술 전체를 통틀어서 일컬음

STEP 03 그림과 글맵시 삽입하고 편집하기

〈조건〉
- 그림위치(내 PC₩문서₩ITQ₩Picture₩로고1.jpg, 문서에 포함), 크기(40mm×30mm), 그림 효과(회색조)
- 글맵시 이용(갈매기형 수장), 크기(50mm×35mm), 글꼴(굴림, 빨강)

1 그림을 삽입하기 위해 [입력] 탭을 클릭한 후 [그림(🌅)]을 클릭합니다.

> [입력] 탭의 [목록(▼)] 단추를 클릭한 후 [그림]-[그림]을 클릭하거나 Ctrl+N, I를 눌러 그림을 삽입할 수도 있습니다.

2 [그림 넣기] 대화상자가 나타나면 **찾는 위치(내 PC₩문서₩ITQ₩Picture)를 지정**한 후 **그림(로고1)을 선택**한 다음 [문서에 포함]을 선택하고 [넣기] 단추를 클릭합니다.

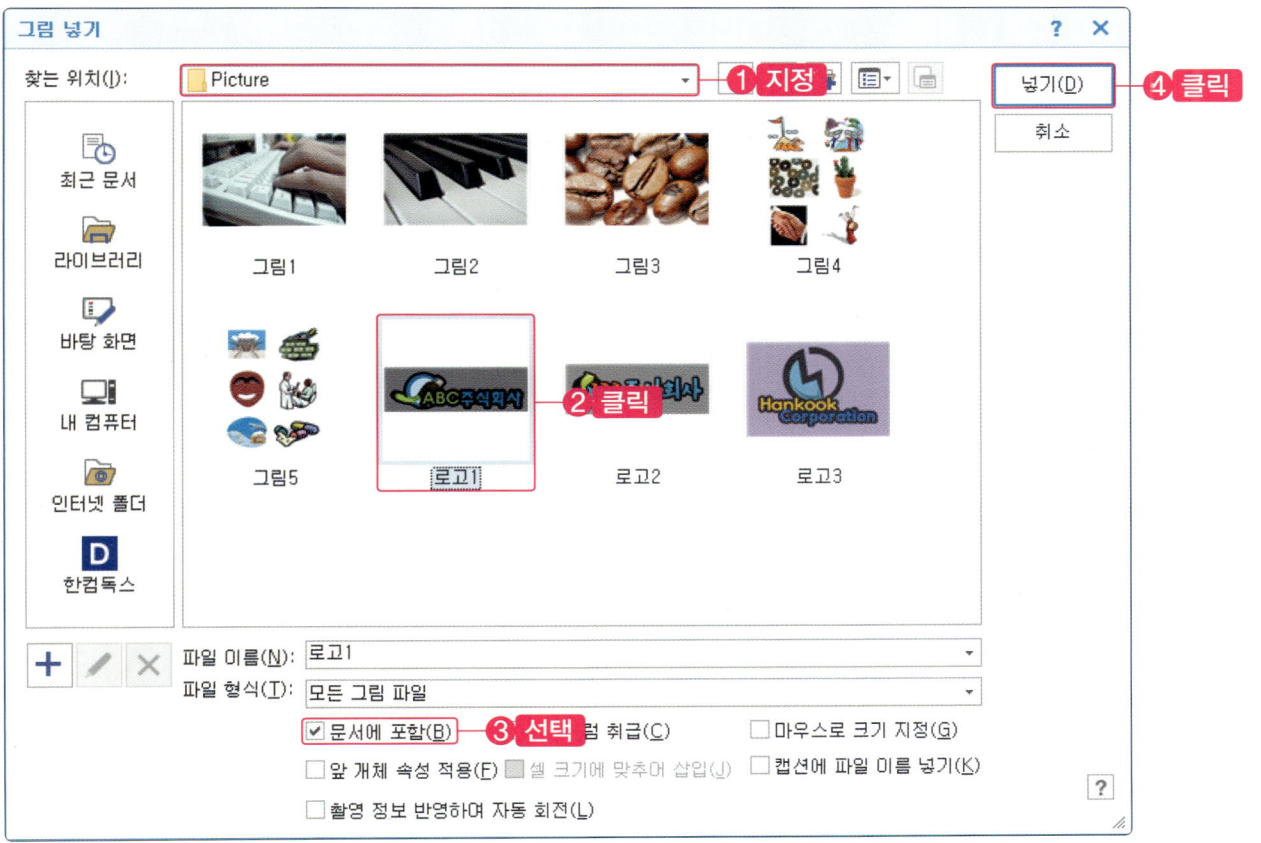

> [글자처럼 취급]과 [마우스로 크기 지정]은 선택 해제합니다.

1 다음의 지시사항을 참고하여 《출력형태》와 같이 문서를 작성하시오. (200점)

▶ 소스파일 : Part 01\Chapter 08\문제01.hwp   ▶ 완성파일 : Part 01\Chapter 08\문제01_완성.hwp

《출력형태》

정 보사회가 진전될수록 정보에 대한 접근과 이용이 용이한 계층과 그렇지 못한 계층 간의 격차(隔差)가 발생하게 된다. 이렇게 발생하는 정보격차는 정보취약계층의 소득과 삶의 질 저하, 사회참여 기회 축소 및 계층 간 빈부격차 등을 심화시켜 사회통합에 지장을 초래하기 때문에 정보화가 진전될수록 정보격차 해소의 중요성은 점점 커지고 있다. 특히 정보에 대한 접근 부문은 정보격차 해소를 위한 우선적 과제로 사회적, 경제적, 지역적 차이에 관계없이 누구나 쉽게 정보에 접근 가능한 환경을 제공받는 것은 정보격차 해소를 위한 기본적 수단(手段)이다.

정부는 급속히 발전하는 정보화 환경 속에서 신체적, 경제적, 지역적 여건 등에 의해 정보통신 제품 및 서비스의 접근이 어려운 장애인, 고령자, 저소득층, 농어민들의 평등한 정보접근 기회를 제공하고자 정보통신 보조기기를 개발하고 보급하는 한편, 사랑의 그린 PC를 보급하고 청각 및 언어 장애인을 위한 통신 중계 서비스를 제공하고 있다. 과학기술정보통신부와 한국지능정보사회진흥원에서는 소외계층의 PC, 인터넷 사용 능력 등 정보화 수준을 확인하기 위해 매년 장애인, 저소득층, 농어민, 장노년층 등을 대상으로 정보격차 실태조사ⓐ를 실시하고 있다.

♠ **정보격차지수 개요**

　A. 접근 수준
　　Ⓐ 필요시 PC 및 인터넷 접근 가능 정도
　　Ⓑ 정보이용 시설 접근 용이성, PC 보유 및 인터넷 접속 여부
　B. 역량 수준
　　Ⓐ PC 기반 인터넷 기본 용도별 이용 능력 보유 정도
　　Ⓑ PC 환경설정, 워드, 정보검색, 이메일, 전자상거래 활용 능력

♠ <u>**정보격차지수 및 구성 요소**</u>

지수	구성 요소	가중치	지수	구성 요소	가중치
접근지수	필요시 컴퓨터/인터넷 접근 가능성	0.6	양적 활용지수	이용 여부	0.7
	정보통신기기 보유 정도	0.2		이용 시간	0.3
	컴퓨터 기종 및 인터넷 접속 방식	0.2	질적 활용지수	일상생활 부문별 도움 정도	0.6
역량지수	컴퓨터/인터넷 이용 기본 능력	각 0.5		기본 용도별 이용 정도	0.4

한국인터넷진흥원

ⓐ 정보격차 해소 정책의 연간 추진 성과를 측정 및 평가하고 효율적인 정책 추진을 위한 기초자료 제공

〈조건〉
- 그림위치(내 PC₩문서₩ITQ₩Picture₩로고1.jpg, 문서에 포함), 크기(40mm×30mm), 그림 효과(회색조)
- 글맵시 이용(갈매기형 수장), 크기(50mm×35mm), 글꼴(굴림, 빨강)

3 그림에 속성을 지정하기 위해 **그림을 선택**한 후 **바로가기 메뉴의 〔개체 속성〕을 클릭**합니다.

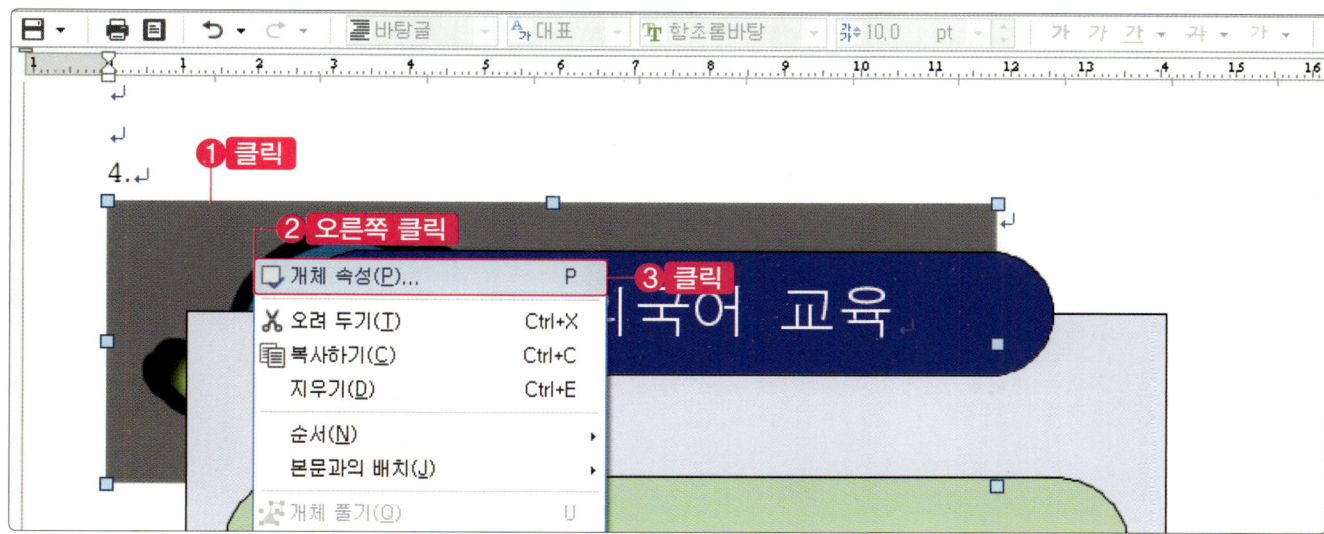

4 〔개체 속성〕 대화상자가 나타나면 〔기본〕 탭에서 **너비(40)와 높이(30)를 입력**한 후 〔크기 고정〕 **을 선택**한 다음 **본문과의 배치(글 앞으로( ))를 선택**합니다. 그런다음 〔그림〕 탭을 클릭한 후 **그림 효과(〔회색조( )〕)를 선택**한 다음 〔설정〕 단추를 클릭합니다.

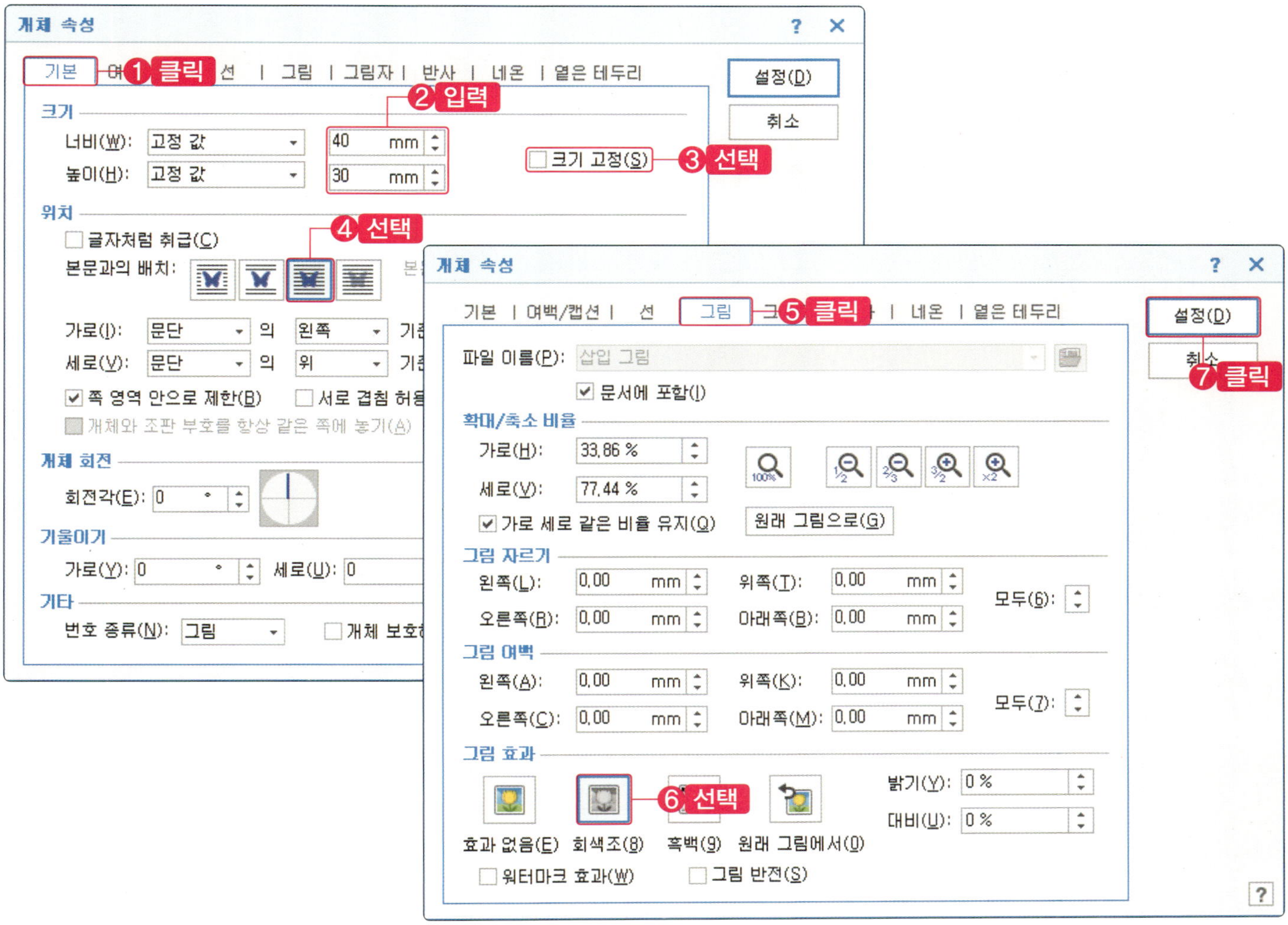

6 지금 전송할 것인지 묻는 대화상자가 나타나면 〔예〕 단추를 클릭합니다.

7 〔답안전송〕 대화상자가 나타나면 **파일 목록(12345678-홍길동.hwp)과 존재(있음)를 확인**한 후 〔**답안전송**〕을 **클릭**합니다.

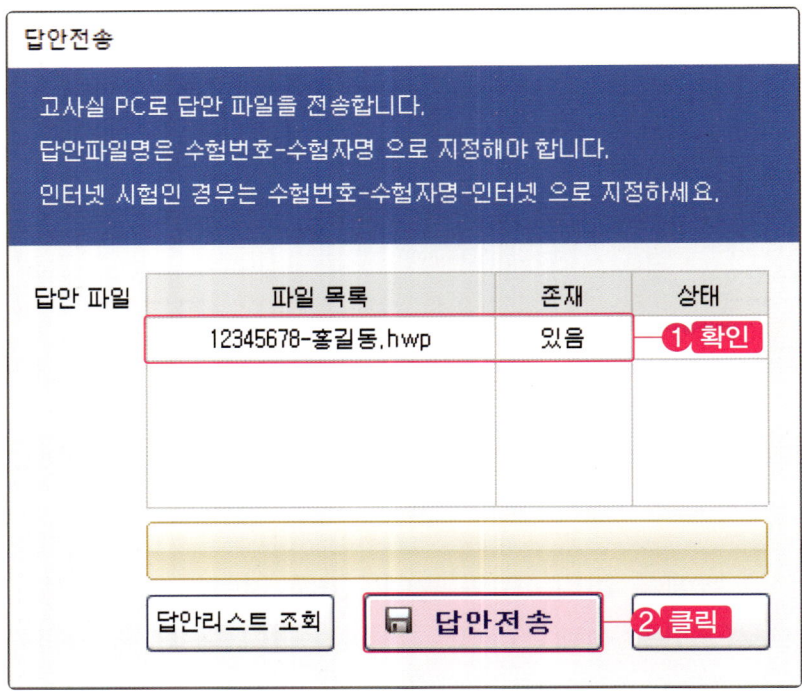

8 답안파일 전송을 성공하였다는 메시지가 나타나면 〔확인〕 단추를 클릭합니다.

9 〔답안전송〕 대화상자가 다시 나타나면 〔**상태**〕에 '**성공**'이 표시되는지 확인한 후 〔**닫기**〕 단추를 클릭합니다.

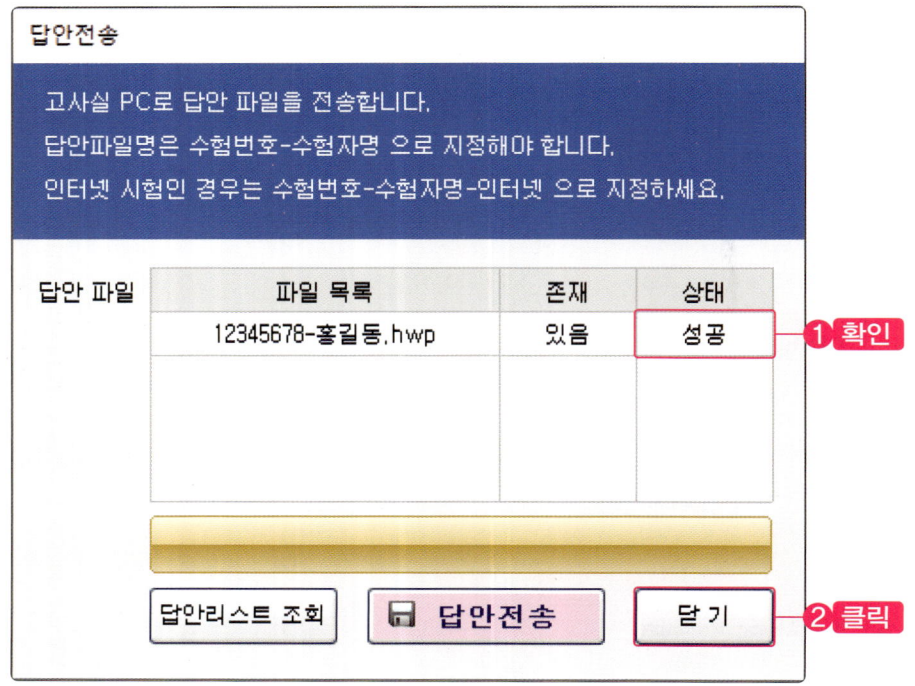

〈조건〉
- 그림위치(내 PC₩문서₩ITQ₩Picture₩로고1.jpg, 문서에 포함), 크기(40mm×30mm), 그림 효과(회색조)
- 글맵시 이용(갈매기형 수장), 크기(50mm×35mm), 글꼴(굴림, 빨강)

5 그림에 속성이 지정되면 **드래그하여 위치를 조절합니다.**

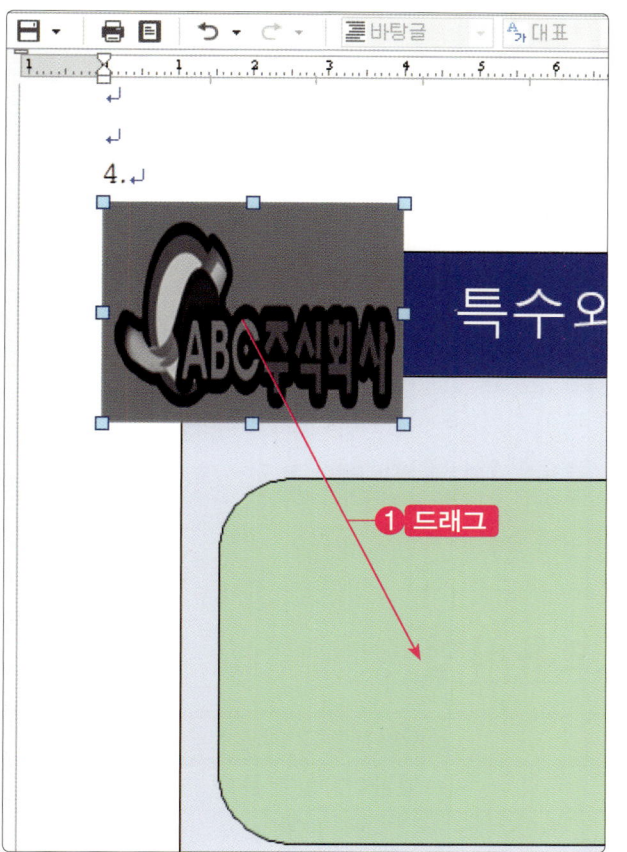 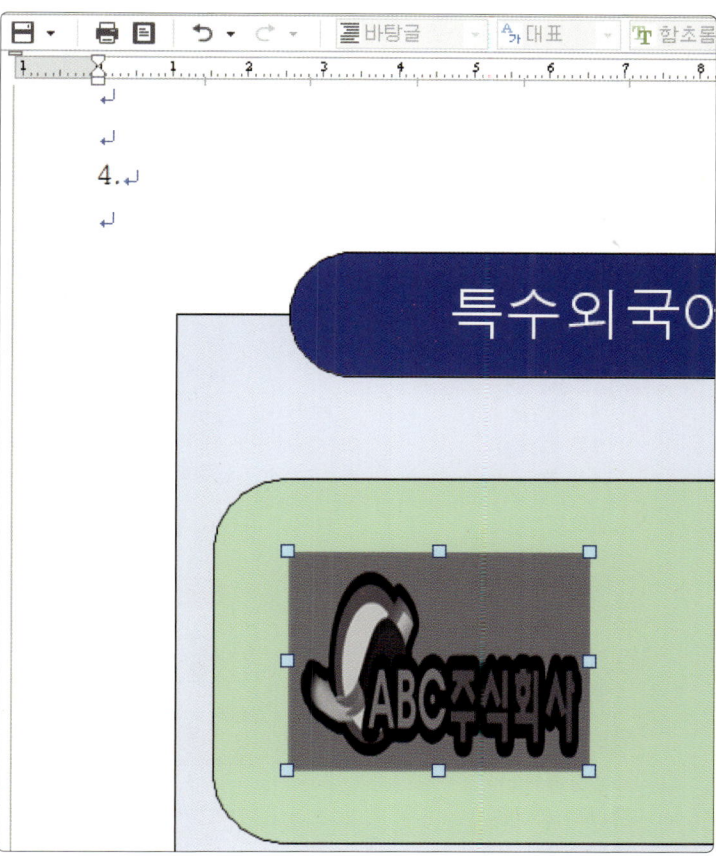

6 글맵시를 삽입하기 위해 [입력] 탭을 클릭한 후 [글맵시(가나다)]를 클릭합니다.

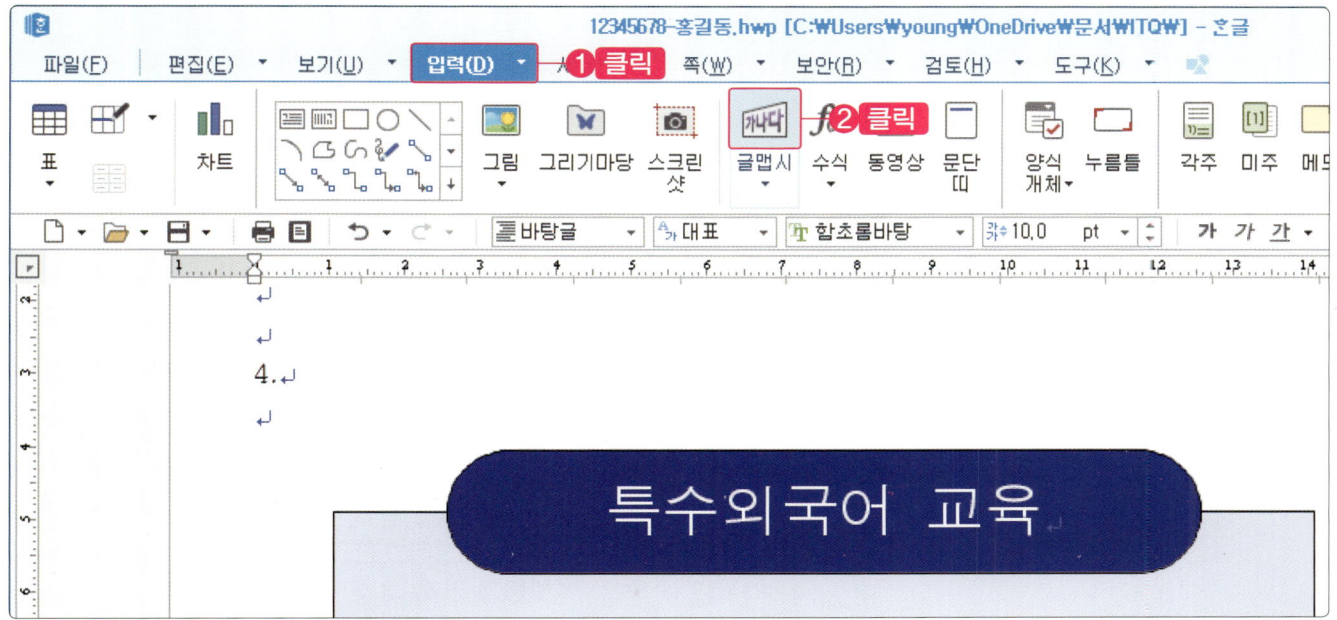

[입력] 탭의 [목록(▼)] 단추를 클릭한 후 [개체]-[글맵시]를 클릭하여 글맵시를 삽입할 수도 있습니다.

3 다음과 같이 쪽 번호가 매겨집니다.

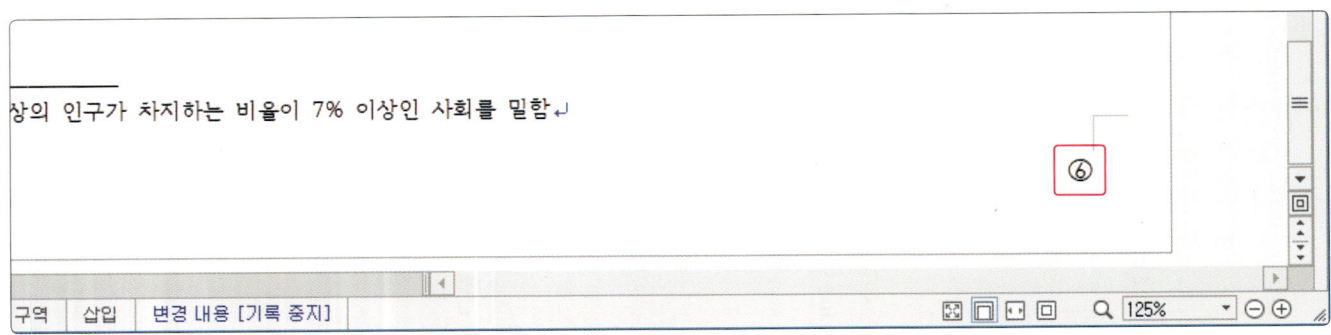

4 모든 작성이 완료되면 답안을 저장하기 위해 [파일] 탭을 클릭한 후 [저장하기]를 클릭합니다.

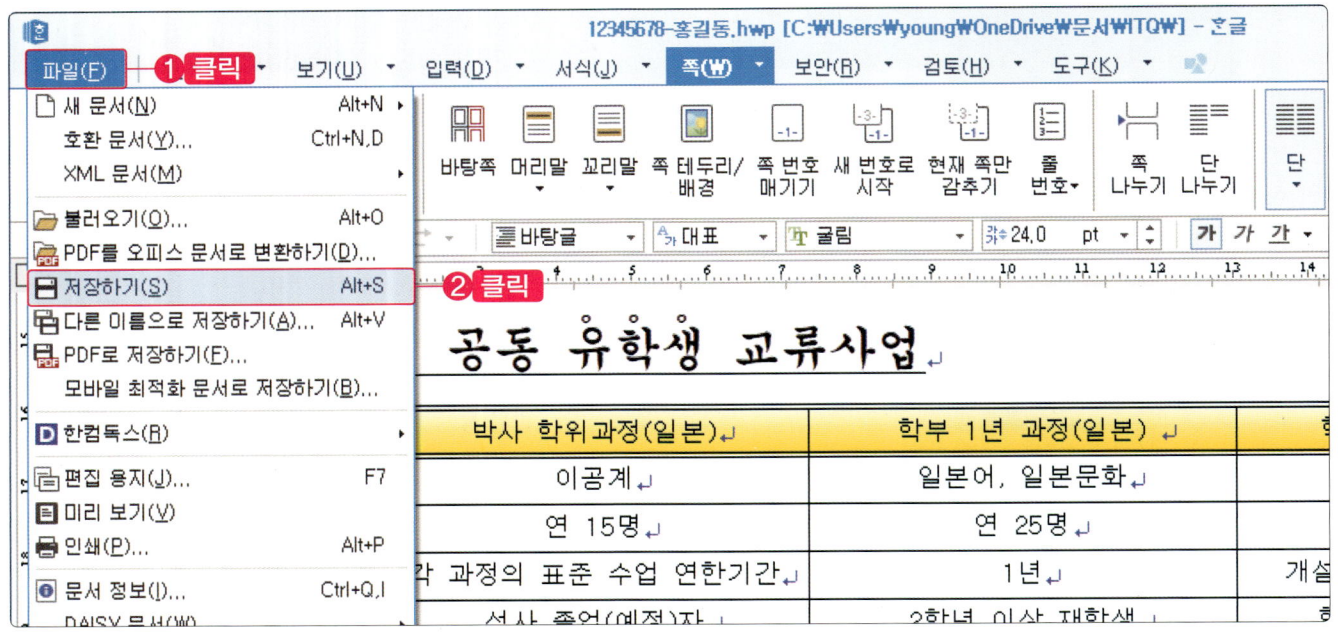

> [서식] 도구 상자에서 [저장하기(💾)]를 클릭하거나 Alt+S를 눌러 답안을 저장할 수도 있습니다.

5 답안을 전송하기 위해 KOAS 수험자용 프로그램에서 [답안 전송]을 클릭합니다.

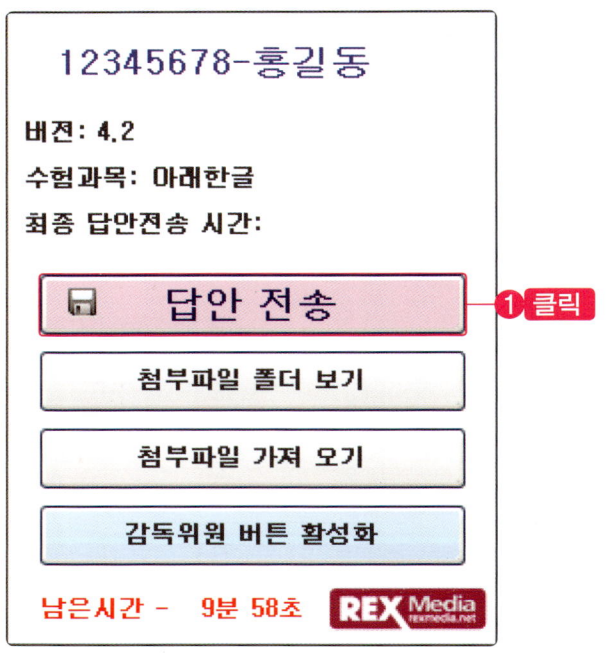

〈조건〉
- 그림위치(내 PC₩문서₩ITQ₩Picture₩로고1.jpg, 문서에 포함), 크기(40mm×30mm), 그림 효과(회색조)
- 글맵시 이용(갈매기형 수장), 크기(50mm×35mm), 글꼴(굴림, 빨강)

7 〔글맵시 만들기〕 대화상자가 나타나면 **내용(글로벌)을 입력**한 후 **글꼴(굴림)**과 **글맵시 모양(갈매기형 수장(▬))을 선택**한 다음 〔설정〕 **단추를 클릭**합니다.

8 그림에 속성을 지정하기 위해 **그림을 선택**한 후 **바로가기 메뉴의 〔개체 속성〕을 클릭**합니다.

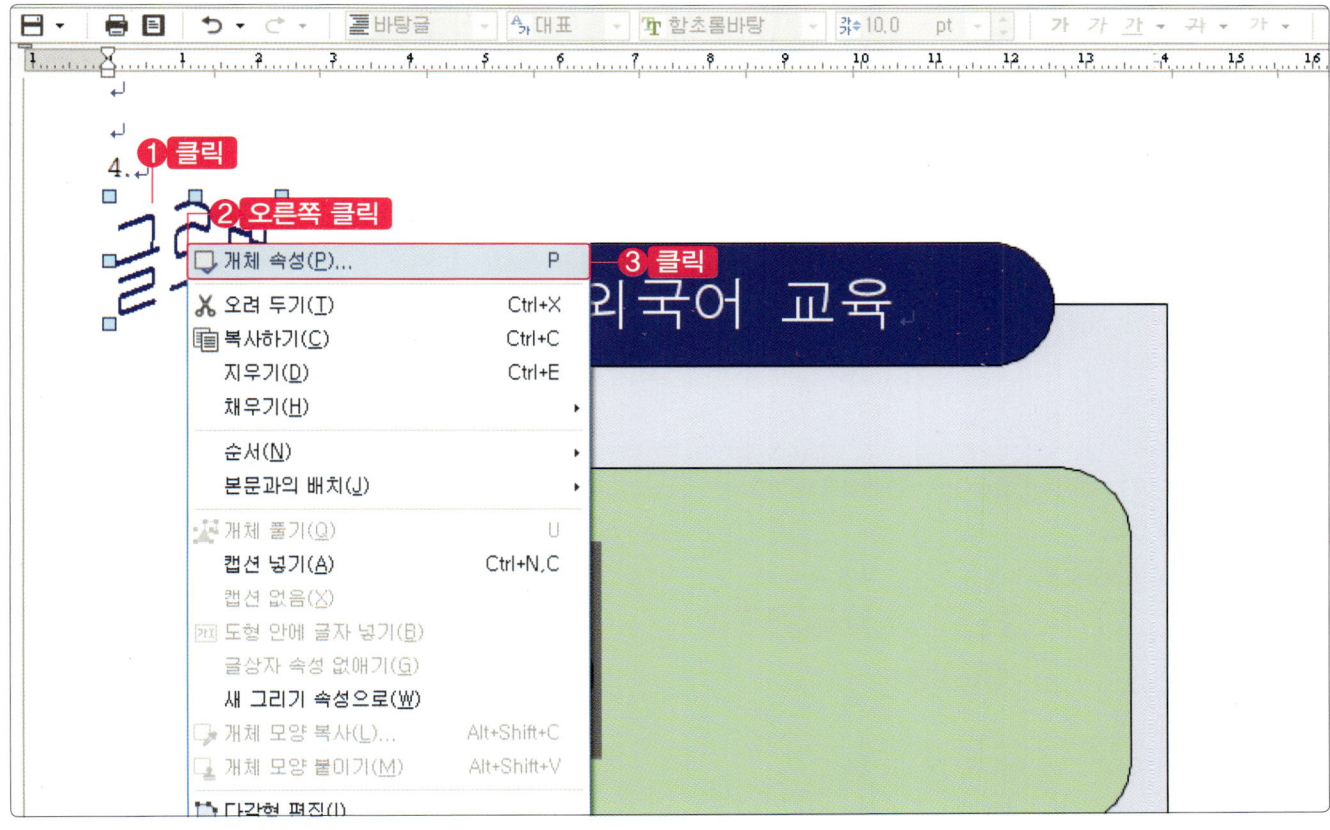

STEP 06 페이지 번호 매기기

〈조건〉 쪽 번호 매기기, 6으로 시작

1 쪽 번호를 매기기 위해 [쪽] 탭을 클릭한 후 [쪽 번호 매기기]를 클릭합니다.

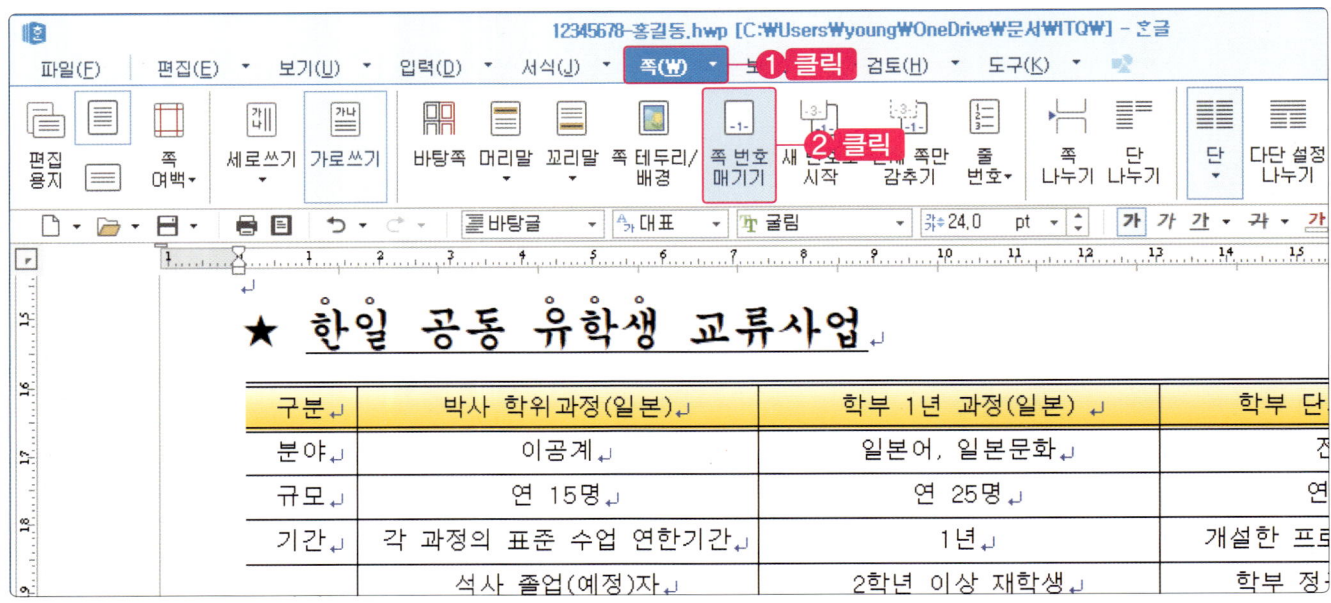

- 쪽 번호 매기기는 문서에 쪽 번호를 자동으로 매겨주는 기능입니다.
- [쪽] 탭의 [목록(▼)] 단추를 클릭한 후 [쪽 번호 매기기]를 클릭하거나 Ctrl+N, P를 눌러 쪽 번호를 매길 수도 있습니다.

2 [쪽 번호 매기기] 대화상자가 나타나면 **번호 위치(오른쪽 아래)를 선택**한 후 **번호 모양(①,②,③)을 선택**한 다음 [줄표 넣기]를 선택 해제하고 **시작 번호(6)를 입력**한 후 [넣기] 단추를 클릭합니다.

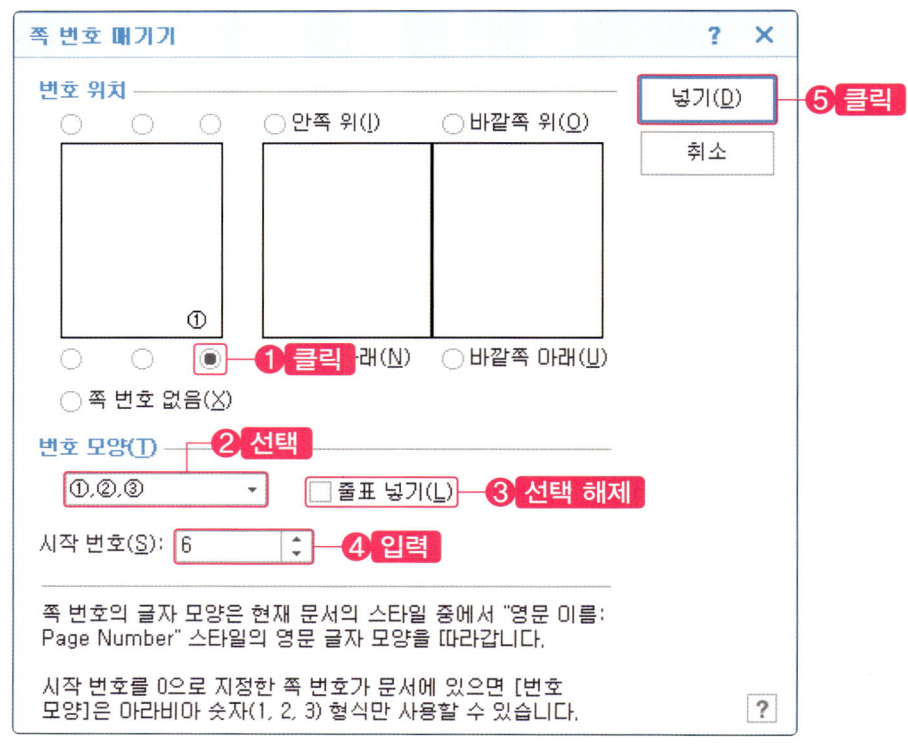

<조건>
- 그림위치(내 PC\문서\ITQ\Picture\로고1.jpg, 문서에 포함), 크기(40mm×30mm), 그림 효과(회색조)
- 글맵시 이용(갈매기형 수장), 크기(50mm×35mm), 글꼴(굴림, 빨강)

9 〔개체 속성〕 대화상자가 나타나면 〔기본〕 탭에서 **너비(50)와 높이(35)를 입력**한 후 〔크기 고정〕을 선택한 다음 **본문과의 배치(글 앞으로( ))를 선택**합니다. 그런다음 〔채우기〕 탭을 클릭한 후 면 색(빨강(RGB: 255,0,0))을 클릭한 후 〔설정〕 단추를 클릭합니다.

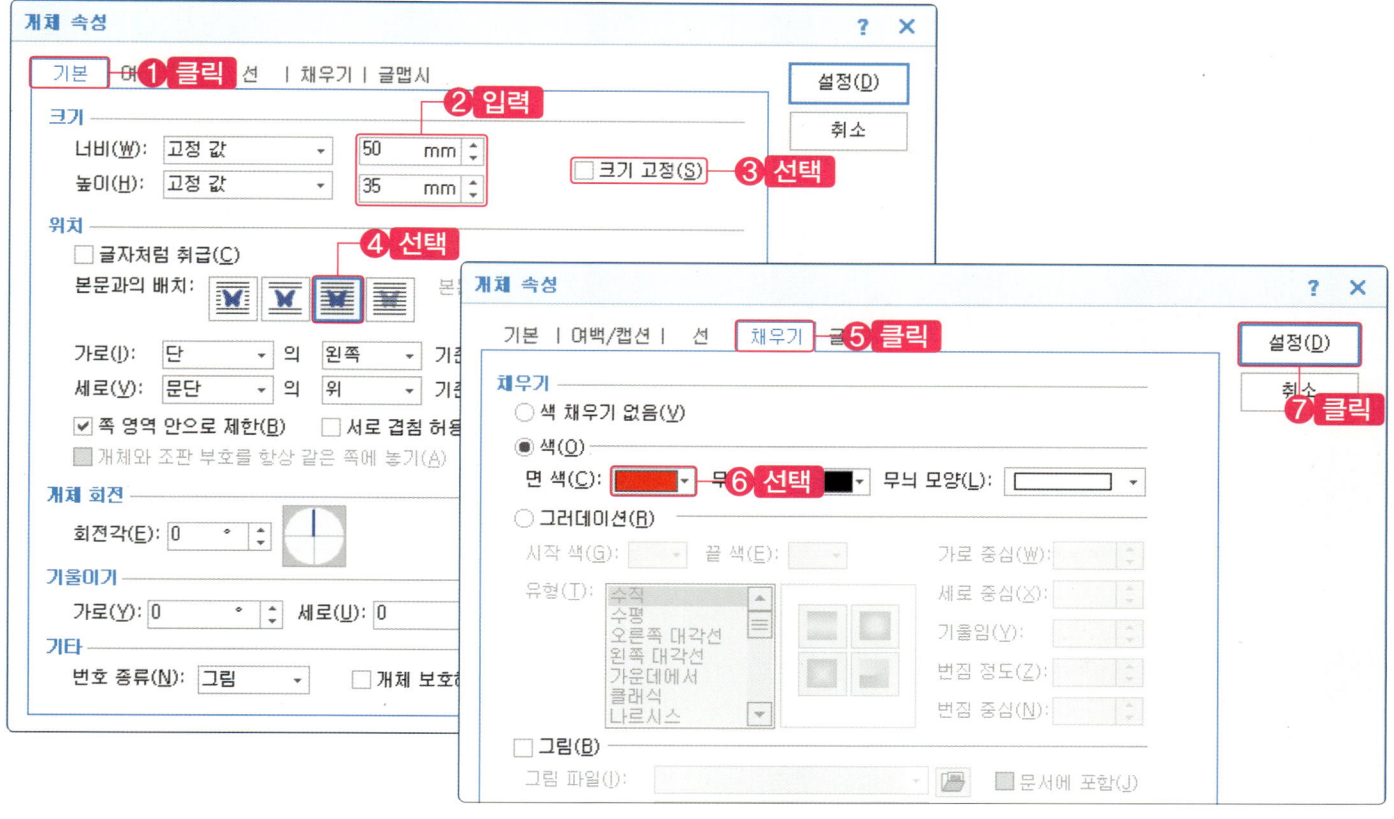

10 글맵시에 속성이 지정되면 **드래그하여 위치를 조절**합니다.

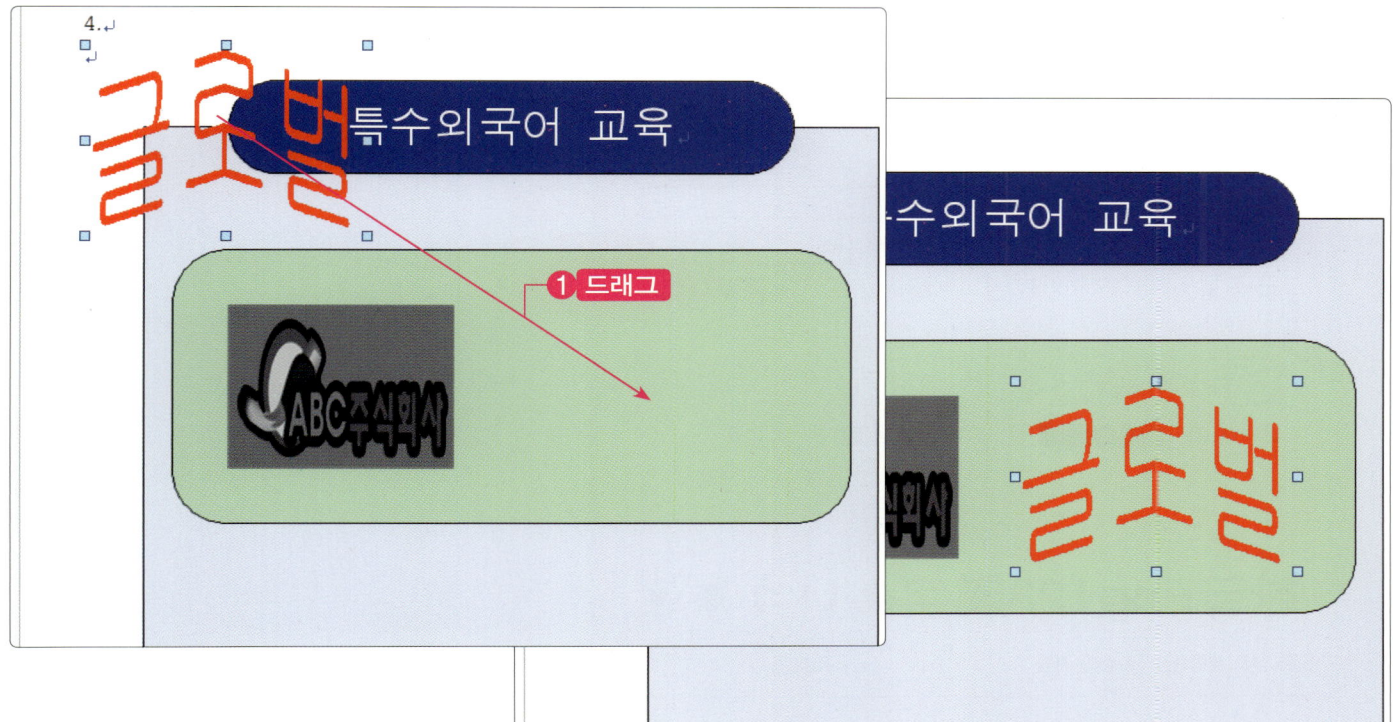

STEP 05 기관 이름 작성하기

〈조건〉 글꼴 : 굴림, 24pt, 진하게, 장평 105%, 오른쪽 정렬

1 기관 이름을 작성하기 위해 **기관 이름을 블록으로 설정**한 후 [서식] 도구 상자에서 [**오른쪽 정렬(≡)**]을 클릭한 다음 [서식] 탭을 클릭하고 [글자 모양]을 클릭합니다.

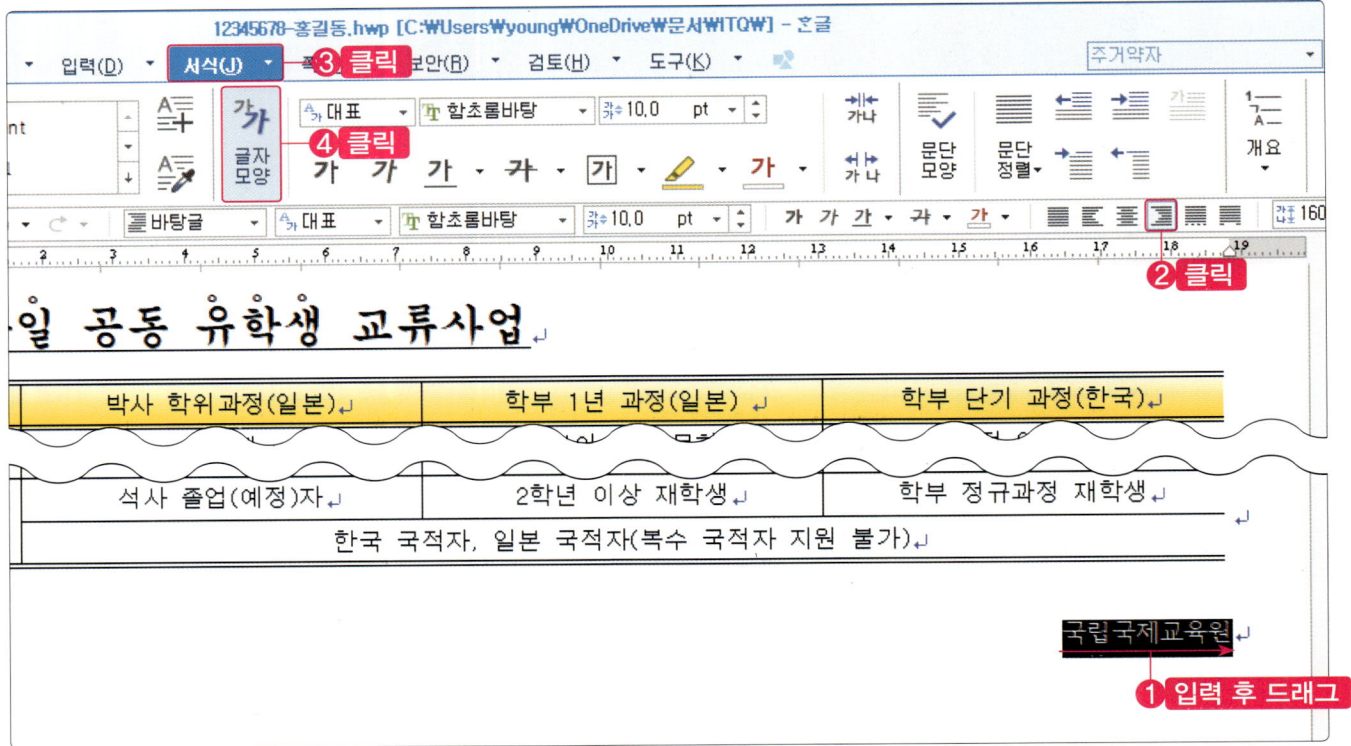

2 [글자 모양] 대화상자가 나타나면 [기본] 탭에서 **기준 크기(24)를 선택**한 후 **글꼴(굴림)을 선택**한 다음 **장평(105)을 입력**하고 [**진하게(가)**]를 선택한 후 [설정] 단추를 클릭합니다.

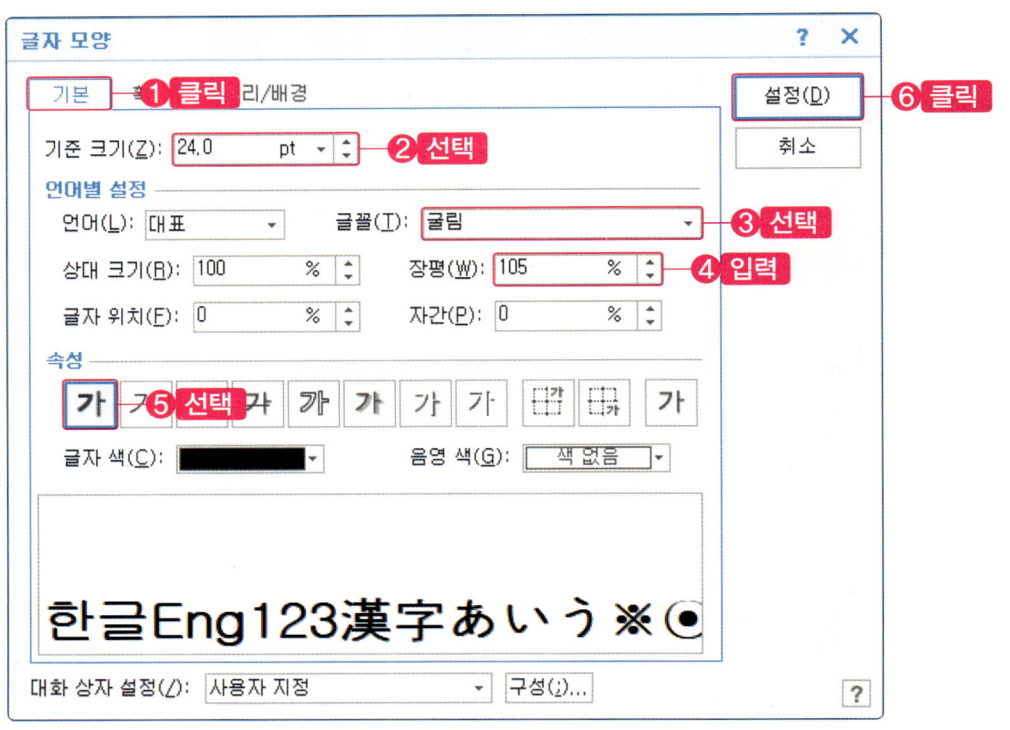

STEP 04 목차 도형 작성하기

〈조건〉
- 직사각형 그리기 : 크기(13mm×13mm), 면색(하양), 글꼴(굴림, 20pt), 정렬(수평·수직-가운데)
  직사각형 그리기 : 크기(18mm×10mm), 면색(하양을 제외한 임의의 색)
- 글상자 이용, 선 종류(점선 또는 파선), 면색(색 없음), 글꼴(궁서, 18pt), 정렬(수평·수직-가운데)

1 다음과 같이 **목차 '1'을 작성**합니다.

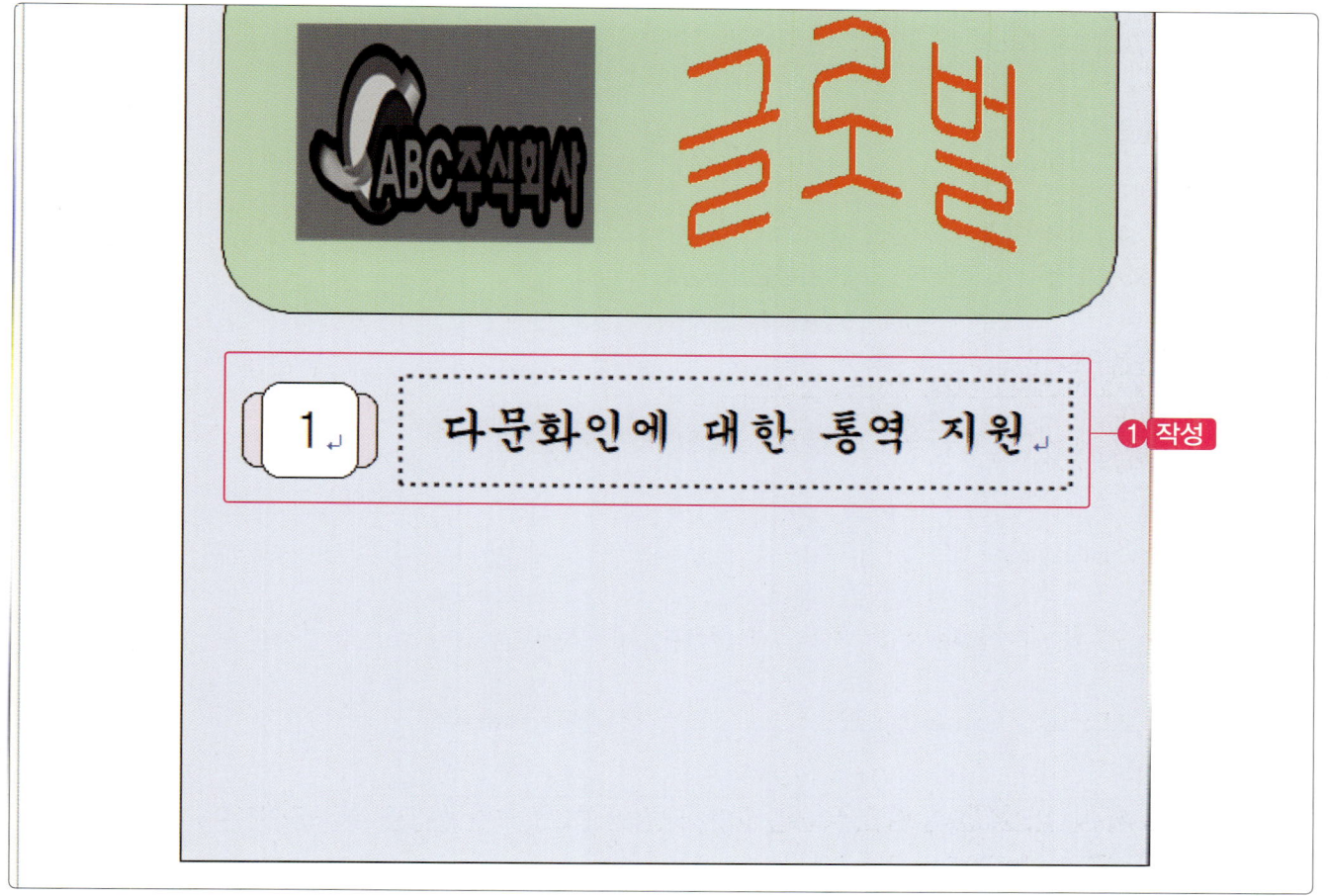

- **목차 '1'의 목차 도형 작성** : 〔입력〕 탭에서 〔직사각형(□)〕을 클릭한 후 드래그하여 목차 도형을 삽입 → 도형을 선택한 후 바로가기 메뉴의 〔개체 속성〕을 클릭 → 〔개체 속성〕 대화상자의 〔기본〕 탭에서 너비(18)와 높이(10)를 입력한 후 〔크기 고정〕을 선택 → 〔선〕 탭에서 사각형 모서리 곡률(둥근 모양(□))을 선택 → 〔채우기〕 탭에서 면 색(임의의 색)을 선택한 후 〔설정〕 단추를 클릭 → 도형 위치를 조정
- **목차 '1'의 첫 번째 글상자 작성** : 〔입력〕 탭에서 〔가로 글상자(目)〕를 클릭한 후 드래그하여 글상자를 삽입 → 글상자를 선택한 후 바로가기 메뉴의 〔개체 속성〕을 클릭 → 〔개체 속성〕 대화상자의 〔기본〕 탭에서 너비(13)와 높이(13)를 입력한 후 〔크기 고정〕을 선택 → 〔선〕 탭에서 사각형 모서리 곡률(둥근 모양(□))을 선택 → 〔채우기〕 탭에서 면 색(하양(RGB: 255,255,255))을 선택한 후 〔설정〕 단추를 클릭 → 글상자의 위치 조정 → 텍스트(1)를 입력한 후 드래그하여 블록 설정 → 〔서식〕 도구 상자에서 글꼴(굴림)과 글자 크기(20)를 선택한 후 〔가운데 정렬(≡)〕을 클릭
- **목차 '1'의 두 번째 글상자 작성** : 〔입력〕 탭에서 〔가로 글상자(目)〕를 클릭한 후 드래그하여 글상자를 삽입 → 글상자를 선택한 후 바로가기 메뉴의 〔개체 속성〕을 클릭 → 〔선〕 탭에서 선 종류(점선 또는 파선)를 선택 → 〔채우기〕 탭에서 〔채우기 없음〕을 선택한 후 〔설정〕 단추를 클릭 → 글상자의 위치 조정 → 텍스트(다문화인에 대한 통역 지원)를 입력한 후 드래그하여 블록 설정 → 〔서식〕 도구 상자에서 글꼴(궁서)과 글자 크기(18)를 선택한 후 〔가운데 정렬(≡)〕을 클릭

<조건>　표 전체 글꼴 : 돋움, 10pt, 가운데 정렬.
　　　　셀 배경(그러데이션) : 유형(가로)【수평】, 시작색(하양), 끝색(노랑)

15 [배경] 탭을 클릭한 후 [그러데이션]을 선택한 다음 [시작 색(흰색(RGB: 255,255,255))]과 [끝 색(노랑(RGB: 255,255,0))]을 선택하고 [유형(수평)]을 클릭한 후 [설정] 단추를 클릭합니다.

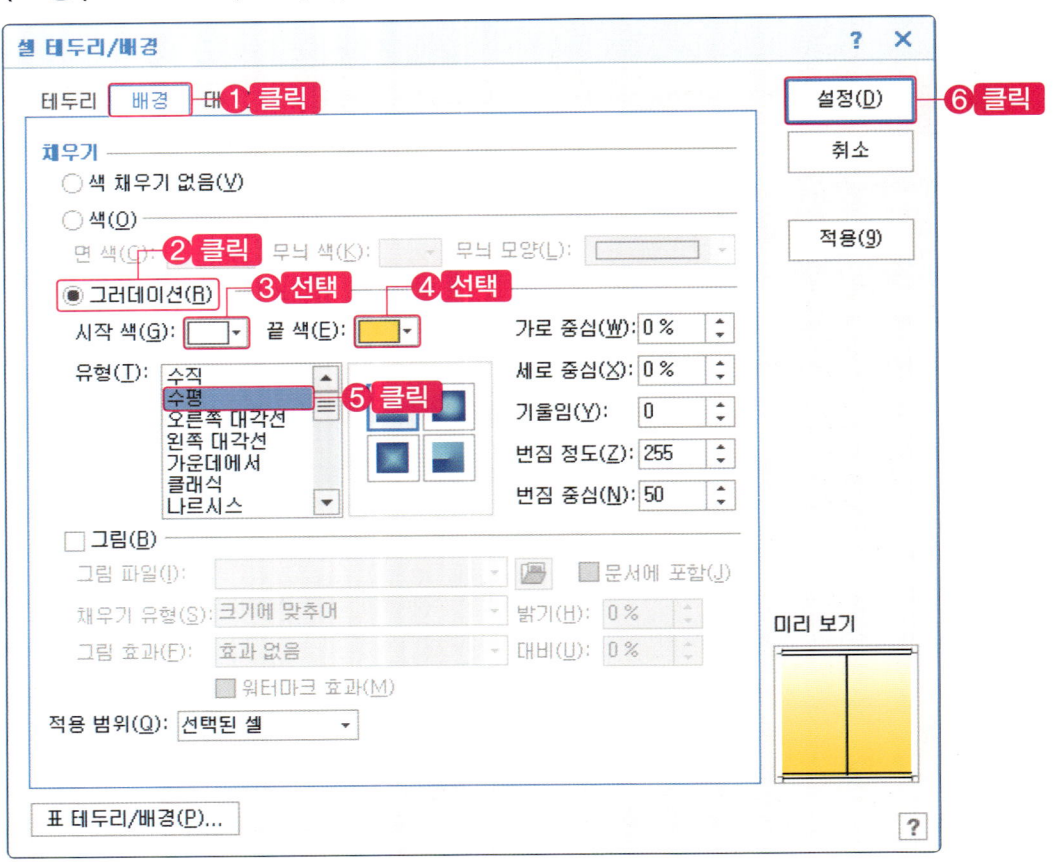

16 다음과 같이 표 작성이 완료됩니다.

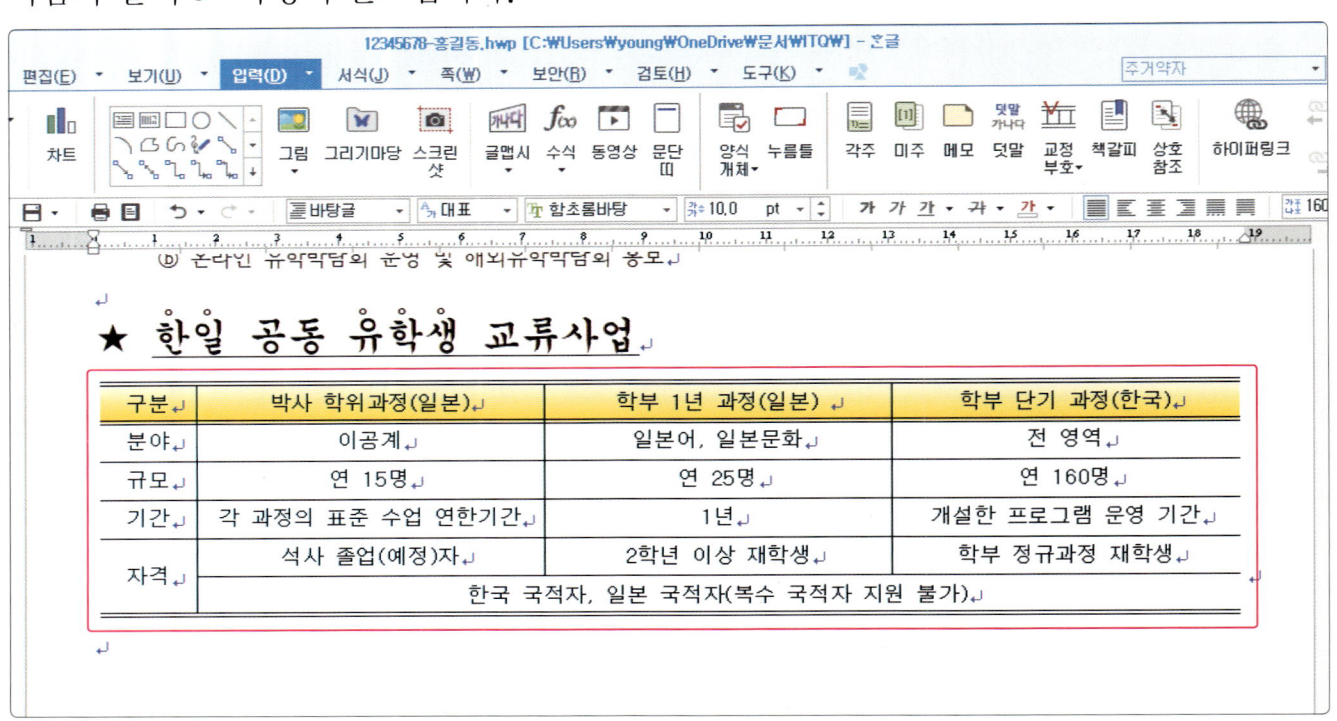

2 목차 '1'이 완성되면 **목차 도형을 모두 선택**한 후 Ctrl과 Shift를 누른 상태에서 드래그하여 목차 '1'을 복사합니다.

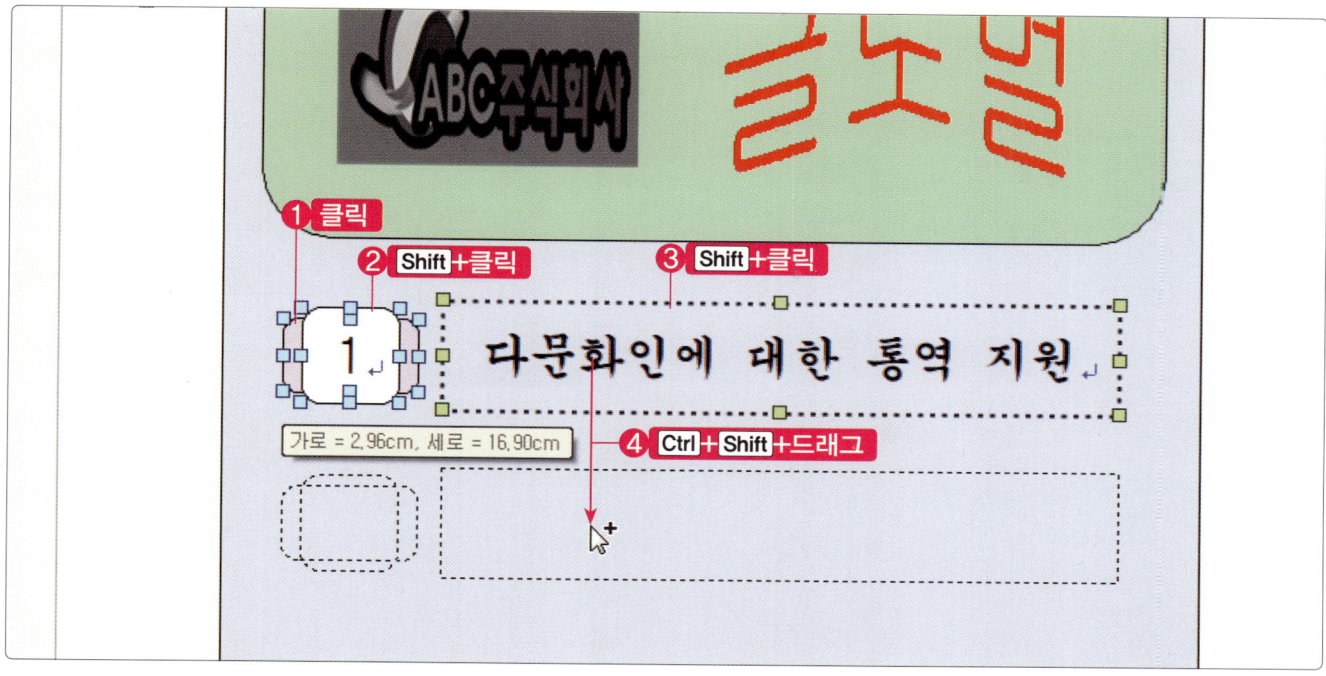

- 글상자를 선택한 후 Shift를 누른 상태에서 두 번째 목차 도형과 글상자를 클릭하여 선택합니다.
- 개체를 선택한 후 Ctrl을 누른 상태에서 드래그하면 개체가 복사되고 Shift를 누른 상태에서 드래그하면 개체가 수평 방향이나 수직 방향으로 이동됩니다. 여기서 목차 '1'을 수직 방향으로 복사하기 위해 Ctrl과 Shift를 누른 상태에서 아래쪽으로 드래그한 것입니다.

3 목차 '1'이 복사되면 같은 방법으로 다음과 같이 **목차 '1'을 한 개 더 복사**한 후 **내용을 수정**한 다음 **'2'의 첫 번째 도형의 면색(임의의 색)과 목차 '3'의 첫 번째 도형의 면색(임의의 색)을 변경**합니다.

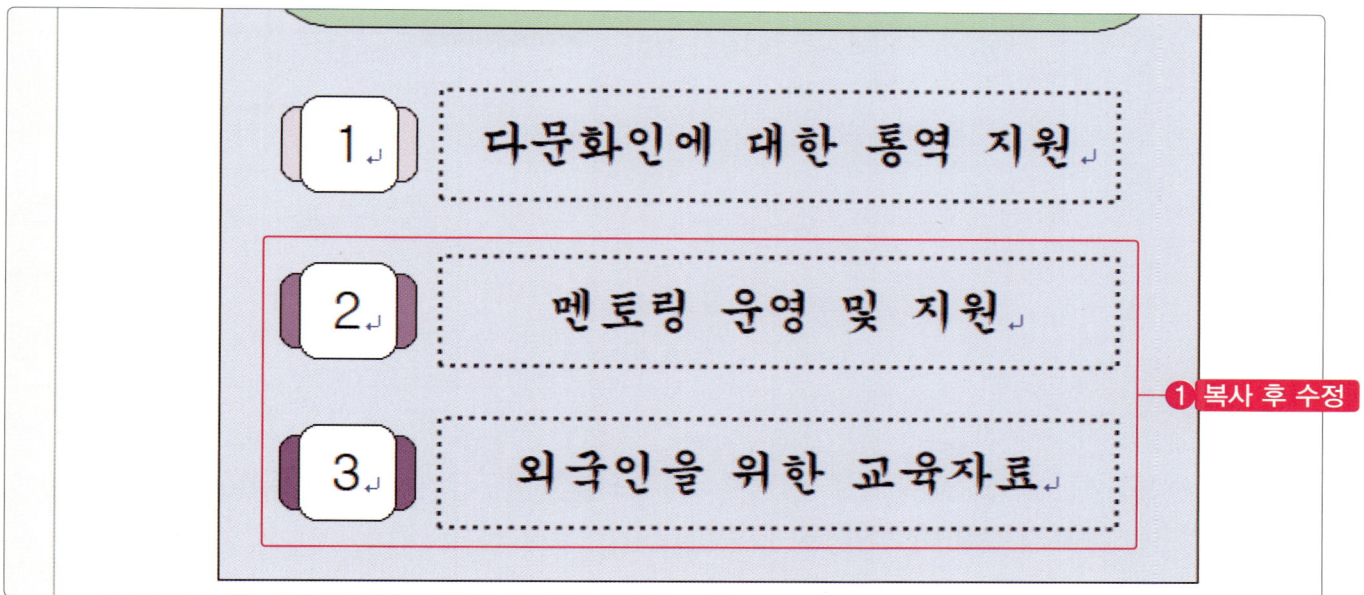

도형/글상자를 선택 해제한 후 글상자로 마우스 포인터를 가져가서 마우스 포인터가 I 모양으로 변경되었을 때 클릭하면 글상자에 입력한 내용을 수정할 수 있습니다.

〈조건〉 표 전체 글꼴 : 돋움, 10pt, 가운데 정렬,
셀 배경(그러데이션) : 유형(가로)【수평】, 시작색(하양), 끝색(노랑)

11 〔셀 테두리/배경〕 대화상자의 〔테두리〕 탭에서 **테두리 종류(선 없음)를 선택**한 후 〔왼쪽(□)〕과 〔오른쪽(□)〕을 **클릭**한 다음 〔설정〕 **단추를 클릭**합니다.

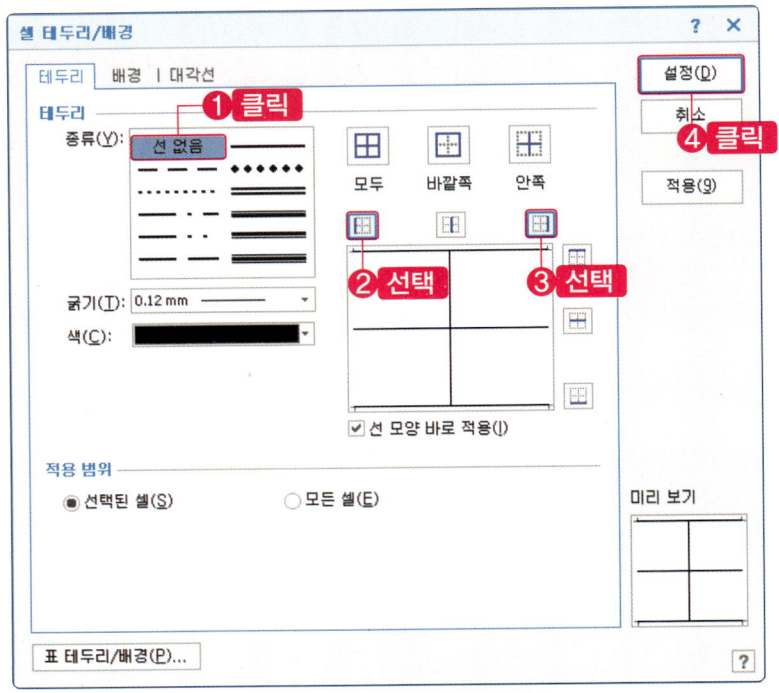

12 〔셀 테두리/배경〕 대화상자의 〔테두리〕 탭에서 **테두리 종류(이중 실선(═))를 선택**한 후 〔위(□)〕와 〔아래(□)〕를 **클릭**한 다음 〔설정〕 **단추를 클릭**합니다.

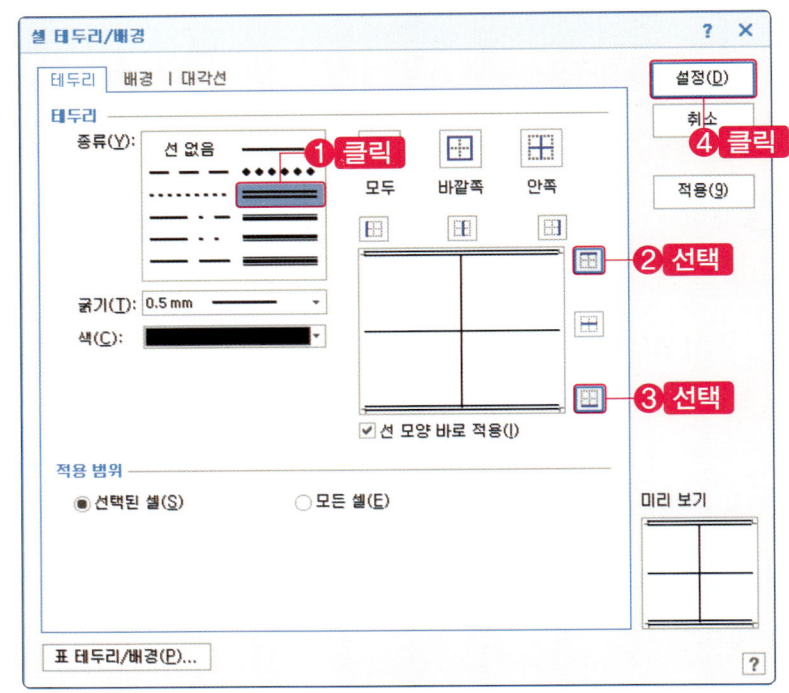

13 1줄 1칸 ~ 1줄 4칸을 셀 블록으로 설정한 후 〔표(▦)〕 정황 탭의 〔목록(▼)〕을 **클릭**한 다음 〔셀 테두리/배경〕-〔**각 셀마다 적용**〕을 **클릭**합니다.

14 〔셀 테두리/배경〕 대화상자의 〔테두리〕 탭에서 **테두리 종류(이중 실선(═))를 선택**한 후 〔**아래**(□)〕를 **클릭**한 다음 〔설정〕 **단추를 클릭**합니다.

STEP 05 책갈피 삽입하고 하이퍼링크 지정하기

〈조건〉
- 하이퍼링크 : 문서작성 능력평가의 "2025 외국인 유학생 지원 워크숍" 제목에 설정한 책갈피로 이동
- 책갈피 이름 : 유학

1 3페이지의 첫 번째 줄에 '문서작성 능력평가'의 **제목(2025 외국인 유학생 지원 워크숍)을 입력**한 후 '2025' 앞에 커서를 둔 다음 [입력] 탭을 클릭하고 [책갈피]를 클릭합니다.

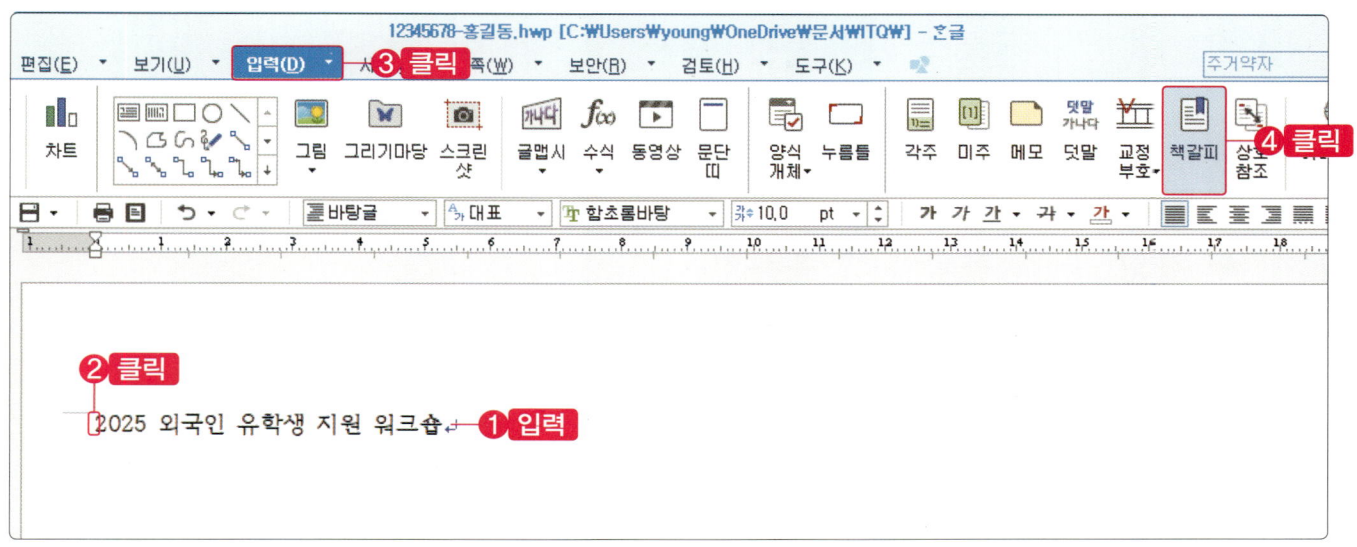

- 책갈피는 문서의 특정 위치에 표시해 두는 기능입니다. 책갈피를 삽입하면 손쉽게 문서의 특정 위치로 이동할 수 있습니다.
- [입력] 탭의 [목록(▼)] 단추를 클릭한 후 [책갈피]를 클릭하거나 Ctrl+K, B를 눌러 책갈피를 삽입할 수도 있습니다.

2 [책갈피] 대화상자가 나타나면 **책갈피 이름(유학)을 입력**한 후 [넣기] 단추를 클릭합니다.

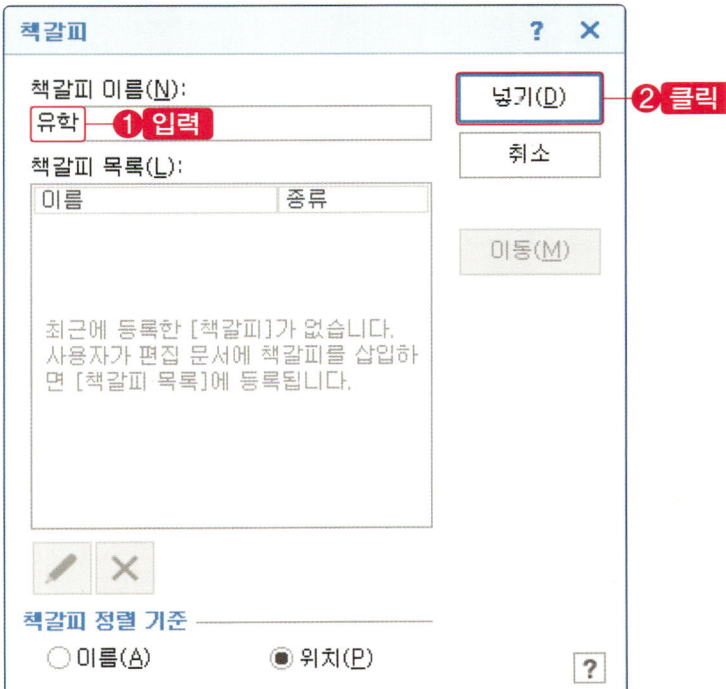

책갈피 이름은 시험의 '문서작성 능력평가'에서 확인할 수 있습니다. 여기서는 책갈피 이름으로 '유학'을 입력합니다.

<조건> 표 전체 글꼴 : 돋움, 10pt, 가운데 정렬,
        셀 배경(그러데이션) : 유형(가로)【수평】, 시작색(하양), 끝색(노랑)

9 표 블록이 설정된 상태에서 [서식] 도구 상자에서 **글꼴(돋움)과 글자 크기(10)를 선택**한 후 [가운데 정렬(≡)]을 클릭합니다.

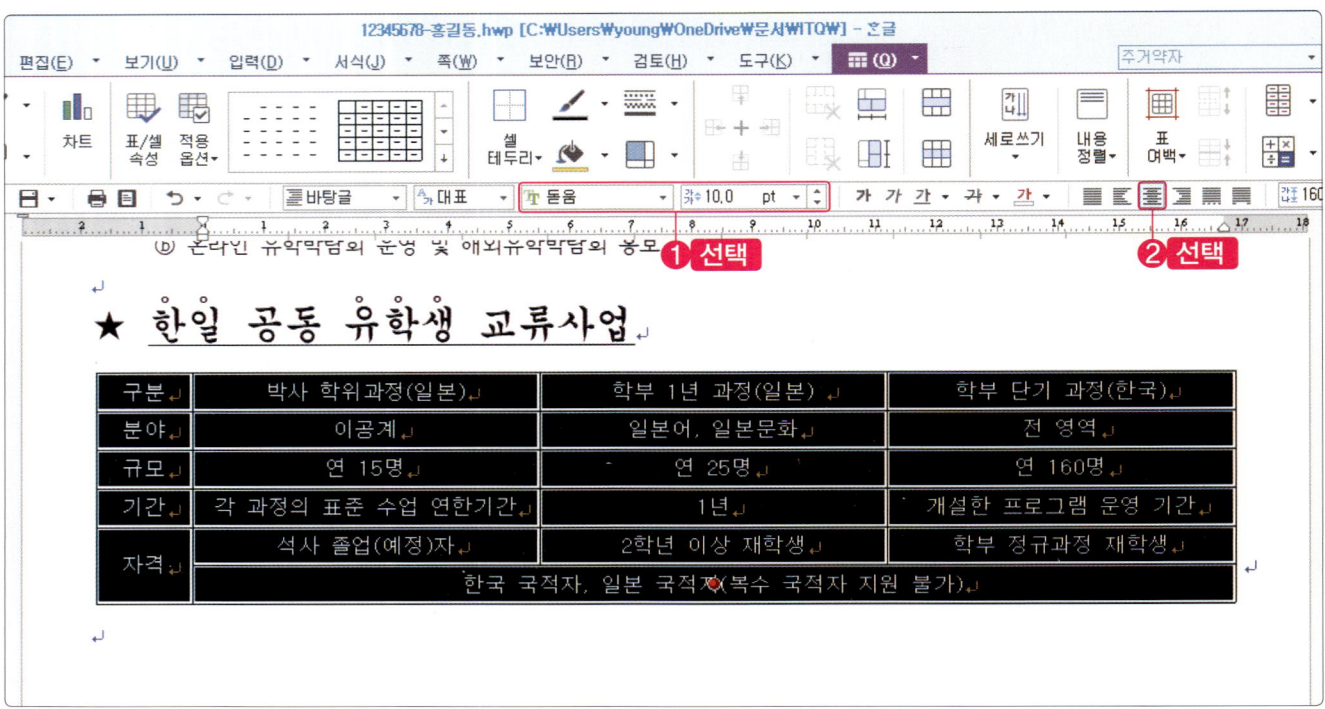

10 [표( )] 정황 탭의 [목록(▼)]을 클릭한 후 [셀 테두리/배경]-[각 셀마다 적용]을 클릭합니다.

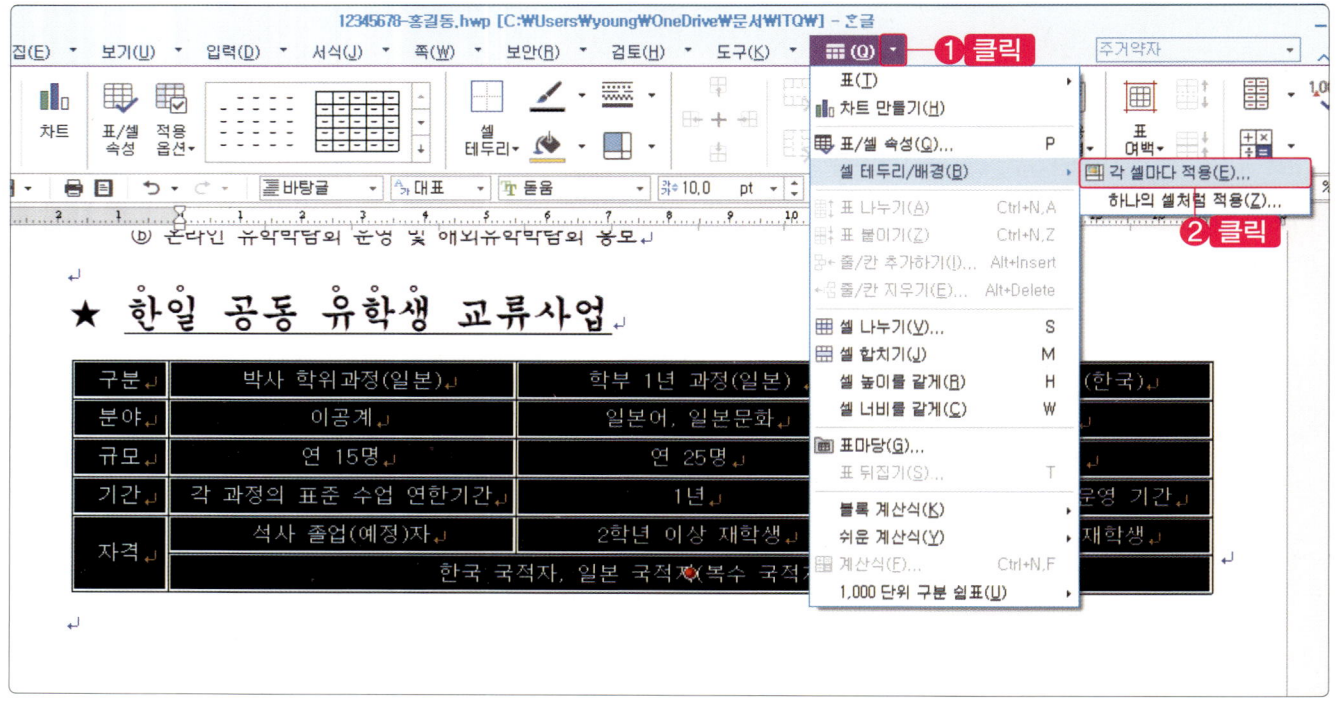

〈조건〉
- 하이퍼링크 : 문서작성 능력평가의 "2025 외국인 유학생 지원 워크숍" 제목에 설정한 책갈피로 이동
- 책갈피 이름 : 유학

3 책갈피가 삽입되면 그림에 하이퍼링크를 지정하기 위해 2페이지에서 **그림을 선택**한 후 [**입력**] **탭을 클릭**한 다음 [하이퍼링크]를 클릭합니다.

- 하이퍼링크는 문서의 내용에 문서의 특정 위치나 웹 페이지 등을 연결하여 손쉽게 문서의 특정 위치로 이동하거나 웹 페이지를 열 수 있는 기능입니다.
- [입력] 탭의 [목록(▼)] 단추를 클릭한 후 [하이퍼링크]를 클릭하거나 Ctrl+K,H를 눌러 하이퍼링크를 삽입할 수도 있습니다.

4 [하이퍼링크] 대화상자가 나타나면 **책갈피(유학)를 클릭**한 후 [넣기] 단추를 클릭합니다.

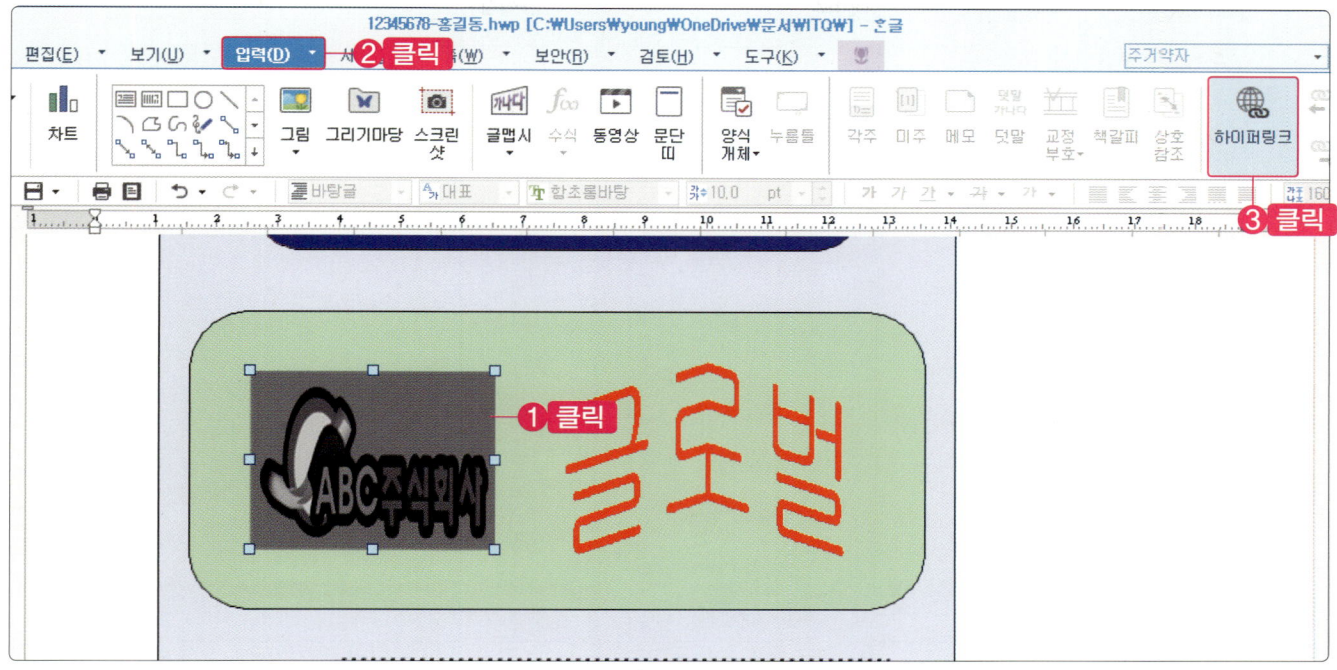

- 책갈피 이름은 시험의 '문서작성 능력평가'에서 확인할 수 있습니다. 여기서는 책갈피 이름으로 '유학'을 입력합니다.

6 첫 번째 칸을 셀 블록으로 설정한 후 Alt+←를 눌러 셀 너비를 조절합니다.

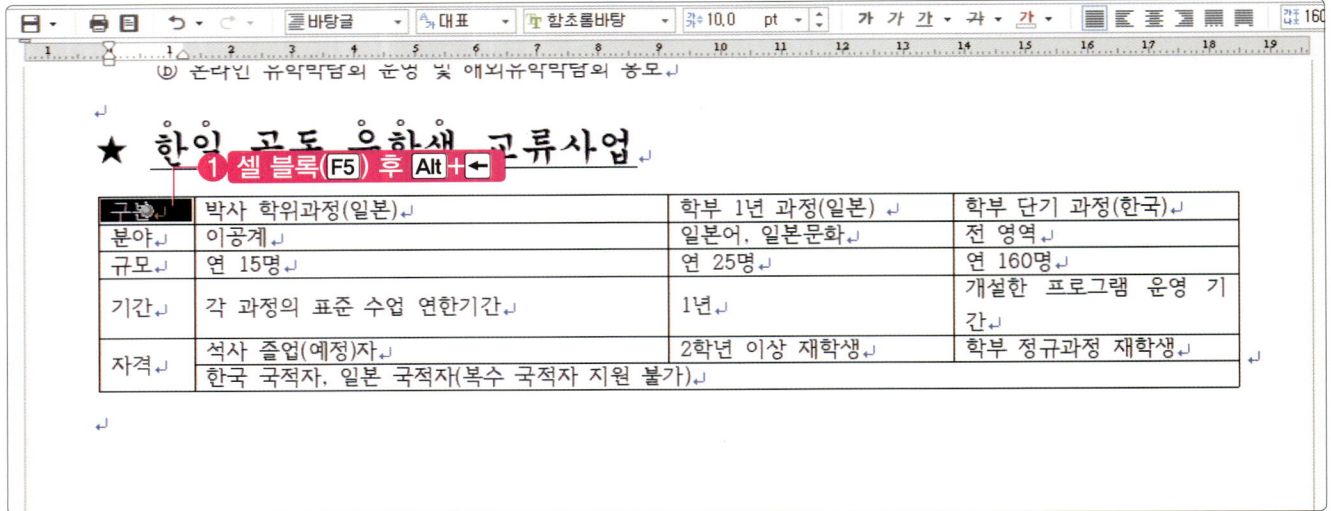

7 같은 방법으로 Alt+→ 또는 Alt+←를 눌러 셀 너비를 조절합니다.

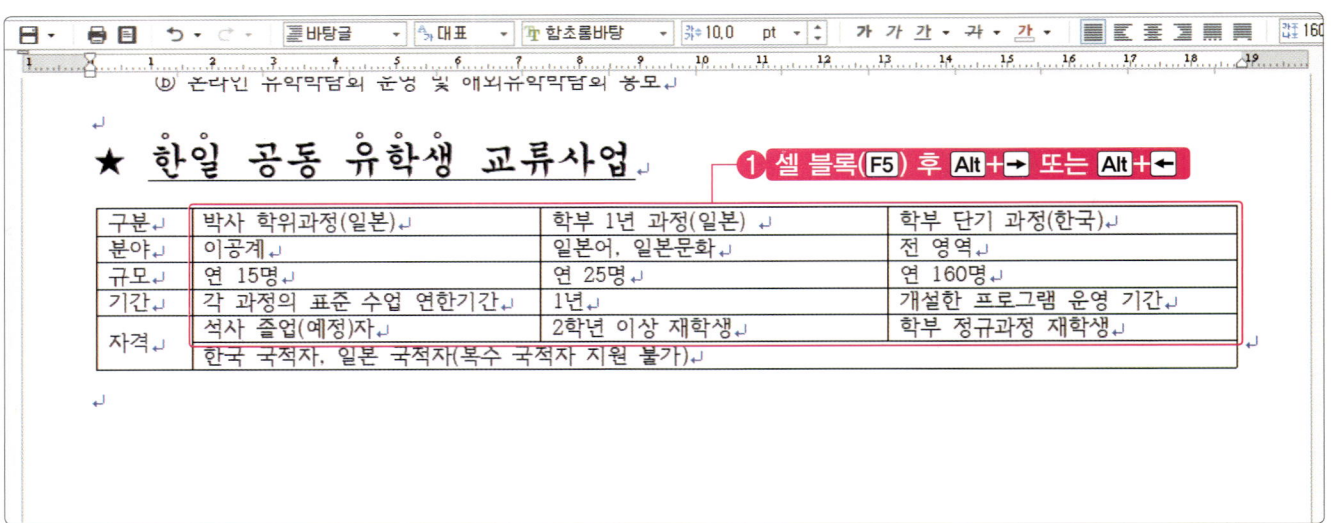

8 같은 방법으로 Ctrl+↓를 눌러 셀 높이를 조절합니다.

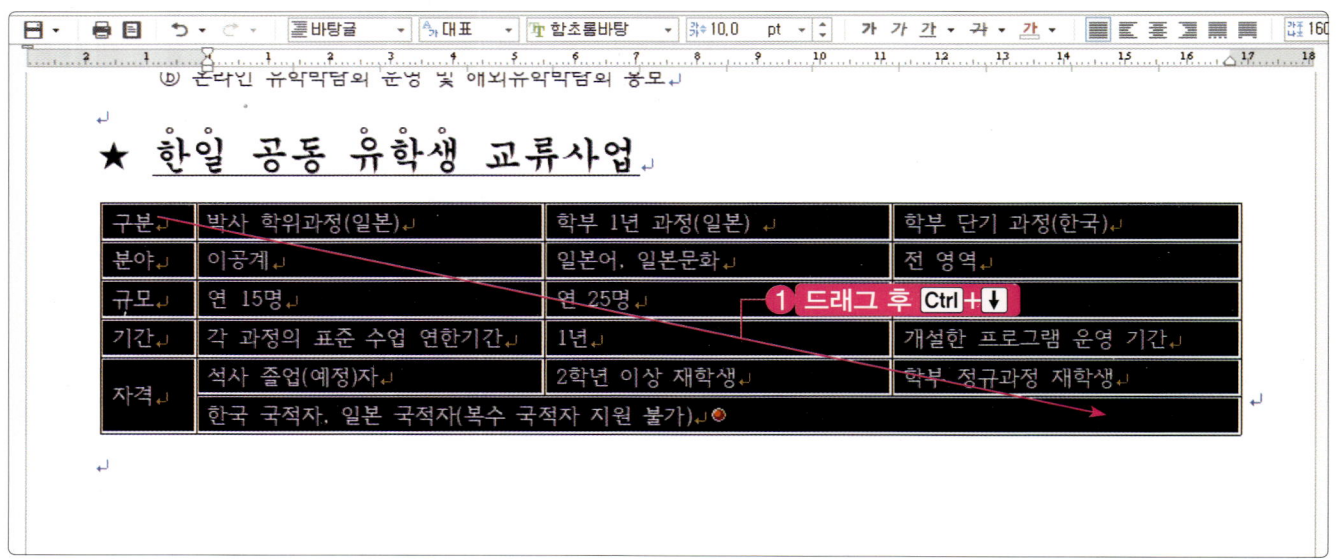

5 하이퍼링크가 지정되면 **그림 선택을 해제**한 후 마우스 포인터를 그림위로 가져가면 마우스 포인터 모양이 🖑 모양으로 변경되고, **그림을 클릭**하면 '문서작성 능력평가'의 제목으로 이동되는 것을 확인할 수 있습니다.

- 하이퍼링크가 지정된 개체는 [Alt](또는)[Shift]를 누른 상태에서 클릭해야 선택할 수 있습니다.
- 그림을 선택한 후 [입력] 탭에서 [하이퍼링크]를 클릭하면 하이퍼링크를 수정할 수 있습니다.

4 5줄 1칸 ~ 6줄 1칸을 드래그하여 셀 블록을 지정한 후 [표( )] 정황 탭에서 [셀 합치기( )]를 클릭합니다.

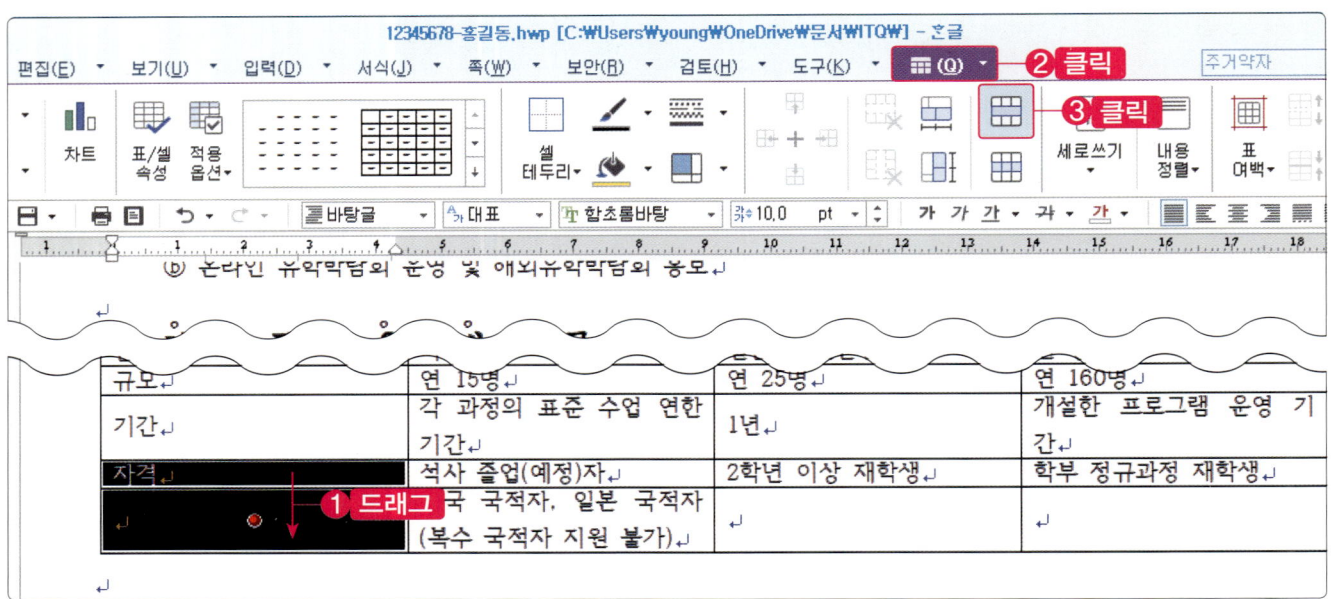

5 6줄 2칸 ~ 6줄 4칸을 드래그하여 셀 블록을 지정한 후 [표( )] 정황 탭에서 [셀 합치기( )]를 클릭합니다.

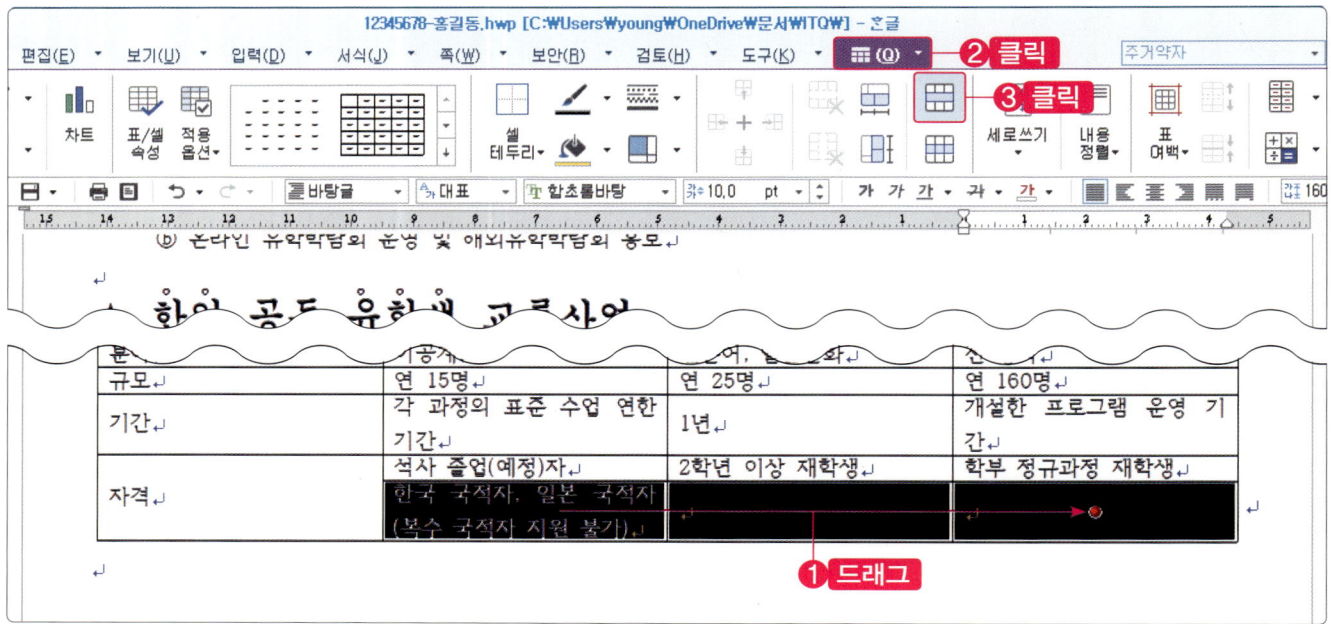

한가지 더!

셀 합치기와 셀 나누기

- **셀 합치기** : 셀 블록으로 설정한 두 개 이상의 셀을 합쳐서 하나의 셀로 만드는 것을 말합니다. 두 개 이상의 셀을 셀 블록으로 설정한 후 [표] 정황 탭에서 [셀 합치기( )]를 클릭하거나 M을 누르면 셀 합치기를 하여 하나의 셀로 만들 수 있습니다.

- **셀 나누기** : 커서를 둔 셀이나 셀 블록으로 설정한 셀을 나누어 두 개 이상의 셀로 만드는 것을 말합니다. 셀에 커서를 두거나 셀 블록으로 설정한 후 [표] 정황 탭에서 [셀 나누기( )]를 클릭하거나 S을 누르면 셀 나누기를 하여 두 개 이상의 셀로 만들 수 있습니다.

1 다음의 《조건》에 따라 《출력형태》와 같이 문서를 작성하시오. (110점)

▶ 소스파일 : Part 01\Chapter 06\문제01.hwp   ▶ 완성파일 : Part 01\Chapter 06\문제01_완성.hwp

《조건》
(1) 그리기 도구를 이용하여 작성하고, 모든 도형(글맵시, 지정된 그림 포함)을 《출력형태》와 같이 작성하시오.
(2) 도형의 면색은 지시사항이 없으면 색 없음을 제외하고 서로 다르게 임의로 지정하시오.

《출력형태》

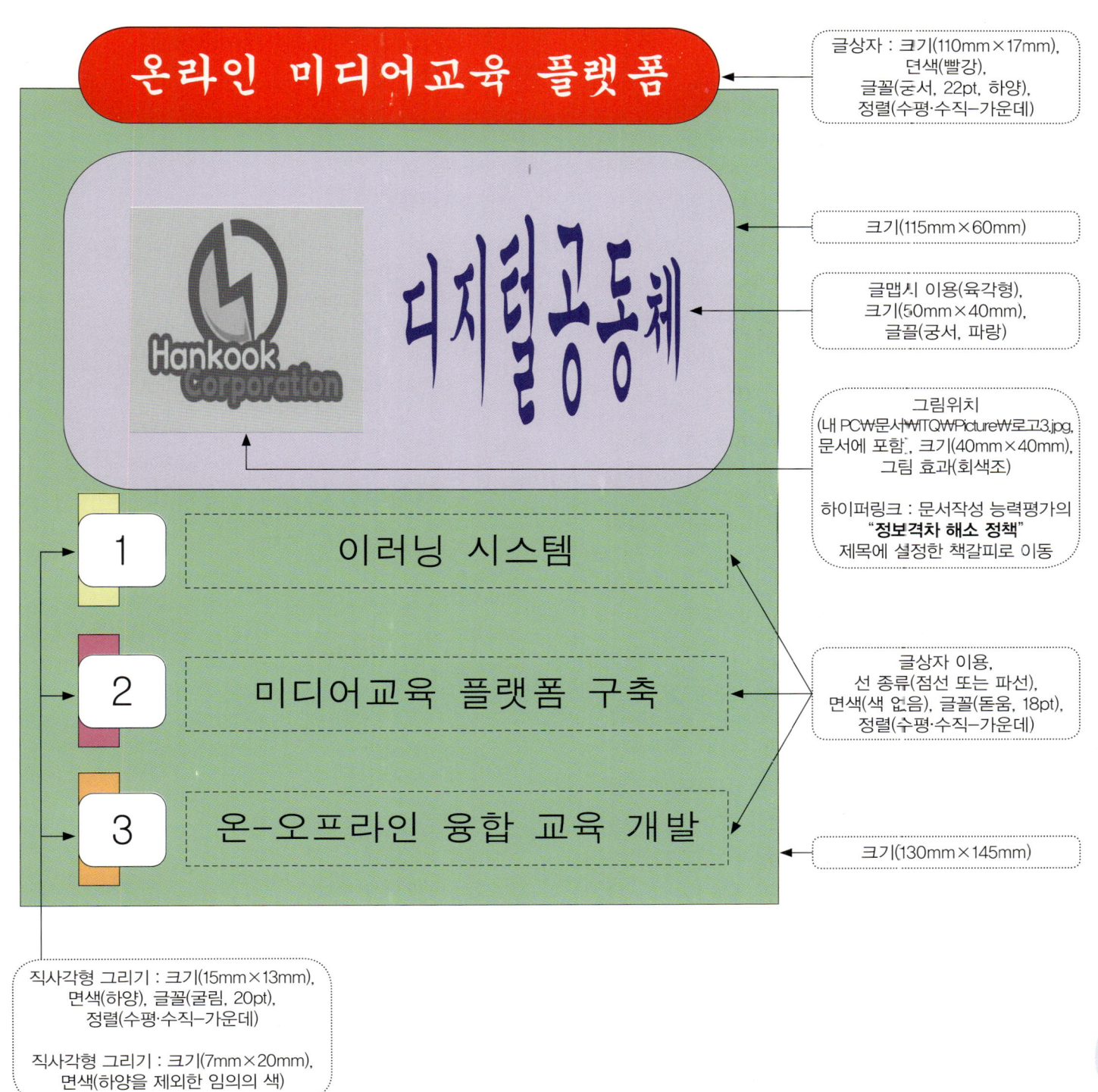

STEP 04 표 작성하기

〈조건〉 표 전체 글꼴 : 돋움, 10pt, 가운데 정렬,
셀 배경(그러데이션) : 유형(가로)【수평】, 시작색(하양), 끝색(노랑)

1. 표를 삽입하기 위해 **표 제목 아래 문단을 클릭**한 후 [입력] 탭을 클릭한 다음 [표(⊞)]를 클릭합니다.

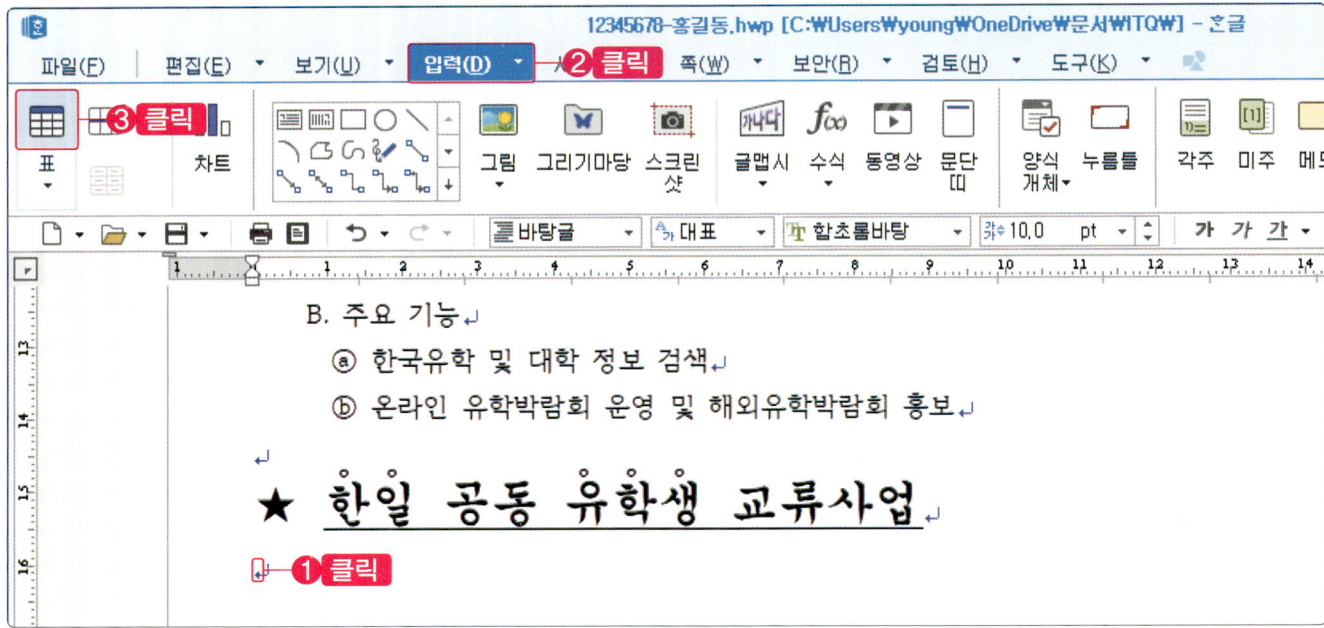

2. [표 만들기] 대화상자가 나타나면 **줄 수(6)와 칸 수(4)를 입력**한 후 [글자처럼 취급]을 선택한 다음 [만들기] 단추를 클릭합니다.

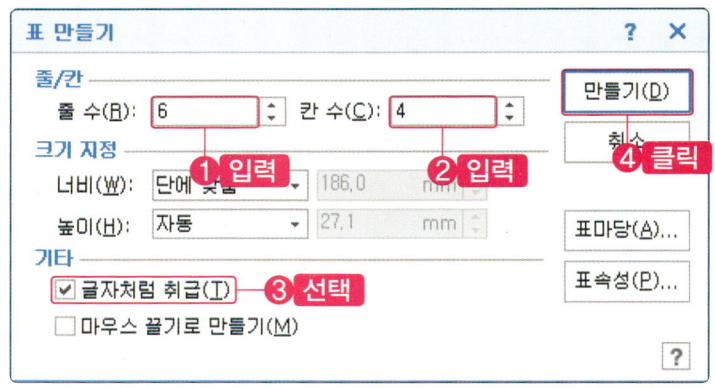

3. 표가 삽입되면 다음과 같이 **내용을 입력**합니다.

구분	박사 학위과정(일본)	학부 1년 과정(일본)	학부 단기 과정(한국)
분야	이공계	일본어, 일본문화	전 영역
규모	연 15명	연 25명	연 160명
기간	각 과정의 표준 수업 연한 기간	1년	개설한 프로그램 운영 기간
자격	석사 졸업(예정)자	2학년 이상 재학생	학부 정규과정 재학생
	한국 국적자, 일본 국적자 (복수 국적자 지원 불가)		

question type

2 다음의 《조건》에 따라 《출력형태》와 같이 문서를 작성하시오. (110점)

▶ 소스파일 : Part 01\Chapter 06\문제02.hwp   ▶ 완성파일 : Part 01\Chapter 06\문제02_완성.hwp

《조건》
(1) 그리기 도구를 이용하여 작성하고, 모든 도형(글맵시, 지정된 그림 포함)을 《출력형태》와 같이 작성하시오.
(2) 도형의 면색은 지시사항이 없으면 색 없음을 제외하고 서로 다르게 임의로 지정하시오.

《출력형태》

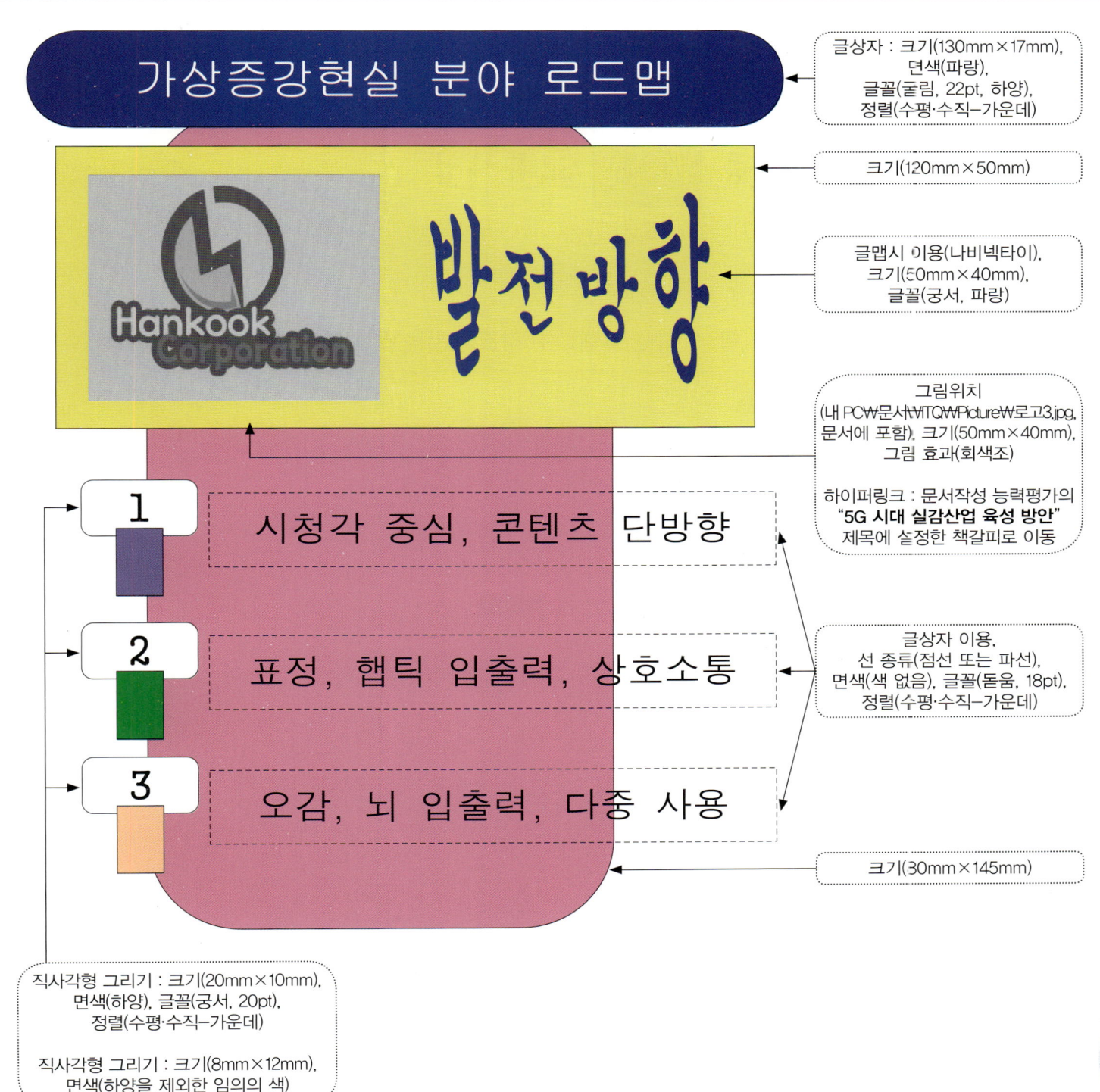

<조건> 글꼴 : 궁서, 18pt, 밑줄, 강조점

5 '유학생'을 블록으로 설정한 후 [서식] 탭을 클릭한 다음 [글자 모양(가)]을 클릭합니다.

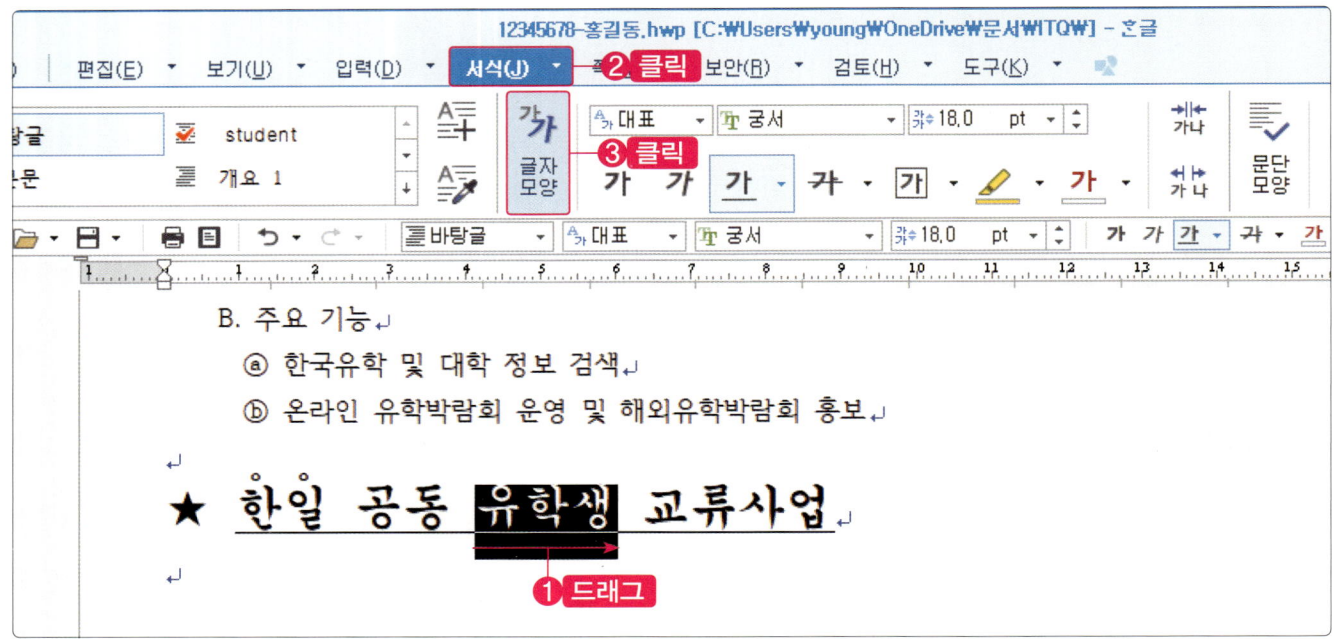

6 [글자 모양] 대화상자가 나타나면 [확장] 탭을 클릭한 후 강조점(:)을 선택한 다음 [설정] 단추를 클릭합니다.

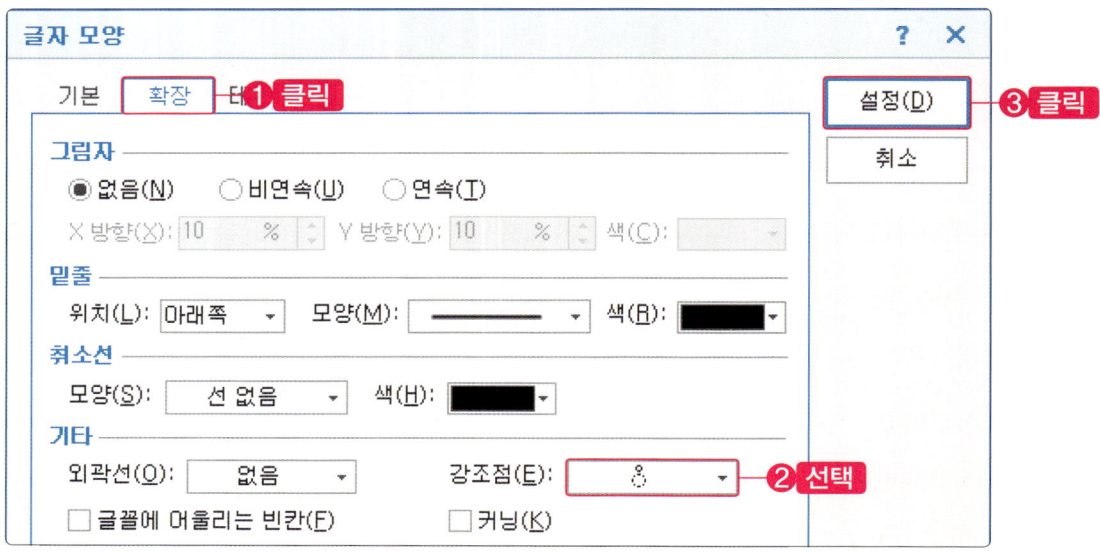

7 다음과 같이 강조점이 지정됩니다.

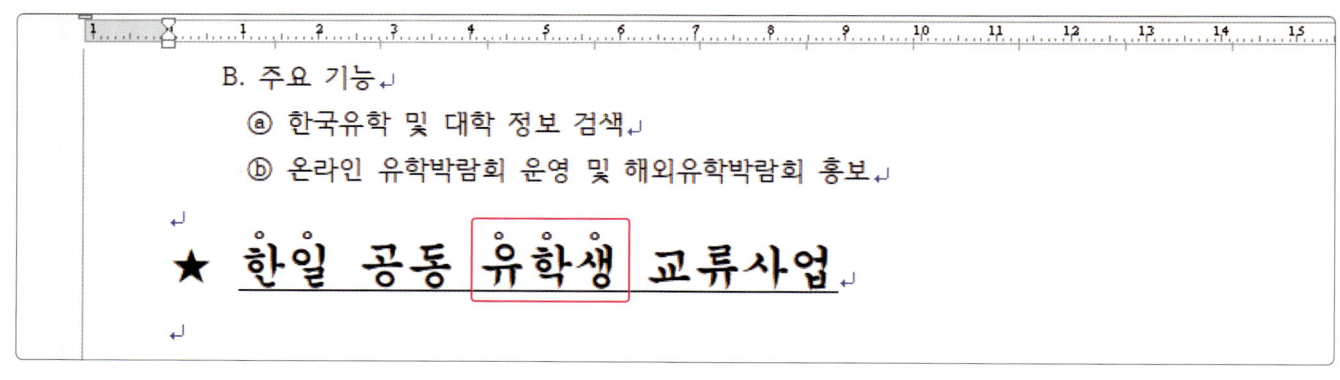

question type

3 다음의 《조건》에 따라 《출력형태》와 같이 문서를 작성하시오. (110점)

▶ 소스파일 : Part 01\Chapter 06\문제03.hwp   ▶ 완성파일 : Part 01\Chapter 06\문제03_완성.hwp

《조건》
(1) 그리기 도구를 이용하여 작성하고, 모든 도형(글맵시, 지정된 그림 포함)을 《출력형태》와 같이 작성하시오.
(2) 도형의 면색은 지시사항이 없으면 색 없음을 제외하고 서로 다르게 임의로 지정하시오.

《출력형태》

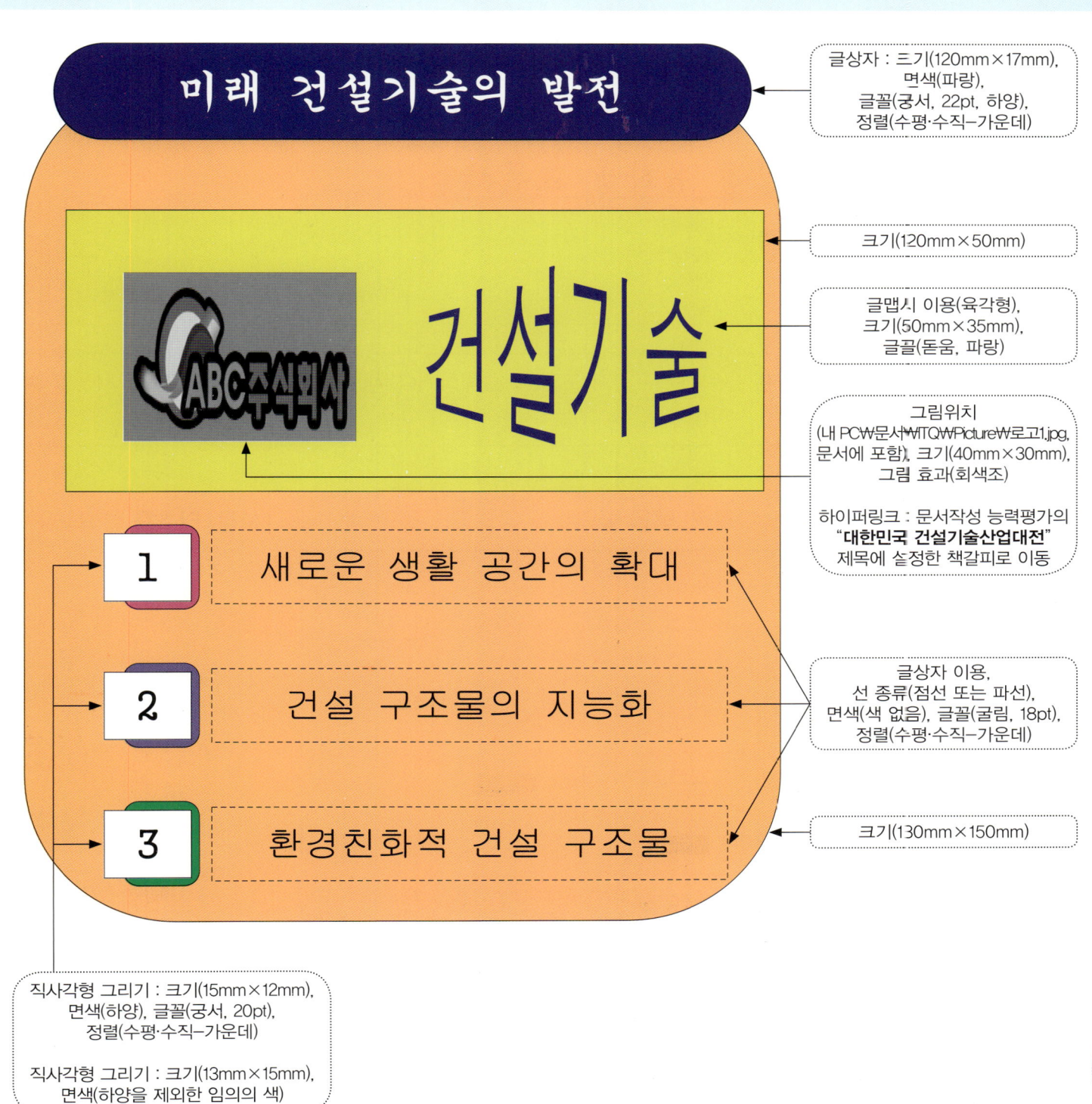

<조건>　　글꼴 : 궁서, 18pt, 밑줄, 강조점

3 '한일'을 블록으로 설정한 후 [서식] 탭을 클릭한 다음 [글자 모양(가)]을 클릭합니다.

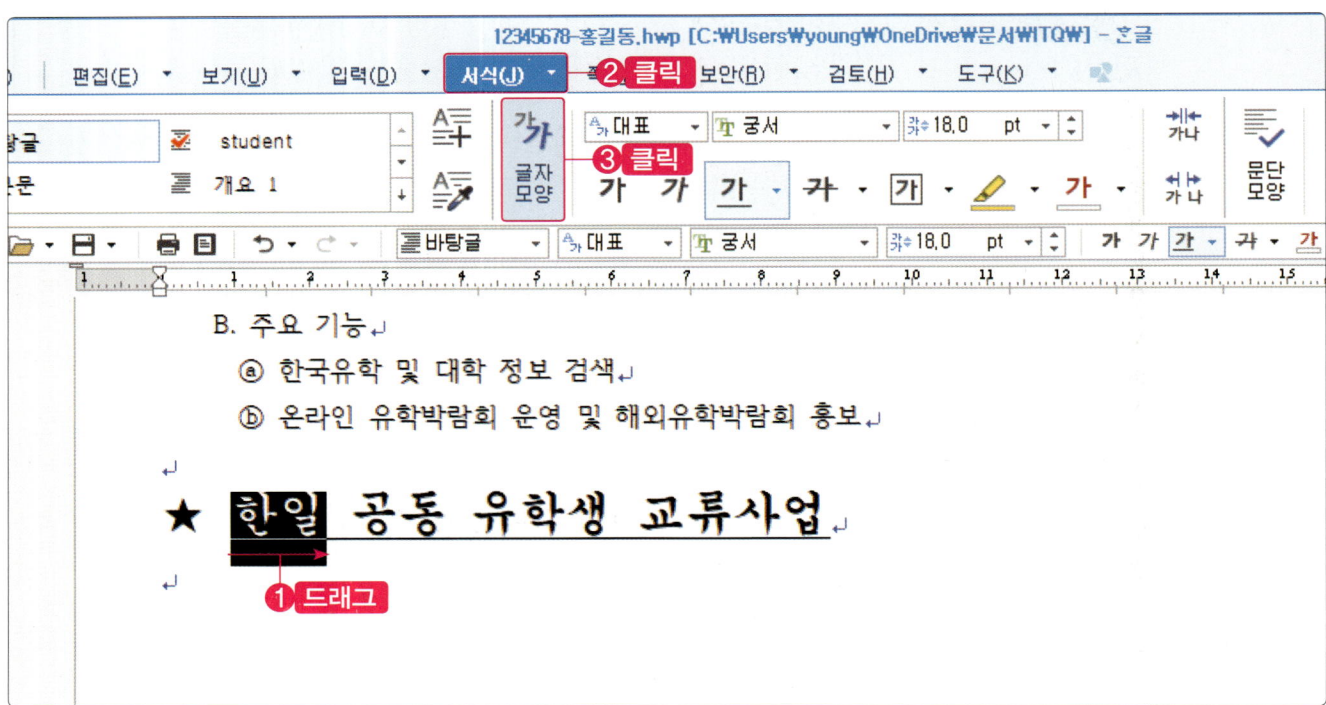

> [서식] 탭의 [목록(▼)] 단추를 클릭한 후 [글자 모양]을 클릭하거나 Alt+L을 눌러 글자 모양을 지정할 수도 있습니다.

4 [글자 모양] 대화상자가 나타나면 [확장] 탭을 클릭한 후 강조점(̇)을 선택한 다음 [설정] 단추를 클릭합니다.

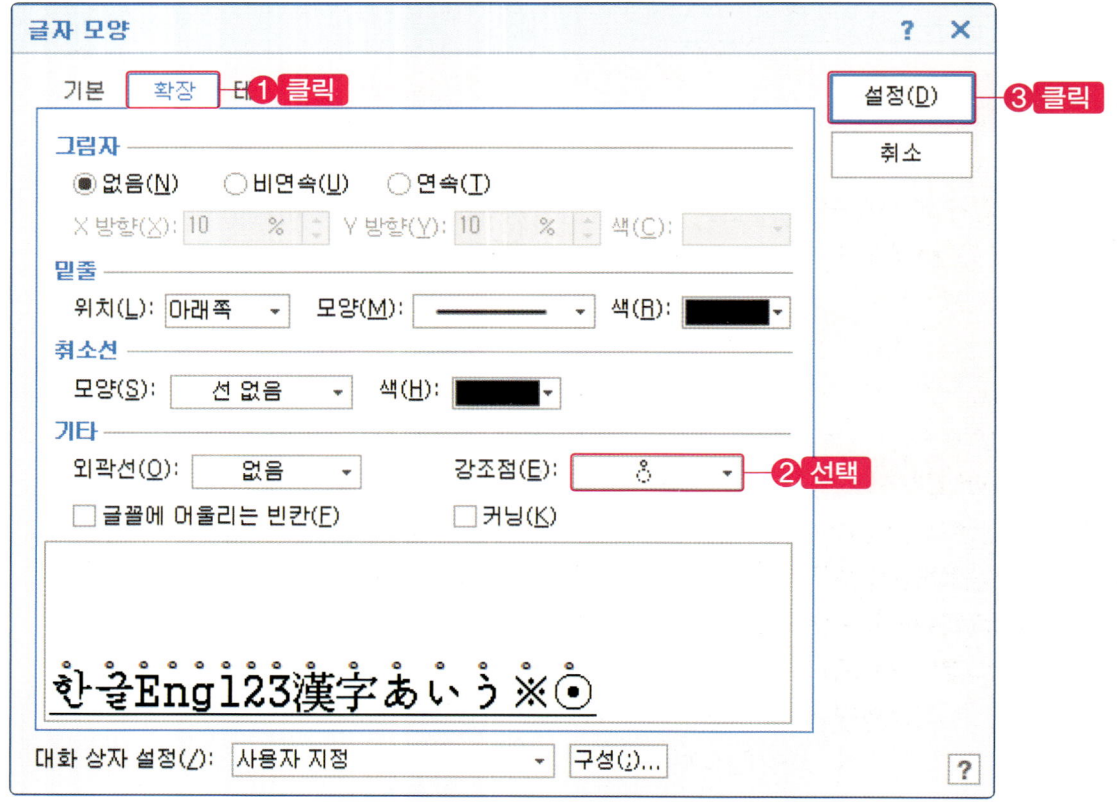

question type

4 다음의 《조건》에 따라 《출력형태》와 같이 문서를 작성하시오. (110점)

▶ 소스파일 : Part 01\Chapter 06\문제04.hwp   ▶ 완성파일 : Part 01\Chapter 06\문제04_완성.hwp

《조건》
(1) 그리기 도구를 이용하여 작성하고, 모든 도형(글맵시, 지정된 그림 포함)을 《출력형태》와 같이 작성하시오.
(2) 도형의 면색은 지시사항이 없으면 색 없음을 제외하고 서로 다르게 임의로 지정하시오.

《출력형태》

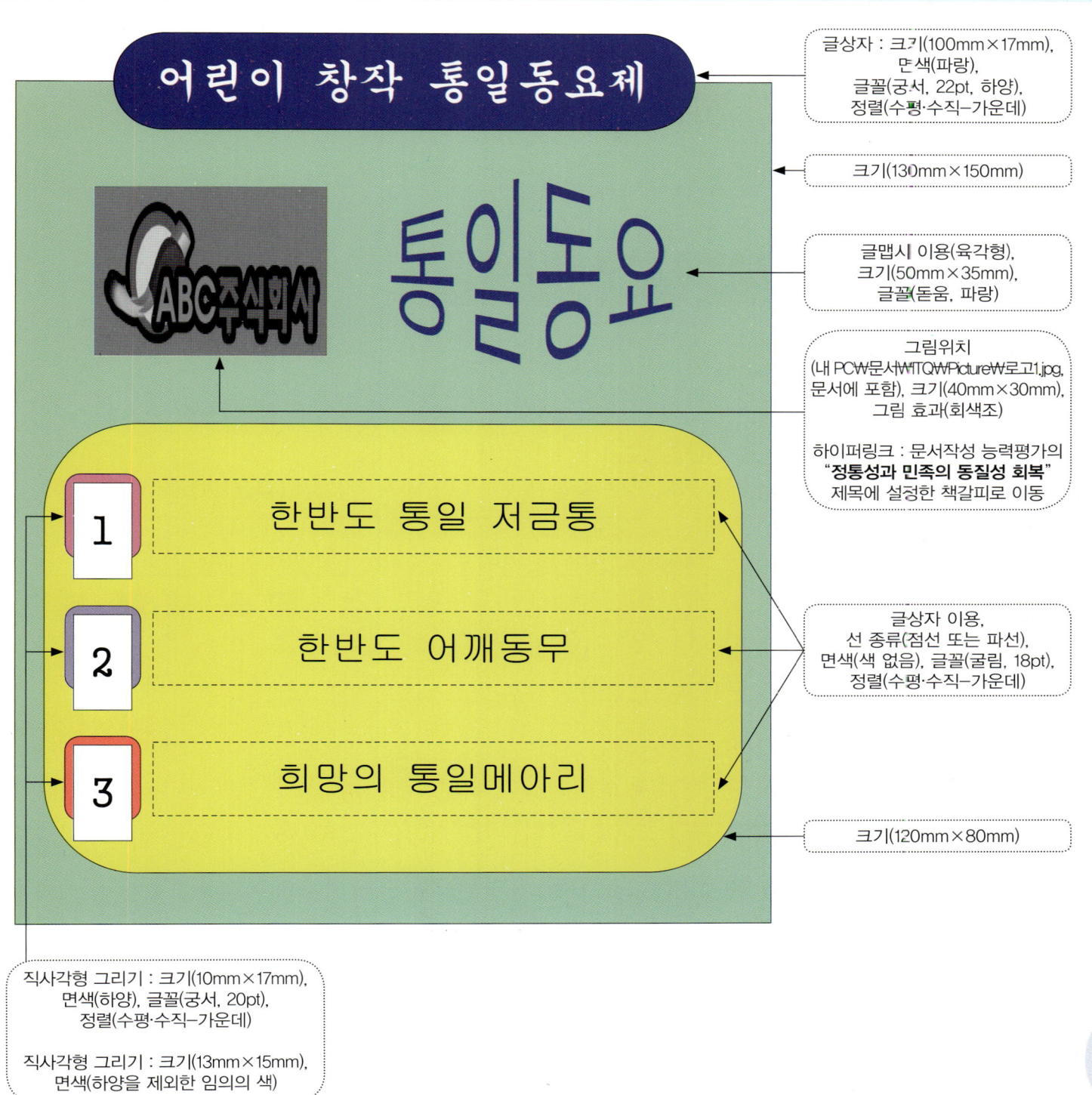

STEP 03 표 제목 작성하기

〈조건〉 글꼴 : 궁서, 18pt, 밑줄, 강조점

1 **표 제목을 입력**한 후 **블록으로 설정**한 다음 〔서식〕 도구 상자에서 **글꼴(궁서)과 글자 크기(18)를 선택**합니다.

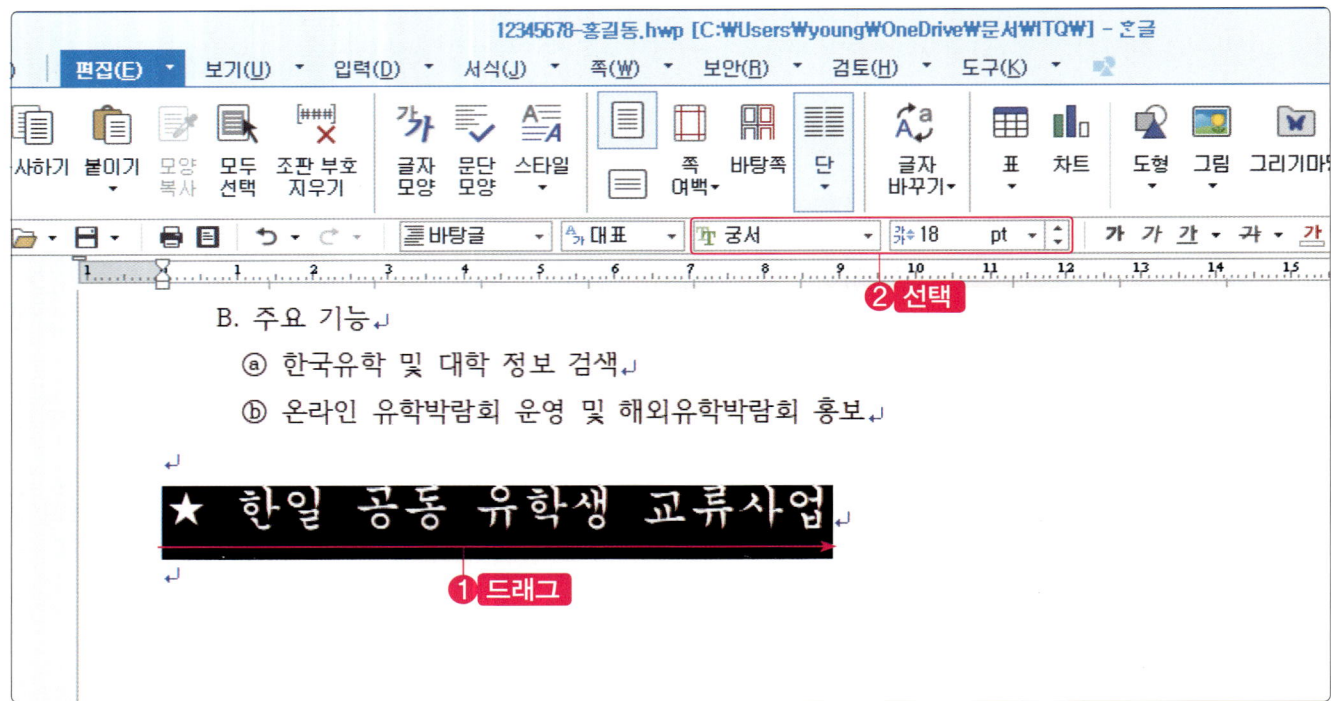

2 '한일 공동 유학생 교류사업'을 블록으로 **설정**한 후 〔서식〕 도구 상자에서 [**밑줄(가)**]을 **선택**합니다.

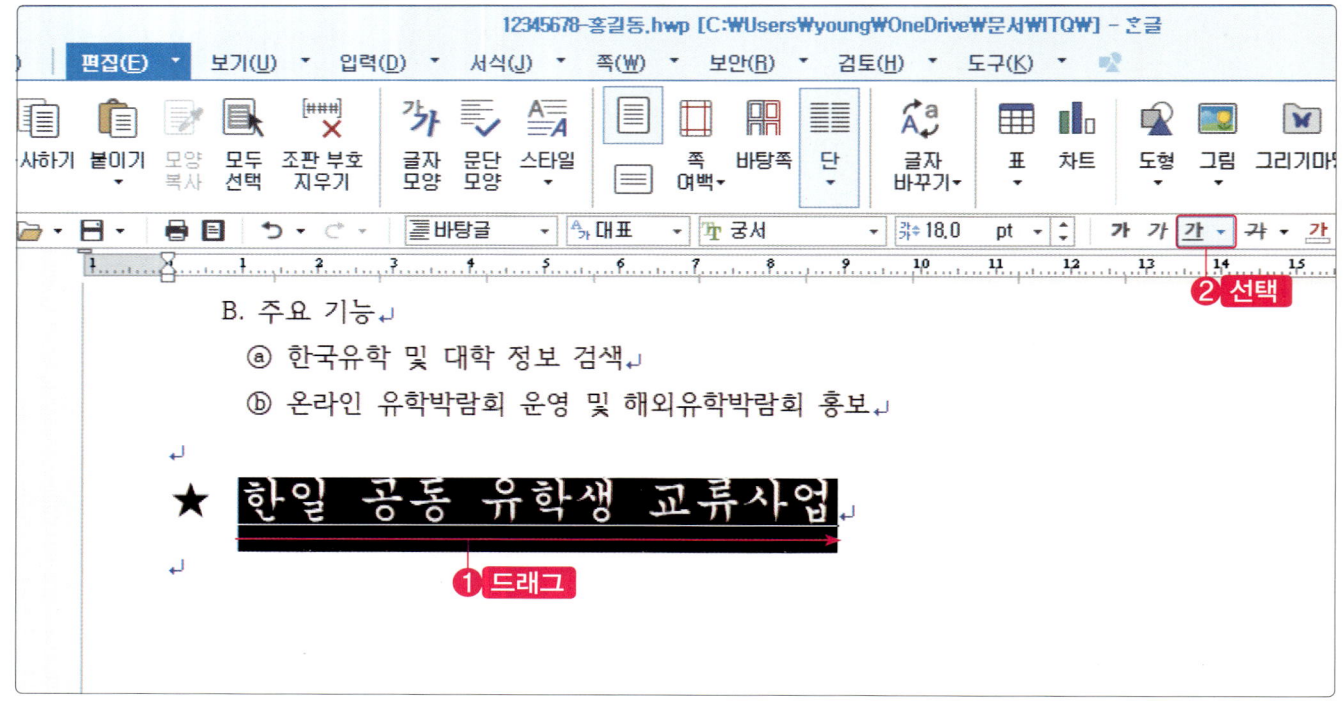

5 다음의 《조건》에 따라 《출력형태》와 같이 문서를 작성하시오. (110점)

▶ 소스파일 : Part 01\Chapter 06\문제05.hwp   ▶ 완성파일 : Part 01\Chapter 06\문제05_완성.hwp

《조건》
(1) 그리기 도구를 이용하여 작성하고, 모든 도형(글맵시, 지정된 그림 포함)을 《출력형태》와 같이 작성하시오.
(2) 도형의 면색은 지시사항이 없으면 색 없음을 제외하고 서로 다르게 임의로 지정하시오.

《출력형태》

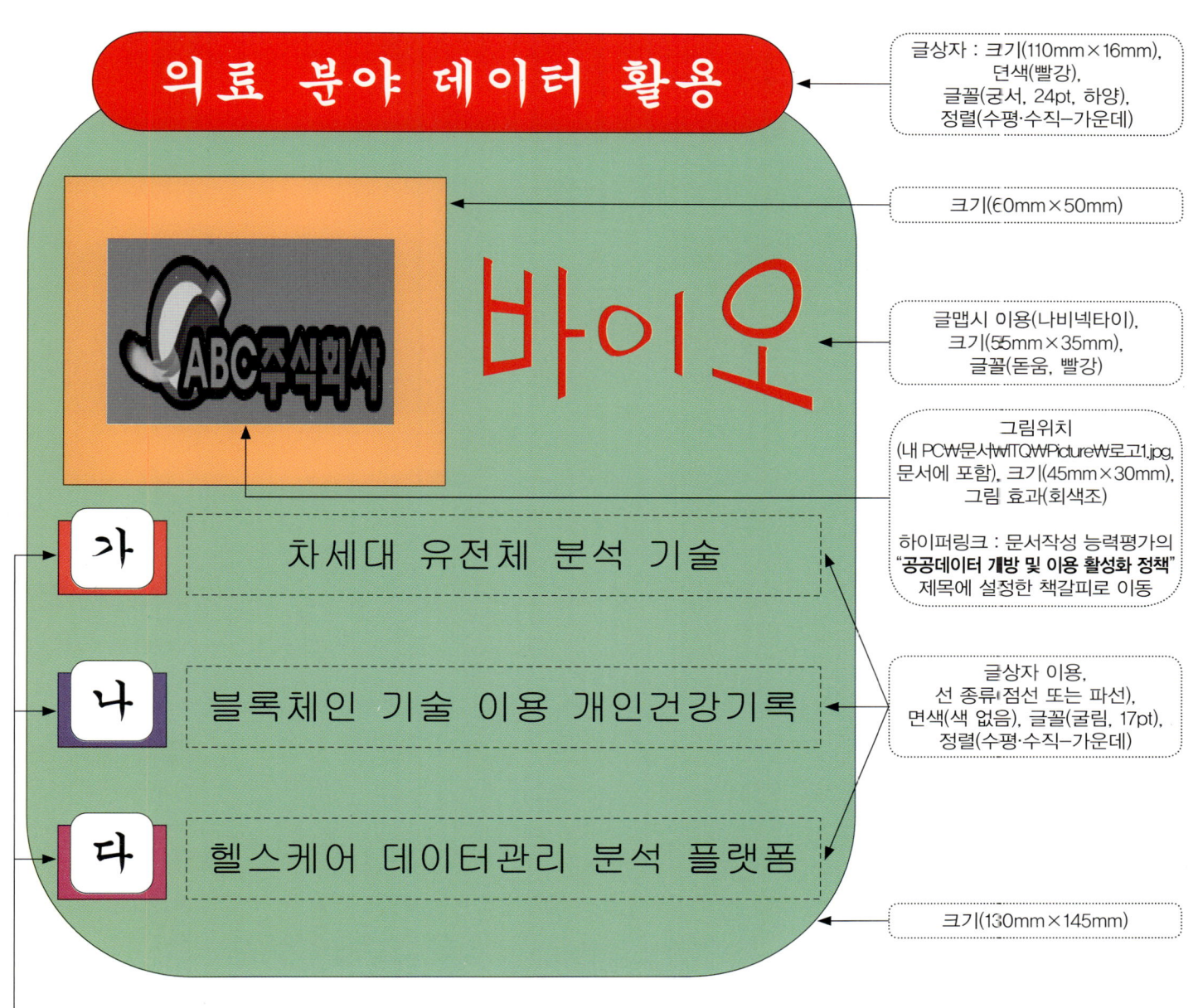

〈조건〉 • 문단 번호 기능 사용
1수준 : 20pt, 오른쪽정렬, 2수준 : 30pt, 오른쪽정렬, 줄 간격 : 180%

5 문단 번호를 지정하기 위해 '**목적 : 유학관련 ~ 고등교육기관 등**'를 블록으로 **설정**한 후 [서식] 탭의 [목록(▼)]을 **클릭**한 다음 [한 수준 감소]를 **클릭**합니다.

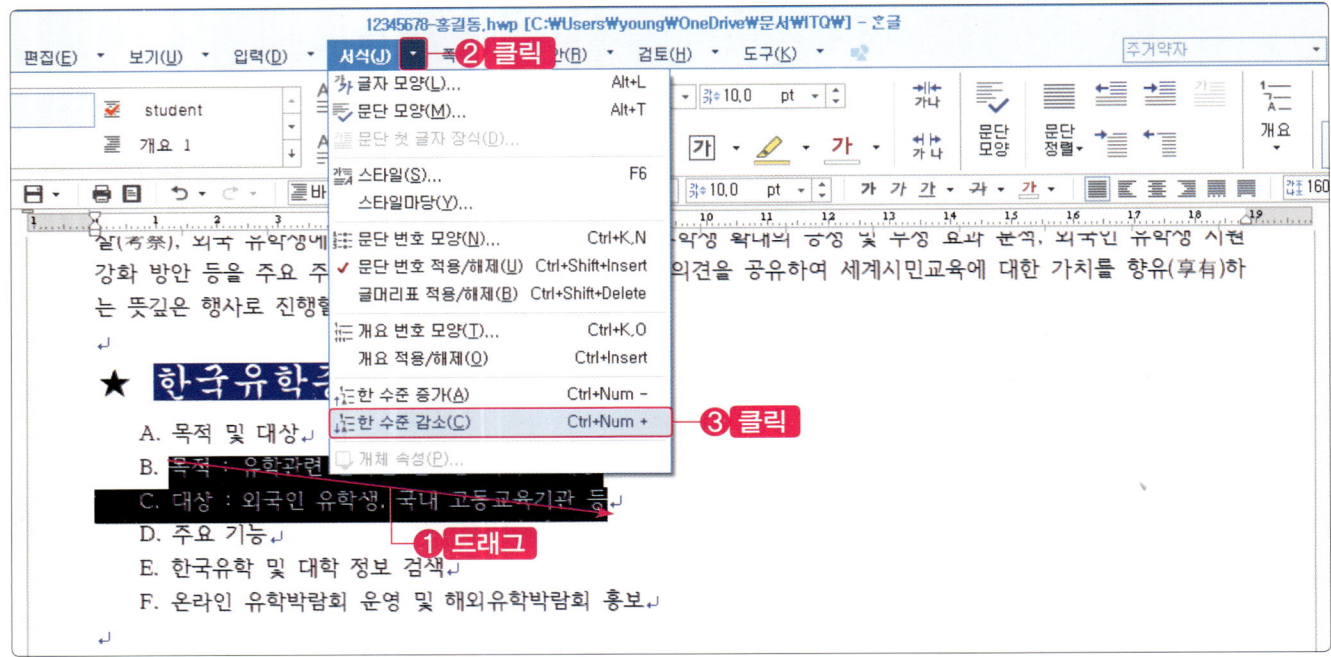

문단을 블록으로 설정한 후 [서식] 탭에서 [한 수준 감소(≡)]를 클릭하거나 Ctrl + + 를 눌러 [한 수준 감소]를 할 수도 있습니다.

6 같은 방법으로 '**한국유학 및 ~ 해외유학박람회 홍보**'를 블록으로 **설정**한 후 [서식] 탭의 [목록(▼)]을 **클릭**한 다음 [한 수준 감소]를 **클릭**합니다.

7 줄 간격을 지정하기 위해 '**목적 및 대상 ~ 해외유학박람회 홍보**'를 블록으로 **설정**한 후 [서식] 도구 상자에서 **줄 간격(180)**을 **선택**합니다.

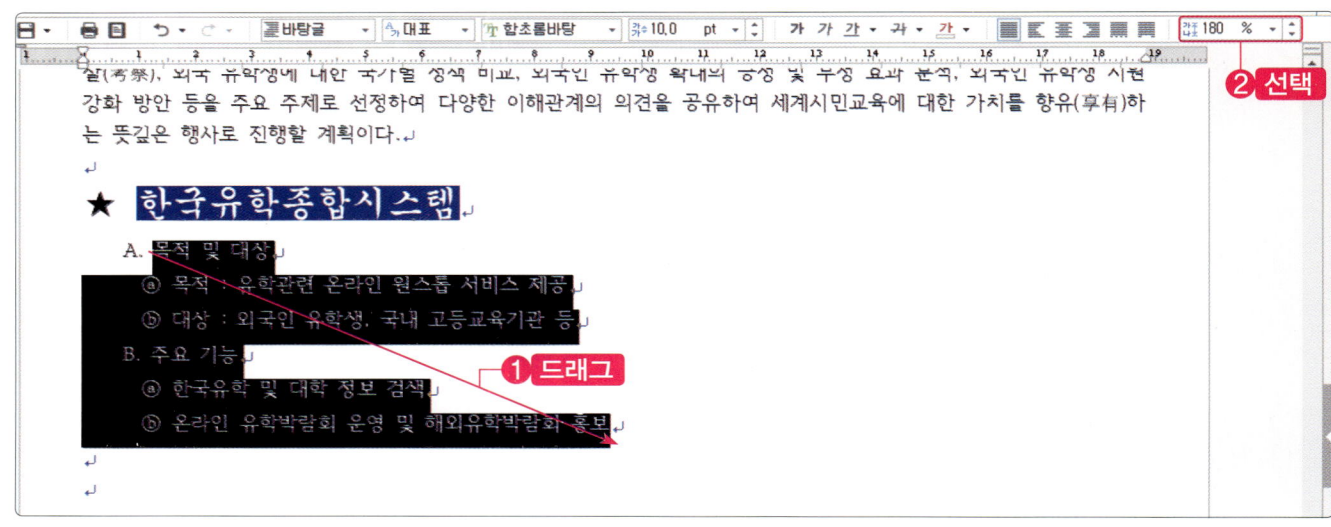

6 다음의 《조건》에 따라 《출력형태》와 같이 문서를 작성하시오. (110점)

▶ 소스파일 : Part 01\Chapter 06\문제06.hwp   ▶ 완성파일 : Part 01\Chapter 06\문제06_완성.hwp

《조건》
(1) 그리기 도구를 이용하여 작성하고, 모든 도형(글맵시, 지정된 그림 포함)을 《출력형태》와 같이 작성하시오.
(2) 도형의 면색은 지시사항이 없으면 색 없음을 제외하고 서로 다르게 임의로 지정하시오.

《출력형태》

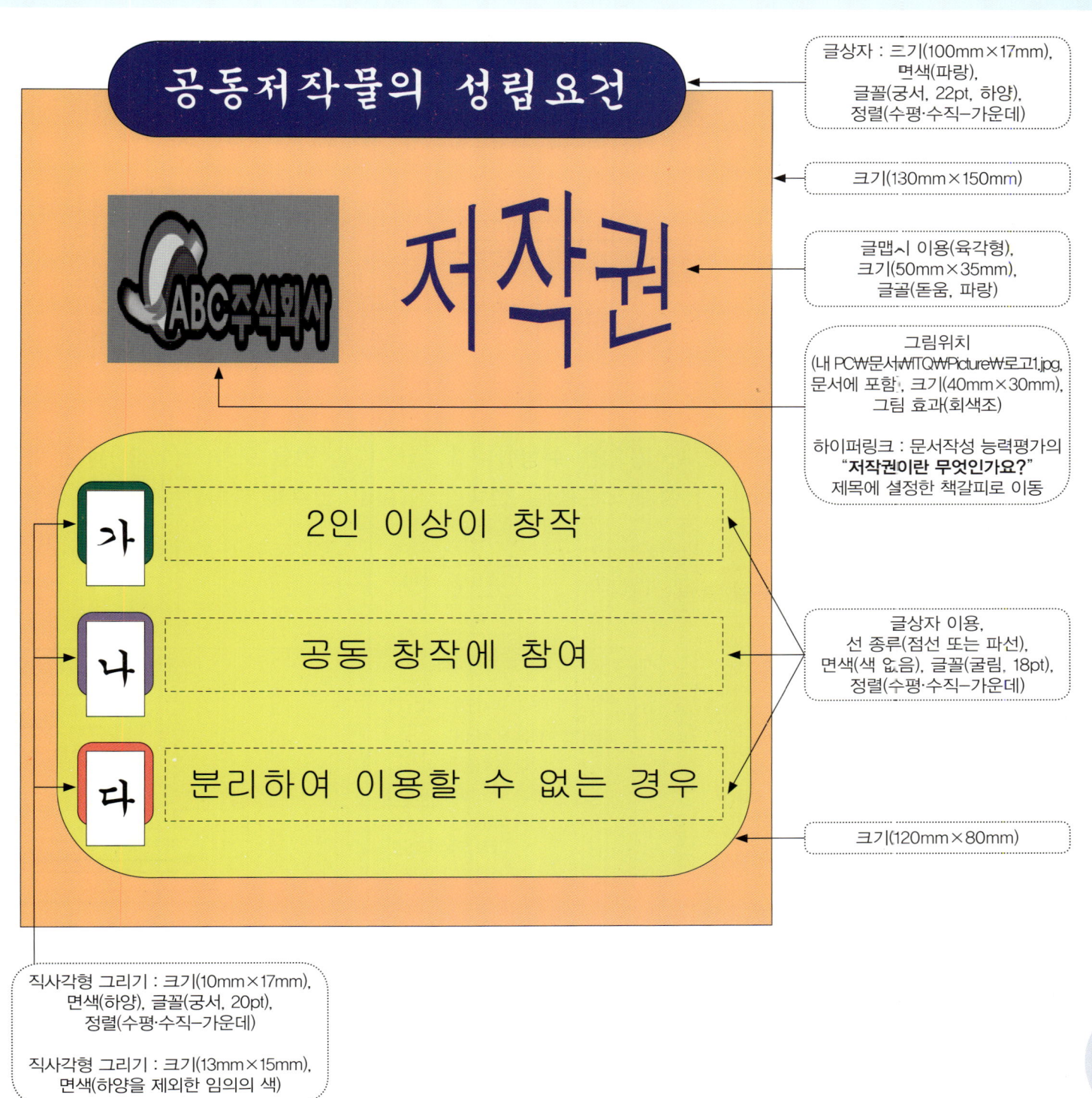

<조건>
- 문단 번호 기능 사용
  1수준 : 20pt, 오른쪽정렬, 2수준 : 30pt, 오른쪽정렬, 줄 간격 : 180%

3 〔문단 번호 사용자 정의 모양〕 대화상자가 나타나면 **번호 모양(A,B,C)을 선택**한 후 **너비 조정(20)을 입력**한 다음 **정렬(오른쪽)을 선택**합니다.

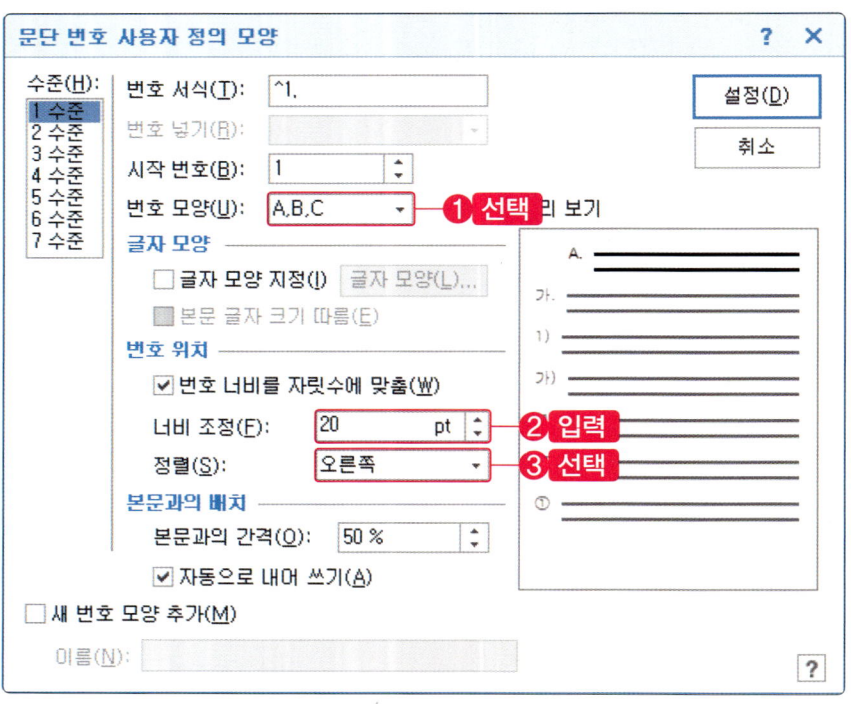

4 **수준(2 수준)을 클릭**한 후 **번호 서식(^2)을 수정**합니다. 그런다음 **번호 모양(ⓐ,ⓑ,ⓒ)을 선택**한 후 **너비 조정(30)을 입력**한 다음 **정렬(오른쪽)을 선택**하고 〔설정〕 단추를 클릭합니다.

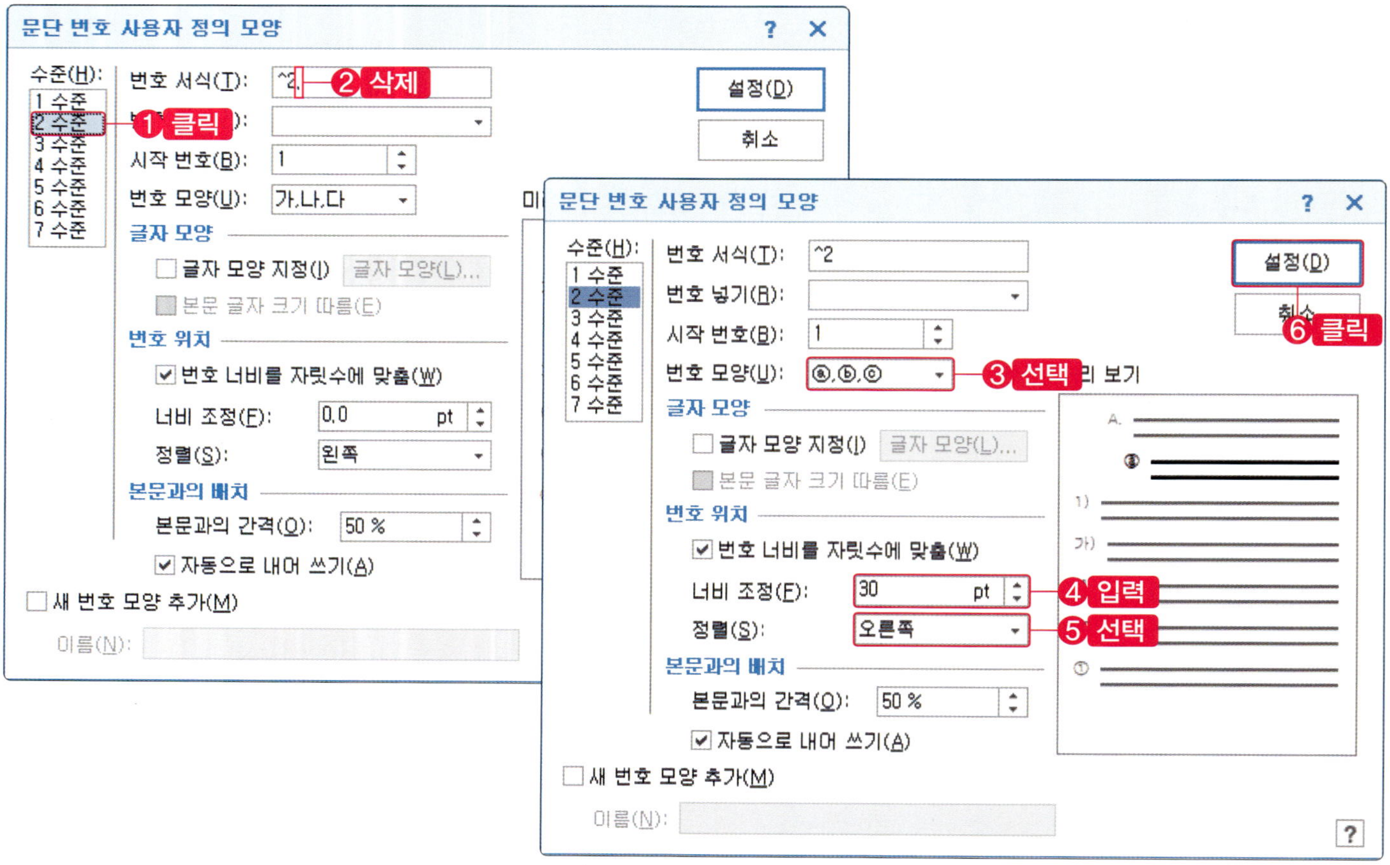

7 다음의 《조건》에 따라 《출력형태》와 같이 문서를 작성하시오. (110점)

▶ 소스파일 : Part 01\Chapter 06\문제07.hwp　　▶ 완성파일 : Part 01\Chapter 06\문제07_완성.hwp

《조건》
(1) 그리기 도구를 이용하여 작성하고, 모든 도형(글맵시, 지정된 그림 포함)을 《출력형태》와 같이 작성하시오.
(2) 도형의 면색은 지시사항이 없으면 색 없음을 제외하고 서로 다르게 임의로 지정하시오.

《출력형태》

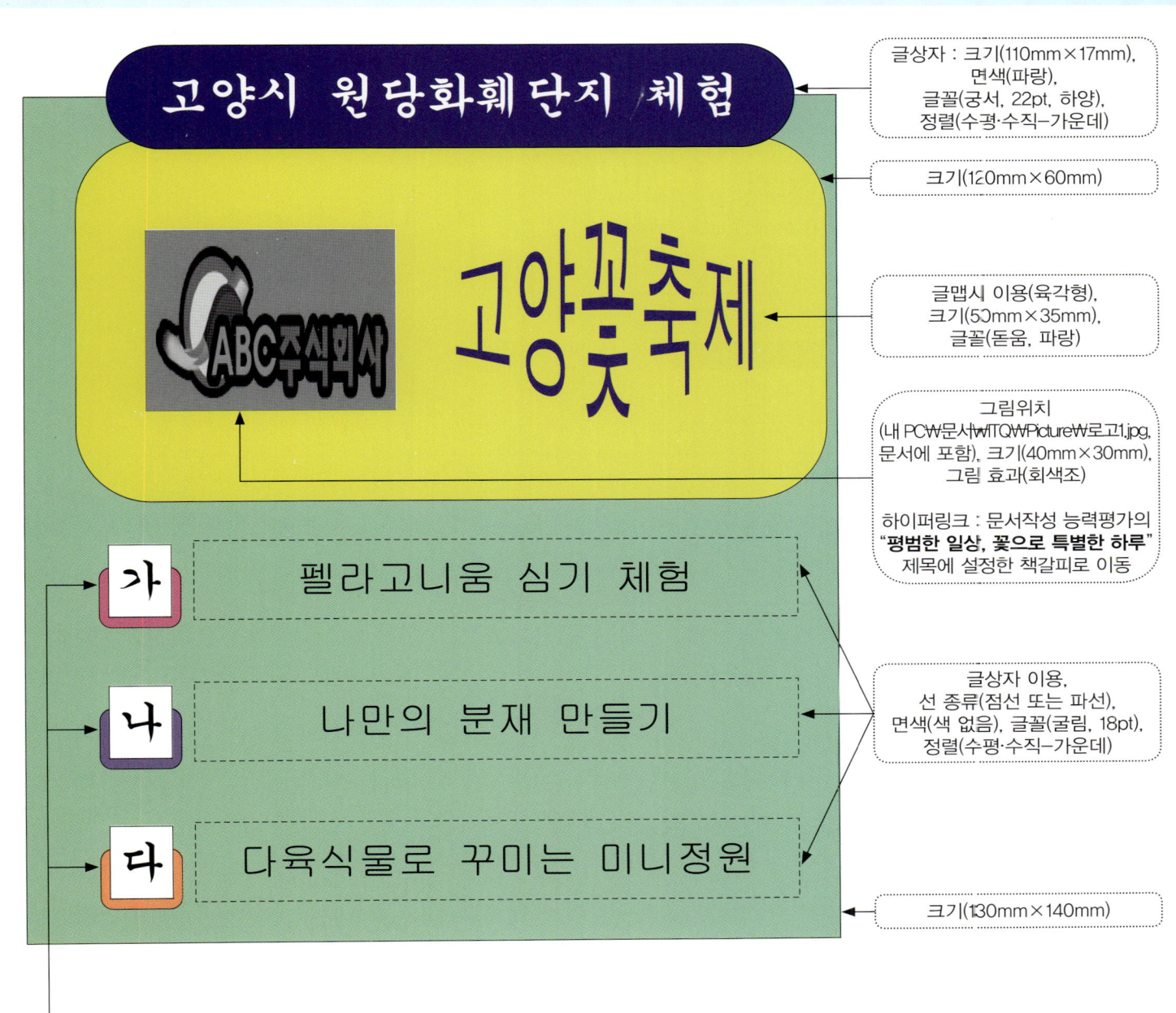

STEP 02 문단 번호 모양 지정하기

〈조건〉
- 문단 번호 기능 사용
  1수준 : 20pt, 오른쪽정렬, 2수준 : 30pt, 오른쪽정렬, 줄 간격 : 180%

1 문단 번호를 지정하기 위해 '**목적 및 대상 ~ 해외유학박람회 홍보**'를 **블록으로 설정**한 후 [서식] 탭의 [목록(▼)]을 클릭한 다음 [문단 번호 모양]을 클릭합니다.

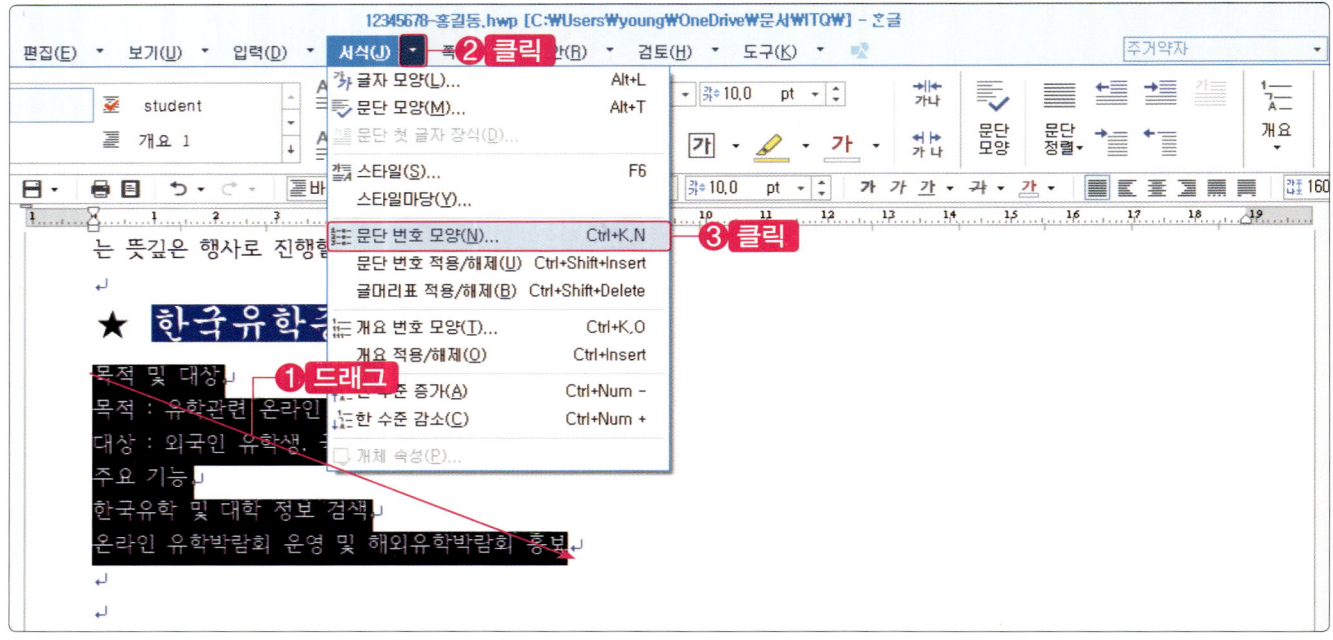

- 문단 번호는 문단 앞에 붙이는 번호를 말합니다.
- '목적 및 대상 ~ 해외유학박람회 홍보'를 블록으로 설정한 후 바로 가기 메뉴에서 [문단 번호 모양]을 클릭하거나 Ctrl+K, N을 눌러 문단 번호를 지정할 수도 있습니다.
- 문단을 블록으로 설정한 후 [서식] 탭의 [목록(▼)] 단추를 클릭한 다음 [문단 번호 적용/해제]를 선택하거나 [서식] 탭에서 [문단 번호]를 선택하면 기본 문단 번호 모양(1. 가. 1) 가) (1) (가) ①)이 지정됩니다.

2 [문단 번호/글머리표] 대화상자가 나타나면 [문단 번호] 탭에서 **문단 번호 모양 ((1. 가. 1) 가)(☰))을 선택**한 후 [사용자 정의] 단추를 클릭합니다.

'없음'을 선택하면 문단 번호를 제거할 수 있습니다.

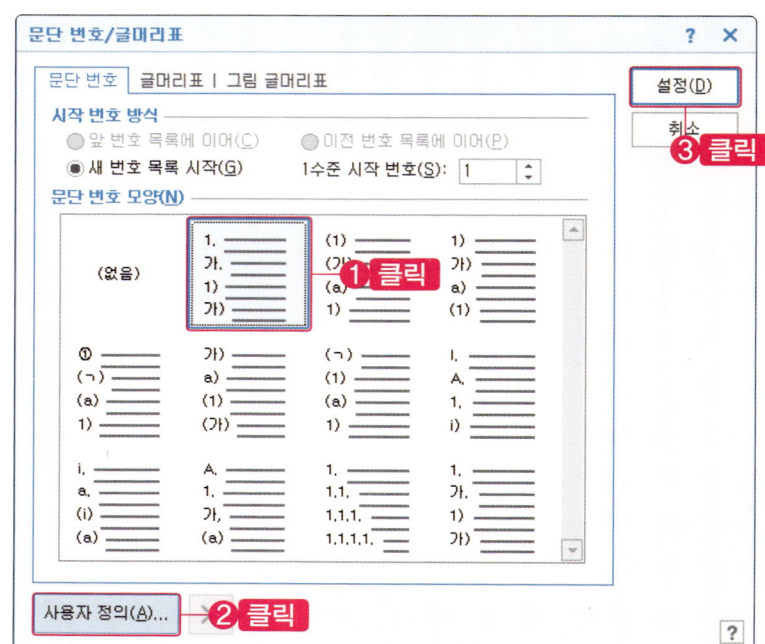

8 다음의 《조건》에 따라 《출력형태》와 같이 문서를 작성하시오. (110점)

▶ 소스파일 : Part 01\Chapter 06\문제08.hwp   ▶ 완성파일 : Part 01\Chapter 06\문제08_완성.hwp

《조건》
(1) 그리기 도구를 이용하여 작성하고, 모든 도형(글맵시, 지정된 그림 포함)을 《출력형태》와 같이 작성하시오.
(2) 도형의 면색은 지시사항이 없으면 색 없음을 제외하고 서로 다르게 임의로 지정하시오.

《출력형태》

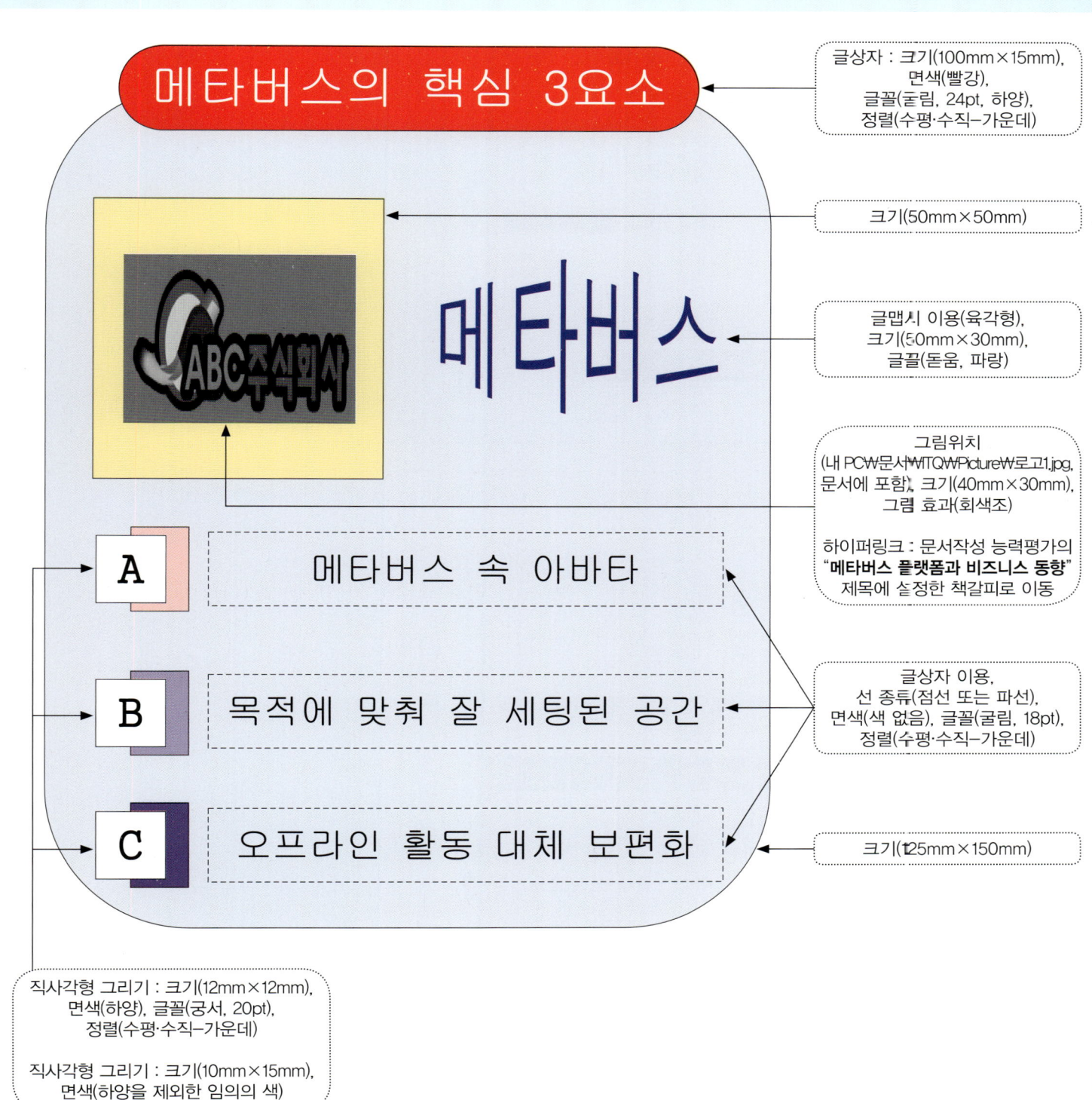

| 〈조건〉 | 글꼴 : 궁서, 18pt, 하양, 음영색 : 파랑 |

6 〔글자 모양〕대화상자가 나타나면 〔기본〕탭에서 **글자 색(하양(RGB: 255,255,255))과 음영 색 (파랑(RGB: 0,0,255))을 선택**한 후 〔설정〕**단추를 클릭**합니다.

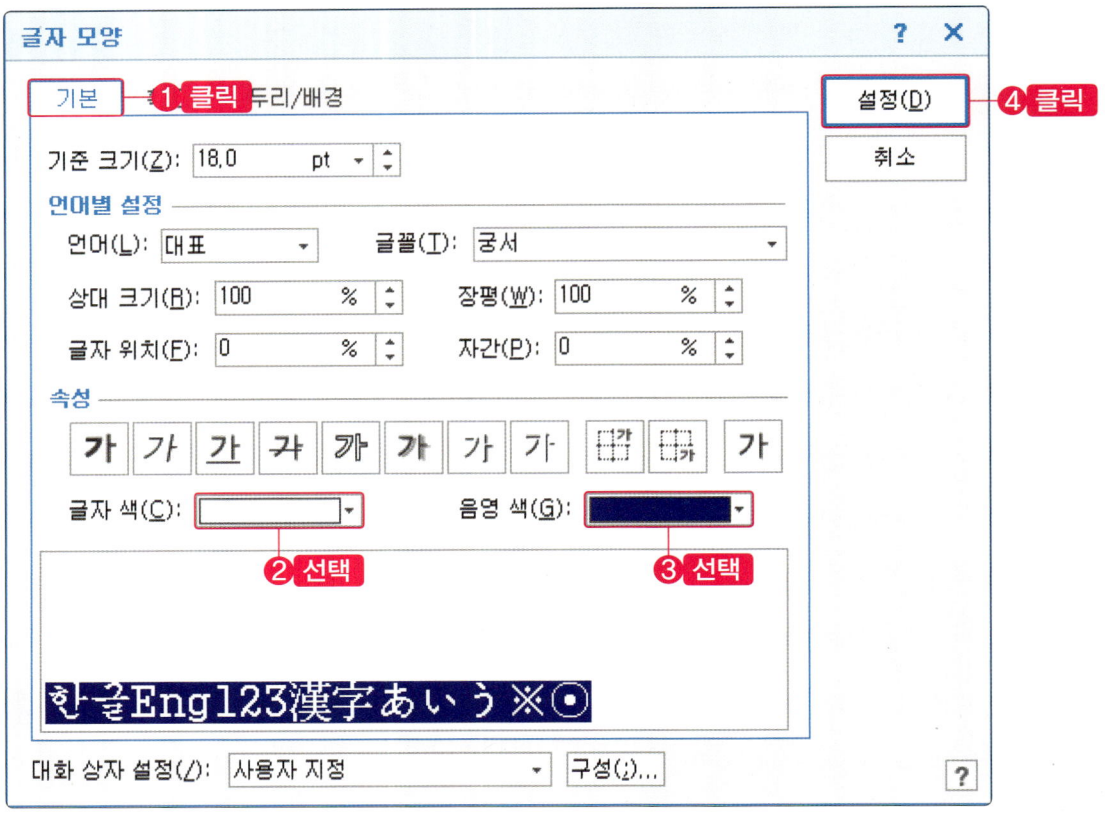

하양 색은 '기본' 색상 테마에 있고 파랑은 '오피스' 색상 테마에 있습니다.

7 다음과 같이 소제목이 작성됩니다.

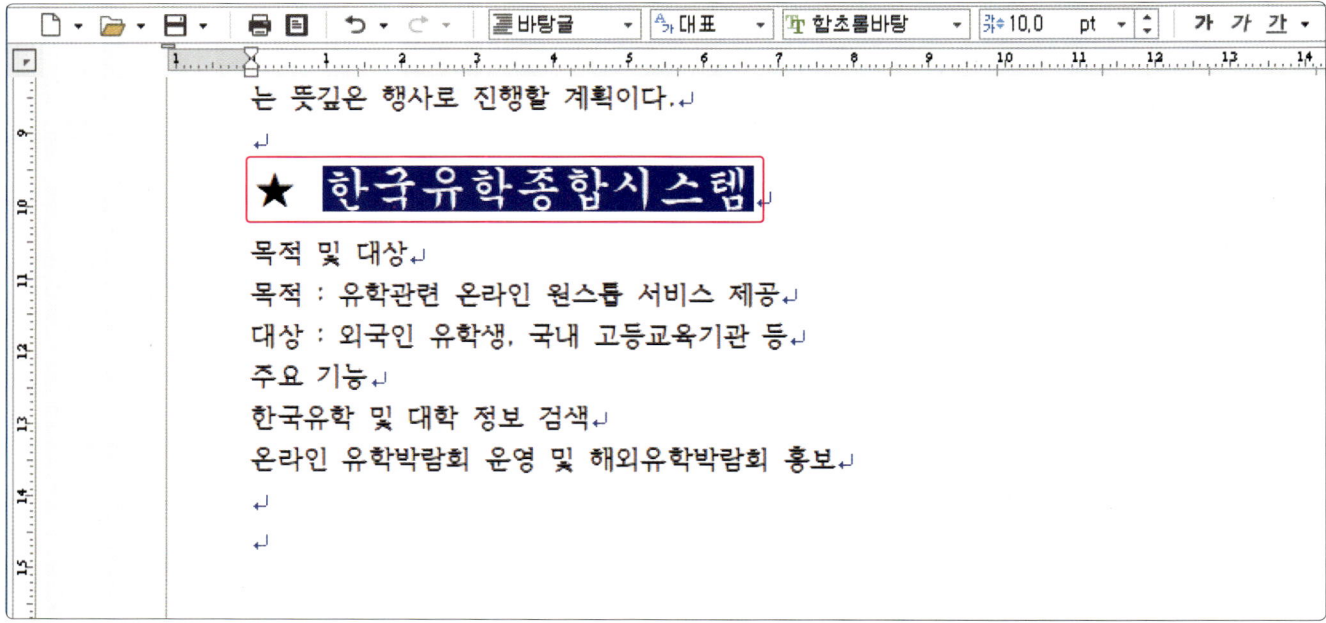

Chapter 07
문서작성 능력평가 - Ⅰ

◆ 내용 입력하고 제목 작성하기   ◆ 머리말 삽입하기
◆ 문단 첫 글자 장식하기   ◆ 각주 삽입하기
◆ 그림 삽입하기

▶ 소스파일 : Part 01\Chapter 07\Ch07.hwp   ▶ 완성파일 : Part 01\Chapter 07\Ch07_완성.hwp

글꼴 : 돋움, 18pt, 진하게, 가운데 정렬
책갈피 이름 : 유학
덧말 넣기

머리말 기능
돋움, 10pt, 오른쪽 정렬 → 해외 교류 확대

2025 외국인 유학생 지원 워크숍
(지원과 성장)

문단 첫 글자 장식 기능
글꼴 : 굴림, 면색 : 노랑

각주

그림위치(내 PC\문서\ITQ\Picture\그림4.jpg, 문서에 포함)
자르기 기능 이용, 크기(40mm×35mm), 바깥 여백 왼쪽 : 2mm

국립국제교육원은 저출산 고령화사회ⓐ, 학령인구 감소에 대응하고 국내 대학생들의 글로벌 역량을 강화하기 위하여 외국인 유학생 지원 강화 워크숍을 개최하기로 하였다. 특히, 국내에 체류하는 외국인 유학생이 14만 명 수준으로 급증함과 동시에 불법 체류 유학생도 1만 명이 초과됨에 따라 체계적인 지원 강화 부문과 더불어 취업 목적, 불법 체류 등 부작용에 대한 정책적 검토를 함께 진행하기로 했다. 그동안 외국인 유학생은 지속적으로 증가하였지만, 외국인 유학생의 한국어 능력 부족으로 대학 수업이 파행 운영되고 있으며 불법 체류와 불법 취업 등 부정적 효과도 심각하게 나타나고 있다.

특히 교육부는 국립국제교육원과 공동 주최를 통해 외국인 유학생이 불법적인 방법으로 체류하지 않고 본래의 목적인 학업에 전념할 수 있도록 적극적인 지원 방안을 함께 모색하기로 하였다. 이번 워크숍은 외국인 유학생의 현황 고찰(考察), 외국 유학생에 대한 국가별 정책 비교, 외국인 유학생 확대의 긍정 및 부정 효과 분석, 외국인 유학생 지원 강화 방안 등을 주요 주제로 선정하여 다양한 이해관계의 의견을 공유하여 세계시민교육에 대한 가치를 향유(享有)하는 뜻깊은 행사로 진행할 계획이다.

각주 구분선 : 5cm

ⓐ 총인구 중에 65세 이상의 인구가 차지하는 비율이 7% 이상인 사회를 말함

<조건>　글꼴 : 궁서, 18pt, 하양, 음영색 : 파랑

4 **소제목을 블록으로 설정**한 후 〔서식〕 도구 상자에서 **글꼴(궁서)과 글자 크기(18)를 선택**합니다.

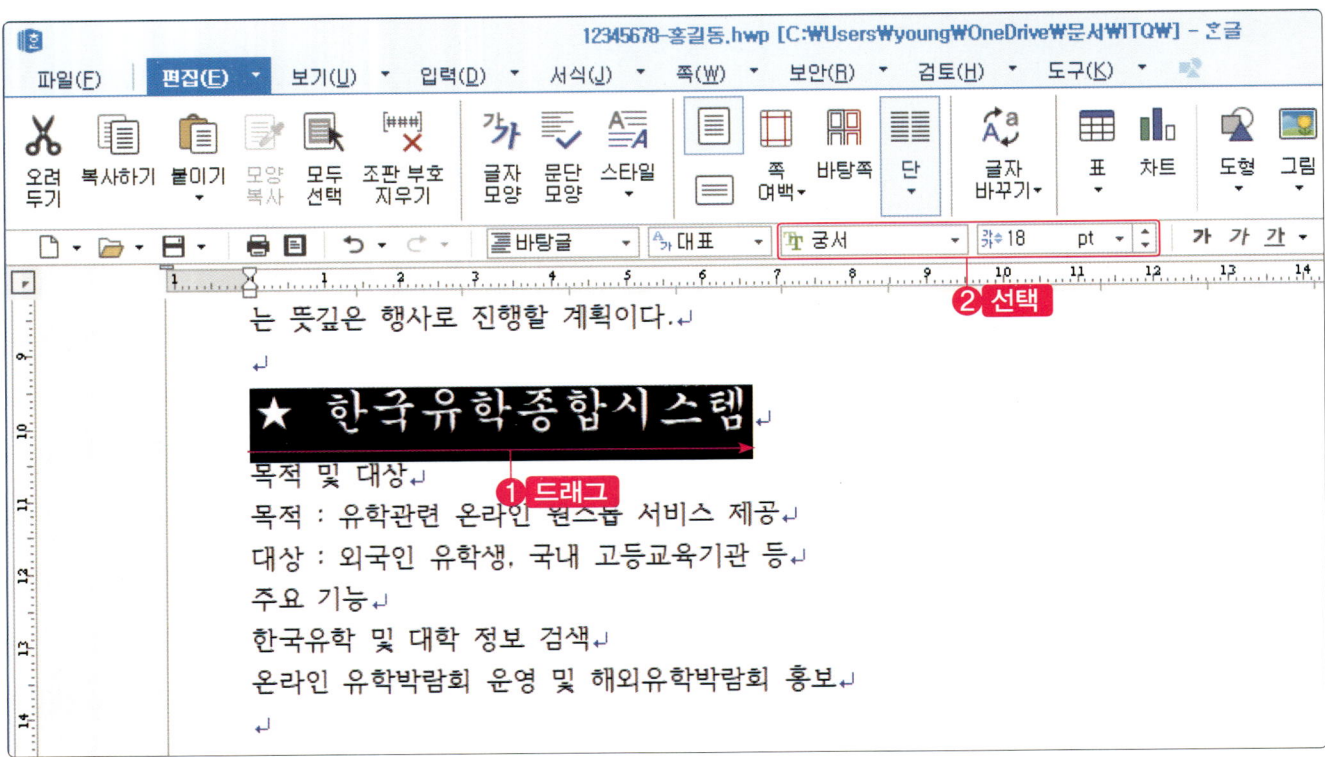

5 '한국유학종합시스템'을 **블록으로 설정**한 후 〔서식〕 탭을 **클릭**한 다음 〔글자 모양(가)〕을 **클릭**합니다.

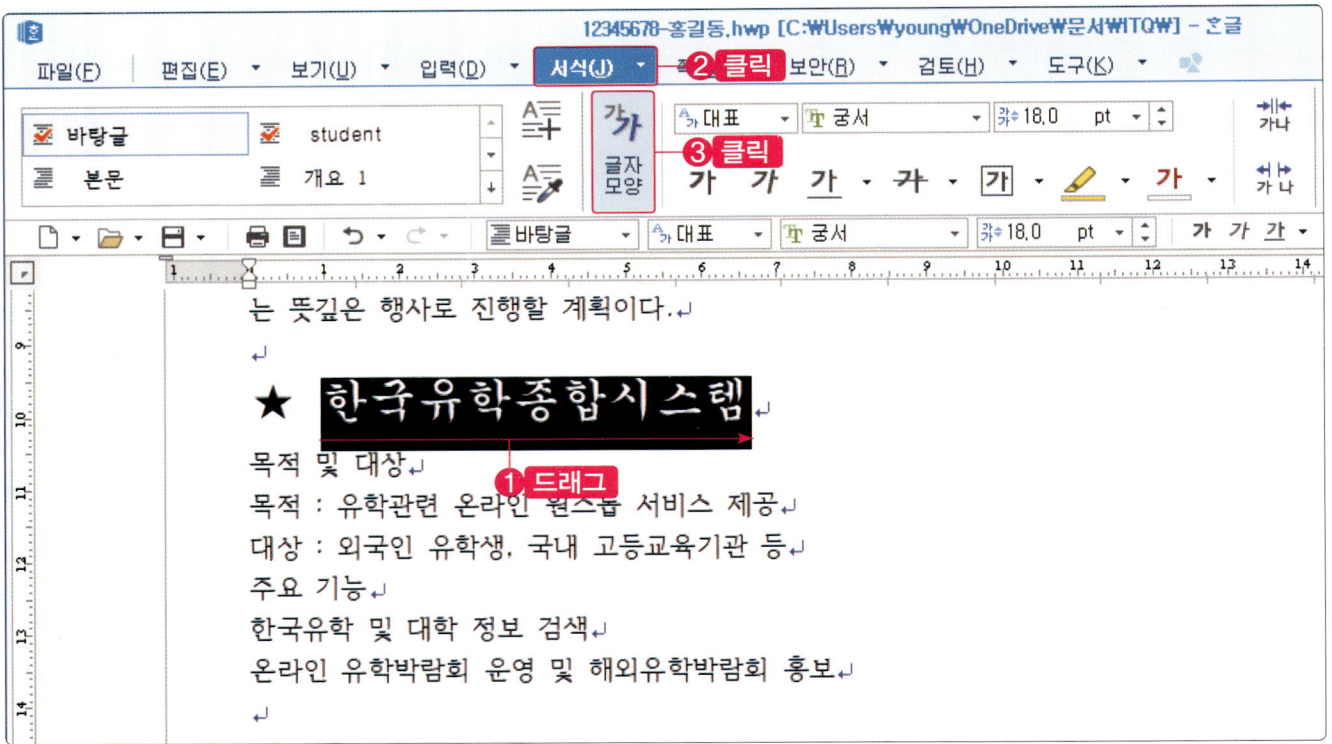

〔서식〕 탭의 〔목록(▼)〕 단추를 클릭한 후 〔글자 모양(가)〕을 클릭하거나 Alt+L을 눌러 글자 모양을 지정할 수도 있습니다.

〔문서작성 능력평가 Ⅰ〕

■ 내용 입력하고 제목 작성하기
  • 내용은 오타없이 정확히 입력할 수 있도록 연습합니다.
  • 제목에 〔글자 모양〕을 지정한 후 덧말을 작성합니다.
■ 머리말, 문단 첫 글자 장식, 각주, 그림 삽입하기
  • 머리말, 문단 첫 글자 장식, 각주, 그림을 삽입합니다.
  • 오른쪽 끝 부분의 글자가 《출력형태》와 다를 경우에는 '글자 누락, 오타, 띄어쓰기' 등을 다시 한 번 확인해야 합니다.

STEP 01 내용 입력하고 제목 작성하기

〈조건〉 글꼴 : 돋움, 18pt, 진하게, 가운데 정렬, 책갈피 이름 : 유학, 덧말 넣기

1 3페이지의 제목 뒤에 커서를 둔 후 **Enter**를 2번 눌러 줄을 바꾼 다음 **내용을 입력**합니다.

> 국립국제교육원은 저출산 고령화사회, 학령인구 감소에 대응하고 국내 대학생들의 글로벌 역량을 강화하기 위하여 외국인 유학생 지원 강화 워크숍을 개최하기로 하였다. 특히, 국내에 체류하는 외국인 유학생이 14만 명 수준으로 급증함과 동시에 불법 체류 유학생도 1만 명이 초과됨에 따라 체계적인 지원 강화 부문과 더불어 취업 목적, 불법 체류 등 부작용에 대한 정책적 검토를 함께 진행하기로 했다. 그동안 외국인 유학생은 지속적으로 증가하였지만, 외국인 유학생의 한국어 능력 부족으로 대학 수업이 파행 운영되고 있으며 불법 체류와 불법 취업 등 부정적 효과도 심각하게 나타나고 있다.
>   특히 교육부는 국립국제교육원과 공동 주최를 통해 외국인 유학생이 불법적인 방법으로 체류하지 않고 본래의 목적인 학업에 전념할 수 있도록 적극적인 지원 방안을 함께 모색하기로 하였다. 이번 워크숍은 외국인 유학생의 현황

> 제목은 이미 '기능평가 Ⅱ'의 개체에서 작업하여 입력되어 있습니다.

2 〔문자표 입력〕 대화상자가 나타나면 〔호글(HNC) 문자표〕 탭에서 **문자 영역(전각 기호(일반))을 선택**한 후 **문자(★)를 선택**한 다음 〔**넣기**〕 **단추를 클릭**합니다.

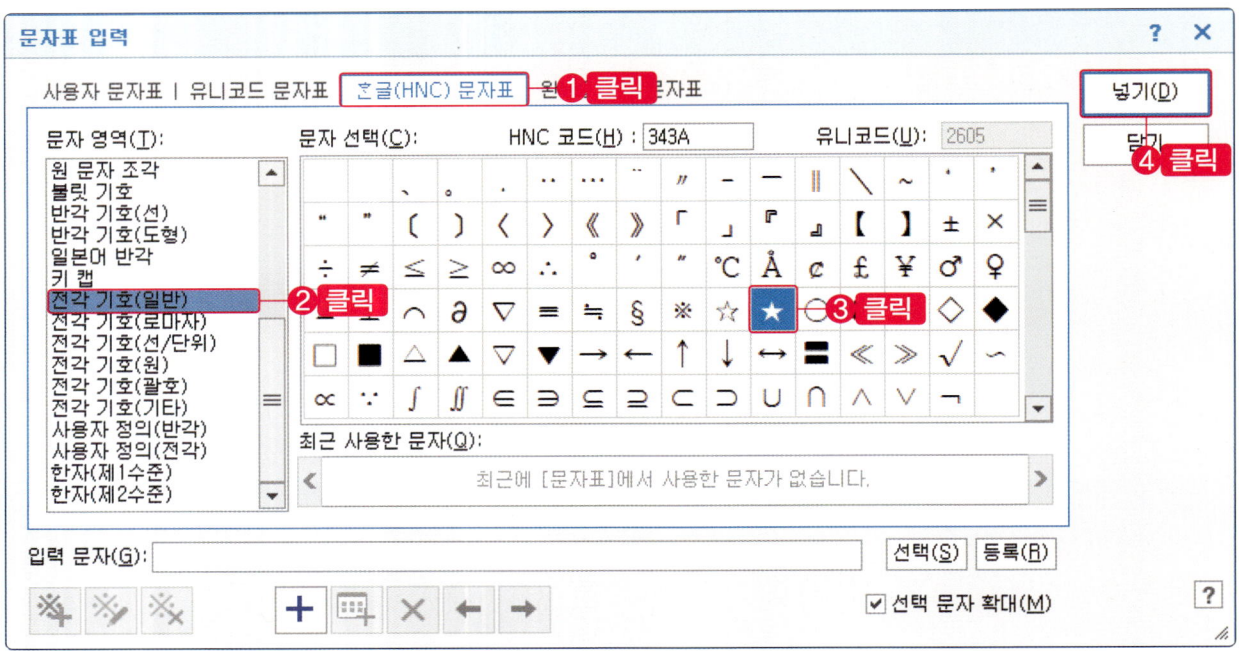

3 특수문자가 삽입되면 **소제목과 내용을 입력**합니다.

★ 한국유학종합시스템

목적 및 대상

목적 : 유학관련 온라인 원스톱 서비스 제공

대상 : 외국인 유학생, 국내 고등교육기관 등

주요 기능

한국유학 및 대학 정보 검색

온라인 유학박람회 운영 및 해외유학박람회 홍보

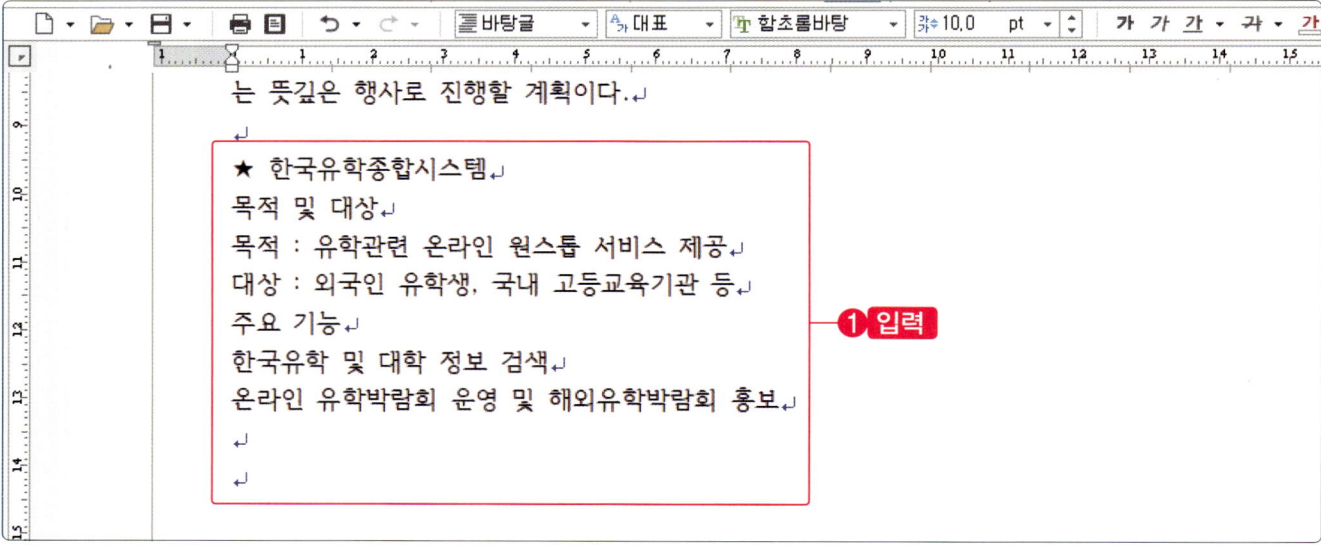

문단 번호 기능을 사용하므로 내용만 입력합니다.

2 한자를 입력하기 위해 '**고찰**'을 **입력**한 후 [**입력**] **탭**을 **클릭**한 다음 [**한자 입력**]을 **클릭**합니다.

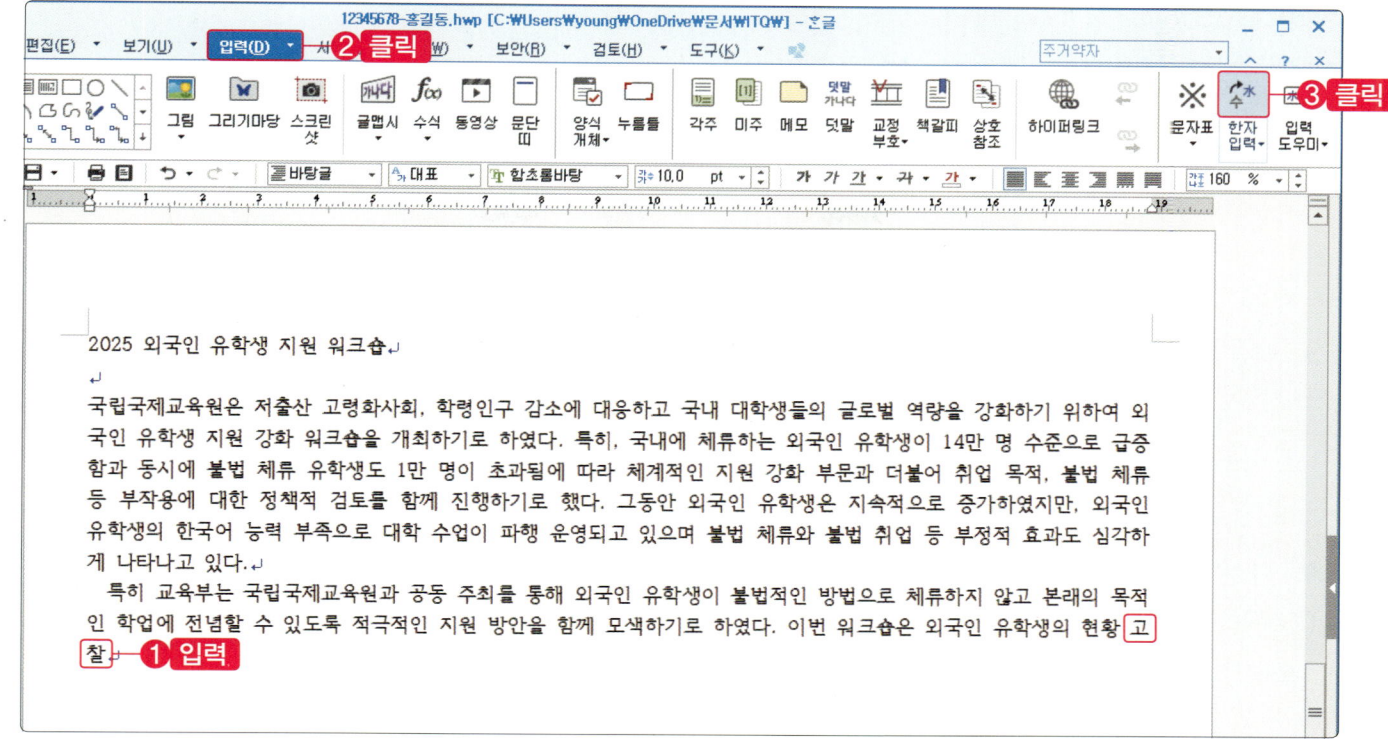

- 한자는 먼저 한글을 입력한 후 한글을 한자로 바꾸어서 입력합니다. 여기서는 '고찰'을 '고찰(考察)'로 바꾸어서 입력하기 위해 '고찰'을 입력한 후 [입력] 탭을 클릭한 다음 [한자 입력]을 클릭한 것입니다.
- '고찰'을 입력한 후 [입력] 탭의 [목록] 단추를 클릭한 다음 [한자 입력]-[한자로 바꾸기]를 클릭하거나 한자(또는 F9)를 눌러 한자를 입력할 수도 있습니다.

3 [한자로 바꾸기] 대화상자가 나타나면 **한자(考察)**와 **입력 형식(한글(漢字))**을 **선택**한 후 [**바꾸기**] 단추를 **클릭**합니다.

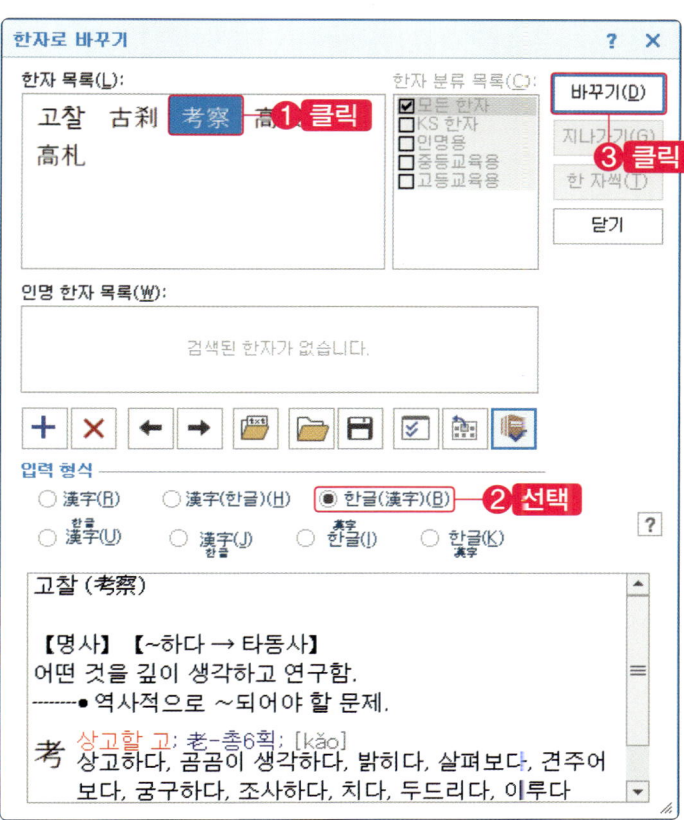

〔문서작성 능력평가 Ⅱ〕

- **소제목 작성하기**
  - 글꼴 및 글자 크기를 지정한 후 〔글자 모양〕 대화상자에서 음영색을 지정합니다.
- **문단 번호 모양 지정하기**
  - 임의의 문단 번호를 선택한 후 〔사용자 정의〕를 이용하여 지시사항에 맞게 지정합니다.
- **표 제목 및 표 작성하기**
  - 표 제목에 글꼴 및 글자 크기, 속성을 지정한 후 강조점을 지정합니다.
  - 표를 삽입한 후 내용을 입력한 다음 너비 및 셀 테두리를 지정합니다.
- **기관 이름 작성하기**
  - 글꼴 및 글자 크기, 속성을 지정한 후 〔글자 모양〕 대화상자에서 장평을 지정합니다.
- **페이지 번호 매기기**
  - 번호 위치, 번호 모양, 시작 번호를 지정합니다.
  - 《출력형태》를 참고하여 문서를 작성합니다.

STEP 01 소제목 작성하기

〈조건〉 글꼴 : 궁서, 18pt, 하양, 음영색 : 파랑

1 소제목 문단에 커서를 위치한 후 특수 문자를 입력하기 위해 〔입력〕 탭을 클릭한 후 〔문자표〕를 클릭한 다음 〔문자표〕를 클릭합니다.

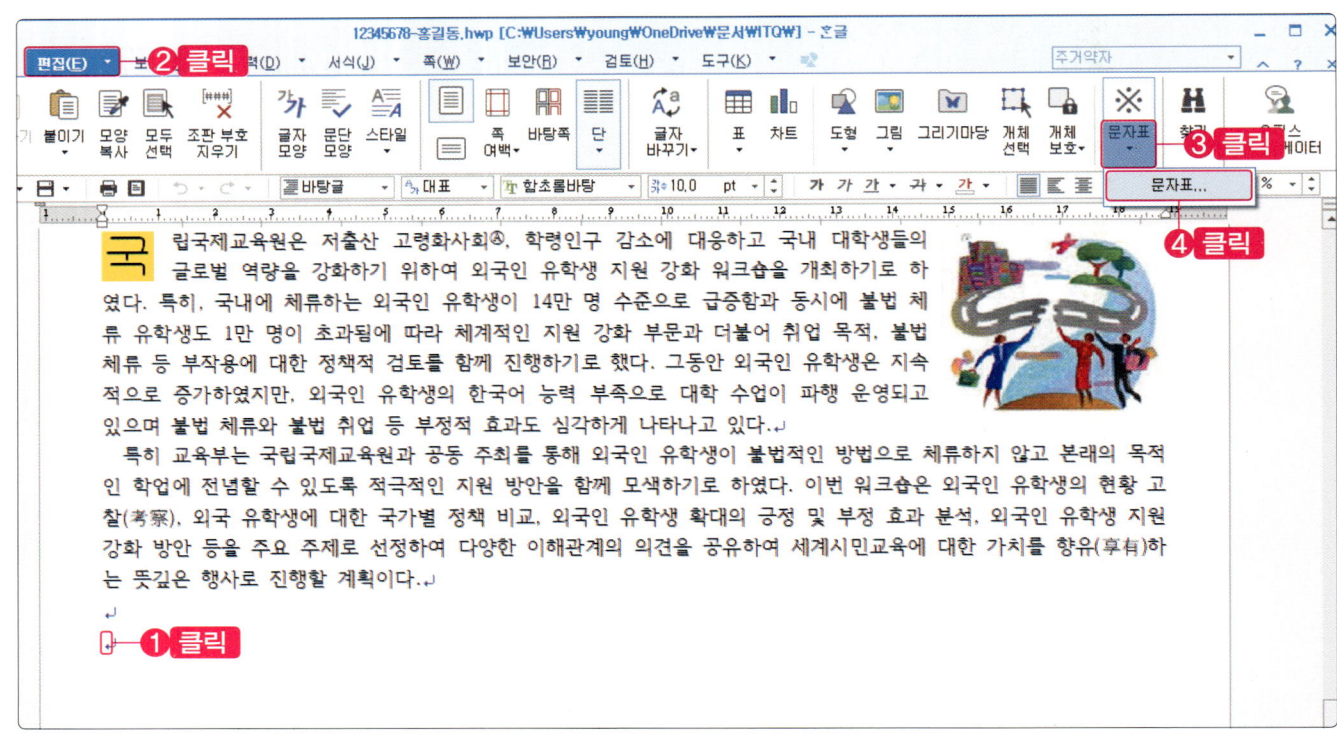

〈조건〉 글꼴 : 돋움, 18pt, 진하게, 가운데 정렬, 책갈피 이름 : 유학, 덧말 넣기

4 한자가 입력되면 같은 방법으로 **내용을 입력**합니다. 그런다음 Enter 를 2번 누릅니다.

> 찰(考察), 외국 유학생에 대한 국가별 정책 비교, 외국인 유학생 확대의 긍정 및 부정 효과 분석, 외국인 유학생 지원 강화 방안 등을 주요 주제로 선정하여 다양한 이해관계의 의견을 공유하여 세계시민교육에 대한 가치를 향유(享有)하는 뜻깊은 행사로 진행할 계획이다.

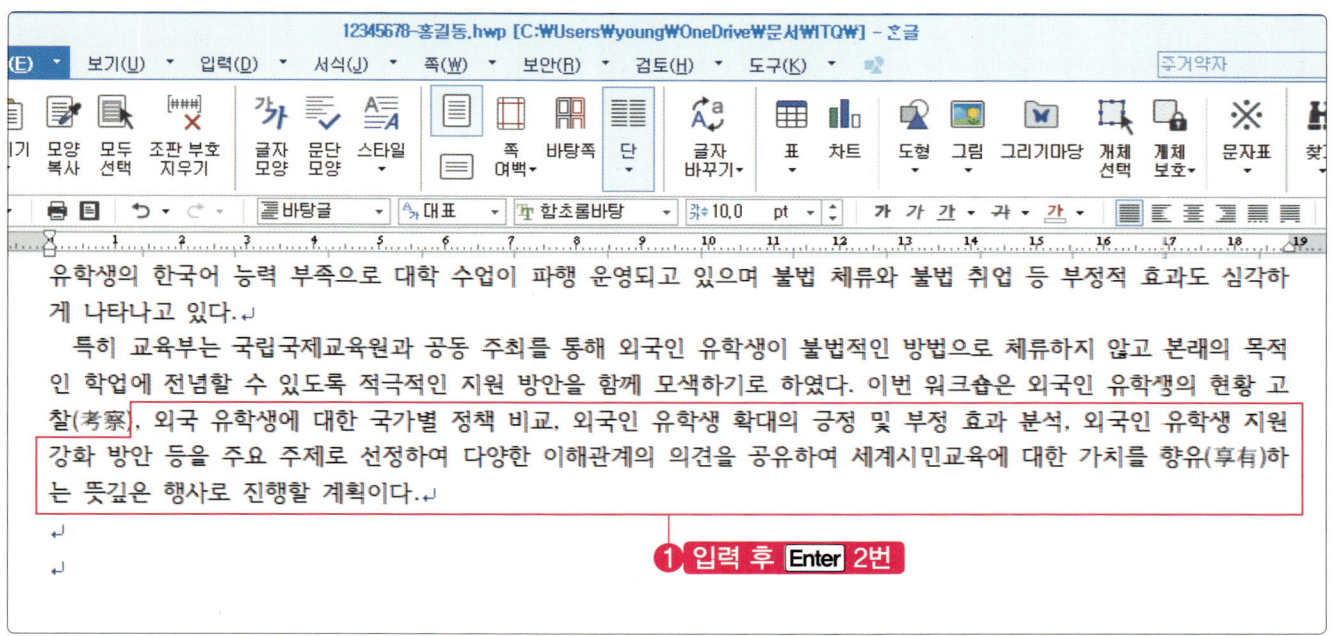

5 제목을 작성하기 위해 **제목을 블록으로 설정**한 후 [서식] 도구 상자에서 **글꼴(돋움)과 글자 크기(18)를 선택**한 다음 [**진하게(가)**]와 [**가운데 정렬(≡)**]을 클릭합니다.

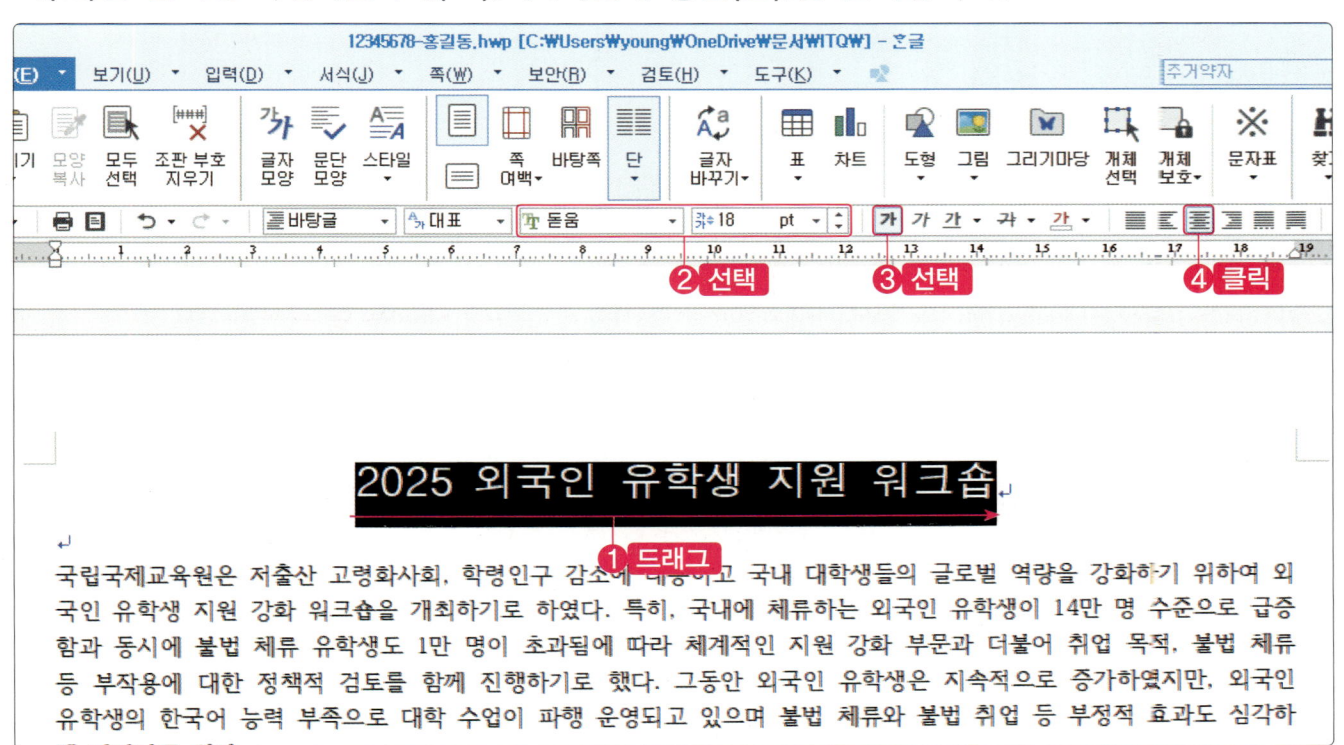

Chapter 08 문서작성 능력평가 - Ⅱ

◆ 소제목 작성하기
◆ 표 제목 작성하기
◆ 기관 이름 작성하기
◆ 문단 번호 모양 지정하기
◆ 표 작성하기
◆ 페이지 번호 매기기

▶ 소스파일 : Part 01\Chapter 07\Ch07.hwp   ▶ 완성파일 : Part 01\Chapter 07\Ch07_완성.hwp

---

있으며 불법 체류와 불법 취업 등 부정적 효과도 심각하게 나타나고 있다.
 특히 교육부는 국립국제교육원과 공동 주최를 통해 외국인 유학생이 불법적인 방법으로 체류하지 않고 본래의 목적인 학업에 전념할 수 있도록 적극적인 지원 방안을 함께 모색하기로 하였다. 이번 워크숍은 외국인 유학생의 현황 고찰(考察), 외국 유학생에 대한 국가별 정책 비교, 외국인 유학생 확대의 긍정 및 부정 효과 분석, 외국인 유학생 지원 강화 방안 등을 주요 주제로 선정하여 다양한 이해관계의 의견을 공유하여 세계시민교육에 대한 가치를 향유(享有)하는 뜻깊은 행사로 진행할 계획이다.

★ **한국유학종합시스템** ◀ 글꼴 : 궁서, 18pt, 하양 / 음영색 : 파랑

A. 목적 및 대상
  ⓐ 목적 : 유학관련 온라인 원스톱 서비스 제공
  ⓑ 대상 : 외국인 유학생, 국내 고등교육기관 등
B. 주요 기능
  ⓐ 한국유학 및 대학 정보 검색
  ⓑ 온라인 유학박람회 운영 및 해외유학박람회 홍보

문단 번호 기능 사용
 1수준 : 20pt, 오른쪽 정렬,
 2수준 : 30pt, 오른쪽 정렬,
 줄 간격 : 180%

표 전체 글꼴 : 돋움, 10pt, 가운데 정렬
셀 배경(그러데이션) : 유형(가로)【수평】, 시작색(하양), 끝색(노랑)

★ 한일 공동 유학생 교류사업 ◀ 글꼴 : 궁서, 18pt, 밑줄, 강조점

구분	박사 학위과정(일본)	학부 1년 과정(일본)	학부 단기 과정(한국)
분야	이공계	일본어, 일본문화	전 영역
규모	연 15명	연 25명	연 160명
기간	각 과정의 표준 수업 연한기간	1년	개설한 프로그램 운영 기간
자격	석사 졸업(예정)자	2학년 이상 재학생	학부 정규과정 재학생
	한국 국적자, 일본 국적자(복수 국적자 지원 불가)		

글꼴 : 굴림, 24pt, 진하게
장평 105%, 오른쪽 정렬
→ **국립국제교육원**

각주 구분선 : 5cm
Ⓐ 총인구 중에 65세 이상의 인구가 차지하는 비율이 7% 이상인 사회를 말함

쪽 번호 매기기
6으로 시작 → ⑥

<조건>　글꼴 : 돋움, 18pt, 진하게, 가운데 정렬, 책갈피 이름 : 유학, 덧말 넣기

6 덧말을 넣기 위해 블록이 설정된 상태에서 [입력] 탭을 클릭한 후 [덧말]을 클릭합니다.

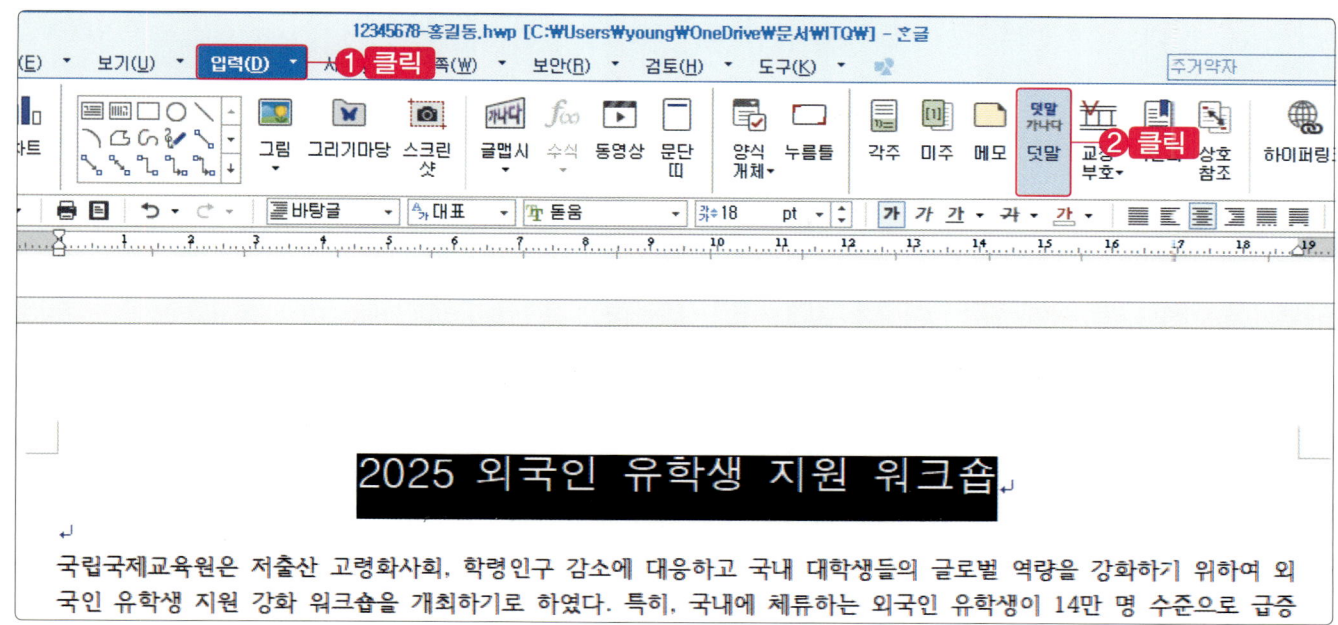

- 덧말은 내용의 위나 아래에 넣는 내용에 대한 보충 설명이나 참조 등을 말합니다.
- [입력] 탭의 [목록(▼)] 단추를 클릭한 후 [덧말 넣기]를 클릭하여 덧말을 넣을 수도 있습니다.

7 [덧말 넣기] 대화상자가 나타나면 **덧말(지원과 성장)을 입력**한 후 **위치(위)를 선택**한 다음 **[넣기] 단추를 클릭**합니다.

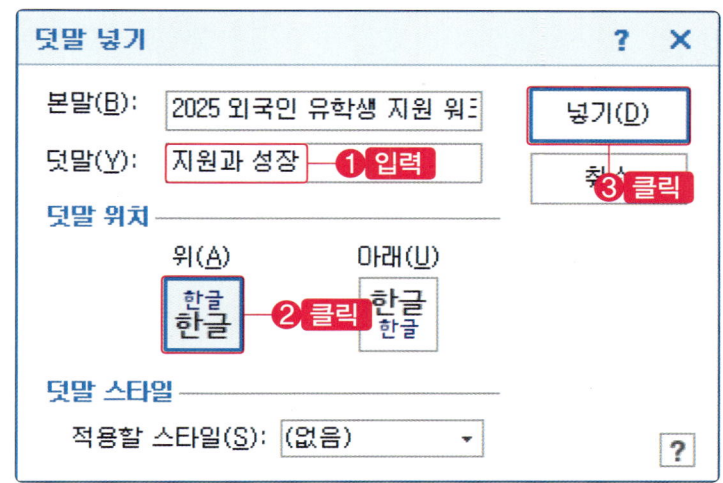

8 다음과 같이 덧말이 넣어집니다.

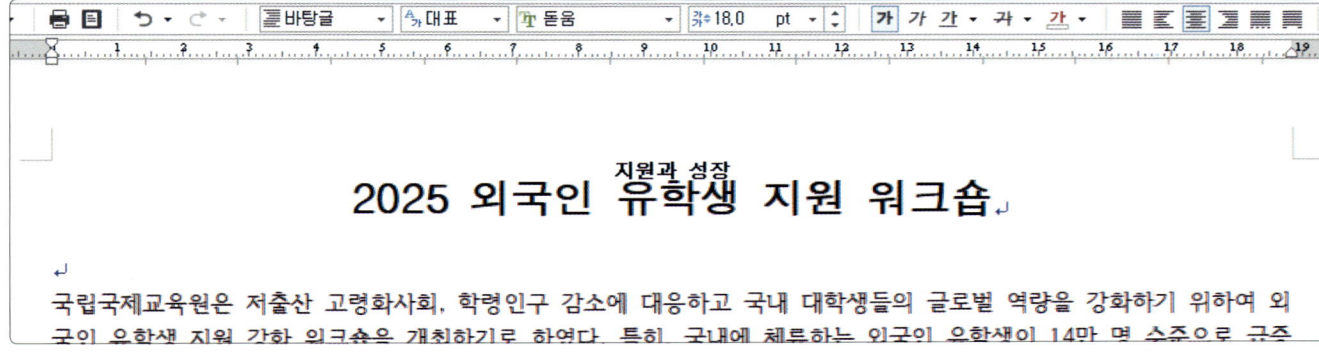

문화경제의 경쟁력
저작권이란 무엇인가요?

저작권이란 저작물을 창작한 사람 및 기타 권리자에게 저작권법이 인정하고 있는 배타적 권리를 말한다. 단, 저작권법ⓐ은 저작물의 이용을 도모(圖謀)하기 위해 창작자 및 기타 권리자에게 일정기간에 한하여 독점 배타적 권리를 인정하고 있으며, 공정한 이용을 위하여 일정한 저작권 제한 사유를 규정하고 있다. 저작권과 관련된 역할자는 저작물을 창작하고 이에 대해 권리를 가지는 저작권자와 이러한 저작물을 해석하고 전달하는 데 대하여 권리를 가지는 저작인접권자, 그리고 이러한 저작물이나 저작인접물을 소비하는 이용자가 있다. 이 이용자에는 이를 사용하거나 향유(享有)하는 소비적 이용자와 이를 활용하여 또 다른 창작을 꾀하는 생산적 이용자가 있는가 하면, 이를 매개하거나 다른 목적을 위하여 활용하는 도서관이나 학교와 같은 기관들도 있다.

저작물의 창작과 전달 그리고 그의 이용을 둘러싼 이들 각 역할자 사이의 관계는 기본적으로 저작권법 등의 법규와 이에 기초한 계약, 그리고 각종 사법제도에 의하여 규율된다. 저작물의 창작과 이용에 활용되는 기술과 각 역할자의 법의식 등 행동 윤리 역시 이들 간의 관계에 중대한 영향을 미친다.

ⓐ 저작자의 권리와 이에 인접한 권리를 보호하기 위하여 만든 법률

STEP 02 머리말 삽입하기

〈조건〉 머리말 기능, 돋움, 10pt, 오른쪽 정렬

1 머리말을 삽입하기 위해 [쪽] 탭을 클릭한 후 [머리말]을 클릭한 다음 [모양 없음]을 클릭합니다.

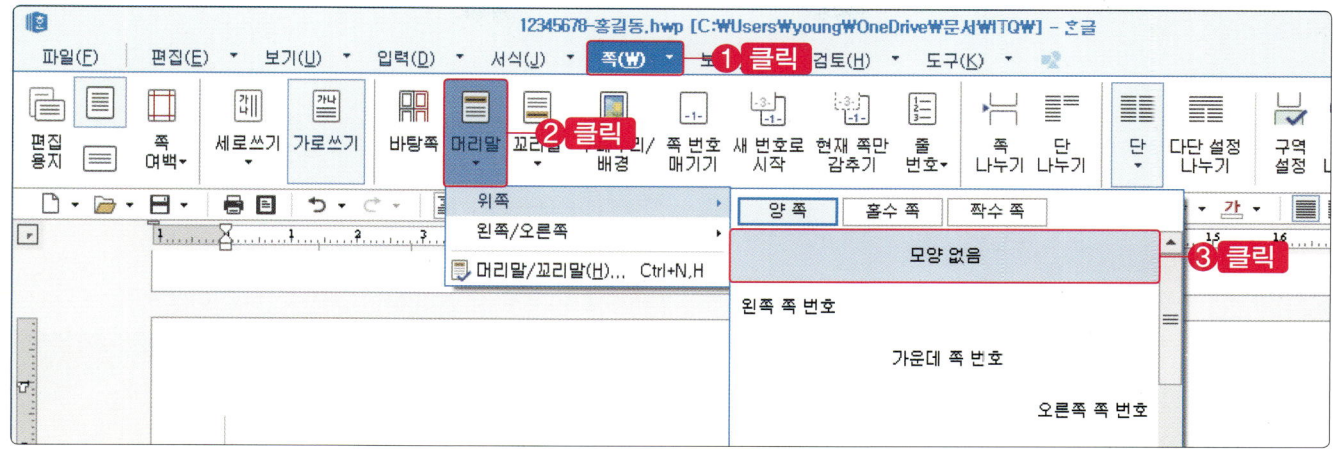

2 머리말 입력 화면이 나타나면 **머리말(해외 교류 확대)을 입력**한 후 머리말을 블록으로 설정한 다음 [서식] 도구 상자에서 **글꼴(돋움)과 글자 크기(10)를 선택**하고 [오른쪽 정렬(≡)]을 클릭합니다.

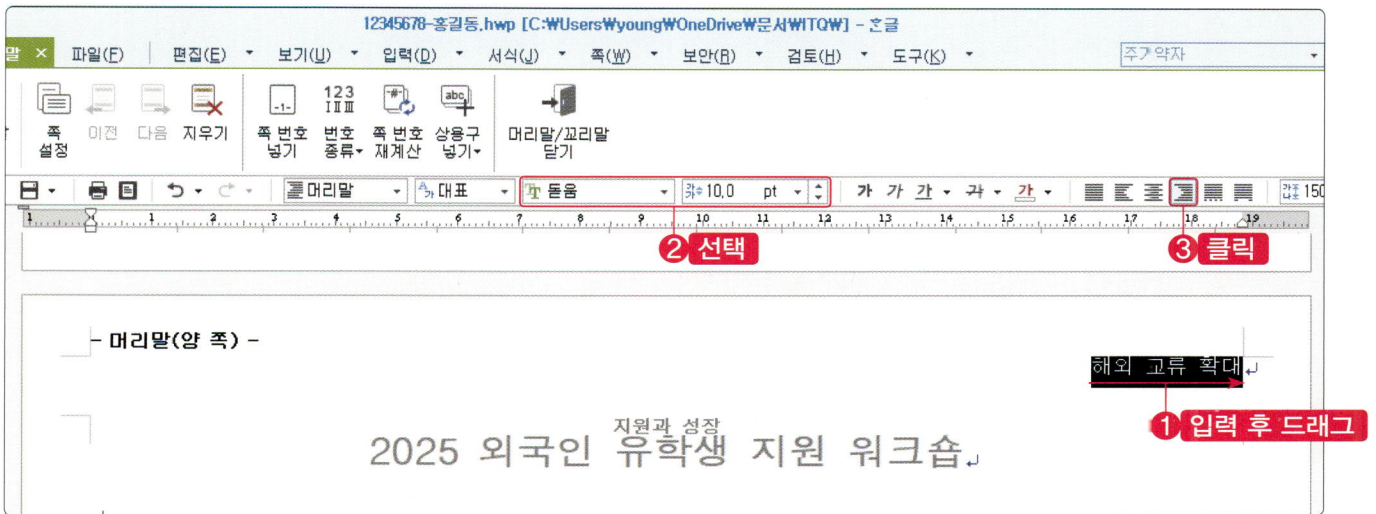

3 머리말 입력을 닫기 위해 [머리말/꼬리말] 탭에서 [**머리말/꼬리말 닫기**]를 클릭합니다.

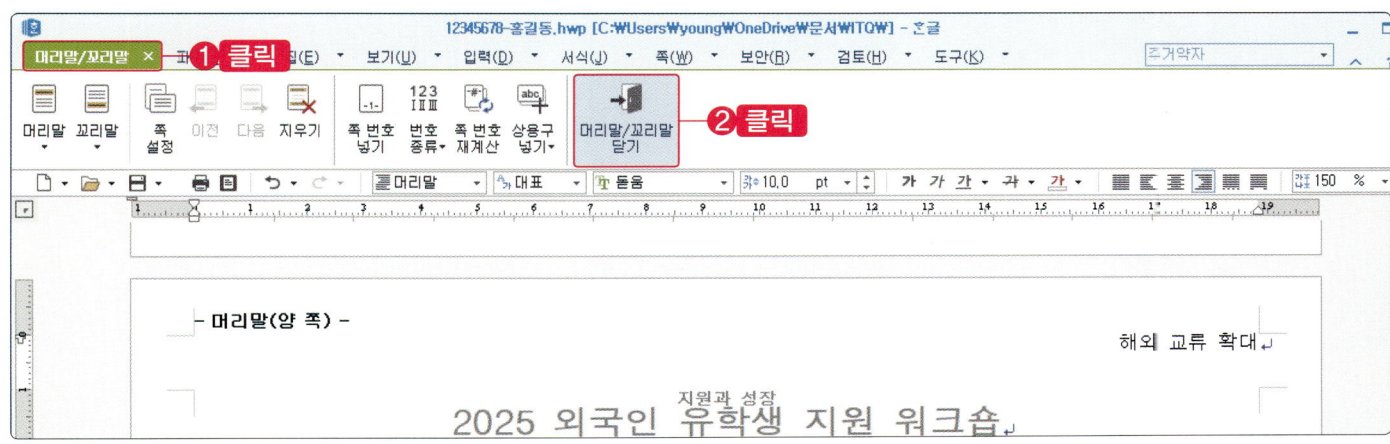

5 다음의 지시사항을 참고하여 《출력형태》와 같이 문서를 작성하시오. (200점)

▶ 소스파일 : Part 01\Chapter 07\문제05.hwp   ▶ 완성파일 : Part 01\Chapter 07\문제05_완성.hwp

《출력형태》

디지털 뉴딜 정책
공공데이터 개방 및 이용 활성화 정책

코로나19의 세계적 유행을 극복하는 과정에서 공공데이터 활용이 위기 대응에 기여하는 사례가 늘어남에 따라 데이터 경제 가속화를 가져오는데 공공데이터가 핵심으로 부상하게 되었다. 이에 코로나19로 인한 경제 위기를 극복하고 디지털 전환 시대에 세계 경제를 선도(先導)하기 위해 정부는 '한국판 뉴딜'의 한 축으로 '디지털 뉴딜' 정책을 발표했다. 과학기술정보통신부는 디지털 뉴딜 정책의 일환으로 데이터 수집, 가공, 활용 기반을 강화하여 데이터 경제와 인공지능 경제로 전환하기 위해 데이터 댐 프로젝트를 핵심 과제로 추진하고 있다.

인공지능 개발에 필수적인 인공지능 학습용 데이터를 누구나 편리한 시간과 장소에서 수집하고 가공하며 검증할 수 있도록 크라우드 소싱 방식㉠을 적용하여 170종 4억 8천만 건의 데이터를 개방(開放)했다. 데이터를 국민 누구나 손쉽게 찾아 활용할 수 있도록 분야별 빅데이터 플랫폼 및 센터를 구축하여 6개 플랫폼과 50개 센터를 운영하고 있다. 또한 여러 기관에 분산된 개인 데이터를 가치 있게 활용할 수 있도록 마이데이터 실증사업을 추진하고 정보 주체 중심의 데이터 활용 확산에 기여하고 있다.

―――――――――――――――
㉠ 대중들의 참여로 해결책을 얻는 방법

STEP 03 문단 첫 글자 장식하기

〈조건〉 문단 첫 글자 장식 기능, 글꼴 : 굴림, 면색 : 노랑

1 문단 첫 글자를 장식하기 위해 **'국립국제교육원은'** 앞에 커서를 둔 후 **[서식] 탭을 클릭**한 다음 **[문단 첫 글자 장식(갇)]을 클릭**합니다.

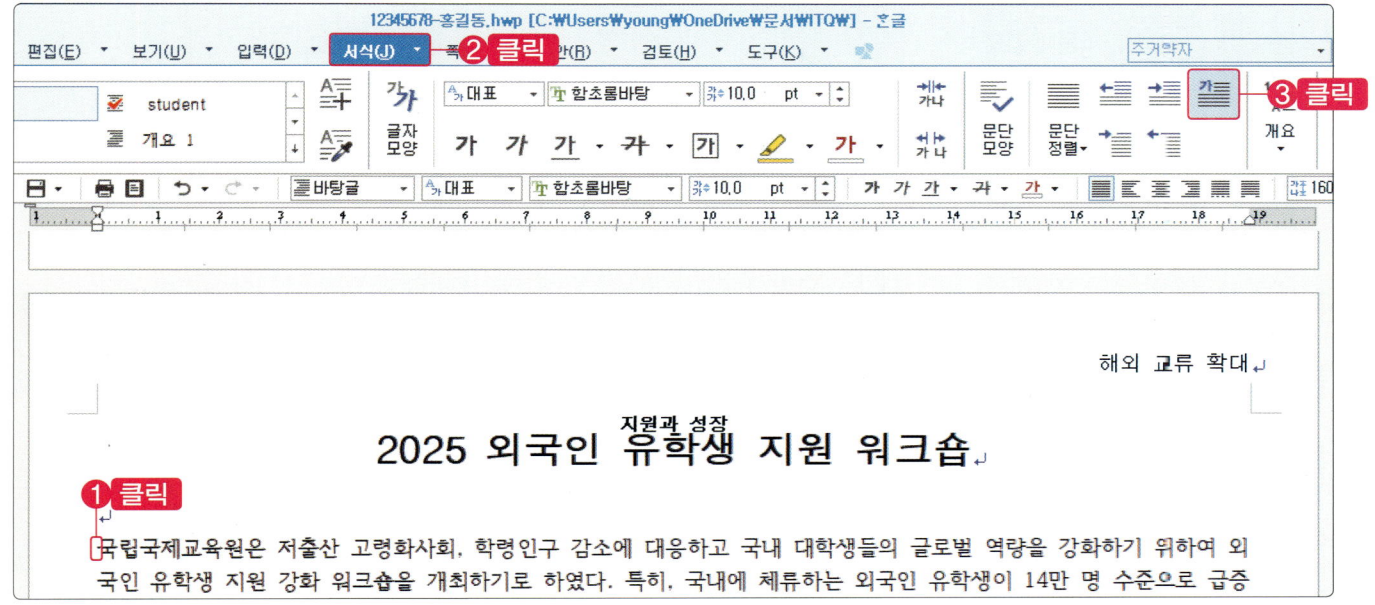

2 [문단 첫 글자 장식] 대화상자가 나타나면 **모양(2줄())을 클릭**한 후 **글꼴(굴림)과 면 색(노랑(RGB: 255,255,0))을 선택**한 다음 [설정] 단추를 **클릭**합니다.

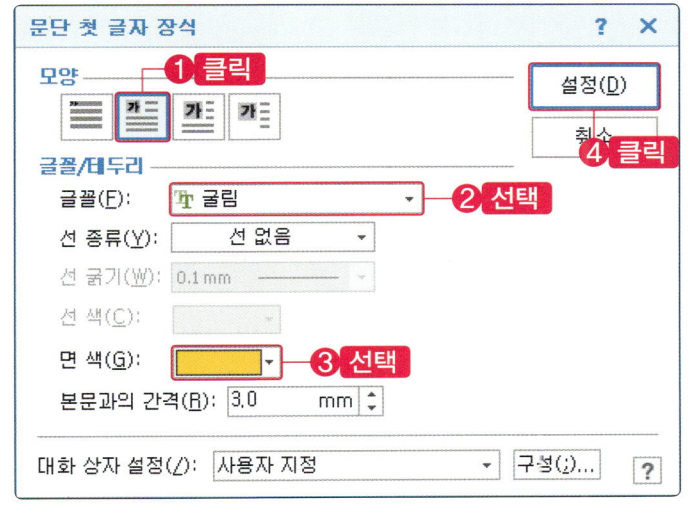

3 다음과 같이 문단 첫 글자 장식이 지정됩니다.

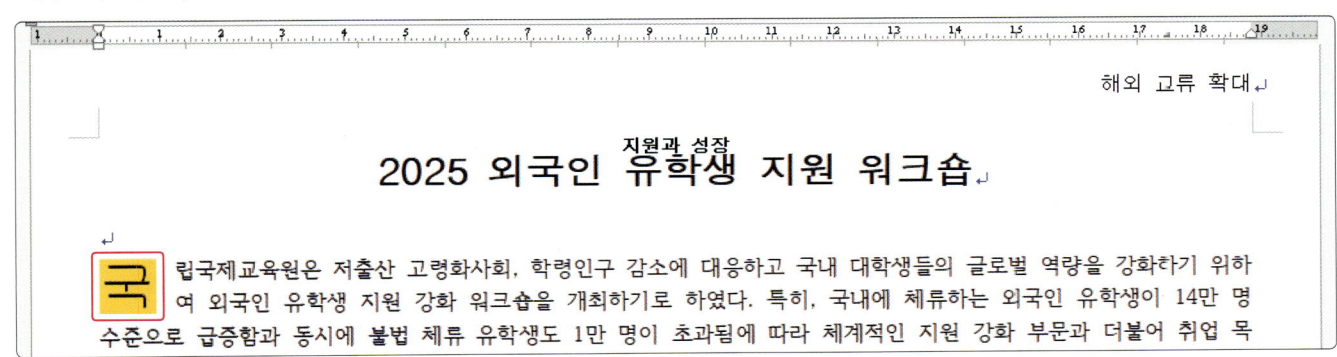

정통성과 민족의 동질성 회복

통일은 남북한 국민이 한 민족ⓐ 하나의 국민이라고 느끼고 남북한 단일체제 수립(樹立)을 넘어 한마음이 된 상태를 의미한다. 통일은 분단된 국토가 하나 되는 것은 물론 정치적으로 대립되었던 체제를 하나로 만드는 것이고, 경제적으로 서로 다른 제도를 하나로 거듭나게 하는 것이며, 남북 주민 사이에 내면화된 이질적인 문화를 하나로 다시 탄생시키는 것이다. 우리가 추구하는 통일은 인류 보편적 가치로 자리 잡은 자유민주주의와 시장경제를 바탕으로 구성원 모두의 자유와 인권이 보장되는 민족공동체의 건설이다.

통일은 분단으로 인해 굴절된 역사를 바로잡고, 민족공동체 건설을 통해 우리 민족의 총체적 역량을 극대화하기 위해 필요하다. 또한 통일은 분단에 따른 유형, 무형적인 비용을 소멸시키고 새로운 이득을 창출(創出)함으로 인해 국가와 사회뿐 아니라 개인에게도 삶의 질을 향상시킬 것이다. 개인적 차원에서 통일은 이산가족의 고통을 해소하고 남북 간에 자유롭게 오고 가며 살 수 있는 등의 다양한 선택의 기회를 부여하며 인간적인 삶을 보장할 것이다. 통일은 21세기 한민족의 새로운 비상과 선진일류국가로 도약하기 위한 수단으로써 필요하다.

ⓐ 언어와 문화상의 공통성에 기초하여 오랜 세월 역사적으로 형성된 사회 집단

STEP 04 각주 삽입하기

<조건> 각주 구분선 : 5cm

1 각주를 삽입하기 위해 '고령화사회' 뒤에 커서를 둔 후 [입력] 탭을 클릭한 다음 [각주(📄)]를 클릭합니다.

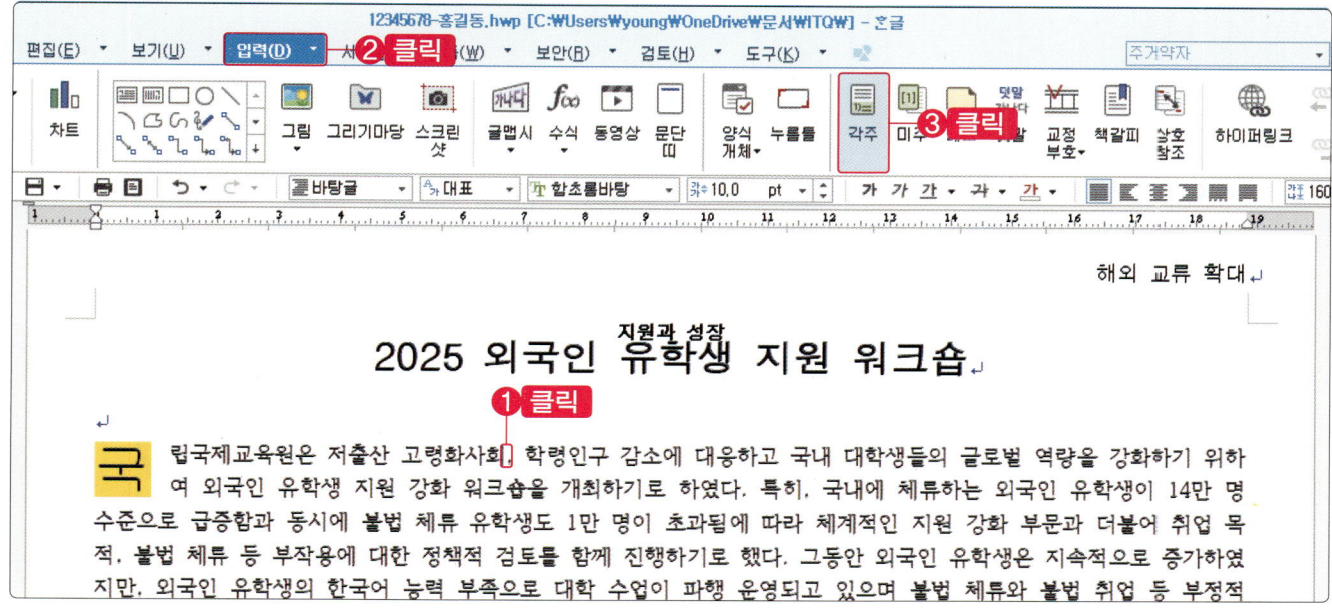

- 각주는 본문 내용에 대한 보충 설명이나 참조 등을 해당 페이지의 하단에 넣은 것을 말합니다.
- [입력] 탭의 [목록(▼)] 단추를 클릭한 후 [주석]-[각주]를 클릭하거나 Ctrl+N, N을 눌러 각주를 삽입할 수도 있습니다.

2 각주 입력 화면이 나타나면 [주석] 정황 탭에서 [각주/미주 모양 고치기]를 클릭합니다.

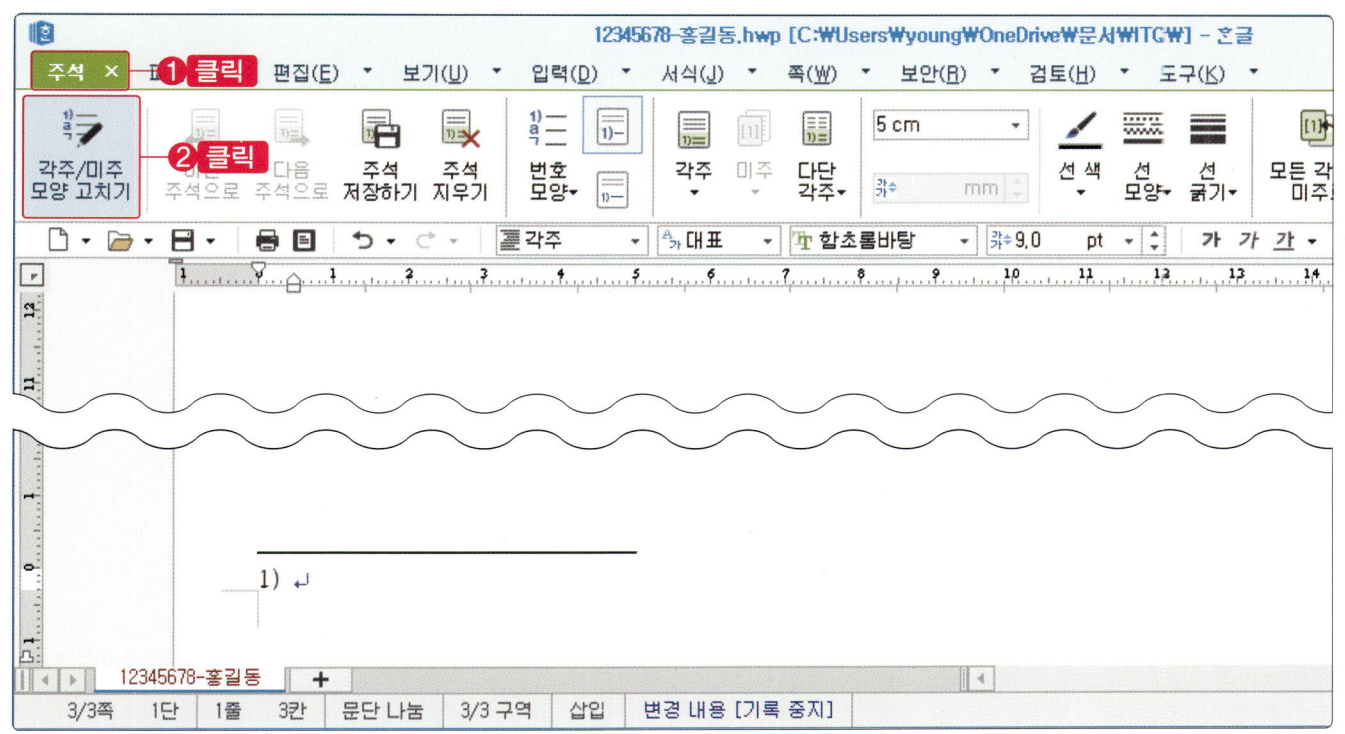

3 다음의 지시사항을 참고하여 《출력형태》와 같이 문서를 작성하시오. (200점)

▶ 소스파일 : Part 01\Chapter 07\문제03.hwp   ▶ 완성파일 : Part 01\Chapter 07\문제03_완성.hwp

《출력형태》

- 글꼴 : 돋움, 18pt, 진하게, 가운데 정렬
- 책갈피 이름 : 건설
- 덧말 넣기

- 머리말 기능
- 굴림, 10pt, 오른쪽 정렬 → 건설 네트워크

새로운 공간 개발
대한민국 건설기술산업대전

- 문단 첫 글자 장식 기능
- 글꼴 : 궁서, 면색 : 노랑

- 그림위치(내 PC\문서\ITQ\Picture\그림4.jpg, 문서에 포함)
- 자르기 기능 이용, 크기(40mm×40mm), 바깥 여백 왼쪽 : 2mm

대한민국 건설기술산업대전은 국내 최초 건설기술산업 전문 전시회(展示會)로 국내 건설기술의 최신 트렌드와 정보를 제공한다. 다양한 전문 세션으로 구성된 세미나가 개최됨과 동시에 도로, 철도, 항만 및 해안, 교량, 터널 등의 기술 품목, 토공, 도로, 콘크리트, 플랜트, 특수장비 등의 장비 품목, 구조재료, 철강재료, 도료, 방수 단열재 등의 자재 품목, 각종 해석 및 설계 프로그램, BIM, 3D 모델링, 통신, 제어솔루션 등의 시스템 품목을 아우르는 건설기술 산업 전 분야가 전시된다.

한국건설기술연구원 구조융합연구소, 성균관대학교 자기치유친환경콘크리트센터, 한국BIM학회, 한국비계기술원, 한국크레인협회 등의 기관에서 세미나에 참여하고 신기술&신공법 소개, 건설 산업에서 4차 산업혁명과 BIM, 가설구조물 안정성 확보 방안 등의 다양한 프로그램을 준비하여 국제표준지표, 기술연구결과, 최신 건설기술 동향(動向)에 대한 수준 높은 강의가 진행된다. 건설기술에 관심 많은 종사자 및 실수요자가 건설 산업 현황을 한 눈에 파악할 수 있으며, 비즈니스 네트워크 구축을 통해 B2BⒶ 상호간 긴밀한 협조체계가 이뤄질 예정이다.

- 각주

- 각주 구분선 : 5cm

Ⓐ 기업과 기업 사이에 이루어지는 전자상거래를 일컫는 경제 용어

〈조건〉 각주 구분선 : 5cm

3 〔주석 모양〕 대화상자가 나타나면 **번호 모양(Ⓐ,Ⓑ,Ⓒ)을 선택**한 후 **구분선 길이(5cm)를 확인**한 다음 〔설정〕 단추를 클릭합니다.

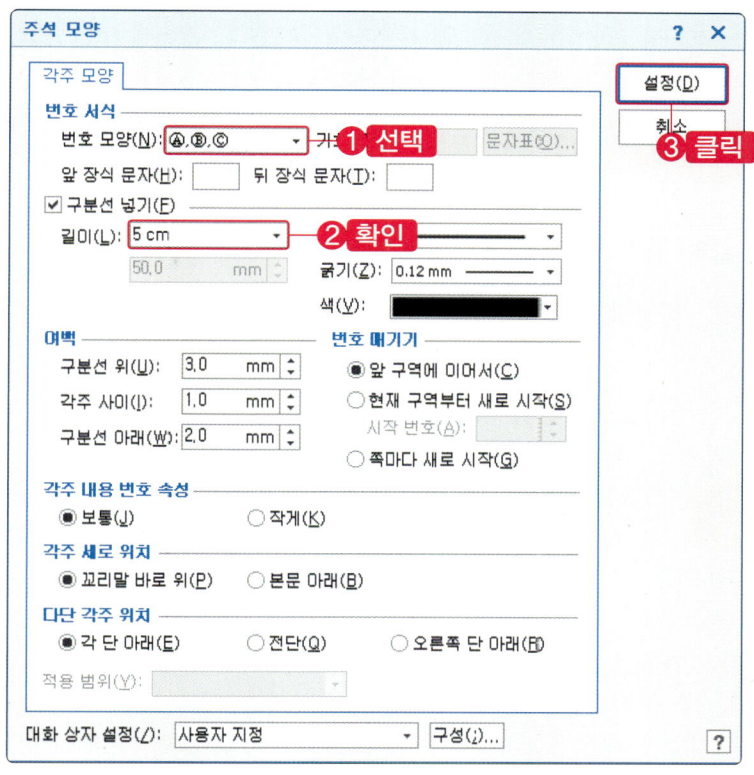

4 각주 번호 모양이 변경되면 다음과 같이 **각주 내용을 입력**합니다. 그런다음 각주 입력 화면을 닫기 위해 〔주석〕 정황 탭에서 **〔닫기〕를 클릭**합니다.

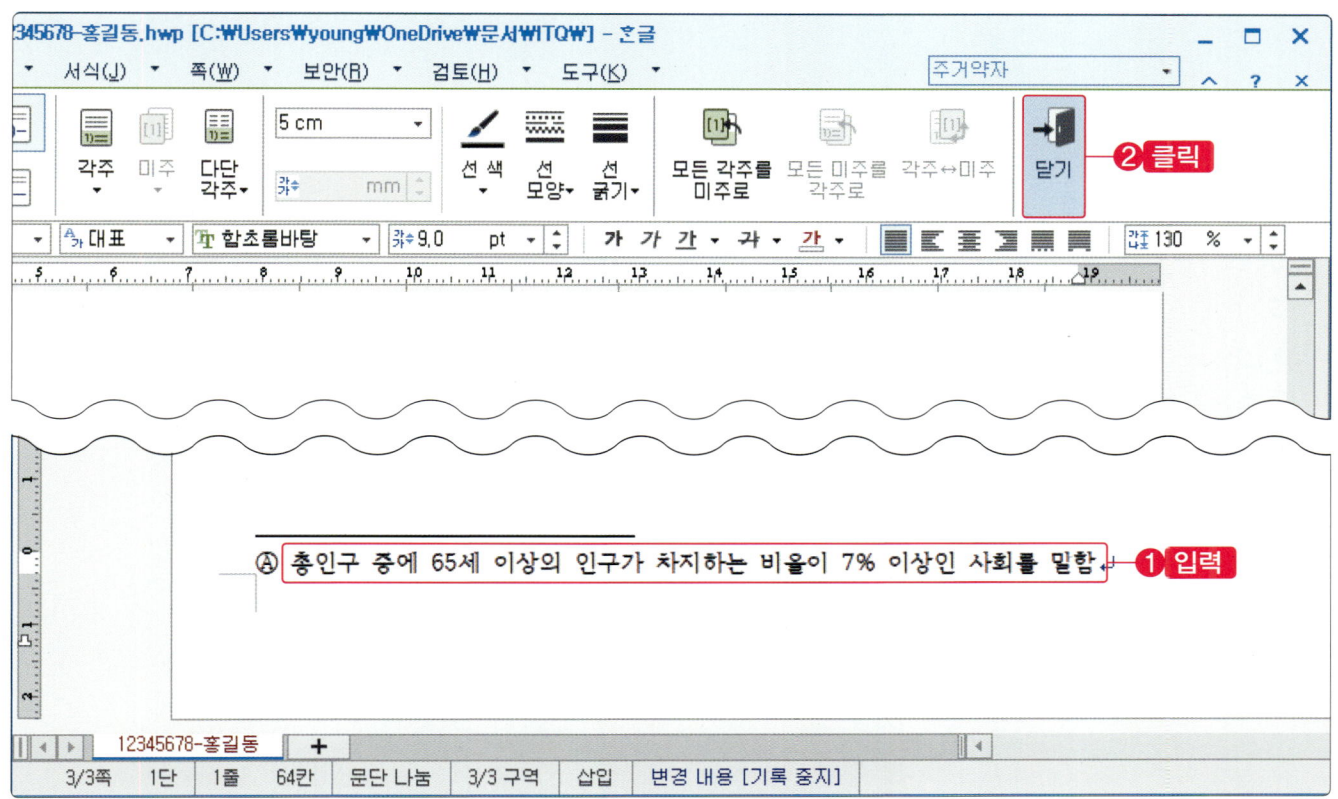

> Shift + Esc 를 눌러 각주 입력 화면을 닫을 수도 있습니다.

5G 시대 실감산업 육성 방안

5G 상용화와 함께 비대면 시대에 접어들면서 VR, MR, AR을 포괄하는 XR(확장현실)에 대한 요구가 크게 증가(增加)하고 있다. 한국을 시작으로 38개국이 5G 상용화를 진행하면서 XR 시장이 성장할 것으로 전망된다. 특히 코로나 19로 인해 기업 경영과 개인 생활 영역에 제약이 생기면서 확장현실을 통해 활로를 찾고자 전 산업에 걸친 확장현실 도입이 이루어지고 있다. 이에 주요국들은 확장현실로 성장동력을 얻고자 정부가 주도해 프로젝트를 추진함으로써 실감산업 육성 지원에 들어갔으며, 애플, 구글, 페이스북을 비롯한 주요 기업은 확장현실에 대한 공격적인 투자를 통해 시장 선점에 노력을 기울이고 있다. 우리나라도 글로벌 확장현실ⓐ 선도를 위해 실감콘텐츠 활성화 전략을 수립(樹立)하고 실감산업 육성을 지원하였다.

한편, 협업 능력이 기업의 미래를 결정하는 중요 척도로 꼽히는 만큼 비대면 시대에서 기업들은 협업 효과를 잃지 않기 위해 많은 노력을 기울이고 있으며 그 중 하나가 확장현실에 기반한 협업인 실감협업이다. 이는 확장현실을 통해 풍부한 정보공유, 몰입감 높은 현장감, 자연스러운 상호작용으로 원격에서도 높은 협업 효과를 가져올 수 있다.

ⓐ VR, MR, AR에 이르기까지 가상현실 기술 전체를 통틀어서 일컬음

STEP 05 그림 삽입하기

〈조건〉 그림위치(내 PC₩문서₩ITQ₩Picture₩그림4.jpg, 문서에 포함)
자르기 기능 이용, 크기(40mm×35mm), 바깥 여백 왼쪽 : 2mm

1 그림을 삽입하기 위해 [**입력**] **탭을 클릭**한 후 [**그림**]을 **클릭**합니다.

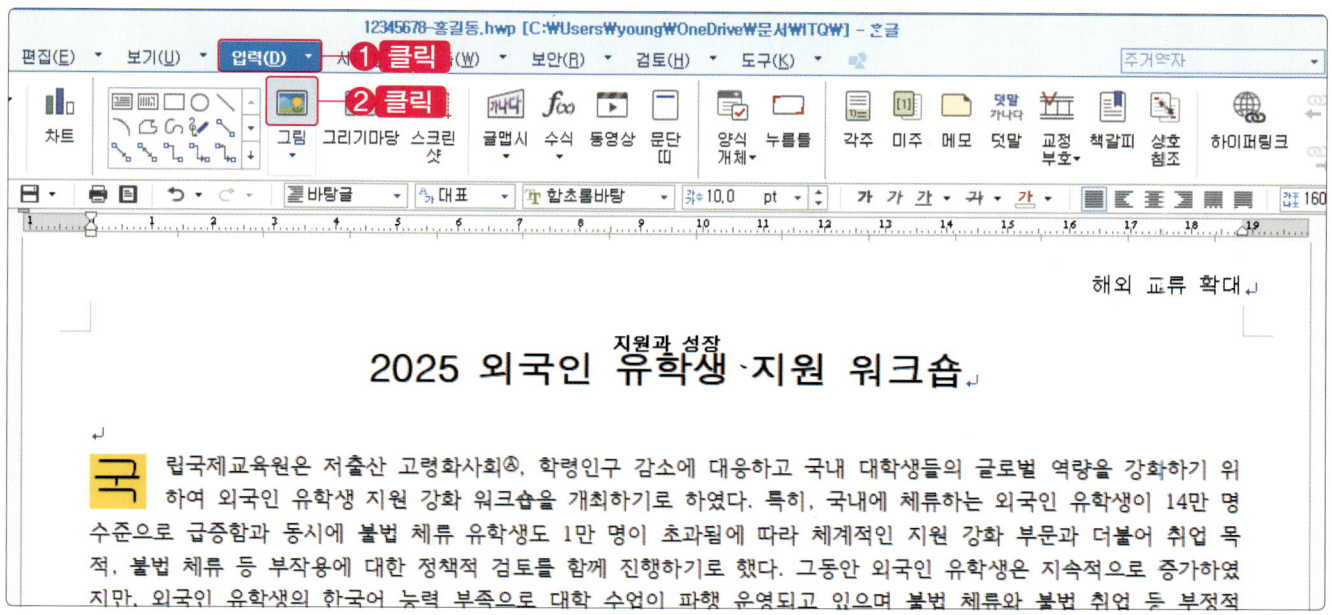

2 [그림 넣기] 대화상자가 나타나면 **찾는 위치(내 PC₩문서₩ITQ₩Picture)를 지정**한 후 **그림(그림4)을 선택**한 다음 [**문서에 포함**]을 **선택**하고 [**넣기**] 단추를 **클릭**합니다.

[글자처럼 취급]과 [마우스로 크기 지정]은 선택 해제합니다.

실전문제유형

1 다음의 지시사항을 참고하여 《출력형태》와 같이 문서를 작성하시오. (200점)

▶ 소스파일 : Part 01\Chapter 07\문제01.hwp   ▶ 완성파일 : Part 01\Chapter 07\문제01_완성.hwp

《출력형태》

- 글꼴 : 궁서, 18pt, 진하게, 가운데 정렬
- 책갈피 이름 : 정보격차
- 덧말 넣기

- 머리말 기능
- 굴림, 10pt, 오른쪽 정렬 → 정보화 수준

전 국민이 함께하는
정보격차 해소 정책

- 문단 첫 글자 장식 기능
- 글꼴 : 궁서, 면색 : 노랑

- 그림위치(내 PC\문서\ITQ\Picture\그림5.jpg, 문서에 포함)
- 자르기 기능 이용, 크기(40mm×35mm), 바깥 여백 왼쪽 : 2mm

정보사회가 진전될수록 정보에 대한 접근과 이용이 용이한 계층과 그렇지 못한 계층 간의 격차(隔差)가 발생하게 된다. 이렇게 발생하는 정보격차는 정보취약계층의 소득과 삶의 질 저하, 사회참여 기회 축소 및 계층 간 빈부격차 등을 심화시켜 사회통합에 지장을 초래하기 때문에 정보화가 진전될수록 정보격차 해소의 중요성은 점점 커지고 있다. 특히 정보에 대한 접근 부문은 정보격차 해소를 위한 우선적 과제로 사회적, 경제적, 지역적 차이에 관계없이 누구나 쉽게 정보에 접근 가능한 환경을 제공받는 것은 정보격차 해소를 위한 기본적 수단(手段)이다.

정부는 급속히 발전하는 정보화 환경 속에서 신체적, 경제적, 지역적 여건 등에 의해 정보통신 제품 및 서비스의 접근이 어려운 장애인, 고령자, 저소득층, 농어민들의 평등한 정보접근 기회를 제공하고자 정보통신 보조기기를 개발하고 보급하는 한편, 사랑의 그린 PC를 보급하고 청각 및 언어 장애인을 위한 통신 중계 서비스를 제공하고 있다. 과학기술정보통신부와 한국지능정보사회진흥원에서는 소외계층의 PC, 인터넷 사용 능력 등 정보화 수준을 확인하기 위해 매년 장애인, 저소득층, 농어민, 장노년층 등을 대상으로 정보격차 실태조사ⓐ를 실시하고 있다.

- 각주

- 각주 구분선 : 5cm

ⓐ 정보격차 해소 정책의 연간 추진 성과를 측정 및 평가하고 효율적인 정책 추진을 위한 기초자료 제공

⟨조건⟩ 그림위치(내 PC₩문서₩ITQ₩Picture₩그림4.jpg, 문서에 포함)
자르기 기능 이용, 크기(40mm×35mm), 바깥 여백 왼쪽 : 2mm

3 그림이 삽입되면 **그림을 선택**한 후 [그림( )] 정황 탭에서 [**자르기**]를 **클릭**합니다. 그런다음 그림의 자르기 조정 핸들(┐)을 드래그하여 그림을 자릅니다.

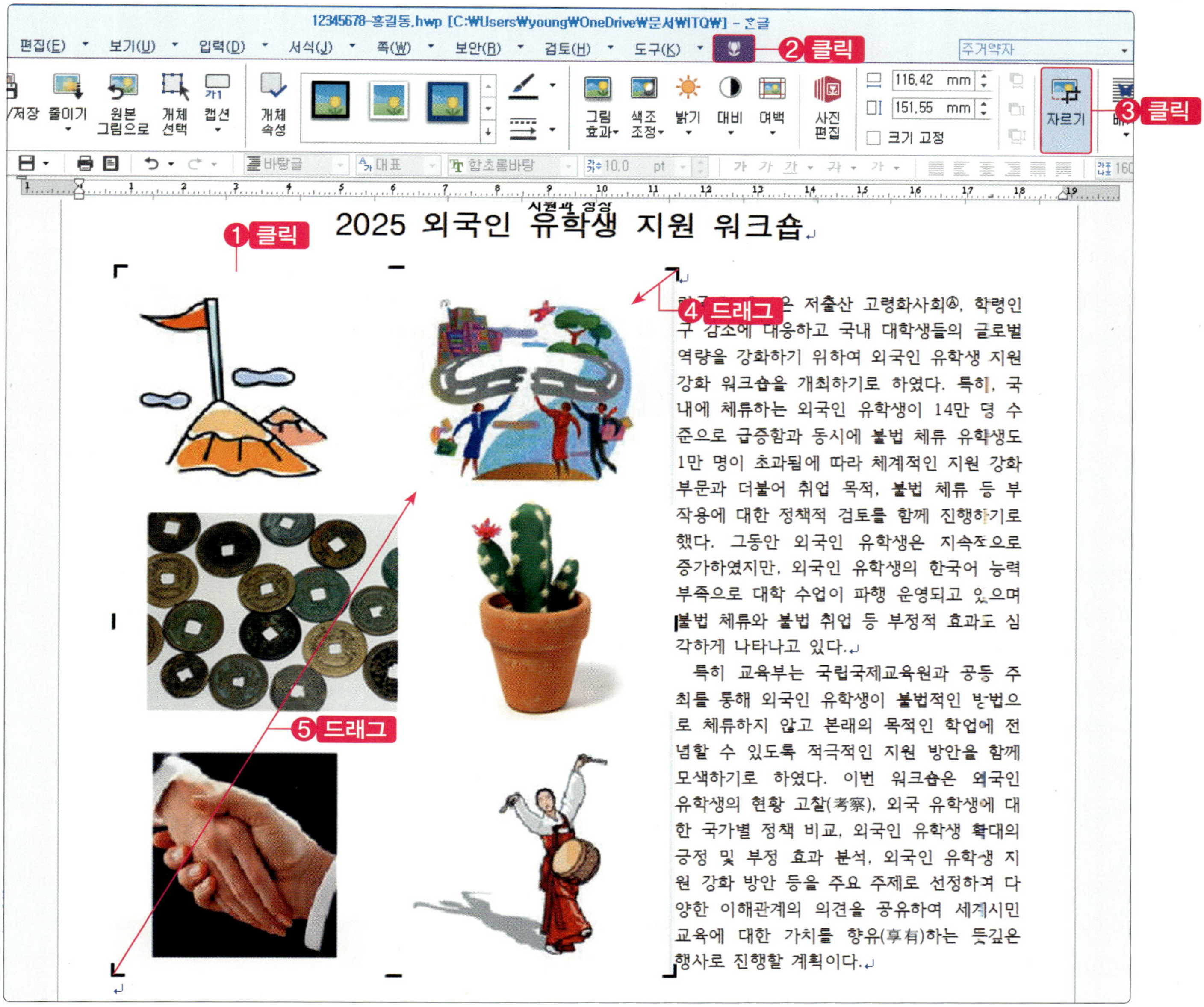

4 그림에 속성을 지정하기 위해 **그림을 선택**한 후 **바로가기 메뉴의 [개체 속성]을 클릭**합니다.

<조건> 그림위치(내 PC₩문서₩ITQ₩Picture₩그림4.jpg, 문서에 포함)
자르기 기능 이용, 크기(40mm×35mm), 바깥 여백 왼쪽 : 2mm

5 〔개체 속성〕 대화상자가 나타나면 〔기본〕 탭에서 **너비(40)와 높이(35)를 입력**한 후 〔크기 고정〕**을 선택**합니다. 그런다음 〔**여백/캡션**〕 **탭을 클릭**한 후 **바깥 여백(2)을 입력**한 다음 〔설정〕 단추를 클릭합니다.

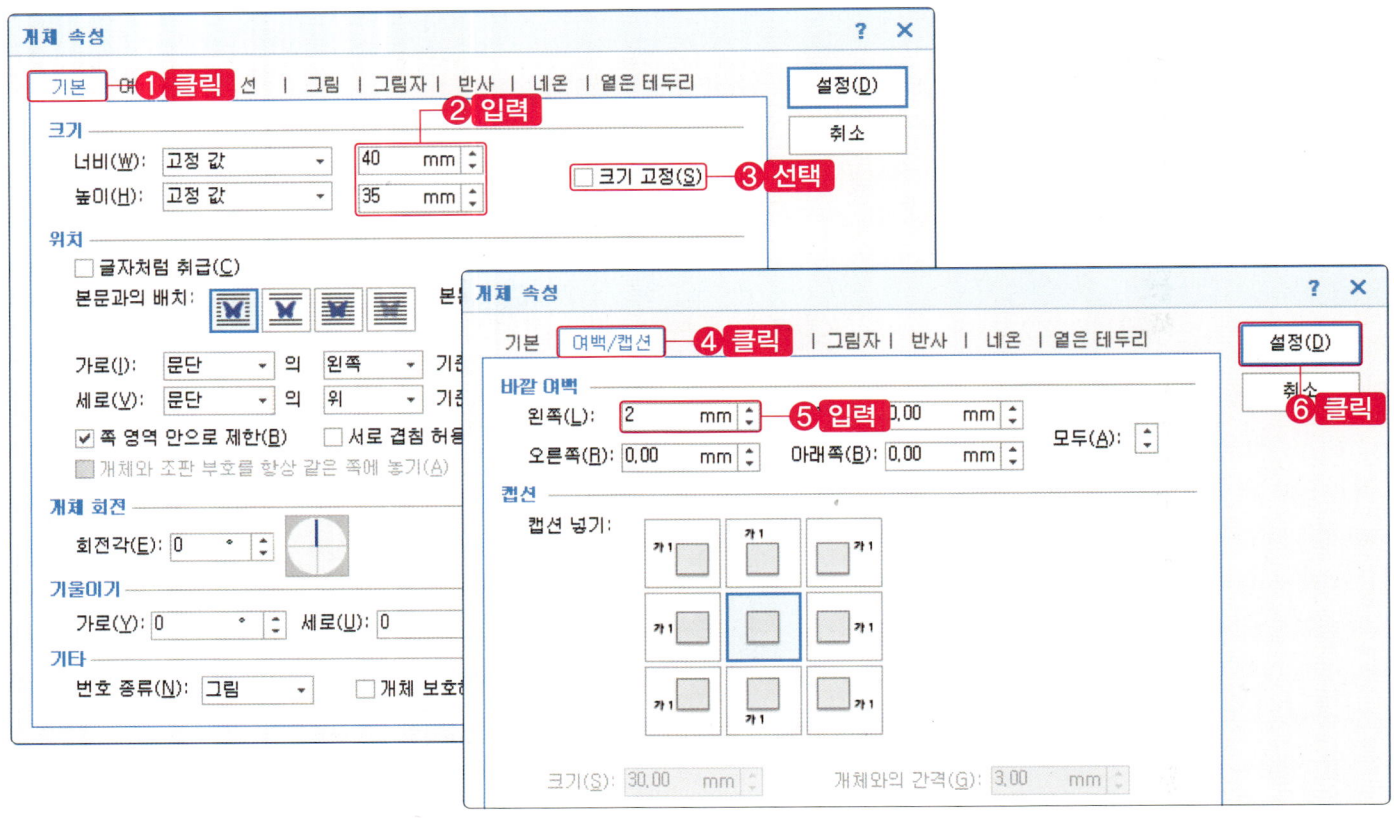

6 그림의 속성이 지정되면 다음과 같이 **그림의 위치를 조정**합니다.

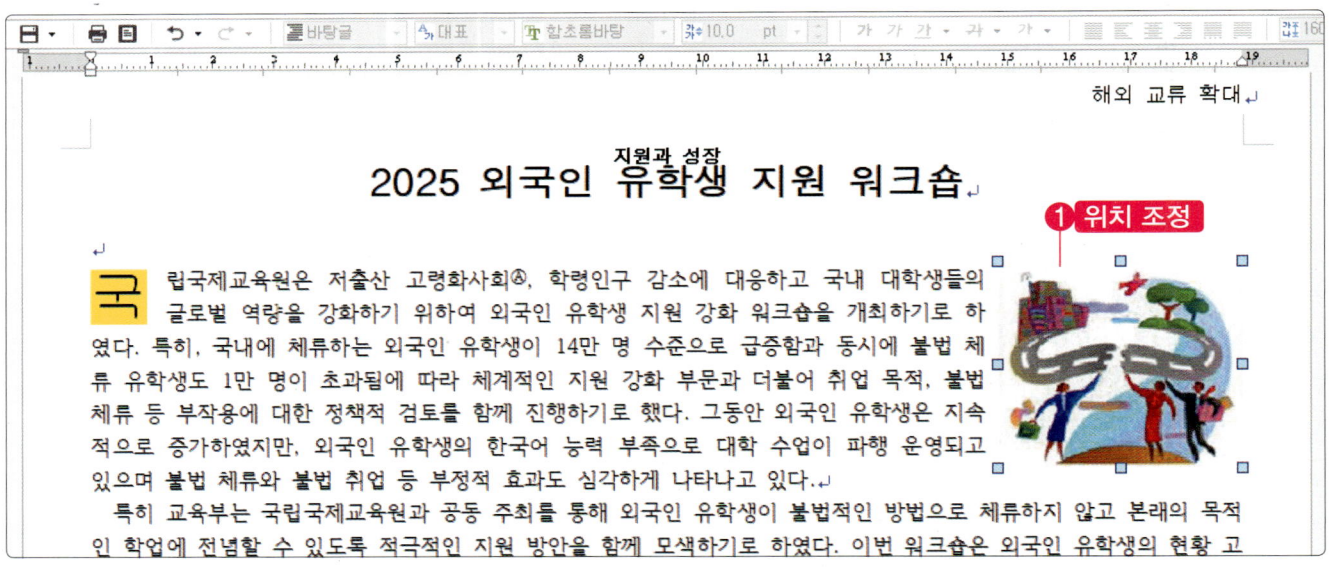

오른쪽 끝 부분의 글자가 《출력형태》와 다를 경우에는 '글자 누락, 오타, 띄어쓰기' 등을 다시 한 번 확인해야 합니다.

BiG 1 빅 폰트(Big Font)
BiG 2 빅 픽쳐(Big Picture)
BiG 3 빅 북(Big Book)

ITQ 정보기술자격
HANGUL NEO

PART 03
기출예상문제

제1회 정보기술자격(ITQ) 시험	**제5회** 정보기술자격(ITQ) 시험
제2회 정보기술자격(ITQ) 시험	**제6회** 정보기술자격(ITQ) 시험
제3회 정보기술자격(ITQ) 시험	**제7회** 정보기술자격(ITQ) 시험
제4회 정보기술자격(ITQ) 시험	**Last Summary** (마무리 핵심요약)

- Last Summary (마무리 핵심요약)은 시험일에도 가져가세요.
- 1회부터 뜯어서 학습합니다.
- 실제 시험문제 화면크기와 글자크기를 100% 동일하게 적용하였습니다.
- 종이 스탠드는 필요하면 지금부터 사용하세요.
- 채점프로그램을 활용하여 점수를 바로 확인할 수 있습니다.

―――― 자르는 선　　　┆--▶ 기출문제지를 올려서 사용하세요~　　　----- 접는 선

❶ 교재에서 [종이 스탠드] 페이지를 분리합니다.

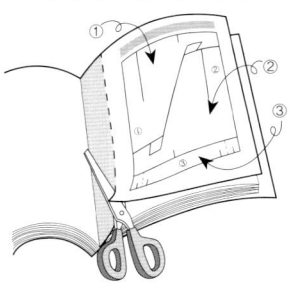

❷ 자르는 선을 모두 잘라 3개의 객체로 분리합니다.

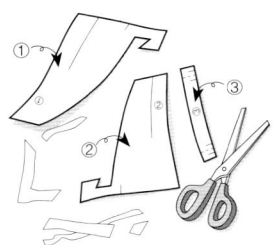

❸ ①번과 ②번을 서로 교차하여 끼워줍니다.

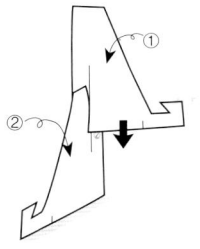

❹ ③번의 양쪽 접는 선 부분을 접어줍니다.

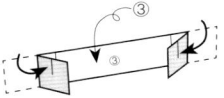

❺ ①번과 ②번의 조립된 부분을 ③번과 잘 맞추어 위·아래로 끼워줍니다.

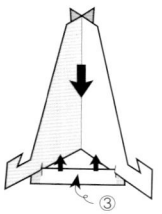

❻ 완성된 종이 스탠드를 잘 활용합니다.

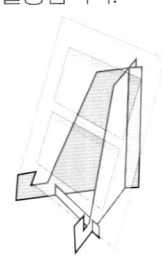

제1회 정보기술자격(ITQ) 시험

한컴오피스

과 목	코 드	문제유형	시험시간	수험번호	성 명
아래한글	1111	A	60분		

수험자 유의사항

- 수험자는 문제지를 받는 즉시 문제지와 <u>수험표상의 시험과목(프로그램)이 동일한지 반드시 확인</u>하여야 합니다.
- 파일명은 본인의 "수험번호-성명"으로 입력하여 답안폴더(내 PC₩문서₩ITQ)에 하나의 파일로 저장해야 하며, 답안문서 파일명이 "수험번호-성명"과 일치하지 않거나, 답안파일을 전송하지 않아 미제출로 처리될 경우 실격 처리합니다(예:12345678-홍길동.hwp).
- 답안 작성을 마치면 파일을 저장하고, '답안 전송' 버튼을 선택하여 감독위원 PC로 답안을 전송하십시오. 수험생 정보와 저장한 파일명이 다를 경우 전송되지 않으므로 주의하시기 바랍니다.
- 답안 작성 중에도 <u>주기적으로 저장하고, '답안 전송'</u>하여야 문제 발생을 줄일 수 있습니다. 작업한 내용을 저장하지 않고 전송할 경우 이전에 저장된 내용이 전송되오니 이점 유의하시기 바랍니다.
- 답안문서는 지정된 경로 외의 다른 보조기억장치에 저장하는 경우, 지정된 시험 시간 외에 작성된 파일을 활용할 경우, 기타 통신수단(이메일, 메신저, 네트워크 등)을 이용하여 타인에게 전달 또는 외부 반출하는 경우는 부정 처리합니다.
- 시험 중 부주의 또는 고의로 시스템을 파손한 경우는 수험자가 변상해야 하며, 〈수험자 유의사항〉에 기재된 방법대로 이행하지 않아 생기는 불이익은 수험생 당사자의 책임임을 알려 드립니다.
- 문제의 조건은 한컴오피스 2020 버전으로 설정되어 있으며 한컴오피스 NEO는 【 】에 표기되어 있습니다. 이와 관련하여 작성한 답안의 출력형태가 문제지와 다를 수 있습니다.
- 시험을 완료한 수험자는 답안파일이 전송되었는지 확인한 후 감독위원의 지시에 따라 문제지를 제출하고 퇴실합니다.

답안 작성요령

- **온라인 답안 작성 절차**
  수험자 등록 ⇒ 시험 시작 ⇒ 답안파일 저장 ⇒ 답안 전송 ⇒ 시험 종료
- **공통 부문**
  - 글꼴에 대한 기본설정은 함초롬바탕, 10포인트, 검정, 줄간격 160%, 양쪽정렬로 합니다.
  - 색상은 조건의 색을 적용하고 색의 구분이 안 될 경우에는 RGB 값을 적용하십시오.
    (빨강 255,0,0 / 파랑 0,0,255 / 노랑 255,255,0).
  - 각 문항에 주어진 ≪조건≫에 따라 작성하고 언급하지 않은 조건은 ≪출력형태≫와 같이 작성합니다.
  - 용지여백은 왼쪽·오른쪽 11mm, 위쪽·아래쪽·머리말·꼬리말 10mm, 제본 0mm로 합니다.
  - 그림 삽입 문제의 경우 「내 PC₩문서₩ITQ₩Picture」 폴더에서 지정된 파일을 선택하여 삽입하십시오.
  - 삽입한 그림은 반드시 문서에 포함하여 저장해야 합니다(미포함 시 감점 처리).
  - 각 항목은 지정된 페이지에 출력형태와 같이 정확히 작성하시기 바라며, 그렇지 않을 경우에 해당 항목은 0점 처리됩니다.
    ※ 페이지구분 : 1페이지 - 기능평가 I (문제번호 표시 : 1. 2.),
    　　　　　　　 2페이지 - 기능평가 II (문제번호 표시 : 3. 4.),
    　　　　　　　 3페이지 - 문서작성 능력평가
- **기능평가**
  - 문제와 ≪조건≫은 입력하지 않으며 문제번호와 답(≪출력형태≫)만 작성합니다.
  - 4번 문제는 묶기를 했을 경우 0점 처리됩니다.
- **문서작성 능력평가**
  - A4 용지(210mm×297mm) 1매 크기, 세로 서식 문서로 작성합니다.
  - ☐ 표시는 문서작성에 대한 지시사항이므로 작성하지 않습니다.

kpc 한국생산성본부

생활물류서비스 시설 지원방안

디지털과 모바일 기술의 발전과 함께 소비자의 취향과 소비패턴도 다양해지면서 온라인 쇼핑이 계속해서 늘어나고 있다. 서울과 수도권에 집중(集中)된 택배 물동량을 처리하기 위한 택배 시설은 턱없이 부족한 실정이다.

  서울 외곽으로 밀려난 물류시설은 허브 앤 스포크⊙ 방식의 국내 택배 처리 시스템에서 서울시 물동량이 멀리 떨어진 물류터미널까지 이동 후 다시 서울로 유입되는 비효율을 발생시키고 있으며, 이는 다시 택배 차량의 통행 거리를 증가시켜 에너지 소비 증가, 환경오염 등 많은 사회적 부작용을 유발(誘發)한다. 택배 차량의 통행거리 증가는 교통정체 증가, 종사자 근로환경 악화 등 사회적 갈등의 한 요인이다. 문제 해결을 위해 택배 물동량 처리에 상응하는 적정 택배 서브터미널의 추가 확보가 이루어져야 한다. 택배 시장 현황과 이슈를 살펴보고 서울시 택배 물동량을 분석하여 추가로 필요한 택배 서브터미널의 규모와 위치를 도출한다. 서울시 내부에 택배 서브터미널을 구축하기 위한 가용부지의 활용을 위해 관련 법과 제도를 검토한다. 택배 서브터미널의 적정 규모와 위치는 '시설 입지 문제'를 우선 구축하고 택배 물동량 현황과 전망을 토대로 시나리오를 설정한 후 시나리오별 최적해를 도출한다.

■ 물류시설 확보를 위한 법/제도 개선

  가. 물류 인프라 확충 지원 및 규제 완화
      ㉠ 정부차원의 생활물류서비스 발전법 제정
      ㉡ 공공 주도 개발방식 적극 활용
  나. 도시계획시설의 입체/복합개발 현실적 대안
      ㉠ 일정 규모의 부지 확보, 차량 통행 유출입 유연
      ㉡ 교통시설과 유수지 등 방재시설 적합

■ 서브터미널 추정 결과

구분	시나리오	우선 배정	서브터미널 수(개)	경제 타당성
현재 물동량	원안	수도권 내 기존 물류터미널 67개	63	3.46
	시나리오 1	기존 서울 인근 터미널 51개	63	1.40
장래 물동량	시나리오 2	서울 내부 터미널 23개	72	1.38
	시나리오 3	서울 내부 터미널 51개	69	1.01
현재 및 장래 물동량 원안		수도권 내 기존 물류터미널 우선 배정 후 후보 대상지(168개) 추가		

도시인프라계획센터

㉠ 국가 간 공항 중심의 작은 노선이 연결된 항공 네트워크 형태

기능평가 II (150점)

3. 다음 (1), (2)의 수식을 수식 편집기로 각각 입력하시오. (40점)

≪출력형태≫

(1) $V = \dfrac{1}{R}\int_0^q q\,dq = \dfrac{1}{2}\dfrac{q^2}{R}$

(2) $\int_0^1 (\sin x + \dfrac{x}{2})dx = \int_0^1 \dfrac{1+\sin x}{2}dx$

4. 다음의 ≪조건≫에 따라 ≪출력형태≫와 같이 문서를 작성하시오. (110점)

≪조건≫
(1) 그리기 도구를 이용하여 작성하고, 모든 도형(글맵시, 지정된 그림 포함)을 ≪출력형태≫와 같이 작성하시오.
(2) 도형의 면색은 지시사항이 없으면 색 없음을 제외하고 서로 다르게 임의로 지정하시오.

≪출력형태≫

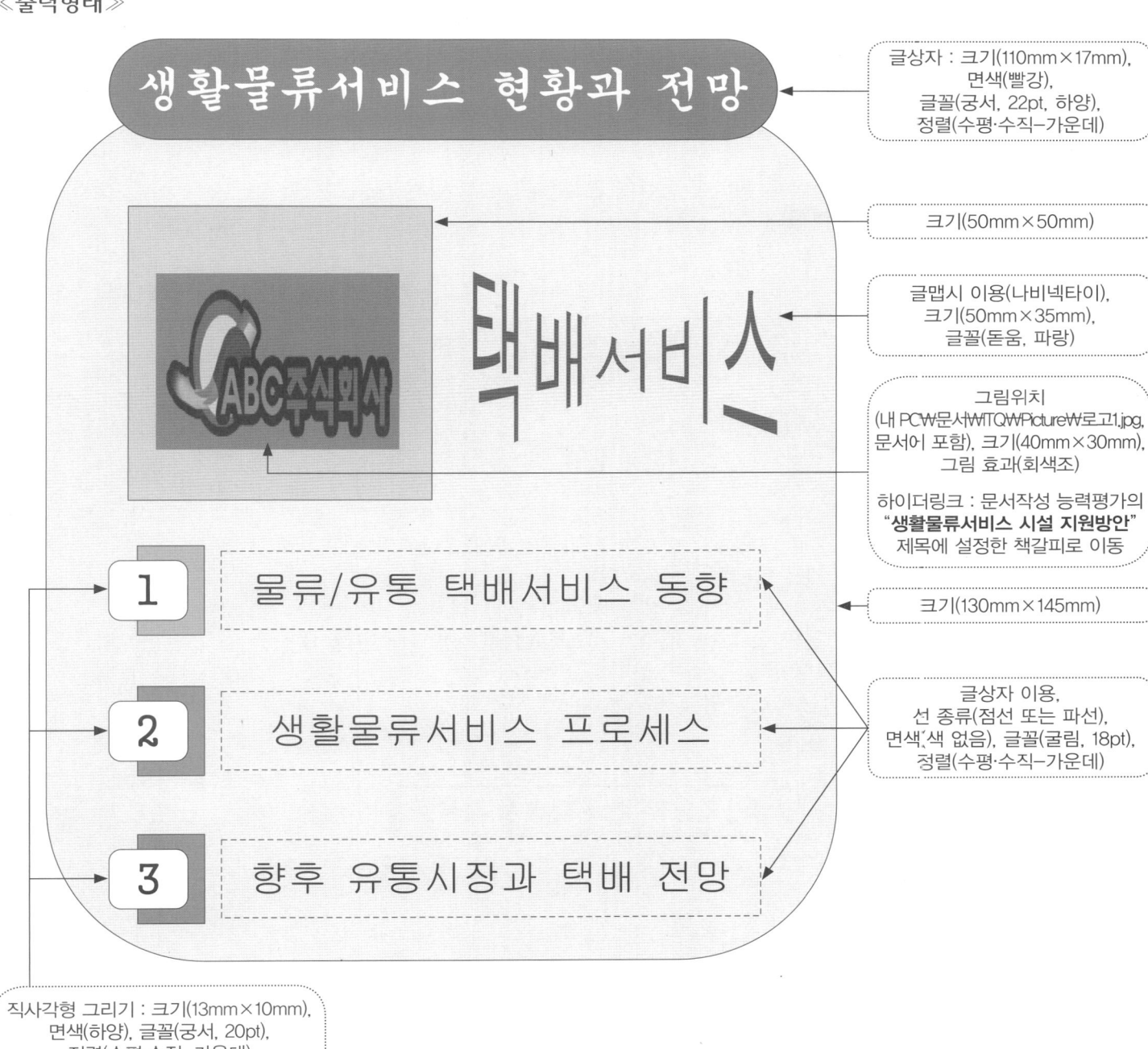

기능평가 I (150점)

1. 다음의 ≪조건≫에 따라 스타일 기능을 적용하여 ≪출력형태≫와 같이 작성하시오. (50점)

≪조건≫ (1) 스타일 이름 - delivery
(2) 문단 모양 - 왼쪽 여백 : 15pt, 문단 아래 간격 : 10pt
(3) 글자 모양 - 글꼴 : 한글(돋움)/영문(굴림), 크기 : 10pt, 장평 : 95%, 자간 : 5%

≪출력형태≫

To efficient placement and operation of the joint delivery center, it is necessary to analyze the systematic collection of delivery centers, and regional economic indicators.

공동배송센터 구축사업의 효율적 배치와 운영을 위해 택배 물동량 자료의 체계적인 수집방안을 모색하고, 물동량 자료와 지역별 사회경제 지표를 연계하여 분석할 필요가 있다.

2. 다음의 ≪조건≫에 따라 ≪출력형태≫와 같이 표와 차트를 작성하시오. (100점)

≪표 조건≫ (1) 표 전체(표, 캡션) - 돋움, 10pt
(2) 정렬 - 문자 : 가운데 정렬, 숫자 : 오른쪽 정렬
(3) 셀 배경(면색) : 노랑
(4) 한글의 계산 기능을 이용하여 빈칸에 합계를 구하고, 캡션 기능 사용할 것
(5) 선 모양은 ≪출력형태≫와 동일하게 처리할 것

≪출력형태≫

연도별 주요 택배사 점유율(단위 : 백 개)

구분	2022년	2023년	2024년	2025년	합계
A택배	1,054	1,224	1,320	1,689	
B택배	293	332	387	453	
C택배	282	317	368	465	
D택배	188	214	263	246	

≪차트 조건≫ (1) 차트 데이터는 표 내용에서 연도별 A택배, B택배, C택배의 값만 이용할 것
(2) 종류 - <묶은 세로 막대형>으로 작업할 것
(3) 제목 - 굴림, 진하게, 12pt, 속성 - 채우기(하양), 테두리, 그림자(대각선 오른쪽 아래)
【굴림, 진하게, 12pt, 배경 - 선 모양(한 줄로), 그림자(2pt)】
(4) 제목 이외의 전체 글꼴 - 굴림, 보통, 10pt
(5) 축제목과 범례는 ≪출력형태≫와 동일하게 처리할 것

≪출력형태≫

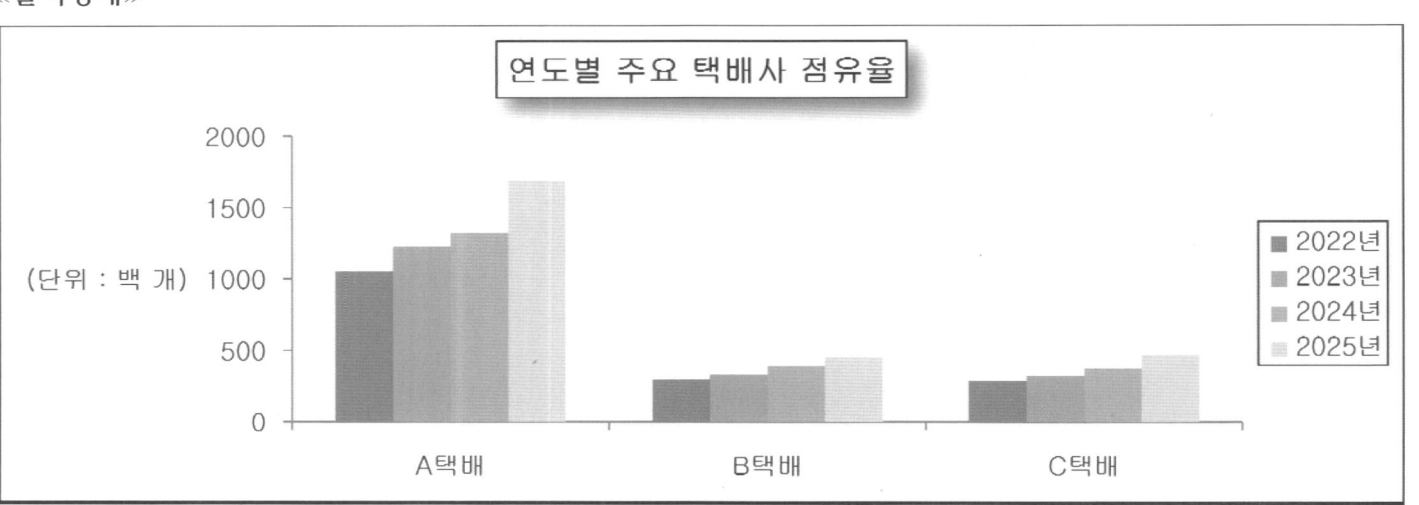

제2회 정보기술자격(ITQ) 시험 — 한컴오피스

과목	코드	문제유형	시험시간	수험번호	성명
아래한글	1111	B	60분		

수험자 유의사항

- 수험자는 문제지를 받는 즉시 문제지와 <u>수험표상의 시험과목(프로그램)이 동일한지 반드시 확인</u>하여야 합니다.
- 파일명은 본인의 "수험번호-성명"으로 입력하여 답안폴더(내 PC\문서\ITQ)에 하나의 파일로 저장해야 하며, 답안문서 파일명이 "수험번호-성명"과 일치하지 않거나, 답안파일을 전송하지 않아 미제출로 처리될 경우 실격 처리합니다(예:12345678-홍길동.hwp).
- 답안 작성을 마치면 파일을 저장하고, '답안 전송' 버튼을 선택하여 감독위원 PC로 답안을 전송하십시오. 수험생 정보와 저장한 파일명이 다를 경우 전송되지 않으므로 주의하시기 바랍니다.
- 답안 작성 중에도 <u>주기적으로 저장하고, '답안 전송'</u>하여야 문제 발생을 줄일 수 있습니다. 작업한 내용을 저장하지 않고 전송할 경우 이전에 저장된 내용이 전송되오니 이점 유의하시기 바랍니다.
- 답안문서는 지정된 경로 외의 다른 보조기억장치에 저장하는 경우, 지정된 시험 시간 외에 작성된 파일을 활용할 경우, 기타 통신수단(이메일, 메신저, 네트워크 등)을 이용하여 타인에게 전달 또는 외부 반출하는 경우는 부정 처리합니다.
- 시험 중 부주의 또는 고의로 시스템을 파손한 경우는 수험자가 변상해야 하며, 〈수험자 유의사항〉에 기재된 방법대로 이행하지 않아 생기는 불이익은 수험생 당사자의 책임임을 알려 드립니다.
- 문제의 조건은 한컴오피스 2020 버전으로 설정되어 있으며 한컴오피스 NEO는 【 】에 표기되어 있습니다. 이와 관련하여 작성한 답안의 출력형태가 문제지와 다를 수 있습니다.
- 시험을 완료한 수험자는 답안파일이 전송되었는지 확인한 후 감독위원의 지시에 따라 문제지를 제출하고 퇴실합니다.

답안 작성요령

- **온라인 답안 작성 절차**
  수험자 등록 ⇒ 시험 시작 ⇒ 답안파일 저장 ⇒ 답안 전송 ⇒ 시험 종료
- **공통 부문**
  - 글꼴에 대한 기본설정은 함초롬바탕, 10포인트, 검정, 줄간격 160%, 양쪽정렬로 합니다.
  - 색상은 조건의 색을 적용하고 색의 구분이 안 될 경우에는 RGB 값을 적용하십시오.
    (빨강 255,0,0 / 파랑 0,0,255 / 노랑 255,255,0).
  - 각 문항에 주어진 ≪조건≫에 따라 작성하고 언급하지 않은 조건은 ≪출력형태≫와 같이 작성합니다.
  - 용지여백은 왼쪽·오른쪽 11mm, 위쪽·아래쪽·머리말·꼬리말 10mm, 제본 0mm로 합니다.
  - 그림 삽입 문제의 경우 「내 PC\문서\ITQ\Picture」 폴더에서 지정된 파일을 선택하여 삽입하십시오.
  - 삽입한 그림은 반드시 문서에 포함하여 저장해야 합니다(미포함 시 감점 처리).
  - 각 항목은 지정된 페이지에 출력형태와 같이 정확히 작성하시기 바라며, 그렇지 않을 경우에 해당 항목은 0점 처리됩니다.
    ※ 페이지구분 : 1페이지 - 기능평가 I (문제번호 표시 : 1. 2.),
       2페이지 - 기능평가 II (문제번호 표시 : 3. 4.),
       3페이지 - 문서작성 능력평가
- **기능평가**
  - 문제와 ≪조건≫은 입력하지 않으며 문제번호와 답(≪출력형태≫)만 작성합니다.
  - 4번 문제는 묶기를 했을 경우 0점 처리됩니다.
- **문서작성 능력평가**
  - A4 용지(210mm×297mm) 1매 크기, 세로 서식 문서로 작성합니다.
  - ◯ 표시는 문서작성에 대한 지시사항이므로 작성하지 않습니다.

kpc 한국생산성본부

포항바다국제연극제

포항바다국제연극제는 매년 여름에 열리는 국제 연극 축제로서 포항시와 경상북도에서 후원하여 올해로 23회를 맞이한다. 포항바다국제연극제는 지역의 문화 발전 및 관광 자원 개발을 주도(主導)하고자 개최되며, 공연예술제의 테마는 자연과 바다 그리고 인간이 하나 되는 세상을 만드는 데 있다.

포항바다국제연극제는 여름이면 생각나는 바다와 백사장 그리고 포항의 상징인 포스코를 배경으로 포항의 대표적인 랜드마크로 자리 잡은 영일대 해상누각 앞에서 10월 16일부터 7일간 펼쳐진다. 코믹극, 공포극, 1인극 등 다양한 연극과 거리 퍼포먼스, 콘서트, 뮤지컬 등 다채로운 공연으로 축제의 분위기가 더욱 고조(高潮)될 전망이다. 또한, 포항 국제불빛축제와 연계하여 축제 분위기를 한껏 돋울 거리 퍼포먼스와 화려한 공연 예술을 선보일 예정이다. 2023년 축제에서는 국내 20여 팀 외에 중국과 베트남, 오스트리아, 네덜란드, 일본, 미국 등 해외 팀 19단체가 참여할 예정이어서 국제 행사로서의 입지도 굳혀가고 있다.

♥ 행사 개요

가. 일정 및 주제
  ㉠ 일정 : 2025. 10. 13(월) - 2025. 10. 19(일)
  ㉡ 주제 : 꿈꾸는 바다 그리고 인간
나. 장소 및 주최
  ㉠ 장소 : 포항북부해수욕장 영일대 해상누각 앞
  ㉡ 주최 : 포항시, (사)포항바다국제연극제진흥회

♥ 공연 관람 일정

일자	시간	공연 및 연극	국가	장소
10. 13(월)	오후 7시	배소고지 이야기	한국	중앙무대
10. 14(화)	오후 3시	라마야나	중국	연극무대
10. 18(토)	오후 7시	화이어쇼	오스트리아	시립아트홀
10. 19(일)	오후 7시	오페라 부룽불불	말레이시아	연극무대
		이야기가 있는 음악회	한국	중앙무대

포항바다국제연극제진흥회

㉠ 산과 바다 그리고 문화와 인간이 어우러진 국제 연극 축제

기능평가 II (150점)

3. 다음 (1), (2)의 수식을 수식 편집기로 각각 입력하시오. (40점)

≪출력형태≫

(1) $\sum_{k=1}^{n} k^3 = \frac{n(n+1)}{2} = \sum_{k=1}^{n} k$

(2) $\frac{t_A}{t_B} = \sqrt{\frac{d_B}{d_A}} = \sqrt{\frac{M_B}{M_A}}$

4. 다음의 ≪조건≫에 따라 ≪출력형태≫와 같이 문서를 작성하시오. (110점)

≪조건≫
(1) 그리기 도구를 이용하여 작성하고, 모든 도형(글맵시, 지정된 그림 포함)을 ≪출력형태≫와 같이 작성하시오.
(2) 도형의 면색은 지시사항이 없으면 색 없음을 제외하고 서로 다르게 임의로 지정하시오.

≪출력형태≫

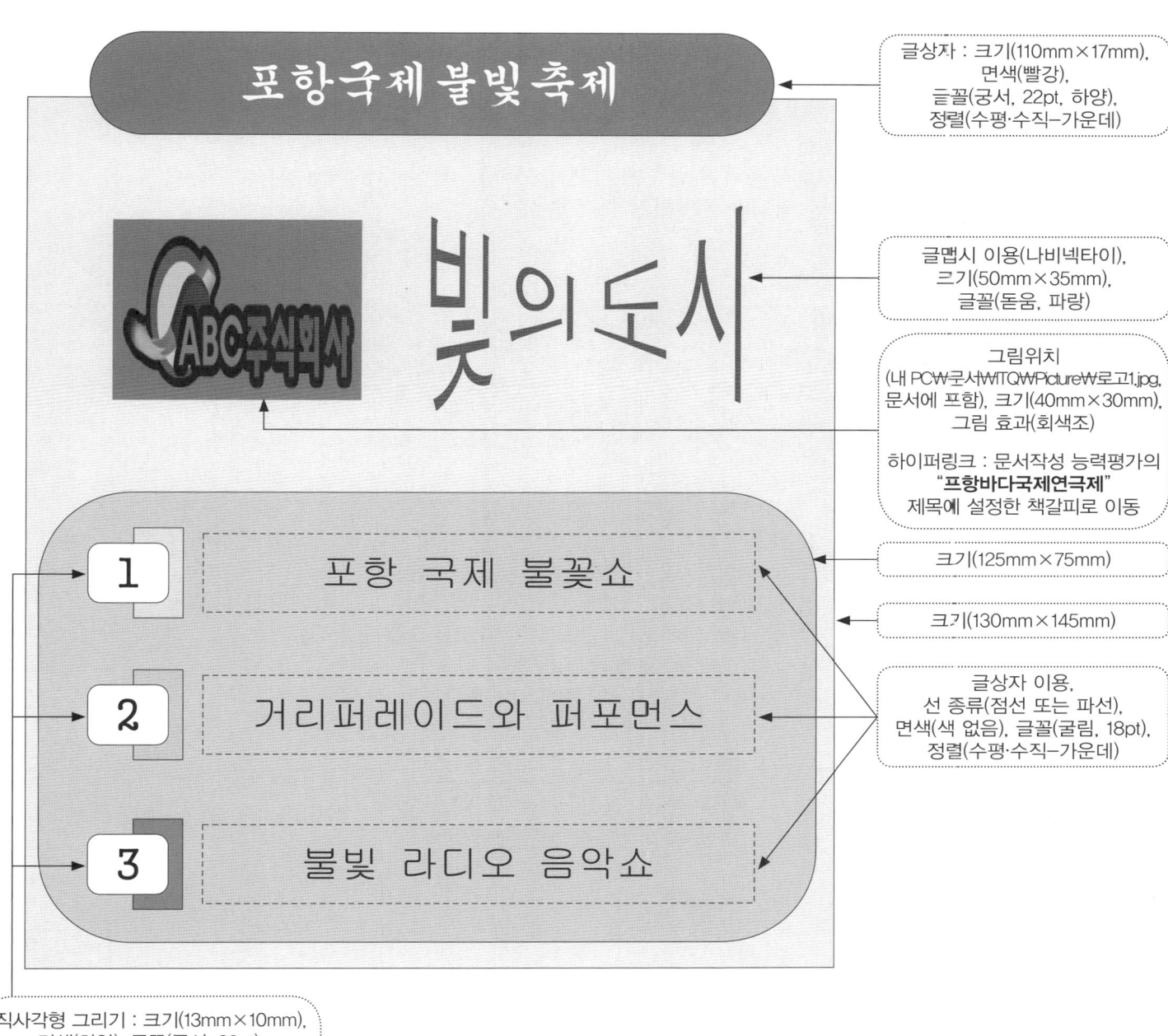

기능평가 I (150점)

1. 다음의 ≪조건≫에 따라 스타일 기능을 적용하여 ≪출력형태≫와 같이 작성하시오. (50점)

≪조건≫ (1) 스타일 이름 - festival
(2) 문단 모양 - 왼쪽 여백 : 15pt, 문단 아래 간격 : 10pt
(3) 글자 모양 - 글꼴 : 한글(돋움)/영문(굴림), 크기 : 10pt, 장평 : 95%, 자간 : 5%

≪출력형태≫

Celebrating its 23th anniversary this year, the Festival has been held annually in Pohang, the Republic of Korea, collaborating with other local arts festivals.

포항바다국제연극제는 포항시와 경상북도에서 후원하는 국제 공연 축제로서 매년 새로운 콘텐츠와 콘셉트를 도입하여 국제 행사로서의 입지를 굳혀가고 있습니다.

2. 다음의 ≪조건≫에 따라 ≪출력형태≫와 같이 표와 차트를 작성하시오. (100점)

≪표 조건≫ (1) 표 전체(표, 캡션) - 돋움, 10pt
(2) 정렬 - 문자 : 가운데 정렬, 숫자 : 오른쪽 정렬
(3) 셀 배경(면색) : 노랑
(4) 한글의 계산 기능을 이용하여 빈칸에 합계를 구하고, 캡션 기능 사용할 것
(5) 선 모양은 ≪출력형태≫와 동일하게 처리할 것

≪출력형태≫

포항시 축제 방문객 현황(단위 : 만 명)

축제명	2021년	2022년	2023년	2024년	합계
바다연극축제	115	123	152	212	
해맞이축제	67	65	87	113	
우리불빛축제	54	67	74	98	
구룡포해변축제	38	49	55	82	

≪차트 조건≫ (1) 차트 데이터는 표 내용에서 연도별 바다연극축제, 해맞이축제, 우리불빛축제의 값만 이용할 것
(2) 종류 - <묶은 세로 막대형>으로 작업할 것
(3) 제목 - 굴림, 진하게, 12pt, 속성 - 채우기(하양), 테두리, 그림자(대각선 오른쪽 아래)
【굴림, 진하게, 12pt, 배경 - 선 모양(한 줄로), 그림자(2pt)】
(4) 제목 이외의 전체 글꼴 - 굴림, 보통, 10pt
(5) 축제목과 범례는 ≪출력형태≫와 동일하게 처리할 것

≪출력형태≫

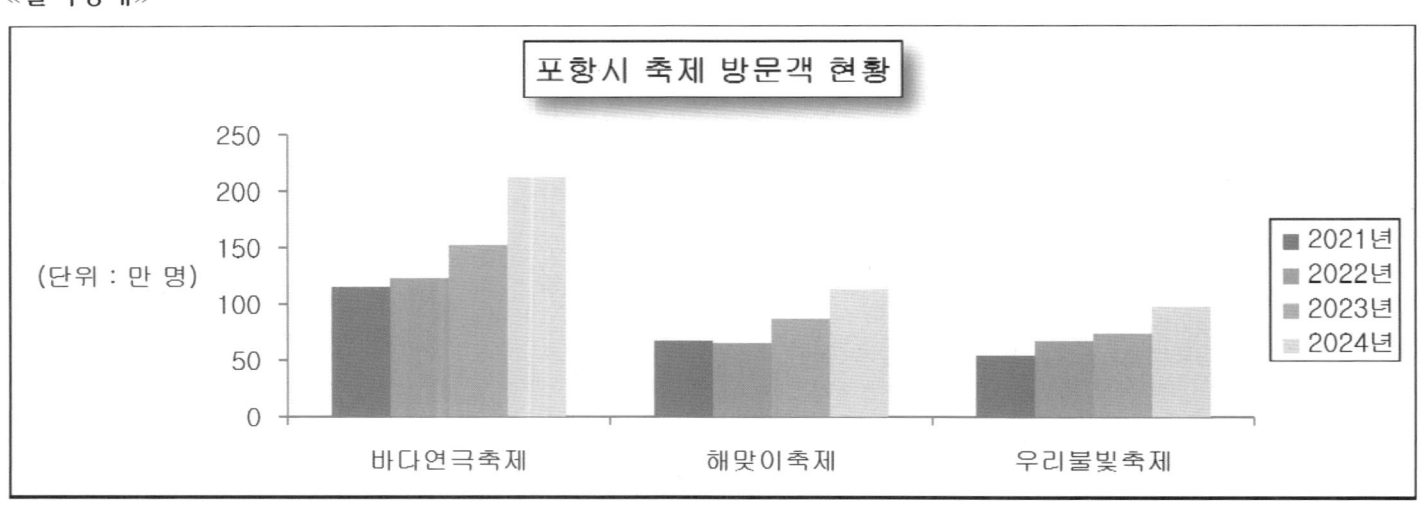

제3회 정보기술자격(ITQ) 시험 — 한컴오피스

과 목	코드	문제유형	시험시간	수험번호	성 명
아래한글	1111	C	60분		

수험자 유의사항

- 수험자는 문제지를 받는 즉시 문제지와 수험표상의 시험과목(프로그램)이 동일한지 반드시 확인하여야 합니다.
- 파일명은 본인의 "수험번호-성명"으로 입력하여 답안폴더(내 PC₩문서₩ITQ)에 하나의 파일로 저장해야 하며, 답안문서 파일명이 "수험번호-성명"과 일치하지 않거나, 답안파일을 전송하지 않아 미제출로 처리될 경우 실격 처리합니다(예:12345678-홍길동.hwp).
- 답안 작성을 마치면 파일을 저장하고, '답안 전송' 버튼을 선택하여 감독위원 PC로 답안을 전송하십시오. 수험생 정보와 저장한 파일명이 다를 경우 전송되지 않으므로 주의하시기 바랍니다.
- 답안 작성 중에도 주기적으로 저장하고, '답안 전송'하여야 문제 발생을 줄일 수 있습니다. 작업한 내용을 저장하지 않고 전송할 경우 이전에 저장된 내용이 전송되오니 이점 유의하시기 바랍니다.
- 답안문서는 지정된 경로 외의 다른 보조기억장치에 저장하는 경우, 지정된 시험 시간 외에 작성된 파일을 활용할 경우, 기타 통신수단(이메일, 메신저, 네트워크 등)을 이용하여 타인에게 전달 또는 외부 반출하는 경우는 부정 처리합니다.
- 시험 중 부주의 또는 고의로 시스템을 파손한 경우는 수험자가 변상해야 하며, 〈수험자 유의사항〉에 기재된 방법대로 이행하지 않아 생기는 불이익은 수험생 당사자의 책임임을 알려 드립니다.
- 문제의 조건은 한컴오피스 2020 버전으로 설정되어 있으며 한컴오피스 NEO는 【 】에 표기되어 있습니다. 이와 관련하여 작성한 답안의 출력형태가 문제지와 다를 수 있습니다.
- 시험을 완료한 수험자는 답안파일이 전송되었는지 확인한 후 감독위원의 지시에 따라 문제지를 제출하고 퇴실합니다.

답안 작성요령

- **온라인 답안 작성 절차**
  수험자 등록 ⇒ 시험 시작 ⇒ 답안파일 저장 ⇒ 답안 전송 ⇒ 시험 종료

- **공통 부문**
  - 글꼴에 대한 기본설정은 함초롬바탕, 10포인트, 검정, 줄간격 160%, 양쪽정렬로 합니다.
  - 색상은 조건의 색을 적용하고 색의 구분이 안 될 경우에는 RGB 값을 적용하십시오.
    (빨강 255,0,0 / 파랑 0,0,255 / 노랑 255,255,0).
  - 각 문항에 주어진 ≪조건≫에 따라 작성하고 언급하지 않은 조건은 ≪출력형태≫와 같이 작성합니다.
  - 용지여백은 왼쪽·오른쪽 11mm, 위쪽·아래쪽·머리말·꼬리말 10mm, 제본 0mm로 합니다.
  - 그림 삽입 문제의 경우 「내 PC₩문서₩ITQ₩Picture」 폴더에서 지정된 파일을 선택하여 삽입하십시오.
  - 삽입한 그림은 반드시 문서에 포함하여 저장해야 합니다(미포함 시 감점 처리).
  - 각 항목은 지정된 페이지에 출력형태와 같이 정확히 작성하시기 바라며, 그렇지 않을 경우에 해당 항목은 0점 처리됩니다.
    ※ 페이지구분 : 1페이지 - 기능평가 I (문제번호 표시 : 1. 2.),
    　　　　　　　 2페이지 - 기능평가 II (문제번호 표시 : 3. 4.),
    　　　　　　　 3페이지 - 문서작성 능력평가

- **기능평가**
  - 문제와 ≪조건≫은 입력하지 않으며 문제번호와 답(≪출력형태≫)만 작성합니다.
  - 4번 문제는 묶기를 했을 경우 0점 처리됩니다.

- **문서작성 능력평가**
  - A4 용지(210mm×297mm) 1매 크기, 세로 서식 문서로 작성합니다.
  - ☐ 표시는 문서작성에 대한 지시사항이므로 작성하지 않습니다.

kpc 한국생산성본부

한국직업전망 세미나

최근 사회는 다양한 요인으로 인해 빠르게 변화하고 있습니다. 첨단산업 기술의 발전과 IT 기술의 보편화로 우리의 생활은 몇 년 전에 비해 크게 달라졌으며 저출산, 고령화로 인한 인구구조의 변화, 정부정책기조 및 산업구조의 변화 등에 의해서도 영향을 받고 있습니다. 이러한 사회 환경의 변화는 직업에도 큰 영향을 미치고 있습니다. 기존의 직업들이 축소되거나 사라지기도 하고, 기술의 발전 등으로 없던 직업이 새로이 등장하기도 합니다. 또한 산업을 이끌어가는 주요 직업들도 변화하게 됩니다. 특히 고령인구 및 1인 가구의 증가, 국민생활 수준의 향상, IT 기술의 발달 등으로 향후에는 보건 및 의료 서비스와 문화 관련 전문가의 수요(需要)가 증대할 것으로 보입니다.

한국고용정보원은 변화하는 상황에 따른 직업의 변화, 향후 전망(展望) 및 창직ⓐ에 대한 세미나를 개최하오니 일자리를 구하고자 하는 구직자와 대학생에게는 직업 탐색의 정보로, 학생들의 진로를 상담하고 설계하는 중고등학교의 진로진학상담교사에게는 중요한 진로 자료로 활용되길 바랍니다.

♥ 세미나 일정 및 내용

가. 일정 및 장소
  ㉠ 일정 : 2025. 10. 20(월) - 2023. 10. 23(목)
  ㉡ 장소 : 고용노동부 7층 회의실
나. 내용
  ㉠ 구인구직 및 취업 동향
  ㉡ 새로운 직업 소개 및 취업지원 프로그램 소개

♥ 취업희망 프로그램

모듈명	시간	세부 내용
나를 만나는 날	6시간	빗장 열기, 나와의 만남(교류분석, 역경을 통해 발견한 나의 힘)
너를 만나는 날		우리는 한 운명, 건강한 만남의 조건, 내 마음 또는 상대방 마음 헤아리기
직업을 만나는 날	4시간	안성맞춤 직업 찾기, 직업 정보 찾기
희망으로 가는 날		장기목표 및 단기계획 세우기, 동아리 구성 및 카페 소개, 수료식

한국고용정보원

ⓐ 창조적 아이디어를 통해 개인이 새로운 직접을 발굴하고 일자리를 창출하는 것

기능평가 II (150점)

3. 다음 (1), (2)의 수식을 수식 편집기로 각각 입력하시오. (40점)

≪출력형태≫

(1) $m_2 - m_1 = \dfrac{5}{2} \log \dfrac{h_1}{h_2}$

(2) $\lim\limits_{n \to \infty} P_n = 1 - \dfrac{9^3}{10^3} = \dfrac{271}{1000}$

4. 다음의 ≪조건≫에 따라 ≪출력형태≫와 같이 문서를 작성하시오. (110점)

≪조건≫

(1) 그리기 도구를 이용하여 작성하고, 모든 도형(글맵시, 지정된 그림 포함)을 ≪출력형태≫와 같이 작성하시오.
(2) 도형의 면색은 지시사항이 없으면 색 없음을 제외하고 서로 다르게 임의로 지정하시오.

≪출력형태≫

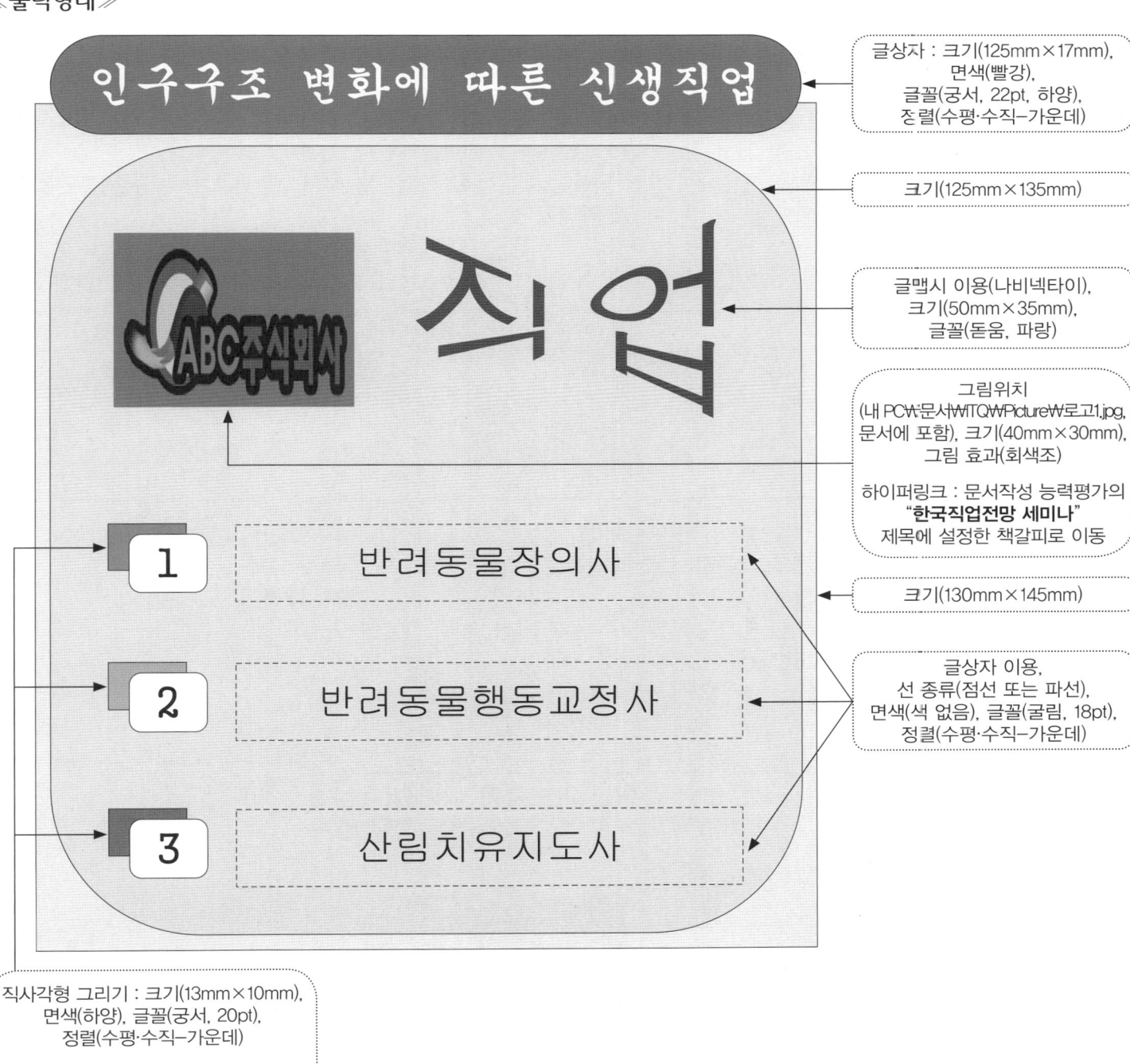

기능평가 I (150점)

1. 다음의 ≪조건≫에 따라 스타일 기능을 적용하여 ≪출력형태≫와 같이 작성하시오. (50점)

≪조건≫ (1) 스타일 이름 - keis
(2) 문단 모양 - 왼쪽 여백 : 15pt, 문단 아래 간격 : 10pt
(3) 글자 모양 - 글꼴 : 한글(돋움)/영문(굴림), 크기 : 10pt, 장평 : 95%, 자간 : 5%

≪출력형태≫

Korea Employment Information Service (KEIS) is working diligently to create a society where everyone can have work opportunity.

한국고용정보원은 고용과 직업에 관한 정보를 수집, 분석, 제공하고 고용서비스 선진화를 지원하는 고용노동부 산하기관으로 모두가 원하는 일자리에서 행복하게 일할 수 있도록 노력하고 있습니다.

2. 다음의 ≪조건≫에 따라 ≪출력형태≫와 같이 표와 차트를 작성하시오. (100점)

≪표 조건≫ (1) 표 전체(표, 캡션) - 돋움, 10pt
(2) 정렬 - 문자 : 가운데 정렬, 숫자 : 오른쪽 정렬
(3) 셀 배경(면색) : 노랑
(4) 한글의 계산 기능을 이용하여 빈칸에 평균(소수점 두 자리)을 구하고, 캡션 기능 사용할 것
(5) 선 모양은 ≪출력형태≫와 동일하게 처리할 것

≪출력형태≫

고용보험 신중년 피보험자의 연령 구성(단위 : %)

구분	2021년	2022년	2023년	2024년	평균
50-54세	37.5	37.1	36.6	36.4	
55-59세	32.1	31.1	30.1	28.9	
60-64세	20.5	21.3	21.9	22.6	
65-69세	10.1	10.6	11.5	12.1	

≪차트 조건≫ (1) 차트 데이터는 표 내용에서 연도별 50-54세, 55-59세, 60-64세의 값만 이용할 것
(2) 종류 - <묶은 세로 막대형>으로 작업할 것
(3) 제목 - 굴림, 진하게, 12pt, 속성 - 채우기(하양), 테두리, 그림자(대각선 오른쪽 아래)
【굴림, 진하게, 12pt, 배경 - 선 모양(한 줄로), 그림자(2pt)】
(4) 제목 이외의 전체 글꼴 - 굴림, 보통, 10pt
(5) 축제목과 범례는 ≪출력형태≫와 동일하게 처리할 것

≪출력형태≫

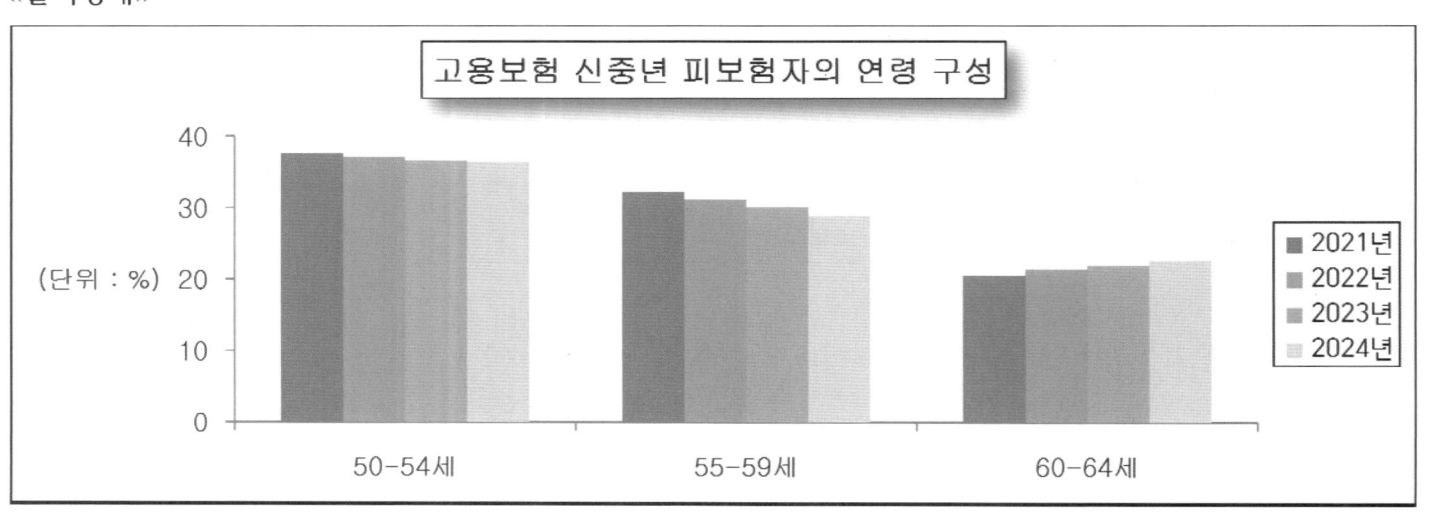

제4회 정보기술자격(ITQ) 시험

한컴오피스

과 목	코 드	문제유형	시험시간	수험번호	성 명
아래한글	1111	A	60분		

수험자 유의사항

- 수험자는 문제지를 받는 즉시 문제지와 <u>수험표상의 시험과목(프로그램)이 동일한지 반드시 확인</u>하여야 합니다.
- 파일명은 본인의 "수험번호-성명"으로 입력하여 답안폴더(내 PC₩문서₩ITQ)에 하나의 파일로 저장해야 하며, 답안문서 파일명이 "수험번호-성명"과 일치하지 않거나, 답안파일을 전송하지 않아 미제출로 처리될 경우 실격 처리합니다(예:12345678-홍길동.hwp).
- 답안 작성을 마치면 파일을 저장하고, '답안 전송' 버튼을 선택하여 감독위원 PC로 답안을 전송하십시오. 수험생 정보와 저장한 파일명이 다를 경우 전송되지 않으므로 주의하시기 바랍니다.
- 답안 작성 중에도 <u>주기적으로 저장하고, '답안 전송'</u>하여야 문제 발생을 줄일 수 있습니다. 작업한 내용을 저장하지 않고 전송할 경우 이전에 저장된 내용이 전송되오니 이점 유의하시기 바랍니다.
- 답안문서는 지정된 경로 외의 다른 보조기억장치에 저장하는 경우, 지정된 시험 시간 외에 작성된 파일을 활용할 경우, 기타 통신수단(이메일, 메신저, 네트워크 등)을 이용하여 타인에게 전달 또는 외부 반출하는 경우는 부정 처리합니다.
- 시험 중 부주의 또는 고의로 시스템을 파손한 경우는 수험자가 변상해야 하며, 〈수험자 유의사항〉에 기재된 방법대로 이행하지 않아 생기는 불이익은 수험생 당사자의 책임임을 알려 드립니다.
- 문제의 조건은 한컴오피스 2020 버전으로 설정되어 있으며 한컴오피스 NEO는 【 】에 표기되어 있습니다. 이와 관련하여 작성한 답안의 출력형태가 문제지와 다를 수 있습니다.
- 시험을 완료한 수험자는 답안파일이 전송되었는지 확인한 후 감독위원의 지시에 따라 문제지를 제출하고 퇴실합니다.

답안 작성요령

- **온라인 답안 작성 절차**
  수험자 등록 ⇒ 시험 시작 ⇒ 답안파일 저장 ⇒ 답안 전송 ⇒ 시험 종료
- **공통 부문**
  - 글꼴에 대한 기본설정은 함초롬바탕, 10포인트, 검정, 줄간격 160%, 양쪽정렬로 합니다.
  - 색상은 조건의 색을 적용하고 색의 구분이 안 될 경우에는 RGB 값을 적용하십시오.
    (빨강 255,0,0 / 파랑 0,0,255 / 노랑 255,255,0).
  - 각 문항에 주어진 ≪조건≫에 따라 작성하고 언급하지 않은 조건은 ≪출력형태≫와 같이 작성합니다.
  - 용지여백은 왼쪽·오른쪽 11mm, 위쪽·아래쪽·머리말·꼬리말 10mm, 제본 0mm로 합니다.
  - 그림 삽입 문제의 경우 「내 PC₩문서₩ITQ₩Picture」 폴더에서 지정된 파일을 선택하여 삽입하십시오.
  - 삽입한 그림은 반드시 문서에 포함하여 저장해야 합니다(미포함 시 감점 처리).
  - 각 항목은 지정된 페이지에 출력형태와 같이 정확히 작성하시기 바라며, 그렇지 않을 경우에 해당 항목은 0점 처리됩니다.
    ※ 페이지구분 : 1페이지 - 기능평가 I (문제번호 표시 : 1. 2.),
    　　　　　　　　2페이지 - 기능평가 II (문제번호 표시 : 3. 4.),
    　　　　　　　　3페이지 - 문서작성 능력평가
- **기능평가**
  - 문제와 ≪조건≫은 입력하지 않으며 문제번호와 답(≪출력형태≫)만 작성합니다.
  - 4번 문제는 묶기를 했을 경우 0점 처리됩니다.
- **문서작성 능력평가**
  - A4 용지(210mm×297mm) 1매 크기, 세로 서식 문서로 작성합니다.
  - ☐ 표시는 문서작성에 대한 지시사항이므로 작성하지 않습니다.

kpc 한국생산성본부

스마트 정부

2023 월드 스마트시티 엑스포

국토교통부와 과학기술정보통신부는 도시문제 해결과 시민들의 삶의 질을 제고하기 위해 첨단기술(尖端技術)을 활용하는 스마트 도시의 오늘과 내일을 한 곳에서 체험할 수 있는 2023 월드 스마트시티 엑스포를 개최한다. 스마트시티 분야의 전 세계 정부, 기업, 전문가들이 함께 모여 미래의 도시를 그려 나가는 아시아태평양 지역의 스마트시티 행사로 사람을 품고, 미래를 열고, 세계를 잇는 2023 월드 스마트시티 엑스포에서 상상 속 미래의 도시를 현실로 만들어가고 있다.

2017년부터 시작되어 올해로 7번째로 개최되는 2023 월드 스마트시티 엑스포는 UFI㉮로부터 국제인증을 획득하였으며, 전세계 스마트시티 관계자에 기술과 서비스를 홍보할 수 있는 아태지역 최대 플랫폼이자 스마트시티 민관합작투자 플랫폼 실현과 글로벌 스마트시티 리더들과 함께하는 비즈니스 상담의 장이다. 또한 ICT 전문가와 정부관계자들로부터 직접 최신 기술동향을 습득하고 스마트시티 기술 발전을 위한 아이디어를 공유(共有)하고 기업설명회를 통해 국내외 유력 바이어를 대상으로 전시 참가사가 기업 및 제품을 홍보할 수 있는 자리가 마련된다.

◆ 2023 월드 스마트시티 엑스포 개요

가. 일시 및 장소
  Ⓐ 일시 : 2023년 9월 6일(수) - 9월 8일(금)
  Ⓑ 장소 : 킨텍스 제1전시장 2-5홀
나. 주최 및 주관
  Ⓐ 주최 : 국토교통부, 과학기술정보통신부
  Ⓑ 주관 : 한국토지주택공사, 한국수자원공사

◆ 월드 스마트시티 주요 참가 품목

분야	영역	내용
스마트 라이프	생활	스마트 가전/홈, 스마트 생활편의 서비스, 스마트 공원 조성
헬스케어	헬스케어	의료정보/원격의료 시스템, 클라우드 기반 원스톱 의료서비스
스마트 경제	일자리	창업인큐베이팅센터, 창업과 스타트업 지원, 도시 해외수출
	물류	물류센터 및 물동량 현황 관리, 모바일 POS, 지능형 드론 배송
스마트 정부	소통/참여/현장형 행정	스마트 기반 현장행정, 공공분야 온라인 투표 시스템
	데이터 기반 거버넌스	공공 빅데이터 통합 저장소 구축, 민관 공동 빅데이터 플랫폼 구축

국토교통부 도시경제과

㉮ 국제전시연맹으로 세계 전시산업 분야에서 최고 권위를 자랑하는 국제기구

기능평가 II (150점)

3. 다음 (1), (2)의 수식을 수식 편집기로 각각 입력하시오. (40점)

≪출력형태≫

(1) $G = 2\int_{\frac{a}{2}}^{a} \frac{b\sqrt{a^2 - x^2}}{a} dx$

(2) $L = \frac{m+M}{m} V = \frac{m+M}{m}\sqrt{2gh}$

4. 다음의 ≪조건≫에 따라 ≪출력형태≫와 같이 문서를 작성하시오. (110점)

≪조건≫
(1) 그리기 도구를 이용하여 작성하고, 모든 도형(글맵시, 지정된 그림 포함)을 ≪출력형태≫와 같이 작성하시오.
(2) 도형의 면색은 지시사항이 없으면 색 없음을 제외하고 서로 다르게 임의로 지정하시오.

≪출력형태≫

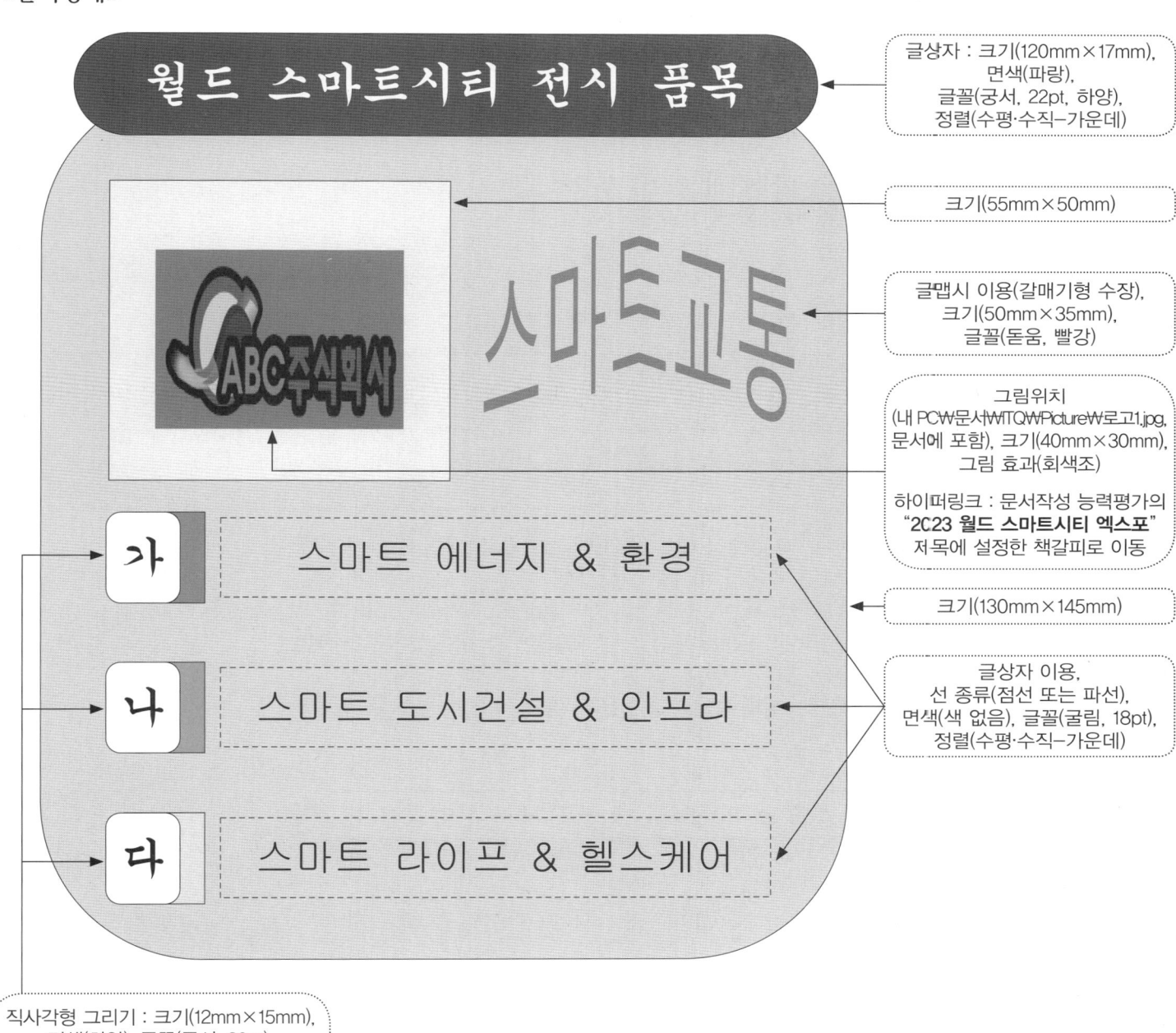

기능평가 I (150점)

1. 다음의 ≪조건≫에 따라 스타일 기능을 적용하여 ≪출력형태≫와 같이 작성하시오. (50점)

≪조건≫ (1) 스타일 이름 - exhibition
(2) 문단 모양 - 왼쪽 여백 : 15pt, 문단 아래 간격 : 10pt
(3) 글자 모양 - 글꼴 : 한글(돋움)/영문(굴림), 크기 : 10pt, 장평 : 95%, 자간 : 5%

≪출력형태≫

WSCE 2023 is the largest Smart City related technology exhibition in Asia where more than 20,000 visitors from 60 countries 200 cities gather together to build 'People-centered' smart cities.

2023 월드 스마트시티 엑스포는 60개국 200개 도시 2만여 명의 관람객이 모여 '사람 중심' 스마트시티를 구축하는 아시아 최대 규모의 스마트시티 관련 기술 전시회이다.

2. 다음의 ≪조건≫에 따라 ≪출력형태≫와 같이 표와 차트를 작성하시오. (100점)

≪표 조건≫ (1) 표 전체(표, 캡션) - 굴림, 10pt
(2) 정렬 - 문자 : 가운데 정렬, 숫자 : 오른쪽 정렬
(3) 셀 배경(면색) : 노랑
(4) 한글의 계산 기능을 이용하여 빈칸에 합계를 구하고, 캡션 기능 사용할 것
(5) 선 모양은 ≪출력형태≫와 동일하게 처리할 것

≪출력형태≫

월드 스마트시티 엑스포 참관객 연령별 현황(단위 : 백 명)

구분	3회	4회	5회	6회	합계
20대	42	51	54	60	
30대	55	69	72	79	
40대	98	113	118	123	
50대 이상	23	34	36	41	

≪차트 조건≫ (1) 차트 데이터는 표 내용에서 횟수별 20대, 30대, 40대의 값만 이용할 것
(2) 종류 - <묶은 세로 막대형>으로 작업할 것
(3) 제목 - 돋움, 진하게, 12pt, 속성 - 채우기(하양), 테두리, 그림자(대각선 오른쪽 아래)
【돋움, 진하게, 12pt, 배경 - 선 모양(한 줄로), 그림자(2pt)】
(4) 제목 이외의 전체 글꼴 - 돋움, 보통, 10pt
(5) 축제목과 범례는 ≪출력형태≫와 동일하게 처리할 것

≪출력형태≫

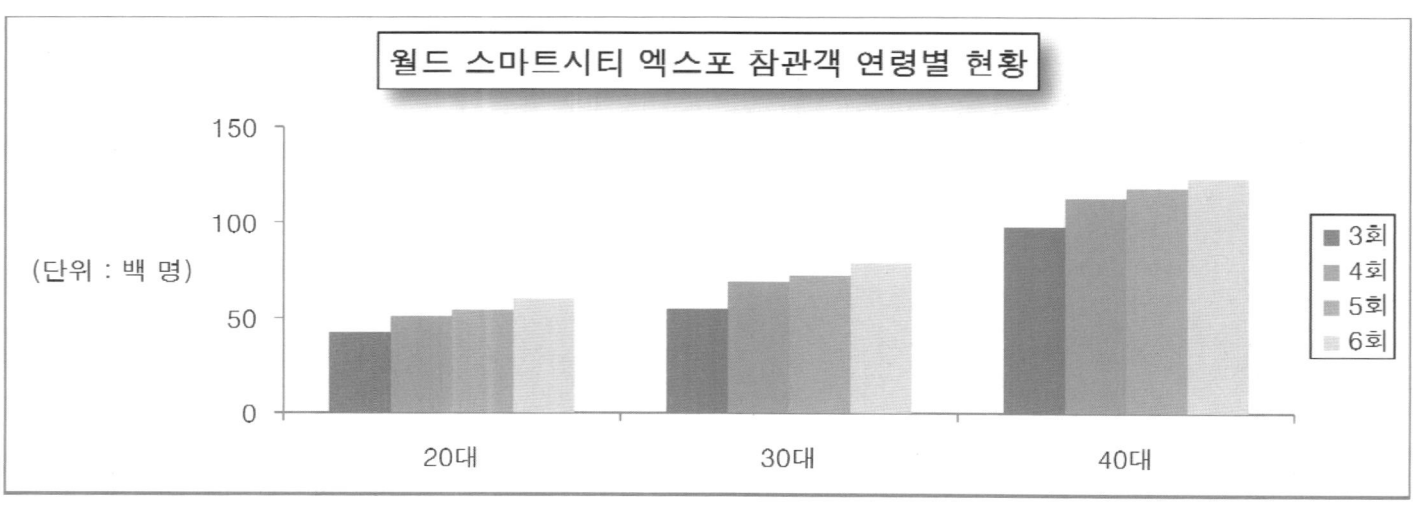

제5회 정보기술자격(ITQ) 시험 — 한컴오피스

과목	코드	문제유형	시험시간	수험번호	성 명
아래한글	1111	B	60분		

수험자 유의사항

- 수험자는 문제지를 받는 즉시 문제지와 수험표상의 시험과목(프로그램)이 동일한지 반드시 확인하여야 합니다.
- 파일명은 본인의 "수험번호-성명"으로 입력하여 답안폴더(내 PC\문서\ITQ)에 하나의 파일로 저장해야 하며, 답안문서 파일명이 "수험번호-성명"과 일치하지 않거나, 답안파일을 전송하지 않아 미제출로 처리될 경우 실격 처리합니다(예:12345678-홍길동.hwp).
- 답안 작성을 마치면 파일을 저장하고, '답안 전송' 버튼을 선택하여 감독위원 PC로 답안을 전송하십시오. 수험생 정보와 저장한 파일명이 다를 경우 전송되지 않으므로 주의하시기 바랍니다.
- 답안 작성 중에도 주기적으로 저장하고, '답안 전송'하여야 문제 발생을 줄일 수 있습니다. 작업한 내용을 저장하지 않고 전송할 경우 이전에 저장된 내용이 전송되오니 이점 유의하시기 바랍니다.
- 답안문서는 지정된 경로 외의 다른 보조기억장치에 저장하는 경우, 지정된 시험 시간 외에 작성된 파일을 활용할 경우, 기타 통신수단(이메일, 메신저, 네트워크 등)을 이용하여 타인에게 전달 또는 외부 반출하는 경우는 부정 처리합니다.
- 시험 중 부주의 또는 고의로 시스템을 파손한 경우는 수험자가 변상해야 하며, 〈수험자 유의사항〉에 기재된 방법대로 이행하지 않아 생기는 불이익은 수험생 당사자의 책임임을 알려 드립니다.
- 문제의 조건은 한컴오피스 2020 버전으로 설정되어 있으며 한컴오피스 NEO는 【 】에 표기되어 있습니다. 이와 관련하여 작성한 답안의 출력형태가 문제지와 다를 수 있습니다.
- 시험을 완료한 수험자는 답안파일이 전송되었는지 확인한 후 감독위원의 지시에 따라 문제지를 제출하고 퇴실합니다.

답안 작성요령

- **온라인 답안 작성 절차**
  수험자 등록 ⇒ 시험 시작 ⇒ 답안파일 저장 ⇒ 답안 전송 ⇒ 시험 종료
- **공통 부문**
  - 글꼴에 대한 기본설정은 함초롬바탕, 10포인트, 검정, 줄간격 160%, 양쪽정렬로 합니다.
  - 색상은 조건의 색을 적용하고 색의 구분이 안 될 경우에는 RGB 값을 적용하십시오.
    (빨강 255,0,0 / 파랑 0,0,255 / 노랑 255,255,0).
  - 각 문항에 주어진 ≪조건≫에 따라 작성하고 언급하지 않은 조건은 ≪출력형태≫와 같이 작성합니다.
  - 용지여백은 왼쪽·오른쪽 11mm, 위쪽·아래쪽·머리말·꼬리말 10mm, 제본 0mm로 합니다.
  - 그림 삽입 문제의 경우 「내 PC\문서\ITQ\Picture」 폴더에서 지정된 파일을 선택하여 삽입하십시오.
  - 삽입한 그림은 반드시 문서에 포함하여 저장해야 합니다(미포함 시 감점 처리).
  - 각 항목은 지정된 페이지에 출력형태와 같이 정확히 작성하시기 바라며, 그렇지 않을 경우에 해당 항목은 0점 처리됩니다.
    ※ 페이지구분 : 1페이지 - 기능평가 I (문제번호 표시 : 1. 2.),
    　　　　　　　　2페이지 - 기능평가 II (문제번호 표시 : 3. 4.),
    　　　　　　　　3페이지 - 문서작성 능력평가
- **기능평가**
  - 문제와 ≪조건≫은 입력하지 않으며 문제번호와 답(≪출력형태≫)만 작성합니다.
  - 4번 문제는 묶기를 했을 경우 0점 처리됩니다.
- **문서작성 능력평가**
  - A4 용지(210mm×297mm) 1매 크기, 세로 서식 문서로 작성합니다.
  - ▭ 표시는 문서작성에 대한 지시사항이므로 작성하지 않습니다.

kpc 한국생산성본부

환경 친화 자동차

친환경 자동차란 전기 자동차나 수소연료 자동차, 하이브리드 자동차 등과 같이 연료 효율을 극대화하고 유해물질이나 온실가스 배출량이 적어 환경 피해를 줄인 자동차를 말한다. 전기 자동차의 역사는 1828년 헝가리의 야노쉬 예드릭으로부터 시작되었으며, 1865년 프랑스의 물리학자 가스통 플랑테가 축전지를 개발하면서 전기를 동력원(動力源)으로 하는 최초의 실용적인 전기 자동차가 1884년 영국의 토머스 파커에 의해 만들어졌다. 1900년대 초반 내연기관 기술이 개발되면서 한동안 주춤했던 전기 자동차는 1980년대 들어 환경에 대한 관심이 증가하면서 다시 주목받기 시작했다.

세계적인 자동차 회사들은 친환경 자동차에 대한 다양한 기술 개발과 지속적인 투자(投資)에 노력하고 있다. BMW는 전기에너지를 풍력발전으로 생산하고 탄소섬유 부품에도 재활용에너지를 사용하며, 토요타는 하이브리드를 주력으로 생산하는 건물에 태양광 설비를 가동하여 태양열로 전기를 공급한다. 아우디도 원료의 조달과 부품의 생산공정에 친환경 기술을 도입하였다. 우리나라에서도 2013년 하반기부터 순수 전기 자동차 모델이 등장하기 시작했으며 현재는 다양한 하이브리드 자동차가 출시되고 있다.

♥ 국제 친환경 자동차 엑스포

1. 전시 기간 및 장소
    가. 일시 : 2023년 9월 6일(수) - 9월 8일(금)
    나. 장소 : 제주도국제컨벤션센터
2. 참가 규모 및 주요 행사
    가. 규모 : 친환경 자동차 제조사 및 관련 산업체 100개사
    나. 행사 : 전시회, 콘퍼런스, 부대 행사, 펨투어

♥ 엑스포 전시 품목

구분	내용	비고
모빌리티	승용차, 상용차, 전기버스, 초소형 전기차	기타 자세한 사항은 협회의 홈페이지를 참고하기 바랍니다.
모빌리티	이륜/삼륜차, 전동농기계, 전기선박, UAM	
충전기	완속충전, 급속충전, 무선충전, 가정용 충전, 휴대용 충전	
자율주행/AI/로봇	자율주행, 원격조종, AI, 소프트웨어	
자율주행/AI/로봇	로보틱스, 센서장비, 애플리케이션 등	
에너지	태양열, 풍력, 수소 등 친환경/신재생 에너지, 스마트그리드	

한국전기차협회

㉠ 수소(H)와 산소(O)를 반응시켜 생산된 전기를 동력원으로 하는 자동차

기능평가 II (150점)

3. 다음 (1), (2)의 수식을 수식 편집기로 각각 입력하시오. (40점)

≪출력형태≫

(1) $m = \dfrac{\Delta P}{K_a} = \dfrac{\Delta t_b}{K_b} = \dfrac{\Delta t_f}{K_f}$

(2) $\displaystyle\int_0^3 \dfrac{\sqrt{6t^2 - 18t + 12}}{5} dt = 11$

4. 다음의 ≪조건≫에 따라 ≪출력형태≫와 같이 문서를 작성하시오. (110점)

≪조건≫
(1) 그리기 도구를 이용하여 작성하고, 모든 도형(글맵시, 지정된 그림 포함)을 ≪출력형태≫와 같이 작성하시오.
(2) 도형의 면색은 지시사항이 없으면 색 없음을 제외하고 서로 다르게 임의로 지정하시오.

≪출력형태≫

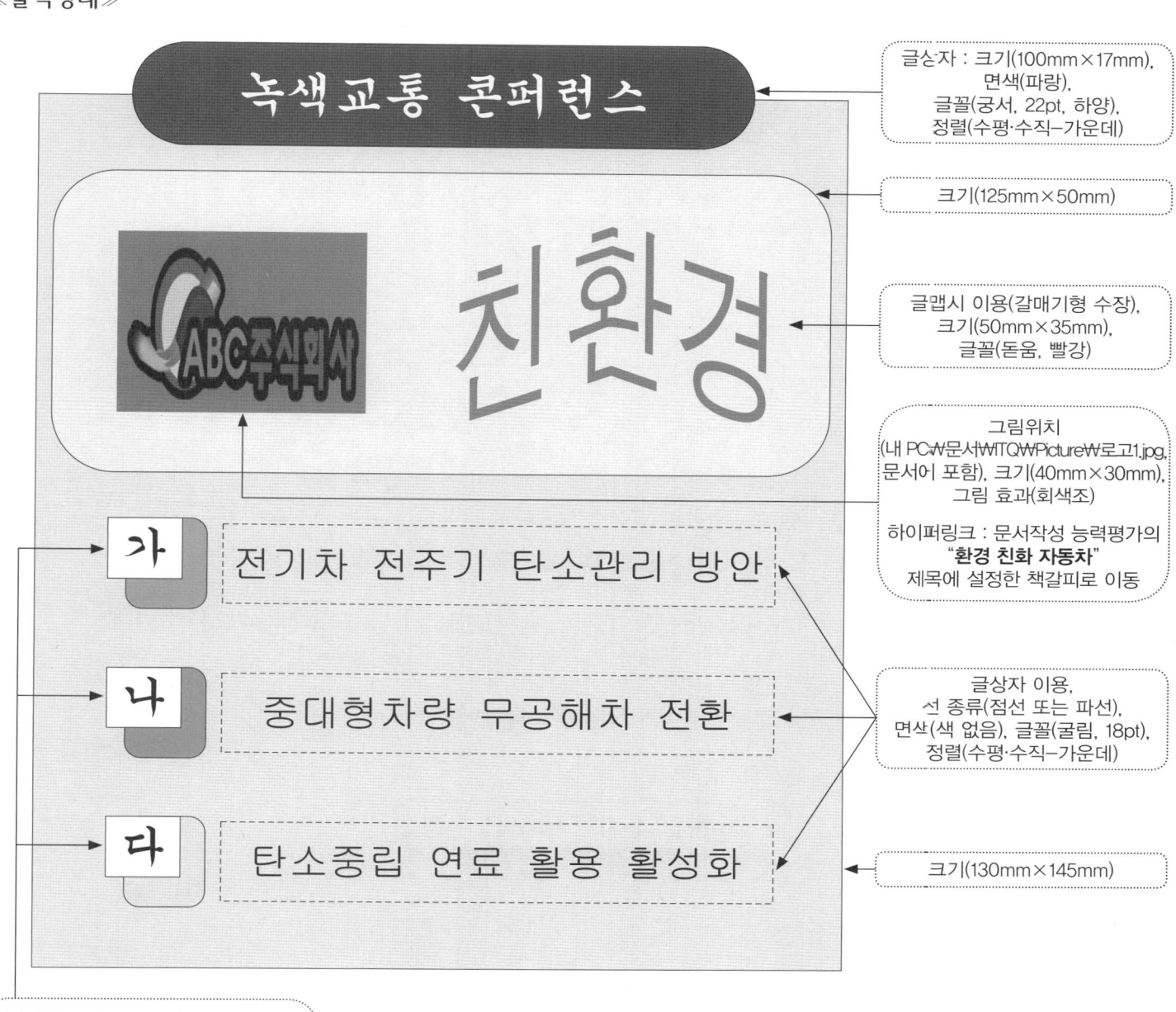

기능평가 I (150점)

1. 다음의 ≪조건≫에 따라 스타일 기능을 적용하여 ≪출력형태≫와 같이 작성하시오. (50점)

≪조건≫ (1) 스타일 이름 - air
(2) 문단 모양 - 왼쪽 여백 : 15pt, 문단 아래 간격 : 10pt
(3) 글자 모양 - 글꼴 : 한글(돋움)/영문(굴림), 크기 : 10pt, 장평 : 95%, 자간 : 5%

≪출력형태≫

Concern about air pollution has led to the acceptance of electric vehicles as a viable alternative to vehicles powered by gasoline.

친환경 자동차의 특징은 화석연료를 사용하는 일반 자동차보다 적은 연료로 먼 거리를 주행하고 동시에 이산화탄소 배출을 크게 줄일 수 있는 기술을 적용한 것이다.

2. 다음의 ≪조건≫에 따라 ≪출력형태≫와 같이 표와 차트를 작성하시오. (100점)

≪표 조건≫ (1) 표 전체(표, 캡션) - 굴림, 10pt
(2) 정렬 - 문자 : 가운데 정렬, 숫자 : 오른쪽 정렬
(3) 셀 배경(면색) : 노랑
(4) 한글의 계산 기능을 이용하여 빈칸에 합계를 구하고, 캡션 기능 사용할 것
(5) 선 모양은 ≪출력형태≫와 동일하게 처리할 것

≪출력형태≫

친환경 자동차 보급 현황(단위 : 천 대)

연도	하이브리드	블러그인하이브리드	전기	수소전지	합계
2020년	73	5	30	0.3	
2021년	108	10	40	2.0	
2022년	166	13	50	2.6	
2023년	253	19	64	3.9	

≪차트 조건≫ (1) 차트 데이터는 표 내용에서 구분별 2020년, 2021년, 2022년의 값만 이용할 것
(2) 종류 - <묶은 세로 막대형>으로 작업할 것
(3) 제목 - 돋움, 진하게, 12pt, 속성 - 채우기(하양), 테두리, 그림자(대각선 오른쪽 아래)
【돋움, 진하게, 12pt, 배경 - 선 모양(한 줄로), 그림자(2pt)】
(4) 제목 이외의 전체 글꼴 - 굴림, 보통, 10pt
(5) 축제목과 범례는 ≪출력형태≫와 동일하게 처리할 것

≪출력형태≫

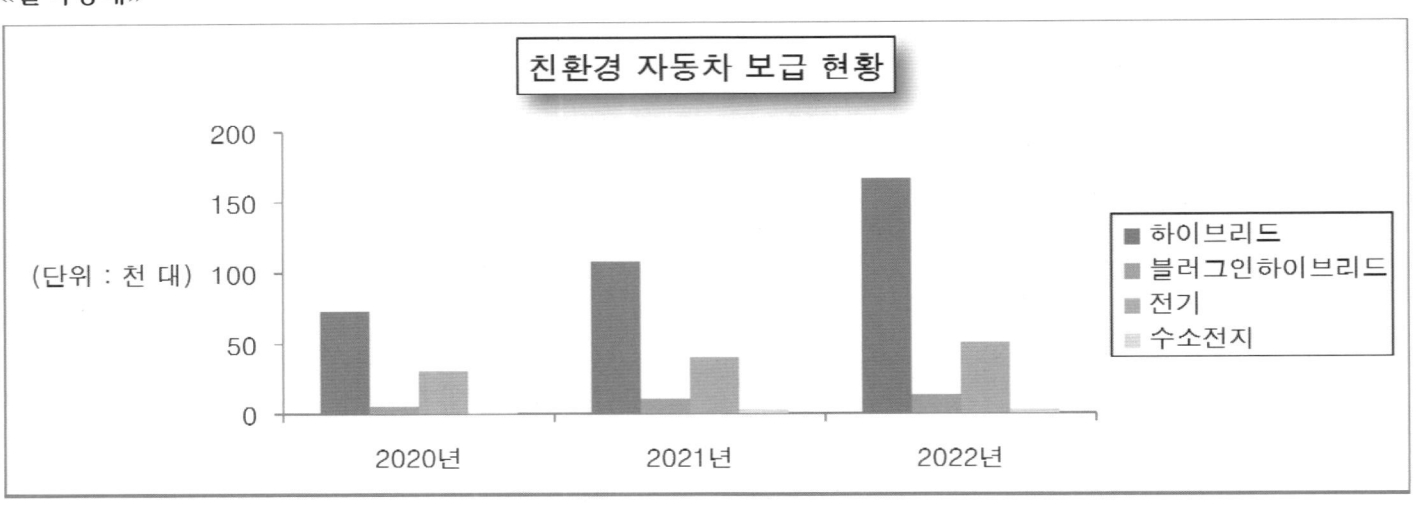

제6회 정보기술자격(ITQ) 시험 — 한컴오피스

과목	코드	문제유형	시험시간	수험번호	성명
아래한글	1111	C	60분		

수험자 유의사항

- 수험자는 문제지를 받는 즉시 문제지와 <u>수험표상의 시험과목(프로그램)이 동일한지 반드시 확인</u>하여야 합니다.
- 파일명은 본인의 "수험번호-성명"으로 입력하여 답안폴더(내 PC\문서\ITQ)에 하나의 파일로 저장해야 하며, 답안문서 파일명이 "수험번호-성명"과 일치하지 않거나, 답안파일을 전송하지 않아 미제출로 처리될 경우 실격 처리합니다(예:12345678-홍길동.hwp).
- 답안 작성을 마치면 파일을 저장하고, '답안 전송' 버튼을 선택하여 감독위원 PC로 답안을 전송하십시오. 수험생 정보와 저장한 파일명이 다를 경우 전송되지 않으므로 주의하시기 바랍니다.
- 답안 작성 중에도 <u>주기적으로 저장하고, '답안 전송'</u>하여야 문제 발생을 줄일 수 있습니다. 작업한 내용을 저장하지 않고 전송할 경우 이전에 저장된 내용이 전송되오니 이점 유의하시기 바랍니다.
- 답안문서는 지정된 경로 외의 다른 보조기억장치에 저장하는 경우, 지정된 시험 시간 외에 작성된 파일을 활용할 경우, 기타 통신수단(이메일, 메신저, 네트워크 등)을 이용하여 타인에게 전달 또는 외부 반출하는 경우는 부정 처리합니다.
- 시험 중 부주의 또는 고의로 시스템을 파손한 경우는 수험자가 변상해야 하며, 〈수험자 유의사항〉에 기재된 방법대로 이행하지 않아 생기는 불이익은 수험생 당사자의 책임임을 알려 드립니다.
- 문제의 조건은 한컴오피스 2020 버전으로 설정되어 있으며 한컴오피스 NEO는 【 】에 표기되어 있습니다. 이와 관련하여 작성한 답안의 출력형태가 문제지와 다를 수 있습니다.
- 시험을 완료한 수험자는 답안파일이 전송되었는지 확인한 후 감독위원의 지시에 따라 문제지를 제출하고 퇴실합니다.

답안 작성요령

- **온라인 답안 작성 절차**
  수험자 등록 ⇒ 시험 시작 ⇒ 답안파일 저장 ⇒ 답안 전송 ⇒ 시험 종료
- **공통 부문**
  - 글꼴에 대한 기본설정은 함초롬바탕, 10포인트, 검정, 줄간격 160%, 양쪽정렬로 합니다.
  - 색상은 조건의 색을 적용하고 색의 구분이 안 될 경우에는 RGB 값을 적용하십시오.
    (빨강 255,0,0 / 파랑 0,0,255 / 노랑 255,255,0).
  - 각 문항에 주어진 ≪조건≫에 따라 작성하고 언급하지 않은 조건은 ≪출력형태≫와 같이 작성합니다.
  - 용지여백은 왼쪽·오른쪽 11mm, 위쪽·아래쪽·머리말·꼬리말 10mm, 제본 0mm로 합니다.
  - 그림 삽입 문제의 경우 「내 PC\문서\ITQ\Picture」 폴더에서 지정된 파일을 선택하여 삽입하십시오.
  - 삽입한 그림은 반드시 문서에 포함하여 저장해야 합니다(미포함 시 감점 처리).
  - 각 항목은 지정된 페이지에 출력형태와 같이 정확히 작성하시기 바라며, 그렇지 않을 경우에 해당 항목은 0점 처리됩니다.
    ※ 페이지구분 : 1페이지 - 기능평가 I (문제번호 표시 : 1. 2.),
    　　　　　　　 2페이지 - 기능평가 II (문제번호 표시 : 3. 4.),
    　　　　　　　 3페이지 - 문서작성 능력평가
- **기능평가**
  - 문제와 ≪조건≫은 입력하지 않으며 문제번호와 답(≪출력형태≫)만 작성합니다.
  - 4번 문제는 묶기를 했을 경우 0점 처리됩니다.
- **문서작성 능력평가**
  - A4 용지(210mm×297mm) 1매 크기, 세로 서식 문서로 작성합니다.
  - ◯ 표시는 문서작성에 대한 지시사항이므로 작성하지 않습니다.

kpc 한국생산성본부

합리적인 경제 생활

사람은 누구나 행복한 삶을 소망한다. 물질적인 조건만 갖춘다고 해서 행복이 보장되는 것은 아니지만 자족(自足)할 만한 수준 이상의 경제적 능력은 행복한 생활을 위해 필수적이다. 그래서 지금 이 시간에도 사람들은 경제적 능력을 향상시키기 위해 저마다의 위치에서 열심히 노력하고 있다. 여유가 없어 지금 당장은 저축을 하지 못한다 하더라도 실망할 필요는 없다. 여유 자금이 없더라도 우선은 가까운 금융기관을 자주 방문하여 금융 서비스 정보를 모으거나 금융상품 선택 방법 등을 배우는 것부터 시작할 수 있다.

여유 자금이 생겼을 때를 대비하여 준비를 철저히 한다면 좀 더 수월하게 유리한 저축 수단(手段)을 선택할 수 있으며 자신이 꿈꾸어 왔던 행복한 미래에 더 빨리 다가갈 수 있다. 따라서 먼저 생활 속에서 금융 서비스 정보에 친숙해질 수 있는 방법들과 금융상품을 선택하는 기준을 바르게 알아야 한다. 저축을 생활화하기 위한 방법과 고령화시대 노후 준비를 위한 자금 마련 방법 등도 함께 알아두어야 한다. 이 밖에도 저축은 불필요한 소비를 줄임으로써 물가안정과 자원절약에 기여하는 한편 근검절약㉮의 생활화를 유도하여 건전한 사회풍토를 조성하는 데에도 일익을 담당하고 있다.

♥ 생활설계를 위한 저축의 필요성

  A. 가족의 성장과 주요 계획
   1. 주택 마련 시기, 자녀의 진학, 취직, 결혼 시기
   2. 세대주의 정년퇴직 시기와 재취직 계획, 기타 장래에 있을 일들
  B. 자금 준비 계획
   1. 주택 자금, 자녀의 교육과 결혼, 노후 대비, 해외여행 등
   2. 현재 저축액, 향후 저축액, 매년의 적립 또는 차입상환액 등

♥ 한국은행 경제특강 교육주제

구분	주요 내용	담당 부서
통화정책	주요 경제 이슈 및 이에 대한 한국은행의 통화정책 대응	국제협력국
	중앙은행 통화정책과 직접 관련된 금리가 자산가격과 일반물가에 미치는 영향	통화정책국
금융시장	금융제도의 개념 및 유형, 각종 금융시장의 기능과 역할	금융안정국
	금리와 환율에 대한 이해, 한 시간에 배우는 금융	금융시장국
	국제금융시장의 주요 참가자, 거래상품 및 매매방식, 기능 및 최근 동향	금융통화국
경제이론	경제현상 이해에 필요한 주요 경제지표의 개념, 특징, 이용방법 및 주의사항	경제교육국

한국은행경제교육

㉮ 부지런하고 알뜰하게 재물을 아낌

기능평가 II (150점)

3. 다음 (1), (2)의 수식을 수식 편집기로 각각 입력하시오. (40점)

≪출력형태≫

(1) $h = \sqrt{k^2 - r^2}, M = \frac{1}{3}\pi r^2 h$

(2) $\int_a^b xf(x)dx = \frac{1}{b-a}\int_a^b xdx = \frac{a+b}{2}$

4. 다음의 ≪조건≫에 따라 ≪출력형태≫와 같이 문서를 작성하시오. (110점)

≪조건≫
(1) 그리기 도구를 이용하여 작성하고, 모든 도형(글맵시, 지정된 그림 포함)을 ≪출력형태≫와 같이 작성하시오.
(2) 도형의 면색은 지시사항이 없으면 색 없음을 제외하고 서로 다르게 임의로 지정하시오.

≪출력형태≫

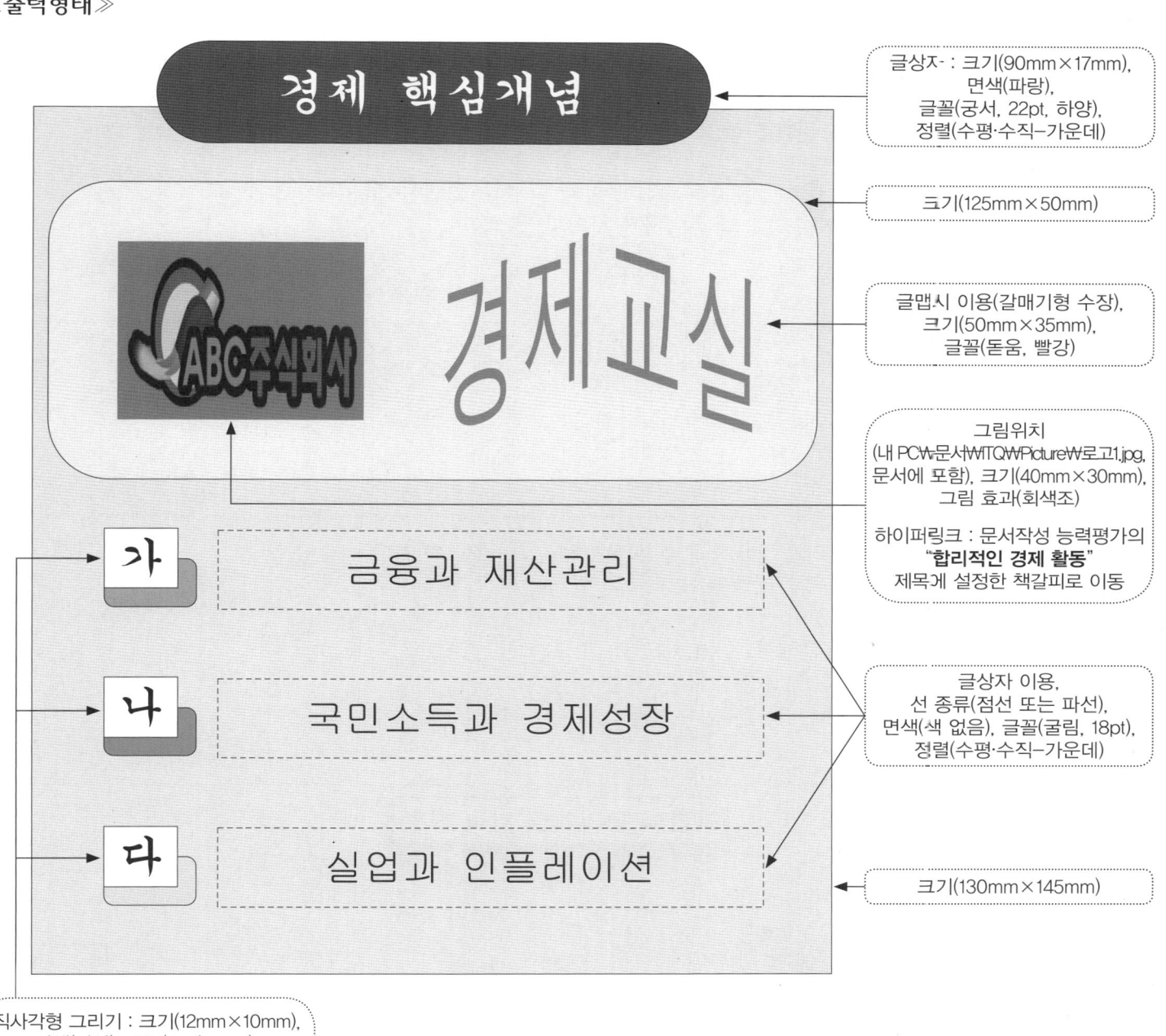

기능평가 I (150점)

1. 다음의 ≪조건≫에 따라 스타일 기능을 적용하여 ≪출력형태≫와 같이 작성하시오. (50점)

≪조건≫ (1) 스타일 이름 - money
(2) 문단 모양 - 왼쪽 여백 : 15pt, 문단 아래 간격 : 10pt
(3) 글자 모양 - 글꼴 : 한글(돋움)/영문(굴림), 크기 : 10pt, 장평 : 95%, 자간 : 5%

≪출력형태≫

Money is a unit of account for the prices of goods, services, and financial and real assets. It can be a medium of exchange and carry out a storage of value.

화폐는 거래를 원활히 하는 데 쓰이는 매개물의 일종으로 재화와 서비스, 금융 및 실물자산의 가격을 나타내는 척도로써 교환의 매개가 되며 가치저장의 기능을 수행한다.

2. 다음의 ≪조건≫에 따라 ≪출력형태≫와 같이 표와 차트를 작성하시오. (100점)

≪표 조건≫ (1) 표 전체(표, 캡션) - 굴림, 10pt
(2) 정렬 - 문자 : 가운데 정렬, 숫자 : 오른쪽 정렬
(3) 셀 배경(면색) : 노랑
(4) 한글의 계산 기능을 이용하여 빈칸에 합계를 구하고, 캡션 기능 사용할 것
(5) 선 모양은 ≪출력형태≫와 동일하게 처리할 것

≪출력형태≫

기간별 정기예금 저축 현황(단위 : 천억 원)

구분	2020년	2021년	2022년	2023년	합계
6개월	725	788	712	719	
1년	654	577	623	697	
2년	179	245	209	199	
3년	119	127	138	143	

≪차트 조건≫ (1) 차트 데이터는 표 내용에서 구분별 6개월, 1년, 2년의 값만 이용할 것
(2) 종류 - <묶은 세로 막대형>으로 작업할 것
(3) 제목 - 돋움, 진하게, 12pt, 속성 - 채우기(하양), 테두리, 그림자(대각선 오른쪽 아래)
【돋움, 진하게, 12pt, 배경 - 선 모양(한 줄로), 그림자(2pt)】
(4) 제목 이외의 전체 글꼴 - 굴림, 보통, 10pt
(5) 축제목과 범례는 ≪출력형태≫와 동일하게 처리할 것

≪출력형태≫

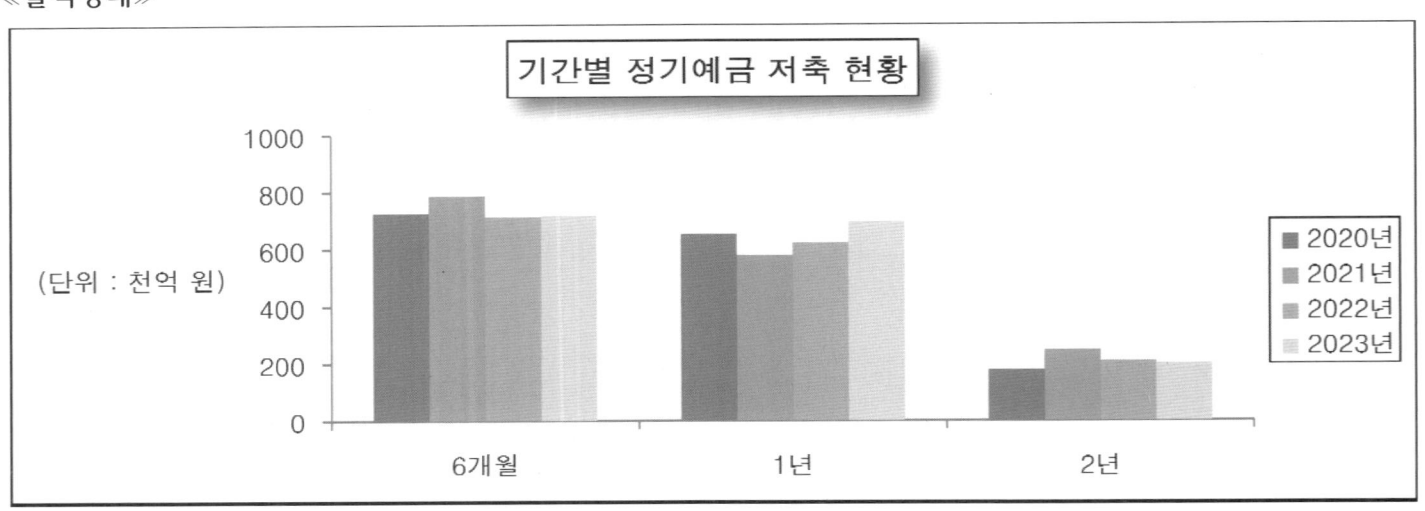

과목	코드	문제유형	시험시간	수험번호	성 명
아래한글	1111	A	60분		

제7회 정보기술자격(ITQ) 시험 — 한컴오피스

수험자 유의사항

- 수험자는 문제지를 받는 즉시 문제지와 수험표상의 시험과목(프로그램)이 동일한지 반드시 확인하여야 합니다.
- 파일명은 본인의 "수험번호-성명"으로 입력하여 답안폴더(내 PC\문서\ITQ)에 하나의 파일로 저장해야 하며, 답안문서 파일명이 "수험번호-성명"과 일치하지 않거나, 답안파일을 전송하지 않아 미제출로 처리될 경우 실격 처리합니다(예:12345678-홍길동.hwp).
- 답안 작성을 마치면 파일을 저장하고, '답안 전송' 버튼을 선택하여 감독위원 PC로 답안을 전송하십시오. 수험생 정보와 저장한 파일명이 다를 경우 전송되지 않으므로 주의하시기 바랍니다.
- 답안 작성 중에도 주기적으로 저장하고, '답안 전송'하여야 문제 발생을 줄일 수 있습니다. 작업한 내용을 저장하지 않고 전송할 경우 이전에 저장된 내용이 전송되오니 이점 유의하시기 바랍니다.
- 답안문서는 지정된 경로 외의 다른 보조기억장치에 저장하는 경우, 지정된 시험 시간 외에 작성된 파일을 활용할 경우, 기타 통신수단(이메일, 메신저, 네트워크 등)을 이용하여 타인에게 전달 또는 외부 반출하는 경우는 부정 처리합니다.
- 시험 중 부주의 또는 고의로 시스템을 파손한 경우는 수험자가 변상해야 하며, 〈수험자 유의사항〉에 기재된 방법대로 이행하지 않아 생기는 불이익은 수험생 당사자의 책임임을 알려 드립니다.
- 문제의 조건은 한컴오피스 2020 버전으로 설정되어 있으며 한컴오피스 NEO는 【 】에 표기되어 있습니다. 이와 관련하여 작성한 답안의 출력형태가 문제지와 다를 수 있습니다.
- 시험을 완료한 수험자는 답안파일이 전송되었는지 확인한 후 감독위원의 지시에 따라 문제지를 제출하고 퇴실합니다.

답안 작성요령

- **온라인 답안 작성 절차**
  수험자 등록 ⇒ 시험 시작 ⇒ 답안파일 저장 ⇒ 답안 전송 ⇒ 시험 종료

- **공통 부문**
  - 글꼴에 대한 기본설정은 함초롬바탕, 10포인트, 검정, 줄간격 160%, 양쪽정렬로 합니다.
  - 색상은 조건의 색을 적용하고 색의 구분이 안 될 경우에는 RGB 값을 적용하십시오.
    (빨강 255,0,0 / 파랑 0,0,255 / 노랑 255,255,0).
  - 각 문항에 주어진 ≪조건≫에 따라 작성하고 언급하지 않은 조건은 ≪출력형태≫와 같이 작성합니다.
  - 용지여백은 왼쪽·오른쪽 11mm, 위쪽·아래쪽·머리말·꼬리말 10mm, 제본 0mm로 합니다.
  - 그림 삽입 문제의 경우 「내 PC\문서\ITQ\Picture」 폴더에서 지정된 파일을 선택하여 삽입하십시오.
  - 삽입한 그림은 반드시 문서에 포함하여 저장해야 합니다(미포함 시 감점 처리).
  - 각 항목은 지정된 페이지에 출력형태와 같이 정확히 작성하시기 바라며, 그렇지 않을 경우에 해당 항목은 0점 처리됩니다.
    ※ 페이지구분 : 1페이지 - 기능평가 I (문제번호 표시 : 1. 2.),
       2페이지 - 기능평가 II (문제번호 표시 : 3. 4.),
       3페이지 - 문서작성 능력평가

- **기능평가**
  - 문제와 ≪조건≫은 입력하지 않으며 문제번호와 답(≪출력형태≫)만 작성합니다.
  - 4번 문제는 묶기를 했을 경우 0점 처리됩니다.

- **문서작성 능력평가**
  - A4 용지(210mm×297mm) 1매 크기, 세로 서식 문서로 작성합니다.
  - ☐ 표시는 문서작성에 대한 지시사항이므로 작성하지 않습니다.

kpc 한국생산성본부

나라를 단단하게 국민은 든든하게

01 래 도약을 위한 튼실한 복지국가 기반을 다지기 위해 보건복지부가 국민(國民)과 동행한다고 보건복지ⓐ 핵심 동행 과제를 발표했다. 우리나라 국민의 소득을 일렬로 세워서 정확히 가운데를 차지하는 가구의 소득을 중위소득이라고 하는데 정부에서는 소득이 낮아 일상생활을 유지하기가 어려운 분들에게 여러 가지 지원을 하고 있다. 보건복지 용어에서는 정부가 지원하는 것을 '급여'라고 말한다. 정부에서는 이 중위소득 구간을 기준으로 생활이 어려운 분들을 기초생활수급자, 차상위계층 등으로 구분하여 정부지원(政府支援)을 하고 있다. 이렇게 정부의 지원을 받게 되는 구간을 중위소득에서 정하는 것이 바로 '기준중위소득' 이다.

정부에서는 국민기초생활보장법에 따라 생계, 의료, 주거, 교육 서비스 등을 지원하는데 작년에는 기준중위소득의 30% 이하에 해당하면 생계급여를 지원받았지만, 올해부터는 35% 이하까지 생계급여를 지원받을 수 있게 목표를 잡았다. 또한, 아동 인권 보호를 위해 국제 표준에 맞는 입양 체계로 개편하고, 시설 중심의 보호 체계를 단계적으로 가정형으로 전환하는 로드맵과 아동기본법 제정도 추진한다고 한다. 그리고 바이오헬스 산업 육성 강화를 위해 보건복지부는 오는 2027년까지 블록버스터급 신약 개발과 의료기기 수출 세계 5위를 목표로 지원해 나간다.

♥ 촘촘하고 두터운 약자복지 확대

- A. 촘촘한 발굴
    - ⓐ 정확하고 신속하게 위기가구 발굴
    - ⓑ 위기 정보 입수 시 인공지능 활용 초기상담
- B. 두터운 보호
    - ⓐ 기초생활보장 확대 등 취약계층 보호 강화
    - ⓑ 최중증 발달장애인 맞춤형 돌봄을 강화

♥ 미래 대비 핵심 추진과제

필수의료	약자복지	복지개혁	미래준비
보건의료 약자복지 실현	위기가구 발굴	지속가능성 확보	인구정책 패러다임
생애주기, 스마트 건강투자	취약계층 보호	상생의 국민연금 개혁	저출산 완화를 위한 지원
대규모 재난 대응의료	복지수요 적극대응	체감가능 복지지출 혁신	첨단기술로 보건 안보 선도
신종감염병 대응	수요자 맞춤형 서비스		바이오 헬스 육성 및 수출

→ 보건복지부

ⓐ 사회 복지, 사회 보장 및 공중위생의 향상과 증진을 도모하는 것

기능평가 II (150점)

3. 다음 (1), (2)의 수식을 수식 편집기로 각각 입력하시오. (40점)

≪출력형태≫

(1) $Q = \lim_{\Delta t \to 0} \dfrac{\Delta s}{\Delta t} = \dfrac{d^2 s}{dt^2} + 1$

(2) $\sqrt{a+b+2\sqrt{ab}} = \sqrt{a} + \sqrt{b}\,(a>0, b>0)$

4. 다음의 ≪조건≫에 따라 ≪출력형태≫와 같이 문서를 작성하시오. (110점)

≪조건≫
(1) 그리기 도구를 이용하여 작성하고, 모든 도형(글맵시, 지정된 그림 포함)을 ≪출력형태≫와 같이 작성하시오.
(2) 도형의 면색은 지시사항이 없으면 색 없음을 제외하고 서로 다르게 임의로 지정하시오.

≪출력형태≫

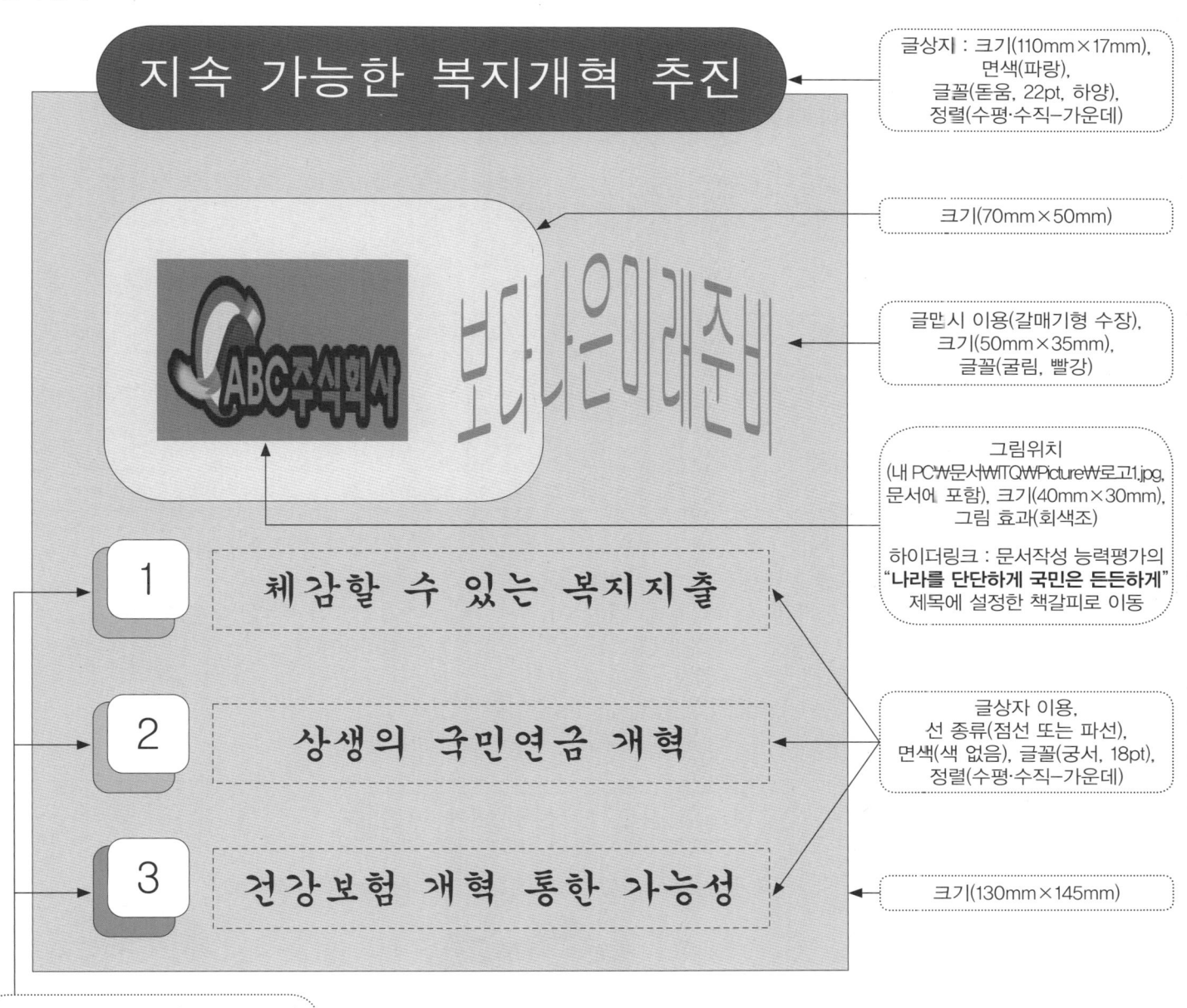

기능평가 I (150점)

1. 다음의 ≪조건≫에 따라 스타일 기능을 적용하여 ≪출력형태≫와 같이 작성하시오. (50점)

≪조건≫ (1) 스타일 이름 - health
(2) 문단 모양 - 왼쪽 여백 : 15pt, 문단 아래 간격 : 10pt
(3) 글자 모양 - 글꼴 : 한글(굴림)/영문(돋움), 크기 : 10pt, 장평 : 95%, 자간 : 5%

≪출력형태≫

Another successful social insurance program the Ministry has established is the National Health Insurance Systems (NHIS). In 1977, the NHIS was first introduced to professionals in the workforce.

보건복지부가 설립한 또 다른 성공적인 사회 보험 프로그램은 국민 건강 보험 시스템이다. 1977년, 이 시스템은 노동계의 전문가들에게 처음 소개되었다.

2. 다음의 ≪조건≫에 따라 ≪출력형태≫와 같이 표와 차트를 작성하시오. (100점)

≪표 조건≫ (1) 표 전체(표, 캡션) - 굴림, 10pt
(2) 정렬 - 문자 : 가운데 정렬, 숫자 : 오른쪽 정렬
(3) 셀 배경(면색) : 노랑
(4) 한글의 계산 기능을 이용하여 빈칸에 평균(소수점 두 자리)을 구하고, 캡션 기능 사용할 것
(5) 선 모양은 ≪출력형태≫와 동일하게 처리할 것

≪출력형태≫

청소년 상담복지센터 연계 현황(단위 : 건)

연도	2021년	2022년	2023년	2024년	평균
의료지원	142	250	234	204	
문화복지	548	647	562	589	
법률지원	50	58	61	58	
취업	105	80	69	82	

≪차트 조건≫ (1) 차트 데이터는 표 내용에서 연도별 의료지원, 문화복지, 법률지원의 값만 이용할 것
(2) 종류 - <묶은 세로 막대형>으로 작업할 것
(3) 제목 - 돋움, 진하게, 12pt, 속성 - 채우기(하양), 테두리, 그림자(대각선 오른쪽 아래)
【돋움, 진하게, 12pt, 배경 - 선 모양(한 줄로), 그림자(2pt)】
(4) 제목 이외의 전체 글꼴 - 굴림, 보통, 10pt
(5) 축제목과 범례는 ≪출력형태≫와 동일하게 처리할 것

≪출력형태≫

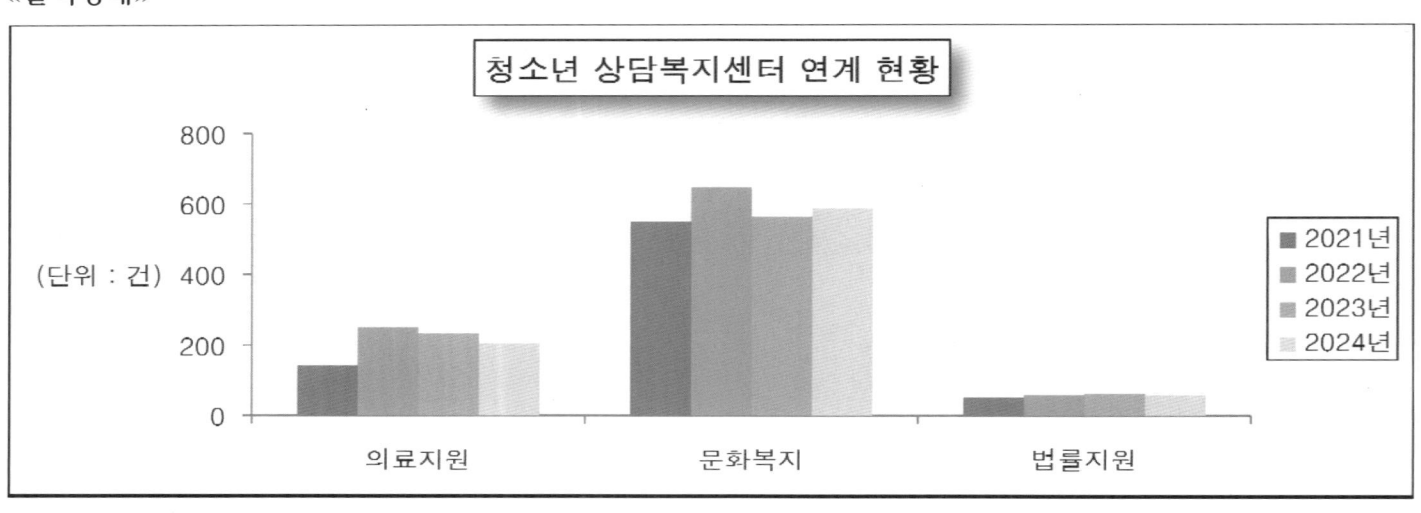

Last Summary

과 목	코 드	문제유형	시험시간	수험번호	성 명
아래한글	1111	A	60분		

수험자 유의사항

- 수험자는 문제지를 받는 즉시 문제지와 <u>수험표상의 시험과목(프로그램)</u>이 동일한지 반드시 확인하여야 합니다. ← 저장 위치(내 PC₩문서₩ITQ)에 파일명(수험번호-성명)으로 저장해야 합니다.
- 파일명은 본인의 "수험번호-성명"으로 입력하여 답안폴더(내 PC₩문서₩ITQ)에 하나의 파일로 저장해야 하며, 답안문서 파일명이 "수험번호-성명"과 일치하지 않거나, 답안파일을 전송하지 않아 미제출로 처리될 경우 실격 처리합니다(예:12345678-홍길동.hwp).
- 답안 작성을 마치면 파일을 저장하고, '답안 전송' 버튼을 선택하여 감독위원 PC로 답안을 전송하십시오. 수험생 정보와 저장한 파일명이 ← **꼭! 저장한 후 전송**합니다. 저장하지 않고 전송하는 경우가 많습니다.
- 답안 작성 중에도 <u>주기적으로 저장하고,</u> '답안 전송'하여야 문제 발생을 줄일 수 있습니다. 작업한 내용을 저장하지 않고 전송할 경우 이전에 저장된 내용이 전송되오니 이점 유의하시기 바랍니다.
- 답안문서는 지정된 경로 외의 다른 보조기억장치에 저장하는 경우, 지정된 시험 시간 외에 작성된 파일을 활용할 경우, 기타 통신수단(이메일, 메신저, 네트워크 등)을 이용하여 타인에게 전달 또는 외부 반출하는 경우는 부정 처리합니다.
- 시험 중 부주의 또는 고의로 시스템을 파손한 경우는 수험자가 변상해야 하며, 〈수험자 유의사항〉에 기재된 방법대로 이행하지 않아 생기는 불이익은 수험생 당사자의 책임임을 알려 드립니다.
- 문제의 조건은 한컴오피스 2020 버전으로 설정되어 있으며 한컴오피스 NEO는 【 】에 표기되어 있습니다. 이와 관련하여 작성한 답안의 출력형태가 문제지와 다를 수 있습니다.
- 시험을 완료한 수험자는 답안파일이 전송되었는지 확인한 후 감독위원의 지시에 따라 문제지를 제출하고 퇴실합니다.

답안 작성요령

- **온라인 답안 작성 절차**
  수험자 등록 ⇒ 시험 시작 ⇒ 답안파일 저장 ⇒ 답안 전송 ⇒ 시험 종료

- **공통 부문**
  - 글꼴에 대한 기본설정은 함초롬바탕, 10포인트, 검정, 줄간격 160%, 양쪽정렬로 합니다.
  - 색상은 조건의 색을 적용하고 색의 구분이 안 될 경우에는 RGB 값을 적용하십시오.
    (빨강 255,0,0 / 파랑 0,0,255 / 노랑 255,255,0). ← 테마 색상표 : 〔**오피스 테마**〕
  - 각 문항에 주어진 ≪조건≫에 따라 작성하고 언급하지 않은 조건은 ≪출력형태≫와 같이 작성합니다.
  - 용지여백은 왼쪽·오른쪽 11mm, 위쪽·아래쪽·머리말·꼬리말 10mm, 제본 0mm로 합니다.
  - 그림└─ 〔쪽〕 탭-〔**편집 용지**(📄)〕 또는 F7 ₩ITQ₩Picture」 폴더에서 지정된 파일을 선택하여 삽입하십시오.
  - 삽입한 그림은 반드시 문서에 포함하여 저장해야 합니다(미포함 시 감점 처리).
  - 각 항목은 지정된 페이지에 출력형태와 같이 정확히 작성하시기 바라며, 그렇지 않을 경우에 해당 항목은 0점 처리됩니다.
    ※ 페이지구분 : 1페이지 - 기능평가 I (문제번호 표시 : 1. 2.),
       2페이지 - 기능평가 II (문제번호 표시 : 3. 4.),
       3페이지 - 문서작성 능력평가
    └─ 〔쪽〕 탭-〔**구역 나누기**(📄)〕 또는 Alt + Shift + Enter

- **기능평가**
  - 문제와 ≪조건≫은 입력하지 않으며 문제번호와 답(≪출력형태≫)만 작성합니다.
  - 4번 문제는 묶기를 했을 경우 0점 처리됩니다.

- **문서작성 능력평가**
  - A4 용지(210mm×297mm) 1매 크기, 세로 서식 문서로 작성합니다.
  - ▢ 표시는 문서작성에 대한 지시사항이므로 작성하지 않습니다.

문서작성 능력평가 (200점)

생활물류서비스 시설

디지털과 모바일 기술의 발전과 함께 소비자의 취향과 소비패턴도 다양해지면서 온라인 쇼핑이 계속해서 늘어나고 있다. 서울과 수도권에 집중(集中)된 택배 물동량을 처리하기 위한 택배 시설은 턱없이 부족한 실정이다.

서울 외곽으로 밀려난 물류시설은 허브 앤 스포크 방식의 국내 택배 처리 시스템에서 서울시 물동량이 멀리 떨어진 물류터미널까지 이동 후 다시 서울로 유입되는 비효율을 발생시키고 있으며, 이는 다시 택배 차량의 통행 거리를 증가시켜 에너지 소비 증가, 환경오염 등 많은 사회적 부작용을 유발(誘發)한다. 택배 차량의 통행거리 증가는 교통정체 증가, 종사자 근로환경 악화 등 사회적 갈등의 한 요인이다. 문제 해결을 위해 택배 물동량 처리에 상응하는 적정 택배 서브터미널의 추가 확보가 이루어져야 택배 물동량을 분석하여 추가로 필요한 택배 서브터미널의 규모와 위치를 도출한다. 서울시 내부에 택배 서브터미널을 구축하기 위한 가용부지의 활용을 위해 관련 법과 제도를 검토한다. 택배 서브터미널의 적정 규모와 위치는 '시설 입지 문제'를 우선 구축하고 택배 물동량 현황과 전망을 토대로 시나리오를 설정한 후 시나리오별 최적해를 도출한다.

■ 물류시설 확보를 위한 법/제도 개선

가. 물류 인프라 확충 지원 및 규제 완화
  ㉠ 정부차원의 생활물류서비스 맞선맵 재성
  ㉡ 공공 주도 개발방식 적극 활용
나. 도시계획시설의 입체/복합개발 활성화 대안
  ㉠ 일정 규모의 부지 확보, 사업 공명 유휼업 유언
  ㉡ 교통시설과 유수지 등 방재시설 적합

■ 서브터미널 추정 결과

구분	시나리오	우선 배정	서브터미널 수(개)	경제 타당성
현재 물동량	원안	수도권 내 기존 물류터미널 67개	63	3.46
	시나리오 1	기존 서울 인근 터미널 51개	63	1.40
장래 물동량	시나리오 2	서울 내부 터미널 23개	72	1.38
	시나리오 3	서울 내부 터미널 51개	69	1.01
현재 및 장래 물동량 원안		수도권 내 기존 물류터미널 우선 배정 후 후보 대상지(168개) 추가		

→ 도시인프라계획센터

㉠ 국가 간 공항 중심의 작은 노선이 연결된 항공 네트워크 형태

⑤

기능평가 II (150점)

3. 다음 (1), (2)의 수식을 수식 편집기로 각각 입력하시오. (40점)

≪출력형태≫

(1) $V = \frac{1}{R}\int_0^q qdq = \frac{1}{2}\frac{q^2}{R}$

(2) $\int_0^1 (\sin x + \frac{x}{2})dx = \int_0^1 \frac{1+\sin x}{2}dx$

4. 다음의 ≪조건≫에 따라 ≪출력형태≫와 같이 문서를 작성하시오. (110점)

≪조건≫
(1) 그리기 도구를 이용하여 작성하고, 모든 도형(글맵시, 지정된 그림 포함)을 ≪출력형태≫와 같이 작성하시오.
(2) 도형의 면색은 지시사항이 없으면 색 없음을 제외하고 서로 다르게 임의로 지정하시오.

≪출력형태≫

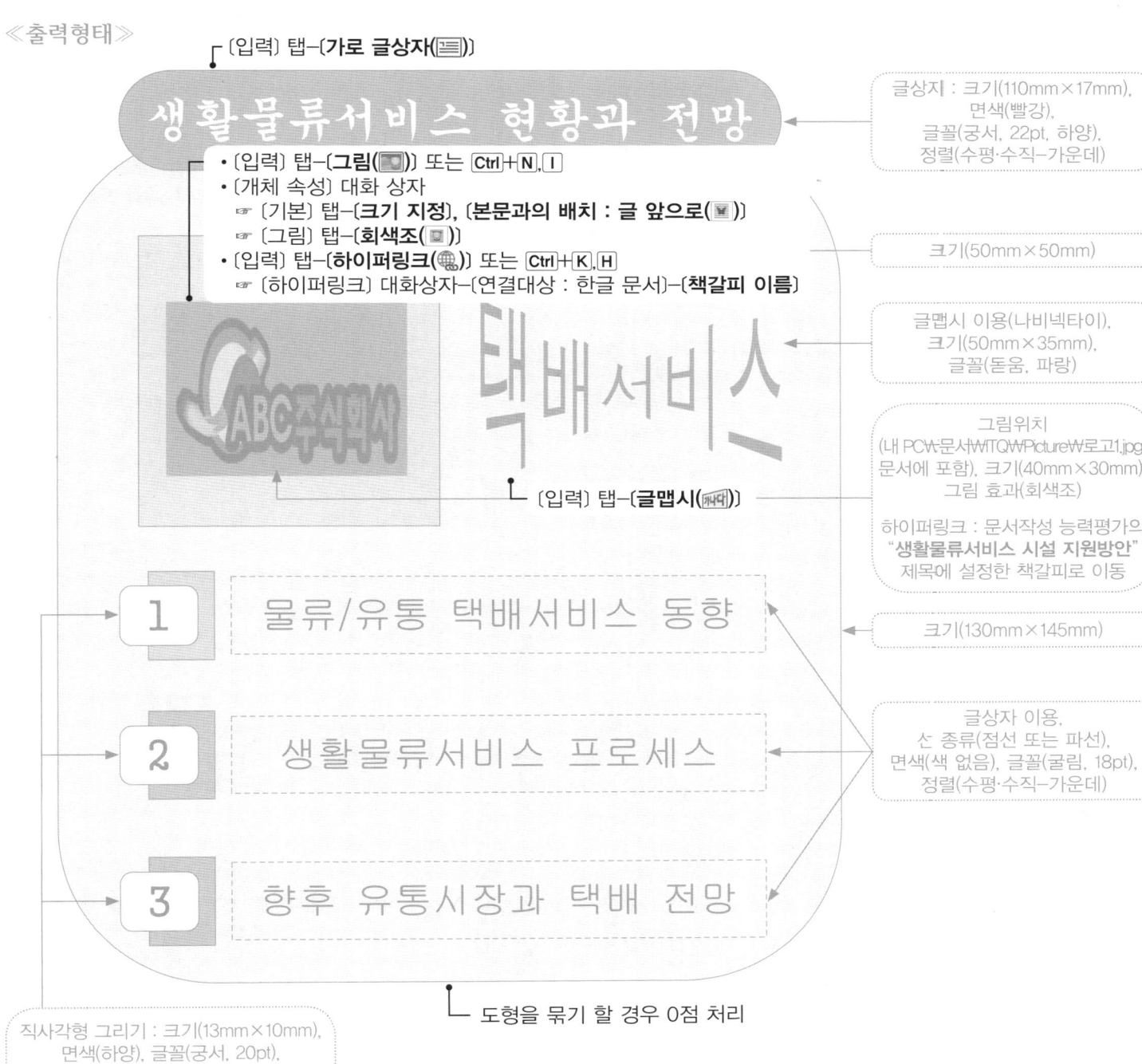

기능평가 I (150점)

1. 다음의 ≪조건≫에 따라 스타일 기능을 적용하여 ≪출력형태≫와 같이 작성하시오. (50점)

≪조건≫ (1) 스타일 이름 - delivery
(2) 문단 모양 - 왼쪽 여백 : 15pt, 문단 아래 간격 : 10pt
(3) 글자 모양 - 글꼴 : 한글(돋움)/영문(굴림), 크기 : 10pt, 장평 : 95%, 자간 : 5%

≪출력형태≫

To efficient placement and operation of the joint delivery center, it is necessary to analyze the systematic collection of delivery centers, and regional economic indicators.

공동배송센터 구축사업의 효율적 배치와 운영을 위해 택배 물동량 자료의 체계적인 수집방안을 모색하고, 물동량 자료와 지역별 사회경제지표를 연계하여 분석할 필요가 있다.

2. 다음의 ≪조건≫에 따라 ≪출력형태≫와 같이 표와 차트를 작성하시오. (100점)

≪표 조건≫ (1) 표 전체(표, 캡션) - 돋움, 10pt
(2) 정렬 - 문자 : 가운데 정렬, 숫자 : 오른쪽 정렬
(3) 셀 배경(면색) : 노랑
(4) 한글의 계산 기능을 이용하여 빈칸에 합계를 구하고, 캡션 기능 사용할 것
(5) 선 모양은 ≪출력형태≫와 동일하게 처리할 것

≪출력형태≫

연도별 주요 택배사 점유율(단위 : 백 개)

구분	2022년	2023년	2024년	2025년	합계
A택배	1,054				
B택배	293	332	387	453	
C택배	282	317	368	465	
D택배	188	214	263	246	

≪차트 조건≫ (1) 차트 데이터는 표 내용에서 연도별 A택배, B택배, C택배의 값만 이용할 것
(2) 종류 - <묶은 세로 막대형>으로 작업할 것
(3) 제목 - 굴림, 진하게, 12pt, 속성 - 채우기(하양), 테두리, 그림자(대각선 오른쪽 아래)
【굴림, 진하게, 12pt, 배경 - 선 모양(한 줄로), 그림자(2pt)】
(4) 제목 이외의 전체 글꼴 - 굴림, 보통, 10pt
(5) 축제목과 범례는 ≪출력형태≫와 동일하게 처리할 것

≪출력형태≫

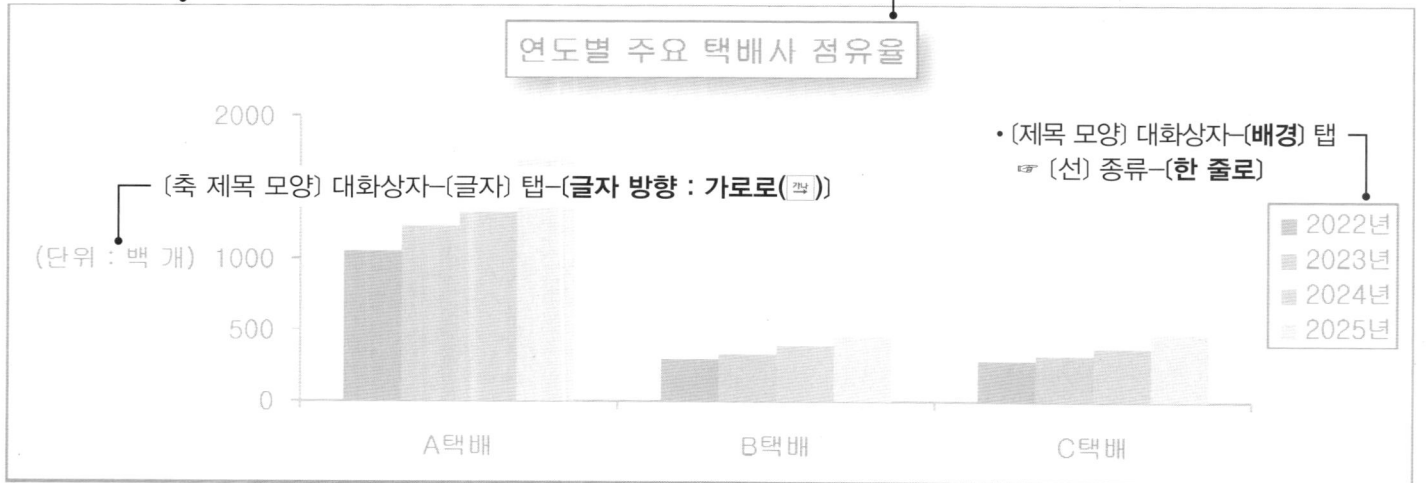